RONALDO LIMA DOS SANTOS

SINDICATOS E AÇÕES COLETIVAS

Acesso à justiça, jurisdição coletiva e tutela dos interesses difusos, coletivos e individuais homogêneos

7ª EDIÇÃO

LACIER

1ª edição — 2003
2ª edição — 2008
3ª edição — 2012
4ª edição — 2014
5ª edição — 2019
6ª edição — 2022
7ª edição — 2024

Ronaldo Lima dos Santos

Professor Doutor da Faculdade de Direito da Universidade de São Paulo — USP. Departamento de Direito do Trabalho e da Seguridade Social. Procurador do Trabalho do Ministério Público do Trabalho em São Paulo — PRT 2ª Região. Ex-Coordenador da Coordenadoria Nacional de Promoção da Liberdade Sindical e do Diálogo Social do MPT — CONALIS/MPT (2019/2023). Mestre e Doutor em Direito do Trabalho pela Faculdade de Direito da Universidade de São Paulo — USP. Ex-Procurador do INSS. Psicanalista pelo Instituto Sedes Sapientiae-SP.

SINDICATOS E AÇÕES COLETIVAS

Acesso à justiça, jurisdição coletiva e tutela dos interesses difusos, coletivos e individuais homogêneos

7ª edição
Revista e Ampliada

LACIER

LACIER
Lacier Livraria e Editora
www.livrarialacier.com.br

Rua Doutor Quirino, 808 – Centro
CEP 13015-081 – Campinas, SP – Brasil

Junho, 2024

Diretor: *Lacier José de Rezende*
Coordenação editorial: *Peter Fritz Strotbek*
Projeto de capa: *Fabio Giglio*
Projeto gráfico e editoração eletrônica: *The Best Page*

Ficha Catalográfica

Dados Internacionais de Catalogação na Publicação (CIP)
(Câmara Brasileira do Livro, SP, Brasil)

S237s Santos, Ronaldo Lima dos.
Sindicatos e ações coletivas : acesso à justiça, jurisdição coletiva e tutela dos interesses difusos, coletivos e individuais homogêneos / Ronaldo Lima dos Santos. — 7. ed. rev. e ampl. — Campinas, SP : Lacier Editora, 2024.
458 p. ; 21 x 28 cm.

ISBN 978-85-64412-06-4

1. Ações coletivas – Sindicatos. 2. Ação coletiva — Brasil. 3. Sindicalismo — Brasil. 4. Direito processual do trabalho — Brasil. I. Título.

CDU 34:331.88:347.922.6(81)

Índices para catálogo sistemático:

Direito — Sindicatos e ações coletivas — Brasil

Angela Schmidt da Rosa – Bibliotecária – CRB-14/1171

À minha esposa,
Kátia Meire Passine dos Santos,
pelo companheirismo, compreensão e incentivo.
Aos meus filhos,
Leonardo Passine dos Santos e Sofia Passine dos Santos,
luzes da minha vida.

Sumário

Apresentação

É com satisfação que nos pronunciamos sobre a obra de Ronaldo Lima dos Santos, intitulada "Sindicatos e Ações Coletivas — Acesso à justiça, jurisdição coletiva e tutela dos interesses difusos, coletivos e individuais homogêneos".

Apresentada originalmente como dissertação de mestrado junto à Faculdade de Direito da Universidade de São Paulo, tivemos a honra de integrar a ilustre Banca Examinadora, presidida pela eminente orientadora do então candidato professora Walküre Lopes Ribeiro da Silva e pelo ilustrado magistrado e professor Jorge Luiz Souto Maior.

O brilhantismo e a segurança com que o trabalho fora então sustentado na instância acadêmica por certo já deixaram seguro indício do acolhimento caloroso pela comunidade jurídica, o que efetivamente viria a se confirmar a partir da segunda edição, roborando a atualidade do tema.

Dentre os notórios méritos da obra, podem ser destacados: o encadeamento lógico entre os múltiplos pontos abordados, o que empresta ao conjunto a desejável coesão e torna sua leitura agradável e proveitosa; a análise em profundidade dos pontos concernentes, com riqueza de subsídios doutrinários e jurisprudenciais, o que atribui densidade científica ao resultado alcançado; a abordagem do tema sob o duplo enfoque do direito material e do direito processual, revelando como se dá a positivação da tutela aos interesses transindividuais sob a perspectiva do Direito do Trabalho e no correspondente acesso à Justiça, com exposição dos instrumentos adequados, como o dissídio coletivo, a ação de cumprimento, a ação civil pública trabalhista, o mandado de segurança coletivo, o mandado de injunção e a tutela cautelar trabalhista.

Mais se recomenda a leitura atenta da obra, quanto mais se considere a crescente relevância do chamado *meio ambiente do trabalho*, de extração constitucional (art. 200, VIII), e que se integra na desejável percepção *holística* do ser humano, a qual inclui, naturalmente, as condições nas quais ele busca assegurar sua sobrevivência e seu desenvolvimento com dignidade.

Ficamos felizes com o acolhimento do trabalho pelos operadores do Direito, augurando, para esta nova edição, a mesma acolhida dada às precedentes, ao tempo em que cumprimentamos o autor pela valiosa contribuição à inteligência jurídica nacional.

Rodolfo de Camargo Mancuso

Introdução

A temática dos interesses transindividuais constitui um dos desafios da sociedade moderna. O reconhecimento e a propagação de direitos e interesses referentes indistintamente a uma categoria de sujeitos reformularam as tradicionais concepções individualistas que balizaram as estruturas dos ordenamentos jurídicos ao longo da história.

A internacionalização dos direitos humanos, com a especificação de novos direitos e sujeitos (processo de concretização do ser humano), ao diferençar direitos da infância, dos idosos, dos deficientes, do trabalhador, da mulher, ao lado do incremento dos direitos de solidariedade (patrimônio, meio ambiente etc.), acarretou a exigência de novos instrumentos de proteção jurídica que fossem devidamente eficazes e adequados à tutela desses novéis direitos e sujeitos, individuais e coletivos.

O desenvolvimento, a partir do final do século XIX, daquela que se convencionou denominar "sociedade de massas", cuja expansão e cristalização ocorreram após a Segunda Guerra Mundial, introduziu uma ruptura nos costumes então vigentes, máxime nos de cunho jurídico-ideológicos.

As mutações das relações sociais atingiram diretamente o Direito do Trabalho que, ao longo de toda a sua existência, foi marcado profundamente pelo seu caráter dinâmico, com a busca constante de propiciar o desenvolvimento econômico-social na mesma proporção em que objetiva garantir a proteção da pessoa do trabalhador como ser inserido no processo de produção, sem obstar, por isso, o tão desejado progresso econômico.

No Brasil, o Direito do Trabalho foi o primeiro ramo do ordenamento jurídico a dar guarida à tutela dos denominados interesses transindividuais (difusos, coletivos e individuais homogêneos), máxime aos denominados interesses coletivos, acompanhando a tendência mundial de proteção desses interesses, a qual se seguiu após a Segunda Guerra Mundial, e dando seguimento a uma ideologia que se formou desde a criação das primeiras entidades sindicais, nos séculos XVIII e XIX, e do desenvolvimento de um setor específico — Direito Coletivo ou Sindical —, voltada para o disciplinamento dos conflitos coletivos de trabalho e suas soluções, tendo como ponto central a atuação sindical na defesa dos interesses dos trabalhadores conjuntamente considerados como integrantes de uma empresa, grupo ou categoria.

Talvez por essa preocupação precoce com os direitos coletivos, a doutrina trabalhista não tenha dado uma importância maior ao desenvolvimento dos interesses transindividuais, pois aqueles — interesses coletivos — abrangiam a quase totalidade das discussões referentes à tutela de grupos e categorias, com uma tradicional regulamentação legal nesse ramo do ordenamento jurídico, em derredor da atuação das entidades sindicais.

No entanto, o delineamento progressivo da matéria no campo do Direito Civil e Processual Civil levantou o véu que pairava sobre a doutrina trabalhista, demonstrando que os instrumentos sindicais para a tutela desses interesses — como o dissídio coletivo e a ação de cumprimento — já não garantem uma plena e efetiva proteção aos novos interesses que emergem da complexidade social.

O sindicalismo conflitivo e ideológico que marcou a formação da nossa história sindical descurou-se de dar guarida aos novos direitos e às categorias de sujeitos emergentes da atual dinâmica social. A tutela coletiva limitava-se a ser mais uma engrenagem da máquina sindical envolvida no conflito capital-trabalho e voltada para os direitos sociais decorrentes de uma relação de emprego e garantidos em normas constitucionais, infraconstitucionais e nos acordos e convenções coletivas de trabalho, sempre com titulares determinados ou determináveis, sendo na sua maior parte de cunho categorial e econômico.

O surgimento de interesses transindividuais, sem titulares previamente definidos ou mesmo indeterminados, exige desvinculação da concepção da classe trabalhadora como um ente homogêneo e abstrato, dando azo a uma atuação consonante com o surgimento de novas categorias de sujeitos e interesses que transcendem o âmbito individual ou as tradicionais concepções de categoria e coletividade *stricto sensu* de trabalhadores, que nortearam a ação sindical até os tempos atuais.

Essas novas figuras jurídicas são oriundas de um novo modelo de relações socioeconômicas, estabelecidas em virtude da massificação dos direitos e interesses e da necessidade de assegurar efetiva prevenção e repressão às lesões ocasionadas a uma série de direitos não titularizados por pessoas individualmente consideradas e que, muitas vezes, extrapolam os limites da relação de emprego e destoam dos direitos peculiares atribuídos à categoria profissional, tradicionalmente tutelada pelas entidades sindicais.

A observação da realidade social demonstra que o desenvolvimento de uma verdadeira e eficaz tutela dos interesses dos trabalhadores no campo do direito material não pode ser desvinculada de uma plena e adequada garantia jurisdicional dos diversos interesses individuais e transindividuais emergentes no campo das relações de trabalho.

Neste contexto, exige-se um novo tipo de tutela sindical que, considerando a existência dos interesses transindividuais — difusos, coletivos e individuais homogêneos —, centre-se em uma nova concepção ideológica de atuação, máxime em face da falência do *Welfare State* e do sistema de proteção desses interesses que, centrado na atuação do Ministério Público, mormente após o advento da Constituição Federal de 1988, mostrou-se insuficiente para a sua garantia, tutela e preservação, não obstante a acentuada e notável atuação do *Parquet* Laboral nesse setor, mas que, devido à pletora de situações, não pode atuar em todas as searas em que se exige um agente ou ator ideológico para a defesa desses interesses.

Há necessidade de maior participação social na defesa dos interesses transindividuais; participação esta cujo grau é tanto maior quanto for o desenvolvimento estável das instituições democráticas e dos mecanismos de exercício da cidadania.

Assim, no caminhar de uma democracia representativa para uma democracia participativa, as instituições e associações — entre estas, os entes sindicais —, por aglutinarem diversos interesses e servir-lhes de veículo, devem assumir a parcela de responsabilidade que lhes cabe para a proteção eficaz dos direitos fundamentais dos cidadãos e de suas comunidades por meio dos instrumentos jurídico-políticos adequados e postos à disposição pelo ordenamento jurídico pátrio.

Neste contexto, torna-se relevante o estudo aprofundado da ação sindical na defesa dos interesses transindividuais como um dos modos de promoção dos direitos fundamentais dos trabalhadores e do bem-estar social, político e econômico destes, tendo em vista que, como ocorre no âmbito dos demais ramos jurídicos, inclusive do Direito Penal, também na seara do Direito do Trabalho reconhecemos a existência desses interesses, sejam relacionados com a figura do empregado como componente de uma categoria, sejam vinculados com a figura ampla do trabalhador (empregados ou não) e assim consideradas as suas especificações (idosos, crianças e adolescentes, deficientes, mulheres), ou a partir de um feixe de relações individuais homogêneas com um mesmo empregador.

Neste conjunto, a ação sindical outrora embasada na defesa dos direitos dos trabalhadores considerados abstratamente enquanto membros da coletividade e, por isso, da categoria, deve se expandir para abranger a proteção de direitos outros que, muitas das vezes, não se limitam à categoria ou simplesmente se distanciam desta como ponto de referência. É que, com o surgimento de novos sujeitos e, consequentemente, de novos direitos, surgem grupos de indivíduos que necessitam de proteção específica, como os trabalhadores deficientes e a questão do seu acesso ao trabalho, o labor de crianças e adolescentes, o meio ambiente do trabalho, os trabalhadores idosos e sua proteção nas relações de emprego e no mercado de trabalho, a tutela de grupos sociais vulneráveis dentro e fora das relações de trabalho etc.

Desse modo, para o cumprimento efetivo da sua missão sindical, a ação dos sindicatos não pode ficar alheia a toda uma série de instrumentos processuais inserida em textos legislativos que demonstram a preocupação do legislador com a sistematização dos mecanismos de tutela dos interesses transindividuais, tais como a ação civil pública, as ações coletivas, a ação popular, o mandado de segurança coletivo, o mandado de injunção coletivo etc.

Para tanto é necessária a análise do incremento das atividades sindicais para a defesa desses interesses, com um estudo que considere os parâmetros que têm norteado essa ação no decorrer da história, passando pela compreensão, reconhecimento e definição de cada um deles e pela análise dos principais fatores envolvidos na problemática e que direcionam para a utilização dos novos instrumentos processuais de tutela dos interesses transindividuais pelas entidades sindicais na Justiça do Trabalho.

Constata-se que o presente estudo possui acentuada relevância social e jurídica, já que possibilita a discussão de uma temática atual que extrapola os lindes do Direito do Trabalho, adquirindo caráter interdisciplinar, e apontando para a necessidade de dar efetividade aos interesses transindividuais ligados à pessoa do ser humano trabalhador, ainda que considerado potencialmente como ligado ao mercado de trabalho.

Assim, discorremos sobre as linhas mestras e fundamentais da complexa temática que envolve a análise da atuação sindical na defesa dos interesses transindividuais, com a finalidade de colaborar para o desenvolvimento da doutrina a respeito da matéria e auxiliar no norteamento da atuação dos entes sindicais na defesa dos aludidos interesses.

Nossas reflexões objetivam analisar a gradativa evolução da atuação sindical na tutela jurídica dos interesses transindividuais, distinguindo-a da clássica representação dos interesses coletivos da categoria por meio dos dissídios coletivos e das ações de cumprimento, avançando para a sistematização da atuação sindical em face dos interesses transindividuais, nos aspectos material e processual, com vistas a conceder uma perspectiva ampla a todo operador do Direito do Trabalho, e colaborar para o incremento da proteção dos interesses transindividuais afetos, direta ou indiretamente, às relações de trabalho.

Trata-se de uma obra que, partindo dos pressupostos axiológicos do Direito Material e Processual do Trabalho inseridos nos seus princípios e regras, pretende colaborar para a identificação, definição e titularização dos interesses transindividuais suscetíveis de tutela sindical e dos seus respectivos instrumentos de defesa.

Capítulo I

Aspectos relevantes dos sindicatos

1. Gênese sindical e interesses transindividuais

O objeto do nosso estudo — a atuação sindical na defesa dos interesses transindividuais — não pode prescindir de uma análise histórico-evolutiva dos sindicatos. Por constituir um produto social, o sindicato assume objetivos e significados diferentes de acordo com o tempo e o espaço em que se insere. Por ser essencialmente dinâmico — fruto da consciência do homem —, acompanha as transformações sociais que, automática e diretamente, repercutem em sua existência.

Este estudo é fundamental não só para traçar a evolução dessas entidades, como também para firmar as suas características essenciais, suas finalidades primordiais e as suas mudanças em decorrência das transformações históricas, políticas, econômicas, sociais e ideológicas, bem como o processo adaptativo das entidades sindicais a essas modificações estruturais da sociedade.

Em prefácio à sua obra, Evaristo de Moraes Filho pondera que, ao estudo da normatividade e do dever ser, mister se faz preceder um estudo desinteressado do que objetivamente é e qual a gênese do fato — em nosso caso, as entidades sindicais —, tal como se apresenta à realidade. Nas palavras do renomado jurista: "antes que os legisladores e políticos se lancem sofregamente, às cegas, ao problema sindical para tentarem resolvê-lo à feição dos seus interesses, compromissos, crenças, ideais e/ou preconceitos, devem indagar da sociologia e da economia qual o conceito imparcial que a respeito do mesmo lhes proporcionam. Por que existem associações profissionais? Quais as causas que as condicionam em sociedade? Como funcionam? Que serviços desempenham? Em que sentido se desenvolvem os princípios médios da sua linha evolutiva? Qual o seu tipo ideal? Todas essas perguntas devem ser previamente respondidas pelo político e pelo jurista, antes de declararem peremptoriamente como deve ser o sindicato".(1)

Não se pretende uma análise exaustiva da história do fenômeno sindical, mas apenas um panorama superficial da sua evolução e das suas características essenciais, de forma que, por seu processo histórico, possamos compreender o sindicalismo atual, a sua gênese, suas finalidades, seus diversos modos de atuação, suas limitações e apreender os seus valores permanentes. Assim, pode-se melhor delinear a sua atuação na defesa dos interesses transindividuais, objeto do nosso trabalho.

2. Conceito de sindicato

A palavra síndico está intimamente ligada à ideia de representação, de administração de interesses de um grupo de indivíduos, de uma coletividade ou comunidade. Neste sentido, temos o síndico da massa falida, o síndico de condomínio.

Etimologicamente, o vocábulo sindicato tem origem na palavra *syndicat*, utilizada para a designação de pessoas que estavam ligadas a uma corporação, sob a tutela de um síndico *(syndic)*.

O termo sindicato também pode ter sua origem no grego *suvidik*, com o significado de justiça comunitária, representando a ideia de administração e atenção de uma comunidade.

---

(1) MORAES FILHO, Evaristo de. *O problema do sindicato único no Brasil*. São Paulo: Alfa-Omega, 1978. p. 8.

Segundo Paul Durand, "o sindicato é um agrupamento no qual muitas pessoas exercentes de uma atividade profissional convencionam atuar em comum, de maneira durável e conforme a organização anterior, colocando suas atividades e parte dos seus recursos para assegurar a defesa e a representação da sua profissão e a melhoria de suas condições de existência".(2)

Para Alfredo Ruprecht, "o sindicato operário é a reunião permanente de pessoas físicas de uma mesma profissão, ofício ou atividade, para a defesa e melhoria dos interesses profissionais".(3)

Roberto Barretto Prado define sindicato como "a associação que tem por objeto a representação dos interesses gerais da correspondente categoria profissional ou econômica e, supletivamente, dos interesses individuais dos seus membros".(4)

Manuel Carlos Palomeque López e Manuel Alvarez de La Rosa concedem a seguinte definição: "uma organização permanente de trabalhadores assalariados para a representação e defesa de seus interesses gerais frente aos do empresário e suas organizações e, eventualmente, frente aos de qualquer outro sujeito privado ou público".(5)

Antonio de Lemos Monteiro Fernandes considera que o sindicato é uma associação com fins específicos predeterminados na lei: "a defesa e promoção dos interesses socioeconômicos dos seus membros, não comportando apenas os interesses coletivos atinentes ao exercício da profissão, mas os de toda a condição social do trabalhador como cidadão, inclusive a ação sindical centrada em problemas sociais de caráter extraprofissional".(6)

Para Nestor de Buen, "sindicato é a pessoa social, livremente constituída por trabalhadores ou por patrões, para a defesa de seus interesses de classe".(7)

A Consolidação das Leis do Trabalho não concede a definição do sindicato, mas lhe traça as características básicas ao dispor que "é lícita a associação para fins de estudo, defesa e coordenação dos seus interesses econômicos ou profissionais de todos os que, como empregadores, empregados, agentes ou trabalhadores autônomos, ou profissionais liberais, exerçam, respectivamente, a mesma atividade ou profissão ou atividades ou profissões similares ou conexas" (art. 511).

Das definições de diversos doutrinadores, Nestor de Buen aponta algumas características básicas do sindicato: a) trata-se de uma união livre; b) reúne pessoas profissionalmente vinculadas entre si; c) é institucional; d) é permanente; e) persegue a defesa dos interesses de seus membros e a melhoria de suas condições econômicas e sociais; f) intenta melhorar o trabalho de seus membros; g) procura a regulamentação das condições de trabalho.(8)

Da conjugação das conceituações citadas, verificamos que três ideias básicas e constantes norteiam a concepção de sindicato: associação, representação e defesa dos interesses do grupo profissional ou econômico.

Com base nos estudos elaborados, podemos definir os sindicatos como associações permanentes e institucionalmente estruturadas para a tutela e coordenação de interesses profissionais e econômicos, individuais e coletivos, dos seus membros (trabalhadores e empregadores), afetos, direta ou indiretamente, às relações de trabalho.

Vale ressaltar que o vocábulo "sindicato" é utilizado pela doutrina para denominar as associações profissionais e econômicas de primeiro grau, ao passo que os termos "federação" e "confederação" designam entidades sindicais de grau superior. Uma federação é formada por um conjunto de sindicatos de base; já a confederação estrutura-se a partir do aglutinamento de federações.

---

(2) DURAND, Paul *apud* SÜSSEKIND, Arnaldo. *Direito constitucional do trabalho*. Rio de Janeiro: Renovar, 1999. p. 315.

(3) RUPRECHT, Alfredo J. *Relações coletivas de trabalho*. São Paulo: LTr, 1995. p. 135.

(4) PRADO, Roberto Barretto. *Curso de direito sindical*. São Paulo: LTr, 1991. p. 102.

(5) PALOMEQUE LÓPEZ, Manuel Carlos; ALVAREZ DE LA ROSA, Manuel. *Derecho del Trabajo*. Madrid: Ed. Centro de Estudios Ramón Areces, 1994. p. 353.

(6) FERNANDES, Antonio de Lemos Monteiro. *Direito do trabalho:* relações colectivas de trabalho. v. 1. 3. ed. Coimbra: Almedina, 1994. p. 66-67.

(7) BUEN LOSANO, Nestor de. *Derecho del trabajo*. México: Porrúa, 1977. p. 599.

(8) *Idem, ibidem*, p. 594-595.

3. Escorço histórico

3.1. Origens e evolução histórica dos sindicatos

Encontramos, na doutrina, divergências a respeito do surgimento das entidades sindicais: a) elas teriam se originado já na Antiguidade (Índia, China e Egito); b) suas raízes encontram-se na Antiguidade Clássica (Grécia e Roma); c) surgiram na Idade Média (corporações de ofício, guildas). Predomina, no entanto, entre os doutrinadores, o entendimento segundo o qual o nascimento dos sindicatos é um fenômeno contemporâneo à Revolução Industrial.

Vale destacar que a Antiguidade Clássica não foi um período propício para o desenvolvimento de uma solidariedade profissional, uma vez que era uma sociedade de base escravocrata, na qual o elemento trabalho era associado à dor, considerado uma ocupação vil, indigna de um cidadão.

Na civilização grega, surgiram as hetérias, associações que compreendiam trabalhadores livres, escravos e estrangeiros incorporados à *polis*, mas que não adquiriram importância, diante do desprezo dos gregos pelo trabalho.

Em Roma, consolidou-se a formação de colégios. Estes constituíam associações distribuídas por ordens profissionais (artesãos, sapateiros, oleiros, joalheiros, forjadores de cobre, carpinteiros). Além destes, existiam os colégios de homens livres, libertos e escravos. Em regra, os colégios eram tidos como organismos vinculados ao Estado e gozavam de certas prerrogativas políticas; tinham liberdade de organizar seus próprios estatutos, porém, necessitavam de autorização do Estado para sua existência. Desempenhavam atividades políticas, religiosas, assistenciais. Atuavam também na regulamentação de salário dos locadores de mão de obra e conquistaram vantagens, como isenção de impostos e taxas e de serviço militar.

Os colégios eram tidos como de caráter público ou privado, conforme os ofícios que agregavam. Os primeiros envolviam as profissões e ofícios tidos como necessários para a segurança do Estado e subsistência do povo (padeiros, salsicheiros etc.) e gozavam de certos benefícios do Estado (isentos de funções públicas, do serviço militar e dos impostos municipais). Seus membros e seus herdeiros eram obrigados ao exercício do ofício.[(9)]

Fundamentalmente, os colégios romanos possuíam caráter religioso e exerciam funções de auxílio de seus membros, sem, entretanto, possuírem propósitos profissionais.

A partir do século VII, desenvolvem-se na Inglaterra e na Alemanha as guildas — instituições análogas aos colégios romanos, mas que não se confundiam com estes, uma vez que as guildas possuíam caráter tipicamente mutualista e beneficente, emergindo como verdadeiros grêmios.

O termo guilda (do latim *guilde*; latim medieval *gilda*) significa "reunião", "banquete de natureza simbólica e religiosa", "corporação".[(10)] A respeito da origem das guildas, surgiram diversas teorias. Guilhermo Cabanellas cita a tese de Wilda, pela qual as guildas teriam origem nas ideias cristãs de caridade e fraternidade; de Hartwig, para quem as guildas seriam uma extensão dos colégios romanos importados e transformados pelos apóstolos cristãos; e de Bretano, para quem as guildas originaram-se nas tradições pagãs.[(11)]

As guildas adquiriram diversas características, podendo ser agrupadas em três grandes categorias: religiosas, sociais ou de artesãos, e de mercadores. Em síntese, possuíam caráter assistencial, educacional e religioso. Seu objetivo básico era a proteção de seus membros e bens, geralmente, sem caráter profissional. Assemelhavam-se a grandes famílias. Elaboravam seus próprios estatutos e regulamentavam a execução do trabalho, o uso dos materiais e a qualidade das matérias-primas utilizadas.[(12)]

---

(9) CABANELLAS, Guilhermo. *Derecho sindical y corporativo*. Buenos Aires: Atalaya, 1946. p. 22.

(10) FERREIRA, Aurélio Buarque de Holanda. *Novo Aurélio século XXI*: o dicionário da língua portuguesa. Rio de Janeiro: Nova Fronteira, 1999. p. 1.020.

(11) *Idem, ibidem*, p. 23.

(12) CABANELLAS, Guilhermo. *Op. cit.*, p. 23-24.

A partir dos séculos XI e XII, com o Renascimento e o desenvolvimento das cidades, do comércio e da indústria manufatureira do tipo artesanal, criou-se um novo espírito social — decorrente do aumento dos trabalhadores livres e da vida fora dos feudos, em aldeias e vilas —, o qual possibilitou o reflorescimento das ideias de união e associação, entre elas, as corporativas, outrora sufocadas pelo regime feudal, excessivamente rural e agrário, com os poderes concentrados nas mãos dos senhores feudais, responsáveis pela segurança e proteção daqueles que o cercavam.

Esse associacionismo deu-se principalmente no campo das atividades industriais e mercantis desenvolvidas pelos mestres artesãos e comerciantes, os quais criaram corporações de indivíduos exercentes do mesmo ofício. Essas corporações de ofício perseguiam finalidades mercantis e de controle da produção, da profissão, das condições de trabalho e do mercado. Nasceram no contexto de uma indústria manufatureira e com um propósito de emancipação, com o refúgio das cidades, dos servos e artesãos em relação aos senhores feudais.(13)

As corporações eram compostas por indivíduos em situações heterogêneas, distribuídos em ordem hierárquica ascendente: aprendizes, companheiros e mestres. Em última análise, possuíam a mesma estaticidade que marcou a época medieval — ascensões quase que impossíveis; privilégios exclusivos aos mestres e transmitidos por herança. Caracterizavam-se, também, pela obrigatoriedade dos seus membros à ajuda mútua, às práticas religiosas, à defesa dos interesses comuns e à obediência aos superiores hierárquicos.(14) Com apoio do Poder Público, passaram a guardar poderes e privilégios profissionais e comerciais, possuindo, entre outros, o monopólio do exercício da profissão e do comércio dos seus produtos nas regiões por elas dominadas.

Mas essas corporações sucumbiram devido a causas internas e externas. As primeiras se caracterizavam pela contraposição de interesses entre os seus membros; as segundas, pelo advento de uma economia industrial que superou a economia artesanal então predominante, bem como pelo incremento das atividades comerciais em todo o mundo, tudo aliado à ideologia econômica da fisiocracia e do liberalismo clássico, o que levou à propagação por diversos países de leis que as proibiram (Prússia — 1731; Toscana — 1770; Inglaterra — 1776; França — 1791).

Embora não possam ser consideradas precursoras do moderno sindicalismo, não se pode olvidar que, ainda que remotamente, a estrutura das corporações de ofício influenciou a formação das entidades sindicais, pois aquelas possuíam uma forma organizativa e corporativa que se verificou, *mutatis mutandis,* nas primeiras entidades sindicais e, com caráter mais acentuado, na época do fascismo e nazismo, quando os sindicatos constituíam entidades incorporadas ao Estado para o controle da produção e incrementação da integração econômica dentro de uma concepção corporativista de organização social.

Essa característica não passou despercebida por Amauri Mascaro Nascimento, para quem as corporações não deixaram de ser uma forma de organização das relações de trabalho e de integração dos seus sujeitos.(15) Para Guilhermo Cabanellas, as corporações de ofício levaram ao nascimento de laços profissionais, em substituição aos laços de sangue, e criaram entre seus membros uma relativa unidade de aspirações, crenças e desejos.(16)

O historiador Eric Hobsbawm assinala que o sindicalismo do século XIX originou-se diretamente da tradição ou organização de ofício, com as mesmas práticas e rituais dos aprendizes e artífices das corporações de ofício pré-industriais, o que se poderia denominar de protossindicalismo.(17)

Todavia, o sindicalismo, tal como hoje o conhecemos, é fruto do fenômeno econômico da Revolução Industrial e da questão social com ela advinda. É expressão do espírito de associação do homem, uma vez que finca raízes nos mesmos sentimentos de solidariedade, mutualismo, defesa e cooperação que nutrem os demais agrupamentos humanos.

---

(13) BUEN LOSANO, Nestor de. *Op. cit.*, p. 472.

(14) RUPRECHT, Alfredo J. *Op. cit.*, p. 66.

(15) NASCIMENTO, Amauri Mascaro. *Compêndio de direito sindical.* São Paulo: LTr, 2000. p. 38.

(16) CABANELLAS, Guilhermo. *Op. cit.*, p. 24.

(17) HOBSBAWM, Eric. *Mundos do trabalho.* São Paulo: Paz e Terra, 2000. p. 103.

De fato, durante o fenômeno da Revolução Industrial, com o crescimento das indústrias, com a expansão do comércio e dos meios de transportes, acentuou-se a concentração operária nas cidades, as quais cresciam desenfreadamente com a migração de grandes massas de indivíduos dos campos para os centros urbanos emergentes.

As cidades, no entanto, não possuíam estrutura para comportar o excessivo número de pessoas migrantes. A massa trabalhadora, aglomerada, vivia em condições precárias e promíscuas. As famílias, geralmente numerosas, eram, em grande parte, sustentadas por mulheres e crianças (as denominadas "meias-forças"), as quais tinham preferência na contratação por receberem salários abaixo da metade do salário de um trabalhador adulto.

No campo das relações trabalhistas, vigorava a lei da oferta e da procura, corolário dos princípios da igualdade e da liberdade contratual que norteavam o pensamento liberal e repudiavam a interferência do Estado na economia. Criou-se um verdadeiro desequilíbrio nas relações jurídicas e econômicas entre empregadores e trabalhadores, o que levou à exploração desenfreada de crianças e mulheres. Os trabalhadores estavam submetidos a condições subumanas de trabalho: jornadas extensas, salários ínfimos, exploração de mulheres e crianças, falta de condições de higiene e de segurança do trabalho; elevado número de acidentes de trabalho.

A concentração operária nas cidades estreitou os laços de solidariedade entre os trabalhadores em virtude das condições precárias e similares de vida e de trabalho que acabaram por gerar interesses comuns e vínculos de união. Inicialmente, em resposta a esse estado de coisas, desenvolveram-se movimentos baseados na caridade e na filantropia. Buscavam-se, nos dizeres de José Felipe Ledur, respostas individuais a problemas de dimensões coletivas.(18)

Posteriormente, a aproximação corporal entre as pessoas e a uniformidade de sentimentos despertaram uma consciência coletiva e identificaram um novo grupo social — o dos trabalhadores, dos proletários — cuja face se delineou com desvinculação entre trabalhador e instrumentos de produção, fato que não se encontrava no regime de trabalho artesanal das corporações, no qual os meios de produção comumente pertenciam aos próprios trabalhadores. Delinearam-se, desse modo, dois grupos distintos: de um lado, os detentores da força de trabalho e, de outro, os detentores dos meios de produção.

Dessa maneira, à consciência coletiva seguiu-se uma mudança de padrão, pois, ao perceber a insuficiência da ação individual, os ativistas sociais mobilizaram-se, dando ensejo à formação de associações e sindicatos de trabalhadores, propulsionando movimentos de massa, como forma de dar resposta coletiva às dificuldades comuns.(19)

Embasados em doutrinas ideológicas, políticas e sociais, e agindo em busca de melhoria das condições de vida e de trabalho, os trabalhadores se coalizavam para a defesa conjunta dos seus interesses, a princípio, em sociedades secretas, de resistência ou de socorro mútuo e, após, em associações mais permanentes e estáveis, específicas para a defesa dos seus interesses profissionais: os sindicatos.

Como assinala Eric Hobsbawm, no século XIX, desenvolvem-se uma consciência de classe, fenômeno típico da era industrial moderna, que surgiu "natural e logicamente da condição operária", no mínimo, como elementar forma de consciência sindical consubstanciada no reconhecimento pelos trabalhadores da necessidade de se organizarem de forma coletiva para a defesa e melhoria das suas condições de trabalho como operários assalariados em face dos empregadores.(20)

Na Inglaterra, berço da Revolução Industrial, desenvolveu-se aquele que Amauri Mascaro Nascimento afirma ser considerado o sindicalismo mais antigo do mundo: o trade-unionismo; existente desde 1720, formado pela união de operários londrinos em associações que objetivavam reivindicações salariais e limitação da jornada de

(18) LEDUR, José Felipe. *A realização do direito do trabalho*. Porto Alegre: Fabris, 1998. p. 37.

(19) *Idem, loc. cit.*

(20) HOBSBAWM, Eric. *Op. cit.*, p. 36.

trabalho.[21] A partir dos incentivos de Robert Owen, as organizações operárias da Inglaterra impulsionaram-se e tornaram-se importantes instrumentos reivindicatórios e de conquista de direitos sociotrabalhistas.[22]

Na Alemanha, as *Gewerkschaften*, e, na França, as *Bourses du travail*, surgem como as primeiras formas associativas dos trabalhadores.[23]

O trade-unionismo foi marcado por reivindicações predominantemente econômicas. Em princípio, intenta obstar a redução dos salários dos trabalhadores a patamares inferiores ao mínimo necessário para a manutenção e sobrevivência deles e de suas famílias. Tinha objetivos notavelmente imediatos e concretos, quais sejam: as melhorias das precárias condições de vida e de trabalho em que se encontrava o operariado inglês. Essa característica marcou profundamente as *trade unions* inglesas da primeira metade do século XIX, que também exerciam função regulamentadora do salário por meio da previsão de uma escala de salários que nivelasse toda a categoria.[24]

Entretanto, desde a formação da classe trabalhadora até o desenvolvimento das entidades sindicais e o seu reconhecimento como um direito fundamental, o movimento sindical percorreu longo caminho, sofrendo as influências das concepções político-ideológicas de cada época e lugar, até sua legitimação como ente associativo e representativo dos trabalhadores, podendo-se distinguir três fases principais e de características nítidas: a) fase de proibição, b) fase de tolerância; e c) fase de reconhecimento jurídico.

Essas fases não se desenvolveram rigorosamente nessa ordem, nem tampouco foram inflexivelmente sucessivas ou estanques, mas serão analisadas na ordem acima proposta como forma de sistematizá-las e propiciar uma visão panorâmica da evolução da atividade sindical, o que se mostra suficiente para as finalidades desse trabalho.

3.1.1. Fase de proibição

A proibição dos sindicatos pelo Estado é fruto de uma série de concepções ideológicas, políticas e econômicas advindas com o liberalismo que precedeu e norteou a Revolução Francesa de 1789.

O princípio da igualdade jurídica, formal e política dos cidadãos e a filosofia do liberal-individualismo determinaram a consagração do dogma da autonomia da vontade nas relações contratuais, inclusive nas de trabalho (*laissez-faire*); a supressão das corporações de ofício e a proibição de coalizões de trabalhadores ou de empregadores.[25]

Com esteio no princípio da liberdade dos indivíduos, condenou-se a existência de corpos intermediários na sociedade, como forma de preservar a livre e plena manifestação da vontade, sem que ela estivesse submetida à vontade de instituições ou corpos intermediários.

Os contornos desse pensamento liberal são encontrados nas ideias de Jean-Jacques Rousseau, para quem o alcançar de uma vontade geral que predominasse sobre as vontades particulares somente ocorreria com a vedação da existência de sociedades parciais no Estado.[26]

Essas idealizações liberais encontradas no "Contrato Social" estavam presentes no informe apresentado por Issac René Guy Le Chapelier à Assembleia Geral em 14 de junho de 1791: "Não há mais corporações no Estado. Há somente o interesse particular de cada indivíduo e o interesse geral".[27]

---

(21) NASCIMENTO, Amauri Mascaro. Origens históricas e natureza jurídica dos sindicatos. In: FRANCO FILHO, Georgenor de Sousa (Coord.). *Curso de direito coletivo do trabalho*. São Paulo: LTr, 1998. p. 37.

(22) SÜSSEKIND, Arnaldo. *Direito constitucional...*, cit., p. 7.

(23) DEL GIUDICE, F.; MARIANI, F.; IZZO, F. *Diritto del lavoro*. Napoli: Ed. Giuridiche Simone, 1999. p. 502.

(24) ANTUNES, Ricardo Luiz Couto. *O que é sindicalismo*. São Paulo: Brasiliense, 1994, *passim*.

(25) SÜSSEKIND, Arnaldo. *Direito constitucional...*, cit., p. 304.

(26) ROUSSEAU, Jean-Jacques. *O contrato social*. Trad. Antonio de Pádua Danesi. São Paulo: Martins Fontes, 1998. p. 38.

(27) BUEN LOSANO, Nestor de. *Op. cit.*, p. 475.

A burguesia, temendo perder o poder que acabara de conquistar, e com a finalidade de evitar o crescimento de outros setores sociais e o surgimento de novas revoluções, passou a reprimir as organizações e os movimentos que envolvessem ameaças ao seu poder recém-conquistado e à nova ordem política e social por ela imposta.

Nesse contexto, na França, as corporações de ofício foram suprimidas e as associações profissionais proibidas pela Lei *Le Chapelier*, de 1791, pois esta vedou toda espécie de coalizão de trabalhadores e empregadores, constituindo, outrossim, o *"primeiro instrumento legal da burguesia no poder, para deter o nascimento da força sindical do proletariado"*.[28]

Na Inglaterra, os *Combinations Acts* de 1799 e 1800 consideraram as coalizões de trabalhadores como delito. O Código Napoleônico de 1810 classificou como delito a formação de coalizões. Nos Estados Unidos, por uma decisão judiciária do Estado da Filadélfia, de 1806, as coalizões de trabalhadores e empresários foram proibidas. A Espanha, em 1834, seguiu o mesmo caminho.

Propagaram-se, a partir desse momento, leis proibitivas da formação de associações de trabalhadores e empregadores por todo o mundo. Até mesmo em sociedades com economia rudimentar e incipiente verificou-se o fenômeno. No Brasil, a Constituição Federal de 1824 proibiu expressamente as corporações de ofício.

Contudo, voltando-se para a história, verificamos que a repressão ao associativismo não é exclusividade desse período; tal fato já havia se verificado quando os *collegia* romanos aumentaram consideravelmente sua participação social e na vida do Estado, sendo que a sua expansão e seu funcionamento foram comprimidos por um *senatus consultum* do ano 67 a.C. No entanto, posteriormente, o vigor dos fatos levou ao reconhecimento definitivo do direito de associação com o advento da *Lex Julia*, no ano 56 a.C., após um curto período de reconhecimento pela *Lex Clodia*, alijada do ordenamento jurídico romano pelo Imperador Júlio César.[29]

Como resumo dessa fase, esclarece Mozart Victor Russomano que "como sempre ocorre na História, quando surge novo órgão de expressão e atuação, com força apreciável, a ordem constituída, que a princípio o tolerou e pode, inclusive, havê-lo estimulado, parte para os descaminhos da política de repressão, geralmente transitória e quase nunca eficaz".[30]

3.1.2. Fase de tolerância

Essa fase é predominantemente marcada pela descriminalização das coalizões, ou seja, a supressão da sua tipificação penal, mas sem que esta fosse acompanhada do expresso reconhecimento jurídico do direito de associação. Caminhou-se da proibição legal para o vazio legislativo.

De fato, a realidade social em que viviam os trabalhadores e as doutrinas sociais que efervesciam à época impediram que as legislações proibitivas das associações inibissem por completo a atuação dos operários. Criaram-se diversas organizações de trabalhadores e empregadores, muitas com caráter mutualista ou cooperativista, que acabaram por se constituir em verdadeiros grupos de pressão. Muitas delas atuavam na clandestinidade, mas, ainda assim, adquiriram grande força, a ponto de não mais poderem ser ignoradas pelo Estado.

Diante da acentuada pressão social, a coalizão e a greve deixaram de ser delitos, embora também não fossem expressamente reconhecidas como direito. Vários países revogaram leis que proibiam a formação de associações e coalizões. A Inglaterra, em 1824, derrogou as *Combinations Acts*; em França, a Lei de 25.5.1864 suprimiu o delito de coalizão; seguiram a mesma linha Bélgica (1866), Alemanha (1869), Áustria-Hungria (1870); Países Baixos (1872), Itália (1889). A Constituição de 1891, inspirada no espírito liberal-individualista da Constituição norte-americana, apesar de não dispor expressamente sobre as entidades sindicais, acabou por possibilitar a criação de sindicatos, ao consagrar o direito de associação de forma ampla (art. 72, § 8º).

---

(28) *Idem, ibidem*, p. 474.

(29) RUSSOMANO, Mozart Victor. *Princípios gerais de direito sindical*. Rio de Janeiro: Forense, 1995. p. 6-7.

(30) *Idem, ibidem*, p. 28-29.

No entanto, no esteio do modelo francês, em alguns países, o delito de coalizão foi substituído pelo crime de atentado contra a liberdade de trabalho e da indústria.[31] A desclassificação das associações como crime nestes países foi seguida pela repressão do principal meio de atuação das entidades sindicais; os instrumentos de luta dos trabalhadores como a greve e os piquetes foram inibidos pelas normas protetoras da liberdade de trabalho e da indústria.

Não se pode negar, entretanto, o imenso avanço alcançado nesse período, uma vez que a liberdade de associação retirou o movimento sindical da clandestinidade, possibilitou uma maior organização dos trabalhadores e abriu caminho para o seu reconhecimento como um direito.

3.1.3. Fase de reconhecimento jurídico

Essa fase caracteriza-se pela integração das entidades sindicais nos ordenamentos jurídicos de diversos países; seja pela consagração do direito de associação, em sentido amplo, e neste, incluídas as formações sindicais, seja, especificamente, pela previsão do direito de associação profissional e constituição de sindicatos.

Ainda no século XIX, surgem os primeiros instrumentos jurídicos que consagram o direito de constituição de associações profissionais. Inicia-se na Inglaterra, com a Lei de 29 de junho de 1871, *Trade Unions Act*, que regulamentou o direito de sindicalização.[32]

Na França, embora a Lei de 21 de março de 1884 tenha reconhecido a legalidade dos grupos sindicais, a consagração do direito de associação profissional ocorreu com a Lei de 1º de julho de 1901, que atribuiu personalidade jurídica aos sindicatos, possibilitando-lhes receber contribuições de seus membros, assim como possuir um local para a administração e reuniões de seus membros e imóveis, estritamente necessários para a realização de seus fins.[33]

Nos Estados Unidos, o reconhecimento das associações sindicais ocorreu por uma decisão da Corte de Massachusetts em 1842, que classificou como lícita a associação de trabalhadores e, no campo legal, o reconhecimento ocorreu com o *Shermann Act* (1890), revogado pelo *Clayton Act* (1914) e o *Norris-La Guardia Act* (1932).[34]

A introdução dos sindicatos nos ordenamentos jurídicos não foi uma graciosidade do Estado, mas uma mudança de postura deste em face da força com a qual o sindicalismo foi se integrando na vida social.

A força dos fatos superou as convicções filosóficas e políticas, até então vigentes, para instalar a liberdade de associação. Também legitimou a atuação das coalizões e sindicalizações que, ao se ampliarem, adquiriram extraordinário elastério na reformulação das convicções jurídicas e ideários políticos, com o alargamento crescente da sua independência sindical.

O reconhecimento também teve como objetivo a inserção dos sindicatos na ordem social do Estado como forma de submetê-los a discretos meios de controle.[35]

Amauri Mascaro Nascimento, ao considerar a amplitude desse controle, distingue, nessa fase, dois modos predominantes de incorporação dos sindicatos aos ordenamentos jurídicos: reconhecimento sob controle do Estado e reconhecimento com liberdade das entidades sindicais, isto é, sua desvinculação total ou parcial do Estado.[36]

---

(31) BUEN LOSANO, Nestor de. *Op. cit.*, p. 474.

(32) BUEN LOSANO, Nestor de. *Op. cit.*, p. 479.

(33) *Idem, ibidem*, p. 480.

(34) NASCIMENTO, Amauri Mascaro. *Compêndio...*, cit., p. 47.

(35) Como expõem Wilson de Souza Campos Batalha e Sílvia Marina Labate Batalha, *"... a força de atração do poder procurou absorver o fenômeno sindical, quer pela distinção dos sindicatos em reconhecidos e não reconhecidos, quer pela absorção dos sindicatos na esfera pública, como entes de direito público, quer pelo reconhecimento da unicidade sindical, considerando os sindicatos como entidades de direito privado, mas dependentes de 'reconhecimento oficial', e titulares das pretensas 'funções delegadas do poder público'"* (BATALHA, Wilson de Souza Campos; BATALHA, Sílvia Marina Labate. *Sindicatos, sindicalismo*. São Paulo: LTr, 1994. p. 55).

(36) NASCIMENTO, Amauri Mascaro. *Compêndio...*, cit., p. 23.

O primeiro ocorreu nos Estados corporativistas (fascismo/nazismo) e no sistema soviético, ao passo que o segundo é encontrado em países de regimes democráticos.

O direito de criação de sindicatos consagrou-se definitivamente com o desenvolvimento do Constitucionalismo Social; a partir desse instante, o direito de associação passou a ser previsto nas Constituições de diversos países, iniciando-se com a incorporação desse direito na Constituição Mexicana (1917) e na da República de Weimar (1919). Também previram o direito de sindicalização as Constituições da República Federal da Alemanha (1949), da França (1958) e da Itália (1947).

O movimento sindical expandiu-se e consolidou-se com a criação das centrais sindicais — *American Federation of Labor* (AFL), em 1866, nos Estados Unidos, e *Confédération Générale du Travail* (CGT), em 1895, na França, cujas participações na Conferência da Paz, que se seguiu à Primeira Guerra Mundial, foram imprescindíveis à criação da Organização Internacional do Trabalho, à consagração do Direito do Trabalho e ao firmamento do direito de associação, este previsto expressamente no texto de criação da OIT, na Conferência de Filadélfia (1844) e na Declaração Universal dos Direitos Humanos, que, no seu art. XXIII, 4, consagrou expressamente o direito de constituir sindicatos: "Todo homem tem direito de organizar sindicatos e a neles ingressar para proteção de seus interesses".(37)

Nos âmbitos internacional e regional, surgiram diversos movimentos e entidades sindicais, como a Primeira Internacional, fundada por Marx (1864), que realizou em Genebra, em 1866, o primeiro congresso internacional operário; a Segunda Internacional Socialista (1889) e a Terceira Leninista (1914); a Federação Sindical Internacional (Amsterdã, 1902); a Federação Sindical Mundial — FSM (Paris, 1945); a Confederação Internacional dos Sindicatos Livres — CISL, criada em Bruxelas (1949); a Confederação Internacional dos Sindicatos Cristãos — CISC (La Haya, 1920 e reativada em 1946); Confederação Pan-Americana (Estados Unidos, 1918); e a Confederação de Trabalhadores da América Latina (México, 1938).

O direito de sindicalização universalizou-se e ganhou espaço em diversas declarações e normas internacionais, como a Declaração Universal dos Direitos Humanos, o Pacto Internacional dos Direitos Civis e Políticos de 1966 e o Pacto Internacional sobre Direitos Econômicos, Sociais e Culturais também de 1966.

Ao lado das grandes Declarações de Direitos, as atividades desenvolvidas pela Organização Internacional do Trabalho foram fundamentais para a consolidação dos direitos sindicais no mundo. Ganharam grande relevo os estatutos normativos por ela aprovados, o denominado "Código Internacional do Trabalho", composto por suas recomendações e convenções, entre as quais se destacam as referentes às seguintes matérias: direito de associação em territórios não metropolitanos (Convenção n. 84, de 1947); direito de sindicalização e de negociação coletiva (Convenção n. 98, de 1949); trabalho em plantações (Convenção n. 110); liberdade sindical e proteção ao direito de sindicalização (Convenção n. 87, de 1948); proteção e facilidades para os representantes dos trabalhadores nas empresas (Convenção n. 135, de 1971); organização de trabalhadores rurais (Convenção n. 141, de 1975); consultas tripartites para aplicação das normas internacionais de trabalho (Convenção n. 144, de 1976); direito de sindicalização e de negociação coletiva de servidores públicos (Convenção n. 151, de 1978); fomento da negociação coletiva (Convenção n. 154, de 1981).

A Convenção n. 87, adotada na Conferência de São Francisco, de 1948, por solicitação do Conselho Econômico e Social das Nações Unidas, representa um marco na edição de normas internacionais de direito sindical, sendo considerada a mais importante dos instrumentos normativos da Organização Internacional do Trabalho.

A Declaração da OIT sobre princípios e direitos fundamentais do trabalho de 1998 promulgou a liberdade sindical e o reconhecimento efetivo do direito de negociação coletiva como princípios fundamentais do trabalho, propugnando pela sua observância, promoção e efetivação por todos os Estados-membros.

(37) SÜSSEKIND, Arnaldo. *Direito constitucional...*, cit., p. 307.

Como ressalta Arnaldo Süssekind, em um século e meio, de ilícito penal a sindicalização passou a ser concebida como um dos direitos humanos fundamentais.(38)

Corolário do direito de associação, o direito de associação sindical foi consagrado em diversas Constituições, normas e Declarações Internacionais e nas legislações infraconstitucionais de vários países, seja pela previsão específica do direito de sindicalização, seja pela consagração do direito de associação em sentido amplo.

Nas palavras de Wilson de Souza Campos Batalha, a "história dos sindicatos é uma história de lutas, de reivindicações, de perseguições, de frustrações e de sucessos. É uma história de vinculações sociais e políticas, envolvendo, através dos tempos, as imensas coortes de trabalhadores, parcelas largamente majoritárias das populações, que esparsos, não poderiam ter veiculadas as suas pretensões, nem satisfeitos os seus indispensáveis meios de subsistência com dignidade".(39)

3.2. Concepções do sindicalismo

3.2.1. Sindicalismo revolucionário

Esse sindicalismo tem suas bases nas ideias anarquistas, libertárias e socialistas, defendidas por pensadores como Proudhon, Blanc, Bakunin e seu teórico máximo Georges Sorel.(40)

A atuação sindical é entrelaçada à forte postura ideológica de luta contra o capitalismo e pela extinção do Estado. Os seguidores dessa concepção privilegiam as formas diretas de atuação dos trabalhadores, como a greve, o boicote e a sabotagem. Seus partidários fundamentam sua atuação nos princípios de neutralidade política e autossuficiência, não participam do campo eleitoral, negam as posturas compositivas e a negociação.(41)

Esse sindicalismo apresenta as seguintes ideias centrais: contraposição ao sistema capitalista e à existência do Estado, extinção do governo e qualquer autoridade, a ação direta como meio de luta, crítica radical da ordem jurídica, política e social.(42) Repudia a luta política, dando ênfase à importância do movimento sindical no processo de emancipação da sociedade.(43)

3.2.2. Sindicalismo de Estado

Esse tipo de sindicalismo foi típico dos regimes corporativistas e comunistas que vigoraram em países da Europa, como Itália (fascismo), Alemanha (nazismo), Espanha (franquismo), Portugal (salazarismo) e na União Soviética. Centra-se na ideia de ausência de classes antagônicas e na direção da economia pelo Estado.

Amauri Mascaro Nascimento expõe como características principais desse tipo de sindicalismo: a definição e delineamento das categorias profissionais e econômicas pelo Estado, concepção da corporação como célula do Estado, com poderes normativos e fiscalizatórios sobre a categoria, proibição da greve e do locaute.(44)

Arnaldo Süssekind indica outras características: enquadramento dos sindicatos como entes sujeitos à orientação e ao controle do Estado, delegação de encargos estatais, beneficiamento das entidades sindicais com recursos financeiros de natureza pública, monopólio de representação, organização sindical verticalmente hierarquizada com controle das entidades de grau inferior pelas de grau superior.(45)

Del Giudice e Mariani apontam, além das mencionadas, outras características desse tipo de sindicalismo fixadas na Itália pela Lei n. 563/1926: reconhecimento dos sindicatos como pessoas jurídicas de direito público,

---

(38) SÜSSEKIND, Arnaldo. *Op. cit.*, p. 309.

(39) BATALHA, Wilson de Souza Campos; BATALHA, Sílvia Marina Labate. *Op. cit.*, p. 13.

(40) BELTRAN, Ari Possidonio. *A autotutela nas relações do trabalho.* São Paulo: LTr, 1996. p. 133.

(41) *Idem, loc. cit.*

(42) NASCIMENTO, Amauri Mascaro. *Origens...*, cit., p. 42.

(43) ANTUNES, Ricardo Luiz Couto. *Op. cit.*, p. 21.

(44) *Idem, ibidem*, p. 36.

(45) SÜSSEKIND, Arnaldo. *Direito constitucional...*, cit., p. 320.

representação única de toda a categoria, proibição de sindicatos não reconhecidos de representação profissional e de estipulação de contratos coletivos de trabalho, obrigação de recorrer-se à Magistratura do trabalho para solucionar os conflitos coletivos.(46)

Podem-se observar rudimentares traços do corporativismo no Estado Romano com o surgimento dos denominados *Corpora*, colégios que abrangiam membros de profissões visceralmente vinculadas à segurança do Estado e abastecimento da população; adquiriam privilégios e exerciam múnus público.(47)

Esse sistema foi implantado na Itália de Mussolini com a *Carta del Lavoro* de 1927; na Espanha, com o *Fuero del Trabajo*, de 1938; em Portugal, com a *Constituição e o Estatuto do Trabalho Nacional* de 1933.

É o sistema sindical em que se encontra a maior influência e intervenção estatal. Seu modelo não teve uma duração extensa, pois de um modo geral foi se extinguindo com a passagem dos regimes políticos corporativistas, aos quais estava visceralmente atrelado, para regimes democráticos.

3.2.3. Sindicalismo cristão

O sindicalismo cristão é baseado na doutrina social da Igreja Católica. Fundamenta-se nas noções de justiça e caridade, com desprezo da concepção da luta de classes como uma necessidade emancipatória. Na sua origem, teve inspiração na Encíclica *Rerum Novarum* (1891), do Papa Leão XIII. Seus princípios, no entanto, são encontrados nas demais encíclicas papais — *Quadragesimo Anno* (1931) do Papa Pio XI, *Mater et Magistra* (1961) do Papa João XXIII, *Populorum Progressio* (1967) do Papa Paulo VI, e *Laborem Exercens* (1971) e *Centesimus Annus* de João Paulo II — e em outros documentos (cartas e encíclicas) emanados da Igreja Católica.

De uma maneira geral, esse tipo de sindicalismo rejeita os modos violentos de atuação sindical, centrados na concepção de lutas de classes, a qual combate com vigor. Prega a manutenção do sistema capitalista, com sua transformação num regime justo e equitativo que atenda à sua função social.(48) Tem como meta principal a dignificação do trabalhador.(49)

Com base na Encíclica *Rerum Novarum* refuta, veementemente, as teses comunistas, centra sua atuação na defesa da propriedade privada e na busca de entendimento entre operários e patrões, com repúdio à greve, por ser considerada danosa aos interesses comuns. Apregoa a existência de sindicatos livres e organizados, jornada de trabalho compatível com a dignidade do homem, salário suficiente para atender às necessidades do trabalhador e de sua família etc.(50)

3.2.4. Sindicalismo reformista

O movimento sindicalista reformista tem suas origens no trade-unionismo inglês. Sem abandonar o ideal da luta sindical, destoa-se claramente do sindicalismo revolucionário, por pretender uma simples melhora da situação dos trabalhadores dentro do próprio sistema capitalista. Os sindicatos portadores desses ideários aceitam o sistema capitalista, as formas de cooperação e a negociação.

Representante desse tipo de sindicalismo, o sindicato norte-americano assume uma posição pacífica com o capitalismo. Atua, de um modo geral, na elaboração de acordos e convenções coletivas, no desenvolvimento de atividades de educação e beneficência, além da participação em estudos e soluções de problemas do interesse das coletividades e da nação.

---

(46) DEL GIUDICE, F.; MARIANI, F.; IZZO F. *Diritto sindacale*. Napoli: Ed. Giuridiche Simone, 1998. p. 11.

(47) RUSSOMANO, Mozart Victor. *Op. cit.*, p. 8.

(48) ANTUNES, Ricardo Luiz Couto. *Op. cit.*, p. 22.

(49) SÜSSEKIND, Arnaldo. *Direito constitucional...*, cit., p. 319.

(50) MARTINS, Milton. *Sindicalismo e relações trabalhistas*. São Paulo: LTr, 1995. p. 42-43.

O sindicalismo inglês das *trade unions*, embora iniciado com base nos movimentos cartistas (de fins políticos e sociais) e owenista (socialista), a partir de meados do século XIX, adotou postura reformista, centrada nas negociações coletivas, já exitosas, e com abandono da tese comunista da luta de classes. Exerce ações políticas e mantém representantes nas empresas para iniciar os procedimentos de negociação coletiva.

Desse modelo surgiu o sindicalismo pragmático ou de resultados. Neste, os aspectos econômicos e materiais prevalecem sobre os políticos e ideológicos; engendra esforços para conseguir objetivos concretos — aumentos salariais, pensões de inatividade, redução de jornada etc. Geralmente, possui um forte poder econômico (pois exerce atividades econômicas), sendo que não raras vezes desafia o poder político, amparado na sua expressão numérica, na sua pujança econômica e na força eleitoral dos seus membros.(51)

A observação atual dos modelos sindicais demonstra que estes sindicatos se adaptaram aos respectivos sistemas econômicos, cuja ordem constituída outrora fora objeto de oposição deles. Desenvolveu-se assim o denominado sindicalismo de resultados.(52)

Walküre Lopes Ribeiro da Silva, ao analisar a participação dos sindicatos na empresa, demonstra que, a partir das conquistas econômicas e políticas do movimento sindical nos países de capitalismo avançado, surge o denominado sindicalismo de controle que, sem abandonar a visão conflitual das relações de trabalho, favorece a democratização do poder dentro da empresa, com a participação e interferência dos trabalhadores nas decisões empresariais.(53) Conforme assinala Nestor de Buen, os sindicatos alemães, representantes do sindicalismo de cogestão, perseguem a participação dos trabalhadores nos conselhos de administração e órgãos de decisão e representação dentro das empresas.(54)

4. Sindicalismo no Brasil

4.1. Evolução histórica e legislativa

A sociedade escravocrata brasileira do século XIX não propiciou o surgimento de uma classe operária em condições de organizar e dirigir sindicatos. A economia, centrada na atividade agrícola e na exploração de minérios, possuía uma industrialização incipiente; as relações de trabalho não se diferenciavam das relações autocráticas havidas entre os senhores rurais e seus escravos. Neste contexto, negava-se qualquer forma de associativismo. Ademais, a compleição da sociedade brasileira não propiciava a formação de uma comunidade trabalhadora expressiva e coesa a ponto de ensejar a formação de sindicatos. A população era rarefeita; os meios de comunicação e transporte eram precários e deficientes, dificultando o contato entre os trabalhadores. As desigualdades regionais eram profundas.

Evidentemente que numa sociedade escravocrata, baseada no trabalho servil, com uma indústria em seus primeiros passos, dispersa por um longo território, com escassa densidade populacional, não havia um clima próprio à organização coletiva do trabalho. Aliás, pouco inclusive era o trabalho urbano que justificasse a aproximação dos não muitos exercentes de profissões livres em coalizões ou reuniões para tratar de interesses comuns.(55)

Apesar da predominância do trabalho escravo e da inexistência de um movimento operário consolidado, a influência das ideias políticas e econômicas, embasadas nos preceitos da Revolução Francesa, foi sentida na Constituição de 1824, que, no seu art. 179, § 25, dispunha: "ficam abolidas as corporações de ofícios, seus juízes, escrivães e mestres". Este dispositivo atingiu as raras corporações que existiam no país na época.

Propagaram-se, nesse período, as sociedades de assistência mútua ligadas a algumas categorias urbanas que não encontravam amparo numa sociedade patriarcal e agrária — Sociedade dos Artistas Mecânicos e Liberais de

(51) SÜSSEKIND, Arnaldo. *Direito constitucional...*, cit., p. 319.

(52) RUSSOMANO, Mozart Victor. *Op. cit.*, p. 28.

(53) SILVA, Walküre Lopes Ribeiro da. *Representação e participação dos trabalhadores na gestão da empresa*. São Paulo: LTr, 1998. p. 20.

(54) BUEN LOSANO, Nestor de. *Op. cit.*, p. 561-562.

(55) MORAES FILHO, Evaristo de. *O problema do sindicato único no Brasil*: seus fundamentos sociológicos. São Paulo: Alfa-Omega, 1976. p. 182.

Pernambuco (1836); Associação Tipográfica Fluminense (1853); Sociedade Beneficente dos Caixeiros (1858); Associação de Auxílio Mútuo dos Empregados da Tipografia Nacional e Associação dos Socorros Mútuos (1873), todas no Rio de Janeiro. Em São Paulo, difundiram-se diversas associações mutuárias a partir de 1872, como a Liga Operária de Socorros Mútuos de São Paulo (1872).(56) Consiste num período mutualista que coexistiu com o trabalho escravo.

A Carta Política de 1891, inspirada no espírito liberal-individualista da Constituição norte-americana, apesar de não dispor expressamente sobre as entidades sindicais, acabou por possibilitar a criação de sindicatos, ao consagrar o direito de associação de forma ampla, ao dispor no § 8º do art. 72 que "*a todos é lícito associarem-se e reunirem-se livremente e sem armas; não podendo intervir a polícia, senão para manter a ordem pública*".

Nesse período, deslocou-se o centro econômico do país para o Sudeste, uma vez que, com a expansão da cultura cafeeira e as crises de superprodução, os investidores passaram a aplicar seus lucros na indústria, principalmente no Estado de São Paulo.

Iniciou-se um grande processo de urbanização e industrialização, com o paulatino crescimento dos transportes, acumulação de capitais e recursos humanos; este último acentuado pelo grande número de pessoas que migravam dos campos para as cidades.

Dessa época até 1930, a atividade sindical cresceu no mesmo ritmo da atividade industrial, mas era irregular, descontínua e constantemente sujeita a intervenções policiais.

Com a chegada de trabalhadores imigrantes, especialmente italianos, difundiu-se a doutrina do anarcossindicalismo. Sua influência foi sentida nas ideias socialistas que predominaram no 1º Congresso Operário de 1906, com a apresentação de propostas de resistência à classe patronal e de defesa da ação direta dos trabalhadores, propostas que coincidiam com a ideologia anarcossindicalista e demais doutrinas reformistas.

Não somente no campo das ideias o anarcossindicalismo influenciou o movimento sindical brasileiro; a experiência dos imigrantes também foi de fundamental importância para a estruturação dos sindicatos e organização da atuação dos trabalhadores, pois até então o sindicalismo brasileiro atuava irregularmente e sem uma definição clara dos seus limites e objetivos.

Surgem, nessa época, ao lado das sociedades de socorro mútuo, diversas outras associações — sociedades de resistência, ligas operárias, uniões de trabalhadores e sociedades cooperativas — como a Liga de Resistência dos Trabalhadores em Madeira (1901); Liga dos Operários em Couro (1901); Liga de Resistência das Costureiras (1906); União dos Trabalhadores em Fábricas de Tecidos (1907); União de Empregados no Comércio (1903); União Geral dos Chapeleiros (1904); União dos Trabalhadores Gráficos (1904); Sociedade Cooperativa Beneficente Paulista (1896); Sociedade Cooperativa Tipográfica Operária (1904).(57)

No intuito de reorganizar e fortalecer o setor rural, desestruturado com o fim da escravatura e afetado por crises conjunturais, o Estado procurou estimular o associativismo, facultando a constituição de sindicatos rurais pelo Decreto-lei n. 979, de 6.1.1903, considerado por muitos a primeira lei brasileira sobre sindicalismo, especificamente o rural.(58)

O Decreto n. 1.637, de 5.1.1907, além de possibilitar a criação de sociedades cooperativas, estendeu o direito de sindicalização a todos os trabalhadores — urbanos e rurais —, mas teve inexpressiva repercussão, em razão do incipiente desenvolvimento da economia brasileira à época.(59)

---

(56) SÜSSEKIND, Arnaldo. *Direito constitucional...*, cit., p. 323.

(57) NASCIMENTO, Amauri Mascaro. *Origens...*, cit., p. 40.

(58) MARTINS, Milton. *Op. cit.*, p. 35.

(59) *Idem, loc. cit.*

Após a Revolução de 1930, pelo Decreto n. 19.770, de 19.3.1931, regulamentou-se minuciosamente a organização sindical: foram definidos os contornos dos sindicatos de empregados e de empregadores, e instituído o sindicato único em relação a cada profissão numa mesma região; a necessidade de, no mínimo, 30 sócios para a constituição de um sindicato; exigência de reconhecimento pelo Ministério do Trabalho; possibilidade de estruturação por categorias, indústrias ou ofício ou profissão; a elaboração de convenções coletivas de trabalho foi tida como prerrogativa dos sindicatos; restringiu-se a atuação dos sindicatos ao ambiente profissional, proibindo-se a difusão de ideologias e atividades políticas; possibilitou-se a criação de federações e confederações sujeitas ao Ministério do Trabalho; proibiu-se a filiação dos sindicatos a entidades internacionais, sem autorização do Ministério do Trabalho; aos sindicatos foram atribuídas funções assistenciais, com a possibilidade de constituição de caixas beneficentes, cooperativas e escolas. Esta organização sindical foi completada pelo Decreto n. 24.694, de 12.7.1934, exigindo 1/3 de empregados da mesma profissão para a constituição de sindicato (cinco empresas para o de empregadores). Excluíam-se do direito de sindicalização os empregados públicos e os domésticos.[60]

Era o início de uma fase corporativista e intervencionista. O Estado, para manter maior controle sobre o movimento operário, regula minuciosamente a atividade sindical, idealizando um sistema sindical burocratizado, piramidal e atrelado ao Ministério do Trabalho, recém-criado. A legislação do trabalho passa a ser um instrumento de sustentação do regime autoritário que se seguiu, atribuindo aos sindicatos uma função de colaboração com o Estado, típica dos regimes corporativistas que vigoraram na Alemanha e na Itália no período entre Guerras.

Como assinalado, antes do advento da nova Constituição, o Decreto n. 24.694, de 12.7.1934, restabeleceu a pluralidade sindical. No entanto, exigia para o reconhecimento da investidura sindical que a associação representasse pelo menos 1/3 da categoria, o que acabava por limitar o número de sindicatos.[61]

A Constituição de 1934 sofreu ressonância da Constituição de *Weimar* e, entre outros direitos trabalhistas, assegurou a liberdade de associação em seu art. 113, inciso 12 (Capítulo II — Dos direitos e garantias individuais do Título III — Da declaração de direitos), e a pluralidade sindical, no art. 120 (Título IV — Da ordem econômica e social), que dispunha, *ipsis verbis*: "Os sindicatos e associações profissionais serão reconhecidos de conformidade com a lei". O parágrafo único do mesmo artigo explicitava que "a lei assegurará a pluralidade sindical e a completa autonomia dos sindicatos". Prescrevia, ainda, que as associações sindicais teriam direito de eleger deputados à Câmara Federal.

A Carta de 1937, outorgada durante o Estado Novo, inspirou-se no sistema corporativista italiano, com reprodução, quase que literal, da Declaração III da *Carta del Lavoro*. Com base na ideologia corporativista, extinguiu-se o modelo pluralista e aumentou-se o intervencionismo estatal nos sindicatos, centralizado no Conselho de Economia Nacional. Alçou-se o conceito de representatividade da categoria ao âmbito constitucional (art. 138). Previu-se a liberdade sindical, mas se concedia a representação legal da categoria apenas à associação sindical reconhecida pelo Estado (art. 138). Atribuiu-se o poder de celebrar contratos coletivos de trabalho obrigatórios para todos os associados e impor-lhes contribuições (art. 138). Não obstante a norma do art. 138 referir-se à obrigatoriedade dos contratos coletivos apenas aos associados, paradoxalmente, o art. 137, "*a*", da CF/37 previa que os contratos coletivos seriam aplicáveis a todos aqueles representados pelas associações legalmente reconhecidas.

A CF/37 atribuiu aos sindicatos o exercício de funções delegadas do poder público, colocando-os "sob a assistência e a proteção do Estado" (art. 140). Considerou a greve e o *lockout* "recursos antissociais, nocivos ao trabalho e ao capital e incompatíveis com os superiores interesses da produção nacional" (art. 139). Também instituiu a Justiça do Trabalho para dirimir os conflitos oriundos de relações entre empregadores e empregados, com expressa previsão de que não faria parte do Poder Judiciário, ao dispor que a referida Justiça seria "regulada em lei e à qual não se aplicam as disposições desta Constituição relativas à competência, ao recrutamento e às prerrogativas da justiça comum".

---

(60) MARTINS, Sergio Pinto. *Direito do trabalho*. São Paulo: Malheiros, 1996. p. 604.

(61) MARTINS, Milton. *Op. cit.*, p. 70-71.

O Decreto n. 1.402, de 5.7.1939, fortaleceu a política intervencionista, caracterizando-se como uma legislação publicista, a qual retirou quase toda a espontaneidade da organização sindical brasileira: regulamentou a unicidade sindical compulsória, com excessiva intervenção estatal na organização e estrutura das entidades sindicais, com a possibilidade de cassação da carta de reconhecimento sindical; possibilitou a formação de associações, sendo que a investidura sindical passou a ser conferida pelo Ministério do Trabalho à associação mais representativa; proibiu a greve e instituiu o enquadramento sindical e a divisão por categorias econômicas e profissionais.(62)

O Decreto-lei n. 2.377, de 8.7.1940, criou o imposto sindical, cujas receitas seriam partilhadas entre as entidades sindicais reconhecidas e o Ministério do Trabalho.(63)

No esteio da política intervencionista, proliferaram as medidas legislativas em matéria sindical. Em 1943, foi promulgada a Consolidação das Leis do Trabalho, Decreto n. 5.452, de 1º de maio, que praticamente manteve o sistema sindical com os componentes corporativistas e intervencionistas: associação profissional prévia, imposto sindical, paralelismo sindical, enquadramento sindical, padronização de estatutos e balanços dos sindicatos, unicidade sindical etc.

Durante a "Era Vargas", o sindicalismo perdeu parte de sua força de fomentação com as leis restritivas da entrada de imigrantes, como a que limitou o ingresso no território nacional a 2% do total de cada nacionalidade e a "Lei dos Dois Terços", que impôs a obrigação de as empresas empregarem, no mínimo, dois terços de brasileiros natos, além das restrições presentes nas Constituições de 1934 e 1937. As entidades sindicais, desse modo, viram-se com redução ou despojadas da experiência e das concepções sindicais dos trabalhadores imigrantes.

Fruto da redemocratização do país, a Constituição de 1946, votada em Assembleia Nacional Constituinte, reconheceu o direito de greve (já instituído no Decreto-lei n. 9.070, de 13.3.1946, de controvertida constitucionalidade, à época) e estabeleceu a liberdade sindical, porém, nos termos regulamentados em lei: "Art. 159. É livre a associação profissional ou sindical, sendo reguladas por lei a forma de sua constituição, a sua representação legal nas convenções coletivas de trabalho e o exercício de funções delegadas pelo poder público".

Embora possível a elaboração de lei ordinária instituidora da pluralidade sindical, a Consolidação das Leis do Trabalho, vigente desde 1943, foi tida como recepcionada pela nova Carta, pois o Supremo Tribunal Federal, em julgamento de mandado de segurança impetrado por um sindicato de bancários, proclamou a compatibilidade dos dispositivos da CLT com a nova ordem constitucional.(64) Com a recepção do estatuto celetista, manteve-se a organização sindical corporativista implementada durante a Era Vargas.

A Carta de 1967, em seu art. 166, repetiu o art. 159 da Constituição anterior. Acrescentou, no entanto, dois parágrafos para garantir entre as funções delegadas das entidades sindicais o direito de arrecadar contribuições para o custeio das suas atividades e instituir o voto obrigatório nas eleições sindicais. Assegurou o direito de greve (art. 165, XXI), excetuando os serviços públicos e atividades essenciais definidos em lei (art. 162). A Emenda Constitucional n. 1/69 manteve integralmente as disposições da CF/67.

Durante o regime militar, o Estado procurou impor aos sindicatos uma postura assistencialista em detrimento da reivindicatória. Essa característica é facilmente notada no Decreto n. 67.227/70, que previu uma série de posturas assistenciais aos sindicatos para a promoção social do trabalhador — assistência médico-hospitalar, odontológica, creches, cooperativas de consumo, colônias de férias etc., com a respectiva participação dos sindicatos em órgãos públicos e privados para cumprimento desses desideratos.

A partir do ano de 1985, iniciou-se uma fase de liberação dos sindicatos. A Portaria n. 3.100/85 do Ministério do Trabalho, ao revogar a Portaria n. 3.337/78 do mesmo órgão, retirou a proibição de constituição de centrais sindicais.(65)

---

(62) AROUCA, José Carlos. *Repensando o sindicato*. São Paulo: LTr, 1998. p. 570-581.

(63) MARTINS, Milton. *Op. cit.*, p. 82.

(64) GOMES NETO, Indalécio. Características do sindicalismo brasileiro. *Revista LTr*, ano 58, n. 3, p. 267-270, mar. 1994.

(65) NASCIMENTO, Amauri Mascaro. Organização sindical na perspectiva da Constituição de 1988. *Revista LTr*, ano 52, n. 12, p. 8, jan. 1988.

Durante a década de oitenta, o sindicalismo forçou o universo da legalidade, instituindo um período de maior liberdade em face do Estado. Com o crescimento das uniões sindicais possibilitou-se uma maior liberdade de organização interna, externa e político-ideológica.

Desenvolveram-se dois grandes tipos de sindicalismo: o reivindicativo-revolucionário, originário na região do ABC paulista, altamente industrializada, que se aliou à atividade política com a criação do Partido dos Trabalhadores e o sindicalismo reformista, de resultados, voltado para a melhoria das condições materiais dos trabalhadores; representado, principalmente, pelo Sindicato dos Metalúrgicos de São Paulo.[(66)]

Apesar de não constarem da organização sindical delineada pela CF/1988, o movimento sindical brasileiro ensejou o nascimento de órgãos de cúpula, as centrais sindicais, como a CUT (Central Única dos Trabalhadores), a FS (Força Sindical), a CTB (Central dos Trabalhadores e Trabalhadoras do Brasil), a CGT (Central Geral dos Trabalhadores), a USI (União Sindical Independente), a CGTB (Central Geral dos Trabalhadores do Brasil), a UGT (União Geral dos Trabalhadores), NCST (Nova Central Sindical dos Trabalhadores), a CSP Conlutas (Central Sindical e Popular), a PÚBLICA (Centra do Servidor), a INTERSINDICAL (Central da Classe Trabalhadora), a CBDT (Central Brasileira Democrática dos Trabalhadores), as quais se localizam acima do sistema confederativo delineado pela CF/1988, institucionalizando-se como uma estrutura espontânea e, não obstante a ausência de personalidade jurídica sindical, apresentaram-se bastante atuantes e com forte presença na articulação das demais entidades sindicais.[(67)]

O reconhecimento legal das centrais sindicais como entidades associativas dos trabalhadores deu-se no âmbito infraconstitucional com a Lei n. 11.648/2008.

A Constituição de 1988 mesclou alguns elementos de autonomia e liberdade sindicais com outros de heteronomia e intervencionismo ao estear o modelo sindical do seguinte modo:

a) apesar de dispor que é livre a associação em sindicatos, manteve o monopólio de representação e a unicidade sindical (não permissão de mais de um sindicato da mesma categoria profissional ou econômica na mesma base territorial);

b) adotou a liberdade de autodefinição das bases e de fixação da base territorial pelos sindicatos, mas condicionou que esta não seja inferior à área de um município (inviabiliza-se a criação de sindicatos por empresa ou estabelecimento);

c) manteve a contribuição sindical compulsória e criou a contribuição confederativa;

d) aboliu o estágio preliminar de sindicatos sob a forma de associações e a necessidade de reconhecimento pelo Ministério do Trabalho;

e) garantiu a livre criação de sindicatos sem a necessidade de autorização do Estado e a liberdade de administração com vedação da interferência do Poder Público;

f) manteve a organização sindical piramidal, com sindicatos, federações e confederações;

g) previu a liberdade individual de filiação e de desfiliação;

h) concedeu aos aposentados o direito de votar e serem votados nas eleições sindicais;

i) consagrou o direito de negociação coletiva, com o reconhecimento dos acordos e convenções coletivas;

j) dispôs sobre o direito de greve;

k) conferiu estabilidade aos dirigentes sindicais;

l) consagrou o direito de representação dos trabalhadores.

---

(66) *Idem, ibidem*, p. 75.

(67) *Compêndio...*, cit., p. 74.

Como se observa, desde os primórdios do desenvolvimento sindical no país, o Brasil adotou um sistema heterônomo de regulamentação da atividade sindical, caracterizado por uma forte intervenção sindical, no campo legislativo, por meio de uma legislação prescritiva da atividade sindical (trata da organização sindical, greve, negociação coletiva, unicidade sindical). Pode-se dizer que a CF/1988de 1988 conservou os traços estruturais da organização sindical instituída em 1939 pelo Decreto n. 1.402 e cristalizada na CLT.

A Lei n. 13.467/2017, a denominada "Reforma Trabalhista", de controvertida legitimidade e constitucionalidade tanto na sua concepção quanto em muitos dos seus dispositivos, alterou a CLT em diversos aspectos e temáticas, sendo que em matéria sindical previu o princípio da intervenção mínima (art. 8º, § 3º); regulamentou a representação dos empregados no local de trabalho (art. 510, A-D, CLT); previu a facultatividade da contribuição sindical (art. 545, 578, 579, 582, 583, CLT); prescreveu a prevalência do negociado sobre o legislado (arts. 611-A e 611-B, CLT), a vedação da ultranormatividade das normas coletivas (art. 614, § 3º, CLT) e prevalência do acordo coletivo sobre a convenção coletiva (art. 620, CLT).

Como ressaltado, as diversas alterações estão sendo objeto de interpretações sistemáticas, controle de constitucionalidade (difuso e concentrado) e controle de convencionalidade.

4.2. Natureza jurídica

A definição da natureza jurídica das entidades sindicais repercute diretamente sobre a problemática da legitimação para a defesa dos interesses transindividuais e para a fixação dos alcances objetivo e subjetivo dos mecanismos de atuação sindical.

A natureza jurídica dos sindicatos possui relação direta com o regime político dos países nos quais se insere. Assim, num regime democrático comumente os sindicatos assumem o caráter de direito privado; já nos países de regimes totalitários ou corporativistas tendem os sindicatos a ser pessoa jurídica de direito público.

No Brasil, não obstante a existência de diversas teses a respeito da natureza jurídica dos sindicatos — pessoa jurídica de direito público, pessoa jurídica de direito privado, pessoa semipública, pessoa jurídica de direito social —, todas com seu relativo valor, predomina atualmente entre os doutrinadores a concepção do sindicato como pessoa jurídica de direito privado. Seguem esse pensamento, entre outros, José Carlos Arouca, Amauri Mascaro Nascimento, Sergio Pinto Martins, Segadas Vianna, Roberto Barretto Prado.[(68)]

No ordenamento jurídico brasileiro, os sindicatos sempre conservaram sua natureza de pessoa jurídica de direito privado, não obstante tenham sofrido forte intervenção estatal, máxime durante o Estado Novo, quando estavam subordinados a um rígido controle estatal.

O sindicato é espécie do gênero associação. Apresenta todas as características de uma associação apontadas por Paulo Lyrio Pimenta: é um agrupamento de pessoas, configura uma união permanente, pode visar a qualquer fim lícito, organiza-se por meio de um estatuto, sua dissolução pode operar-se de forma voluntária ou compulsória.[(69)]

No entanto, os sindicatos constituem espécies particulares de associações, uma vez que contêm elementos peculiares que justificam variações na sua disciplina em relação à disciplina geral das entidades associativas. Entre essas particularidades, encontram-se os poderes e prerrogativas sindicais, entre os quais se destaca o poder de estipular contratos coletivos de trabalho que, em nosso ordenamento jurídico, abarcam as categorias representadas.

Desse modo, por ser uma espécie de associação, aos sindicatos, além dos poderes, prerrogativas e deveres decorrentes da sua personalidade sindical, lhes são aplicáveis todos os dispositivos constitucionais referentes às

(68) AROUCA, José Carlos. *Op. cit.*, p. 149. NASCIMENTO, Amauri Mascaro. *Curso de direito do trabalho*. São Paulo: Saraiva, 1996. p. 656. MARTINS, Sergio Pinto. *Direito do trabalho*, cit., p. 614. VIANNA, Segadas. *Instituições de direito do trabalho*. São Paulo: LTr, 1997. p. 1.080. PRADO, Roberto Barretto. *Op. cit.*, p. 104.

(69) PIMENTA, Paulo Roberto Lyrio. Reunião, associação, sociedade, coalização e sindicato: distinções. *Revista dos Mestrandos em Direito Econômico da UFBA*, n. 4, p. 312, jul. 1993/dez. 1995.

associações, especialmente as garantias previstas no seu art. 5º, a saber: liberdade de associação para fins lícitos (inc. XVII), não necessidade de autorização estatal para sua criação (inc. XVIII); vedação à interferência estatal em seu funcionamento (inc. XVIII); dissolução ou suspensão compulsória; somente por decisão judicial (inc. XIX), liberdade de associação (inc. XX), legitimidade para representar seus associados judicial ou extrajudicialmente (inc. XXI); possibilidade de impetrar mandado de segurança coletivo (inc. LXX).

4.3. Personalidade sindical e prerrogativas

A partir da CF/1988, a aquisição de personalidade sindical prescinde da prévia formação de associação profissional, como previsto na CLT, e da autorização do Estado para a fundação de sindicato, sendo suficiente o registro no órgão competente (art. 8º, I, CF/1988). A criação de prévia associação profissional somente se faria necessária na hipótese de existir sindicato registrado, para, numa fase posterior, discutir-se sua representatividade, não significando nenhuma impossibilidade de surgimento de sindicato sem que tenha passado pela outrora exigência de fase prévia de associação, não mais exigível, como nas hipóteses de desmembramento e fusão.

Surgiram, no entanto, interpretações divergentes a respeito de qual seria o órgão competente indicado no art. 8º, I, CF/1988 para proceder ao registro dos sindicatos. Essa controvérsia exsurge do próprio texto constitucional que, apesar de proibir prévia autorização do Estado para a fundação de sindicato, ressalvou o seu registro no órgão competente, sem que se tenha editado lei a respeito do assunto.

Assim, para certa corrente, cessou a competência do Ministério do Trabalho, de forma que os sindicatos adquirem personalidade jurídica pelo simples registro de seus atos constitutivos no Registro Civil de Pessoas Jurídicas; para outra, o Ministério do Trabalho seria o órgão competente previsto na Constituição Federal, de tal modo que a personalidade sindical nasce com o depósito dos estatutos neste órgão, de sorte que o registro civil confere somente personalidade jurídica.

Parece prevalecer, em doutrina e jurisprudência, o entendimento segundo o qual a inscrição no Registro Civil das Pessoas Jurídicas confere personalidade jurídica a entidades sindicais, mas não a personalidade sindical; esta é adquirida com o registro no Ministério do Trabalho, cuja competência residual remanesce, na falta de norma regulamentadora que a conceda a outro órgão.

Como assinala Sergio Pinto Martins, o registro do sindicato no cartório não lhe confere personalidade jurídica de entidade sindical, pois esta nasce com o registro no Ministério do Trabalho. Seguem esse entendimento Arnaldo Süssekind e Délio Maranhão.(70)

O Superior Tribunal de Justiça decidiu, no Mandado de Segurança n. 29/DF, impetrado pela Confederação Nacional da Indústria, pela aplicação das normas anteriores, por considerar que elas concedem embasamento e operosidade ao preceito constitucional, concluindo pela atribuição residual do Ministério do Trabalho para promover o registro sindical para fins estatísticos e de controle governamental, sendo que eventual ofensa ao princípio da unicidade sindical deve ser impugnada com vistas a seu cancelamento, nos termos da lei civil.(71)

O Supremo Tribunal Federal, no Mandado de Injunção n. 144/SP, de relatoria do Ministro Sepúlveda Pertence (*DJU* de 28.5.1993, p. 10.381), reconheceu a competência do Ministério do Trabalho para o registro sindical, como forma de salvaguardar o regime da unicidade sindical,(72) editando a Súmula n. 677, *in verbis*: "Até que lei venha a dispor a respeito, incumbe ao Ministério do Trabalho proceder ao registro das entidades sindicais e zelar pela observância do princípio da unicidade sindical".

---

(70) MARTINS, Sergio Pinto. *Direito do trabalho*, cit., p. 617. SÜSSEKIND, Arnaldo. *Direito do trabalho e previdência social:* pareceres. São Paulo: LTr, 1992. v. 7, p. 202-203.

(71) AROUCA, José Carlos. *Op. cit.*, p. 88.

(72) *Idem, ibidem*, p. 89.

Conforme a doutrina predominante, a exigência de depósito dos estatutos dos sindicatos no Ministério do Trabalho não ofende a liberdade sindical; há previsão legislativa de registros específicos e especiais a certas pessoas naturais ou jurídicas, que exercem determinadas profissões ou atividades peculiares, como o registro dos partidos políticos na Justiça Eleitoral (que acrescenta à pessoa jurídica do partido político a capacidade de representação política — CF/1988, art. 17, § 2º), ou a aquisição de personalidade jurídica das sociedades de advogados com os registros de seus atos constitutivos no Conselho Seccional da OAB. A própria Constituição Federal ressalva o tratamento dispensado aos sindicatos (art. 8º, § 1º) e aos partidos políticos (art. 17, § 2º); diferenciando-os, quanto ao registro, das demais associações (art. 5º, XXI).[(73)]

O ato do Ministério do Trabalho constitui atividade vinculada; limita-se ao controle da legalidade da criação da entidade sindical. O registro ordenado pela Constituição, e hoje atribuído ao Ministério do Trabalho, não se confunde com a competência para a expedição da carta de reconhecimento sindical tal como previsto na CLT, pois à Secretaria de Estado não cabe aprovar ou modificar os estatutos, mas apenas deferir ou indeferir o registro, em atividade plenamente vinculada, com possibilidade de anulação do ato administrativo pelo Judiciário (art. 5º, XXXV, CF/1988). Com base no princípio da continuidade das leis, Arnaldo Süssekind assevera que, por substituir o reconhecimento previsto na CLT, por razões lógicas, à autoridade a que antes cabia esse reconhecimento, cabe agora o registro, uma vez que os dispositivos concernentes à unicidade sindical continuam em vigor, salvo naquilo em que contrariem a Constituição.[(74)] Há uma transfiguração do ato do Ministério do Trabalho, pois que passa a vigorar com natureza meramente declaratória e não mais constitutiva como no período anterior à Constituição de 1988.

Prevalece na doutrina o entendimento segundo o qual, enquanto não advier lei que atribua a competência para o registro das entidades sindicais a órgão diverso, é o Ministério do Trabalho o órgão competente, ou o órgão administrativo que o substitua nas atribuições.

Parece-nos que a simples exigência de depósito dos estatutos no órgão competente não afronta os preceitos da Convenção n. 87 da OIT sobre liberdade sindical, uma vez que esta norma internacional, apesar de vedar a prévia autorização para a constituição de sindicato (art. 2º), admite a previsão de outras exigências, desde que a aquisição da personalidade jurídica pelos entes sindicais não esteja sujeita a condições que limitem a aplicação dos preceitos da liberdade e autonomia sindicais (art. 7º). O que contraria essa Convenção não é o registro, mas o controle, de modo que o Estado não pode transformar a exigência de registro em instrumento de interferência na vida sindical.

Os requisitos exigidos e o respectivo trâmite a ser observado para o respectivo registro estão previstos na Portaria n. 3.472, de 04 de outubro de 2023, do Ministério do Trabalho e Emprego.

Atualmente, pelo sistema da Portaria n. 17.593, de 24 de julho de 2020, do Ministério da Economia/Secretaria Especial de Previdência, para uma associação adquirir personalidade sindical deve sujeitar-se a dois registros: um no Cadastro Nacional de Pessoas Jurídicas, que lhe conferiria personalidade jurídica e a capacidade de ser titular de direito e obrigações, e um específico, o depósito dos seus estatutos no Ministério do Trabalho, para adquirir personalidade sindical e, assim, atuar com todas as prerrogativas conferidas aos entes sindicais e capacidade para defender os interesses da categoria.

A aquisição de personalidade sindical confere aos sindicatos, entre outras, as seguintes prerrogativas, asseguradas na Constituição Federal e em outras normas infraconstitucionais: representar e defender, inclusive perante as autoridades judiciárias e administrativas, os interesses individuais e coletivos da categoria; participar das negociações coletivas de trabalho; celebrar acordos e convenções coletivas de trabalho; eleger ou designar os representantes da categoria perante órgãos da administração pública; beneficiar-se das contribuições previstas em lei; suscitar dissídio coletivo perante os Tribunais do Trabalho; convocar a assembleia e deflagrar a greve; garantir emprego aos candidatos e/ou ocupantes de cargo de direção ou representação sindical.

---

(73) RUFINO, J. F. Câmara. A criação de sindicatos e o órgão competente para registrá-los. *Suplemento Trabalhista LTr*, ano 26, n. 43, p. 229, 1990.

(74) SÜSSEKIND, Arnaldo. Registro sindical. *Suplemento Trabalhista LTr*, ano 26, n. 21, p. 118-119, 1990.

Nada obsta que seja criada associação profissional por empregadores ou empregados, ainda que a categoria esteja organizada em sindicatos. O monopólio de representação somente ocorre em relação ao sindicato. Segundo Arnaldo Süssekind, a associação constituída poderá pleitear sua personalidade sindical se possuir maior representatividade que o sindicato existente, segundo os critérios do art. 519 da CLT, com o cancelamento do registro do sindicato anterior.(75)

4.4. Principais funções

Um estudo da atuação sindical na defesa dos interesses transindividuais pressupõe uma reestruturação do modo e das concepções que a norteavam até então, como também uma redefinição do seu campo de abrangência em face dos novos valores que dela emergem.

Essa redefinição somente se torna viável se observarmos as principais funções desempenhadas pelos entes sindicais ao longo da sua história para, num estádio posterior, compreendermos a mudança de seus padrões em face da nova realidade que a circunscreve.

Os sindicatos, no decorrer de sua história, passaram a incrementar e a desenvolver as funções consentâneas com suas finalidades, entre as quais se destacam aquelas que se tornaram clássicas: função de representação, função regulamentar, função assistencial, função parafiscal ou arrecadadora e função política.

No exercício das suas funções de representação, os sindicatos patrocinam os interesses coletivos e individuais perante órgãos estatais e privados, empregadores, outros entes sindicais, em processos judiciais, em atividades administrativas (atos de homologação de rescisões contratuais).

Na sua atividade regulamentadora, os sindicatos participam da criação de normas e condições de trabalho por meio da elaboração de acordos e convenções coletivas, as quais serão aplicáveis aos contratos firmados entre empregados e empregadores representados pelas partes convenentes. Os acordos coletivos são firmados entre o sindicato profissional e uma ou mais empresas, ao passo que as convenções coletivas são pactuadas entre sindicatos e abrangem toda a categoria.

Ao exercer sua função parafiscal ou arrecadadora, os sindicatos impõem contribuições aos seus sócios ou a toda a categoria, com vistas à obtenção de recursos para o custeio de suas despesas e o financiamento de suas atividades, de seus serviços assistenciais, formação de fundos de greve etc. Suas principais fontes de receitas são: contribuição sindical mantida pela CF/1988 (art. 8º, IV) e regulamentada pela CLT; contribuição confederativa criada pela Constituição (art. 8º, IV); a mensalidade sindical e a contribuição assistencial (Tese de Repercussão Geral, Tema n. 935 do STF).

A função assistencial do sindicato se caracteriza pela prestação de serviços médicos, educacionais, de assistência jurídica, ambulatorial, construção de colônia de férias, convênios com outras entidades para obtenção de preços menores em determinados produtos para os associados ou toda a categoria.

A admissão do exercício de atividade política pelo sindicato é controvertida. Predomina entre os doutrinadores o entendimento segundo o qual ao sindicato não é possível o desenvolvimento de política partidária de forma que desvie sua finalidade primordial, qual seja, a defesa dos interesses da categoria.

No entanto, como acentua José Carlos Arouca, há interesses coletivos que assumem relevância em face da ação política dos sindicatos, como o combate ao desemprego e à inflação,(76) o que justifica uma atividade política desses órgãos. O que é vedado é o atrelamento dos sindicatos aos partidos políticos ou a sua transformação em objeto para o alcance dos objetivos ideológicos de facções políticas.

(75) SÜSSEKIND, Arnaldo. *Direito constitucional*..., cit., p. 342.

(76) AROUCA, José Carlos. *Op. cit.*, p. 154.

Evidentemente, as atividades sindicais apontadas não exaurem toda a complexidade da ação sindical, pois, como mencionado alhures, seus objetivos e meios de atuação modificam-se em razão das peculiaridades de cada época e lugar, de sorte que muitas outras funções são exercidas por estas entidades, restando, acima, uma menção exemplificativa dessas atividades.

Capítulo II

Os interesses transindividuais

1. Sociedade de massa e interesses transindividuais

A existência de bens que, num primeiro momento, se apresentariam como não pertencentes a ninguém (ou insignificantes), por não possuírem, a princípio, um titular determinado, sempre se verificou ao longo da história do ser humano, daí as designações *res derelictae* (coisa abandonada; sem dono), *res nullius* (coisa de ninguém), *res amissa* (coisa perdida), *res extra commercium* (coisa fora do comércio), entre outras de semelhantes significados utilizadas para designar bens materiais e imateriais não pertencentes à esfera jurídica de titulares concretos e determinados.

Igualmente, a história sempre registrou a presença de bens e lugares cuja fruição não era restrita à esfera de um titular exclusivo, uma vez que eram de uso comum (*res communes*) de uma coletividade globalmente considerada (tribo, comunidade, aldeia ou clã), razão pela qual se reconhecia a necessidade da sua tutela e conservação para o bem geral de todos. Até mesmo em sociedades primitivas, as coisas comuns (*res universitatis*) mereciam tutela e respeito, tal como acontecia em relação aos objetos sagrados (*res sacrae*), às áreas reservadas às festividades e aos jogos comunitários etc. Afinal, em qual época histórica o ser humano não desejou viver numa sociedade com meio ambiente agradável, respeito às coisas e áreas comuns e preservação da saúde de seus membros?

Assim, bens e interesses que não se inserem na titularidade de uma única pessoa e cuja fruição abarca um número ilimitado ou expandido de sujeitos, e que, por isso, transcendem a simples esfera individual, existem desde que se formaram os primeiros agrupamentos humanos, não sendo uma característica exclusiva do mundo moderno.

A complexa sociedade moderna, no entanto, realçou a figura desses interesses, colocando-os em plena evidência. Isso se deu em virtude de fatores como o surgimento de grandes conglomerados urbanos, a explosão demográfica, a Revolução Industrial, o desmedido crescimento das relações econômicas, da produção e do consumo de massa, o nascimento de grandes grupos empresariais, a hipertrofia estatal nos campos social e econômico, entre outros.[77]

O desenfreado crescimento industrial, com o surgimento de grandes conglomerados econômicos, aliado ao desenvolvimento urbano acelerado e à intervenção do Estado em diversos setores da sociedade, com intervenções econômicas, ambientais, políticas e sociais, com a realização de atos públicos e privados de grandes repercussões na sociedade, credenciou a violação reiterada de interesses ou bens coletivos, cuja transgressão outrora não ocorria com o grau de intensidade com que verificamos na atual e complexa sociedade, e que, por isso, até então não mereciam maiores preocupações (patrimônio cultural, artístico e paisagístico, meio ambiente), mas que se notabilizaram por causarem impactos concomitantes na vida de diversas pessoas, coletividades, comunidades, sociedades e da humanidade como um todo (destruição da camada de ozônio, do patrimônio histórico e cultural, da diversidade da fauna e da flora).

Essa sociedade moderna é marcada por dois aspectos primordiais: a) "uma nova realidade"; e b) "uma nova consciência". A nova realidade consiste na pujante intervenção dos poderes públicos e agentes privados, de modo profundo e duradouro, sobre as diversas faces da realidade social, muitas vezes com comportamentos danosos, os

(77) FERRAZ, Antonio Augusto Mello de Camargo; MILARÉ, Edis; NERY JUNIOR, Nelson. *A ação civil pública e a tutela jurisdicional dos interesses difusos*. São Paulo: Saraiva, 1984. p. 54-55.

quais envolvem uniformemente uma vasta área de interesses e de pessoas lesadas, como os de todos os cidadãos de uma região ou mesmo de todo um Estado. A nova consciência é caracterizada pela mudança de horizonte do homem moderno em relação à sobrevivência da humanidade e à diversidade da natureza humana, a qual invoca a consideração do ser humano em termos sociais concretos: consumidor, habitante de um bairro, mulher, idoso, membro do ecossistema terrestre etc. A cada *status civitatis* corresponde uma série de interesses jurídicos respectivos, a qual não se limita ao âmbito de pertencimento de um único sujeito, uma vez que se notabiliza por ser comum a todos que se enquadram em determinado *status* (consumidores, mulheres, idosos etc.).(78)

É a denominada sociedade de massa que, centrada nesse conjunto de fatores, caracteriza-se pelo grande número de relações jurídico-econômico-sociais assemelhadas e uniformizadas, com acentuados graus de alcance subjetivo.

Conquanto a sociedade tal como a conhecemos seja tão velha quanto a vida social humana, a sociedade de massa é relativamente nova. Mas o que vem a ser a massa caracterizadora desta sociedade? Segundo o sociólogo Thomas Ford Hoult, uma massa não se confunde com uma porção de pessoas, mas consiste "num número relativamente grande de pessoas, espacialmente dispersas e anônimas, reagindo a um ou mais estímulos idênticos, mas agindo individualmente sem consideração umas pelas outras".(79)

A sociedade de massa é marcada não somente pelo aspecto quantitativo, mas igualmente por constituir uma sociedade na qual "a uniformidade social prevalece sobre a universalidade", isto é, uma sociedade tendente a tratar uniformemente os indivíduos, tanto sob o aspecto jurídico-formal quanto o material.(80)

Esta sociedade moderna é definida por Paul B. Horton e Chester L. Hunt como "aquela em que os relacionamentos informais, de grupos primários,(81) com base na comunidade e orientada para a tradição, foram substituídos por relacionamentos contratuais e utilitários de grupo secundário. É o estágio final da passagem dos relacionamentos de tipo comunitário aos de tipo societário".(82)

Suas características principais são: a) ausência de organização e estratificação sociais rígidas; b) presença de agregações de indivíduos, os quais, embora destacados, desligados ou anônimos, possuem homogeneidade em relação a determinados comportamentos ou posturas sociais ou em razão das situações existenciais comuns nas quais se encontram; c) subsistência de comportamentos não organizados, não estruturados e não coordenados; d) revelação do comportamento de massa; isto é, pelo qual as pessoas agem individualmente, mas numa mesma direção coletiva e com estímulos e condutas idênticas aos membros desta coletividade; e) comportamentos padronizados, os quais não se manifestam necessariamente por meio de um grupo, mas individualmente de forma uniforme; f) presença de uma massa social que não consiste num grupo, cujos componentes não necessariamente interagem entre si, mas a qual pode ser levemente identificada pela uniformidade de condutas, valores e pensamentos; g) passagem do estado de fluidez pessoal nas relações sociais (mais presente nas sociedades primitivas) para a impessoalidade dos relacionamentos secundários.

Nesse contexto, a sociedade pessoalizada e tradicionalmente conhecida é substituída por uma sociedade contratual, na qual os vínculos pessoais, bem como os direitos e deveres tradicionais tornam-se centrais e relevantes.

(78) CODINI, Enio. Beni a fruizione difusa e giudice amministrativo. In: FIORE, Adriano; STANZANI, Davide (*a cura di*). *Strumenti per la tutela degli interessi diffusi della collettività*. Atti del Convegno nazionale promosso dalla Sezione di Bologna di Italia nostra. Bologna, 5 dic. 1981. Rimini: Maggioli, 1982. p. 139-140.

(79) *Apud* HORTON, Paul B.; HUNT, Chester L. *Sociologia*. Trad. Auriphebo Berrance Simões. São Paulo: McGraw-Hilll do Brasil, 1980. p. 325.

(80) FERRAZ JÚNIOR, Tercio Sampaio. In: GRINOVER, Ada Pellegrini (Coord.). *A tutela dos interesses difusos*. São Paulo: Max Limonad, 1984. p. 154.

(81) Os grupos primários se caracterizam pelo conhecimento íntimo entre as pessoas como personalidades individuais; os contatos sociais são íntimos, pessoais e totais, pois envolvem muitas partes da vida de uma pessoa. É a família, grupo de amigos etc. Nos grupos secundários, os contatos sociais são impessoais, segmentários e utilitários, se tem interesse pelo outro não como pessoa, mas pela sua função, seu papel *social, o contato entre as pessoas é utilitário e segmentado. É o sindicato, associação de pais e mestres etc.* "Os grupos primários são orientados para o relacionamento, ao passo que os grupos secundários são orientados para metas" (HORTON, Paul B.; HUNT, Chester L. *Op. cit.*, p. 136-137).

(82) *Idem, ibidem*, p. 325.

Os relacionamentos entre as pessoas são determinados por negociações e definidos em acordos escritos comumente padronizados. As organizações impessoais de grande escala são eficientes e dominantes. O trabalho é realizado da maneira mais pragmática possível, em detrimento do caráter sentimental. Há um grande avanço no conforto material e da expectativa de vida.

Assim, no contexto dessa sociedade assinalada por um processo de produção, de troca e de consumo de massa, por conseguinte, surgem conflitos igualmente de massa, isto é, com o envolvimento simultâneo de um número elevado de pessoas, em face de lesões que as afetam de modo uniforme e homogêneo ou coletivamente consideradas.

São litígios que envolvem interesses de coletividades inteiras, formadas pelos mais diversos tipos de liames fáticos ou jurídicos, os quais lhes concedem uma certa definição social, com distinção dos clássicos interesses meramente individuais. São causa e efeito de condutas danosas que afetam direitos e interesses de grupos, categorias, classes de indivíduos, comunidades e da humanidade globalmente considerados.

Nessa complexidade social emergem, pois, conflitos que colocam em posições antagônicas o Estado, as grandes empresas, os segmentos sociais ou mesmo comunidades inteiras, fazendo surgir novas instâncias de afirmação do coletivo até então inéditas, com lesões possuidoras de novos perfis.(83)

Envolvem bens e interesses que não se limitam ao mero âmbito individual, mas que se apresentam como de natureza coletiva, cuja violação ou inobservância gera danos igualmente coletivos, uma vez que atingem vastos agrupamentos de pessoas.(84) Estes danos podem alcançar números elevados e indeterminados de sujeitos, de tal forma que o individual se dilui na esfera do coletivo, que passa a ser a principal, senão a única, dimensão, pela qual se pode observar a existência desses bens e direitos que transcendem às meras esferas jurídico-individuais, adquirindo uma aura transindividual, sem que necessariamente se confundam com os interesses estatais, pois são pertinentes a diversos setores da sociedade.

Constituem interesses que medeiam entre o indivíduo e o Estado, isto é, não são interesses particulares nem interesses públicos titularizados pela figura do Estado, constituem um *tertium genus* entre ambos, já que pertencentes a grupo, categoria ou classe de pessoas globalmente considerados, como o meio ambiente, o patrimônio público, histórico, cultural e paisagístico, as práticas discriminatórias por razões de gênero, etnia, saúde e condição social, os crimes contra as relações de consumo etc.

Na atual dinâmica social, a necessidade de proteção desses interesses pôs em relevo a acentuada preocupação doutrinária e legislativa em identificá-los e protegê-los jurisdicionalmente. Essa preocupação decorre da constatação prática da insuficiência da defesa individual de tais interesses, seja pela hipossuficiência do indivíduo lesado em face do violador do direito, pela impossibilidade dessa defesa singular ou até mesmo em face da insignificância do bem jurídico atingido, se considerado pelo prisma individual.

Diante de violações de acentuada dimensão social, o indivíduo, singularmente lesado, geralmente encontra-se em situação que o impossibilita de reclamar adequadamente contra o prejuízo pessoalmente sofrido, em razão de inúmeros fatores, como a ignorância a respeito dos novos direitos e formas de tutela, a demasiada limitação da sua pretensão individual em face da dimensão do dano; a desproporcionalidade entre o custo do processo e o seu prejuízo; a inferioridade perante adversários poderosos.(85)

A dimensão destes direitos e interesses faz com que a sua violação geralmente coloque os sujeitos lesados em situação imprópria ou inadequada para tutelá-los jurisdicionalmente de acordo com a orientação tradicional utilizada para a defesa de direitos individuais, tendo em vista adquirirem caráter coletivo.

---

(83) BASTOS, Celso. A tutela dos interesses difusos no direito constitucional brasileiro. *Revista Procuradoria-Geral do Estado de São Paulo*, n. 41, p. 115-116, jun. 1994.

(84) OLIVEIRA JUNIOR, Waldemar Mariz de. Tutela jurisdicional dos interesses coletivos. In: GRINOVER, Ada Pellegrini (Coord.). *A tutela dos interesses difusos*. São Paulo: Max Limonad, 1984. p. 10.

(85) GRINOVER, Ada Pellegrini. A problemática dos interesses difusos. In: *A tutela dos interesses...*, cit., p. 34.

Por estas e outras circunstâncias, constatou-se que a tutela desses direitos não poderia ser efetuada satisfatoriamente pelos indivíduos singularmente considerados, uma vez que eles transcendem a mera esfera individual. A clássica concepção de direito subjetivo (tradicionalmente vinculado a um titular individual e determinado) tornou-se inapropriada diante dos fatos e da necessidade de bens e direitos coletivos, ressoando na problemática da legitimação para a sua defesa, a qual, evidentemente, passou à necessidade de uma nova forma de tutela processual, com a revisão de determinados institutos processuais de cunho individualístico.

A efetiva tutela desses direitos passou a depender da dissociação entre o interesse de agir e o clássico conceito de direito subjetivo, uma vez que nesse campo não se encontra o nível de concreção e individualização que marcam os direitos individuais.[(86)]

Desse modo, a eficaz tutela desses interesses depende não somente do incremento de instrumentos processuais adequados e compatíveis com sua conformação coletiva, como também da sua permanente sistematização material, a partir da determinação dos seus conceitos, espécies, características, natureza jurídica, enquadramento normativo e elementos essenciais, ponto de partida necessário para, num segundo plano, definirem-se os meios de tutela consentâneos com a sua natureza e com a complexidade que os envolve.

2. Os interesses

2.1. Conceito de interesse

A conceituação dos interesses transindividuais — necessária para o enfrentamento do tema proposto — pode ser sistematizada em consonância com caminhos percorridos por diversos doutrinadores que analisaram a temática. Assim, antes de adentrarmos à busca de definições ou, pelo menos, de diferenciação entre os diversos interesses transindividuais, por intermédio do delineamento de suas características principais, mister a compreensão do vocábulo "interesses" em alguns de seus significados.

O termo "interesse" adquire expressão verbal plurívoca. É utilizado para designar "lucro material ou pecuniário", "ganho", "parte ou participação de alguém em alguma coisa", "relação de reciprocidade entre um indivíduo e um objeto, o qual corresponde a uma determinada necessidade daquele".[(87)] Representa também "vantagem" ou "utilidade", de ordem material ou moral, passível de ser retirada das coisas.[(88)]

Interesse está intimamente ligado à noção de necessidade. Representa uma relação entre uma necessidade do ser humano e uma conduta para satisfazê-lo.[(89)] Segundo Francesco Carnelutti, o interesse "se define como uma situação favorável à satisfação de uma necessidade".[(90)]

Na sua expressão comum, o interesse corresponde à pretensão a um benefício; à intenção de um proveito em relação a algo. Como juízo de valor, tem seu nascimento e desenvolvimento nos limites psíquicos do indivíduo. Restringe-se, assim, ao campo do pensamento como forma de desejos e aspirações que se projetam sobre um determinado bem da vida, que pode assumir valor de ordem econômica ou moral.

Constitui expectativas do indivíduo em relação a algum objeto; a sua ligação a um bem da vida em virtude do valor que este representa para aquele. Ao se restringir ao campo psicológico, um interesse, a princípio, é indiferente aos demais indivíduos e ao próprio Estado, não sendo passível de exigibilidade social ou jurídica.

Rodolfo de Camargo Mancuso, ao analisar a restrição desses interesses ao plano da existência-utilidade — denominando-os de "interesses simples", "de fato" ou *lato sensu* —, indica-lhes as seguintes características: a) limitação ao plano psicológico do indivíduo; insuscetíveis, desse modo, de exigibilidade perante terceiros; b) existência

---

(86) BASTOS, Celso. *Op. cit.*, p. 166.

(87) FERREIRA, Aurélio Buarque de Holanda. *Novo Aurélio século XXI:* o dicionário da língua portuguesa. Rio de Janeiro: Nova Fronteira, 1999. p. 1.124.

(88) SILVA, Oscar José de Plácido e. *Vocabulário jurídico*. 18. ed. Rio de Janeiro: Forense, 2001. p. 442.

(89) CARNELUTTI, Francesco. *Lezioni di diritto processuale civile*. Padova: Editrice Universitaria, 1926. p. 5.

(90) *Idem, Ibidem*, p. 6.

de efeitos introrsos à esfera íntima do indivíduo, a quem cabe o gozo da vantagem ou o suporte dos respectivos ônus; c) inexistência de qualquer postura do Estado (indiferença) em relação a tais interesses, que não despertam comportamentos de fomento nem de proibição por parte do ente estatal.(91)

Conforme o autor, esses interesses possuem um conteúdo axiológico quantitativamente amplo e variável, pois a sua valoração está exclusivamente vinculada ao alvedrio dos sujeitos. Ademais, esses interesses são despidos de qualquer referencial normativo, de forma que podem expandir-se livremente, comunicar-se, fundir-se, entrechocarem-se, já que se encontram lançados apenas ao plano fático.(92)

Em regra, são interesses tão diversificados e amplos quanto à multiplicidade de bens da vida que possuem a capacidade de suscitar um juízo humano de valor ou despertar anseios, aspirações, cobiças, ambições no plano íntimo de um indivíduo.

2.1.1. Interesse simples e interesse jurídico

Há diferenciação quantitativa e qualitativa entre os denominados interesses simples, também conhecidos como interesses *lato sensu*, e os interesses jurídicos.

Os interesses simples constituem uma gama de interesses que se situa no mundo fático, nos planos da existência e da utilidade. São interesses que nascem espontaneamente da realidade, independentemente de qualquer valoração ético-normativa.(93)

Apesar de não se inserirem no campo ético-normativo, por constituírem o repertório do pensamento médio de uma coletividade, alguns dos interesses simples figuram como fontes do direito e atuam como fatores jurígenos.(94) Outros, por sua vez, ao adquirirem forte e relevante expressão externa e objetivada e, ao entrarem em contatos recíprocos, ensejam o nascimento de uma série de relações entre seus portadores, que vai da simples e harmônica convivência recíproca a uma relação conflitual-excludente.

Diante da potencial conflituosidade que passam a adquirir, ao Estado cumpre a função curial de selecionar aqueles interesses que representam valores primordiais da sociedade e conceder-lhes tutela jurídica; desse modo, interesses outrora indiferentes ao Estado, por sua objetivação e relevância social, despertam a necessidade da sua tutela e passam a ser juridicamente protegidos. Deixam de ser simples interesses e alçam ao grau de interesses jurídicos, dando ensejo ao nascimento de verdadeiros direitos subjetivos.

Desse modo, diz-se jurídico o interesse simples que se apresenta juridicamente legitimado, de forma a autorizar a sua defesa ou a sua exigência conforme as regras do direito. O interesse jurídico é, assim, aquele juridicamente protegido, exibindo-se como legítimo, positivo, certo, atual e inequívoco.(95) Os interesses simples diferenciam-se dos interesses jurídicos por ausência de juridicidade dos primeiros, ao passo que os segundos constituem interesses chancelados pela ordem jurídica.

Em virtude da chancela jurídica, os interesses simples e os interesses jurídicos distinguem-se qualitativa e quantitativamente. No plano qualitativo, os interesses jurídicos são qualificados pela assimilação normativa, ao passo que os interesses simples permanecem no plano fático, simplesmente como vantagens aspiradas por determinada pessoa, sem a nota da exigibilidade jurídica.

O interesse juridicamente considerado não se objetiva somente no plano primário da "existência-utilidade", nem consiste em mero lucro ou simples situação de vantagem; trata-se de um interesse que adquire *status* jurídico a

---

(91) MANCUSO, Rodolfo de Camargo. *Interesses difusos:* conceito e legitimação para agir. São Paulo: Revista dos Tribunais, 2000. p. 22.

(92) *Idem, ibidem*, p. 18-19.

(93) BASTOS, Celso. *Op. cit.*, p. 22.

(94) GERVAIS, André. *Quelques réflexions à propos de la distinction des droits et des intérêts.* Mélanges en honneur de Paul Roubier. Paris: Dalloz e Sirey, 1961. t. 1. p. 242. *Apud* MANCUSO, Rodolfo de Camargo. *Interesses difusos..., cit.*, p. 19.

(95) SILVA, Oscar José de Plácido e. *Op. cit.*, p. 442.

partir de uma valoração ético-normativa que o integra ao mundo do direito, adquirindo a característica da exigibilidade, a qual concede ao seu detentor o poder persecutório diante de outrem, bem como a prerrogativa de obrigar este a cumprir a sua obrigação ou dever.

Em decorrência da seleção normativa, os interesses simples se apresentam em maior quantidade que os jurídicos, uma vez que esses últimos constituem uma parcela dos interesses presentes na vida social e que recebem valoração normativa. Como elucida Rodolfo de Camargo Mancuso, o conteúdo axiológico dos interesses *lato sensu* é mais amplo e variável que o dos interesses jurídicos, uma vez que a valoração dos primeiros depende do livre-arbítrio dos sujeitos, ao passo que os segundos têm o seu conteúdo valorativo previamente fixado pela norma.(96) Os interesses simples são ilimitados, sendo tão diversificados quanto os bens da vida, ao passo que os interesses jurídicos são relativamente limitados, pois concernem somente aos interesses chancelados pelo direito.

Muitas são as figuras, na história do direito, que nascem como interesses simples e ascendem na escala de valores sociais e na consciência social ao plano dos direitos subjetivos.(97) O interesse jurídico forma, por isso, o núcleo dos direitos subjetivos.

Os direitos subjetivos, tradicionalmente, são constituídos pelos seguintes elementos: um sujeito titular do direito (pessoa, grupo de pessoas ou entidade); um conteúdo do direito, isto é, a faculdade de constranger os outros ou de dispor do bem, conforme se trate de direitos pessoais ou reais; o objeto do direito (bem juridicamente protegido) e a proteção desse direito (existência de um meio processual para fazê-lo valer).(98)

Os direitos subjetivos compreendem posições de vantagem, privilégios e prerrogativas, mas, ao contrário dos interesses simples, uma vez integrados ao patrimônio do sujeito, recebem tutela especial do Estado por meio de ações judiciais, atos de conservação e formalização perante entidades públicas etc. Por se tratar de direitos, costumam ser acompanhados por uma sanção previamente fixada para o caso de sua eventual violação ou descumprimento dos seus preceitos normativos por terceiros e até pelo próprio Estado. "Quando tais prerrogativas se estabelecem em forma de créditos formados contra ou em face do Estado, tomam a designação de direitos públicos subjetivos"(99).

Celso Bastos alerta para a inviabilidade de se dissociar interesse jurídico e direito subjetivo, uma vez que, segundo o autor, tanto na formulação de Ihering, do "interesse juridicamente protegido", quanto na de Coviello, do "poder de agir para a satisfação dos próprios interesses, garantido pelo Estado", não se pode furtar-se à circularidade entre aquelas duas figuras.(100)

Na presente obra, utilizaremos, indistintamente, e com o mesmo significado, os vocábulos direitos e interesses; estes, evidentemente, como interesses juridicamente protegidos que deságuam na concepção de direito subjetivo, justificando, assim, a aplicação uniforme dos dois vocábulos mencionados.

2.2. Interesses individuais

Tradicionalmente, a ideia de interesse ou direito sempre esteve intimamente ligada a de um titular respectivo, de modo que as relações jurídicas se estabelecem principalmente a partir de configurações sociais simples e bilaterais, entre indivíduo e indivíduo (relações interindividuais), ou entre mais de um titular, no polo ativo ou passivo, ou em ambos os polos (relações plurissubjetivas).(101)

---

(96) MANCUSO, Rodolfo de Camargo. *Op. cit.*, p. 18.

(97) ALPA, Guido. Interessi difusi. *Revista de Processo*, São Paulo, n. 81, p. 147, jan./mar. 1996.

(98) FERRAZ JÚNIOR, Tercio Sampaio. *Introdução ao estudo do direito*. São Paulo: Atlas, 1991. p. 147.

(99) MANCUSO, Rodolfo de Camargo. *Interesses difusos...*, cit., p. 68.

(100) BASTOS, Celso. *Op. cit.*, p. 110.

(101) WATANABE, Kazuo. Tutela jurisdicional dos interesses difusos: a legitimação para agir. In: GRINOVER, Ada Pellegrini (Coord.). *A tutela dos interesses...*, cit., p. 86.

Por sua vez, os interesses individuais, com seus titulares determinados, constituem a tradicional base do conceito de direito subjetivo, tendo em vista que este resulta da fusão entre o interesse individual e a proteção estatal que o chancela e garante, sendo fruto da seleção estatal entre os interesses que se conformam com os valores tidos como os mais relevantes em determinada coletividade.(102)

Rodolfo de Camargo Mancuso extrai a definição do interesse individual a partir do critério do "elemento predominante"; assim, individual é o interesse cuja fruição se exaure na esfera de atuação de seu destinatário, dele beneficiando-se somente o indivíduo ou exclusivamente suportando os encargos da sua má utilização.(103)

Como critério de identificação desses interesses, o autor sugere o seu exame pelos prismas do "prejuízo" e da "utilidade"; dessa forma, seriam individuais os interesses cujo prejuízo ou utilidade se exaurissem no círculo de atuação dos envolvidos. Cita como exemplos um acidente automobilístico que tem como resultado exclusivamente danos materiais, de forma que gere interesses individuais (ressarcimento dos danos e lucros cessantes; recebimento do seguro); situações, como atos de liberalidade, das quais apenas resultem benefícios para as partes envolvidas, com a geração de interesses individuais.(104)

Outras são as características dos direitos individuais: a) "fruição individual com caráter excludente", isto é, disponibilidade exclusiva — não concorrencial ou compartilhada — pelo titular do direito, que lhe garante a fruição e disponibilidade integral do direito; b) possibilidade de disponibilidade direta e imediata do bem objeto do interesse; c) exercício, guarda e tutela processual dos direitos pessoais por seu titular, com hipóteses excepcionais de substituição processual; d) suscetibilidade de ressarcimento proporcional ao prejuízo causado; e) conflituosidade mínima/circunscrita, limitada a sujeitos determinados; f) surgimento de lides que apontam para uma politização neutral, pois o debate limitar-se-á a declarar o titular do direito.(105) São interesses de livre disposição pelo seu titular, que a eles pode renunciar e transferir, além de serem prescritíveis.(106)

Para Teori Albino Zavascki, esses direitos se caracterizam pelos seguintes aspectos: a) individualização e divisibilidade, de sorte a integrar o patrimônio individual do seu titular; b) transmissibilidade por ato *inter vivos* ou *mortis causa*, salvo certas exceções (direitos extrapatrimoniais); c) suscetibilidade de serem renunciados ou transacionados, salvo exceções (*v. g.*, direitos personalíssimos); d) defesa em juízo ordinariamente efetuada por seu próprio titular, sendo que a defesa por terceiro o será em forma de representação (com aquiescência do titular) ou em regime de substituição processual, o qual dependerá de expressa autorização em lei (art. 6º, CPC); e) possibilidade de mutação do polo ativo na relação de direito material, quando admitida, *v. g.*, por ato ou fato jurídico típico e específico (contrato, sucessão *mortis causa*, usucapião etc.).(107)

No campo das relações intersubjetivas, o direito individual adota uma postura de repulsa, expressa na oposição de interesses e na existência de posições antagônicas entre os diversos titulares, com a adoção de um feitio egoísta-exclusivista, na medida em que a titularidade do direito por parte de um indivíduo implica a impossível titularidade pelo outro, configurando uma relação de exclusão.(108)

A partir das ponderações acima expostas, podemos definir os interesses individuais como os interesses plenamente identificáveis e circunscritos à esfera jurídica de um ou mais sujeitos concretos e determinados no que pertine

(102) MANCUSO, Rodolfo de Camargo. *Interesses difusos...*, cit., p. 48.

(103) *Idem, ibidem*, p. 47.

(104) *Idem, loc. cit.*

(105) MORAIS, José Luis Bolzan de. *Do direito social aos interesses transindividuais:* o Estado e o direito na ordem contemporânea. Porto Alegre: Livraria do Advogado, 1996. p. 116-117.

(106) SILVA, José Afonso da. *Curso de direito constitucional positivo*. São Paulo: Malheiros, 1999. p. 180.

(107) ZAVASCKI, Teori Albino. Defesa de direitos coletivos e defesa coletiva de direitos. *Revista Forense*, Rio de Janeiro, v. 91, n. 329, p. 149, jan./mar. 1995.

(108) MORAIS, José Luis Bolzan de. *Op. cit.*, p. 117.

aos seus respectivos benefícios e ônus, direitos e deveres, comumente de livre disposição por seus titulares, com área conflituosa restrita ao círculo daqueles sujeitos cujas pretensões, antagônicas e excludentes, sobre eles recaiam.

Quanto à prescritibilidade do direito ou a possibilidade de substituição processual, conquanto constituam adminículos para sua identificação, não configuram elementos essenciais dos direitos individuais, mas atributos ou qualidades que a eles podem ser acrescentados.

Em relação à mutação do polo ativo por ato jurídico típico e específico, esboçada por Teori Albino Zavascki, parece-nos que ela também pode ficar à mercê de situações acidentais e mutáveis, como nas hipóteses de aquisição da propriedade por acessão advinda de causas naturais como a avulsão, a aluvião ou o abandono do álveo.

Não se deve confundir direito individual com direito de uma pessoa física, uma vez que também é individual o direito pertinente a uma pessoa jurídica ou um grupo determinado de sujeitos. A nota de individualidade de um dado interesse não é retirada da natureza jurídica do sujeito que o titulariza, mas do fato de circunscrever-se exclusivamente à esfera jurídica deste e dos que com ele litigam, com caráter excludente-egoístico.

2.3. Interesse público e interesse privado

Origina-se no direito romano a classificação dicotômica do direito em *jus publicum* e *jus privatum (jus civile* ou *jus quiritium*, *jus naturale* e *jus gentium)*, idealizada pelo jurisconsulto Ulpiano. A divisão baseava-se num critério teleológico. Assim, o direito público era composto por normas pertinentes à ordem pública, à organização da república, ao Estado romano; o direito privado, por sua vez, era composto pelas normas que regulavam a utilidade, o interesse particular.(109)

A expressão "interesse público", hodiernamente, tornou-se equívoca, sendo utilizada inclusive para designar os interesses sociais, os direitos indisponíveis do indivíduo e da coletividade, os interesses coletivos e difusos etc.(110) Também é utilizada como sinônimo de "interesse geral", "utilidade pública", "bem público", "necessidade pública", "fim social", "função social", "justiça social".(111)

Péricles Prade define o direito privado, do ponto de vista material, como o interesse substancial que integra o núcleo de um direito objetivo particular e, formalmente, como o interesse submetido ao regime do direito privado e caracterizado por sua disponibilidade e pela equivalência com outros interesses privados.(112)

Com esteio no direito administrativo, o mesmo autor define o interesse público como aquele submetido a um regime jurídico de direito administrativo, acobertado pelos princípios peculiares a esse campo do direito, como o da supremacia do interesse público sobre o particular e o da indisponibilidade. Seriam, na sua concepção, aqueles interesses concernentes aos entes da administração direta e indireta voltados para a consecução das suas finalidades.(113)

O interesse público pode atingir significados distintos sob acepções diversas. Sob a acepção política, o interesse público representa uma arbitragem entre os diversos interesses privados, seja por um critério quantitativo, seja por uma avaliação qualitativa, conforme a opção estatal. Já pela acepção jurídica, o interesse público é associado à questão da definição da competência para a arbitragem entre os interesses particulares, sendo que o legislador não somente aponta os fins de interesse público, como estabelece normas para o alcance desses fins, com a indicação dos meios e da autoridade competente.(114)

---

(109) CRETELLA JÚNIOR, José. *Curso de direito romano*. Rio de Janeiro: Forense, 2000. p. 25.

(110) MAZZILLI, Hugo Nigro. Interesses difusos e sua defesa. *Justitia*, São Paulo, v. 49, n. 138, p. 41, abr./jun. 1987.

(111) ANTUNES, Luís Felipe Colaço. *A tutela dos interesses difusos em direito administrativo:* para uma legitimação procedimental. Coimbra: Almedina, 1989. p. 35.

(112) PRADE, Péricles. *Conceito de interesses difusos*. São Paulo: Revista dos Tribunais, 1987. p. 30.

(113) *Idem, ibidem*, p. 33.

(114) MANCUSO, Rodolfo de Camargo. *Interesses difusos...*, cit., p. 30-31.

A expressão interesse público tem estreita ligação com a presença do Estado nas relações jurídicas, distinguindo-se, assim, das concepções de interesse social e geral, ambos associados à ideia de coletividade ou sociedade civil.(115) O interesse público representa a síntese dos interesses afetos diretamente ao Estado-poder e por este titularizados, em razão de compreenderem os valores juridicizados da coletividade organizada e submetida a um regramento jurídico.

A doutrina italiana distingue entre interesses públicos primários, correspondentes à coletividade como um todo, e interesses públicos secundários, que o Estado, como sujeito de direitos, possui como qualquer outra pessoa física ou jurídica, os quais independem de sua qualidade de tutelador de interesses da coletividade.

Os interesses primários são compartilhados por toda a sociedade, afetos a uma noção de coletividade — vinculam-se aos conceitos de ordem pública, segurança pública, bem comum —, ao passo que os interesses públicos secundários são titularizados pelo Estado, integrando o seu patrimônio.

Os interesses secundários configuram meio de realização dos interesses da coletividade (primários), de modo que o termo "interesse público" evoca, num primeiro momento e de forma imediata, a figura do Estado e, num segundo momento e mediatamente, os interesses da coletividade; os valores da sociedade escolhidos pelo Estado como os mais relevantes no corpo social.(116)

Não obstante as tentativas de distinção entre os campos de atuação do direito público e do direito privado, é assente na doutrina a insuficiência dessa clássica dicotomia, diante da complexidade social, uma vez que esta precária e deficiente divisão não permite o devido enquadramento de diversos interesses que extrapolam os lindes dessa bipolaridade e que não se coadunam com uma classificação estática, compartimentada e estanque como a apresentada.

Essa tradicional divisão era compreensível num período em que o indivíduo e o Estado eram os dois únicos pontos de referência, sem a presença de corpos intermediários significativos para ameaçar o monopólio estatal, mas não subsiste diante do florescimento na sociedade de novos focos de poder decorrentes da ascensão desses corpos intermediários e dos interesses a ele relacionados, que não se confundem com nenhum daqueles campos (direito público e direito privado), por constituírem um *tertium genus* entre eles.(117)

Como acentua Roberto Senise Ferreira, a "dicotomia público-privado, de origem clássica, ficou superada diante do aflorar de outros interesses, em categorias intermediárias ou mesmo distintas, graças à multiplicidade de relações entre grupos organizados de indivíduos com o Estado ou terceiros, e a tutela de seus respectivos direitos".(118)

Desse modo, a complexidade social e a constante interação dos seus elementos demonstraram a incongruência de tentar-se enquadrar todo esse fenômeno em dois compartimentos estanques: público e privado, pois o "terceiro termo" de há muito está presente na sociedade, formado por elementos que despassam esse binômio e que formam uma zona de penumbra entre aqueles setores.(119)

Como adverte Celso Lafer, toda dicotomia apresenta o risco da simplificação em seu uso, mas não se pode descartar a sua utilidade como ponto de partida para "análises extremamentes fecundas", o que torna relevante a distinção baseada na capacidade de observar diferenças e similitudes.(120)

Se não podemos tomar diferenciações ou definições como formas completas e autossuficientes, podemos buscar uma linha inicial para o aperfeiçoamento do pensamento e aprofundamento de determinado conteúdo

(115) MANCUSO, Rodolfo de Camargo. *Op. cit.*, p. 28.

(116) *Idem, ibidem*, p. 23.

(117) *Idem, ibidem*, p. 33-37.

(118) LISBOA, Roberto Senise. *Contratos difusos e coletivos*. São Paulo: Revista dos Tribunais, 2000. p. 58.

(119) MANCUSO, Rodolfo de Camargo. *Interesses difusos...*, cit., p. 42.

(120) LAFER, Celso. *A reconstrução dos direitos humanos:* um diálogo com o pensamento de Hannah Arendt. São Paulo: Companhia das Letras, 1999. p. 13.

científico e do seu emprego didático para o processo de conhecimento; sob esse aspecto, mostra-se relevante diferençar e definir, no campo dos interesses transindividuais, mesmo tendo em mente a difusidade de cada um desses interesses, que, por essa mesma característica, impede que sejam tratados como conceitos estáticos, definitivamente limitados e permanentes, pois os pontos de intersecção entre esses interesses são, na maioria das vezes, maiores que as áreas isoladas e bem compreendidas de cada um.

A importância de dicotomias, como direito público/direito privado, direito coletivo/direito individual, está exatamente na sempre presente possibilidade de extrair-se dessa dialética um terceiro elemento, capacitando-a como algo frutífero no exercício de qualquer ciência e, no nosso campo específico de estudos, temos os interesses transindividuais como terceiro termo entre o público e o privado.

2.4. Interesse social

A expressão interesse social é plurívoca, tendo sentido demasiadamente abstrato e indefinido. O termo "social" comumente é utilizado de forma agregada a outro vocábulo e adquire semântica diferenciada ante as mutações ou translações sofridas no tempo e no espaço. É utilizado para designar aquilo que pertence ou interessa à sociedade, ou seja, relativo a ela; o que é próprio dos sócios de uma sociedade, comunidade ou agremiação.(121)

Duas acepções jurídicas são extraídas da expressão: *lato sensu*, o interesse social corresponde ao interesse da sociedade civil, ao bem comum, ao anseio de proteção da coisa pública, à tutela dos altos valores selecionados como proeminentes pela sociedade; *stricto sensu* corresponde a interesses concernentes a uma pessoa moral, exclusivos de uma pessoa jurídica, de uma empresa.(122)

No entanto, ao falar-se de interesse social em relação a uma pessoa jurídica e ao interesse perseguido por esta, na realidade, a expressão adquire significado muito específico, pois que se reporta ao exercício coletivo de interesses individuais. "Quer dizer: é o indivíduo fazendo, em grupo, o que poderia fazer por si mesmo"(123).

O vocábulo social é comumente empregado em sentido amplo para designar interesses de alta relevância para a sociedade, ou seja, o conjunto de interesses que se refere à preservação e ao desenvolvimento condigno da sociedade, sem o malferimento dos valores que a norteiam. Possui, assim, uma significação abrangente, que não se limita ao campo do público ou do privado, mas que os transcende, de forma que um interesse, qualquer que seja a sua natureza, é social à medida que se relaciona com um dos valores informadores da sociedade na qual se situa.

Assim, um simples interesse individual ou mesmo o de um grupo determinado de pessoas pode revestir-se do caráter social, desde que se relacione com um ou mais valores da sociedade. Por exemplo, a limitação da jornada de trabalho (art. 7º, XIII e XIV, CF/1988) não se restringe à mera proteção individual do trabalhador, uma vez que a fixação de jornadas extensivas causa prejuízos a vários setores da sociedade, como a política de pleno emprego (art. 170, VIII, CF/1988), o convívio em família (base da sociedade e especialmente protegida, conforme o art. 226, CF/1988), o aumento do número de acidentes de trabalho, com repercussão no sistema público de saúde, a diminuição dos períodos de lazer etc.

Para Hugo Nigro Mazzilli, o interesse social corresponde ao interesse público primário, que, por sua vez, concerne ao interesse da sociedade ou da coletividade como um todo.(124)

Pode o interesse social contrapor-se aos interesses públicos da pessoa do Estado ou a interesses de determinadas coletividades ou comunidades, tendo em vista que aquele não se confunde como estes, não obstante possa

(121) FERREIRA, Aurélio Buarque de Holanda. *Op. cit.*, p. 1.873.

(122) MANCUSO, Rodolfo de Camargo. *Interesses difusos...*, cit., p. 25-27.

(123) MANCUSO, Rodolfo de Camargo. *Op. cit.*, p. 26.

(124) MAZZILLI, Hugo Nigro. *A defesa dos interesses difusos em juízo*. 20. ed. São Paulo: Saraiva, 2007. p. 47.

haver identidade entre eles e até convergência axiológica. Cite-se o exemplo do interesse de determinado Estado na instalação de uma indústria em seu território como forma de aumentar a arrecadação de impostos, a qual pode acarretar graves e irreparáveis danos ambientais e, por isso, malferir valores sociais de uma determinada comunidade local, a qual se oporá à pretensão estatal.

A expressão interesse social, muitas vezes, é utilizada como sinônimo de interesse público ou interesse geral, adquirindo referidos termos uma equivalência prática, pois que se confundem, sob o ponto comum de constituírem interesses que transcendem a esfera do indivíduo, razão pela qual não há possibilidade de conceituá-los e defini-los de forma precisa, o que, inclusive, não traria maior contribuição para o estudo dos interesses transindividuais.(125)

2.5. Interesses transindividuais

"Metaindividual", "transindividual", "supraindividual", "sobreindividual", "coletivos *lato sensu*" são expressões que, no campo jurídico, especificamente na temática do nosso trabalho, são utilizadas para designar direitos e interesses que ultrapassam o círculo de atributividade jurídica de um indivíduo. Os termos mais empregados na doutrina e na jurisprudência utilizam os prefixos meta (do grego *méta*, que significa "além", "transcendência"(126)) e trans (do latim *trans*, que significa "movimento para além de", "através de", "posição para além de"(127)).

Assim, ao falar-se em interesses transindividuais, metaindividuais ou coletivos *lato sensu*, estar-se-á referindo a uma série de interesses (direitos) que ultrapassam o círculo de atributividade jurídica individual e que correspondem à síntese de valores e estimativas que prevalecem num determinado segmento, grupo, classe ou categoria social.(128)

Como visto anteriormente, diante da nova e complexa realidade, constatou-se a insuficiência da divisão do direito em público e privado para abraçar as figuras jurídicas emergentes da nova dinâmica valorativa social. Essa obviedade decorre do delineamento cada vez mais crescente de categorias jurídicas antes relegadas ao nível abstrato — interesse coletivo, geral, social, público, transindividual — e que não despertavam maiores preocupações para uma sedimentação legislativa.

Essas figuras jurídicas aferem seu conteúdo a partir da síntese ou da conjugação de diversos interesses individuais inseridos em conflitos de massa, que, por isso, dão nascimento a uma série de novas feições e denominações como interesses coletivos, difusos e individuais homogêneos, ou seja, interesses que, de uma forma ou outra, transcendem o simples campo do individual e invocam um tratamento diferenciado, sendo denominados interesses metaindividuais, transindividuais ou coletivos *lato sensu*.

Essas espécies jurídicas surgem paralelamente às clássicas concepções de interesse público, interesse privado e interesse social, formando, desse modo, uma categoria *sui generis*, com características que lhe são peculiares e que a distinguem das demais mencionadas.

A caracterização desses interesses não ocorre somente pela aferição da quantidade de pessoas envolvidas, mas pela dimensão da conflituosidade, que envolve comunidades inteiras, grupos ou categorias de indivíduos "com comunhão de interesses e titularidade diversa de direitos subjetivos".(129)

José Luis Bolzan de Morais vislumbra impropriedade na utilização do prefixo *meta* para designar esses interesses, uma vez que, para o renomado jurista, esse vocábulo daria a ideia de algo que se encontra alheio e acima do indivíduo, sem tocá-lo de forma alguma.

---

(125) MANCUSO, Rodolfo de Camargo. *Interesses difusos...*, cit., p. 33.

(126) FERREIRA, Aurélio Buarque de Holanda. *Op. cit.*, p. 1.325.

(127) *Idem, ibidem*, p. 1.985.

(128) MANCUSO, Rodolfo de Camargo. *Interesses difusos...*, cit., p. 41.

(129) LISBOA, Roberto Senise. *Op. cit.*, p. 59.

No entanto, vale ressaltar que a utilização do referido vocábulo não desnatura a existência de interesses ligados ao indivíduo, devendo-se considerar toda a dinâmica linguística que consagrou a utilização desse termo para designar direitos que, não obstante ultrapassem o círculo jurídico de um indivíduo, com ele se relacionam direta (interesses individuais homogêneos) ou indiretamente (interesses difusos e coletivos), não estando além das pessoas, mas entre os sujeitos.

Em relação às espécies dos interesses transindividuais, ainda não há um consenso doutrinário a respeito da terminologia adotada, tendo autores que enquadram sob a denominação transindividuais os interesses difusos, coletivos e individuais homogêneos; para outros, essa denominação alcançaria somente os interesses difusos e coletivos, tendo em vista que os individuais homogêneos corresponderiam a meros interesses individuais, não obstante a sua dimensão subjetiva. Há, ainda, os que sustentam o uso do vocábulo coletivo *lato sensu* para designar os interesses coletivos *stricto sensu* e os interesses difusos.

Hodiernamente, tem prevalecido entre os juristas o emprego da designação interesses transindividuais como gênero, e interesses difusos, coletivos (ou coletivos *stricto sensu)* e individuais homogêneos como suas espécies.

Esse posicionamento vai ao encontro da tripartição dos interesses transindividuais em difusos, coletivos e individuais homogêneos, elaborada pelo legislador ordinário e inserida no art. 81, incisos I, II, III, do Código de Defesa do Consumidor (Lei n. 8.078/90, CDC), que se tornou clássica entre os estudiosos da matéria, razão pela qual a adotaremos no desenvolvimento da presente obra.

Embora a definição de institutos jurídicos não seja da essência da atividade legislativa, salvo nas hipóteses de interpretação autêntica, mas empreitada a ser realizada pela doutrina e pela jurisprudência, a definição e a tipologia dos interesses transindividuais elaboradas pelos legisladores do CDC, além de se revelar bem acertadas, mostraram-se providenciais, pois encurtaram o caminho para a efetivação desses interesses, ao abortar uma fase preliminar de discussões que se travaria a respeito de quais seriam o conteúdo e os elementos identificadores de cada espécie desses interesses, ou mesmo os questionamentos sobre a sua existência.

Como destacou Kazuo Watanabe, o "legislador preferiu defini-los para evitar que dúvidas e discussões doutrinárias, que ainda persistem a respeito dessas categorias jurídicas, possam impedir ou retardar a efetiva tutela dos interesses ou direitos dos consumidores e das vítimas ou seus sucessores". O próprio autor elucida que os termos "interesses" e "direitos" foram empregados como sinônimos, pois, a partir do momento em que passam a ser amparados pelo direito, os "interesses" adquirem o *status* de "direitos", não subsistindo qualquer razão prática ou teórica para a busca de uma diferenciação ontológica entre eles.[130]

Consagrada está a utilização do vocábulo "interesse", pois, como acentua Francisco Antonio de Oliveira, a utilização das expressões "interesses metaindividuais", "interesses difusos", "coletivos" e "individuais homogêneos", algumas utilizadas pelo legislador constituinte (art. 129, III), pela Lei n. 7.347/85 (art. 1º, IV), pela Lei n. 8.069/90 (art. 208), pela Lei n. 8.078/90 (art. 81 e 91) e pela doutrina e jurisprudência em geral, encerram a ideia de interesses juridicamente protegidos, uma vez que estão sob o crivo da tutela jurisdicional do Estado.[131]

2.5.A. Quadro sinóptico dos interesses transindividuais

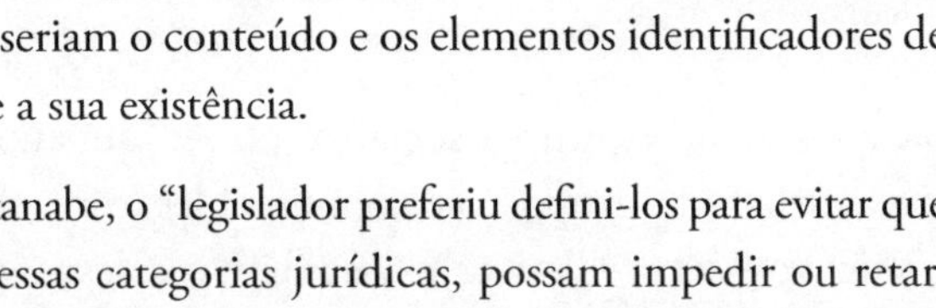

(130) WATANABE, Kazuo. *Código Brasileiro de Defesa do Consumidor...*, cit., p. 739.

(131) OLIVEIRA, Francisco Antonio de. *Ação civil pública:* enfoques trabalhistas. São Paulo: Revista dos Tribunais, 1999. p. 24.

2.5.1. Interesses coletivos

2.5.1.1. Conceito e características

O interesse coletivo, ao contrário do interesse individual que se liga imediatamente ao ser humano isoladamente considerado, adentra à esfera jurídica individual de forma indireta e mediata, uma vez que concerne ao ser humano como membro de uma comunidade e não unitariamente.

Como esclarece Rodolfo de Camargo Mancuso, a expressão "interesse coletivo" pode ter três acepções distintas: a) um interesse pessoal do grupo, da pessoa moral como entidade jurídica e por ela titularizado; mas, como realça o autor, não constitui interesse propriamente coletivo, uma vez que não se refere aos interesses que levaram à formação do grupo, são interesses próprios de uma pessoa jurídica, como uma sociedade comercial, um sindicato; b) uma soma de interesses individuais; porém, como a primeira acepção, também não se trata de interesses propriamente coletivos, mas de um feixe de interesses individuais exercidos coletivamente; seriam coletivos na forma, mas não no conteúdo; c) uma síntese de interesses individuais, traduzindo uma realidade nova — o interesse coletivo — que não se confunde nem com o interesse pessoal do grupo nem com a mera soma de interesses individuais; nesse sentido, o interesse coletivo nasce e sobrepõe-se aos interesses individuais que se desvanecem.(132)

Mesmo no campo do nosso estudo, o termo "coletivo" pode adquirir diversos significados. Às vezes, é utilizado para designar uma das espécies dos interesses transindividuais, ao lado dos interesses difusos e individuais homogêneos; em outras ocasiões, é empregado como sinônimo de transindividuais, correspondendo ao gênero (interesse coletivo *lato sensu*), cujas espécies seriam os direitos coletivos *stricto sensu,* os direitos difusos e os individuais homogêneos (conforme o critério).

Predomina na doutrina a adoção da expressão "interesses coletivos" para identificar uma das espécies dos interesses transindividuais (interesses coletivos *stricto sensu*), distinguindo-a dos interesses difusos e individuais homogêneos.

Os interesses coletivos são expressão do espírito associativo do ser humano. Dizem respeito ao ser humano associado, socialmente agrupado, membro de grupos ou comunidades com algum grau de organização, que medeiam entre o indivíduo e o Estado. Por serem coletivos, estes interesses desvinculam-se dos interesses concretos de cada indivíduo da coletividade para assumir contornos de um interesse abstrato e despersonalizado, concernente à coletividade ou grupo como um todo.

O aspecto coletivo não se confunde com o campo das denominadas relações plurissubjetivas; a peculiaridade destas reside na existência de mais de um titular no polo ativo ou passivo da relação, consistindo em verdadeiro feixe de relações simples e suscitando fenômenos como o litisconsórcio ou a intervenção de terceiros.(133) Interesse coletivo é, portanto, o de um "grupo de pessoas não nominadas, mas integradas numa única força de pretensão que é comum a todos".(134)

Esse interesse constitui uma realidade distinta dos interesses que colaboraram para a sua formação, de molde que não é possível confundir os interesses das pessoas que integram o grupo com os do grupo em si, não obstante, por vezes, haver uma correspondência direta entre ambos os interesses.

Embora tenham sua origem nos interesses individuais dos integrantes do grupo ou da categoria, os interesses coletivos representam a síntese, um amálgama daqueles primeiros, que se desvanecem e despersonalizam-se, dando azo ao surgimento de interesses verdadeiramente coletivos.(135)

---

(132) MANCUSO, Rodolfo de Camargo. *Interesses difusos...*, cit., p. 49-50.

(133) MOREIRA, José Carlos Barbosa. A ação popular do direito brasileiro como instrumento de tutela jurisdicional dos chamados 'interesses difusos'. In: *Temas de direito processual*. São Paulo: Saraiva, 1977. p. 111.

(134) NASCIMENTO, Amauri Mascaro. Organização sindical na perspectiva da Constituição de 1988, cit., p. 14.

(135) MANCUSO, Rodolfo de Camargo. *Interesses difusos...*, cit., p. 51.

Por ser uma síntese dos interesses individuais que os informam, os interesses coletivos possuem uma autonomia em relação àqueles, sendo, assim, diversos da mera adição dos interesses individuais.(136) No campo das relações de trabalho, a noção de interesse coletivo não se equivale a uma agregação (ou somatório) de pretensões singulares, podendo implicar, inclusive, um sacrifício da esfera individual em prol da coletiva), já que a esfera coletiva se traduz na formação de outra espécie de correlação entre as necessidades sentidas pelo indivíduo e as que figuram como objetivo do grupo ao qual pertence.(137)

No seio das coletividades profissionais organizadas, há um trânsito das pretensões individuais dos respectivos membros para a identificação dos fins comuns da ação coletiva. Em outras palavras, delineiam-se interesses que pertencem a toda a pluralidade dos membros e que são sentidos por todo o grupo e não pelas pessoas isoladas. O interesse coletivo surge da reelaboração das pretensões individuais, podendo coincidir ou não com estas e, inclusive, delas divergir, tamanha a autonomia de um e outro interesse. Logo, a concepção de interesse coletivo pode implicar a própria negação do interesse individual.(138)

Para se ter uma ideia da dissociação entre o interesse coletivo do grupo e as pretensões individuais de seus membros, Antonio de Lemos Monteiro Fernandes demonstra que enquanto o interesse comum do conjunto de trabalhadores pode consistir no nivelamento das condições de trabalho, o interesse individual de determinado trabalhador poderá apontar para a sua pretensão de diferenciar-se dos demais trabalhadores e obter benefícios e promoções. Por exemplo, ao passo que o interesse do grupo pode consistir na salvaguarda da expansão do emprego, o de determinado trabalhador pode estar exatamente em sentido contrário, isto é, preferir ter o menor número possível de competidores no local de trabalho para ver-se mais valorizado e mais bem remunerado. Há um interesse do grupo que ao mesmo tempo em que abrange esse mesmo trabalhador choca-se com a pretensão individual deste. Tal circunstância demonstra que o interesse do grupo não consiste em soma ou uniformidade dos interesses individuais dos seus componentes.(139)

Pelo prisma legal, os interesses coletivos são definidos como os "transindividuais de natureza indivisível de que seja titular grupo, categoria ou classe de pessoas ligadas entre si ou com a parte contrária por uma relação jurídica base" (art. 81, II, Lei n. 8.078/90).

Ada Pellegrini Grinover entende por coletivos os interesses comuns a uma coletividade de pessoas que repousa sobre um vínculo jurídico que as congrega, como a sociedade comercial, o condomínio e a família, e que não se confundem com os interesses individuais dos seus componentes.(140)

Para Vicenzo Vigoriti, o interesse coletivo exprime a existência de uma relação entre interesses de igual conteúdo, referentes a sujeitos diversos, organizados para o alcance de uma finalidade comum. O caráter coletivo decorre da valência entre determinadas relações de natureza individual, não conflitantes, mas solidárias, unidas e organizadas para satisfazer uma pretensão comum.(141)

Arion Sayão Romita, ao analisar a representação de interesses coletivos pelas entidades sindicais, assinala que o interesse coletivo não se confunde com um interesse plural, ou de grupo; não tem como titulares sujeitos determinados. Constitui um interesse geral que se refere a uma série abstrata de sujeitos não identificados, embora possam ser identificados por sua qualidade, suas atividades e sua função econômica.(142)

---

(136) VIGORITI, Vicenzo. *Interesse colletivi e processo:* la legitimazione ad agire. Milano: Giuffrè, 1979. p. 45.

(137) FERNANDES, Antonio de Lemos Monteiro. *Op. cit.*, p. 36.

(138) *Idem, ibidem*, p. 36-37.

(139) FERNANDES, Antonio de Lemos Monteiro. *Op. cit.*, p. 35-37.

(140) GRINOVER, Ada Pellegrini. *A problemática...*, cit., p. 30.

(141) VIGORITI, Vicenzo. *Op. cit.*, p. 19.

(142) ROMITA, Arion Sayão. *O fascismo no direito do trabalho brasileiro*. São Paulo: LTr, 2001. p. 59.

Francesco Santoro-Passarelli assinala que o interesse coletivo "é o de uma pluralidade de pessoas por um bem idôneo, apto a satisfazer uma necessidade comum. Não é soma dos interesses individuais, mas sua combinação. É indivisível, pois se satisfaz, não por muitos bens, aptos a satisfazerem necessidades individuais, mas por um único bem apto a satisfazer a necessidade da coletividade. O interesse coletivo, que não é o interesse geral de toda a coletividade organizada, também se distingue do individual. É por isso mesmo um interesse privado; não é, ainda, um interesse público".(143)

A caracterização dos interesses coletivos pressupõe a delimitação do número de interessados por meio da existência de um determinado vínculo jurídico que una os membros de uma comunidade/coletividade e permita a definição da titularidade coletiva.

Um interesse será coletivo quando representar a síntese de pretensões de um grupo determinado ou determinável de indivíduos, unidos entre si ou com a parte contrária por um liame jurídico comum. Não se confunde, assim, com o interesse pessoal do grupo, sendo igualmente diverso dos interesses pessoais dos seus membros, daqueles concernentes à pessoa moral ou jurídica e também da mera soma de interesses individuais dos membros do grupo.

São notas fundamentais desses interesses: a) um mínimo de organização que possibilite sua coesão e identificação; b) afetação a grupos determinados ou determináveis que atuam como seus portadores (*enti esponenziali*); c) existência de um vínculo jurídico básico, comum a todos os membros e conferidor de uma situação jurídica diferenciada.(144)

O traço organizativo dos interesses coletivos é expressivo quando concernente aos interesses e direitos de grupo, categoria ou classe de pessoas ligadas entre si por uma relação jurídica base, mas não quando se tratar de interesses respeitantes a grupo, categoria ou classe de pessoas ligadas com a parte contrária por uma relação jurídica, pois, nesta última hipótese, a proteção molecular desses interesses resulta do grau de homogeneidade e síntese por eles apresentado, que lhes confere unidade, independentemente de sua harmonização formal ou amalgamação pela reunião de seus titulares em torno de uma entidade representativa.(145)

A organização não é um traço fundamental para a caracterização dos interesses coletivos. Organizados ou não, a nota da indivisibilidade lhes concede uma unidade, independentemente da reunião dos seus titulares numa entidade representativa.(146)

Assim, os interesses coletivos constituem uma síntese dos interesses de sujeitos determinados ou determináveis que formam um grupo, uma coletividade ou uma categoria organizada e coesa — que os veicula e tutela — a partir da existência de um vínculo jurídico entre eles ou destes com uma parte contrária, de modo que constitua um todo indivisível, cujo gozo é permitido a todos os membros do grupo, numa relação de comunhão em que a fruição por um não impede a de outros, e a sua violação atinge a todos os membros do grupo concomitantemente.

Os interesses coletivos caracterizam-se por: a) sua apresentação como uma síntese de interesses individuais, de forma que configure o fenômeno da despersonalização desses; b) existência de um vínculo jurídico unificador dos elementos componentes do grupo, o qual assegura a sua homogeneidade; c) possibilidade de determinação/identificação dos elementos componentes da coletividade; d) impossibilidade de fruição individual excludente por parte de qualquer membro do grupo, ou seja, a fruição por um componente não impede a de outro, em momento

(143) SANTORO-PASSARELLI, Francesco. *Noções de direito do trabalho*. Trad. Mozart Victor Russomano e Carlos Alberto G. Chiarelli. São Paulo: Revista dos Tribunais, 1973. p. 11.

(144) MANCUSO, Rodolfo de Camargo. *Interesses difusos*..., cit., p. 57.

(145) WATANABE, Kazuo. Demandas coletivas e os problemas emergentes da práxis forense. In: TEIXEIRA, Sálvio de Figueiredo (Coord.). *As garantias do cidadão na justiça*. São Paulo: Saraiva, 1993. p. 188.

(146) SMANIO, Giampaolo Poggio. *A teoria dos interesses difusos e sua tutela penal*. Tese (Doutorado), Pontifícia Universidade Católica. São Paulo, 2000. p. 26.

diverso ou simultaneamente; e) caráter indisponível pelo fato de constituir uma síntese de determinados valores do grupo; f) vinculação da sua tutela a um grupo que lhe dá substrato jurídico para a formação da coletividade.(147)

Seguem, ainda, as seguintes características: insuscetibilidade de apropriação individual; impossibilidade de transmissão seja por ato *inter vivos*, seja *mortis causa*; impossibilidade de renúncia ou transação.(148)

Em relação aos interesses coletivos, os grupos configuram verdadeiros veículos de sua exteriorização, pois a existência do grupo, por presumir um mínimo de coesão, de organização e de estrutura, possibilita a aglutinação e coesão dos interesses, concedendo-lhes, desse modo, caráter coletivo.(149)

Tal circunstância não equivale a dizer que os interesses coletivos são os interesses do grupo como pessoa jurídica. Não obstante o aspecto coletivo poder desnaturar-se para um interesse corporativo, neste caso, perde o caráter da transindividualidade para adquirir foro de direito "individual-egoístico", referente somente a um sujeito que o titulariza — o grupo enquanto sujeito de direitos. É a coletividade agindo como um indivíduo em confronto com outra coletividade, de forma que a fruição do interesse por uma delas, tal como no campo dos direitos individuais, exclui o gozo pela outra.

Conforme Kazuo Watanabe, o significado do termo "coletivo" utilizado no Código de Defesa do Consumidor é mais amplo do que o adotado pela doutrina, uma vez que abrange os interesses ou direitos não organizados; mas em outro sentido é mais restrito, tendo em vista que nele estão abrangidos somente os interesses ou direitos indivisíveis. Os interesses devem ser, concomitantemente, transindividuais e indivisíveis, e não um mero feixe ou somatório de interesses individuais.(150) Do mesmo entendimento compartilha Hugo Nigro Mazzilli, acrescentando que igual sentido abrangente tem essa expressão no art. 129, III, CF/1988.(151)

É um interesse indivisível, visto que diz respeito a todos os membros da coletividade (grupo, categoria, classe) que podem usufruí-lo concomitantemente ou em momentos diversos, mas que não pode ser cindido em quotas-partes individuais, uma vez que constitui uma síntese dos interesses que o compuseram e não uma mera soma desses, sendo que, nesta última hipótese, poderiam ser igualmente subtraídos.

Os interesses coletivos possuem uma conflituosidade bastante ampliada em relação aos interesses individuais, pois estes possuem uma conflituosidade mínima, visto que circulam dentro das esferas jurídicas dos seus titulares, ao passo que aqueles, por não se limitarem às relações individuais ou plurissubjetivas, mas se referirem a uma coletividade de pessoas, apresentam uma litigiosidade abrangente/circunscrita.

Essa conflituosidade é abrangente pelo fato de extrapolar e não se limitar ao mero campo das relações individuais, plurissubjetivas, atingindo a esfera jurídica de diversas pessoas indeterminadas ou determináveis que se encontram no seu âmbito de irradiação e, ao mesmo tempo é circunscrita, à medida que se propaga até onde existir o vínculo jurídico, a relação jurídica base que dá o sentido de coesão, organização e delineia o grupo ou a coletividade.

Esse vínculo jurídico base entre si ou com a parte contrária constitui o elemento que concede aos interesses coletivos o traço característico da indeterminabilidade dos seus titulares. A identificação destes é extraída do campo de pessoas abrangidas pela relação jurídica, assim, quanto maior o raio de ramificações jurídicas, mais ampla será a coletividade de sujeitos titulares.

2.5.1.2. Interesses coletivos e interesse público

A expressão "interesses coletivos", não raras vezes, é utilizada como sinônimo de interesse público para designar os direitos de toda uma comunidade sob a guarida estatal. No entanto, no campo dos interesses transindividuais, a

(147) MORAIS, José Luis Bolzan de. *Op. cit.*, p. 132-133.

(148) ZAVASCKI, Teori Albino. *Op. cit.*, p. 149.

(149) MANCUSO, Rodolfo de Camargo. *Interesses difusos...*, cit., p. 55.

(150) WATANABE, Kazuo. *Demandas coletivas...*, cit., p. 189.

(151) MAZZILLI, Hugo Nigro. *A defesa dos interesses...*, cit., p. 52.

expressão "interesse coletivo" adquire conteúdo específico para indicar uma de suas espécies (interesse coletivo *stricto sensu*) a qual não se confunde com o interesse público.

Rodolfo de Camargo Mancuso, ao considerar os interesses coletivos aglutinados nos grupos sociais intermediários, enquadra-os como um *tertium genus* entre o interesse público e os interesses privados, pois, para o eminente jurista, são menos que os primeiros e mais que os segundos.(152)

Os interesses coletivos não se confundem, *a priori*, com os interesses públicos primários, uma vez que estes se referem a interesses correlacionados com os valores máximos de toda a sociedade, ao passo que aqueles se restringem ao círculo de coletividades determinadas ou determináveis, não obstante este caráter coletivo conceder-lhes notória relevância social, em razão da dimensão ou da característica do dano que os atinge, aproximando-os do interesse social ou com este coincidindo em alguns casos.

Os interesses coletivos também se diferenciam dos interesses públicos secundários; estes dizem respeito a direitos titularizados pela pessoa jurídica do Estado, ao passo que aqueles se referem a grupos e coletividades determinadas ou determináveis de pessoas, geralmente de caráter privado.

Interessante a observação de Péricles Prade, segundo a qual os interesses coletivos podem submeter-se a distintos regimes jurídicos em conformidade com a categoria dos interesses envolvidos. Exemplifica o autor com os interesses coletivos do grupo familiar, cujas normas regentes se sujeitam a um regime jurídico peculiar, por serem de ordem pública, não se inserindo exclusivamente no direito público nem no direito privado.(153)

Vicenzo Vigoriti, ao analisar o enquadramento dos interesses coletivos no campo do público e do privado, alerta para a pouca utilidade desse intuito classificatório, que lhe soa mais ideológico que jurídico. Elucida que o coletivo não é por si só nem público nem privado, mas "uma dimensão das situações individuais" e, conforme a natureza destas, pode referir-se tanto aos interesses públicos como aos interesses privados. Assim, para o autor, constrangê-los sempre a um desses dois campos equivale à arbitrariedade e insensatez.(154)

2.5.1.3. Interesses coletivos e interesses individuais de exercício coletivo

Os interesses coletivos não podem ser confundidos com os direitos individuais de exercício coletivo. Estes configuram típicos interesses de caráter primário individual, mas que têm sua atuação efetuada com a soma, conjugação ou justaposição de interesses de diversos sujeitos, isto é, de modo coletivo. Constituem interesses individuais somente exercitáveis na sua dimensão plural ou coletiva.

O indivíduo pode ser detentor de liberdades pessoais e coletivas. Entre as primeiras, encontram-se as liberdades individuais (pessoais), exercitáveis por ato voluntário de indivíduo singularmente considerado, como as liberdades de religião e de opinião. As segundas somente são exercitáveis por uma coletividade de pessoas, por um grupo, como a liberdade de reunião e o direito de greve.(155) José Afonso da Silva concede às liberdades de associação e reunião a designação de "direitos individuais de expressão coletiva".(156)

Evidentemente, o simples fato de o direito ser exercido por via coletiva não altera a sua essência de direito individual, considerando-se que sua natureza decorre da finalidade do interesse e não do modo pelo qual é exercitado; assim, ainda que exercido de modo coletivo, o interesse será individual sempre que o seu titular almejar uma situação de vantagem sem qualquer conotação transindividual. No entanto, em razão do seu modo de expressão,

(152) MANCUSO, Rodolfo de Camargo. *Interesses difusos*..., cit., p. 31.

(153) PRADE, Péricles. *Op. cit.*, p. 42.

(154) VIGORITI, Vicenzo. *Op. cit.*, p. 36.

(155) MANCUSO, Rodolfo de Camargo. *Interesses difusos*..., cit., p. 47-48.

(156) SILVA, José Afonso da. *Op. cit.*, p. 198.

esses interesses acabam por adquirir uma "certa aura coletiva", apesar de se manterem como típicos interesses individuais.[(157)]

O direito de greve exemplifica um exercício coletivo de interesses individuais, uma vez que é o dado coletivo, com o qual ele aparece, que prevalece.[(158)] Conforme F. del Giudice, F. Mariani e F. Izzo, tal direito se configura como individual quanto à sua titularidade, mas coletivo quanto ao seu exercício, de tal modo que somente o abandono coletivo do local de trabalho pode receber a qualificação de exercício do direito de greve.[(159)] Já Amauri Mascaro Nascimento é contundente nesse sentido ao afirmar que a "greve é um direito individual de exercício coletivo, manifestando-se como autodefesa".[(160)]

2.5.1.4. Quadro sinóptico dos interesses coletivos

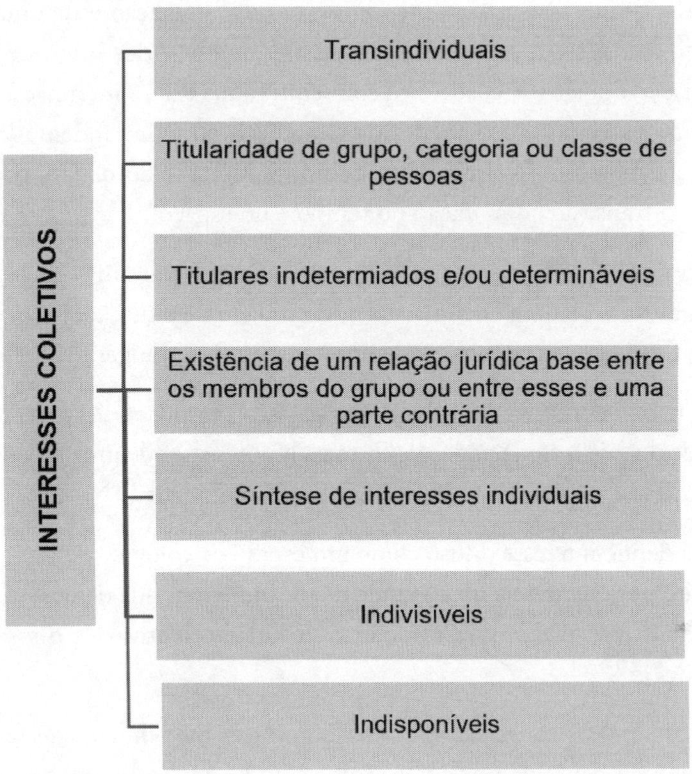

2.5.2. Interesses difusos

2.5.2.1. Conceito e características

O vocábulo difuso, particípio passado do verbo difundir (espalhar, derramar, irradiar etc.), deriva do termo latino *diffusu*; expressa aquilo em que há difusão, que se propagou, que foi disseminado, divulgado, não circunscrito.[(161)]

Em Roma, já se utilizava a expressão "direitos difusos" para a designação de direitos públicos, cuja titularidade pertencia a cada um daqueles que participavam da comunidade *(populus)*, sem que esta fosse considerada como uma entidade.[(162)] Também em Roma já se conheciam instrumentos processuais de tutela desses direitos como as

(157) MANCUSO, Rodolfo de Camargo. *Interesses difusos...*, cit., p. 26.

(158) *Idem, ibidem*, p. 44.

(159) DEL GIUDICE, F.; MARIANI, F.; IZZO, F. *Diritto del lavoro*, cit., p. 521.

(160) NASCIMENTO, Amauri Mascaro. *Curso...*, cit., p. 716.

(161) FERREIRA, Aurélio Buarque de Holanda. *Op. cit.*, p. 681.

(162) FIORILLO, Celso Antonio Pacheco. *Associação civil e interesses difusos no direito processual civil brasileiro.* Dissertação (Mestrado), Pontifícia Universidade Católica de São Paulo. São Paulo, 1989. p. 11.

actiones populares, albo corrupto, sepulcro violato, effusis et dejectis, interdictum de via publica,[163] além do *interdicto pretorio* para proteger direitos que ultrapassavam a esfera individual, como a *salubritas* e a *res publica.*[164]

Atualmente, são também encontradas as seguintes denominações para os interesses difusos: a) interesses difusos ou interesses relativos a necessidades difusas (ambos se correspondem); b) interesse genérico ou múltiplo em sua realização concreta; c) interesse que não corresponde a um(ns) único(s) titular(es); d) interesse compartilhado global, genérica ou pluralmente, sem individualização concreta de seus titulares.[165]

Os interesses difusos vêm legalmente definidos como "os transindividuais, de natureza indivisível, de que sejam titulares pessoas indeterminadas e ligadas por circunstâncias de fato" (art. 81, I, da Lei n. 8.078/90).

Rodolfo de Camargo Mancuso, após minucioso estudo dos interesses difusos, propõe o seguinte conceito: "são interesses metaindividuais que, não tendo atingido o grau de agregação e de organização necessários à sua afetação institucional, junto a certas entidades ou órgãos representativos dos interesses já socialmente definidos, restam em estado fluido, dispersos pela sociedade civil como um todo (*v. g.*, o interesse à pureza do ar atmosférico), podendo, por vezes, concernir a certas coletividades de conteúdo numérico indefinido (*v. g.*, os consumidores). Caracterizam-se: pela indeterminação dos sujeitos, pela indivisibilidade do objeto, por sua intensa litigiosidade interna e por sua tendência à transição ou mutação no tempo e no espaço".[166]

Péricles Prade conceitua interesses difusos como "os titularizados por uma cadeia abstrata de pessoas ligadas por vínculos fáticos exsurgidos de alguma circunstancial identidade de situação, passíveis de lesões disseminadas entre todos os titulares, de forma pouco circunscrita e num quadro de abrangente conflituosidade".[167]

Para Marco Cresti, interesses difusos indicam situações caracterizadas pelo fato de se referirem contemporaneamente a uma pluralidade de sujeitos que pode, conforme a hipótese, ser delimitada ou impossível de delimitação, por valer o interesse para toda a categoria de cidadãos de uma comunidade.[168]

Giuseppe Di Chiara define interesse difuso como um estado psicológico de tensão entre uma necessidade e um bem propenso ao infinito por referir-se a uma grande massa indiferenciada de pessoas. Segundo o autor, trata-se de um "interesse sem estrutura" que se identifica como uma "realidade objetiva" ("a 'difusão' indica o alargar-se mais ou menos controlado da eiva").[169]

Giampaolo Poggio Smanio os conceitua como os "interesses metaindividuais, essencialmente indivisíveis, onde há uma comunhão de que participam todos os interessados, que se prendem a dados de fato, mutáveis e acidentais, de forma que a satisfação de um deles importa na satisfação de todos e a lesão do interesse importa na lesão a todos os interessados, indistintamente".[170]

São interesses referentes à tutela do meio ambiente, da paisagem, do patrimônio histórico e artístico, ao desenvolvimento urbanístico racional e ordenado dos centros habitados, ao refreamento das tarifas dos serviços públicos e do preço dos produtos de grande consumo, ao melhoramento das condições de segurança de circulação dos veículos nas estradas públicas.

---

(163) FERRAZ, Antonio Augusto Mello de Camargo; MILARÉ, Edis; NERY JUNIOR, Nelson. *Op. cit.*, p. 47-49.

(164) CABRERA ACEVEDO, Lucio. La tutela de los intereses colectivos o difusos. *Revista del Instituto Colombiano de Derecho Procesual*, ns. 12/13, p. 100-101, jun. 1994.

(165) BIDART, Adolfo Gelsi. Proceso de amparo y tutela de intereses difusos. *Revista de Processo*, São Paulo, v. 23, n. 91, p. 134, jul./set. 1998.

(166) MANCUSO, Rodolfo de Camargo. *Interesses difusos...*, cit., p. 137.

(167) PRADE, Péricles. *Op. cit.*, p. 57-58.

(168) CRESTI, Marco. *Contributo allo studio della tutela degli interessi diffusi*. Milano: Giuffrè, 1992. p. 4.

(169) DI CHIARA, Giuseppe. Interessi collettivi e diffusi e tecniche di tutela nell'orizonte del Codice del 1988. *Rivista Italiana di Diritto e Procedura Penale*, Milano, v. 34, n. 2, p. 433, apr./giug. 1991.

(170) SMANIO, Giampaolo Poggio. *Op. cit.*, p. 34.

Neles, o bem é único e fluido (meio ambiente, ar atmosférico, água, território), sobre o qual recai uma infinidade de interesses uniformes e com titulares indefinidos, de forma que se transubstancie em bem de toda uma coletividade (difusa). Respeitam a cada um e a todos concomitantemente. Por isso, a sua fruição jamais se dá a título exclusivamente individual, pois o gozo por um coincide com o dos demais, sua violação ofende direito de todos.

Ao contrário dos interesses coletivos, os difusos não constituem uma síntese de diversos interesses que os compõem, pois pertencem a toda a comunidade difusa e a cada um dos seus componentes concomitantemente. São interesses de todos e de cada um, considerando-se que o indivíduo o titulariza indiretamente, pelo simples fato de pertencer à pluralidade de sujeitos tangenciada por determinado interesse difuso.

Podem ser assinaladas as seguintes características dos interesses difusos: a) titularidade fluida, dispersa, ou seja, não são titularizados por uma pessoa nem por um grupo, mas por uma série indeterminada ou de difícil determinação de sujeitos; b) pode ser conferida sua tutela a indivíduos, associações, órgãos públicos ou Ministério Público; c) inexistência de vínculo jurídico unificador dos sujeitos a eles ligados; d) referem-se a bens indivisíveis cuja satisfação ou lesão concerne a toda a coletividade; e) presença de uma inapropriedade individual exclusiva; f) são qualificados pela nota da indisponibilidade; g) existência de uma conflituosidade intensa decorrente da indeterminação dos sujeitos; h) caráter efêmero, com tendência à mutação e transição no espaço.(171)

Os titulares dos interesses difusos geralmente não possuem um vínculo jurídico que os aglutine, ou este, acaso existente, apresentar-se-á extremamente genérico, como o fato de pertencer a uma mesma comunidade política ou vincular-se a situações de fato muitas vezes acidentais ou mutáveis (habitar a mesma região, ser vítima da mesma propaganda enganosa etc.).(172)

Esse vínculo jurídico, assim, pode não existir ou ser extremamente genérico, de forma que se reduza a uma pura e simples pertinência à mesma comunidade política, sendo que o interesse que se quer tutelar não tem sua existência condicionada a ele, mas antes se prende a dados de fato, muitas vezes acidentais e mutáveis.(173)

O pressuposto fático para a caracterização dos interesses difusos não significa afastar inteiramente a hipótese da existência de certo vínculo jurídico, uma vez que este pode perfeitamente existir, mas apresentar-se-á como irrelevante para a caracterização da difusidade dos interesses. Essa relação base, *in casu*, será extremamente fluida e mal definida; tão imprecisa que não possibilitará a concretização ou identificação dos respectivos lesados individuais, sendo o dano aferido na sua dimensão difusa.

Sob o aspecto subjetivo, os interesses difusos caracterizam-se pela indeterminação dos titulares e pela inexistência de relação jurídica básica entre eles. Pelo prisma objetivo, são marcados pela indivisibilidade do bem jurídico.(174)

Guido Alpa também analisa o interesse difuso sob os aspectos objetivo e subjetivo. Conforme o autor, subjetivamente é um interesse pertencente ao indivíduo enquanto esse se reveste de uma dimensão peculiar e pertinente ao seu estado: consumidor, fruidor do meio ambiente, utilizador de serviços públicos. Objetivamente, exprime-se somente em referência a um grupo, a uma categoria (de consumidores, fruidores do meio ambiente etc.).(175)

Não obstante os interesses difusos terem sempre um sentido social ou genérico, com predominância do abstrato e da despersonalização, há possibilidade de individualizar-se em casos concretos a satisfação dos resultados obtidos, uma vez que não se pode satisfazer uma categoria abstrata. Assim, quando se elimina a contaminação em

(171) MORAIS, José Luis Bolzan de. *Op. cit.*, p. 140-142.

(172) LANDONI SOSA, Angel. Nuevas orientaciones en la tutela jurisdiccional de los intereses difusos. *Revista del Instituto Colombiano de Derecho Procesual*, v. 2, ns. 12/13, p. 44, 1992.

(173) MOREIRA, José Carlos Barbosa. *Op. cit.*, p. 112.

(174) WATANABE, Kazuo. *Demandas coletivas...*, cit., p. 187.

(175) ALPA, Guido. *Op. cit.*, p. 148.

um riacho ou reconstrói-se a parte de um terreno danificada pela escavação, o resultado satisfaz por igual a todos os interessados.(176)

Desse modo, apesar da inexistência de uma situação subjetiva definida, torna-se inegável que a violação de um interesse difuso atinge imensurável número de membros da sociedade, sendo nociva a cada um especificamente, que passa a suportar concretamente seus efeitos danosos. Os indivíduos são atingidos por via reflexa, como ser participante de uma comunidade difusa, cujo bem transindividual fora objeto de um ato ou conduta danosa.

Assim, mesmo em sede de interesses difusos, os benefícios decorrentes da sua proteção sempre reverterão para o ser humano em alguma dimensão; no entanto, o benefício pessoal não é objeto imediato da tutela difusa, ficando, pois, em segundo plano, diante da expressão coletiva que assumem esses interesses.

Os interesses difusos são indivisíveis à medida que insuscetíveis de destaque em cotas individuais ou de grupos; não são passíveis de repartição entre quaisquer dos eventuais titulares.

Da indivisibilidade decorre que nenhum titular pode fruí-lo na sua integridade, bem como o gozo por um não impede ou impossibilita que outros o fruam com a mesma intensidade. A satisfação de um interessado implica necessariamente a satisfação de todos, e a lesão a um configura lesão a toda a coletividade. Esta indivisibilidade estende-se ao produto de eventual indenização decorrente da lesão (por exemplo, degradação ambiental), em face da indeterminação individual dos lesados e da indivisibilidade do próprio interesse.

São interesses indisponíveis, por transcenderem o âmbito individual e se encontrarem diluídos por toda a sociedade, sem uma titularização definida. Não são passíveis de atos de disposição por ninguém. Essa indisponibilidade decorre da indeterminação dos sujeitos beneficiáveis, uma vez que não se alcança a identificação dos seus titulares com poderes de disposição.

Assim, os bens objetos dos interesses difusos são especialmente protegidos, pois se encontram diluídos, dispersos por toda a comunidade, sendo compreensível que não sejam disponíveis, no sentido de uma pessoa poder dar-lhes uma destinação segundo a sua vontade ou interesse. Mantêm-se nessa condição por serem gozados por uma infinidade de pessoas "e o exercício de poderes de disponibilidade por qualquer uma delas implicaria apropriação desses bens, a sua privatização. O uso exclusivo desses bens é incompatível com a sua natureza".(177)

Os interesses difusos não são afetados ou alterados em razão de virem a ser exercitados ou não, pois possuem uma estrutura peculiaríssima: não possuem contornos definidos em norma jurídica e não estão aglutinados em grupos delineados, em razão do fato de que possuem objeto fluido e uniforme, distribuído por uma série indeterminada de sujeitos, o que lhes garante a nota de indivisibilidade.(178)

Em virtude da indeterminação dos seus sujeitos e da intensa conflituosidade que os envolve, os interesses difusos são cercados por um alto grau de politização, sendo interesses com intensa litigiosidade.

Tanto a satisfação como a violação desses interesses causam impactos que se estendem por todo o social, sendo que a solução de eventuais conflitos em torno deles se afasta da simples fórmula violação/indenização. Daí decorre a característica dos interesses difusos a sua forte expressão social.

Os interesses difusos são marcados pela conflituosidade máxima, pois possuem o condão de disseminar conflitos de massa, nos quais se contrapõem grupo contra grupo, com consequente coletivização do conflito em ambos os polos, pois os interesses difusos se encontram espalhados, espargidos por segmentos sociais extensos e ligados a circunstâncias contingenciais, e geralmente contrapostas, sem um vínculo jurídico definido.(179)

---

(176) BIDART, Adolfo Gelsi. *Op. cit.*, p. 133.

(177) BASTOS, Celso Ribeiro. *Op. cit.*, p. 121.

(178) MANCUSO, Rodolfo de Camargo. *Interesses difusos...*, cit., p. 90.

(179) *Idem, ibidem*, p. 92.

Giuseppe Di Chiara concebe-os como interesses sem estrutura, e esclarece que eles podem sofrer um processo de mutação genética, com a aquisição de outra estrutura mais condensada, de modo que se transformem num interesse coletivo de grupo ou categoria. Exemplifica com o interesse à saúde, tido como interesse difuso na legislação italiana, mas que se converte em interesse coletivo quando se refere à salubridade do ambiente do trabalho, cuja tutela fica a cargo da entidade representante dos trabalhadores *(organizzazioni esponenziali della pluralità)*.(180)

Em decorrência da fluidez dos interesses difusos e do seu caráter comunitário, há o estabelecimento de relações de reciprocidade e comunhão entre os membros da comunidade, com o surgimento de laços de solidariedade que levam à fixação de um compromisso comum e ao estreitamento das relações entre Estado e sociedade civil.(181)

Pela indeterminação dos sujeitos e sua difusão no tempo e no espaço, esses interesses podem concernir, concomitantemente, a diversas gerações de indivíduos, de forma que estabeleça um ponto de convergência entre passado, presente e futuro. Cite-se, por exemplo, a proteção do patrimônio cultural, cujo raio de ação pode abranger a defesa da memória dos fatos ou pessoas notabilizados em determinado monumento (indivíduos falecidos); pelo direito dos indivíduos (presentes) de visitar, preservar e conhecer essa mesma memória concretizada e por esse mesmo direito assegurado às gerações vindouras (futuro). O art. 225 da CF/1988bem expressa essa característica dos interesses difusos, pois prescreve a defesa e a preservação do meio ambiente para as presentes e futuras gerações.

Em relação ao aspecto espacial, os interesses difusos desconhecem fronteiras geográficas, enfraquecendo o conceito de soberania. Podem se propagar por diversas regiões e cidades, abranger um ou mais países, um continente ou todo o globo terrestre. A atividade poluidora de uma empresa que se encontra em determinada fronteira, por exemplo, pode afetar regiões dos países fronteiriços; um desmatamento pode ocorrer em florestas que se distribuem por dois ou mais países, de modo a afetar o *habitat* global da fauna e da flora da região. Há outrossim bens que suscitam o interesse de toda a humanidade na sua preservação, como a floresta amazônica e a camada de ozônio.

Hugo Nigro Mazzilli assinala que "Há interesses difusos: a) tão abrangentes que chegam a coincidir com o interesse público (como o do meio ambiente como um todo); b) menos abrangentes que o interesse público, por dizerem respeito a um grupo disperso, mas que não chegam a confundir-se com o interesse geral da coletividade (como o dos consumidores de um produto); c) em conflito com o interesse da coletividade como um todo (como os interesses dos trabalhadores da indústria do tabaco); d) em conflito com o interesse do Estado, enquanto pessoa jurídica (como o interesse dos contribuintes); e) atinentes a grupos que mantêm conflitos entre si (interesses transindividuais reciprocamente conflitantes, como os dos que desfrutam do conforto dos aeroportos urbanos, ou da animação dos chamados trios elétricos carnavalescos, em oposição aos interesses dos que se sentem prejudicados pela correspondente poluição sonora)".(182)

Os interesses difusos não se diferenciam dos interesses públicos por seu objeto, sempre constituído de bens de relevância geral, mas pela diversidade de sujeitos aos quais são imputáveis as situações jurídicas que lhes respeitam.(183)

2.5.2.2. Interesses difusos e interesses coletivos

Não há uma uniformidade doutrinária no tocante à diferenciação entre os interesses difusos e os coletivos. No entanto, como elucidado anteriormente, ambos são espécies de interesses transindividuais e apresentam traços peculiares que os diferenciam, não obstante a notável aproximação entre eles, decorrente de características comuns e do fato de ambos afastarem-se das características dos interesses individuais *stricto sensu*.

Podem ser apontadas as seguintes diferenças entre os interesses difusos e os coletivos: a) presença do vínculo associativo nos coletivos, não requerida nos difusos; b) alcance dos interesses difusos a uma série indeterminada e aberta de indivíduos, de sorte a atingir uma cadeia abstrata de pessoas, ao passo que os coletivos se circunscrevem

(180) DI CHIARA, Giuseppe. *Op. cit.*, p. 434.

(181) MORAIS, José Luis Bolzan de. *Op. cit.*, p. 145.

(182) MAZZILLI, Hugo Nigro. *A defesa dos interesses...*, cit., p. 51.

(183) ALPA, Guido. *Op. cit.*, p. 148.

a uma série determinada ou determinável de pessoas; c) maior potencialidade e abrangência da conflituosidade nos interesses difusos que nos coletivos; d) ocorrência de lesões disseminadas em massa nos interesses difusos; e) existência de vínculo essencialmente fático entre os titulares dos interesses difusos.(184)

Celso Bastos assinala que os interesses coletivos são marcados pela existência de um vínculo jurídico básico que une todas as pessoas envolvidas, que denomina *affectio societatis*, como ocorre nas relações de parentesco no grupo familiar, no título de acionista na sociedade anônima, na qualidade de integrante de determinada categoria profissional etc., ao passo que, nos difusos, a união de interesses se baseia em meras situações de fatos, sem qualquer vínculo jurídico que unifique os titulares respectivos desses interesses, que adquirem, por isso, uma natureza extensiva, disseminada ou difusa das lesões a que estão sujeitos, de forma que os efeitos danosos que venham a sofrer "apresentam-se amplos e não circunscritos, num fenômeno de propagação altamente centrífuga".(185)

Francisco Antonio de Oliveira aponta como um dos critérios diferenciadores entre referidos interesses a intensidade do grau de conflituosidade existente em cada um. Assim, a conflituosidade é menos intensa nos interesses coletivos que nos difusos, tendo em vista que aqueles se perfazem perante grupos sociais definidos, com representação do tipo convencional ou institucional, de modo que circunscreva a área conflituosa aos limites do grupo, único legitimado desses interesses. Já nos interesses difusos, a ampliação da área conflituosa dá-se em razão da indeterminação dos sujeitos e da mobilidade e fluidez do objeto.(186)

Outro critério de diferenciação consiste no grau de mutação dos titulares de ambos os interesses, tendo em vista que a mudança dos sujeitos ativos dos interesses difusos se dá com absoluta informalidade jurídica, bastando a alteração nas circunstâncias de fatos e com relativa informalidade nos coletivos, com a adesão do sujeito à relação jurídica base ou a sua exclusão desta.(187)

Em relação à indivisibilidade, há uma distinção quanto à origem; nos interesses difusos, os titulares são indeterminados e vinculados a situações fáticas, de sorte que o caráter indivisível decorre da indeterminação dos seus sujeitos e, consequentemente, da titularidade; ao passo que, nos coletivos, a indivisibilidade decorre da sua formação a partir da síntese dos interesses individuais que os informam, com a consequente despersonalização desses.

Para Vicenzo Vigoriti, a "organização" é o elemento essencial de distinção entre os interesses coletivos e os difusos, já que os difusos se apresentam num estádio ainda fluido do processo de agregação dos respectivos interesses, que não se encontram organizados, ao passo que o fator organizativo seria a nota essencial do conceito de interesse coletivo.(188)

Segundo Luís Felipe Colaço Antunes, existiria uma diferença ontológica entre os dois interesses, uma vez que o interesse difuso seria uma forma concreta, plural e heterógena do direito público, com cunho solidário, comunitário e não patrimonial, ao passo que o interesse coletivo concerniria a um interesse privado-egoístico, de grupo ou categoria.(189)

No entanto, somente se compreende essa posição do autor ao levar em consideração que ele identifica o interesse coletivo como "fundamentalmente de natureza socioprofissional, um interesse corporativo", ou seja, um interesse de grupo.

Do cotejo de ambos os interesses, extrai-se a ilação segundo a qual os difusos se aproximam dos interesses públicos primários, ao passo que os coletivos, por se limitarem a um grupo determinável de pessoas, aproximam-se dos interesses privados. Resulta daí que os interesses difusos são marcados por uma indisponibilidade absoluta, ao

(184) PRADE, Péricles. *Op. cit.*, p. 47-55.

(185) BASTOS, Celso Ribeiro. *Op. cit.*, p. 113-114.

(186) OLIVEIRA, Francisco Antonio de. *Ação civil pública...*, cit., p. 27.

(187) ZAVASCKI, Teori Albino. *Op. cit.*, p. 149.

(188) VIGORITI, Vicenzo. *Op. cit.*, p. 39.

(189) ANTUNES, Luís Felipe Colaço. *Op. cit.*, p. 35.

passo que os coletivos por uma disponibilidade relativa, pois o conjunto de pessoas que os titulariza pode, em certas situações, exercer atos de disposição, embora de raríssima ocorrência a situação aventada.

2.5.2.3. Interesses difusos e interesses legítimos

Há um *tertium genus* de interesses situados entre os simples e os subjetivos, os denominados interesses legítimos. Sua construção teórica deu-se a partir do dualismo italiano de jurisdição — administrativa e contenciosa. Observou-se, nas contendas administrativas, que a legitimidade para a anulação de determinados atos da administração pública abrangia um rol de cidadãos maior que o círculo de indivíduos diretamente atingidos — beneficiados ou prejudicados — por determinado ato administrativo. Embora aqueles indivíduos não sofressem os efeitos diretos do ato impugnado, demonstravam um interesse mediato, ocasional para pleitear a sua anulação, tendo em vista suportarem de forma direta ou reflexa os efeitos do ato.

Os interesses legítimos permeiam entre os interesses simples e os direitos subjetivos, representando um *magis* com relação aos primeiros e um *minus* com referência aos segundos.[190]

A diferença substancial entre as três espécies de interesses (subjetivos, legítimos e simples) está na intensidade da proteção estatal: máxima nos direitos subjetivos; inexistente nos interesses simples e limitada e ocasional nos interesses legítimos, de forma que esses, embora não figurem como prerrogativas ou títulos jurídicos oponíveis *erga omnes*, beneficiam-se de uma relativa proteção.[191]

Essa proteção limitada dos interesses legítimos ocorre por via reflexa, isto é, ela não se encontra precisamente objetivada na norma jurídica, mas, por determinada circunstância, o sujeito pode estar situado no raio de abrangência da norma, de sorte que passa a merecer uma proteção diferenciada em relação aos demais.[192]

Como exemplo de interesse legítimo, temos aquele em que um determinado ato da administração limita ou finaliza o uso coletivo de uma estrada pública, vindo a incidir sobre a posição daqueles que a utilizam para alcançar as suas residências. Na hipótese indicada, a norma não objetivou limitar o alcance da residência por determinadas pessoas, mas a interdição da estrada — ainda que objetivasse o interesse público — reflexamente atingiu aquelas pessoas, de forma que surge para elas, nesse momento, um interesse diferenciado em relação aos demais destinatários da norma.

São "interesses ocasionalmente protegidos e direitos imperfeitos". As normas de direito objetivo que regem a realização de interesses coletivos indiretamente podem satisfazer interesses de certos indivíduos atingidos reflexa e concretamente pela norma. Assim, eles passam a ter especial interesse na correta observância daquela norma.[193]

Para Marco Cresti, são interesses indireta e ocasionalmente tutelados por uma norma que objetiva a defesa do interesse público. Segundo ele, estamos na presença de um interesse legítimo quando, diante de uma norma protetiva do interesse público, uma certa pessoa, por uma situação peculiar, ocasionalmente se encontra referida no conteúdo da norma, podendo auferir uma vantagem ou sofrer um dano especial pela observância de tais prescrições. A norma jurídica, *per si*, não objetiva diretamente a garantia do interesse particular, mas esse surge acidentalmente da observação daquela norma e da satisfação do interesse coletivo, por isso são chamados de "interesses ocasionalmente protegidos".[194]

Péricles Prade — embasado em Pietro Virga — aduz que o interesse legítimo consiste numa "posição subjetiva, substancial e autônoma com respeito à ação, consagrada a um indivíduo que se encontra numa particular posição diferenciada (posição legitimante) perante a administração pública, decorrente de uma precedente relação de

(190) PRADE, Péricles. *Op. cit.*, p. 24.

(191) MANCUSO, Rodolfo de Camargo. *Interesses difusos...*, cit., p. 69.

(192) *Idem, loc. cit.*

(193) MELLO, Osvaldo Bandeira de *apud* MANCUSO, Rodolfo de Camargo. *Interesses difusos...*, cit., p. 70.

(194) CRESTI, Marco. *Op. cit.*, p. 15-16.

direito privado ou de direito público, que, assegurando-lhe a faculdade de pretender que a administração pública exerça, legalmente, seus poderes, situa-o na condição de pleitear a anulação de um ato administrativo que o tenha atingido pessoal ou materialmente".(195)

Os interesses legítimos podem tornar-se muito próximos dos difusos se se desconsiderar o critério de coletivização e adotar-se o de exigibilidade, estando os interesses difusos situados entre os interesses simples e o interesse legítimo.(196) No entanto, os interesses legítimos caracterizam-se pelo seu caráter individual, ao passo que os difusos concernem ao indivíduo como membro de uma coletividade.(197)

Parece paradoxal que um interesse individual possa se aproximar dos interesses difusos que, como visto, não possuem titulares exclusivos ou definidos. Mas essa aproximação ocorre não só no campo da exigibilidade (ocasional), mas no fato de que, muitas vezes, um determinado fato pode ensejar o nascimento de uma série enorme de interesses ocasionais ou eventuais de sujeitos que se encontram no seu campo de irradiação.

Não obstante a aproximação dos interesses legítimos dos difusos, certo é que os primeiros pressupõem algum tipo de vínculo jurídico básico, ao passo que os segundos prescindem desse requisito, servindo-lhes tão somente a existência de situações de fato. Ademais, os interesses legítimos possuem um campo de irradiação menor que os difusos, tendo em vista que estes abarcam uma coletividade indefinida, ao passo que aqueles têm em seus portadores uma posição diferenciada.(198)

Como elucida Guido Alpa, os interesses difusos, em determinados casos, podem assumir características de interesses legítimos. Exemplifica o autor com o direito ao meio ambiente, sobre o qual há possibilidade de configurar-se um interesse legítimo do cidadão passível de tutela jurisdicional, na hipótese em que a salvaguarda da paisagem e da beleza naturais seja ínsita ao gozo concreto de determinados bens.(199)

Nesse aspecto, esclarecedora a lição de Marco Cresti, segundo a qual, tomando-se o mesmo exemplo acima citado — meio ambiente —, poderá surgir um interesse legítimo nos casos em que a pluralidade de sujeitos é delimitada, como, *v. g.*, o interesse à proteção de um determinado ambiente no qual se encontram alguns proprietários que são afetados de forma indireta; hipótese esta distinta daquela em que o interesse tende a coincidir com a generalidade dos cidadãos. Assim, no primeiro caso, o interesse legítimo propicia o reconhecimento de uma situação diferenciada daqueles cidadãos, de forma que propicie a proteção individual do bem lesado, ao passo que, no segundo exemplo, não há uma titularidade individual e exclusiva do bem lesado, que se apresenta difuso e indivisível.(200)

Rodolfo de Camargo Mancuso elucida o seguinte exemplo de nascimento de um interesse legítimo: "os participantes de uma licitação sabem, a partir de um texto de lei, que, mesmo após a regular realização do certame, a Administração pode revogá-lo por razões de ordem discricionária; todavia, como têm interesse legítimo, sabem que tal revogação deve ser motivada, e que não pode mascarar nenhum propósito de favorecimento a qualquer dos participantes ou a terceiros".(201)

Outro exemplo esclarecedor provém das lições de O. A. Bandeira de Mello em relação à exigência de concurso público para a provisão de cargos públicos; *in casu*, há um interesse geral na observância da moralidade administrativa e na defesa do erário, no entanto, os que participaram no concurso "têm interesse específico e particular no respeito dessas normas, muito maior, portanto, que o interesse da generalidade dos cidadãos, pois

(195) PRADE, Péricles. *Op. cit.*, p. 25.

(196) MANCUSO, Rodolfo de Camargo. *Interesses difusos...*, cit., p. 79.

(197) CRESTI, Marco. *Op. cit.*, p. 10.

(198) MANCUSO, Rodolfo de Camargo. *Interesses difusos...*, cit., p. 72-73.

(199) ALPA, Guido. *Op. cit.*, p. 150.

(200) CRESTI, Marco. *Op. cit.*, p. 4-5.

(201) MANCUSO, Rodolfo de Camargo. *Interesses difusos...*, cit., p. 69.

são abrangidos diretamente nos seus efeitos. Então o interesse deles se eleva de simples interesse para interesse ocasionalmente protegido".(202)

2.5.2.4. Quadro sinóptico dos interesses difusos

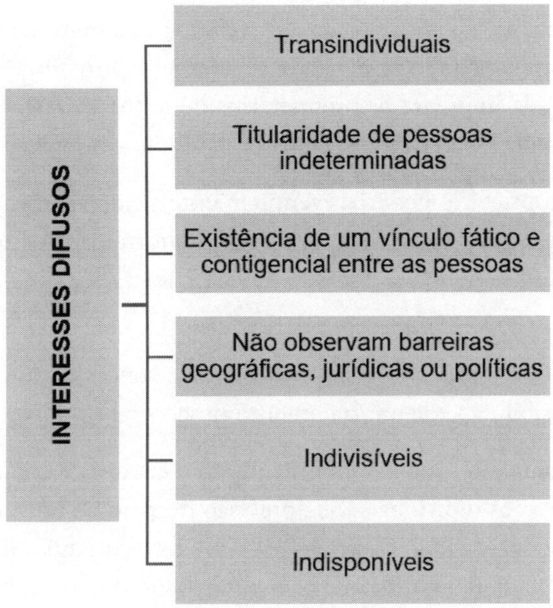

2.5.3. Interesses individuais homogêneos

2.5.3.1. Conceito e características

A identificação de uma nova categoria de interesses, denominada "individuais homogêneos" — inserida no art. 81, III, da Lei n. 8.078/90 —, é fruto da preocupação de doutrinadores e legisladores brasileiros com o estudo e proteção dos interesses difusos, em especial de interesses dos consumidores.(203)

O Código de Defesa do Consumidor definiu, de modo sintético, esses interesses como "os decorrentes de origem comum" (art. 81, III, Lei n. 8.078/90).

Os interesses individuais homogêneos distinguem-se dos meramente individuais em virtude da origem comum, isto é, um fato jurídico que atinge diversos indivíduos uniformemente e os coloca em situação assemelhada, propiciando o tratamento uniforme das várias relações jurídicas que se formam em torno da mesma situação, sem que tal característica implique uniformidade de resultado para todos os indivíduos, tendo em vista que as pretensões podem assumir conteúdo e matizes os mais variados, em face do fato de poderem ser afetados com intensidade e consequências diversas.

A expressão "origem comum" não significa que os interesses devam decorrer do mesmo fato e ao mesmo tempo; requer-se apenas que os fatos sejam assemelhados e possuam uma mesma causa, ainda que ocorram em momentos diversos. Nas palavras de Kazuo Watanabe, "as vítimas de uma publicidade enganosa veiculada por vários órgãos da imprensa e em repetidos dias ou de um produto nocivo à saúde adquirido por vários consumidores num largo espaço de tempo e em várias regiões têm, como causa de seus danos, fatos com homogeneidade tal que os tornam a 'origem comum' de todos eles".(204)

---

(202) BANDEIRA DE MELLO, Oswaldo Aranha *apud* MANCUSO, Rodolfo de Camargo, *ibidem, loc. cit.*

(203) VALENTIM, João Hilário. *Interesses difusos no direito do trabalho.* Dissertação (Mestrado), Faculdade de Direito da Universidade de São Paulo. São Paulo, 1994. p. 30-31.

(204) WATANABE, Kazuo. *Demandas coletivas...,* cit., p. 189.

A origem comum pode caracterizar-se por uma mesma fonte objetiva, consistente em fatos ou atos jurídicos (negócio jurídico, ato normativo etc.), ou por uma fonte subjetiva, como a existência de um mesmo credor ou devedor de diversas relações jurídico-obrigacionais com vários sujeitos.(205)

Em nosso noticiário recente, tivemos um exemplo clássico de interesses individuais homogêneos: uma grande indústria automobilística fabricou uma série de veículos com defeitos no sistema de ajuste do cinto de segurança, fato, inclusive, que teria colaborado para a ocorrência de alguns acidentes com vítimas fatais. Num momento posterior, essa mesma indústria convocou pela imprensa os proprietários de todos os veículos com os números de série que apresentariam o defeito para proceder-se ao conserto da parte danificada — procedimento denominado *recall*.

No exemplo dado, cada proprietário poderia, eventualmente, veicular sua pretensão individualmente, mas a origem comum e a questão de direito unificada, por concederem uniformidade e homogeneidade às diversas pretensões, favorecem a sua tutela conjunta, embora se trate de típicos interesses individuais.

Os interesses individuais homogêneos são individuais em sua essência, o que adquire feição coletiva é a forma processual pela qual podem ser tratados, dada a sua homogeneidade decorrente da origem comum. A nota da uniformidade confere-lhes a possibilidade de um tratamento processual coletivo.

São interesses que constituem um conceito intermédio, com caráter de comunitariedade — causa ou origem comum —, mas que projeta situações individuais. Sua previsão decorre de um princípio de economia processual que permite a aglutinação de pretensões individuais oriundas de fato comum em uma via judicial única. Em face da causa comum, permite a lei (Lei n. 8.078/90) que os prejudicados atuem conjunta e unitariamente para verem satisfeitos os seus prejuízos.(206)

Ao alertar para a distinção entre defesa de direitos coletivos (e difusos) e defesa coletiva de direitos (individuais), Teori Albino Zavascki assinala que os interesses individuais homogêneos não se enquadram no conceito de direito transindividual, mas constituem simples direitos subjetivos individuais, com perfeita identificação do sujeito e da relação deste com o objeto, aos quais a qualificação de homogêneos tem como função relacioná-los a outros direitos individuais assemelhados, de molde a permitir a sua defesa coletiva.(207)

O Código de Defesa do Consumidor enfatizou a defesa coletiva com a permissão de propositura de uma única ação coletiva para a proteção desses interesses, com o objetivo de fortalecer seus titulares e de evitar-se sua defesa de forma pulverizada.

Assim, interesses individuais homogêneos são aqueles interesses individuais de pessoas determinadas, comumente disponíveis e de fruição singular, mas decorrentes de uma origem comum, que lhes concede homogeneidade e possibilita o seu tratamento conjunto e uniforme, sem que, por tal fato, percam a nota da sua individualidade.

Se os interesses transindividuais são um corpo intermediário entre os interesses públicos e privados, pode-se dizer que os interesses individuais homogêneos permeiam entre os interesses individuais e os coletivos.

São frutos do espírito gregário do homem e inserem-se no processo constante de formação de interesses coletivos e no caráter instintivo de união com vistas à mútua proteção e fortalecimento do indivíduo singularmente considerado.

Os interesses individuais homogêneos possuem como características: a) relevância e conotação sociais; b) possibilidade de serem constatados indiciariamente pela potencialidade do dano (possibilidade de expansão da lesão a outras pessoas); c) são tutelados por entes legitimados; d) possibilidade de dispersão ou elevado número de titulares; e) suscetibilidade de serem tutelados por uma ação coletiva.(208)

(205) LISBOA, Roberto Senise. *Op. cit.*, p. 286.

(206) MORAIS, José Luis Bolzan de. *Op. cit.*, p. 121-122.

(207) ZAVASCKI, Teori Albino. *Op. cit.*, p. 148.

(208) ZAVASCKI, Teori Albino. *Op. cit.*, p. 287-288.

Os interesses individuais homogêneos, como se extrai das suas características, não são essencialmente transindividuais no sentido estrito do termo; constituem interesses individuais cuja satisfação jurídica ocorre por intermédio de uma via processual única; assim, só podem ser considerados transindividuais em sentido amplo, uma vez que possuem um *plus*, um algo mais em relação ao conjunto de interesses que os compõem, derivado da homogeneidade causal e que lhes concede a mencionada relevância social.

2.5.3.2. Interesses individuais homogêneos e interesses coletivos

Nos interesses coletivos, o elo entre os diversos interesses é a existência de uma relação jurídica base entre si ou com a parte contrária, ao passo que, em se tratando de interesses individuais homogêneos, o que os liga não é uma relação jurídica em si, mas uma circunstância fática comum.

Os interesses coletivos constituem uma síntese de interesses individuais, de modo que formam uma nova realidade que não se confunde com os interesses que lhe deram origem. Já os interesses individuais homogêneos possuem tão somente uma aura coletiva; não formam uma nova realidade distinta dos interesses individuais que o caracterizam, que continuam a subsistir e não deixam, assim, de constituir típicos interesses individuais.

Os interesses coletivos caracterizam-se por sua abstração, em virtude de seus sujeitos serem indeterminados ou determináveis e por integrarem um grupo ou categoria; já os interesses individuais homogêneos são caracterizados por sua concretude, pois seus sujeitos são perfeitamente determinados. Daí decorre que estes são divisíveis, ou seja, a sua satisfação ou lesão dá-se de forma individualizada em relação a cada um dos seus titulares, ao passo que aqueles são indivisíveis, isto é, não podem ser lesados ou satisfeitos singularmente.

Não obstante as diferenças existentes entre os interesses coletivos e os individuais homogêneos, há um ponto de contato entre eles, pois ambos reúnem um número de pessoas determináveis.

Diante de uma lesão que atinge um determinado grupo de pessoas, várias esferas jurídicas podem ser atingidas. A coletiva, que envolve um dano referente a todo o grupo globalmente considerado ou à comunidade difusa e a individual, correspondente aos danos sofridos de forma pessoal pelos membros do grupo ou a coletividade. Por exemplo: um grupo de empregadas de uma empresa de certa cidade do interior, sujeitas a revistas íntimas, vexatórias e humilhantes realizadas pelo respectivo empregador. Deste ato pode resultar um dano moral em relação à coletividade globalmente considerada — totalmente distinto e compatível com a reparação do dano moral sofrido pelas empregadas individualmente (interesses individuais homogêneos).

Ao contrário dos interesses difusos e coletivos, em que a mutação dos titulares da relação de direito ocorre, respectivamente, com informalidade jurídica absoluta e relativa; a mutação do polo ativo da relação jurídica material em tema de interesses individuais homogêneos decorre de atos ou fatos jurídicos típicos, como o contrato, sucessão *mortis causa*, usucapião etc.

Ives Gandra Martins Filho, ao assinalar que, no campo das relações de trabalho, o critério da indivisibilidade não soa como o melhor para diferençar ambos os interesses, elucida que "com isso, o divisor de águas para separar os interesses difusos e coletivos dos individuais homogêneos seria a potencialidade (difusos e coletivos) ou concretude (individuais homogêneos) da lesão".[(209)]

Segundo o jurista, nos interesses coletivos, o ato lesivo estende-se no tempo, constituindo procedimento genérico e continuativo da empresa, enquanto os individuais homogêneos têm sua origem fixa no tempo, configurando atos concretos que atingem somente aqueles que compunham a categoria no momento. Cita o autor a degradação continuada do meio ambiente do trabalho como exemplo de interesse coletivo lesado, que afeta,

(209) MARTINS FILHO, Ives Gandra. *Processo coletivo do trabalho*. São Paulo: LTr, 1996. p. 208.

potencialmente, a todos os empregados da empresa e, no campo dos interesses individuais homogêneos, exemplifica com a demissão coletiva que atinge de forma imediata um conjunto concreto e identificável de empregados.(210)

2.5.3.3. Interesses individuais homogêneos e interesses difusos

Ambas as espécies de interesses têm origem em circunstâncias de fato comuns; no entanto, os interesses difusos são marcados pela indeterminação dos seus titulares e pela indivisibilidade do seu objeto, ao passo que nos interesses individuais homogêneos os titulares são determinados ou determináveis, e tanto o dano como a responsabilidade que lhes seguem caracterizam-se por serem divisíveis ou individualmente variáveis.

Assim, enquanto os interesses individuais homogêneos possibilitam a fruição individual e exclusiva do direito — comumente verificada nos interesses individuais —, interesses difusos pressupõem a satisfação de toda a coletividade e o gozo individual, ainda que presente, não possui o caráter de exclusividade ou exclusão, típicos do egoísmo que permeia os interesses individuais.

Tanto os interesses difusos quanto os individuais homogêneos prescindem da existência de qualquer relação jurídica básica para a sua configuração, uma vez que, em relação aos primeiros, a ligação entre os sujeitos dá-se por circunstâncias fáticas e, nos segundos, a homogeneização decorre da origem comum dos diversos interesses. Mas, como já ressaltado, em ambas as hipóteses poderá existir referido vínculo, sendo que este apenas não será essencial para a caracterização deles.

2.5.3.4. Interesses individuais homogêneos e interesses plúrimos

Os interesses individuais homogêneos não se confundem com os interesses individuais plúrimos; aqueles constituem interesses com intensa potencialidade de coletivização, com a propagação de lesões ou de ameaça de violação a interesses decorrentes de uma origem comum, ao contrário dos interesses essencialmente plúrimos.

A relevância social do interesse individual plúrimo é que o qualifica como individual homogêneo e possibilita a sua tutela coletiva. Essa relevância social não é aferida simplesmente pela quantidade de interessados ou pela pura dispersão do dano; mas por uma dispersão cujo campo de irradiação justifique a caracterização da conflituosidade coletiva ou de massa. Nada impede, assim, que, diante de uma dispersão mínima, se reconheçam interesses individuais homogêneos, basta que o interesse seja tido como social por lei (interesse individual homogêneo formal) ou por sua natureza (interesse individual homogêneo material), ou, ainda, que se verifique, no caso concreto, sua conexão com outro interesse socialmente relevante (difuso ou coletivo).(211)

Os interesses individuais plúrimos são interesses essencialmente individuais que se limitam ao círculo de atributividade jurídica de seus titulares; não possuem potencialidade de propagação para a esfera jurídica de indivíduos além daqueles titulares componentes da pluralidade de pessoas aos quais se referem. São interesses sem potencialidade de expansão ou coletivização.

Os interesses individuais homogêneos, necessariamente, para sua caracterização, devem ser decorrentes de uma origem comum. É esta origem comum que os qualifica como homogêneos e possibilita a sua defesa coletiva e uniforme. A fonte originária concede a todos os interesses individuais homogêneos, pertinentes a uma dada coletividade, natureza jurídica e conteúdo idênticos. Já os interesses individuais plúrimos podem surgir de diversas fontes objetivas ou subjetivas, e receberem qualificação jurídica e conteúdos diversos uns dos outros.

As diferenças materiais e processuais entre os interesses individuais plúrimos e os interesses individuais homogêneos serão mais bem analisadas no momento em que diferençarmos as ações coletivas para a defesa de interesses individuais homogêneos do litisconsórcio multitudinário.

---

(210) *Idem, ibidem*, p. 207.

(211) LISBOA, Roberto Senise. *Op. cit.*, p. 289-290.

2.5.3.5. Quadro sinóptico dos interesses individuais homogêneos

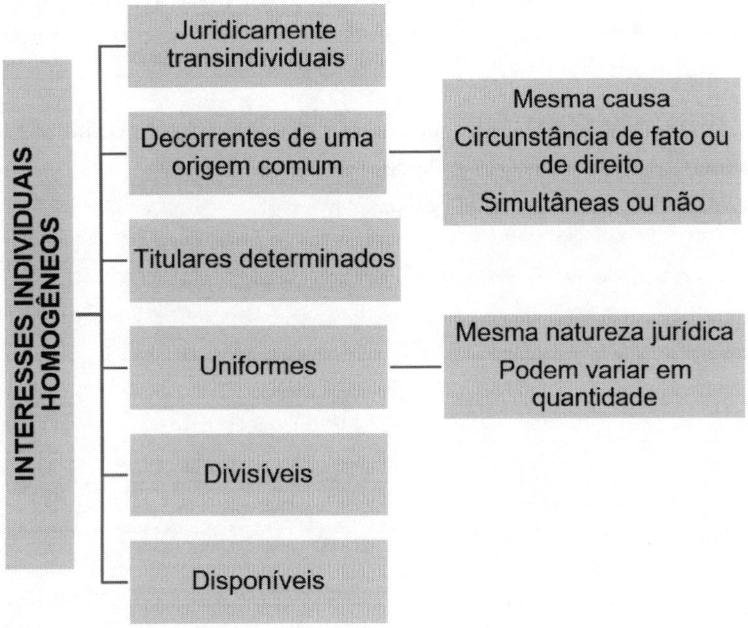

3. Imprecisão conceitual e terminológica

Como observado nas colocações expostas, não é fácil a tarefa de sistematizar os interesses transindividuais, seja pela novidade do tema, seja pela ausência, na atualidade, de uma sedimentação jurisprudencial e doutrinária em torno dele.

O caminho escolhido para essa tentativa de sistematização é somente mais um entre os vários que podem ser encontrados. Não negamos que haja uma diversidade de denominações e terminologias apresentadas e utilizadas pela doutrina e jurisprudência, pois as dificuldades de se definir, com precisão, o conteúdo dessas novas figuras normativas têm reflexo imediato no plano linguístico, em que persiste uma certa imprecisão terminológica.

Nesse diapasão, até mesmo as classificações para caracterização desses interesses não passam de salutares tentativas de sistematização, comprometidas pela interpenetração de determinados elementos, que aparecem seguidamente em mais de uma de suas espécies, muitas vezes dificultando os efeitos práticos e concretos da definição de cada uma delas.

Deve-se verificar que há pontos ou zonas de intersecção entre os diversos tipos de interesses assinalados, o que demonstra o alto grau de fluidez com que aparecem na órbita jurídica.

São interesses que se interagem no mundo jurídico, de tal forma que se torna inviável acorrentá-los em classificações compartimentadas e estanques, uma vez que, nesse processo de interação, não raramente pode ocorrer a transubstanciação de um em outro interesse, ou mesmo, simplesmente, uma definição distinta conforme o prisma pelo qual se observa a sua existência.

Ademais, de uma mesma circunstância fática podem emergir violações a diversos interesses transindividuais, não sendo precipitado equacionar-se a preposição segundo a qual, para efeitos práticos, a definição do interesse decorre da carga de predominância do direito violado ou do ponto de vista do(s) ente(s) legitimado(s) para sua defesa. Assim, diante de um dano ao meio ambiente de uma determinada comunidade, exsurge o interesse difuso dos habitantes da região atingida, como também os interesses individuais homogêneos daqueles que tiveram danos semelhantes decorrentes desse mesmo fato.

Como assevera Barbosa Moreira, "nas precedentes considerações não se teve a pretensão de exaurir a tipologia dos interesses supraindividuais, nem a de estabelecer uma classificação rigorosamente científica das suas diversas modalidades. Quisemos unicamente ressaltar três momentos característicos, sem ignorar que na realidade objetiva a passagem de um a outro se faz, com frequência, por graus insensíveis, e que a riqueza policrômica das situações da vida em sociedade não se deixa aprisionar num espectro intencionalmente esquemático, como o que acima se esboçou".(212)

A perpetuação da incerteza equivale ao enfraquecimento não só do direito como dos seus portadores na sociedade, correspondendo ao retardamento do ingresso desses interesses "que exprimem exigências reais e concretas no instrumentário jurídico elaborado para a tutela da pessoa".(213)

(212) MOREIRA, José Carlos Barbosa. *Op. cit.*, p. 113.

(213) ALPA, Guido. *Op. cit.*, p. 147.

Capítulo III

O florescimento dos interesses transindividuais no campo dos direitos sociais

1. Direitos sociais e interesses transindividuais

O campo dos direitos sociais constitui área fértil para o florescimento de interesses transindividuais, seja pelos traços de igualdade, solidariedade e coletividade que marcam aqueles, seja pelas inúmeras figuras de sujeitos de direito que surgem em decorrência da constante especificação de direitos, com o consequente reconhecimento de direitos de coletividades cujos membros são identificados por aspectos de vida comuns (criança, adolescente, idoso etc.).

Historicamente, constatamos um vertiginoso processo de categorização de novos sujeitos de direito no âmbito dos direitos sociais, com destaque para o reconhecimento de grupos ou categorias de pessoas que se identificam por condições comuns. Assim, pode-se falar em direitos dos idosos, direitos das crianças, direitos das pessoas com deficiência etc.

Esses novos direitos permitem o tratamento uniforme de uma série de situações homogêneas em que se encontram os seus sujeitos que, apesar de individualmente distintos, são homogeneizados por alguma característica, condição pessoal ou social ou qualidade comum. Daí, então, o processo de categorização ou classificação de grupos de indivíduos que se encontram em situações idênticas, o que possibilita, por via coletiva, a proteção dos interesses individuais, mas, sobretudo, a tutela coletiva de direitos coletivos.

Todo esse processo consiste num movimento que aponta um caminhar do ser humano abstrato e singularmente considerado para a identificação de novos sujeitos de direitos, distintos do ser humano (mas a ele vinculados). Não se fala apenas abstratamente no ser humano (ou "homem") como nas clássicas Declarações de Direitos, mas num ser humano cada vez mais específico (ser humano idoso, ser humano criança, ser humano portador de deficiência, ser humano discriminado) e aferido a partir de coletividades, grupos, comunidades ou categorias de sujeitos que são reconhecidos por um denominador comum (idosos, deficientes, crianças, mulheres etc.). A esse processo, Norberto Bobbio denomina especificação do homem "abstrato" para figuras concretas.(214)

Com essa especificação, e o consequente reconhecimento de grupos ou categorias de sujeitos que se colocam sob uma mesma característica ou aspecto comum, os quais concedem à determinada coletividade uma relativa uniformidade e permitem a sua identificação como uma coletividade homogênea, as normas deixam de considerar somente o homem como gênero abstrato da espécie humana para tutelá-lo em todos os aspectos e peculiaridades da sua vida.

Assim, tomando-se por base o gênero, identificam-se os direitos da mulher; ao se considerar as fases da vida, definem-se os direitos das crianças, dos adolescentes e dos idosos; a consideração de características étnico-culturais leva ao reconhecimento de direitos de determinados grupos sociais ou minorias; ao reportar-se ao estado de saúde, atribuem-se direitos especiais aos doentes ou às pessoas com deficiência.

(214) BOBBIO, Norberto. *A era dos direitos*. Trad. Carlos Nelson Coutinho. Rio de Janeiro: Campus, 1992. p. 62.

Esse processo é verificado na evolução normativa dos diversos documentos específicos para a garantia de direitos a certas categorias de indivíduos, aprovados pelos organismos internacionais, como a Convenção para a Prevenção e a Repressão do Crime de Genocídio (1948); a Declaração Universal dos Direitos da Criança (1959); a Declaração sobre a Eliminação da Discriminação à Mulher (1967); a Declaração dos Direitos do Deficiente Mental (1971); a Declaração dos Direitos da Pessoa Deficiente (1975); a Declaração Universal dos Direitos dos Povos (1976); a Convenção sobre a Eliminação de todas as Formas de Discriminação contra a Mulher (1979); a Carta Africana dos Direitos Humanos e dos Povos (1981)[(215)]; a Declaração dos Direitos Humanos dos Indivíduos que não são Nacionais nos Países em que Vivem (1985); a Convenção Relativa aos Direitos da Criança (1990).

Estes instrumentos garantidores de direitos sociais específicos identificam as diferenças existentes entre os diversos grupos de indivíduos e disciplinam uma série de garantias aos componentes de cada categoria reconhecida, o que propicia a defesa coletiva dos seus respectivos direitos. Ao lado desses, cresceu a preocupação com os denominados interesses humanos de terceira geração, de dimensão mundial ou global, como o direito ao desenvolvimento, a um meio ambiente sadio e ecologicamente equilibrado, à saúde etc.

Como se observa, a ideia de direitos que transcendem a mera esfera individual, cuja efervescência ocorreu a partir do crescimento exacerbado da atividade industrial e das relações de consumo no século XX, estendeu-se a outros setores da sociedade, como o campo dos direitos sociais e econômicos.

O desenvolver desses direitos sociais numa sociedade marcada por um fenômeno de massificação, aliado ao conteúdo promocional do Estado social, inclina-os à garantia de benefícios e vantagens de mesma natureza concomitantemente a uma vasta categoria (coletividade) de pessoas. Sua lesão, nesse contexto, acaba por desprestigiar igualmente um vasto universo de indivíduos. São relações de massa no campo dos direitos sociais.

É uma tendência de a sociedade atual diferençar para igualar. Criam-se cada vez mais categorias de indivíduos dotados de condições de vida, sociais, físicas ou psicológicas assemelhadas, com o único e claro propósito de fortalecê-los, em um processo de coletivização que permita, por meio de ações e normas específicas, a tutela conjunta dos seus interesses comuns e lhes possibilite atuar em igualdade de condições na sociedade com os demais cidadãos.

As relações de trabalho, nesse contexto, constituem terreno fecundo para o florescimento e desabrochar dos interesses transindividuais — difusos, coletivos e individuais homogêneos. O trabalho prestado por vários indivíduos a um mesmo empregador e as relações uniformes com este formadas, além das condições similares de vida, saúde e outros aspectos da pessoa humana, propiciam a identidade de interesses entre os trabalhadores e o lugar originário comum que os comunicam, dando-lhes contornos coletivos.

Historicamente, debruçado sobre a proteção de direitos individuais e coletivos, o Direito do Trabalho observa gradativamente o crescimento da demanda pela tutela dos interesses transindividuais no campo das relações trabalhistas. Tal circunstância deriva da existência de interesses comuns a determinadas coletividades ou categorias de trabalhadores e demais pessoas ligadas, direta ou indiretamente, ao mercado de trabalho, cuja consequência resulta exatamente na preocupação com a tutela processual coletiva desses interesses.

Desse modo, reportar-se à existência de interesses transindividuais no Direito do Trabalho é levar em consideração todo o processo de especificação do ser humano, tal como apregoado por Norberto Bobbio. Isto se verifica

---

(215) Sobre a Carta Africana dos Direitos Humanos e dos Direitos dos Povos, Fábio Konder Comparato reflete sobre o reconhecimento dos direitos coletivos dos povos, assinalando que "A grande novidade deste documento normativo, aprovado na 18ª Conferência de Chefes de Governo, reunida em Nairobi, no Quênia, em junho de 1981, consistiu em afirmar que os povos são também titulares de direitos humanos, tanto no plano interno como na esfera internacional. Até então, só havia o reconhecimento do direito dos povos à autodeterminação, assentado no art. 1º de ambos os Pactos Internacionais de 1966.

(...)

É claro que todos esses direitos coletivos, para serem reconhecidos no plano lógico, mesmo antes da sua vigência efetiva, exigem um mínimo de precisão, não apenas quanto ao sujeito, mas também quanto ao objeto". (COMPARATO, Fábio Konder. *A afirmação histórica dos direitos humanos*. 3. ed. São Paulo: Saraiva, 2003. p. 391)

no campo das relações trabalhistas com a gradual concretização do ser humano trabalhador, com o intuito de garantir a tutela específica de categorias especiais de trabalhadores (crianças, adolescentes, mulheres, idosos, terceirizados, deficientes, grupos étnicos etc.) e de bens coletivos, tornando, também, relevante nesse ramo do direito o reconhecimento de certas condições pessoais ou sociais de cada grupo de trabalhadores e a natureza dos bens comuns a eles.

1.1. Interesses transindividuais na Constituição de 1988

A Constituição Federal de 1988, ao projetar um Estado Democrático de Direito voltado ao bem-estar social, considerou de modo profundo e inovador toda a problemática decorrente da proteção dos interesses transindividuais. Não somente os reconheceu materialmente como aperfeiçoou o seu mecanismo de defesa, partindo do garantivismo individual para a previsão de direitos fundamentais da sociedade e das coletividades e de instrumentos processuais de tutela de direitos coletivos. Afastou-se, assim, da ideia — até então prevalecente — de que direitos e deveres fundamentais estão relacionados estritamente com o indivíduo.

Não somente permitiu o legislador constituinte a tipificação e a conceituação dos interesses transindividuais, como deu ampla atenção à sua tutela processual, adotando uma postura inovadora na orquestração de uma série de instrumentos processuais de tutela de direitos difusos, coletivos e individuais homogêneos. Além disso, alargou as bases de atuação do Poder Judiciário e viabilizou a construção de um Estado moderno e aberto à discussão e à avaliação institucional de conflitos de natureza coletiva ou difusa.

Celso Antonio Pacheco Fiorillo identifica na CF/1988 uma série de direitos e garantias que assumem a natureza de interesses transindividuais de caráter difuso: o princípio da igualdade e a proibição do preconceito de origem, cor e raça (art. 5º, *caput* e XLII); a função social da propriedade (art. 170, III); a higiene e segurança do trabalho (art. 7º, XXII); a educação, incentivo à pesquisa e ao ensino científico e amparo à cultura (art. 205, 216 e 219); o direito à saúde (art. 196 a 200); o meio ambiente (art. 225); a proteção do consumidor (art. 1º, IV; 5º, XXXII; 170, V, e 48 do ADCT); a proteção ao patrimônio histórico, cultural, artístico e paisagístico; a tutela da família, da criança, do adolescente e do idoso (art. 226 a 230), entre outras.(216)

Muitos direitos, outrora tidos como exclusivamente individuais, na ordem preconizada pela CF/1988de 1988, assumiram o nítido caráter de interesses transindividuais. É o que ocorre, por exemplo, com o direito de propriedade. Canonizado pela ideologia liberal-capitalista, sua garantia na Carta Magna atual está associada ao cumprimento da sua função social (art. 5º, XXIII), de sorte que passa a figurar como verdadeiro interesse difuso da sociedade.

No âmbito das relações de trabalho, a função social da propriedade traz como corolário a função social da empresa. Como assinala José Luis Bolzan de Morais, "não há, portanto, que se falar em propriedade apenas como um direito individual formalizado cartorialmente através do registro imobiliário. A propriedade passa a ser qualificada por sua função. Para ser proprietário, não basta ser titular exclusivo da posse de um bem, representada por um título formal, mas é preciso completá-lo com a observância de um interesse titularizado por todos e por ninguém, ou seja, um interesse transindividual difuso".(217)

Nesse contexto, *v. g.*, o direito à saúde assume uma postura coletiva atrelada ao modelo de desenvolvimento do Estado de bem-estar social. Não mais se vincula ao simples acesso individual e direto à contratação de médicos e profissionais da área ou aquisição de remédios no livre mercado, passando a existir como atividade-dever do Estado de amplo acesso aos cidadãos, independentemente das possibilidades pessoais de cada um.(218)

---

(216) FIORILLO, Celso Antonio Pacheco. *Os sindicatos e a defesa dos interesses difusos no direito processual civil brasileiro.* São Paulo: Revista dos Tribunais, 1995, *passim.*

(217) MORAIS, José Luis Bolzan de. *Op. cit.*, p. 177.

(218) *Idem, ibidem*, p. 188.

Esse é o atual sentido do direito à saúde na nova ordem constitucional: de mero interesse individual, passou a apresentar-se como um direito difuso de toda a sociedade; característica que se pode extrair diretamente das palavras empregadas no art. 196 da CF/1988, ao declará-lo como "um direito de todos e dever do Estado, garantido mediante políticas sociais e econômicas que visem à redução do risco de doença e de outros agravos e ao acesso universal igualitário às ações e serviços para sua promoção, proteção e recuperação".

Os direitos sociais e econômicos adquirem feição mais clara de interesses transindividuais quando atrelados aos direitos de terceira dimensão (direitos de fraternidade/solidariedade); desse modo, o direito ao trabalho, por exemplo, quando coligado ao meio ambiente, dá origem ao meio ambiente do trabalho, cuja proteção, em princípio difusa, corresponde à tutela de um direito transindividual.

Não se pode olvidar que os interesses transindividuais possuem existência ontológica independente de reconhecimento pelos ordenamentos jurídicos. Por serem dinâmicos, nascem e transformam-se a todo o momento. Sua consagração jurídica tem enorme relevância na invocação da sua tutela jurisdicional, mas não no que diz respeito à sua existência, uma vez que estes existem antes mesmo do advento do Estado e dos diversos ordenamentos jurídicos.

Como afere Rodolfo de Camargo Mancuso, "a circunstância de os interesses difusos apresentarem 'contornos fluidos, móveis, esbatidos, de difícil e quase impossível individualização', não impede que a eles se faça alusão, implícita ou até explícita, as Cartas Constitucionais. Tais interesses são difusos por sua própria natureza, sendo irrelevante a circunstância de constarem ou não de textos legais. Assim, Giorio Rechia lembra vários interesses difusos dispersos na Constituição italiana, alguns explicitamente, outros decorrentes do sistema como um todo. Também entre nós é possível identificar interesses difusos cuja tutela vem prevista na Carta Magna, embora alguns deles decorram de interpretação sistemática e/ou teleológica do sistema constitucional; neste último caso, pode-se invocar a 'teoria da penumbra, do Direito norte-americano, pela qual é lícito 'extrair' um interesse a partir de outro que esteja expressamente tutelado, quando eles pressupõem ou sejam conexos".(219)

Desse modo, a Constituição Federal de 1988 é um grande jardim, cujo terreno fértil se torna propício para o florescimento e desabrochar dos interesses transindividuais em todas as suas espécies — difusos, coletivos e individuais homogêneos. Sem a necessidade de utilização de complexas técnicas de interpretação, qualquer intérprete pode, após uma análise sistemática e perfunctória das normas constitucionais, estimar a presença de inúmeros interesses transindividuais nos mais diversos campos jurídicos e em todos os setores da vida social e da ordem constitucional.

2. Interesses transindividuais nas relações de trabalho

2.1. Meio ambiente do trabalho

2.1.1. Escorço histórico da tutela da saúde do trabalhador

O conceito holístico de meio ambiente do trabalho é relativamente recente, pois se delineou, praticamente, a partir de meados do século XX. Por sua vez, a concepção de tutela da saúde e da segurança do trabalhador, como algo distinto da noção de saúde pública, iniciou-se com o advento da Revolução Industrial do século XVIII.

Em seus primórdios, a tutela da saúde do trabalhador estava inserida dentro do conceito genérico de saúde ou de saúde pública, embora na Antiguidade o trabalho já fosse concebido como um fator gerador de doenças e modificador das condições de vida dos trabalhadores.

Em Roma, há relatos de diversos estudos sobre saúde e segurança de trabalhadores; *v. g.*, Plínio já descrevia as doenças mais comuns entre os escravos como também o emprego pelos refinadores de mínio de membranas de pele de bexiga como máscaras de proteção; Marcial constatou a existência de doenças peculiares aos que laboravam com enxofre; Galeno de Pérgamo discorreu sobre os riscos à segurança dos mineiros.(220)

---

(219) MANCUSO, Rodolfo de Camargo. *Interesses difusos...*, cit., p. 105-106.

(220) ROSEN, George *apud* OLIVEIRA, Sebastião Geraldo de. *Proteção jurídica à saúde do trabalhador*. 4. ed. São Paulo: LTr, 2002. p. 58.

Ao término da Idade Média, já são encontradas obras sobre saúde e segurança dos trabalhadores. As atividades dos mineiros e dos metalúrgicos foram as primeiras a ser objeto de estudos sobre doenças ocupacionais, como o desenvolvido no tratado sobre mineração (*De re metallica*), de 1556, elaborado pelo médico alemão Georgius Agrícola. Em 1567, Paracelso publicou uma monografia sobre a tísica dos mineiros e outras doenças das montanhas.(221)

Um médico italiano, Bernardo Rammazzini; uma simples pergunta a um doente: que arte exerce? Dá-se o nascimento simbólico da Medicina do Trabalho, impulsionada pela obra deste médico modenês, publicada em 1700, e intitulada "De morbis artificium diatriba", comumente traduzida com o título "As doenças ocupacionais dos trabalhadores" ("Le maletie degli artefici"), e que o fez ser considerado o pai da Medicina do Trabalho.(222)

Ramazzini foi um dos primeiros estudiosos médicos a vincular o trabalho à produção de doenças, apregoando que todo médico deveria verificar qual a profissão de cada um de seus pacientes para observar a vinculação da atividade exercida por eles com o condicionamento de seus quadros mórbidos.(223) Em sua obra, ele já fazia menção às pneumoconioses, ao estresse, às neuroses, às lesões por esforços repetitivos, dentre outras doenças cuja presença é frequente nas relações de trabalho atual.(224)

A relação trabalho-doença foi tão central na conduta médica de Rammazzini, que ele ousou complementar os ensinamentos de Hipócrates com relação à anamnese dos pacientes, inserido um último e importante fator de questionamento:

> Um médico que atende um doente deve informar-se de muita coisa a seu respeito pelo próprio e pelos seus acompanhantes, segundo o preceito do nosso Divino Preceptor, "quando visitares um doente convém perguntar-lhe o que sente, qual a causa, desde quantos dias, se seu ventre funciona e que alimento ingeriu", são palavras de Hipócrates no seu livro "Das Afecções"; a estas interrogações devia-se acrescentar outra: "e que arte exerce?". Tal pergunta considero oportuno e mesmo necessário lembrar ao médico que trata um homem do povo, que dela se vale para chegar às causas ocasionais do mal, a qual quase nunca é posta em prática, ainda que o médico a conheça. Entretanto, se a houvesse observado, poderia obter uma cura mais feliz.(225)

A partir do século XVIII, com o incremento da produção industrial e o surgimento da sociedade de massas, desenvolveu-se uma preocupação com a preservação do meio ambiente genericamente considerado. O acentuado crescimento econômico-industrial e a expansão das atividades do próprio Estado intensificaram a degradação do meio ambiente de um modo geral, e do meio ambiente do trabalho, insuflando as ações dos movimentos de trabalhadores pelas melhorias das condições de trabalho.(226) Foi, assim, a partir do advento da Revolução Industrial, com o crescimento da indústria e dos grandes centros urbanos, que se despertou o interesse com a preservação de ideais condições ambientais de trabalho.

Embora já fossem encontradas ações dos trabalhadores pela melhoria das condições de trabalho, a intervenção legislativa no campo da proteção social dos trabalhadores iniciou-se, principalmente, pela influência de diversos pensadores e reformadores sociais, inclusive grandes empregadores (Robert Peel, Robert Owen), doutrinadores ideológicos (Marx e Engels — 1848), políticos liberais (Robert Owen — 1771-1858; Michael Sadler — 1780-1835), escritores (Charles Dickens), ação de médicos humanistas e da Igreja (Papa Leão XIII e a Encíclica *Rerum Novarum* — 1891).

---

(221) *Idem, Ibidem*, p. 58-9.

(222) RAMMAZZINI, Bernardino. *As doenças dos trabalhadores*. Trad. Raimundo Estrela. 3 ed. São Paulo: Fundacentro, 2000, passim.

(223) NOGUEIRA, Diogo Pupo *apud* OLIVEIRA, Sebastião Geraldo de. *Op. cit.*, p. 60.

(224) RAMMAZZINI, Bernardino. *Op. cit.*, passim.

(225) *Idem, ibidem*, p. 21.

(226) FIORILLO, Celso Antonio Pacheco. *Curso de direito ambiental*. São Paulo: Saraiva, 2002. p. 233.

No quadro da questão social, principalmente da exploração da mão de obra infantojuvenil, em 1802, o parlamento inglês, sob o protagonismo de Robert Peel, aprovou a primeira lei de proteção aos trabalhadores, *Moral and Health Act* (Lei de Saúde e Moral dos Aprendizes), que proibia o trabalho infantil por mais de 12 horas diárias, entre outras disposições sobre condições de salubridade do trabalho, como as referentes à higienização local e dos dormitórios dos estabelecimentos que empregavam menores aprendizes.

O *Moral and Health Act* é considerado o primeiro diploma da era industrial a versar sobre proteção dos trabalhadores. Embora venha sendo bastante contemplado na doutrina juslaboral, esse estatuto jurídico não obteve resultados práticos, em virtude da ausência de instrumentos para a sua efetivação. A sua limitação aos menores aprendizes deixava de fora do seu âmbito de aplicação todas as demais crianças trabalhadoras não aprendizes. Esta Lei, entretanto, já continha um embrião da inspeção do trabalho, pois previa a figura do inspetor do trabalho, isto é, de um sistema local de inspeção voluntária das fábricas e oficinas, composto por clérigos e magistrados (*the visitors*).

Em 1819, por obra de Robert Peel e Robert Owen, foi aprovado o 1º *Factory Act*, que deu início ao alargamento da proteção da mão de obra infantil, embora só fosse aplicável ao setor algodoeiro.

O marco mundial da criação do serviço de medicina do trabalho ocorreu no ano de 1830, quando Robert Dernham, proprietário de uma indústria têxtil na Inglaterra, procurou o médico Robert Baker para resolver questões relacionadas com as péssimas condições de saúde dos trabalhadores, sendo que foi orientado a inserir no interior de sua fábrica o seu médico particular, para realizar a intermediação entre ele e os seus trabalhadores. Em 1833, foi baixado outro *Factory Act*, que foi considerado a primeira legislação eficiente no campo da proteção ao trabalho, sendo aplicado a todas as indústrias têxteis inglesas.[(227)]

Sua elaboração foi obra de Michael Sadler (1780-1835), deputado e participante do movimento para a reforma do trabalho fabril. Nele previa-se a figura do *Factory Inspectorate*, com vistas a assegurar o controle da idade de admissão. Em 1855, foi criada a função do *industrial medical officers*, considerado o embrião dos médicos do trabalho, que ficou encarregado da análise dos acidentes de trabalho e dos exames de admissão.

Na esteira da legislação inglesa, diversos países elaboraram normas de proteção à saúde e segurança dos trabalhadores, dando início ao aparecimento das primeiras leis sobre acidentes do trabalho na Alemanha, em 1884, que se estenderam para todos os países da Europa; sendo implementadas no Brasil pelo Decreto Legislativo n. 3.274, de 15.1.1919.[(228)] Em 1890, na França, foram criados os delegados de segurança nas minas. Em 1893, neste mesmo país, foi promulgada a lei sobre higiene e segurança do trabalho na indústria; e, em 1893, surgiram as leis sobre acidentes de trabalho e sua indenização.[(229)]

As normas de proteção à saúde e à segurança do trabalhador adquiriram foro constitucional com o advento do Constitucionalismo Social em todo o mundo, que elevou ao âmbito constitucional a tutela da saúde e da segurança dos trabalhadores. A Constituição Mexicana de 1917, *v. g.*, previu, entre outras normas de tutela do trabalhador, a obrigatoriedade de toda empresa proporcionar habitações cômodas e higiênicas, escolas e serviços de enfermagem aos trabalhadores (art. 123, XII), a indenização por acidentes do trabalho (art. 123, XIV) e a adoção de medidas de higiene, saúde, segurança e de prevenção de acidentes (art. 123, XV).

2.1.2. Proteção internacional do meio ambiente do trabalho

No século XX, meio ambiente e desenvolvimento econômico tornaram-se temas visceralmente correlacionados, diríamos até indivisíveis. À humanidade, tanto o desenvolvimento e o progresso tecnológico quanto a preservação do meio ambiente são fatores essencialmente importantes para todos os povos. Esgotado este último, tornar-se-ia impossível a continuidade daqueles e das próprias formas de vida na terra. Em tal premissa baseia-se o conceito atual de "desenvolvimento sustentável".

---

(227) OLIVEIRA, Sebastião Geraldo de. *Op. cit.*, p. 63-64.

(228) *Idem, Ibidem*, p. 65.

(229) MACHADO, Sidnei. *O direito à proteção ao meio ambiente de trabalho no Brasil*. São Paulo: LTr, 2001. p. 58.

A ideia de desenvolvimento sustentável reside na compatibilização entre meio ambiente e desenvolvimento econômico, ou seja, significa a consideração dos problemas ambientais a partir de contínuo processo de planejamento para atender-se de forma adequada às necessidades e exigências de um e outro, observando-se as suas peculiares inter-relações no tempo e no espaço, a cada contexto sociocultural, político, econômico e ecológico. A política ambiental atua como instrumento de manutenção do desenvolvimento, ao propiciar a gestão racional dos recursos naturais que constituem a sua base material.(230)

A Declaração Universal dos Direitos Humanos (1948) já continha preceito a respeito do meio ambiente do trabalho, ao prever, em seu art. 23-1, que "Toda pessoa tem direito ao trabalho, à livre escolha de seu trabalho, a condições justas e satisfatórias de trabalho e à proteção contra o desemprego".

Importante marco internacional em matéria de proteção ao meio ambiente foi a Declaração de Estocolmo de 1972, por meio da qual a Organização das Nações Unidas elaborou seu programa de proteção ao meio ambiente. Em 1992, foi realizada, na cidade do Rio de Janeiro, a ECO 92, e aprovada a Declaração do Rio de Janeiro sobre Meio Ambiente e Desenvolvimento.

Pela Declaração de Estocolmo: "O homem tem direito fundamental à liberdade, à igualdade e ao gozo de condições de vida adequada em um ambiente que esteja em condições de permitir uma vida digna e de bem-estar: tem ele a grave responsabilidade de proteger e melhorar o ambiente para as gerações presentes e futuras. A esse respeito, as políticas que promovem ou perpetuam a discriminação ou a segregação racial, a opressão colonial ou de qualquer espécie, ou a dominação estrangeira, continuam condenadas e deverão ser eliminadas".

Essa Declaração Internacional se reportou expressamente à proteção do meio ambiente artificial, de cujo gênero o meio ambiente do trabalho é espécie, ao proclamar que "Os dois aspectos do meio ambiente humano, o natural e o artificial, são essenciais para o bem-estar do homem e para o gozo dos direitos humanos fundamentais, inclusive o direito à vida mesma".

No âmbito internacional, a proteção universal da saúde e da segurança dos trabalhadores, e do meio ambiente do trabalho como um todo, incrementou-se a partir da criação da Organização Internacional do Trabalho, em 1919, que, por meio do denominado "Código Internacional do Trabalho", composto por suas convenções, recomendações e resoluções, consolidou a universalização da tutela do meio ambiente do trabalho.

As principais Convenções adotadas pela OIT nesse campo foram: Convenção n. 12 sobre Prevenção de Acidentes de Trabalho na Agricultura (1921); Convenção n. 16 sobre Exame Médico dos Menores no Trabalho Marítimo (1921); Convenção n. 17 sobre Prevenção de Acidentes de Trabalho em Geral (1925); Convenção n. 19 sobre Igualdade de Tratamento para os Acidentados (1925); Convenção n. 28 sobre Proteção dos Estivadores contra Acidentes (1925); Convenção n. 115 sobre Proteção contra as Radiações (1960); Convenção n. 119 sobre Proteção das Máquinas (1963); Convenção n. 126 sobre Alojamento a Bordo dos Navios de Pesca (1966); Convenção n. 127 sobre Peso Máximo das Cargas (1967); Convenção n. 13 sobre Prevenção de Acidentes para os Trabalhadores Marítimos (1970); Convenção n. 136 sobre Prevenção contra os Efeitos do Benzeno (1971); Convenção n. 139 sobre Prevenção do Câncer Profissional (1974); Convenção n. 148 sobre Proteção do Meio Ambiente do Trabalho (1972); Convenção n. 152 sobre Segurança e Saúde do Portuário (1979); Convenção n. 155 sobre Segurança e Saúde dos Trabalhadores (1981); Convenção n. 161 sobre Serviços de Saúde no Trabalho (1985); Convenção n. 162 sobre Proteção contra o Asbesto (1986); Convenção n. 167 sobre Segurança e Saúde na Construção Civil (1988); Convenção n. 170 sobre Proteção contra Produtos Químicos (1960); Convenção n. 174 sobre Proteção para os Grandes Acidentes Industriais (1993); Convenção n. 176 sobre Segurança e Saúde nas Minas (1995); Convenção sobre o Trabalho Decente para as Trabalhadoras e os Trabalhadores Domésticos (2011); Convenção sobre Violência e Assédio (2019).

---

(230) MILARÉ, Edis. A ação civil pública em defesa do ambiente. In: *Ação civil pública*. São Paulo: Revista dos Tribunais, 1995. p. 197. "Art. 200. Ao sistema único de saúde compete, além de outras atribuições, nos termos da lei: (...) VIII – colaborar na proteção do meio ambiente, nele compreendido o do trabalho."

Não obstante uma diversidade de normas sobre saúde, segurança e meio ambiente do trabalho, e a importância histórica da proteção dessa proteção, a Declaração sobre Princípios Fundamentais do Trabalho da OIT (1988) não elenca a proteção à saúde, segurança e ao meio ambiente do trabalho como um dos princípios relativos aos direitos fundamentais.(231)

Além das normas da Organização Internacional do Trabalho, diversos outros diplomas internacionais consagraram a tutela do meio ambiente do trabalho como um direito fundamental do trabalhador. O Pacto Internacional Relativo aos Direitos Econômicos e Sociais, de 1966, no art. 7º da sua primeira parte, determina aos Estados-membros o reconhecimento do direito de toda pessoa de desfrutar condições de trabalho justas e favoráveis, que garantam, entre outros direitos, a *"segurança e a higiene do trabalho"*.

A Carta Africana dos Direitos do Homem e dos Povos, de 1981, declara que *"Toda pessoa tem direito de trabalhar em condições justas e satisfatórias e de receber um salário igual para um trabalho igual"* (art. 15).

Também são encontradas normas específicas sobre medicina e segurança do trabalho e meio ambiente do trabalho nas normas comunitárias, como no Tratado do Mercosul e a Constituição da Comunidade Europeia e suas respectivas diretivas.

Neste diapasão, vale ressaltar que, embora as normas de proteção ao trabalho tenham se consolidado internacionalmente no século XX, a tese da internacionalização dessas normas já obtivera expressiva ressonância quando da instalação da Conferência de Paz no Palácio de Versalhes; pois ela já havia sido lançada pelo industrial Robert Owen (1818), expandida pelo professor Louis Blanqui da Sorbonne (1838), incluída no Manifesto Comunista de Marx e Engels (1848) e advogada pelo Papa Leão XIII, na Encíclica *Rerum Novarum* (1891), sendo as primeiras convenções internacionais elaboradas no Congresso de Berlim (1990) e nas Conferências de Berna (1905, 1906 e 1913). A tese da internacionalização também foi reivindicada pelo movimento sindical e pelo movimento socialista, nos seus diversos congressos.(232)

Em 1890, por exemplo, a Conferência Internacional do Trabalho, realizada na Alemanha (Berlim), já envidava esforços para a criação de um direito internacional do trabalho, principalmente para regulamentação do trabalho infantil, cuja temática era objeto central das discussões à época.

As normas de proteção à saúde e à segurança do trabalhador adquiriram foro constitucional com o advento do Constitucionalismo Social em todo o mundo, o qual elevou os direitos sociais ao âmbito constitucional como direitos fundamentais, inclusive a tutela da saúde e da segurança dos trabalhadores.

A Constituição Mexicana de 1917, *v. g.*, já previa, entre outras normas de tutela do trabalhador, a obrigatoriedade de toda empresa de proporcionar habitações cômodas e higiênicas, escolas e serviços de enfermagem aos trabalhadores (art. 123, XII), indenização por acidentes do trabalho (art. 123, XIV) e a adoção de medidas de higiene, saúde, segurança e de prevenção de acidentes (art. 123, XV).

A Constituição Portuguesa de 1976, uma das fontes e inspiração da nossa CF/1988de 1988, previa como direitos dos trabalhadores "A prestação do trabalho em condições de higiene e segurança;" (art. 53, c, CP/1976), conteúdo que se mantém após as revisões constitucionais sofridas pela Carta Social Portuguesa.

2.1.3. Proteção do meio ambiente do trabalho no Brasil

O Código Comercial Brasileiro de 1850 não dispunha sobre normas de proteção à saúde e à segurança geral dos trabalhadores, mas estabelecia, restritamente, aos prepostos das casas de comércio (feitores, guarda-

(231) *2. Declara que todos os Membros, ainda que não tenham ratificado as convenções aludidas, têm um compromisso derivado do fato de pertencer à Organização de respeitar, promover e tornar realidade, de boa fé e de conformidade com a Constituição, os princípios relativos aos direitos fundamentais que são objeto dessas convenções, isto é: a) a liberdade sindical e o reconhecimento efetivo do direito de negociação coletiva; b) a eliminação de todas as formas de trabalho forçado ou obrigatório; c) a abolição efetiva do trabalho infantil; e d) a eliminação da discriminação em matéria de emprego e ocupação.*

(232) SÜSSEKIND, Arnaldo. *Convenções da OIT*. 2. ed. São Paulo: LTr, 1998. p. 18.

livros e caixeiros) a manutenção dos salários pelo prazo de 3 (três) meses nas hipóteses de acidentes imprevistos e inculpados que impedissem o exercício das suas funções (art. 78). Previa, igualmente, para esse limitado número de prepostos, uma indenização a ser paga pelo preponente nas situações de danos extraordinários, a ser fixada a juízo dos arbitradores (art. 80).(233)

Em 1919, foi editado o Decreto n. 3.724, cujo objeto era a regulamentação das obrigações decorrentes de acidente do trabalho para os trabalhadores em geral. Assim como o Código Comercial de 1850, esse diploma legal também não continha normas preventivas de proteção à saúde e à segurança dos trabalhadores, limitando-se a assegurar o seguro por acidentes do trabalho, que ficava a cargo do empregador (teoria do risco profissional), junto a empresas seguradoras particulares. Apenas com o advento da Lei n. 5.316, de 14.9.67, o seguro contra acidentes do trabalho foi inserido no âmbito da previdência social.

O Estatuto da Lavoura Canavieira, Decreto-lei n. 3.855, de 21.11.1941, foi uma das primeiras normas a prescrever medidas efetivas a respeito da saúde dos trabalhadores, ao determinar aos usineiros a observância nos contratos-tipos de diversos princípios enumerados no próprio Decreto, entre os quais se destacam a garantia do *"direito à moradia sã e suficiente, tendo em vista a família do trabalhador"* e a *"assistência médica e hospitalar"* (art. 7º, alíneas *"c"* e *"d"*).

Em 1º de maio de 1943, foi aprovado o Decreto-lei n. 5.452, Consolidação das Leis do Trabalho (CLT), que entrou em vigor em 10 de novembro daquele mesmo ano, com um capítulo específico sobre "Segurança e Higiene do Trabalho", que foi alterado pela Lei n. 6.514/77, passando a corresponder ao Capítulo V do Título I da Consolidação das Leis do Trabalho, sob o título "Da segurança e da Medicina do Trabalho".

Embora seja uma consolidação, a CLT foi o primeiro estatuto jurídico a conceder uma sistematização da temática do meio ambiente do trabalho, a partir da regulamentação de diversos aspectos da segurança e da medicina do trabalho, com prescrição de medidas preventivas, repressivas, fiscalizatórias e orientativas referentes ao meio ambiente do trabalho.

A CLT também consagrou o caráter holístico do meio ambiente do trabalho e da tutela da integridade psicossomática do trabalhador, ao fixar normas de proteção tanto da integridade física, como da mental e da psicológica dos trabalhadores. Por outro lado, o legislador celetista inseriu o meio ambiente do trabalho na temática geral do meio ambiente ao prescrever que a observância das normas específicas de tutela da saúde e da segurança do trabalhador deveria ser realizada em conjunto com o cumprimento de outras disposições sobre meio ambiente, contidas em outros diplomas normativos, como os códigos de obras e os regulamentos sanitários dos Estados e Municípios e as disposições dos acordos e convenções coletivas de trabalho (art. 154).

No âmbito constitucional, a CF/34, embora contivesse normas gerais de tutela do trabalhador (idade mínima, limitação de jornada, férias etc.), incluía a proteção da sua saúde no âmbito da tutela geral da saúde, pois se limitava a prescrever que a legislação do trabalho deveria promover a assistência médica e sanitária ao trabalhador e à gestante (art. 121, § 1º, alínea *h*). Previa também os serviços de amparo à maternidade e à infância (art. 121, § 3º) e a indenização por acidentes de trabalho (art. 121, § 1º, *h* e § 8º).

A CF/37 praticamente repetiu as disposições da anterior, prevendo, especificamente em relação à tutela da saúde e da segurança, a garantia da "assistência médica e higiênica ao trabalhador e à gestante" (art. 137, alínea *l*).

A CF/46 elencou a *"higiene e segurança do trabalho"* (art. 157, VIII) e a *"assistência sanitária, inclusive hospitalar e médica preventiva ao trabalhador e à gestante"* (art. 157, XIV) como direitos dos trabalhadores.

A CF/67 reconheceu o direito dos trabalhadores à *"assistência sanitária, hospitalar e preventiva"* (art. 165, XV), prescrevendo, entre outras normas previdenciárias e trabalhistas, o direito à *"colônia de férias e clínicas de repouso,*

(233) Código Comercial de 1850: "Art. 79 – Os acidentes imprevistos e inculpados, que impedirem aos prepostos o exercício de suas funções, não interromperão o vencimento do seu salário, contanto que a inabilitação não exceda a 3 (três) meses contínuos." "Art. 80 – Se no serviço do preponente acontecer aos prepostos algum dano extraordinário, o preponente será obrigado a indenizá-lo, a juízo de arbitradores."

recuperação e convalescença, mantidas pela União, conforme dispuser a lei" (art. 165, XVIII). Referidas disposições foram repetidas pela Emenda Constitucional de 1969.

A positivação constitucional expressa do meio ambiente do trabalho adveio com o inciso VIII do art. 200 da CF/1988, ao declarar a competência do sistema único de saúde para "colaborar na proteção do meio ambiente, nele compreendido o do trabalho". Inserido na Seção II do Título VIII da Carta Magna, sob o título "Da saúde", a proteção ao meio ambiente do trabalho aparece como corolário do direito à saúde, sendo este um direito difuso de toda a sociedade que pode tomar ares de coletivo, quando vinculado a determinadas relações de trabalho.(234)

O art. 200 da CF/1988 elucida bem a estreita vinculação entre o meio ambiente do trabalho e o direito à saúde, pois a proteção do primeiro aparece no rol de atribuições programáticas do campo da saúde, constituindo, assim, um elemento de uma política social mais ampla, que não se limita às relações de trabalho.

Desse modo, o meio ambiente do trabalho figura como um direito substantivo constitucionalmente protegido. É um direito intrinsecamente relacionado a um outro valor maior tutelado pela Constituição Federal: o direito à vida, a uma vida saudável.(235)

O art. 225 da CF/1988, por sua vez, consagra expressamente o direito social a um meio ambiente, mas não a um meio ambiente qualquer, e sim àquele "ecologicamente equilibrado". Prescreve que "todos têm direito ao meio ambiente ecologicamente equilibrado, bem de uso comum do povo e essencial à sadia qualidade de vida, impondo-se ao Poder Público e à coletividade o dever de defendê-lo e preservá-lo para as presentes e futuras gerações".

Pelo prisma constitucional, o conteúdo da expressão meio ambiente não mais se limita ao seu aspecto naturalístico, pois comporta um significado muito mais amplo, compreensivo de tudo que cerca e condiciona o ser humano na sua existência e no seu desenvolvimento na sociedade, bem como na sua interação com o ecossistema que o rodeia.(236)

A CF/1988 delineou uma ampla rede de proteção ao meio ambiente. Os art. 200 e 225 da Carta Política devem ser interpretados de forma sistemática com as demais normas protetoras do meio ambiente, especificamente o do trabalho. Deste modo, não se pode olvidar que o art. 7º da CF/1988 traça, em vários de seus incisos, diversas normas tuteladoras, direta ou indiretamente, da saúde e da segurança do trabalhador.(237)

Como assinala René Ariel Dotti, a CF/1988 revelou grande sensibilidade política e progresso institucional, ao dispor o nosso ordenamento jurídico de uma série de provisões normativas e especificações muito superiores às leis fundamentais de outros povos, por meio da afirmação de princípios e regras de garantias referentes ao meio ambiente. Não somente no campo formal do reconhecimento institucional do direito pairou a Constituição, ela também estabeleceu várias linhas de ação com vistas a viabilizar essa conquista da sociedade, como a legitimação do cidadão para promover ação popular contra ato lesivo ao meio ambiente.(238)

---

(234) "Art. 200. Ao sistema único de saúde compete, além de outras atribuições, nos termos da lei: (...) VIII – colaborar na proteção do meio ambiente, nele compreendido o do trabalho."

(235) FIORILLO, Celso Antonio Pacheco. A ação civil pública e o meio ambiente do trabalho. In: FREDIANY, Yone; SILVA, Jane Granzoto Torres da (Coords.). *O direito do trabalho na sociedade contemporânea*. São Paulo: Jurídica Brasileira, 2001. p. 197-198.

(236) MANCUSO, Rodolfo de Camargo. *Ação civil pública*. São Paulo: Revista dos Tribunais, 1999. p. 36.

(237) "Art. 7º São direitos dos trabalhadores urbanos e rurais, além de outros que visem à melhoria de sua condição social: IX – remuneração do trabalho noturno superior à do diurno; XIII – duração do trabalho normal não superior a oito horas diárias e quarenta e quatro semanais, facultada a compensação de horários e a redução da jornada, mediante acordo ou convenção coletiva de trabalho; XIV – jornada de seis horas para o trabalho realizado em turnos ininterruptos de revezamento, salvo negociação coletiva; XV – repouso semanal remunerado, preferencialmente aos domingos; XVI – remuneração do serviço extraordinário superior, no mínimo, em cinquenta por cento à do normal; XXII – redução dos riscos inerentes ao trabalho, por meio de normas de saúde, higiene e segurança; XXIII – adicional de remuneração para as atividades penosas, insalubres ou perigosas, na forma da lei; XXIV – aposentadoria; XXVIII – seguro contra acidentes de trabalho, a cargo do empregador, sem excluir a indenização a que este está obrigado, quando incorrer em dolo ou culpa; XXXIII – proibição de trabalho noturno, perigoso ou insalubre a menores de 18 (dezoito) e de qualquer trabalho a menores de 16 (dezesseis) anos, salvo na condição de aprendiz, a partir de 14 (quatorze) anos".

(238) DOTTI, René Ariel. A proteção do meio ambiente — dados para uma visão histórica. In: MILARÉ, Edis (Coord.). *Ação civil pública*. São Paulo: Revista dos Tribunais, 1995. p. 408-409. Dado interessante no artigo publicado pelo nobre jurista consiste na sua afirmação de que "a proteção e a preservação jurídica do meio ambiente são efetivadas por sete grandes ramos de direito: constitucional, administrativo, civil, tributário, penal, processual civil e

Essa proteção constitucional do meio ambiente, além de ampla, demonstra que ele configura um direito fundamental de toda a sociedade, com proteção *erga omnes* e, sob esse aspecto, emerge como um dos princípios da ordem econômica a ser observado pela livre-iniciativa e em qualquer atividade econômica (art. 170, VI, CF/1988), o que inclui as relações de trabalho.(239)

No âmbito infraconstitucional, a Lei n. 6.938/81, que traça a Política Nacional do Meio Ambiente, ao definir o meio ambiente como *"o conjunto de condições, leis, influências e interações de ordem física, química e biológica, que permite, abriga e rege a vida em todas as suas formas"* (art. 3º, I), abrangeu o meio ambiente do trabalho, valendo notar que esse conceito legal de meio ambiente dado pela Lei n. 6.938/81 foi recepcionado pela CF/1988, tendo em vista que esta, de forma sistemática, buscou a tutela não somente do meio ambiente natural, como também do artificial, cultural e do trabalho.(240)

Em nosso ordenamento, há uma abundante legislação sobre as condições de trabalho e o meio ambiente nas relações laborais. A Consolidação das Leis do Trabalho possui um capítulo específico — Capítulo V do Título I, sob a denominação *"Da segurança e medicina do trabalho"* —, além de diversas outras normas regulamentadoras da saúde e da segurança de trabalhadores em condições ou atividades específicas — bancários, serviços de telefonia e telegrafia submarina e subfluvial, de radiotelegrafia e radiotelefonia, operadores cinematográficos, serviço ferroviário, serviços frigoríficos, equipagens das embarcações da marinha mercante nacional, de navegação fluvial e lacustre, do tráfego nos portos e da pesca, trabalho em minas e subsolo, trabalho dos professores, dos químicos, trabalho do menor, trabalho da mulher, além de várias normas esparsas a respeito do assunto.

As Normas Regulamentadoras — as famosas NR — editadas pelo Executivo, por meio do Ministério do Trabalho e Emprego e contidas na Portaria n. 3.214, de 8.6.1978 (com suas posteriores alterações e inserções de NR), consistem em importante repertório de disposições complementares às normas sobre medicina e segurança do trabalho contidas na CLT, consoante a delegação para sua elaboração prevista no art. 200 da CLT. As normas regulamentadoras constituem um verdadeiro código de segurança e saúde do trabalhador, pois prescrevem padrões com vistas à adequação do meio ambiente do trabalho, sendo de observância obrigatória por todas as entidades públicas e privadas.

Na esfera penal, o art. 132 do Código Penal tipifica como crime a exposição da vida ou da saúde de outrem a perigo direto e iminente; prevê os crimes de perigo comum (art. 250 a 259, CP), muitos dos quais aplicáveis às relações de trabalho. Atualmente, diversos outros crimes podem ser cometidos, de forma culposa ou dolosa, pela manutenção de más condições de trabalho, com a consequente exposição da vida dos trabalhadores a perigo, podendo inclusive ser o empregador condenado nos crimes de lesão corporal ou homicídio culposo (art. 121 a 129, CP).

O art. 19, § 2º, da Lei n. 8.213/91 considera contravenção penal o descumprimento das normas de segurança e medicina do trabalho. A Lei n. 6.938/81 prevê a punição criminal do *"poluidor que expuser a perigo a incolumidade humana, animal ou vegetal, ou estiver tornando mais grave situação de perigo existente"*. A Lei n. 9.605/98 prevê, expressamente, a responsabilidade civil, administrativa e penal das pessoas jurídicas pelos danos ao meio ambiente, sem exclusão da responsabilidade das pessoas físicas praticantes do ato (art. 3º).

2.1.4. Transindividualidade do meio ambiente do trabalho

O meio ambiente do trabalho, atualmente, consiste num direito fundamental do ser humano, por isso que, constitucional e internacionalmente, protegido. Possui natureza eminentemente difusa, pois, por se tratar de um

processual penal". Não citou o autor, à época, o Direito do Trabalho. Considerando-se que a matéria foi divulgada em obra coletiva de 1995, tal fato demonstra o quanto o Direito do Trabalho evoluiu após esse ano. São inúmeras as obras dedicadas à questão ambiental no âmbito desse ramo jurídico, bem como os diversos juristas que se dedicam ao seu estudo. Assim, se Ariel Dotti escrevesse seu artigo hoje, não teríamos receio em afirmar que o autor se referiria a nove grandes ramos do Direito e, neles, incluiria o Direito do Trabalho e o Direito Processual do Trabalho.

(239) "Art. 170. A ordem econômica, fundada na valorização do trabalho humano e na livre-iniciativa, tem por fim assegurar a todos existência digna, conforme os ditames da justiça social, observados os seguintes princípios: (...) VI – defesa do meio ambiente (...)".

(240) FIORILLO, Celso Antonio Pacheco. *Curso de direito ambiental*. São Paulo: Saraiva, 2002. p. 19.

meio ambiente artificial especial, espécie do gênero meio ambiente, o meio ambiente do trabalho é igualmente caracterizado pela transindividualidade inerente a todo meio ambiente, de modo que a sua tutela abrange todos aqueles que dele participam, direta ou indiretamente, independentemente da sua condição jurídica, pois o direito a um meio ambiente ecologicamente equilibrado é um direito de todos, como preceituado no art. 225, *caput*, da CF/1988.

Apresenta-se notório, na forma apresentada pelo legislador constituinte, o caráter difuso do direito ao meio ambiente saudável, o qual não se limita a uma série determinada de sujeitos, mas se dissemina por toda a sociedade e por todas as regiões do país e, quiçá, ultrapassando-as para alcançar toda a nação. Seu caráter indivisível impossibilita a sua apropriação por um só indivíduo ou por um grupo de pessoas. O meio ambiente ignora as limitações temporais e se estende até as futuras gerações.[(241)]

Mesmo que a lesão ao meio ambiente no campo das relações de trabalho acarrete apenas danos individuais, individuais homogêneos ou coletivos aos trabalhadores, tratar-se-á sempre de um direito difuso, ainda que residualmente, pois prevalece sempre o interesse da sociedade na preservação da vida humana e da saúde do grupo de trabalhadores; é um direito genericamente difuso, mas que, concretamente, vai apresentar-se, quase sempre, como coletivo ou individual. Tal circunstância demonstra que o complexo de questões que envolvem o bem-estar do obreiro no local de trabalho deixa de ser um mero cipoal de normas protetivas para adquirir caráter de um microssistema referenciado a um interesse constitucionalmente tutelado.[(242)]

Por outro lado, poderá ocorrer que o interesse coletivo dos trabalhadores na tutela do meio ambiente do trabalho não coincida concretamente com os interesses difusos da sociedade. Como exemplifica João José Sady, tome-se a interdição de uma fábrica em razão da utilização de determinado elemento químico que afetava gravemente seus empregados; o fechamento da fábrica pode ser considerado tutela de um interesse difuso, já que toda a comunidade dele comunga, à medida que o elemento químico poderia degradar o meio ambiente ao redor da fábrica. Assim, o interesse difuso da comunidade em geral coexiste, concretamente, com o interesse coletivo dos trabalhadores da empresa e com os interesses individuais homogêneos dos trabalhadores individualmente lesados.[(243)]

Como ressalta Raimundo Simão de Melo, "...o Direito Ambiental do Trabalho constitui direito difuso fundamental inerente às normas sanitárias e de saúde do trabalhador (CF, art. 196), que, por isso, merece a proteção dos Poderes Públicos e da sociedade organizada, conforme estabelece o art. 225 da Constituição Federal. É difusa a sua natureza, ainda, porque as consequências decorrentes da sua degradação, como, por exemplo, os acidentes de trabalho, embora com repercussão imediata no campo individual, atingem, finalmente, toda a sociedade, que paga a conta final"[(244)].

Neste contexto, são várias as formas pelas quais a inobservância das normas de segurança e saúde pode ocasionar danos à saúde do trabalhador: a) adversidades do microclima do trabalho; b) presença de contaminadores do ambiente; c) sobrecargas físicas; d) sobrecarga psíquica.[(245)]

Nestes quatro elementos classificatórios enquadram-se vários agentes, práticas e condutas prejudiciais à integridade física e psicológica dos trabalhadores relacionados à não preservação de um meio ambiente sadio de

---

(241) Celso Antonio Pacheco Fiorillo deixa claro esse caráter difuso da proteção do meio ambiente do trabalho. Assinala o autor: "O que é a saúde, no que diz respeito à visão constitucional? A saúde é um direito de todos e, portanto, tem a primeira característica do direito difuso: é dever do Estado, garantida mediante políticas sociais e econômicas que visem à redução do risco de doença e de outros agravos ao acesso universal. Ora, se a ideia de saúde está exteriorizada no texto constitucional como um direito de todos e se ela tem como característica o fato de que ela pertence a todos, ainda que não possamos individualizar quem são essas pessoas contidas como objeto da tutela da saúde, resta absolutamente evidente que, quando cuidamos do meio ambiente do trabalho, estamos cuidando de um direito constitucional ambiental, portanto, de natureza indivisível, denominado, a partir de 1990, como difuso" (*Idem, ibidem*, p. 200).

(242) SADY, João José. *Direito do meio ambiente do trabalho*. São Paulo: LTr, 2000. p. 32.

(243) *Idem, Ibidem*, p. 30-31.

(244) MELO, Raimundo. *Direito ambiental do trabalho e a saúde do trabalhador*. São Paulo: LTr, 2004. p. 32.

(245) FIORILLO, Celso Antonio Pacheco. *A ação civil pública...*, cit., p. 201.

trabalho: utilização de máquinas e equipamentos sem os dispositivos de proteção e segurança; não fornecimento dos equipamentos individuais de proteção, ou a adoção de equipamentos em péssimo estado de conservação e funcionamento ou, ainda, a não fiscalização do uso destes quando fornecidos; inobservância de normas coletivas de proteção ao trabalho; não manutenção de serviços especializados em engenharia e segurança do trabalho; não constituição de uma comissão interna de prevenção de acidentes (CIPA), composta de representantes dos empregados e do empregador; inobservância, nas edificações, dos requisitos técnicos mínimos para garantia de segurança e de conforto aos trabalhadores; não implementação de programas de prevenção de riscos ambientais; não adoção de medidas para a eliminação ou neutralização de agentes insalubres ou periculosos; não observância dos limites de tolerância para ruídos, exposição ao calor, exposição a radiações ionizantes e não ionizantes; trabalho sob pressões hiperbáricas; exposição a agentes químicos; atividades que exponham os trabalhadores a poeiras minerais; exposição a agentes biológicos; não adoção das regras de ergonomia; não observância das condições gerais de higiene e saúde no ambiente de trabalho; não adoção da correta sinalização de segurança; descuidado com os resíduos industriais; não concessão dos intervalos intrajornada especiais, de acordo com as normas específicas de algumas atividades ou profissões; pressão psicológica sobre os trabalhadores para aumento da produção e permanência no emprego; prática do assédio moral no ambiente do trabalho; disfunções neuropatológicas decorrentes das condições de trabalho, como fadiga mental (estafa), estresse com complicações psicossomáticas, depressão, ansiedade etc.

2.1.5. Dimensão atual e conceito de meio ambiente do trabalho

Como notamos ao analisar o meio ambiente do trabalho, o conteúdo da expressão meio ambiente não mais se limita ao seu aspecto naturalístico, mas comporta um significado muito mais amplo, compreensivo de tudo que cerca e condiciona o ser humano na sua existência e no seu desenvolvimento na sociedade, bem como na sua interação com o ecossistema que o rodeia.(246)

Na presente fase do desenvolvimento da doutrina ambiental do trabalho, a concepção de meio ambiente do trabalho não mais se restringe à proteção da saúde e da segurança do trabalhador subordinado, uma vez que abrange todos aqueles que participam das relações laborais, independentemente da natureza do vínculo jurídico que possuam no âmbito da organização empresarial.(247)

A atual dimensão do meio ambiente do trabalho, por sua vez, não se restringe à fixação de normas de saúde e segurança do trabalho; direcionamento que norteou as principais normas nacionais e internacionais em relação à tutela do trabalho assalariado ao longo da história do seu desenvolvimento. O enfoque meramente somático, fulcrado na relação homem/máquina, expandiu-se para abranger todas as dimensões da saúde e da segurança no local do trabalho, o que inclui as doenças decorrentes das próprias relações interpessoais de trabalho, como depressão, estresse por pressão, transtorno do estresse pós-traumático, e as neuropatias originárias de situações como os assédios moral individual e coletivo (organizacional) e o assédio sexual.

Atualmente, o meio ambiente do trabalho possui uma dimensão holística ser humano-trabalhador muito mais abrangente que o reducionismo científico que havia marcado a medicina e a segurança do trabalho ao longo do seu desenvolvimento, os quais foram primordialmente centrados nos fatores individuais e biológicos do corpo físico do trabalhador, e estruturados em torno do médico do trabalho como principal agente, cuja atividade se restringia ao microambiente do trabalho e à análise da ação patogênica de determinados agentes na insalubridade das condições materiais de trabalho, bem como das condições físico-mecânicas de segurança.

O conceito moderno de meio ambiente do trabalho afasta-se desse reducionismo científico para abranger, além das demandas biológicas do trabalhador, as suas necessidades psíquicas e sociais.

(246) MANCUSO, Rodolfo de Camargo. *Ação civil pública*. São Paulo: Revista dos Tribunais, 1999. p. 36.

(247) Como expõe Celso Antonio Pacheco Fiorillo, "... jamais se deve restringir a proteção ambiental trabalhista a relações de natureza unicamente empregatícia. Quando se fala em relação de emprego está-se referindo àqueles vínculos em que o trabalho é subordinado. Em diversas passagens da Constituição Federal, podemos observar que o legislador sempre alude à relação de trabalho, ou seja, àquela em que há prestação de serviços, seja de natureza subordinada ou não. Quando quis referir-se à relação de emprego, assim o fez expressamente, como ocorre, por exemplo, no art. 7º, I" (FIORILLO, Celso Antonio Pacheco. *Curso de direito...*, cit., p. 236).

Esse aspecto do meio ambiente do trabalho é corolário do desenvolvimento da própria noção de saúde pública, que, como assinala Lenir Santos: *"Falar hoje em saúde sem levar em conta o modo como o homem se relaciona com o seu meio social e ambiental é voltar à época em que a doença era um fenômeno meramente biológico, desprovido de qualquer outra interferência que não fosse tão somente o homem e seu corpo".*(248)

Esta amplitude do meio ambiente do trabalho vem retratada na Convenção n. 155 da OIT, ao prescrever que *"o termo 'saúde', com relação ao trabalho, abrange não só a ausência de afecções ou de doenças, mas também os elementos físicos e mentais que afetam a saúde e estão diretamente relacionados com a segurança e a higiene do trabalho"* (art. 3º, alínea *e*).

A Convenção n. 161 da OIT, sobre os Serviços de Saúde no Trabalho, em coerência com a Convenção n. 155, igualmente se refere à saúde mental. Ao delimitar as atribuições desse serviço, insere o aconselhamento preventivo sobre: a) os requisitos para um ambiente de trabalho que favoreça a saúde física e mental ótima em relação com o trabalho; b) a adaptação do trabalho conforme as capacidades físicas e mentais dos trabalhadores.

Nesse diapasão, as diversas definições de meio ambiente encontradas na doutrina procuram compreender os mais variados aspectos da tutela da saúde e da segurança do trabalhador, ampliando-se para abranger outros trabalhadores que não somente os subordinados e não se limitando às meras patologias físicas.

A Lei n. 6.938/81, que traça a Política Nacional do Meio Ambiente, considera este como "o conjunto de condições, leis, influências e interações de ordem física, química e biológica, que permite, abriga e rege a vida em todas as suas formas" (art. 3º, I).

Esse conceito legal de meio ambiente dado pela Lei n. 6.938/81 foi recepcionado pela CF/1988, tendo em vista que esta, de forma sistemática, buscou a tutela não somente do meio ambiente natural, como também do artificial, cultural e do trabalho.(249)

A partir do conceito legal, João José Sady define o meio ambiente do trabalho como "o conjunto das condições, leis, influências e interações de ordem física, química e biológica, que permite, abriga e rege a vida das pessoas nas relações de trabalho".(250)

Para Gian Pietro, o meio ambiente do trabalho consiste no "complexo de bens imóveis e móveis de uma empresa e de uma sociedade, objeto de direitos subjetivos privados e de direitos invioláveis da saúde e da integridade física dos trabalhadores que o frequentam".(251)

Celso Antonio Pacheco Fiorillo identifica-o como "o local onde as pessoas desempenham suas atividades laborais, sejam remuneradas ou não, cujo equilíbrio está baseado na salubridade do meio e na ausência de agentes que comprometam a incolumidade físico-psíquica dos trabalhadores, independente da condição que ostentem (homens ou mulheres, maiores ou menores de idade, celetistas, servidores públicos, autônomos etc.)".(252)

Amauri Mascaro Nascimento considera o meio ambiente do trabalho como "o complexo máquina-trabalho: as edificações do estabelecimento, equipamentos de proteção individual, iluminação, conforto térmico, instalações elétricas, condições de salubridade ou insalubridade, de periculosidade ou não, meios de preservação à fadiga, outras medidas de proteção ao trabalhador, jornadas de trabalho e horas extras, intervalos, descansos, férias, movimentação, armazenagem e manuseio de materiais que formam o conjunto de condições de trabalho etc."(253).

---

(248) SANTOS, Lenir. Saúde e meio ambiente. Competências. Intersetorialidade. *Revista de Direito do Trabalho*, São Paulo, ano 31, n. 120, p. 138, out./dez. 2005.

(249) FIORILLO, Celso Antonio Pacheco. *Curso de direito ambiental*. São Paulo: Saraiva, 2002. p. 19.

(250) SADY, João José. *Direito do meio ambiente de trabalho*. São Paulo: LTr, 2000. p. 22.

(251) *Apud* FIORILLO, Celso Antonio Pacheco. *A ação civil pública...*, cit., p. 200.

(252) FIORILLO, Celso Antonio Pacheco. *Curso de direito...*, cit., p. 23.

(253) NASCIMENTO, Amauri Mascaro. A defesa processual do meio ambiente do trabalho. *Revista LTr*, São Paulo, ano 63, n. 5, p. 584, maio 1999.

Consideramos o meio ambiente do trabalho como o conjunto de condições físicas, químicas, biológicas, interpessoais e psíquico-mentais, naturais e artificiais, móveis e imóveis, internas e externas, cujos elementos, leis e interações abrigam, influenciam e regem a vida das pessoas e as suas atividades no local de trabalho, independentemente do seu estatuto jurídico e das suas condições pessoais, cujo equilíbrio é essencial à sadia qualidade de vida, à incolumidade físico-psíquica e à capacidade laboral dos indivíduos de que dele participam.

Como se observa, o conceito de meio ambiente do trabalho não se limita às relações de emprego, abrangendo todos aqueles que participam de uma organização empresarial, independentemente da natureza jurídica da sua relação de trabalho, uma vez que estão todos inseridos no contexto da proteção do meio ambiente equilibrado.(254)

Essa expansão subjetiva do meio ambiente do trabalho decorre do próprio caráter difuso desse direito, que não reconhece fronteiras subjetivas. Ao dispor o legislador constituinte que o direito a um meio ambiente ecologicamente equilibrado é um direito de todos (art. 225, CF/1988), consolidou a sua extensão subjetiva, para alcançar todos aqueles que participam da organização empresarial, sejam trabalhadores subordinados ou não.

Por outro lado, o estádio atual de delineamento do meio ambiente do trabalho exige o reconhecimento da sua autonomia científica, uma vez que o meio ambiente do trabalho vem se configurando como um ramo específico do direito do trabalho, com princípios e regras próprias, verificando-se a formação de cadeiras específicas de meio ambiente do trabalho nas universidades, geralmente ligadas à disciplina geral do meio ambiente.

Entretanto, os diversos trabalhos doutrinários e diplomas legislativos continuam referindo-se simplesmente a normas de saúde e segurança no trabalho, sem absorver o conceito holístico de meio ambiente do trabalho, em cujo seio enquadram-se aquelas mesmas normas. Nesse ínterim, a própria Convenção n. 155 da OIT ainda utiliza ambas as expressões "segurança e saúde dos trabalhadores" e "meio ambiente do trabalho"(255), quando o desenvolvimento da matéria demonstra que este constitui gênero do qual aqueles institutos são espécies.

2.1.6. O meio ambiente do trabalho como direito fundamental

A proteção do meio ambiente do trabalho constitui um direito fundamental do ser humano-trabalhador por ser corolário direto do direito à vida. Como assinala Celso Antonio Pacheco Fiorillo, "*... o meio ambiente do trabalho apresenta-se como um direito substantivo, material, de índole constitucional, diretamente relacionado ao maior valor tutelado pela Constituição Federal, que é a vida*".(256)

O direito ao meio ambiente de trabalho sadio relaciona-se diretamente com os demais direitos humanos, mais notoriamente, com o direito à vida, à segurança e à saúde, sendo que todos eles são corolários dos princípios fundamentais da dignidade da pessoa humana e da cidadania.(257)

Na tipologia doutrinário-axiológica dos direitos humanos, didaticamente subdivididos em direitos de primeira (direitos de liberdade), segunda (direitos de igualdade), terceira (direitos de solidariedade) e quarta (democracia, pluralismo etc.) dimensões, o direito ao meio ambiente do trabalho insere-se predominantemente no conteúdo dos direitos sociais (segunda dimensão dos direitos humanos), apresentando-se, no entanto, com natureza híbrida, uma vez que possui uma dimensão difusa, ainda que residualmente, que o habilita igualmente a inserir-se nos direitos de terceira dimensão, mais propriamente no meio ambiente genericamente considerado. A própria Constituição Federal de 1988 formaliza o caráter difuso do direito ao meio ambiente, como direito de terceira dimensão, ao proclamá-lo como um direito de todos (art. 225, *caput*, CF/1988).

---

(254) SANTOS, Enoque Ribeiro dos. *Temas modernos de direito do trabalho.* São Paulo: BH, 2005. p. 76.

(255) Nesse sentido, o art. 7º da Convenção n. 155 da Organização Internacional do Trabalho: *"A situação em matéria de segurança e saúde dos trabalhadores e meio ambiente de trabalho deverá ser examinada, a intervalos adequados, globalmente ou com relação a setores determinados, com a finalidade de se identificar os principais problemas, elaborar meios eficazes para resolvê-los, definir a ordem de prioridade das medidas que for necessário adotar, e avaliar os resultados".*

(256) FIORILLO, Celso Antonio Pacheco. *A ação civil pública...*, cit., p. 197.

(257) LEITE, Carlos Henrique. O meio ambiente do trabalho na perspectiva dos direitos humanos. *Revista do Ministério Público do Trabalho da Paraíba*, João Pessoa, n. 1, p. 23, jun. 2005.

Essa dimensão axiológica do meio ambiente do trabalho na seara dos direitos humanos sociais foi recepcionada pela CF/1988, ao inserir o direito à saúde e ao trabalho no rol dos direitos sociais constitucionalmente garantidos, como se observa do *caput* do art. 6º da Carta Política.

O art. 7º da Carta Maior prescreve como direito dos trabalhadores a *"redução dos riscos inerentes ao trabalho, por meio de normas de saúde e segurança"*, elencando o meio ambiente do trabalho como um direito social fundamental. Por sua vez, como assinala Edis Milaré: *"A par dos direitos e deveres individuais e coletivos elencados no art. 5º, acrescentou o legislador constituinte, no* caput *do art. 225, um novo direito fundamental da pessoa humana, direcionado ao desfrute de condições de vida adequada em um ambiente saudável ou, na dicção da lei, 'ecologicamente equilibrado'"*[(258)].

A proteção constitucional do meio ambiente, em nosso ordenamento, além de ampla, demonstra que ele configura um direito fundamental de toda a sociedade, com proteção *erga omnes* e, sob esse aspecto, emerge como um dos princípios da ordem econômica a ser observado pela livre-iniciativa, e em qualquer atividade econômica (art. 170, VI, CF/1988), o que inclui as relações de trabalho.[(259)]

Os fundamentos da tutela do meio ambiente do trabalho exsurgem diretamente do princípio nuclear dos direitos humanos: o princípio da dignidade da pessoa humana; expressamente previsto como um dos fundamentos da ordem constitucional brasileira (art. 1º, III, CF/1988), cujos vetores norteiam todo o nosso ordenamento jurídico.

Na esfera internacional, além dos diversos diplomas acima enunciados, que reconhecem e fixam preceitos tuteladores do meio ambiente do trabalho, como vimos, a Declaração de Estocolmo sobre o Meio Ambiente Humano (1972) proclamou o meio ambiente como um direito fundamental do ser humano, conforme enunciando em seu Princípio 1 supracitado, referindo-se expressamente ao meio ambiente artificial, no qual se inclui o meio ambiente do trabalho, como um bem corolário do direito à vida.

Não obstante a vultosa legislação internacional, inclusive no âmbito da OIT, sobre meio ambiente do trabalho, a Declaração da OIT relativa aos Princípios e Direitos Fundamentais no Trabalho (1998) não o mencionou como um dos direitos fundamentais a serem observados pelos Estados-membros;[(260)] conquanto a maior parte das suas Convenções e Recomendações verse sobre esse direito fundamental. A Declaração referente aos Princípios e Direitos Fundamentais no Trabalho já nasceu incompleta, por não incluir entre os direitos fundamentais dos trabalhadores o meio ambiente do trabalho, merecendo um redimensionamento do seu conteúdo para o preenchimento desta lacuna.

2.1.7. Instrumentos de proteção do meio ambiente do trabalho

Não obstante a vasta legislação de proteção ao meio ambiente do trabalho e dos esforços engendrados pelo Ministério do Trabalho, por meio de seus auditores fiscais, na fiscalização e apenamento das empresas, bem como das ações do Ministério Público do Trabalho em matéria de proteção ambiental do trabalhador, é enorme o percentual de empregadores que não respeitam as normas de segurança, saúde e higiene do trabalho, colocando em risco a integridade psicossomática dos trabalhadores.

As CIPA — Comissões Internas de Prevenção de Acidentes ainda desempenham um papel secundário nesta questão, muitas vezes por desconhecimento da vasta legislação.[(261)] Acrescenta-se a isso a resistência dos empregadores aos trabalhos das CIPA e a complexidade das normas técnicas em matéria de meio ambiente do trabalho.

---

(258) MILARÉ, Edis. *Direito do meio ambiente*. 2. ed. São Paulo: Revista dos Tribunais, 2001. p. 111.

(259) "Art. 170-A ordem econômica, fundada na valorização do trabalho humano e na livre-iniciativa, tem por fim assegurar a todos existência digna, conforme os ditames da justiça social, observados os seguintes princípios: VI — defesa do meio ambiente."

(260) Declaração da OIT relativa aos Princípios e Direitos Fundamentais no Trabalho. "2. Declara que todos os membros, ainda quando não tenham ratificado os aludidos convênios, têm o compromisso, que decorre meramente de pertencer à Organização, de respeitar, promover e efetivar, de boa-fé, e em conformidade com a Constituição, os princípios referentes aos direitos fundamentais que são objeto desses convênios, quais sejam: a) a liberdade de associação, a liberdade sindical e o reconhecimento efetivo do direito de negociação coletiva; b) a eliminação de todas as formas de trabalho forçoso ou obrigatório; c) a abolição efetiva do trabalho infantil; e d) a eliminação da discriminação em matéria de emprego e ocupação" (Tradução nossa).

(261) VALENTIN, João Hilário. Direito do meio ambiente do trabalho. *Revista LTr*, São Paulo, ano 56, n. 12, p. 1.458, dez. 1992.

As empresas também não têm investido na melhoria das condições de trabalho, nos serviços de proteção à saúde e na capacitação técnico-profissional do trabalhador por vários motivos, como: a sempre indigitada crise econômica por elas apontada, a falta de visão modernizadora dos empregadores, a busca do lucro, a obsolescência do parque industrial, o atraso tecnológico, a má remuneração dos trabalhadores.(262)

Diante das diversas transgressões às normas ambientais do trabalho, há um arsenal de instrumentos jurídicos para a proteção desse direito fundamental, protegido constitucional e infraconstitucionalmente. O art. 14, § 1º, da Lei n. 6.938/1981, prevê a responsabilidade pela degradação do meio ambiente ao dispor que "sem prejuízo das penas administrativas previstas nos incisos do artigo, o poluidor é obrigado, independentemente de culpa, a indenizar ou reparar os danos causados ao meio ambiente e a terceiros afetados por sua atividade". A norma em questão disciplina expressamente a responsabilidade objetiva do degradador (poluidor) do meio ambiente e, sem sombra de dúvida, o preceito é aplicável à degradação do meio ambiente do trabalho, por ser uma das espécies do bem tutelado pela legislação citada.

E para proteção deste direito fundamental do trabalhador, a Lei n. 7.347/85 (LACP), que disciplina a ação civil pública de responsabilidade por danos causados ao meio ambiente, ao consumidor, a bens e direitos de valor artístico, estético, histórico, turístico e paisagístico, prevê a tutela do meio ambiente em seu art. 1º, inciso I, e a qualquer outro interesse difuso ou coletivo, no inciso IV, do mesmo artigo.

As entidades sindicais, como espécie de associação, e as associações profissionais possuem plena legitimidade para a propositura da ação civil pública, quando constatarem a existência de danos ao meio ambiente do trabalho, ou a potencialidade de riscos para a integridade física e psicológica dos trabalhadores, em virtude da não preservação de um ambiente de trabalho saudável, sendo esta legitimidade expressamente prevista no art. 5º da LACP, que inclui as associações no rol de legitimados para a propositura de ação civil pública.

Cabível, outrossim, a propositura perante a Justiça do Trabalho de ação coletiva para reparação de danos individuais homogêneos à saúde e à integridade física dos empregados, sem prejuízo, inclusive, de eventual ação civil pública de caráter inibitório e/ou para reparação dos danos difusos e coletivos, em virtude da natureza distinta de cada reparação e consequente indenização.

É amplo o espaço para a tutela do meio ambiente do trabalho por meio da autonomia privada coletiva. Pelos acordos e convenções coletivas os atores sociais têm o poder normativo de operacionalizar os princípios gerais do meio ambiente do trabalho, otimizando as normas legais e os mecanismos de proteção à saúde e à segurança dos trabalhadores.(263)

Na hipótese de ameaça iminente à saúde e à segurança dos trabalhadores, poderá ser exercido o direito de greve, a denominada greve ambiental; tendo em vista que o legislador constituinte conferiu aos próprios trabalhadores a decisão sobre a oportunidade de exercício desse direito e dos direitos que por ele devem ser defendidos, entre os quais se enquadra a tutela do meio ambiente do trabalho. A própria Constituição do Estado de São Paulo prevê a interrupção das atividades dos empregados na hipótese de risco grave ou iminente no local de trabalho, sem prejuízo de qualquer direito, até a eliminação do risco (art. 229, § 2º, CF/1988).

O inquérito civil público, criado pela LACP, cuja presidência é exclusiva do Órgão do Ministério Público, também constitui importante instrumento de tutela do meio ambiente do trabalho, seja por propiciar a coleta de elementos de convicção para a propositura de uma ação civil pública ambiental, seja pela possibilidade de regularização extrajudicial do meio ambiente do trabalho a partir da firmação de um termo de compromisso de ajustamento de conduta (art. 5º, § 6º, LACP) pelo empregador, para o saneamento do meio ambiente do trabalho.

---

(262) *Idem, loc. cit.*

(263) *Idem, Ibidem*, p. 483.

2.2. Trabalho da criança e do adolescente

2.2.1. Escorço histórico

Nos primórdios da história da humanidade, o trabalho das crianças era constantemente utilizado junto às famílias e às tribos, sem que se distinguisse do trabalho adulto. Elas praticavam, dentro das capacidades próprias às suas idades, as mesmas atividades que os adultos. As relações sociais baseavam-se nos laços de parentesco, nos usos e costumes e na cooperação entre os membros do grupo.

Somente a partir do período Neolítico (aproximadamente 5 mil anos antes de Cristo), ocorreu uma acentuada transformação nas formas de relação do ser humano com o meio ambiente, por meio do cultivo de plantas e a domesticação de animais, o que possibilitou a troca da vida nômade pela sedentária e a divisão do trabalho social; divisão que veio a se consolidar a partir da Idade dos Metais, com o surgimento de trabalhadores especializados, como metalúrgicos, vidraceiros, barqueiros, sacerdotes, comandantes militares.

As primeiras leis relacionadas ao trabalho infantil de que se tem notícia surgiram na região do Crescente Fértil (nordeste da África, terras do corredor mediterrâneo e Mesopotâmia), onde, inclusive, fazia-se grande uso da mão de obra escrava, oriunda de povos vencidos em guerras. Na Babilônia, pelo Código de *Hamurabi*,(264) se o membro de uma corporação operária tomasse para criar um menino e lhe ensinasse o seu ofício, aquele não poderia mais ser reclamado. Se o ofício não fosse ensinado, o adotado poderia retornar à casa paterna.

Na Grécia e Roma antigas, a licitude da escravatura abrangia tanto as crianças quanto os adultos. Sua sorte em relação aos trabalhos pesados dependia do livre-arbítrio dos seus senhores.(265)

Durante a Idade Média, as crianças laboravam no seio de corporações denominadas *guilden*, em conjunto com os adultos ou realizavam tarefas domésticas com as mulheres.(266) As corporações de ofício medievais empregavam crianças para o aprendizado de uma profissão, num rígido sistema hierárquico, dividido em aprendizes, companheiros e mestres. Os aprendizes compunham a base da pirâmide hierárquica; geralmente eram crianças inseridas pelos próprios pais nas corporações para o aprendizado de um ofício, ficando sob a guarda do proprietário da oficina (mestre), de quem recebiam alimentação e ensino, ficando sujeitas à realização de serviços domésticos e à aplicação de castigos corporais. Só recebiam contraprestação pelos serviços se se alçassem à condição de companheiros, podendo chegar ao título de mestre, após a sua submissão a exames rigorosos.(267)

Na Inglaterra, antes mesmo da Revolução Industrial, os proprietários de moinho e de algodão recolhiam crianças órfãs e filhos de famílias pobres, por todo o país, para empregá-los no trabalho, fazendo-os trabalhar somente em troca de alimentos e do fornecimento de um abrigo.(268)

Nos Estados Unidos, utilização da mão de obra de crianças acentuou-se após a Guerra de Secessão e com o fim da escravidão negra. Nesse período ocorreu grande expansão da indústria, o que demandou grande volume de mão de obra operária e ensejou a utilização maciça do trabalho de crianças e adolescentes. Em 1870, oficialmente, contabilizava-se aproximadamente 750.000 crianças, com idades entre 10 e 15 anos, empregadas nas indústrias, além de centenas de milhares de outras trabalhando no campo. Em 1880, uma em cada seis crianças fazia parte da mão de obra americana e, no final do século XIX, um quinto das crianças trabalhavam nas indústrias.(269)

(264) Hamurabi foi o sexto rei da primeira dinastia babilônica, também chamada dos amoritas. Filho de Sinmuballit, quinto rei dessa dinastia, reinou aproximadamente de 1792 a 1750 a.C. (encontram-se também, em livros de história, referências aos anos de 1728-1686 a.C.). A Babilônia, sob essa dinastia, representou o posto avançado da invasão amorita, vinda do Ocidente e com uma série de traços deixados em todos os países estabelecidos ao longo do Eufrates.

(265) MINHARRO, Erotilde Ribeiro dos Santos. *A criança e o adolescente no direito do Trabalho*. São Paulo: LTr, 2003. p. 15.

(266) GRUNSPUN, Haim. *Trabalho das crianças e adolescentes*. São Paulo: LTr, 2000. p. 46.

(267) MINHARRO, Erotilde Ribeiro dos Santos. *Op. cit.*, p. 15-16.

(268) GRUNSPUN, Haim. *Op. cit.*, p. 46.

(269) *Idem, Ibidem*, p. 49.

A partir do século XIX, com o advento da Revolução Industrial, iniciada com a máquina a vapor, além dos trabalhos nas minas de carvão, as crianças trabalhavam nos moinhos e fiações. Com o crescimento das fábricas de tecidos e desenvolvimento das manufaturas, as crianças também trabalhavam em casa com suas famílias, nos acabamentos da produção das manufaturas.[270]

Nesse período, teve início uma ampla utilização do trabalho infantojuvenil. Duas razões principais, uma de ordem técnica e outra de ordem econômica, propiciaram esse estado de coisas: a crescente utilização de máquinas, as quais diminuíam a exigência de força física, e a reorganização do espaço da fábrica, o que possibilitou a utilização das chamadas "meias-forças" — mão de obra das mulheres, crianças e adolescentes.[271]

Some-se a isso o fato de que a utilização de máquinas e o automatismo das atividades prescindiam da qualificação do trabalhador, ao contrário do que ocorria na Idade Média com as corporações de ofício, nas quais o trabalho, altamente qualificado, era do tipo artesanal e pressupunha aprendizado prévio.

O desenvolvimento industrial, conjugado com a filosofia do liberalismo econômico, cujos princípios da liberdade contratual e da não interferência estatal nas relações privadas, abriu espaço, não somente para a utilização do trabalho de crianças e adolescentes, como também para uma gritante exploração da miséria destes trabalhadores mirins. Não havia leis que disciplinassem a utilização da mão de obra infantojuvenil e da mulher.

Mal se desenvolviam física e psicologicamente, as crianças eram utilizadas nas mais variadas atividades. Já aos cinco, seis ou sete anos de idade crianças trabalhavam de 13 a 16 horas por dia. O salário menor que o do adulto propiciava uma larga diminuição dos custos da produção e incentivava a adoção dessa mão de obra barata. As crianças passaram, em muitas situações, a servir de arrimo de família, diante do desemprego dos pais e irmãos adultos cuja mão de obra era preterida pelas empresas, em face da crescente utilização do labor infantojuvenil e da mulher.

Os corpos frágeis e cansados desses pequenos trabalhadores deveriam se adaptar aos ritmos impostos pelas máquinas recém-desenvolvidas, e cada vez mais velozes. A má alimentação, aliada ao pequeno período para descanso e a completa ausência de proteção no campo da saúde e segurança do trabalho, era responsável por grande número de acidentes do trabalho, muitos dos quais mutiladores ou fatais para as crianças, que não possuíam qualquer seguro, público ou privado, que lhes assegurasse a continuidade do pagamento durante os períodos de afastamento do trabalho.

2.2.2. Proteção internacional da criança e do adolescente nas relações de trabalho

Embora se notasse a presença de diversos movimentos sociais, filosóficos e religiosos contra o emprego do trabalho infantil, a proteção contra a exploração da mão de obra de crianças e adolescentes, inicialmente, teve objetivos econômicos, pois tiveram por finalidade a diminuição do desemprego e a garantia de emprego ao trabalhador adulto. Foi assim com as primeiras leis inglesas sobre o trabalho infantil e com as leis americanas ditadas durante o *New Deal*, programa de reconstrução da economia americana implementado pelo Presidente Franklin Delano Roosevelt na década de 1930.

Data de 1802 a primeira lei de proteção ao trabalho de menores — *Act for preservation of helth and moral apprendices employed in cotton and other mills* —, de Robert Peel, que proibia o trabalho dos menores por mais de dez horas diárias e o trabalho noturno. Em 1833, foi editado o *Lord Althrop Act*, pelo qual ficou estabelecida a distinção entre crianças (de 9 a 13 anos) e adolescentes (de 13 anos completos a 18 anos), além de impor a escolaridade obrigatória.[272] Em 1870, deu-se efetivamente um passo para o combate ao abuso do trabalho da criança

(270) *Idem, loc. cit.*

(271) OLIVEIRA, Oris de. *O trabalho da criança e do adolescente*. São Paulo: LTr, 1994. p. 23.

(272) OLIVELI, Paola *apud* MINHARRO, Erotilde Ribeiro dos Santos. *Op. cit.*, p. 19.

e do adolescente, com a promulgação do Ato de Educação Elementar, que criava a obrigatoriedade de as crianças frequentarem a escola.(273)

Posteriormente, França e Alemanha editaram leis protetivas do trabalho do menor. A França, em 1841, proibiu o trabalho de menores de oito anos nas fábricas e manufaturas. A Suíça, em 1874, inseria no texto da sua Constituição medidas de proteção aos menores nas fábricas.(274) Na Itália, a Lei de 18 de fevereiro de 1886 foi a que primeiro regulamentou o trabalho de menores, prescrevendo, entre outras disposições, a limitação de jornada a oito horas diárias aos maiores de oito anos e menores de 12 anos.(275)

A Conferência de Berna (1905), o Tratado de Versalhes (1919) e as Conferências da Organização Internacional do Trabalho (OIT) deram o toque para a discussão e aprovação de normas internacionais protetivas do trabalho da criança e do adolescente.

São vários os instrumentos normativos adotados pelos países-membros da OIT em relação ao trabalho infantil, entre os quais se destacam: Convenção n. 05 sobre Idade Mínima (indústria), de 1919; Convenção n. 06 sobre Trabalho Noturno dos Menores na Indústria (1919); Convenção n. 07 sobre Idade Mínima de Admissão de Menores no Trabalho Marítimo, de 1920 — revista em 1936; Convenção n. 16 sobre Exame Médico de Menores no Trabalho Marítimo, de 1921; Convenção n. 10 sobre a Idade Mínima na Agricultura, de 1921; Convenção n. 15 sobre a Idade Mínima (estivadores e foguistas), de 1921; Convenção n. 33 sobre a Idade Mínima (emprego não industrial), de 1932; Convenção n. 58 sobre a Idade Mínima no Trabalho Marítimo, de 1936; Convenção n. 59 (revista) sobre Idade Mínima (indústria), de 1937; Convenção n. 79 sobre o Trabalho Noturno dos Menores em Trabalhos não Industriais, de 1946; Convenção n. 90 sobre Trabalho Noturno dos Menores na Indústria, de 1948; Convenção n. 112 (revista) sobre Idade Mínima de Admissão ao Trabalho de Pescadores, de 1959; e Convenção n. 124 (revista) sobre a Idade Mínima (trabalho subterrâneo), de 1965; Convenção n. 138 sobre Idade Mínima de Admissão, de 1973.

Foram adotadas pela Organização Internacional do Trabalho duas importantes Convenções na seara da proteção contra a mão de obra infantojuvenil. Trata-se da Convenção n. 138 sobre Idade Mínima para Admissão ao Emprego, de 1973 — aprovada, no Brasil, pelo Decreto Legislativo n. 179/99 — e da Convenção n. 182 sobre a Proibição das Piores Formas de Trabalho Infantil e Ação Imediata para sua Eliminação, de 1999, — aprovada, em nosso país, por meio do Decreto Legislativo n. 178/99.

A Declaração sobre Princípios e Direitos Fundamentais no Trabalho da OIT, de 1998, prescreveu a eliminação do trabalho infantil como garantia fundamental de promoção obrigatória por todos os Estados-membros.

A elaboração pela Organização das Nações Unidas da Convenção relativa aos Direitos da Criança (1990) demonstrou a preocupação internacional em torno de todos os temas relativos à criança. Foi o primeiro instrumento jurídico internacional a discorrer sobre os principais aspectos relativos à vida das crianças: não discriminação; interesse superior pela pessoa da criança; direito ao nome e à nacionalidade; proteção da identidade; reagregamento da família; deslocamento e retornos não ilícitos ao estrangeiro; direito de opinião; direito de liberdade de expressão; direito de liberdade de pensamento; de consciência e de religião; liberdade de associação; proteção da vida privada; direito de acesso a uma formação adequada; responsabilidade dos pais; proteção contra os maus-tratos; proteção da criança que foi privada do meio familiar; direitos da criança refugiada; proteção das crianças deficientes; direito à saúde e serviços médicos; previdência social; nível de vida; direito à educação; direitos das crianças componentes de minorias e populações autóctones; direito ao lazer; proteção no campo do trabalho; proteção contra o consumo e o tráfico de drogas; proteção contra a exploração sexual; proteção em caso de conflitos armados; readaptação e reinserção social de crianças vítimas de diversas formas de violência e tratamentos desumanos; e direito a um julgamento justo.

---

(273) GRUNSPUN, Haim. *Op. cit.*, p. 49.

(274) GOMES, Orlando; GOTTSCHALK, Elson. *Curso de direito do trabalho*. 14. ed. Rio de Janeiro: Forense, 1998. p. 420.

(275) MORAES, Evaristo de. *Apontamentos de direito operário*. 4. ed. São Paulo: LTr, 1998. p. 36.

Criou-se, também, uma Comissão dos Direitos da Criança, composta por dez especialistas escolhidos pelos Estados, com a finalidade de examinar os progressos destes no campo da proteção da criança, por meio de análise de relatórios periódicos enviados pelos Estados.

No campo específico do direito do trabalho, o art. 32 da Convenção relativa aos Direitos da Criança determina que os Estados integrantes reconheçam o direito da criança à proteção contra a exploração econômica e à realização de trabalhos que comportem riscos ou sejam suscetíveis de comprometer a sua educação ou de prejudicar-lhe a saúde ou o desenvolvimento físico, espiritual, moral e social. Aos Estados integrantes cabe adotar medidas legislativas, administrativas, sociais e educativas para garantir a aplicação das regras para esse fim, devendo considerar as disposições pertinentes dos outros organismos internacionais e: a) fixar uma idade mínima ou idades mínimas para admissão ao emprego; b) prever uma regulamentação adequada dos horários de trabalho e das condições de emprego; e c) estipular penalidades ou outras sanções adequadas para garantir a aplicação efetiva dessas disposições.

O Pacto Internacional dos Direitos Econômicos, Sociais e Culturais, aprovado pela Assembleia Geral das Nações Unidas em 16.12.1966, e, no Brasil, pelo Decreto Legislativo n. 226, de 12.12.1991, prevê que os Estados-membros devem "adotar medidas especiais de proteção e de assistência em prol de todas as crianças e adolescentes, sem distinção alguma por motivo de filiação ou qualquer outra condição. Devem-se proteger as crianças e adolescentes contra a exploração econômica e social. O emprego de crianças e adolescentes em trabalhos que lhes sejam nocivos à moral e à saúde ou que lhes façam correr perigo de vida, ou ainda que lhes venham a prejudicar o desenvolvimento normal, será punido por lei" (art. 10, item 3).

São quatro os principais fundamentos para a proteção do trabalho da criança e do adolescente: cultural, moral, fisiológico e de segurança. Cultural porque o "menor deve poder estudar, receber instrução"; moral, para preservação da sua integridade psicológica e da sua moralidade; fisiológico, pela proibição do trabalho em locais insalubres, perigosos, penosos, noturnos ou que afetem seu desenvolvimento psicossomático; e de segurança, pela adoção de instrumentos de proteção da integridade do menor em face de acidentes do trabalho.(276)

2.2.3. O trabalho da criança e do adolescente no Brasil

No Brasil, a exploração da mão de obra infantil ocorre desde os primórdios da nossa história e tem se perpetuado até os dias atuais. Há indicações históricas de que as naus portuguesas que chegaram ao Brasil possuíam número considerável de marinheiros mirins, meninos com idade entre nove e quinze anos, que trabalhavam obrigados pelos próprios pais. Eram conhecidos como pequenos grumetes, ou seja, crianças marinheiras que iniciavam carreira na armada e realizavam os mesmos serviços que os adultos: limpavam o convés, faziam a faxina nos porões e a remenda de velas.(277)

No período da escravidão, o sistema escravista brasileiro impedia a proteção ao trabalho das crianças e adolescentes. Estes continuavam trabalhando segundo as conveniências dos seus senhores, geralmente junto com seus pais, nas atividades rurais. Com a abolição da escravatura, a indústria, ainda incipiente, iniciou um recrutamento de jovens trabalhadores, na condição de aprendizes, para as oficinas e fábricas, mas seu objetivo era dispor de mão de obra barata e de fácil manipulação.(278)

A utilização industrial da mão de obra imigrante não fez diferença entre crianças e adultos, empregando-as indistintamente. A maior parte das crianças pobres e dos filhos dos imigrantes empregados na indústria não possuía certidão de nascimento para a comprovação de sua idade. Desse modo, não podiam beneficiar-se das primeiras leis que vinham em seu favor. As denúncias eram efetuadas pela imprensa, por meio das imagens dos jovens trabalhadores, obtidas junto às portas das fábricas.(279)

---

(276) MARTINS, Sergio Pinto. *Direito do trabalho...*, cit., p. 541.

(277) SENTO-SÉ, Jairo Lins de Albuquerque. *Trabalho escravo no Brasil*. São Paulo: LTr, 2001. p. 62.

(278) *Idem, loc. cit.*

(279) GRUNSPUN, Haim. *Op. cit.*, p. 52.

Também na área rural, principalmente a partir da década de 20, passou-se a utilizar da mão de obra infantil, em virtude da grande demanda por este fator de produção. Foram criados os "patronatos agrícolas", colônias que albergavam crianças que perambulavam pelas ruas das cidades, com o objetivo de formação de mão de obra. O Decreto n. 16.272, em seu art. 24, prescrevia que: "*... se o menor for abandonado, pervertido ou estiver em perigo de o ser, a autoridade competente promoverá a sua colocação em asilo, casa de educação, escola de preservação, ou confiará à pessoa idônea, por todo o tempo necessário à sua educação, contanto que não ultrapasse a idade de 21 anos*"(280).

O Decreto n. 1.313, de 17.1.1890, constituiu o primórdio da proteção do menor no Brasil. Este diploma normativo estabelecia medidas gerais de proteção ao labor dos menores, porém, não chegou a ser regulamentado.(281) O Decreto n. 16.300/23 vedou o trabalho do menor de 18 anos por mais de 6 horas em um período de 24 horas.(282)

A regulamentação do trabalho infantil ocorreu com a publicação do Código de Menores em 1927, que entrou em vigor em 1929. O Decreto n. 22.042, de 03.11.1932, estabeleceu condições de trabalho para os menores na indústria: fixou em 14 anos a idade mínima para o trabalho nas indústrias; exigia uma série de documentos — certidão de idade, autorização dos pais ou responsáveis, atestado médico, de capacidade física e mental, prova de saber ler, escrever e contar; garantia do tempo de frequência à escola para os analfabetos; proibição do trabalho nas minas dos menores de 16 anos.(283)

A matéria alcançou o âmbito constitucional com a promulgação da Constituição Federal de 1934, a qual proibiu o trabalho de menores de 14 anos, salvo permissão judicial; como também vedou o trabalho noturno a menores de 16 anos e o labor em indústrias insalubres para os menores de 18 anos. Desde então, a matéria passou a constar de todas as Constituições promulgadas, com as peculiaridades de cada época.

A CF/1988 consagrou a proteção à infância como um direito social (art. 6º, *caput*), além de assegurar uma série de garantias nas órbitas social e trabalhista à criança e ao adolescente, concedendo-lhes os mesmos direitos do trabalhador adulto.(284)

A proteção à infância, à adolescência e ao jovem adulto, inclusive aqueles com deficiência, constitui um valor difuso da sociedade brasileira, cujas políticas públicas e privadas de proteção são um dever de todos, consoante diretriz constitucional insculpida no art. 227 da CF/1988:

> Art. 227. É dever da família, da sociedade e do Estado assegurar à criança, ao adolescente e ao jovem, com absoluta prioridade, o direito à vida, à saúde, à alimentação, à educação, ao lazer, à profissionalização, à cultura, à dignidade, ao respeito, à liberdade e à convivência familiar e comunitária, além de colocá-los a salvo de toda forma de negligência, discriminação, exploração, violência, crueldade e opressão.

A proteção específica inicia-se com a idade para o trabalho (art. 7º, XXXIII, da CF/1988, alterado pela EC n. 20/98), proibindo-se o trabalho noturno, perigoso ou insalubre a menores de 18 anos, e qualquer trabalho a menores de 16 anos, salvo na condição de aprendiz, a partir dos 14 anos. Proibiu-se a diferença de salários, de exercício de funções e de critérios de admissão por motivo de idade (art. 7º, XXX, CF/1988).

---

(280) *Idem, Ibidem*, p. 53.

(281) O Decreto n. 1.313, entre outras disposições: a) instituiu a obrigatoriedade de fiscalização permanente de todos os estabelecimentos fabris em que trabalhassem menores por um inspetor geral subordinado ao Ministério do Interior; b) proibiu a admissão no trabalho de menores de 12 anos, salvo a título de aprendizado nas fábricas de tecidos; c) limitou a jornada de trabalho a sete horas diárias não consecutivas para os menores do sexo feminino de 12 a 15 anos e os do sexo masculino de 12 a 14 anos, de modo a não exceder de 4 horas o trabalho contínuo; d) para os menores do sexo masculino de 14 a 15 anos, fixou a jornada de até 9 horas, nas mesmas condições; e) para os admitidos em aprendizado nas fábricas de tecidos, previu-se jornada de 3 horas para os de 8 a 10 anos de idade e de 4 horas para os de 10 a 12 anos, com interrupção de meia hora e uma hora respectivamente; f) consignou disposições relativas à segurança e higiene do trabalho; e g) relatou as atividades em que era proibido o trabalho de menores.

(282) MARTINS, Sergio Pinto. *Direito do trabalho*, cit., p. 538.

(283) VIANNA, Segadas *et al. Instituições de direito do trabalho*. São Paulo: LTr, 1997. p. 979.

(284) "Art. 6º. São direitos sociais a educação, a saúde, o trabalho, a moradia, o lazer, a segurança, a previdência social, a proteção à maternidade e à infância, a assistência aos desamparados, na forma desta Constituição."

Em 1990 foi aprovado o Estatuto da Criança e do Adolescente (ECA — Lei n. 8.069/70) que contém normas e programas de ações afirmativas de tutela da criança e do adolescente em todos os setores da vida social. Obteve-se o arrimo do IPEC — Programa Internacional para a Eliminação do Trabalho Infantil — da Organização Internacional do Trabalho. O cerco protetivo formou-se com os programas do UNICEF — Fundo das Nações Unidas para a Infância —, de modo a consolidar-se uma estrutura global de proteção à criança e ao adolescente.

A CLT possui todo o Capítulo IV do Título III (Das normas especiais de tutela do trabalho) a respeito da proteção do trabalho do menor.

Entre as várias disposições, destacam-se as seguintes garantias: proibiu-se o trabalho de menores, considerados estes as pessoas com idade entre 14 e 18 anos, em horário noturno (das 22 às 5 h); em atividades ou locais insalubres (cf. art. 189, CLT); em locais ou atividades perigosas (cf. art. 193, CLT); em locais ou serviços prejudiciais à sua moralidade (art. 405, II, CLT); em serviços prejudiciais à sua saúde e ao seu desenvolvimento físico (art. 407, CLT); limitou-se a prorrogação da jornada de trabalho a hipóteses excepcionais; exigiu-se que o empregador propiciasse jornada compatível com o acesso à educação (art. 427, CLT); regulamentou-se o contrato de aprendizagem (arts. 428 a 433, CLT).

Além das normas específicas ao trabalho do adolescente, aplicam-se os demais preceitos referentes à legislação trabalhista, como recebimento de salários, pagamento de repouso semanal remunerado, gozo de férias, recolhimento do Fundo de Garantia do Tempo de Serviço, inscrição como segurado obrigatório da Previdência Social, tendo todos os direitos como o do trabalhador adulto, inclusive nas hipóteses de nulidade do contrato de trabalho celebrado com trabalhador menor, em razão dos princípios da irretroatividade das nulidades, protetor e da proteção integral da criança e do adolescente.

Além dos dispositivos celetistas referentes à disciplina do trabalho do adolescente, a Lei n. 11.788/2008 regulamenta o estágio de estudantes.

2.2.4. Panorama da exploração de mão de obra infantojuvenil

Na luta contra o trabalho e a exploração da mão de obra de crianças e adolescentes, a legislação brasileira é completamente paradoxal. Se, por um lado, as normas de direito material em torno da matéria são consideradas avançadas e até mesmo modelo para outros ordenamentos jurídicos, por outro, no campo da eficácia, constitui uma das legislações menos observadas, sendo, não raramente, denunciados casos graves de exploração de mão de obra infantil, não raramente vinculada à escravidão e a abusos sexuais.

A realidade não é tão generosa com as crianças como a legislação. Em várias regiões do país, crianças e adolescentes abaixo da idade permitida para o trabalho são utilizadas em diversas atividades, geralmente aquelas grosseiras, cujo esforço humano sequer condiz com a condição física desses trabalhadores.

Como exemplos, podemos citar a utilização da mão de obra infantojuvenil nas seguintes atividades: olarias (RJ, AM, RO, PE, SE, SP); vendas de jornais nos cruzamentos de ruas e avenidas das grandes cidades (RJ, PI, RO, AC, PE, CE, RN, SP); cultura do sisal (BA, PB); fábricas de fogos de artifício (BA, SE); carvoarias (BA, GO); casas de farinha (PE, SE); cultura da cana-de-açúcar (PE, CE, SE, RJ, PR); colheitas de pimenta, arroz e cebola (Vale do São Francisco, PE); gesseiras (PE); teares (PE); pedreiras (BA, GO, PI, ES, SC, CE, RN); cultura de caju (CE); salinas (CE); indústria da cerâmica (GO, CE, MA, SE, RN); bares e restaurantes (MA, SE); lavoura do fumo (AL, PR); usinas de açúcar e álcool (AL, ES); cultura da laranja (SE, SP); pesca e beneficiamento do camarão (SE); fruticultura (RN); cata do caranguejo (PI); setor madeireiro (MT, SC); comércio (MT, MS); pesca (SC, RJ); oficinas mecânicas (RJ); cooperativas rurais fraudulentas (SP); guardas mirins (SP, MG); cultura da mandioca (PR); cultura do algodão, feijão e batata (PR); colheita da erva-mate (SC); cultura do tomate (SP).

A exploração da mão de obra infantil é efetuada em todas as regiões do país, entre as quais citamos acima apenas alguns exemplos. As condições de trabalho e a garantia dos direitos trabalhistas destes trabalhadores em nada diferem dos menores que laboravam à época da revolução industrial: trabalham em condições subumanas de higiene e saúde, estando sujeitos aos mais diversos tipos de lesões, mutilações, doenças endêmicas e acidentes fatais; executam tarefas extenuantes e por longas jornadas; recebem salário muito inferior ao mínimo legal ou atuam em regime de escravidão; ficam sujeitos às mais diversas intempéries (frio, calor, chuva, radiações solares), sem equipamentos ou vestuário compatíveis com a sua condição psicossomática, além de constantes abusos sexuais e sujeição à prostituição infantil.[(285)]

Todas essas situações ofendem direta e literalmente as disposições do art. 32 da Convenção relativa aos Direitos da Criança, que prescreve: "Os Estados integrantes reconhecem o direito da criança de ser protegida contra a exploração econômica e de não ser forçada a fazer nenhum trabalho que comporte riscos ou suscetível de comprometer sua educação ou de prejudicar-lhe a saúde ou o desenvolvimento físico, espiritual, moral ou social" (item 1).

A situação agrava-se à medida que a imaturidade dos menores e a sua completa ausência de organização coletiva propiciam que exploradores se utilizem do seu trabalho em condições análogas às de escravo.

Como expõe Sento-Sé, "é realmente verdade que a natural docilidade da criança faz com que ela não se manifeste contra a exploração imposta pelo patrão. Ela não se organiza em sindicatos, não costuma pleitear em juízo, submete-se aos maiores abusos que lhe são impostos pelo patrão sem reclamar, tem um custo de manutenção mais barato — muitas vezes, nem recebe salário. Além disso, dispõe de uma estrutura física que, na visão de certos patrões, pode ser rotulada como mais adequada à realização de certas atividades rurais, como é o caso de colheita de tomates e de frutas cítricas, da quebra de pedras nas pedreiras, da produção de carvão vegetal etc.".[(286)]

A cultura escravagista decorrente do regime de escravidão que perdurou no Brasil por mais de três séculos e meio surte efeitos até os dias atuais, não perdoando sequer crianças e adolescentes.

Além disso, dissipou-se o entendimento pela aceitação do trabalho do menor como solução para a pobreza dele e da sua família ou como forma de afastá-lo das drogas ou de práticas criminosas. Com base nesses pensamentos, muitos pais são coniventes com o trabalho de seus filhos menores, ainda que sob grande exploração, considerando este como o único e melhor futuro que possam lhes dar; futuro que, geralmente, também foi a única perspectiva que estes pais tiveram algum dia.

Aliás, foi influenciado por setores que acreditavam que o trabalho infantil era um bem em si mesmo, que o Governo brasileiro, na década de 80, criou Programa do Bom Menino Assistido (Decreto-lei n. 2.318/86), pelo qual se possibilitava apenas, e tão somente, o trabalho do adolescente, sem quaisquer direitos trabalhistas e previdenciários, salvo a remuneração correspondente a meio salário-mínimo.[(287)]

O Programa do Bom Menino foi alvo de resistência e críticas por parte dos setores da sociedade ligados à proteção da criança e do adolescente (juristas, ONGs, educadores, jornalistas, empresários) que o consideraram um retrocesso na legislação brasileira referente ao trabalho da criança e do adolescente. Essa resistência proporcionou a

---

(285) Como observa Haim Grunspun, "grande número de crianças que trabalham sofre acidentes no trabalho, ou adquire doenças que as impedirão de trabalhar permanentemente. Entre 5% e 20% das crianças nos diferentes países sofrem acidentes de trabalho atual: ferimentos, fraturas, mutilações de partes do corpo, queimaduras, doenças de pele, perdas de visão ou audição, doenças respiratórias, doenças gastrointestinais, febres, dores de cabeça, dores nas costas e nos membros. Tudo resultante ou das tarefas ou do calor, do frio, da circulação do ar do ambiente. A grande maioria dessas crianças precisa ser hospitalizada para tratamento, faltar no trabalho sem ganhar ou parar de trabalhar" (GRUNSPUN, Haim. *Op. cit.*, p. 20).

(286) SENTO-SÉ, Jairo Lins de Albuquerque. *Op. cit.*, p. 71.

(287) Como elucidou Erotilde Ribeiro dos Santos Minharro, a respeito do Programa do Bom Menino: *"Não se tratava, portanto, de trabalho educativo (no sentido atual do termo — art. 68 do ECA), pois não tinha por objetivo ensino metódico, teórico e prático de um ofício. A entidade de assistência social encaminhava a criança ou adolescente à empresa e esta se utilizava de sua força de trabalho, sem nenhum encargo laboral ou securitário, limitando-se a anotar o pagamento da bolsa iniciação na Carteira de Trabalho e Previdência Social do menor (sem que isso gerasse vínculo empregatício) e a fazer-lhe um seguro contra acidentes pessoais. Procurava-se resolver o problema imediato do jovem carente (retirá-lo das ruas) sem nenhuma preocupação em formar o cidadão, nem prepará-lo para o exercício de uma atividade mais rentosa. Outro agravante era o fato de o Decreto-lei n. 2.316/86 não prever nenhuma penalidade aos que infringissem suas disposições"* (MINHARRO, Erotilde Ribeiro dos Santos. *Op. cit.*, p. 87).

concepção, na CF/1988 e no ECA, da criança e do adolescente como cidadãos, como sujeitos de direitos exigíveis e em condições peculiares de desenvolvimento.(288) O Programa do Bom Menino foi oficialmente extinto em 1991.

Por isso, acertada a conclusão de Erotilde R. S. Minharro, quando assinala que a CF/1988, ao proibir todo e qualquer trabalho ao menor de 16 anos, forneceu somente dois caminhos para a contratação de adolescentes: como empregado, a partir dos 16 anos, ou como aprendiz, a partir dos 14 anos.(289) Equivale a dizer que, no atual estádio da legislação brasileira, o adolescente foi equiparado a qualquer trabalhador, com direitos trabalhistas e previdenciários, ressalvadas as condições normativas especiais.

Incrustada numa cultura antiga e rígida, a eliminação da adoção e da exploração do trabalho da criança e do adolescente exige uma ampla ação por parte de todos os setores da sociedade, para tornar eficazes os direitos a eles conferidos. Deve-se partir para o emprego de métodos que tornem eficazes esses direitos, como constantes fiscalizações, apuração de denúncias, utilização de instrumentos jurídico-processuais postos à disposição para a sua tutela, movimentação social, universalização da educação e desenvolvimento de atividades profissionalizantes, desenvolvimento de programas sociais como o bolsa-escola e o bolsa-família.

A luta contra a exploração do trabalho infantil não pode se limitar ao mero reconhecimento de direitos e criação de leis materiais e institutos processuais, mas depende cada vez mais de uma ampla rede de fiscalização e de utilização dos instrumentos já postos à disposição para a proteção desses direitos. Além do interesse imediato das crianças, a abolição do trabalho infantil constitui um interesse difuso de toda a sociedade e, outrossim, de toda a humanidade, como demonstra a Convenção das Nações Unidas sobre os Direitos da Criança.

Inserir a criança e o adolescente no mercado de trabalho não significa permitir acesso a qualquer emprego, com base na máxima "melhor trabalhando do que na rua", uma vez que essa filosofia visa somente ao presente da criança e não lhe garante um futuro promissor. Deve ser-lhe assegurado um emprego profissionalizante, a partir da idade mínima prevista em lei, com práticas educativas que lhes possibilitem a perspectiva de um futuro.

A luta contra o trabalho infantil, com a garantia de um trabalho dignamente humano para o adolescente, por meio da exigência do cumprimento da complexa legislação que temos neste setor, deve ser travada por toda a sociedade — e, no nosso caso, os sindicatos possuem fundamental papel — como forma de verdadeiramente concretizar a igualdade de oportunidades, uma vez que o trabalho infantil perpetua a pobreza e torna praticamente hereditária a sua manifestação em nossa sociedade.

A complexidade social do trabalho infantil no Brasil faz notar que a acentuada legislação de proteção à criança e ao adolescente não se mostra eficaz para a erradicação do trabalho infantil e a regularização do trabalho do adolescente, pois, além do fator jurídico, dois outros elementos contribuem para a perpetuação da situação: um de natureza econômico-social e outro de natureza cultural.

No campo econômico-social, observa-se que a exploração do trabalho infantil não abarca as crianças das classes mais altas da sociedade, mas incide sobre as crianças das camadas mais pobres da população, fruto da má distribuição de riqueza do país e, da consequente, concentração de renda, que inviabiliza a promoção social e a libertação dessas pessoas do ciclo de pobreza ao qual, elas e suas gerações, ascendente e descendente, estão condenadas. Nesse âmbito, são cruciais os programas de promoção social, como o PETI (Programa de Erradicação do Trabalho Infantil), Bolsa-Escola, Bolsa-Família e a atuação de diversas entidades, como a Fundação Abrinq pelos Direitos das Crianças.

As ações afirmativas para a inclusão social de jovens aprendizes e deficientes no mercado constituem políticas públicas de isonomia, combate à discriminação e de redução das desigualdades sociais, definidas pela sociedade brasileira por meio do seu poder constituinte originário, como se extrai dos princípios e regras da CF/1988, e, em

(288) COSTA, Antonio Gomes. *O Estatuto da Criança e do Adolescente e o trabalho infantil no Brasil:* trajetória, situação atual e perspectivas. São Paulo: LTr, 1994. p. 48-49.

(289) MINHARRO, Erotilde Ribeiro dos Santos. *Op. cit.*, p. 87.

especial, à proteção da infância e da adolescência, os preceitos abaixo citados, além de outros previstos na Carta Constitucional: art. 1º, III e V; 3º, III e IV; 6º; 7º e 227, CF/1988.

Desta feita, as políticas de ações afirmativas prevista nos art. 428 a 433 da CLT, em especial a cota de aprendizagem do art. 429, delineiam uma rede de políticas públicas de cunho constitucional para a inclusão do adolescente no mercado de trabalho, inserindo-se na rede de proteção idealizada pela sociedade brasileira por meio de seus representantes no exercício do poder constituinte originário. Trata-se de um interesse difuso da sociedade, pois tutela o adolescente em sua porta de entrada no mercado de trabalho, independentemente do setor de atividade econômica.

Em resumo, a tutela das crianças e dos adolescentes realiza-se em diversos aspectos: 1) obstar concretamente toda forma de exploração de mão de obra infantil, inclusive com responsabilização criminal dos infratores; 2) garantir aos trabalhadores menores com idade constitucional para o trabalho empregos dignificantes da sua pessoa humana, com caráter de formação pedagógico-profissional e fruição de todos os direitos trabalhistas; 3) garantir efetivamente aos trabalhadores menores condições e garantias especiais de trabalho, com proscrição de toda e qualquer situação laboral que prejudique sua saúde psicossomática; 4) priorizar as condições de formação escolar com previsão de condições especiais de trabalho; 5) criação de programas públicos e privados de auxílio financeiro, escolar e familiar.

No âmbito cultural, a luta contra a perpetuação do pensamento segundo o qual o trabalho para a criança é um bem em si mesmo. Essa reformulação das concepções culturais a respeito do trabalho da criança e do adolescente deve abranger a própria criança, seus pais e familiares, as organizações sociais, públicas e privadas, e os próprios empregadores.

Este último grupo envolve a categoria de empregadores domésticos, que empregam aproximadamente 22% da totalidade das crianças que trabalham no país — entre elas, cerca de 400 mil meninas entre 10 e 16 anos — provenientes de famílias pobres, com renda inferior a meio salário-mínimo. Geralmente, são contratadas sem registro, sem acesso à escola e, na maioria das vezes, sujeitas aos assédios dos seus patrões.

Como conclui Oris de Oliveira, "o trabalho é dever, mas ele só passa a sê-lo a partir do momento em que o homem atinge o seu pleno desenvolvimento físico e psíquico. Portanto, antes de se tornar adulto, não há obrigação de trabalhar e a sociedade deve dar a todos, e não unicamente aos 'eupátridas' ou 'bem-nascidos', a possibilidade de um harmônico desenvolvimento físico e psíquico e de preparar-se para um futuro trabalho, qualificando-o para exercê-lo dignamente. Qualquer sociedade que, concretamente, não dá a todos essa efetiva oportunidade de exercer, no futuro, o dever de trabalhar, além de ferir continuamente a justiça social, não tem autoridade moral de exigir que os adolescentes pobres comecem a trabalhar antes do tempo, exigindo deles um dever que não cobra de todos".[(290)]

2.3. Procedimentos discriminatórios

2.3.1. Discriminação nas relações de trabalho

O vocábulo discriminação é originário do latim — *discriminatione* —; significa o ato ou efeito de discriminar, faculdade de distinguir ou discernir, separação, apartação, segregação.[(291)]

O termo, como o conhecemos, tem origem anglo-americana e traduz o caráter infundado de uma distinção em relação a uma qualidade possuída pelo sujeito, capaz de provocar-lhe um dano material ou moral.[(292)]

São quantitativamente imensuráveis as diversas formas de discriminação. Fatores como idade, sexo, etnia, religião, cultura, convicções políticas e ideológicas, orientação sexual, condição física ou psicológica, cor da pele,

(290) OLIVEIRA, Oris de. *Op. cit.*, p. 20.

(291) FERREIRA, Aurélio Buarque de Holanda. *Op. cit.*, p. 690.

(292) BARROS, Alice Monteiro de. *Proteção à intimidade do empregado.* São Paulo: LTr, 1997. p. 54.

estado de saúde, nacionalidade e estratificação social têm servido no curso da história da humanidade como canais de discriminação e exclusão social.

Crenças preconceituosas enraizadas nos indivíduos, associadas às inúmeras manifestações discriminatórias, têm sido responsáveis por diversas injustiças e sofrimentos, exigindo a interferência legal para o combate e a condenação dessas manifestações e atitudes de apartação e segregação sociais.

Além dos fatores acima enunciados, a discriminação tem substrato em diversas espécies de sentimentos e intelecções lógicas e irracionais de ordens conscientes e/ou inconscientes. Fatores como a sensação de superioridade étnica, sentimentos de ódio e antipatia, ignorância, preconceitos, temores pessoais e grupais, projeções psicológicas, intolerância (religiosa, política, cultural), aliados a elementos históricos, culturais, sociológicos, econômicos e psicológicos, ensejaram o nascimento de diversas práticas discriminatórias àqueles pertencentes ao grupo social que possui determinado fator de discrímen.

Nas suas múltiplas manifestações, a discriminação constitui a valorização irreal, generalizada e definitiva de diferenças — reais ou imaginárias — em benefício de quem a pratica, não raro como meio de justificar ou manter um determinado privilégio. Discriminar é insistir em apontar, inventar, valorizar e absolutizar diferenças, mediante atividade intelectual voltada à legitimação de uma agressão ou de um privilégio.[(293)]

O ato discriminatório tende a afirmar a imaginária condição de superioridade de um indivíduo, etnia ou grupo sobre um outro respectivo. Trata-se de uma criação intelectual por meio da qual alguém se posta em situação de vantagem em relação a outro, ainda que esse ideário não possua conotação real ou científica.

Não se deve confundir discriminação com preconceito. O preconceito antecede à discriminação; trata-se de uma construção intelectual, sem cunho científico a respeito da inferioridade de um indivíduo ou grupo social em relação a outro, fundamentada em determinado aspecto marginalizado por uma cultura dominante, daí falar-se em preconceito étnico-racial, de sexo, de nacionalidade etc. Já a discriminação é a exteriorização do preconceito, consiste na prática de atos que distinguem, repudiam, menosprezam, constrangem um indivíduo ou grupo em relação a um dado círculo social. Preconceito é fator cultural e de informação; discriminação é fator sociojurídico.

A discriminação finca raízes no preconceito. Ela exsurge como uma atitude tomada por indivíduos ou instituições, com características típicas de um fenômeno intergrupal, e dirigida a pessoas ou grupos de pessoas, de forma a figurar como uma predisposição negativa; será sempre motivada por interesses em manter privilégios.[(294)]

A experiência demonstra que a existência da discriminação se fundamenta mais em uma relação de poder (real ou imaginária) do que em razões quantitativas, em que a maioria discriminaria a minoria. De fato, ao observarmos o movimento da história, notaremos que aquele que discrimina atua com base num poder — na maioria das vezes imaginário — que o faz sentir-se em superioridade em relação a uma determinada classe de pessoas.[(295)]

Segundo a Convenção da ONU sobre a Eliminação de Todas as Formas de Discriminação Racial (1965), discriminação é "qualquer distinção, exclusão, restrição ou preferência baseada em raça, cor, descendência ou origem nacional ou étnica que tenha o propósito ou o efeito de anular ou prejudicar o reconhecimento, gozo ou exercício

---

(293) GOMES, Joaquim B. Barbosa. *Ação afirmativa & princípio constitucional da igualdade.* Rio de Janeiro: Renovar, 2001. p. 18.

(294) GUGEL, Maria Aparecida. Discriminação positiva. *Revista do Ministério Público do Trabalho,* São Paulo, ano 10, n. 19, p. 25, mar. 2000.

(295) Entendemos que a utilização do vocábulo maioria desloca o foco da discussão de seu real significado. Ao contrário do que mencionam diversas lideranças e movimentos representativos de categoria de pessoas discriminadas, a discriminação não decorre de um aspecto quantitativo representado na seguinte fórmula: a discriminação de uma dada minoria decorre do menosprezo de uma dada maioria. Quando mencionamos a palavra "poder", não estamos nos referindo, especificamente, ao poder político, não obstante estarmos cientes das repercussões deste no tocante à discriminação. O poder pode expressar-se de diversos modos, sendo fundamentais aqueles decorrentes dos fatores formação e informação. Assim, tomando-se por exemplo a discriminação racial, os negros não são discriminados por constituírem minoria, mas pela pulverização na cultura branca da pureza desta em relação aos indivíduos de pele negra, entre outros motivos. Cria-se um ideário imaginário coletivo que incuta a superioridade de determinada classe de indivíduos em relação à outra, independentemente do aspecto quantitativo. Esse imaginário de superioridade é que suscita em determinada classe o direito de menosprezar indivíduos de nacionalidades, opções sexuais e raças diversas.

em pé de igualdade de direitos humanos e liberdades fundamentais nos campos político, econômico, social, cultural ou em qualquer outro campo da vida pública" (art. 1º). Esse diploma internacional complementa-se com a Declaração sobre a Raça e os Preconceitos Raciais (1978).

A Declaração Universal dos Direitos Humanos (1948) proclama que "todos os homens nascem livres e iguais em dignidade e direitos. São dotados de razão e consciência e devem agir em relação uns aos outros com espírito de fraternidade" (art. 1º); além de estabelecer que "todo homem tem capacidade para gozar os direitos e as liberdades estabelecidos nesta Declaração sem distinção de qualquer espécie, seja de raça, cor, sexo, língua, religião, opinião política ou de outra natureza, origem nacional ou social, riqueza, nascimento, ou qualquer outra condição" (art. 2º), e prescreve que "todos são iguais perante a lei e têm direito, sem qualquer distinção, a igual proteção da lei. Todos têm direito a igual proteção contra qualquer discriminação que viole a presente Declaração e contra qualquer incitamento a tal discriminação" (art. 7º).

A Convenção n. 111 da OIT (1958), sobre Discriminação em Matéria de Emprego e Ocupação, define discriminação como "toda distinção, exclusão ou preferência fundada na raça, cor, sexo, religião, opinião política, ascendência nacional ou origem social, que tenha por efeito destruir ou alterar a igualdade de oportunidades ou de tratamento em matéria de emprego ou profissão" (art. 1º, item 1, "a"), bem como "qualquer outra distinção, exclusão ou preferência que tenha por efeito destruir ou alterar a igualdade de oportunidades ou tratamento em matéria de emprego ou profissão que poderá ser especificada pelo Membro interessado depois de consultadas as organizações representativas de empregadores e trabalhadores, quando estas existam, e outros organismos adequados" (art. 1º, item 1, "*b*").

Já a Convenção n. 117 da OIT (1962), sobre Objetivos e Normas Básicas da Política Social, na parte V, que versa sobre não discriminação em matéria de raça, cor, sexo, crença, associação ou filiação sindical, prevê que uma das finalidades da política social deve consistir na supressão de qualquer discriminação entre trabalhadores fundada na raça, cor, sexo, crença, associação tribal ou filiação sindical.

Esse instrumento internacional prescreve que as legislações e convenções de trabalho deverão oferecer um tratamento econômico equitativo a todos aqueles que residam ou trabalhem legalmente no país, na admissão aos empregos públicos ou privados; nas condições de recrutamento e promoção; nas oportunidades de formação profissional; nas condições de trabalho; nas medidas relativas à higiene, à segurança e ao bem-estar; na disciplina; na participação na negociação de acordos coletivos; nos níveis de salário, os quais deverão ser fixados de conformidade com o princípio de retribuição idêntica por trabalho idêntico.

A CF/1988 assegura a igualdade substancial em todas as suas vertentes, dispondo de uma série de normas que versam sobre a aplicação do princípio isonômico e da vedação de práticas discriminatórias em todas as relações sociais e, especificamente, nas relações de trabalho.[296]

O Estatuto da Igualdade Racial (Lei n. 12.288/2010), define discriminação racial ou étnico-racial como "toda distinção, exclusão, restrição ou preferência baseada em raça, cor, descendência ou origem nacional ou étnica que tenha por objeto anular ou restringir o reconhecimento, gozo ou exercício, em igualdade de condições, de direitos humanos e liberdades fundamentais nos campos político, econômico, social, cultural ou em qualquer outro campo da vida pública ou privada" (art. 1º, parágrafo único, inciso I).

O Estatuto do Idoso (Lei n. 10.741/2003) afirma a dignidade da pessoa idosa contra atos discriminatórios, dispondo, entre outras prescrições, sobre a vedação da "discriminação do idoso nos planos de saúde pela cobrança de valores diferenciados em razão da idade" (art. 15, § 3º), e a proibição de qualquer discriminação na admissão em qualquer trabalho ou emprego e a "fixação de limite de idade, inclusive para concursos, ressalvados os casos em que a natureza do cargo o exigir" (art. 27).

(296) Por exemplo, art. 3º, incisos I, II, III, e IV; art. 5º, *caput* e incisos I, VI, VIII, XLI e XLII; art. 7º, incisos XXX, XXXI e XXXII; art. 12, § 2º; art. 227, § 6º; art. 170, incisos VII e VIII.

Além de normas específicas sobre os diversos tipos de discriminação, a Lei n. 9.029/95 proíbe a exigência de atestado de gravidez e esterilização e outras práticas discriminatórias para efeitos admissionais ou de permanência da relação jurídica de trabalho, por motivos de sexo, origem, raça, cor, estado civil, situação familiar ou idade, bem como define as práticas discriminatórias que constituem crime e assegura a readmissão do empregado ou o pagamento de indenização em caso de dispensa discriminatória. Esta norma possui um rol de fatores discriminatórios não taxativo, sendo aplicável para qualquer ato ou conduta discriminatória na relação de emprego, como as baseadas em estado de saúde do empregado ou condição social.

A discriminação pode ocorrer de forma direta ou indireta. Será direta quando efetuada pela adoção de disposições gerais ou atos expressos que estabeleçam distinções fundamentadas em critérios injustificáveis, como a proibição de entrada de uma pessoa negra em determinado clube; será indireta quando adquire a forma de situações, regulamentações ou práticas aparentemente neutras, mas que criam desigualdades em relação a certas pessoas com base em um determinado fator de discrímen. Essa forma de discriminação pode ser imperceptível mesmo para a pessoa que está sendo discriminada, como nos casos de processos de seleção para empregos baseados no desempenho do candidato em uma entrevista, nos quais, por exemplo, uma candidata pode ser eliminada em vista de ser mulher e estar grávida, mas ficará com a impressão de que passou por um processo absolutamente normal e equânime.(297)

A manifestação mais comum de discriminação é a intencional. A pessoa atingida por ela é tratada diretamente de maneira desigual em relação a outras, única e exclusivamente em razão de sua raça, cor, sexo, origem ou qualquer outro fator que a diferencie do padrão dominante. Abrange a maior parte dos casos, razão pela qual é precisamente em relação a ela que prioritariamente se endereçam as normas constitucionais ou infraconstitucionais antidiscriminatórias.(298)

A partir do desenvolvimento dessa legislação antidiscriminatória com abrangência das relações de emprego, os empregadores têm procurado neutralizar a discriminação direta. Mas práticas aparentemente neutras poderão traduzir a discriminação indireta, reveladora de um tratamento formalmente igual, mas que produz efeito diverso sobre determinados grupos. Por exemplo, a exigência de experiência em uma atividade tradicionalmente considerada masculina, na qual as mulheres não tiveram chance de trabalhar, poderá conduzir a resultados discriminatórios.(299)

Obstar a presença de práticas discriminatórias no campo das relações de trabalho — por motivo de sexo, idade, cor, nacionalidade, orientação sexual, estado civil, saúde, etnia etc. —, sejam quais forem as suas formas, é também inibir que seus efeitos nefastos se alastrem por todo o corpo social.

De fato, ao possibilitar-se o trabalho de pessoas sujeitas a esses tipos de discriminação, além de lhes garantir um veículo para manifestação de suas pessoas humanas, também lhes propicia o exercício do trabalho; valor-fonte, que permite o desenvolvimento de outros valores do indivíduo e satisfação das suas necessidades sociais e materiais.

Essa concepção fica mais clara ao analisar-se o art. 7º, IV, da CF/1988, no qual o trabalho aparece como valor-instrumento para a consecução de outros valores: moradia, alimentação, educação, saúde, lazer, vestuário, higiene, transporte e previdência social, aos quais poderíamos acrescentar satisfação, dignidade, utilidade, cultura, ou seja, o trabalho torna-se via de acesso para outros bens da vida. Exclusão do trabalho é, assim, em última análise, exclusão social.

A discriminação nas relações de trabalho tem se tornado um problema de grande preocupação e de difícil resolução, não somente pela habitualidade com que ocorre, mas também pela diversidade de espécies com que se apresenta nesse domínio.(300)

---

(297) GUGEL, Maria Aparecida. *Discriminação positiva*, cit., p. 25.

(298) GOMES, Joaquim B. Barbosa. *Op. cit.*, p. 20.

(299) BARROS, Alice Monteiro de. *Proteção à intimidade...*, cit., p. 68.

(300) SILVA NETO, Manoel Jorge e. *Proteção constitucional dos interesses trabalhistas:* difusos, coletivos e individuais homogêneos. São Paulo: LTr, 2001. p. 169.

De fato, *v. g.*, já no processo seletivo muitos empregadores aproveitam a oportunidade para fazer perguntas invasivas da vida privada e da intimidade do candidato, com intuitos discriminatórios. São questões a respeito de tendências políticas, convicções religiosas, orientação sexual, origens étnicas, atividades sindicais, proposituras de reclamações trabalhistas, tudo com o objetivo de obstar o acesso ao emprego daqueles que se diferenciem dos elementos admitidos como padrões pelo empregador ou que venham a garantir alguma tutela especial ao empregado no curso do contrato de trabalho. Com relação a este último aspecto, são comuns perguntas sobre o estado de saúde do candidato ou estado civil das candidatas, sobre gravidez — muitas vezes com exigência ilegal de testes —, número de filhos etc.

Neste contexto, o Direito do Trabalho vai se preocupar com todas as formas de discriminação que restringem o acesso ao emprego, que obstem a ascensão funcional, que impossibilitem a manutenção do emprego ou que afetem a integridade psicossomática do trabalhador; todas as situações em que a ação discriminatória, por sua natureza ou por sua qualidade, potencial ou concretamente, atinge um grupo, classe ou categoria de pessoas.

Determinado procedimento discriminatório do empregador, ainda que atinja concreta e diretamente apenas um empregado, constituirá sempre uma lesão a direito difuso da sociedade, pois esta possui como um dos seus fundamentos a "dignidade da pessoa humana" (art. 1º, I, CF/1988), como um dos seus objetivos a erradicação da pobreza e da marginalização com a redução das desigualdades sociais e regionais, como também a promoção do "bem de todos sem preconceitos de origem, raça, sexo, cor, idade e quaisquer outras formas de discriminação" (art. 3º, III e IV, CF/1988).

Durante o curso do contrato de trabalho, o ato discriminatório, além de recair sobre pessoas singulares, pode incorrer em lesão a direito coletivo ou a interesses individuais homogêneos de determinado grupo de trabalhadores de uma empresa.

Consumando-se tal prática no momento do processo de seleção de candidatos ao emprego, haverá ofensa a interesse difuso dos trabalhadores de um modo geral, ante a impossibilidade de delimitar, no universo do mercado de trabalho, aqueles que poderão ser vítimas da discriminação. Infere-se que, ocorrida no curso do contrato de trabalho ou mesmo antes da sua formalização, a atitude discriminatória sempre redundará em ofensa a interesse transindividual trabalhista.[301]

Seja como for, ato do empregador que viole interesses transindividuais dos trabalhadores possibilita a utilização das ações coletivas pelo Ministério Público, pelas entidades sindicais ou associações perante a Justiça do Trabalho, tanto com caráter inibitório da prática discriminatória, como para a reparação dos danos morais e materiais de natureza individual, individual homogênea, coletiva e/ou difusa.

2.3.2. Ações afirmativas

Além do combate à discriminação com base na edição de normas de caráter proibitivo, tornou-se comum, a partir das experiências dos Estados Unidos, a adoção de medidas promocionais em benefício de um determinado grupo, historicamente discriminado, a fim de se eliminar formas de discriminação histórico-culturais presentes na própria conformação da organização social. O principal veículo para essa igualização social é a promoção das denominadas ações afirmativas.

A adoção de medidas especiais, plenamente justificadas em razão das peculiaridades de cada país, constitui excelente fator de instrumentação do princípio da igualdade de oportunidades. Essa é a posição da Organização Internacional do Trabalho, ao prescrever, por meio do art. 5º da Convenção n. 111, que "as medidas especiais de proteção ou de assistência previstas em outras convenções ou recomendações adotadas pela Conferência Internacional do Trabalho não são consideradas como discriminação".

---

(301) SILVA NETO, Manoel Jorge e. *Op. cit.*, p. 172.

As ações afirmativas têm como finalidade primordial a materialização do princípio abstrato da igualdade. Consistem numa inovação do Direito norte-americano pela qual se busca o combate efetivo à discriminação indireta — aquela que ocasiona uma desigualdade que não se origina de atos concretos ou de manifestação expressa, mas de práticas administrativas, empresariais ou de políticas públicas aparentemente neutras, porém, dotadas de grande potencial discriminatório para um conjunto significativo de pessoas.

O desenvolvimento e o constante crescimento das medidas afirmativas, especialmente nos Estados Unidos, deveram-se, em grande parte, ao explícito fracasso das políticas antidiscriminatórias clássicas, sempre revestidas de uma suposta neutralidade que estaria implícita nas normas proibitivas de atos discriminatórios. Elaborava-se a lei, mas não se atacavam as causas históricas da discriminação a um determinado segmento social.(302)

Assim, as ações afirmativas correspondem a uma discriminação positiva. Impõe-se ao legislador, no trato de determinada matéria, o tratamento desigual dos desiguais, por meio do reconhecimento e da consideração das disparidades e desigualdades de fato observadas na sociedade e da adjudicação de diferentes prerrogativas de cunho compensatório.

Os direitos, nesse universo da igualdade substancial, apresentam caráter redistributivo; não atuam na manutenção de uma ordem social desequilibrada, mas da efetiva igualização social. Efetua-se uma correlação lógica entre o *discrimen* estabelecido pela lei e a desigualdade de fato verificada na realidade concreta. Presente esta proporcionalidade, observado estará o princípio da igualdade substancial.(303)

A *reverse discrimination* (discriminação positiva) é uma via de acesso à igualização de grupos historicamente discriminados. Discrimina-se, diferencia-se, dá-se tratamento preferencial a um grupo ou categoria de pessoas historicamente discriminadas, de modo a inseri-las no *mainstream* e de impedir que o princípio da igualdade formal, expresso em leis neutras que não levam em consideração os fatores de natureza cultural e histórica, funcione, na prática, como mecanismo perpetuador da desigualdade.

Em suma, cuida-se de dar tratamento preferencial, favorável, àqueles que, historicamente, foram marginalizados, de sorte a colocá-los em um nível de competição similar ao daqueles que, historicamente, se beneficiaram da apartação e exclusão sociais. Essa modalidade de discriminação, de caráter redistributivo e restaurador, em geral, justifica-se pela sua natureza temporária, pois deve ser adotada até que a discriminação que se combate seja eliminada.(304) São medidas temporárias, que devem ser eliminadas assim que se constatar a existência da igualdade de oportunidade entre os diferentes grupos.

Por meio da adoção de ações afirmativas altera-se o enfoque do indivíduo para o grupo. As leis antidiscriminatórias clássicas, por exemplo, que proíbem a discriminação no emprego por motivo de diferenças étnicas, cor da pele, origem, sexo, idade ou nacionalidade, poderiam no máximo contribuir para que os indivíduos mais aptos desses grupos encontrassem um emprego, mas não têm o condão de aumentar a participação de todo o grupo em qualquer atividade laboral ou campo de trabalho.

Pelas ações afirmativas, trabalha-se com a noção de metas e resultados globais, não mais se limitando a observar a empregabilidade de determinado indivíduo da categoria visada, mas o aumento da participação de todo o grupo social objeto do discrímen histórico em determinada empresa, atividade, ramo ou setor econômico.

As ações afirmativas encontram-se consagradas em diversos diplomas normativos internacionais, comunitários e nacionais, como forma de política antidiscriminatória. A Convenção Internacional sobre a Eliminação de Todas as Formas de Discriminação Racial (1965) dispõe que: "Não serão consideradas discriminação racial as

(302) GOMES, Joaquim B. Barbosa. *Op. cit.*, p. 22-23.

(303) PFEIFFER, Roberto Augusto Castellanos. As associações civis e a tutela de interesses difusos, coletivos e individuais homogêneos das pessoas portadoras de deficiência. In: FIGUEIREDO, José Guilherme Purvin de (Org.). *Direitos da pessoa portadora de deficiência*. São Paulo: Max Limonad, 1997. p. 143.

(304) GOMES, Joaquim B. Barbosa. *Op. cit.*, p. 22.

medidas especiais tomadas com o único objetivo de assegurar o progresso adequado de certos grupos raciais ou étnicos ou de indivíduos que necessitem da proteção que possa ser necessária para proporcionar a tais grupos ou indivíduos igual gozo ou exercício de direitos humanos e liberdades fundamentais, contanto que tais medidas não conduzam, em consequência, à manutenção de direitos separados para diferentes grupos raciais e não prossigam após terem sido alcançados os seus objetivos" (art. 1º, item 4).

A Convenção Interamericana para a Eliminação de todas as Formas de Discriminação contra as Pessoas Portadoras de Deficiência (1999) dispõe que: "Não constitui discriminação a diferenciação ou preferência adotada pelo Estado-parte para promover a integração social ou o desenvolvimento pessoal dos portadores de deficiência, desde que a diferenciação ou preferência não limite em si mesma o direito à igualdade dessas pessoas e que elas não sejam obrigadas a aceitar tal diferenciação ou preferência". (art. 1º, item 2, "b")

A Convenção n. 159 da OIT sobre Reabilitação Profissional e Emprego de Pessoas Deficientes (1983) prevê a política de ações afirmativas para a igualização das pessoas com deficiência no mercado de trabalho: "Art. 4º Essa política deverá ter como base o princípio de igualdade de oportunidades entre os trabalhadores deficientes e os trabalhadores em geral. Dever-se-á respeitar a igualdade de oportunidades e de tratamento para as trabalhadoras deficientes. As medidas positivas especiais com a finalidade de atingir a igualdade efetiva de oportunidades e de tratamento entre trabalhadores deficientes e os demais trabalhadores, não devem ser vistas como discriminatórias em relação a estes últimos".

No Brasil, no campo das relações de trabalho, uma série de medidas afirmativas vem sendo adotada para propiciar uma igualdade de oportunidades em matéria de emprego e salário a diversas categorias de pessoas: a) a Lei n. 8.213/91 (art. 93) prevê a obrigatoriedade de contratação de pessoas com deficiência pelas empresas privadas; b) a Lei n. 8.112/90 — Estatuto dos Funcionários Públicos Civis da União —, que em seu art. 5º, § 2º, assegurou às pessoas portadoras de deficiência "o direito de se inscrever em concurso público para provimento de cargo cujas atribuições sejam compatíveis com a deficiência de que são portadoras" e garantiu-lhes o percentual de até 20% das vagas oferecidas no concurso; c) o sistema de cotas para negros nos serviços públicos; d) Lei Complementar n. 683/92 do Estado de São Paulo, que prevê a reserva de até 5% de vagas para pessoas com deficiência nos concursos públicos; e) medidas temporárias e corretivas da distorção nas condições gerais de trabalho da mulher em relação ao do homem, com vistas ao estabelecimento de políticas de igualdade (art. 373-A, parágrafo único, CLT); f) obrigatoriedade de oferecimento das vagas dos cursos de formação profissional, ministrados por instituições governamentais, empregadores ou por qualquer órgão de ensino profissionalizante a empregados de ambos os sexos (art. 390-B, CLT); g) o Estatuto do Idoso (Lei n. 10.741/2003), prevê a criação de programas pelo Poder Público de "estímulo às empresas privadas para admissão de idosos no trabalho"; h) o Estatuto da Igualdade Racial (Lei n. 12.288/2010), prevê a implementação de políticas voltadas para a inclusão da população negra no mercado de trabalho.

2.3.3. Discriminação legítima

São legítimas não somente as normas coibitórias de práticas discriminatórias diretas, mas também as normas, fundamentadas em política de ações afirmativas, que discriminam e diferenciam para igualar os desiguais, tomando, como ponto de partida, a medida da desigualdade, histórica, política, econômica e cultural construída ao longo da história e, geralmente, perpetrada por formas discriminatórias indiretas.

Ao lado das ações afirmativas, existem outras práticas que, apesar de discriminatórias, não são reputadas como ilegítimas, desde que a sua adoção seja plenamente justificada pelas peculiaridades e circunstâncias de determinada situação fática.

Ilegítima, como vimos, será toda discriminação arrimada em critérios injustificáveis, irracionais e arbitrários de diferenciação. Legítima, por sua vez, será a discriminação perpetrada em razão das condições pessoais ou em face de condições pessoais da pessoa ou da situação.

São discriminações chanceladas pelo direito, uma vez que decorrentes de situações em que o *discrimen* é inevitável, em face de exigências especiais e peculiares, que excluem por princípio e dose de razoabilidade certas categorias de pessoas.

As discriminações legítimas nas relações de emprego têm respaldo em diversos ordenamentos jurídicos e em convenções internacionais. São justificadas pelas necessidades inerentes ao trabalho a executar (*business necessity*), como a natureza da atividade ou do negócio. Por exemplo, nossa legislação admite a exclusão de homens para a candidatura a cargos de guardas de presídio feminino, por haver incompatibilidade do gênero com a função a ser desempenhada.(305)

Manoel Jorge e Silva Neto cita o seguinte exemplo de discriminação legítima: "imagine-se a circunstância em que determinado empregador deva escolher entre dois empregados de sexos diferentes a quem agraciará com promoção para exercício de cargo de diretoria em filial localizada num país que, reconhecida e notoriamente, impõe sérias restrições à presença feminina no mercado de trabalho (Arábia Saudita, por exemplo). Optando, como certamente optará, pelo empregado do sexo masculino, poderia se cogitar de desrespeito à isonomia por consumada a escolha com base no critério sexo? É certo que não fundamentalmente, porque a discriminação operada pela empresa está autorizada por uma situação da vida que compele a unidade à escolha do empregado". No entanto, se a discriminação foi motivada exclusivamente por idiossincrasias do empregador, como a negativa de promoção ou impedimento de contratação de trabalhadora, a hipótese será de discriminação ilegítima, por não fundada em circunstância autorizativa do procedimento desequiparador.(306)

2.4. Pessoas com deficiência

2.4.1. História

As denominadas "deficiências" nos seres humanos evidentemente existem desde os primórdios da história da humanidade. No entanto, as duas grandes Guerras Mundiais do século XX destacaram o problema no âmbito internacional. Os mutilados de guerra, com os mais diversos tipos de deficiências (locomoção, audição, visão, transtornos mentais etc.), eram encontrados em todos os países envolvidos nas Guerras, em face da dimensão territorial e do grande contingente humano envolvido nesses dois conflitos. A questão do tratamento dessas pessoas, antes restrita ao âmbito interno de cada nação, adquiriu, assim, foros internacionais, elevando a discussão em torno das questões relativas ao tratamento das pessoas deficientes, mecanismos de reabilitação, proteção assistencial e inserção no mercado de trabalho.

A história da humanidade é pródiga em preconceitos, intransigências, perseguições e violências contra as pessoas com deficiência física ou mental, congênita ou adquirida.(307)

Diversas foram as práticas individuais e sociais com relação ao tratamento e emprego da força de trabalho das pessoas com deficiência, alterando-se de civilização para civilização e de século para século, umas vezes com completa rejeição e exclusão social, por meio de ostracismo ou mesmo extermínio, e outras, com concessão de privilégios e honorabilidades.(308)

Entre os povos primitivos da Antiguidade remota, observa-se essa diversidade de tratamento; alguns deles exterminavam as pessoas com deficiência por considerá-las obstáculo à sobrevivência do grupo, como os Sirionos (tribo seminômade das selvas bolivianas), os Balis (nativos da Indonésia) e os Wendes (Europa primitiva) — que matavam os pais e outros membros idosos da família e também todos aqueles que se tornassem inaptos para a guerra e o labor.(309)

---

(305) GOMES, Joaquim B. Barbosa. *Op. cit.*, p. 21.

(306) SILVA NETO, Manoel Jorge e. *Op. cit.*, p. 170-171.

(307) FIGUEIREDO, Guilherme José Purvin de. A pessoa portadora de deficiência e o princípio da igualdade de oportunidades no direito do trabalho. In: *Direito da pessoa...*, cit., p. 48.

(308) ALVES, Rubens Valtecides. *Deficiente físico:* novas dimensões da proteção do trabalhador. São Paulo: LTr, 1992. p. 18.

(309) ALVES, Rubens Valtecides. *Op. cit.*, p. 19-20.

Outros povos, por sua vez, davam às pessoas com deficiência sustento e proteção, por crerem que, com este comportamento, adquiririam a simpatia dos deuses. Este tratamento também era dispensado por mera gratidão ou por reconhecimento àqueles que adquiriam suas deficiências nos esforços da guerra.[(310)] Na Grécia antiga, em Atenas e Esparta, os soldados feridos ou mutilados em combate e seus familiares deveriam ser alimentados pelo Estado, conforme a Lei de Sólon (640 a 558 a. C.); assim, era-lhes concedido um verdadeiro direito, de forma que não ficavam sujeitos a simples atos de benevolência ou caridade.

Aristóteles (384 a 322 a. C.) pregava que "é mais fácil ensinar um aleijado a desempenhar uma tarefa útil do que sustentá-lo como indigente". Segundo o filósofo antigo, os portadores de deficiência capazes para algum tipo de trabalho deveriam trabalhar, e aqueles que não possuíam tal capacidade deveriam ser sustentados pelo Estado.

Na mitologia grega, nos poemas épicos "Ilíada" e "Odisseia", escritos por Homero, aparecem referências às pessoas com deficiências; o deus Hefesto era portador de deficiência nas pernas e possuía grandes habilidades em metalurgia e artes marciais.[(311)]

Em determinados momentos, no entanto, a civilização grega foi extremamente cruel com as pessoas deficientes. Ao tempo de Licicurgo, a região de Esparta, por meio do seu Conselho de Anciãos, determinava o lançamento do alto do Taigeto (abismo com mais de 2.400 metros de altura) das crianças nascidas e julgadas fracas ou disformes.[(312)]

Os hebreus consideravam que as deficiências físicas ou sensoriais decorriam de uma espécie de punição divina às pessoas impuras e pecadoras. Por isso, as pessoas com deficiência eram impedidas de ter acesso à direção dos serviços religiosos.

O povo hindu considerava os cegos como pessoas de aguçada sensibilidade interior, estimulando seu ingresso nas atividades religiosas.

Na Roma antiga, a Lei das XII Tábuas concedia autorização aos patriarcas para matarem os seus filhos deficientes.[(313)] Por influência da cultura ateniense, ao tempo do Império, o tratamento passou a pender entre o assistencialismo à pessoa com deficiência e a sua inserção na cadeia produtiva, sendo profundas as discussões a esse respeito.

Na Idade Média, acreditava-se que as pessoas deficientes possuíam poderes especiais adquiridos de demônios, bruxas ou divindades malignas. Posteriormente, senhores feudais e governantes, estes com a cooperação da Igreja Católica, criaram hospitais e abrigos para essas pessoas.

Nesse período, havia algumas profissões exercidas exclusivamente por deficientes, como os massagistas no Japão (deficientes visuais), "bobos da corte" (anões e corcundas) — neste último exemplo, no entanto, já se verificava a visão preconceituosa que se tinha dos deficientes como pessoas grotescas ou de pouca inteligência.[(314)]

Na Idade Moderna, as inovações tecnológicas advindas com e após o Renascimento deram um novo impulso ao tratamento dispensado às pessoas deficientes. O desenvolvimento de novas técnicas e aparelhos, bem como o espírito empreendedor e criativo que pairava sobre aquela época, possibilitaram a formação de uma visão mais humanitária em relação a essas pessoas, propiciando-lhes tratamentos mais específicos e apropriados.

Em decorrência da Revolução Industrial e do labor em condições precárias de higiene e saúde nas fábricas, "as 'deficiências' que tinham como causas as guerras, desordens congênitas, acidentes (domésticos e de trabalhos não industriais) e doenças de várias naturezas (epidemias) passam a ter também como causas os chamados "acidentes" nos locais de trabalho e as "doenças profissionais", oriundas da nova forma de produção.[(315)]

---

(310) Relatório de Atividades do Ministério Público do Trabalho para a inserção da pessoa portadora de deficiência no mercado de trabalho. Brasília, jul. 2000, p. 37.

(311) *Idem*, p. 21-22.

(312) *Idem*, p. 24.

(313) Relatório de Atividades..., cit., p. 37.

(314) ALVES, Rubens Valtecides. *Op. cit.*, p. 24-25.

(315) *Idem, ibidem*, p. 28.

As duas Grandes Guerras do século XX deixaram uma multidão de mutilados e pessoas com transtornos mentais espalhados por diversos países, exigindo uma postura ativa de todos os Estados em relação ao tratamento dos sobreviventes das guerras que se encontravam nessas condições. A discussão a respeito da inserção das pessoas deficientes na sociedade, desse modo, atingiu o plano internacional, o qual já havia se verificado com o término da Primeira Guerra Mundial e a criação da Organização Internacional do Trabalho pelo Tratado de Versalhes.

Considerações de natureza econômica, política, moral e jurídica foram fundamentais para o asseguramento de proteção às pessoas deficientes.(316)

No campo econômico, o objetivo é retirá-las da esfera da improdutividade que lhe fora imposta pelas barreiras sociais, e que as remetia ao precário assistencialismo do Estado e de entidades filantrópicas, e inseri-las no mercado de trabalho, com vistas a possibilitar-lhes uma vida autossuficiente dentro dos seus limites, com consequente diminuição de custos para o Estado, aumento de mão de obra qualificada, do consumo e, até mesmo, da arrecadação de impostos.

Politicamente, a inserção social das pessoas deficientes tem como meta propiciar-lhes a plena vivência do contexto social e a participação ativa na vida política, de sorte a atender aos fins do processo político democrático, “baseado no princípio do envolvimento pleno de todos os cidadãos na condução dos destinos do País”.(317)

No âmbito moral, a finalidade é a garantia de uma vida mais condigna e igualitária com os demais cidadãos, com a sua retirada do ostracismo social a que eram confinadas, bem como lhes confiar um tratamento mais consentâneo com os preceitos religiosos.

Juridicamente, as pessoas com deficiência são consideradas um grupo social vulnerável e hipossuficiente, merecedor de uma tutela especial que lhes garanta a vida em igualdade com os demais cidadãos.

A Declaração Universal dos Direitos Humanos afirma que “todo homem tem direito a um padrão de vida capaz de assegurar a si e a sua família saúde e bem-estar, inclusive alimentação, vestuário, habitação, cuidados médicos e serviços sociais indispensáveis, e direito à segurança em caso de desemprego, doença, invalidez, viuvez, velhice e outros casos de perda dos meios de subsistência em circunstâncias fora de seu controle” (art. 25).

Em 1971, a Assembleia Geral das Nações Unidas proclamou a Declaração dos Direitos do Deficiente Mental. Em 1975, foi promulgada a Declaração dos Direitos das Pessoas Deficientes.

A ONU declarou 1981 como o “Ano Internacional das Pessoas Deficientes”, com o tema “Participação Plena e Igualdade”, com vistas a desenvolver um programa mundial de ação em relação às pessoas com deficiência e à adoção de medidas nacionais e internacionais para a inserção dessas pessoas na sociedade, por meio de metas de participação plena e igualdade.

Em 1983, a ONU aprovou o Programa de Ação Mundial para as Pessoas com Deficiência (Resolução n. 37/52). Neste mesmo ano, a OIT, no esteio da movimentação das Nações Unidas, adotou a Convenção n. 159, sobre Reabilitação Profissional e Emprego de Pessoas Deficientes, por meio da qual fixou normas para a política de readaptação profissional e emprego de pessoas portadoras de deficiência e incentivou a adoção de uma série de medidas especiais para garantir igualdade de oportunidades. Esta Convenção foi suplementada pela Recomendação n. 168, também de 20.6.1983, que prescreve, de forma programática, a participação da comunidade no processo de inserção social dessas pessoas.

Em 1999, a Organização dos Estados Americanos aprovou a Convenção Interamericana para a Eliminação de Todas as Formas de Discriminação contra as Pessoas Portadoras de Deficiência.(318)

---

(316) BENJAMIN, Antonio Herman de Vasconcellos e. A tutela das pessoas portadoras de deficiência pelo Ministério Público. In: FIGUEIREDO, José Guilherme Purvin de (Org.). *Direito da pessoa...*, cit., p. 18-19.

(317) *Idem.*

(318) Aprovada pelo Brasil pelo Decreto Legislativo n. 198, de 13.6.2001, e promulgada pelo Decreto n. 3.956, de 8.10.2001.

2.4.2. Definição de pessoa com deficiência

Segundo o vernáculo, o termo deficiência provém do latim *deficientia*, que significa falta, falha, carência, imperfeição, defeito ou insuficiência. Deficiente, por sua vez, designa aquele ou aquilo em que há deficiência, que é falho, imperfeito, "pessoa que apresenta deficiência física ou psíquica".(319)

Como adverte Luiz Alberto David Araújo, a falta não é inerente à pessoa com deficiência; os superdotados, por exemplo, seriam portadores de uma determinada deficiência, sem, no entanto, apresentarem nenhuma falta, mas, ao contrário, sua inteligência é superior à do homem comum e suas habilidades são mais aguçadas do que o padrão normal. Desse modo, a falha não se situa no indivíduo, mas em seu relacionamento com a sociedade, seja por falta ou por excesso sensorial ou motor.(320)

O Decreto n. 3.298/99, regulamentador da Lei n. 7.853/89 (Política Nacional para a Integração da Pessoa Portadora de Deficiência), define deficiência como toda perda ou anormalidade de uma estrutura ou função psicológica, fisiológica ou anatômica que gere incapacidade para o desempenho de atividade, dentro do padrão considerado normal para o ser humano (art. 3º, I). Referido diploma normativo aponta e define as diversas espécies de deficiência (física, auditiva, visual, mental e múltipla).

A Convenção Interamericana para a Eliminação de Todas as Formas de Discriminação contra as Pessoas Portadoras de Deficiência (1999) considera deficiência "a restrição física, mental ou sensorial, de natureza permanente ou transitória, que limita a capacidade de exercer uma ou mais atividades essenciais da vida diária, causada ou agravada pelo ambiente econômico e social" (art. 1º, item 1).

A Convenção n. 159 da OIT dispõe que, "Para os efeitos desta Convenção, entende-se por 'pessoa deficiente' todas as pessoas cujas possibilidades de obter e promover um emprego adequado e de nele progredir fiquem substancialmente reduzidas devido a uma deficiência de caráter físico ou mental devidamente comprovada" (art. 1º, item 1).

A Declaração dos Direitos das Pessoas Deficientes prescreve que "O Termo 'pessoas deficientes' refere-se a qualquer pessoa incapaz de assegurar por si mesma, total ou parcialmente, as necessidades de uma vida individual ou social normal, em decorrência de uma deficiência congênita ou não, em suas capacidades físicas e mentais" (art. 1º).

No âmbito da doutrina trabalhista, Cibelle Linero Goldfarb conceitua pessoa deficiente como "aquela que, por possuir alguma limitação física, sensorial, mental ou múltipla, enfrenta maiores dificuldades para se inserir no mercado de trabalho e nele se manter e se desenvolver, especialmente quando comparado às pessoas que não portam tais limitações, necessitando, pois, de medidas compensatórias com vistas a efetivar a igualdade de oportunidades e o acesso ao emprego".(321)

São várias as espécies de deficiências: de audiocomunicação, físicas, físico-ortopédicas, mentais, visuais, sensoriais, emocionais, decorrentes de causas superiores aos padrões do homem médio, como os denominados "superdotados" etc., cuja complexidade multifatorial exige uma análise multidisciplinar para as suas identificações, enquadramento e tratamento (médico, sociológico, psicológico). As deficiências citadas servem como exemplificação do imenso rol de anomalias que pode pairar sobre qualquer ser humano, demonstrando que a proteção e garantia de direitos das pessoas com deficiência são medidas que interessam diretamente a toda a sociedade.

As deficiências podem ser congênitas ou adquiridas. As primeiras são aquelas que acompanham o indivíduo desde a concepção ou que se originam em fatores genéticos ou atávicos, ao passo que as segundas são todas aquelas que venham a se estabelecer ou afetar o modo de ser da pessoa ao longo de sua existência, causando-lhe uma limitação de ordem física, sensorial, mental ou múltipla.

---

(319) FERREIRA, Aurélio Buarque de Holanda. *Op. cit.*, p. 614.

(320) ARAÚJO, Luiz Alberto David. *Proteção constitucional das pessoas portadoras de deficiência.* 2. ed. Brasília: Coordenadoria Nacional para Integração da Pessoa Portadora de Deficiência, 1997. p. 20.

(321) GOLDFARB, Cibelle Linero. *Pessoas portadoras de deficiência e a relação de emprego*. Curitiba: Juruá, 2007. p. 35-36.

No caso das deficiências adquiridas, como as decorrentes de acidentes do trabalho, o sistema nacional de reabilitação procura readaptar o indivíduo à nova condição pessoal, social e laboral imposta pelo infortúnio. Segundo o Decreto n. 3.298/99, "considera-se pessoa portadora de deficiência habilitada aquela que concluiu curso de educação profissional de nível básico, técnico ou tecnológico, ou curso superior, com certificação ou diplomação expedida por instituição pública ou privada, legalmente credenciada pelo Ministério da Educação ou órgão equivalente, ou aquela com certificado de conclusão de processo de habilitação ou reabilitação profissional fornecido pelo Instituto Nacional do Seguro Social — INSS" (art. 36, § 2º), bem como "aquela que, não tendo se submetido a processo de habilitação ou reabilitação, esteja capacitada para o trabalho" (art. 36, § 3º).

A finalidade da reabilitação profissional é permitir que a pessoa com deficiência obtenha um emprego, conservando-se e progredindo nele, de sorte a promover a sua integração ou reintegração na sociedade (art. 2º, Convenção n. 159, OIT).

A pessoa deficiente que não possui habilitação para o trabalho é garantido o percebimento de um salário-mínimo mensal, se comprovado que não possui meios de prover a própria manutenção ou de tê-la provida por sua família, conforme dispuser a lei (art. 203, V, CF/1988).

Se a incapacidade surgiu da prestação regular do trabalho, por acidente do trabalho ou doença ocupacional, a pessoa com deficiência terá direito ao percebimento dos benefícios da Previdência Social (Lei n. 8.213/91), além dos danos morais e materiais de responsabilidade do empregador (art. 7º, XXVIII c/c art. 225, CF/1988 e art. 927 CCB).

2.4.3. Tutela dos direitos das pessoas com deficiência

No Brasil, a questão das "deficiências" era tratada dentro do gênero da miserabilidade (indigência e pobreza), sem que os raros e escassos textos legais diferenciassem as suas diversas naturezas. Eram comuns a taxação e a apelidação de pessoas como "manetas", "pernetas", "zambra", "cambaia", "anca", "ceguinha", entre outras.[322]

A situação somente começou a melhorar em 1854, oportunidade em que o Imperador D. Pedro II ordenou a construção do Imperial Instituto dos Meninos Cegos, os Institutos dos Surdos-mudos e o Asilo dos Inválidos da Pátria (criado sob a influência da Guerra do Paraguai, para amparar os que se invalidassem pela pátria).[323]

Luiz Alberto David Araújo esclarece que, entre nós, o número elevado de pessoas com deficiência não tem como causa imediata os dois conflitos mundiais mencionados, como ocorreu com os países da Europa e dos Estados Unidos, mas situações como os altos índices de acidentes de trânsito, a carência alimentar e a falta de condições de higiene,[324] motivos entre os quais acrescentamos os exacerbados números de acidentes do trabalho e da violência urbana.

---

(322) O Código Civil de 1916 utilizava termos semelhantes no seu art. 1.538: "No caso de ferimento ou outra ofensa à saúde, o ofensor indenizará o ofendido das despesas do tratamento e dos lucros cessantes até o fim da convalescença, além de lhe pagar a importância da multa no grau médio da pena criminal correspondente. § 1º Esta soma será duplicada, se do ferimento resultar aleijão ou deformidade. § 2º Se o ofendido, aleijado ou deformado, for mulher solteira ou viúva, ainda capaz de casar, a indenização consistirá em dotá-la, segundo as posses do ofensor, as circunstâncias do ofendido e a gravidade do defeito". Os §§ 2º e 3º não foram mantidos no Código Civil de 2002, em seu art. 948. Interessante, aqui, é a lembrança que o saudoso e sempre vivo Machado de Assis nos traz na sua memorável obra *Memórias Póstumas de Brás Cubas*, exatamente desta época: 1881. O fato ocorreu com a personagem Brás Cubas, que depois de se interessar por Eugênia, "uma mocinha morena", narra o encontro que com ela teve: "Saímos à varanda, dali à chácara, e foi então que notei uma circunstância. Eugênia coxeava um pouco, tão pouco, que eu cheguei a perguntar-lhe se machucara o pé. A mãe calou-se; a filha respondeu sem titubear: — Não senhor, sou coxa de nascença. Mandei-me a todos os diabos; chamei-me desastrado, grosseirão. Com efeito, a simples possibilidade de ser coxa era bastante para lhe não perguntar nada. Então lembrou-me de que da primeira vez que a vi — na véspera —, a moça chegara-se lentamente à cadeira da mãe, e que naquele dia já a achei à mesa de jantar. Talvez fosse para encobrir o defeito; mas por que razão o confessava agora? Olhei para ela e reparei que ia triste". Agora, o autor demonstra o preconceito da personagem, que retrata a visão da época: "O pior é que era coxa. Uns olhos tão lúcidos, uma boca tão fresca, uma compostura tão senhoril; e coxa! Esse contraste faria suspeitar que a natureza é às vezes um imenso escárnio. Por que bonita? Tal era a pergunta que eu vinha fazendo a mim mesmo ao voltar para casa, de noite, sem atinar com a solução do enigma. O melhor que há, quando se não resolve um enigma é sacudi-lo pela janela fora; ..." (ASSIS, Machado de. *Memórias póstumas de Brás Cubas*. São Paulo: Ática, 1985. p. 53-54).

(323) ALVES, Rubens Valtecides. *Op. cit.*, p. 30.

(324) ARAÚJO, Luiz Alberto David. *Op. cit.*, p. 12.

Não faltaram exemplos discriminatórios das pessoas com deficiência na legislação brasileira. O Decreto n. 57.654, de 20.01.1966, excluía do serviço militar das Forças Armadas aqueles que apresentassem "incapacidade física ou mental definitiva, e em qualquer tempo os que forem julgados inaptos em seleção ou inspeção de saúde e considerados irrecuperáveis para o serviço. Serão considerados irrecuperáveis para o serviço militar os portadores de lesões, doenças ou defeitos físicos, que os tornem incompatíveis para o serviço militar nas forças armadas e que só possam ser sanados ou removidos com o desenvolvimento da ciência" (art. 109).

O art. 433 da CLT, em sua redação original, previa a extinção antecipada do contrato de aprendizagem por desempenho insuficiente ou inadaptação do aprendiz. Referido inciso foi alterado pela Lei n. 13.146/2015, que previu a possilidade de antecipação da rescisão contratual por "desempenho insuficiente ou inadaptação do aprendiz, salvo para o aprendiz com deficiência quando desprovido de recursos de acessibilidade, de tecnologias assistivas e de apoio necessário ao desempenho de suas atividades".

A Emenda Constitucional n. 12, de 17.10.1978, elevou a proteção das pessoas com deficiência ao *status* constitucional, ao dispor ser "assegurado aos deficientes a melhoria de sua condição social e econômica, especialmente mediante: I – educação especial e gratuita; II – assistência, reabilitação e reinserção na vida econômica e social do País; III – proibição de discriminação, inclusive quanto à admissão ao trabalho ou ao serviço público e salários; IV – possibilidade de acesso a edifícios e logradouros públicos".

A CF/1988 adotou os princípios da igualdade de oportunidades e de tratamento para a inserção das pessoas com deficiência no meio social. Após consagrar a regra genérica da igualdade perante a lei, no *caput* do art. 5º, concedeu-lhe conteúdo específico em relação à inserção da pessoa com deficiência no mercado de trabalho, por meio da norma do inciso XXXI do seu art. 7º, que proíbe "qualquer discriminação no tocante ao salário e critérios de admissão do trabalhador portador de deficiência", regramento que se coaduna com os postulados básicos da dignidade da pessoa humana e dos valores sociais do trabalho, que figuram como fundamentos da República Federativa do Brasil (art. 1º, CF/1988).

No campo da Assistência Social, o legislador constituinte assegurou à com deficiência a promoção da sua integração ao mercado de trabalho (art. 203, III, CF/1988), além de programas de habilitação e reabilitação (art. 203, IV, CF/1988) e da garantia de um salário mínimo de benefício mensal à pessoa deficiente que não possa prover a própria manutenção ou de tê-la provida pela sua família (art. 203, V, CF/1988).

Na educação, a Carta Maior previu atendimento educacional especializado às pessoas com deficiência, preferencialmente na rede regular de ensino (art. 208, III, CF/1988), bem como a criação de programas de prevenção e atendimento especializado para as crianças e os adolescentes com deficiência física, sensorial ou mental e sua integração social mediante o treinamento para o trabalho e a convivência.

No campo das edificações, a Carta Política determinou a facilitação de acesso aos bens e serviços coletivos, com a eliminação de preconceitos e obstáculos arquitetônicos (art. 227, § 1º, II, CF/1988), além de delegar à legislação infraconstitucional a regulamentação da matéria em relação à adaptação dos logradouros, dos edifícios de uso público e dos veículos de transporte coletivo atualmente existentes (art. 224, CF/1988).

Em 2008, o Estado Brasileiro ratificou a Convenção Internacional sobre os Direitos das Pessoas com Deficiência (Nova Iorque, 2007) e seu Protocolo Facultativo (Decreto Legislativo n. 186, de 9.7.2008).

Para a concretização e efetivação dos princípios e diretrizes constitucionais e das normas internacionais foi promulgada a Lei n. 13.146/2015, a Lei Brasileira de Inclusão da Pessoa com Deficiência, também denominada de Estatuto da Pessoa com Deficiência.

A integração social e profissional das pessoas deficientes, como se nota, desenvolve-se a partir da aplicação do princípio da igualdade material, conferindo-se tratamento igual para pessoas em igualdade de situações e tratamento desigual para indivíduos que se encontram em condições desiguais, com a adoção de ações afirmativas que propiciem tratamento diferenciado às pessoas deficientes. O legislador constituinte previu, programou e incentivou a adoção de uma série de políticas afirmativas para a inserção da pessoa com deficiência na vida social.

No campo específico do direito do trabalho, além das disposições do art. 7º da CF/1988, o constituinte delegou à lei dispor sobre a reserva de um percentual de cargos e empregos públicos para as pessoas com deficiência (art. 37, VIII, CF/1988).

No esteio dessa diretriz constitucional, a Lei n. 8.112/90 assegurou às pessoas deficientes "o direito de se inscrever em concurso público para provimento de cargo cujas atribuições sejam compatíveis com a deficiência de que são portadoras", garantindo-lhes até 20% das vagas oferecidas em concurso (art. 5º, § 2º).

Diversas legislações estaduais e municipais reservaram o percentual de vagas em concursos públicos para as pessoas com deficiência. No Estado de São Paulo, a Lei Complementar n. 683/92 previu que até 5% das vagas destinadas ao preenchimento de cargos e empregos públicos devam ser reservadas às pessoas com deficiência.

A Lei n. 8.213/91 obriga as empresas com mais de 100 empregados a preencher de 2% a 5% das vagas para trabalho com beneficiários reabilitados ou pessoas com deficiência, estabelecendo as seguintes proporções (art. 93):

COTAS DE PESSOAS COM DEFICIÊNCIA	
Até 200 empregados	2% (dois por cento)
De 201 a 500 empregados	3% (três por cento)
De 501 a 1000 empregados	4% (quatro por cento)
De 1001 empregados em diante	5% (cinco por cento)

Por sua vez, o § 1º deste artigo prevê que "a dispensa de trabalhador reabilitado ou de deficiente habilitado ao final de contrato por prazo determinado de mais de 90 (noventa) dias, e a imotivada, no contrato por prazo indeterminado, só poderá ocorrer após a contratação de substituto de condição semelhante".

Trata-se de ações afirmativas que objetivam concretizar a igualdade de oportunidades, mediante oferecimento de meios institucionais diferenciados para o acesso das pessoas com deficiência ao sistema jurídico e de serviços e, assim, viabilizar-lhes o gozo e o exercício de direitos fundamentais.(325)

Esta política de ações afirmativas é preconizada pela Lei n. 7.853/89 que estabelece uma política nacional de fundamental importância para as pessoas com deficiência. Por meio dela, fixaram-se diversas normas a respeito do apoio às pessoas portadoras de deficiência: a) disposições a respeito da sua integração social; b) instituição da CORDE — Coordenadoria Nacional para Integração das Pessoas Portadoras de Deficiência; c) ampliação e disciplinamento da tutela judicial dos seus interesses transindividuais; d) tipificação como crime, condutas discriminatórias e antissociais aos portadores de deficiência; e) previsão da ação civil pública destinada à proteção de interesses coletivos e difusos das pessoas deficientes.

O Estatuto da Pessoa com Deficência (Lei n. 13.146/2015) preconizou uma série de medidas legislativas para assegurar e a promover, em condições de igualdade, o exercício dos direitos e das liberdades fundamentais por pessoa com deficiência, visando à sua inclusão social e cidadania.

Todas estas normas estão em consonância com a Convenção n. 159 da OIT (1983), sobre Reabilitação Profissional e Emprego de Pessoas Deficientes, que fixa a política de inserção da pessoa portadora de deficiência no mercado de trabalho. Segundo suas diretrizes, essa política deve ter como base o princípio da igualdade de oportunidades

(325) GUGEL, Maria Aparecida. Inserção da pessoa portadora de deficiência no mercado de trabalho: papel do Ministério Público do Trabalho. Disponível em: <http://www.pgt.mpt.gov.br/49-1anexos5.html> Acesso em: 10 jan. 2001.

entre os trabalhadores deficientes e os trabalhadores em geral, com adoção de medidas positivas especiais, sendo que essas medidas não devem ser vistas como discriminatórias em relação aos demais trabalhadores (art. 4º).

Como afirmado alhures, a Convenção Interamericana para a Eliminação de Todas as Formas de Discriminação contra as Pessoas Portadoras de Deficiência (1999) dispõe que "Não constitui discriminação a diferenciação ou preferência adotada pelo Estado-parte para promover a integração social ou o desenvolvimento pessoal dos portadores de deficiência, desde que a diferenciação ou preferência não limite em si mesma o direito à igualdade dessas pessoas e que elas não sejam obrigadas a aceitar tal diferenciação ou preferência" (art. 1º, 2, "*b*").

As ações afirmativas de inclusão no mercado de trabalho previstas na legislação brasileira estão em consonância com a Convenção Sobre os Direitos da Pessoa com Deficiência (2007), a qual não somente veda toda forma de discriminação, como fomenta aos Estados "Tomar todas as medidas apropriadas para eliminar a discriminação baseada em deficiência, por parte de qualquer pessoa, organização ou empresa privada" (art. 4º, "e").

A atual preocupação com a inserção das pessoas com deficiência no mercado de trabalho é a demonstração atual de que o direito ao trabalho, mais que uma atividade propiciadora de renda para o consumo e subsistência do indivíduo, emerge, nos tempos atuais, como instrumento de consagração do valor da pessoa humana.

Vários são os obstáculos para a inserção das pessoas deficientes no mercado de trabalho: a) a falta de estrutura, movimentação social e governamental que permitam a capacitação e a qualificação profissional das pessoas portadoras de deficiência; b) a visão paternalista ou meramente assistencial que se criou em torno dessas pessoas; c) o estigma da deficiência como sinal de incapacidade ou inabilidade para o trabalho; d) a recusa da sociedade e das empresas em adaptar suas condições físicas de modo que propicie a locomoção dessas pessoas; e) a ausência de associações ou entidades de classe com força para a defesa de seus direitos; f) o alto grau de dispersão que possuem as pessoas desta categoria; g) a diversificação da natureza das deficiências (visual, motora, sensorial, psicológica, auditiva etc.) e a complexidade dos estudos e das adaptações para todas elas ao meio ambiente do trabalho; h) o emprego maciço dessas pessoas na economia informal ou em subempregos etc.

Atualmente, além da ideia de inserção do deficiente no mercado de trabalho, adota-se o conceito de inclusão social ampla. Por esta ótica, tanto a sociedade como a pessoa com deficiência devem sofrer um processo de adaptação, para que, de forma conjunta, possibilitem a harmonia da vivência social, com garantia de benefícios para ambos.

Essa necessidade é premente na nossa sociedade, uma vez que, aproximadamente, 10% da população brasileira (16 a 17 milhões de pessoas), segundo estimativas do Ministério da Saúde e das Nações Unidas, são compostas de pessoas com algum tipo de deficiência congênita ou adquirida.

Há um amplo campo de atuação para o Estado e a sociedade civil no que diz respeito à completa integração social das pessoas com deficiência, estendendo-se à área da saúde, dos transportes, da vida familiar, da educação, da eliminação das barreiras arquitetônicas, do lazer, do esporte, da previdência (aposentadoria) e do trabalho.

Como assevera Walküre Lopes Ribeiro da Silva, "o problema que enfrenta o portador de deficiência não é a ausência de leis. Sob o ponto de vista da validade, temos leis que seriam perfeitamente aplicáveis aos casos concretos. O grande problema é o da eficácia das normas existentes".[(326)]

Não obstante as mazelas que assolam nosso país, do ponto de vista jurídico, dispomos de uma série de normas materiais e processuais que podem ser invocadas, cuja eficácia e observação dependem, em grande parte, da mobilização da sociedade civil.[(327)]

---

(326) SILVA, Walküre Lopes Ribeiro da. Seguridade social e a pessoa portadora de deficiência. In: FIGUEIREDO, José Guilherme Purvin de (Org.). *Direito da pessoa...*, cit., p. 175.

(327) *Idem, ibidem*, p. 178.

O Ministério Público do Trabalho, às vezes em litisconsórcio com entidades sindicais, vem propondo, em todo o país, diversas ações civis públicas para a defesa dos interesses transindividuais das pessoas com deficiência, principalmente no pertinente à garantia da reserva de vagas prevista na Lei n. 8.213/91, existindo, outrossim, uma larga margem para a atuação dos sindicatos nessa questão.

A tutela do trabalho das pessoas com deficiência também representa um interesse difuso da sociedade e, no âmbito das relações de trabalho, também pode revestir-se de interesse direito coletivo ou individual homogêneo dos trabalhadores, sem a perda da nota da difusidade, caracterizada pelo interesse social na eliminação das barreiras discriminatórias e na integração social das pessoas com deficiência.

Aos sindicatos, associações e à sociedade cumpre um dever fundamental em relação à inserção dos trabalhadores com deficiência no mercado de trabalho: a busca da aplicabilidade e da eficácia das diversas normas respeitantes aos direitos desses trabalhadores. Para esse desiderato, mostram-se plenamente eficazes os instrumentos de tutela coletiva como a ação civil pública e a ação coletiva para tutela de interesses individuais homogêneos. As Leis n. 7.853/89 e n. 13.146/2015 preveem de forma expressa as medidas judiciais, coletivas e individuais, para a salvaguarda das pessoas com deficiência.

2.5. Portadores do vírus HIV

A AIDS, sigla da denominação em língua inglesa *Acquired Immunological Deficiency Syndrome* — no Brasil, Síndrome da Imunodeficiência Adquirida —, é desencadeada pelo vírus da imunodeficiência humana (HIV), reconhecida como doença pelo CDC (*Center for Disease Control*) de Atlanta (EUA) em 1981.[328]

Sua descoberta foi acompanhada por uma série de preconceitos, fantasmas, ilações religiosas e estigma daqueles que a contraíram (denominados de aidéticos ou portadores do vírus HIV). Tudo decorrente das primeiras informações desencontradas a respeito da doença.

Por ter como principal via de contágio o ato sexual e, inicialmente, ser indevidamente associada a práticas homossexuais (que davam o toque do perfil dos primeiros pacientes diagnosticados) e em virtude do efeito avassalador com que incidia sobre o organismo humano, passou a ser denominada de o "câncer *gay*", por referência aos homossexuais. Posteriormente, passou a ser vinculada a determinados indivíduos que se enquadravam nos denominados "grupos de risco", expressão que ficou conhecida para designar homossexuais, usuários de drogas e prostitutas. A AIDS passou, assim, a estar vinculada ao desregramento de conduta.

Neste contexto, os aspectos morais e religiosos passaram a dominar as discussões e as reações em torno da doença — considerada o "mal do século", castigo divino, consequência do pecado. Difundia-se a ideia segundo a qual aqueles que tivessem comportamento coadunado com os costumes morais e religiosos não estariam sujeitos aos perigos da AIDS, mas somente aqueles que se enquadravam nos grupos de risco.

Assim, os infectados pelo vírus HIV foram objeto de intolerância e repúdio social. Pessoas foram despejadas de suas residências, sofreram abandono de familiares e amigos, foram proibidas de frequentar escolas, impedidas de ter acesso a hospitais e médicos, sendo que estes, em muitas ocasiões, se recusavam a prestar auxílio e tratamento às pessoas infectadas.[329]

---

(328) O termo "adquirida" indica que a doença não constitui uma condição herdada, mas sim decorrente de contágio. Imunodeficiência descreve o elo entre o sarcoma de *Kaposi* e o *Pneumocystis carinii*. A imunidade é a capacidade que possui o organismo para reconhecer e destruir corpos estranhos que o exponham a perigo. Deficiência relaciona-se a uma disfunção na imunidade causada pelo vírus e que leva à perda da capacidade de defesa do organismo, quando, então, passa a ficar exposto a uma multiplicidade de agentes infecciosos. Síndrome designa um conjunto de diferentes sinais, sintomas e manifestações relacionados à doença, decorrentes de mais de uma e não específica causa (VALENTIN, João Hilário. *Aids e relações de trabalho subordinado*: o efetivo direito ao trabalho. Tese (Doutorado), Faculdade de Direito, Pontifícia Universidade Católica. São Paulo, 2001).

(329) VALENTIN, João Hilário. *Op. cit.*, p. 2.

Há relatos de países que impediram o ingresso em seu território de pessoas contaminadas; planos de saúde que obstaram a filiação de portadores do HIV ou dificultaram o tratamento das pessoas já filiadas ao plano; escolas que impediram o exercício do direito à educação a crianças e adolescentes portadores do vírus HIV ou intentaram a criação de classes especiais para eles (o que foi proibido pela Portaria Interministerial n. 79, de 29.05.1992, dos Ministérios da Educação e da Saúde).

A AIDS, em verdade, representava três epidemias: a primeira, da infecção pelo vírus; a segunda, das doenças infecciosas; e a terceira, das reações sociais, culturais, econômicas e políticas.(330)

No início da epidemia no Brasil, a doença era preconceituosamente vinculada à imagem do jovem, rico e homossexual, sendo o primeiro caso relatado o do costureiro Markito.(331) O preconceito em torno da imagem do cantor Cazuza também contribuiu para esse pensamento.(332)

Com a propagação do vírus para todas as classes e setores sociais, praticamente abandonou-se a utilização da expressão "grupos de risco", diante da constatação de que a doença se difundiu entre os heterossexuais, tendo em vista que pode ser contraída em diversas situações de contato com sangue contaminado, além do contato sexual e do compartilhamento de seringas injetáveis, como nas hipóteses de transfusões sanguíneas. Passou-se, por isso, ao emprego de expressões como "comportamento de risco" ou "situação de risco".

Nas relações de trabalho, a intolerância com os portadores do vírus HIV e a sua discriminação não foram menores que no âmbito social. A ignorância a respeito da doença e o preconceito levaram à dispensa de empregados infectados; à não admissão de trabalhadores contagiados; à exposição a público das suas vidas privadas e à violação da sua intimidade; à sua humilhação, à estigmatização e falta de solidariedade.(333)

Como elucida João Hilário Valentim, a AIDS é na sua gênese um problema de saúde, de saúde pública, mas também se tornou uma relevante questão social, que se engendrou pelas relações de trabalho.(334)

Levantaram-se questões a respeito do direito à intimidade, da possibilidade de realização de exames específicos para detecção da infecção nos candidatos a emprego ou dos empregados contratados, sobre a garantia do sigilo médico, a respeito do solucionamento das despedidas arbitrárias e dos procedimentos discriminatórios praticados pelos empregadores, prepostos e colegas de trabalho.

A AIDS é uma doença que afeta, predominantemente, pessoas que fazem parte da população economicamente ativa. Cerca de 90% dos infectados a compõem ou estão em vias de integrá-la.(335)

A maioria das pessoas infectadas com o vírus HIV deseja prosseguir trabalhando para melhorar seu bem-estar físico e mental, além de garantir as consequências econômicas decorrentes do fato de continuar em atividade o maior tempo possível, como o valor do auxílio-enfermidade, da indenização por despedida, dos proventos de aposentadoria e pensões, ou do seguro-desemprego, acaso devidos ao empregado.(336)

---

(330) RUDNICKI, Dani. *Aids e direito*. Porto Alegre: Livraria do Advogado, 1996. p. 19.

(331) *Idem, ibidem*, p. 22.

(332) A respeito, Arletty Pinel e Elisabete Inglesi demonstram que "o moralismo, a hipocrisia e o descaso com que a sociedade brasileira reagiu ao aparecimento dos primeiros casos de AIDS no país não foram prerrogativas exclusivas nem do Brasil nem de nosso tempo. A história da humanidade está cheia de exemplos ilustrativos da tendência das sociedades a, num primeiro momento, negar a ameaça de qualquer epidemia. Dependendo das circunstâncias em que ocorrem, as autoridades dão-se o direito de negligenciar as pragas ou de manipulá-las, para aumentar ou diminuir seu impacto ou para atribuir sua origem a grupos marginalizados. Foi assim com a hanseníase (lepra), a peste bubônica, a sífilis e a gripe espanhola, que geraram reações de histeria coletiva, punições injustas e falsas atribuições das causas das doenças a grupos discriminados por suas crenças religiosas ou por sua origem social. Os erros cometidos por nossos antepassados não tiveram a virtude de nos tornar mais lúcidos no enfrentamento de uma nova ameaça. Os cartazes sobre a AIDS quase nada diferem dos elaborados sobre a sífilis no início do século, e muitos de nós ainda acreditam que ela é uma doença de homossexuais, drogados e prostitutas" (PINEL, Arletty; INGLESI, Elisabete. *HIV nos tribunais*. 2. ed. Brasília: Coordenação Nacional de DST/Aids; Ministério da Saúde, 1998. p. 13).

(333) VALENTIN, João Hilário. *Aids e relações de trabalho subordinado*..., cit., p. 2.

(334) *Idem, ibidem*, p. 78.

(335) ERMIDA URIARTE, Oscar. "Sida y derecho laboral" [AIDS e direito do trabalho]. *Revista de Direito do Trabalho*, São Paulo, n. 83, p. 48, set. 1993.

(336) BARROS, Alice Monteiro de. *Proteção à intimidade*..., cit., p. 96-97.

A pessoa que tem conhecimento do seu estado de saúde tem total direito à sua privacidade, salvo raras exceções em que se justifica o dever de informação do seu estado. Cabe-lhe, em princípio, decidir sobre o querer informar, a quem quer informar e a extensão que deve ser dada a essa informação. Nem o médico responsável pela realização dos exames pode divulgar os resultados destes sem a autorização do interessado. O sigilo é um direito da pessoa examinada, é fruto da preservação da intimidade e da vida privada.

Como esclarece Oscar Ermida Uriarte, "a aparição ou a difusão da AIDS coincidiu — aproximadamente — com a difusão na ciência jurídica em geral, do conceito de respeito à intimidade, como direito da pessoa humana, e no âmbito específico do Direito do Trabalho, com o aprofundamento dos estudos sobre a proteção da intimidade do trabalhador tanto diante do empregador, no seio da relação de trabalho, como diante de seus colegas, no conjunto da empresa ou no lugar de trabalho".(337)

A circunstância de o trabalhador estar infectado pelo vírus HIV — assintomático ou com a doença manifesta —, em princípio, não o impede de trabalhar ou o incapacita para tal mister. Constitui prática discriminatória a preterição de candidato a um emprego ou quando, na vigência do contrato de trabalho, ser demitido simplesmente por ser portador do vírus HIV.(338)

Várias lides trabalhistas envolvendo portadores do vírus HIV chegam aos Tribunais Trabalhistas. A maioria delas versa sobre práticas discriminatórias perpetradas pelo empregador em relação ao empregado que se descobre soropositivo. A jurisprudência sedimentou-se no sentido de assegurar o direito ao trabalho dos empregados portadores do vírus HIV dispensados por atos discriminatórios dos seus empregadores, com a aplicação analógica da Lei n. 9.029/95. Desse modo, determina-se a reintegração ao emprego de trabalhadores portadores do vírus HIV que sejam dispensados por esta condição, por constituir abuso de direito ou por revestir-se de medida obstativa dos direitos assegurados pela Lei n. 7.670/88, ou o pagamento de indenização, nos termos da Lei n. 9.029/95. O TST consolidou jurisprudência favoravelmente à reintegração do empregado portador do vírus HIV dispensado por ato discriminatório do empregador.

Além desses casos, tornou-se comum, como mencionado alhures, a discriminação de candidatos a emprego portadores do vírus HIV; exigências de realização de exames, perguntas sobre sua intimidade, vida pessoal e estilo de vida são os vários caminhos adotados pelos selecionadores para a detecção de candidatos infectados.

Diversas medidas legislativas foram e estão sendo adotadas para a coibição desta prática. Na seara do serviço público, a Portaria Interministerial n. 869, de 11.8.1992, proscreve a exigência de testes para detecção do vírus HIV nos exames dos candidatos ao emprego e nos exames periódicos de saúde. A Resolução n. 1.665/2003 do Conselho Federal de Medicina veda a realização compulsória de sorologia para HIV.

No âmbito da legislação trabalhista, o art. 168 da CLT não autoriza as empresas a exigirem exames específicos para a detecção do vírus HIV; o objetivo dos testes admissionais é a verificação da aptidão física e mental de um aspirante ao emprego para o exercício da função pretendida. A exigência dos testes específicos para a detecção do vírus HIV constitui prática discriminatória, pois a condição de soropositivo não implica, em princípio, a incapacidade para o trabalho, salvo a presença de complicações secundárias.(339)

A previsão de exames periódicos, por sua vez, tem como meta o acompanhamento do estado de saúde de trabalhadores que prestam seus serviços em ambientes insalubres ou danosos à sua integridade psicossomática, sendo sua periodicidade determinada pelo Ministério do Trabalho, de acordo com o risco da atividade e o tempo de exposição.(340)

(337) ERMIDA URIARTE, Oscar. *Op. cit.*, p. 50.

(338) VALENTIN, João Hilário. *Aids e relações de trabalho...*, cit., p. 97.

(339) GUGEL, Maria Aparecida. *Discriminação positiva...*, cit., p. 33.

(340) SIMÓN, Sandra Lia. *A proteção constitucional da intimidade e da vida privada do empregado*. São Paulo: LTr, 2000. p. 130.

A realização de exames complementares somente é permitida para a apuração da capacidade ou aptidão física e mental do empregado para a função que deva exercer; em não havendo essa relação exame/atividade, não se permite ao empregador averiguar todos os aspectos da saúde do empregado ou do candidato ao emprego.

Como afere Oscar Ermida Uriarte, o princípio da não discriminação garante sejam os trabalhadores soropositivos assintomáticos tratados como qualquer outro trabalhador; sejam os trabalhadores afetados pela AIDS ou por qualquer doença conexa, como qualquer trabalhador enfermo; a confidencialidade dos resultados dos exames médicos, salvo casos excepcionais.[341]

Os autores ideológicos (entidades sindicais, associações, Ministério Público do Trabalho) que tenham conhecimento da exigência de exames específicos para a detecção do vírus HIV de empregados (periódicos) ou candidatos a emprego (admissionais), de dispensas discriminatórias, entre outras práticas, poderão ingressar com ação civil pública a fim de imputar ao empregador obrigação de não fazer, consistente na abstenção de exigir a realização dos aludidos exames ou de abster-se de dispensa discriminatória ou qualquer outra prática desta natureza. Ao individualmente prejudicado pelo ato, possibilita-se o aperfeiçoamento do pedido de danos morais e/ou materiais, reintegração ao emprego ou indenização compensatória.

2.6. Trabalho da mulher

Consoante determinados estudos históricos e sociológicos, nas sociedades primitivas, a primeira forma de divisão do trabalho teria tido como parâmetro a diferença entre os sexos. A caça e a pesca eram confiadas aos homens, ao passo que à mulher cabia a coleta dos frutos ou a cultura da terra. Embora essa divisão de tarefas fosse realizada entre homens e mulheres, ela não necessariamente derivava de uma suposta divisão sexual do trabalho, construção que vem sendo desmitificada.

Hannah Arendt critica de forma veemente esta construção da divisão do trabalho com base em gênero. Segundo a grande filósofa, trata-se de "noção esdrúxula de uma divisão de trabalho entre os sexos, que chega a ser considerada por alguns como mais original de todas". Os antigos concediam ênfase e significado distintos, pois a principal divisão era "*entre a vida vivida dentro de casa, no lar, e a vida vivida fora, no mundo. Somente esta última era digna de um homem e, naturalmente, não havia noção de igualdade entre o homem e a mulher, que é um pressuposto necessário para a ideia de divisão do trabalho*".[342]

Antonio Giddens destaca que nas sociedades pré-industriais não havia uma distinção entre as atividades produtivas e as atividades domésticas. As tarefas produtivas ocorriam em casa ou nas suas proximidades, e todos os membros da família participavam do trabalho na terra ou dos trabalhos manuais. As mulheres geralmente exerciam uma forte influência dentro do lar, em decorrência de sua importância nos processos econômicos, mesmo que fossem excluídas do domínio masculino da política e da guerra. As esposas de artífices e agricultores conservavam os registros dos negócios, sendo que não raramente viúvas tornavam-se proprietárias ou gerentes de empresas.[343] Não havia uma divisão sexual do trabalho, o trabalho era realizado de forma conjunta entre os membros de uma mesma família, sendo as atividades divididas conforme a sua natureza, complexidade e estrutura da família.

Evidentemente que a dependência de determinadas atividades do uso da força física também era fator de diferenciação de atividades entre homens e mulheres e, consequentemente, das atividades dentro e fora do lar. Essa situação modificou-se notoriamente com o advento da grande indústria, que não só destacou a casa do local de trabalho como também propiciou o emprego de mulheres nas mesmas atividades realizadas pelos homens, uma vez que a mecanização da produção reduziu ou eliminou a necessidade do uso da força para a realização das atividades.[344]

(341) ERMIDA URIARTE, Oscar. *Op. cit.*, p. 49.

(342) ARENDT, Hannah. *A condição humana*. 10. ed. Rio de Janeiro: Forense, 2000. p. 57.

(343) GIDDENS, Anthony. *Sociologia*. 4. ed. São Paulo: Artmed, 2005. p. 316.

(344) Segundo Giddens, "Com o tempo e o progresso da industrialização, estabeleceu-se uma divisão cada vez maior entre a casa e o local de trabalho. A ideia de esferas distintas — pública e privada — arraigou-se nas atitudes populares. Os homens, em virtude de seu emprego fora de casa, passavam mais tempo no domínio público, envolvendo-se mais em assuntos locais, na política e no mercado. As mulheres acabaram

A história demonstra diferentes formas de tratamento das mulheres nas atividades laborais. No Egito antigo, as mulheres se incumbiam da tecelagem, da tosquiação das ovelhas e tecedura da lã. Algumas trabalhavam nas grandes construções.(345)

Na Grécia antiga, o regime de trabalho das mulheres não se diferenciava muito daquele visto na cultura egípcia. Na era clássica, à mulher não era permitido o acesso à educação e ao conhecimento; ficavam elas sujeitas aos cuidados exclusivos da mãe. A situação modificou-se somente com o advento da cultura helenística, que permitiu o ingresso delas nas escolas e o contato com as diversas ciências do conhecimento (literatura, filosofia, artes).(346)

Na Idade Média, as mulheres exerciam ofícios em tapeçaria, joalheria, fabricação de roupas e na agricultura, a qual continuou a ser a sua ocupação principal. Somente entre os séculos X e XIV, a maioria das profissões foram permitidas às mulheres, mas já nesta época iniciavam-se as discriminações por salários (a mulher ganhava aproximadamente três quartos do salário do homem).(347)

Com a Revolução Industrial, o trabalho feminino, mais barato que o dos homens adultos, ao lado do labor das crianças, foi utilizado em larga escala. O desenvolvimento do maquinário propiciou a expansão do emprego da mão de obra infantil e feminina, pois a máquina liberava a necessidade da força física do homem adulto.

Mulheres e crianças passaram a ser os principais responsáveis pelo sustento dos lares. Trabalhavam em longas jornadas e com salários reduzidos, inclusive em minas subterrâneas. A vigência dos princípios do liberalismo econômico — com a máxima da liberdade contratual — conjugada com a livre concorrência empresarial e a inexistência de normas específicas de tutela do trabalho propiciaram e incentivaram a exploração dessa mão de obra.

Em virtude da precária situação social, começaram a aparecer as primeiras manifestações legislativas protetoras da mão de obra feminina. A Inglaterra, em 1842, editou o *Coal Mining Act,* proibindo o trabalho da mulher em subterrâneos. Em 1844, advém o *Factory Act,* que vedou o trabalho noturno à mulher e reduziu sua jornada de trabalho para 12 horas.(348)

Outras leis a respeito foram editadas na Inglaterra e em diversos outros países, inclusive no âmbito constitucional. Com o Tratado de Versalhes e as Conferências da OIT, o trabalho do menor e da mulher, assim como o próprio Direito do Trabalho, passou a fazer parte de um movimento legislativo internacional, principalmente com a elaboração de Convenções e Recomendações a respeito do assunto.

Três foram os principais fundamentos para a proteção da mulher no mercado de trabalho no âmbito internacional. Um, fisiológico, baseado nas características, constituição e resistência física das mulheres, que inspirou a sua proteção em face de trabalhos que colocam em risco sua integridade psicossomática (atividades insalubres, perigosas e penosas); outro de caráter social-tutelar, revestido da defesa da família, da maternidade e da necessidade de amamentação; e, por fim, um fator social, caracterizado pela busca da igualdade de remuneração, de oportunidades e de tratamento com os homens no trabalho.

Entre as diversas normas aprovadas pela OIT, destacam-se: Convenção n. 03 Relativa ao Emprego das Mulheres antes e depois do parto (Proteção à Maternidade) (1919); Convenção n. 4 Relativa ao Trabalho Noturno das Mulheres (1919); Convenção n. 41 Relativa ao Trabalho Noturno das Mulheres (revista, 1934); Convenção n. 45 sobre

---

sendo associadas ao trabalho aos valores 'domésticos', sendo responsáveis por tarefas como cuidar dos filhos, manter a casa em ordem e preparar comida para a família. A ideia de que o 'lugar de uma mulher é em casa' trouxe diferentes implicações para as mulheres em diversos níveis da sociedade. As mulheres ricas contavam com os serviços das faxineiras, babás e empregadas domésticas; o fardo foi mais cruel para as mulheres mais pobres, que tiveram de enfrentar os afazeres domésticos, além de se lançarem no trabalho industrial para completar a renda do marido". (GIDDENS, Anthony. *Op. cit.*, p. 316).

(345) BARROS, Alice Monteiro de. *A mulher e o direito do trabalho.* São Paulo: LTr, 1995. p. 27.

(346) *Idem, ibidem*, p. 28-29.

(347) ROCHA, Sílvia Regina da. *O trabalho da mulher à luz da Constituição de 1988.* Rio de Janeiro: Forense, 1991. p. 8.

(348) BARROS, Alice Monteiro de. *A mulher...*, cit., p. 30.

Emprego de Mulheres nos Trabalhos Subterrâneos das Minas (1935); Convenção n. 89 sobre Trabalho Noturno das Mulheres na Indústria (revista, 1948); Convenção n. 100 sobre Salário Igual para Trabalho de Igual Valor entre o Homem e a Mulher (1951); Convenção n. 103 sobre Amparo à Maternidade (revista – 1952); Convenção n. 111 sobre Discriminação em Matéria de Emprego e Ocupação (1958); Convenção n. 156 sobre a Igualdade de Oportunidades e de Tratamento para Homens e Mulheres Trabalhadores: Trabalhadores com Encargos de Família (1981); Convenção n. 183 sobre a Proteção à Maternidade (2000); Convenção n. 189 sobre Trabalho Decente para as Trabalhadoras e Trabalhadores Domésticos (2011).

A Declaração Universal dos Direitos Humanos apregoa a igualdade entre homens e mulheres por meio de preceitos genéricos aplicativos do princípio da isonomia (art. XIII) e assegura proteção à maternidade e à infância (art. XXV, item 2).

O Pacto Internacional dos Direitos Econômicos, Sociais e Culturais determina que os Estados-partes do Pacto comprometem-se a assegurar a homens e mulheres igualdade no gozo de todos os direitos econômicos, sociais e culturais nele enumerados (art. 3º, item 2), além de apregoar a garantia de um salário equitativo e uma remuneração igual por um trabalho de igual valor, sem qualquer distinção; em particular às mulheres, que deverão ter condições de trabalho não inferiores às dos homens e perceber a mesma remuneração que eles por trabalho igual; além de "igual oportunidade para todos de serem promovidos, em seu trabalho, à categoria superior que lhe corresponda, sem outras considerações que as de tempo de trabalho e capacidade (art. 7º). Deve-se, ainda, conceder proteção especial às mães por um período de tempo razoável antes e depois do parto. Durante esse período, deve-se conceder às mães que trabalham licença remunerada ou licença acompanhada de benefícios previdenciários adequados" (art. 10, item 2).

A Convenção da ONU sobre a Eliminação de Todas as Formas de Discriminação contra a Mulher (1979), com entrada em vigor em 1981, define discriminação da mulher como "toda distinção, exclusão ou restrição baseada no sexo que tenha por objeto ou resultado prejudicar ou anular o reconhecimento, gozo, exercício pela mulher, independentemente de seu estado civil, com base na igualdade do homem e da mulher, dos direitos humanos e das liberdades fundamentais nos campos político, econômico, social, cultural e civil ou em qualquer outro campo".

Atualmente, verificamos que um dos fatores mais considerados para a discriminação da mulher no mercado de trabalho, além do preconceito histórico-cultural, consiste em hipotéticos custos da mão de obra feminina relacionados com a maternidade, como o pagamento da licença-maternidade pelo empregador (que atualmente é paga pelo INSS, mediante dedução das contribuições dos empregadores), suposta redução da produtividade da mulher grávida, a necessidade de substituição da trabalhadora durante a interrupção do trabalho no período de licença-maternidade, as eventuais ausências que as responsabilidades familiares podem causar e a necessidade de se dotar a empresa de berçários; fatores que tenderiam a aumentar nos países com altas taxas de natalidade, como os em desenvolvimento.(349)

Não é rara a discriminação da mulher na questão do acesso ao emprego. Determinados empregadores, valendo-se das condições pessoais da aspirante, como o estado civil, número de filhos, estado gravídico, estado de saúde etc., tendem a perpetrar uma discriminação já no processo de seleção, com vistas a obstar a contratação da pretendente ao emprego.

A questão da gravidez é de interesse geral de toda a sociedade, mas, por vezes, ilogicamente, tem a sua responsabilidade integralmente delegada à mulher, servindo como elemento de discriminação já na fase de seleção e até mesmo no curso do contrato de trabalho. O art. 10, II, *b*, do Ato das Disposições Constitucionais Transitórias, veda a dispensa da empregada gestante desde a confirmação da gravidez até cinco meses após o parto, limitando o poder de dispensa do empregador. A legislação possibilita também a alteração de função quando as condições de saúde da empregada gestante a exigirem, bem como dispensa do local de trabalho para consultas médicas e exames complementares (art. 392, § 4º, I e II, CLT).

---

(349) BARROS, Alice Monteiro de. *Op. cit.*, p. 491.

À gestante é facultado o rompimento do contrato de trabalho nos casos em que o labor se torne prejudicial à gestação (art. 394, CLT), mediante a apresentação de atestado médico, sem necessidade de conceder aviso prévio ao empregador ou pagar indenização.

A exigência de testes de gravidez durante a fase de seleção ou no transcurso do contrato de emprego encontra "óbices em dois valores fundamentais: no direito à intimidade e à vida privada e no direito de não discriminação. Submeter a mulher a esse tipo de tratamento, pela condição pura e simples de ser mulher, fere, portanto, o princípio da igualdade".[(350)]

A Lei n. 9.029/95 proíbe a exigência de atestados de gravidez e esterilização para efeitos admissionais ou de permanência da relação jurídica de trabalho, além de coibir outras práticas discriminatórias por motivos de sexo, origem, raça, cor, estado civil, situação familiar ou idade, criminalizando-as e assegurando a readmissão do empregado ou o pagamento de indenização em caso de dispensa discriminatória.

O art. 373-A da CLT veda uma série de práticas discriminatórias que afetam o acesso da mulher ao mercado de trabalho. Segundo esta norma, é proibido: "I – publicar ou fazer publicar anúncio de emprego no qual haja referência ao sexo, à idade, à cor ou situação familiar, salvo quando a natureza da atividade a ser exercida, pública e notoriamente, assim o exigir; II – recusar emprego, promoção ou motivar a dispensa do trabalho em razão de sexo, idade, cor, situação familiar ou estado de gravidez, salvo quando a natureza da atividade seja notória e publicamente incompatível; III – considerar o sexo, a idade, a cor ou a situação familiar como variável determinante para fins de remuneração, formação profissional e oportunidades de ascensão profissional; IV – exigir atestado ou exame, de qualquer natureza, para comprovação de esterilidade ou gravidez, na admissão ou permanência no emprego; V – impedir o acesso ou adotar critérios subjetivos para o deferimento de inscrição ou aprovação em concursos, em empresas privadas, em razão de sexo, idade, cor, situação familiar ou estado de gravidez; VI – proceder o empregador ou preposto a revistas íntimas nas empregadas ou funcionárias".

O art. 391 da CLT prescreve que "não constitui justo motivo para a rescisão do contrato de trabalho da mulher o fato de haver contraído matrimônio ou de encontrar-se em estado de gravidez". Proíbe, outrossim, a fixação de restrições ao direito da mulher ao seu emprego, por motivo de casamento ou gravidez, em regulamentos de qualquer natureza, contratos coletivos ou individuais de trabalho.

Em consonância com as normas internacionais e com a materialização do princípio da igualdade, o parágrafo único do art. 373-A da CLT prevê a adoção de ações afirmativas em relação à mulher no mercado de trabalho, declarando que suas disposições não "obstam a adoção de medidas temporárias que visem ao estabelecimento das políticas de igualdade entre homens e mulheres, em particular as que se destinam a corrigir as distorções que afetam a formação profissional, o acesso ao emprego e as condições gerais de trabalho da mulher".

Esta norma está em consonância com o art. 4º da Convenção sobre a Eliminação de Todas as Formas de Discriminação contra a Mulher (1979) que prevê a possibilidade de implementação pelos Estados-membros de medidas de caráter temporário destinadas a acelerar a igualdade de fato entre o homem e a mulher.

Trata-se de autorização legislativa para a adoção de ações afirmativas no campo da igualdade entre homens e mulheres nas relações de trabalho, com o objetivo de incrementar uma política de igualdade de oportunidades, mediante oferecimento de meios institucionais diferenciados para o acesso ao mercado de trabalho, à formação profissional e às demais condições gerais de trabalho. Referido preceito é complementado pelo art. 390-E da CLT: "A pessoa jurídica poderá associar-se a entidade de formação profissional, sociedades civis, sociedades cooperativas, órgãos e entidades públicas ou entidades sindicais, bem como firmar convênios para o desenvolvimento de ações conjuntas, visando à execução de projetos relativos ao incentivo ao trabalho da mulher".

Como verificamos, há uma série extensa de normas para a efetivação da tutela da mulher e da maternidade no mercado de trabalho. Não acreditamos que haja um excesso de proteção, ela está na medida necessária para que

(350) SIMÓN, Sandra Lia. *Op. cit.*, p. 134.

haja uma verdadeira igualdade de oportunidades. Ocorre, portanto, que o conteúdo cultural em torno da desvalorização do trabalho da mulher é muito acentuado. O mito da supremacia do homem — intelecção acientífica e artificialmente construída, como as demais espécies de preconceitos — sustenta o rol de discriminações da mulher no mercado de trabalho. A farta legislação não foi capaz de mudar a mentalidade social a respeito da questão e garantir a sua eficácia.

No entanto, como adverte Sílvia Regina da Rocha: "lutamos pela igualdade em termos de poder masculino, sem perguntar o que a igualdade entre homem e mulher significa realmente. O que não foi visto é que, como homem, a mulher seria sempre incompleta, pois não queremos, para viver nossa individualidade, em termos de carreira ou de realização pessoal, abrir mão de nossas especificidades. Não queremos renunciar à capacidade de gerar. Não queremos deixar de ser mulher. Queremos ser indivíduos tão diferenciados quanto possível, mas através de uma multiplicidade de caracteres e não mais essencialmente pelo sexo. Não há mais entre nós oposição entre trabalho e feminilidade. A maternidade não tem o significado de fatalidade, devendo ser encarada como função social, para a qual a sociedade e o Estado devem contribuir".(351)

A discriminação da mulher em tema de acesso ao mercado de trabalho em razão do sexo ou do estado de gestação ou qualquer outro ato discriminatório praticado contra ela na relação de trabalho afronta interesse difuso da sociedade, principalmente no concernente ao acesso ao emprego, pois, como afirma Manoel Jorge e Silva Neto, *in casu*, "não é possível precisar ou delimitar quais são as pessoas atingidas pelo ato patronal: são, em tese, todas as mulheres que, grávidas, têm limitado o acesso ao posto de trabalho exclusivamente por tal condição".(352)

Já no curso da relação de emprego, poderá haver lesão a interesses coletivos ou individuais homogêneos dos trabalhadores. Em ambos os casos, ainda que o ato se dirija somente para uma candidata ou empregada, ainda assim ferirá direitos difusos da sociedade, pois constitui objetivo da República brasileira a promoção do bem de todos, sem preconceitos de origem, raça, sexo, cor, idade e quaisquer outras formas de discriminação (art. 3º, IV, CF/1988).

2.7. Proteção à intimidade dos trabalhadores

A Declaração Universal dos Direitos Humanos consagra universalmente o direito à intimidade e à vida privada dos indivíduos ao dispor que "ninguém será sujeito a interferências na sua vida privada, na sua família, no seu lar ou na sua correspondência, nem a ataques à sua honra e reputação. Todo homem tem direito à proteção da lei contra tais interferências ou ataques" (art. XII).

No esteio do direito internacional, a CF/1988 assegura a inviolabilidade da intimidade e da vida privada dos indivíduos, ao instituir que "são invioláveis a intimidade, a vida privada, a honra e a imagem das pessoas, assegurado o direito à indenização pelo dano material ou moral decorrente de sua violação" (art. 5º, X).

O direito de inviolabilidade do domicílio e das comunicações, assegurado no art. 5º, XI e XII, da CF/1988, representa clara manifestação do direito à intimidade e à vida privada.(353)

A Lei n. 13.467/2017 (Reforma Trabalhista) inseriu o art. 223-C à CLT para dispor que "A honra, a imagem, a intimidade, a liberdade de ação, a autoestima, a sexualidade, a saúde, o lazer e a integridade física são os bens juridicamente tutelados inerentes à pessoa física". Previu também a reparação por dano extrapatrimonial pela ofensa a estes atributos da pessoa humana trabalhadora (art. 223-F).

Para Sandra Lia Simón, intimidade e privacidade não são conceitos coincidentes. Segundo a autora, "na doutrina, nacional e estrangeira, estudada até o presente momento, não há controvérsia quanto ao fato de a 'vida privada' ser mais ampla que a 'intimidade', estando esta contida naquela. Em outras palavras, 'vida privada' seria

(351) ROCHA, Sílvia Regina da. *Op. cit.*, p. XVI.

(352) SILVA NETO, Manoel Jorge e. *Op. cit.*, p. 176.

(353) SIMÓN, Sandra Lia. *Op. cit.*, p. 98.

tudo que o indivíduo quer ocultar do conhecimento público e 'intimidade' seria tudo aquilo que ele quer deixar apenas no seu próprio âmbito pessoal, oculto também de pessoas de seu convívio próprio".[354]

Protegidas constitucionalmente, às esferas íntima e privada do indivíduo, é assegurada proteção em toda e qualquer relação. Trata-se de uma tutela genérica e abstrata que, por integrar o rol das liberdades públicas e consistir num direito da personalidade, deve ser respeitada por todos: Estado e particulares.[355]

A intimidade e a vida privada condizem com o direito à integridade moral, já que conformam valores subjetivos, relacionados com os elementos intrínsecos do ser humano, as suas qualidades e as suas virtudes.[356]

Por configurarem direitos da personalidade e liberdades públicas, a proteção da intimidade e da vida privada acompanha o cidadão em todas as suas relações, inclusive nas de trabalho e demais relações privadas. E não são poucos os casos de constrangimento às esferas da intimidade e da vida privada dos empregados.

Nessas relações pode haver, em determinado momento, um confronto entre o direito de propriedade do empregador e os direitos à intimidade e à vida privada do empregado. Embora constituam liberdades públicas, nenhum destes direitos é absoluto. Todos encontram restrições nos direitos fundamentais do ser humano e, por tal motivo, pode haver choques entre eles, de forma que caracterizem uma colisão de direitos, que exige aplicação do princípio da proporcionalidade.[357] Pode haver colisão entre o exercício do direito de direção do empregador e a tutela dos círculos íntimos e privados dos empregados.

Essas colisões entre os diversos direitos podem ocorrer em vários momentos da relação de emprego: a) no processo de seleção (no período anterior à formação do contrato); b) no controle e fiscalização do desenvolvimento do trabalho por meio do emprego de aparelhos eletroeletrônicos (audiovisuais); c) por ocasião da realização dos exames periódicos, como o acesso a informações confidenciais dos trabalhadores e/ou a divulgação dos seus resultados; d) após o término da relação de emprego, como a divulgação de dados do empregado adquiridos no curso desta. Existem várias outras zonas de penumbra em que não se permite, de imediato, a verificação da compatibilidade do direito diretivo exercido pelo empregador com o respeito à esfera íntima do empregado.

Como mencionado, a invasão da esfera íntima e da vida privada do empregado pode ocorrer já durante o processo de seleção por meio da formulação de questionários com perguntas abusivas sobre a intimidade, vida privada, estado de saúde etc., solicitação de exames para detecção de doenças específicas e não relacionadas com a capacidade de trabalho ou com possível comprometimento do meio ambiente do trabalho, ou com a realização de entrevistas com perguntas capciosas, indutoras, questionadoras da orientação sexual, da opção religiosa e da tendência política dos candidatos.

Na hipótese de o empregador efetuar uma investigação durante a fase de contratação por meio de procedimento que invada a esfera da intimidade e da vida privada dos candidatos, poderá o sindicato da categoria ingressar com ação judicial para exigir a abstenção de tais procedimentos pelo empregador. A tutela transindividual desse direito torna-se o melhor caminho para a sua plena garantia, uma vez que o candidato ao emprego, em razão do grau de inferioridade em que se encontra, ao dispor apenas da sua força de trabalho e da necessidade do trabalho, não vê acolhida a via da tutela individual como a mais viável ou a mais eficaz para a sua proteção.

No curso do contrato, a natureza sucessiva da relação que se desenvolve entre empregado e empregador juntamente com a presença da subordinação jurídica e do direito de direção facilitam o cometimento de abusos e arbitrariedades contra a intimidade e a vida privada dos empregados.[358]

---

(354) *Idem, ibidem*, p. 101.

(355) *Idem, ibidem*, p. 15.

(356) *Idem, ibidem*, p. 70.

(357) *Idem, ibidem*, p. 122.

(358) Não se pode olvidar, como alerta Sandra Lia Simón, que a relação de trabalho "é uma relação onde uma das partes encontra-se numa posição privilegiada. Se, no momento da contratação, o candidato recusar-se a realizar os exames que lhe são solicitados, ele simplesmente não será contratado. Se, no desenvolvimento do pacto laboral, ele igualmente se recusar, será demitido" *(Idem, ibidem*, p. 132).

Essa transgressão pode ser efetuada com o emprego dos mais diversos instrumentos eletroeletrônicos, principalmente os audiovisuais, com a instalação de câmeras de vídeo, controle das ligações telefônicas (com escuta em alguns casos), uso de aparelhos como o bip, concessão e uso de telefones celulares etc.

Se o uso de aparelhos audiovisuais (circuitos internos de vídeo e escuta) tem como meta a fiscalização e o controle da atividade dos empregados, sua instalação deve ser limitada aos locais em que o trabalho é desenvolvido, excluindo-se aqueles que servem para descanso ou uso privativo do trabalhador e, por isso, não relacionados com a execução dos serviços, como banheiros, refeitórios, cantinas ou salas de café.

Se o objetivo é garantir a segurança da empresa, a colocação desses aparelhos deve ficar circunscrita aos locais de acesso de pessoas estranhas ao serviço ou aos compartimentos em que se faz necessária a guarda especial.

Em qualquer dessas hipóteses, as filmagens não podem ser realizadas de modo sorrateiro, com intuito de espionar os empregados; a estes deve ser dada ciência da instalação dos aparelhos e indicados seus objetivos.

No tocante à prática da escuta e/ou gravações das ligações telefônicas, estas só podem ser efetuadas naquelas situações em que tal procedimento seja necessário à segurança da empresa. É comum, por exemplo, a gravação de atendimento telefônico de instituições bancárias e serviços de cartões de crédito, sem que tal conduta constitua violação da intimidade ou da vida privada do trabalhador, pois objetiva garantir a segurança da empresa e mesmo do empregado, a respeito dos teores das transações efetuadas, uma vez que, por consistir em procedimento prático e eficaz, geralmente não se elaboram registros escritos. Em todo caso, além da conexidade com o serviço, o empregado deve ter ciência de todo o procedimento e suas finalidades.

Grande polêmica se perfaz em torno da possibilidade de revista íntima dos empregados. Não há uma regulamentação satisfatória da matéria. O art. 373-A, VI, da CLT, proscreve a revista íntima somente nas mulheres, de forma que fere o princípio da igualdade, além de deixar dúvidas quanto ao alcance da expressão "íntima".(359) Em verdade, embora inserido no capítulo de proteção à mulher, este dispositivo legal constitui uma espécie de regra de aplicação geral, proibitória de uma série de condutas discriminatórias em face dos empregados, e tuteladora da sua intimidade e vida privada.

Ao contrário do que preconizam alguns doutrinadores, a possibilidade da revista não decorre simples e puramente do direito de propriedade do empregador. A aceitar-se tal posicionamento, estar-se-ia conferindo ao trabalhador a mesma condição do servo da Idade Média, cuja vinculação à terra deixava-o na condição de acessório da propriedade do senhor feudal.

Em verdade, justifica-se a revista mais pela segurança do patrimônio do empregador que da sua condição de proprietário dos bens de produção. Não se pode olvidar que no ordenamento jurídico brasileiro, em virtude do princípio da inafastabilidade do Poder Judiciário, cristalizado no art. 5º, LVII, da CF/1988, somente em casos excepcionais permite-se a autotutela direta de direitos, como se dá nos casos de defesa da posse (art. 502, CCB), legítima defesa e de estado de necessidade (arts. 24 e 25 CP) e o exercício do direito de greve (Lei n. 7.783/89). Sendo a revista uma espécie de autotutela do patrimônio, somente deve ser aplicada em situações excepcionalíssimas.

A doutrina e a jurisprudência dominantes admitem a revista pessoal, desde que não viole os direitos da personalidade dos empregados (sua dignidade, sua honra, sua intimidade e sua vida privada) e encontre plena justificação nos fatos.

Para Alice Monteiro de Barros, a revista só tem justificativa quando não se traduza num mero comodismo do empregador para defender o seu patrimônio, pois deve constituir o último recurso a fim de tutelar ao interesse empresarial, devendo somente ser aplicado à falta da possibilidade de adoção de outras medidas preventivas. Essa fiscalização visa à proteção do patrimônio do empregador e à salvaguarda da segurança das pessoas. Em havendo a possibilidade de adoção de outro método menos constrangedor, aquela deve ser preterida.(360)

---

(359) SIMÓN, Sandra Lia. *Op. cit.*, p. 145.

(360) BARROS, Alice Monteiro de. *Proteção à intimidade...*, cit., p. 74.

Podemos distinguir duas formas permissíveis de revista: a ordinária e a extraordinária. A revista ordinária é aquela que se realiza habitual e constantemente, geralmente de forma diária, por ocasião do término da jornada de trabalho dos trabalhadores. Justifica-se somente naquelas atividades cujos bens produzidos ou instrumentos e objetos utilizados, por sua forma, qualidade ou valor, apresentam riscos permanentes de serem furtados ou indevidamente apropriados.

Enquadram-se, nessa hipótese, as empresas fabricantes de joias valiosas, que, pelo pequeno tamanho dos produtos e pelo alto valor monetário que possuem, tendem a despertar interesse de apropriação naqueles que os manuseiam.

A revista extraordinária consiste naquela efetuada não de modo constante ou habitual, mas em situações esporádicas e excepcionais, em virtude da constatação do sumiço de determinado produto ou instrumento de trabalho, cuja fiscalização imediata torna-se imperiosa, sob pena de o empregador perder a oportunidade para a recuperação do bem furtado. Aqui, a natureza dos produtos da empresa ou os instrumentos de trabalho utilizados na prestação dos serviços não justificam a realização de uma revista habitual nos empregados, mas a excepcionalidade da situação permite que o empregador a empregue para salvaguarda do seu patrimônio.

Enquanto a revista ordinária é genérica e habitual, a extraordinária é particularizada e eventual, uma vez que ligada a circunstâncias específicas que ensejam a ação imediata do empregador para a imediata recuperação do bem, cujo sumiço despertou a revista ou para dar flagrante ao empregado, com as consequências criminais, civis e trabalhistas; esta última, pela possibilidade de dispensa por justa causa.

A indispensabilidade da tutela do patrimônio é o pressuposto básico para o exercício da revista. Na existência de outros métodos de controle possíveis de serem adotados — controles de entrada e saída de estoque, filmagens por meio de circuito interno, colocação de etiquetas magnéticas, vigilância por serviço especializado —, não haverá justificativa para a efetivação das revistas.[361]

Em todo caso, em qualquer revista devem ser observados os seguintes critérios e requisitos: a) necessariedade: admitem-se as revistas somente quando imprescindíveis como métodos de controle, ou seja, na ausência de outros métodos (*ultima ratio)*; b) generalidade: a revista deve ser geral e impessoal, efetuada sobre uma parcela ou a totalidade dos trabalhadores, revista direcionada a um determinado empregado pode consistir em ato discriminatório e ensejar a reparação por danos morais e a rescisão indireta do contrato de trabalho; c) objetividade: devem ser observados critérios objetivos para a escolha daqueles que serão revistados (sorteio, rodízio de setores etc.); d) localidade: as revistas devem ser efetuadas no local de trabalho; e) identidade de gênero: deve haver identidade de sexos entre os revistadores e os inspecionados; a revista em mulheres deve ser efetuada por pessoa do sexo feminino e a revista em homens por inspetores (sexo masculino); f) publicidade: deve-se evitar revistas isoladas ou somente com a presença do revistado e dos revistadores; de preferência, deve ser acompanhada por colega(s) de trabalho, representante dos empregados, delegado sindical; g) respeitabilidade: toda revista deve respeitar a intimidade e a vida privada dos empregados, bem como a sua dignidade; revistas vexatórias, que colocam o empregado como suspeito, constrangedoras ou que ofendam sua honra ou sua imagem não são toleradas pelo nosso ordenamento jurídico.

Diante das violações ao direito à intimidade e à vida privada dos empregados, como as acima citadas, ou qualquer outra que se apresente abusiva ou desnecessária, possível a tutela individual ou coletiva dos trabalhadores na hipótese de eventual lesão a esse direito. A ação civil pública e as demais ações de cunho coletivo aparecem como instrumentos jurídico-processuais aptos a essa tutela.

Os sindicatos, como outros autores ideológicos, possuem legitimidade ativa para a propositura de ação civil pública, com vistas à obtenção de provimento jurisdicional que imponha ao empregador obrigações, de fazer ou não fazer, para obstar-se a existência de atos invasivos da vida privada e da intimidade dos empregados. Por exemplo,

(361) SIMÓN, Sandra Lia. *Op. cit.*, p. 147.

a entidade sindical pode pleitear a cessação de revistas íntimas em atividades em que não se observa a imprescindibilidade ou pleitear que seja adotado outro método de controle do empregador, se possível na atividade, ou, ainda, pleitear a observância de impessoalidade, com a adoção de determinados critérios objetivos, ou a identidade de gênero. Ainda em sede de ação civil pública, pode o legitimado requerer a retirada de aparelhos audiovisuais de lugares indevidos ou a cessação de gravações telefônicas em atividades não ligadas à segurança da empresa.

Como se observa, são várias as providências passíveis de constituir objeto de uma ação civil pública para a salvaguarda da vida privada, da intimidade e da honra dos trabalhadores, inclusive com possibilidade de se pleitear a reparação do dano moral coletivo ou difuso.

Além da ação civil pública, possui o sindicato legitimidade para a propositura de ação coletiva para a reparação do dano moral individual homogêneo.

2.8. Trabalho escravo

2.8.1. A escravidão na história

Sinteticamente, a escravidão pode ser definida como o "regime social de sujeição do homem e utilização de sua força, explorada para fins econômicos, como propriedade privada". Escravo, por sua vez, é aquele que "está sujeito a um senhor, como propriedade dele". Escravocrata é o partidário da escravatura, senhor, dono de escravos.(362)

Dados históricos fornecem notícias de que as primeiras civilizações que surgiram na região do Crescente Fértil (nordeste da África, as terras do corredor mediterrâneo e a Mesopotâmia) já faziam grande uso do trabalho de escravos.

Nos primórdios, a escravidão correspondia a um meio de subjugação de um povo por outro, como consequência direta das guerras que ocorriam entre as diversas tribos e povos. Na região da Mesopotâmia (berço das primeiras civilizações — sumérios, acádios, amoritas, assírios e caldeus), por exemplo, os diversos povos combatiam uns aos outros, sucedendo-se no domínio da região, com a escravização dos sucedidos.

Na Babilônia, os escravos compunham a última camada da população. O Código de Hamurabi já continha normas a respeito do trabalho escravo, como a limitação do tempo de trabalho dos escravizados por dívidas, asseguramento do direito de o escravo esposar a filha de um homem livre (o que lhe dava direito à herança nos matrimônios e a liberdade à sua prole).(363) O episódio mais notável de subjugação de um povo pelos neobabilônicos ficou conhecido como o "Cativeiro da Babilônia", período no qual, após a tomada de Jerusalém pelos neobabilônicos (caldeus), em 586 a. C., sob o comando do rei Nabucodonosor, os hebreus foram escravizados.

Egito, Grécia e Roma fizeram grande uso dessa instituição. Costumavam, por meio de práticas guerreiras, aprisionar os derrotados e utilizá-los como escravos na atividade agropecuária, na construção e nas funções domésticas.(364) Eram também escravos os nascidos de pais ou mães escravas.

No antigo Egito, a sociedade era dividida em dois grandes grupos: dos dominantes e dos dominados. Ao primeiro grupo pertenciam os nobres, os sacerdotes e os escribas; ao segundo, os artesãos, os felás (camponeses e os que trabalhavam em obras públicas) e os escravos. Os escravos eram compostos pelos prisioneiros capturados em guerra. Viviam em condições precárias, mas possuíam alguns direitos, como o casamento com pessoas livres, a possibilidade de propriedade de bens, capacidade de testemunhar em tribunais.

Na Grécia antiga, a escravidão foi largamente utilizada, iniciando-se já no período Homérico (séc. XV a séc. VIII a. C.) até o período Helenístico (séc. IV a séc. I a.C.), com a escravidão de prisioneiros de guerra. Na Grécia,

(362) FERREIRA, Aurélio Buarque de Holanda. *Op. cit.*, p. 800.

(363) OLIVEIRA, José César de. Formação histórica do direito do trabalho. In: BARROS, Alice Monteiro de (Org.). *Estudos em memória de Célio Goyatá*. 3. ed. rev. e ampl. São Paulo: LTr, 1997. v. 1. p. 45.

(364) SENTO-SÉ, Jairo Lins de Albuquerque. *Op. cit.*, p. 29.

desenvolveram-se as primeiras formas de escravidão por dívida entre os próprios membros da comunidade. Em Atenas, a maioria da população era formada por escravos que trabalhavam no campo, nas minas e nas oficinas. Embora considerados propriedades do seu senhor, já havia leis que os protegiam contra excessivos maus-tratos.

Em Roma, com a economia baseada no ruralismo, as propriedades eram cultivadas por escravos, estabelecendo-se uma relação de direito real entre o titular do direito (*dominus*) e o escravo (*res*). Nessa sociedade, o escravo não era considerado sujeito de direitos, mas objeto de direito (coisa), recaindo sobre ele o domínio do proprietário.

Com o advento do cristianismo, a escravidão foi amenizada por influência dos pensamentos religiosos de igualdade, fraternidade e solidariedade. Santo Agostinho e São Tomás de Aquino, embora não condenassem diretamente a escravidão, reclamavam tratamento digno e caridoso para os escravos.(365)

Na Idade Média, prevaleceu o regime da servidão. A descentralização política e a fragilidade do poder do Monarca possibilitaram a fixação do poder nas mãos dos senhores feudais, detentores da terra, que mantinham servos nas suas propriedades. A passagem do regime de escravidão para o de servidão foi lenta e gradual, a relação de domínio transferiu-se da pessoa para a propriedade; o servo não era considerado *res* como o escravo, mas pessoa, embora vinculado às glebas. Constituíam a maioria da população camponesa e eram também denominados *laboratores* (vocábulo latino que significa "trabalhadores").

Apesar de não serem considerados *res,* como ocorria outrora com os escravos, a situação dos servos não se distanciava muito dessa posição, pois eram considerados acessórios das terras pertencentes ao senhor feudal, às quais se vinculavam e ficavam sujeitos a diversas obrigações e restrições pessoais:

OBRIGAÇÕES E RESTRIÇÕES PESSOAIS DOS SERVOS	
Corveia	Trabalho compulsório em alguns dias da semana nas terras exclusivas (manso senhorial) do senhor feudal
Talha	Entrega de parte da produção ao nobre, geralmente um terço da produção
Banalidade	Tributo pela utilizaççao de instrumentos, equipamentos ou bens do feudo, como o moinho, o forno, o celeiro e as pontes
Capitação	Imposto pessoal pago por cada membro da família (per capta)
Dízimo ou tostão de Pedro	Entrega de 10% da produção à igreja, para manutenção da capela local
Formariage	Três obrigações servis: a) pagamento de uma taxa para auxiliar na realização do casamento do nobre ou de um parente deste; b) o casamento entre servos deveria ser aceito pelo suserano; c) o senhor poderia usufruir a noite de núpcias da serva recém-esposa com um serviçal (marido oficial)
Mão-morta	Taxa para permanecer no feudo da família servil, em caso do falecimento do pai ou da família
Albermagem	O servo deveria abrigar o senhor feudal quando este necessitasse por ocasião das suas viagens, com concessão de estada e alimentação

(365) SENTO-SÉ, Jairo Lins de Albuquerque. *Op. cit.*, p. 54.

Não somente de obrigações viviam os servos, estes tinham alguns direitos reconhecidos nesse período:

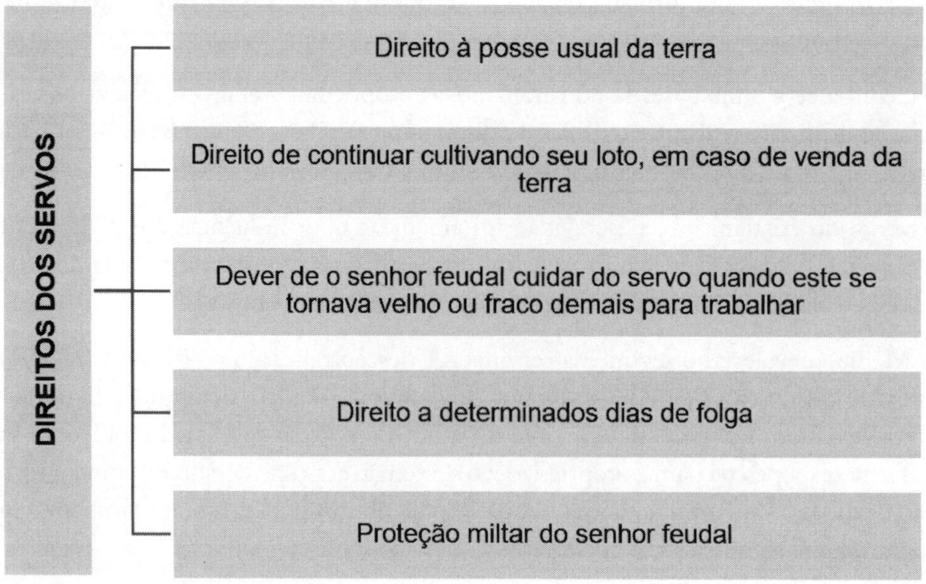

Nesta época, havia também um regime de escravidão paralelo ao servilismo; os senhores feudais aprisionavam os derrotados nas batalhas — principalmente os denominados bárbaros e os infiéis — e os comercializavam nos mercados de compra e venda de escravos.

Na realidade, "o trabalho servil era uma derivação do trabalho escravo, mudando apenas o eixo do domínio, uma vez que, enquanto no trabalho escravo era o senhor o dono daquele, no trabalho servil, o trabalhador era o servo da gleba".[(366)]

Na Idade Moderna, com o aparecimento das grandes navegações e o descobrimento de novos territórios, que propiciaram a expansão territorial das potências da época, verificou-se a escravização de negros levados da África para as novas terras da América, bem como o aprisionamento de indígenas por portugueses e espanhóis nas terras recém-descobertas. Tem-se o início do mercantilismo e do sistema colonial. Usufruíram desse sistema países como Portugal, Espanha, França, Holanda e Inglaterra.

O nascimento e o desenvolvimento do capitalismo mercantilista concederam um caráter motivacional para a escravidão na Idade Moderna totalmente diverso do que se verificou na Idade Antiga. Na Idade Moderna, a instituição da escravidão foi um instrumento de exploração para fins de lucro, por meio da obtenção de mão de obra barata, ao passo que na Antiguidade com a escravidão objetivava-se excluir o labor das condições de vida dos cidadãos.[(367)]

O uso da mão de obra escrava, na Idade Moderna, cumpria uma finalidade mercantilista: produzir para o mercado externo, em favor da metrópole. Essa fase da história humana marca também o nascimento de uma grande e lucrativa empresa escravizatória de dimensão mundial. Praticamente, todas as fases do processo de escravização tornaram-se atividades lucrativas (a captura, o tráfico e a compra e venda de escravos), dando à escravização uma institucionalização meramente capitalista e lucrativa.

---

(366) FERRARI, Irany; NASCIMENTO, Amauri Mascaro; MARTINS FILHO; Ives Gandra. *História do trabalho, do direito do trabalho e da justiça do trabalho*. São Paulo: LTr, 1998. p. 41.

(367) E, nesse ponto, vale considerar as observações de Hannah Arendt: "A opinião de que o labor e o trabalho eram ambos vistos com desdém na Antiguidade pelo fato de que somente os escravos os exerciam é um preconceito dos historiadores modernos. Os antigos raciocinavam de outra forma: achavam necessário ter escravos em virtude da natureza servil de todas as ocupações que servissem às necessidades de manutenção da vida. Precisamente por este motivo é que a instituição da escravidão era defendida e justificada. Laborar significava ser escravizado pela necessidade, escravidão esta inerente às condições da vida humana. Pelo fato de serem sujeitos às necessidades da vida, os homens só podiam conquistar a liberdade subjugando outros que eles, à força, submetiam à necessidade" (ARENDT, Hannah. *A condição humana*. 10. ed. Rio de Janeiro: Forense, 2000. p. 94).

Nos pontos de chegada, os escravos eram vendidos e utilizados nas mais diversas atividades (agricultura, mineração, serviços domésticos, artesanato etc.). Estavam sujeitos às mais diversas formas de castigo e torturas; excesso de trabalho, péssimas condições de higiene e saúde; baixíssimas expectativas de vida (muitos morriam depois de cinco a dez anos de trabalho).

Por causa da grande dominação em diversas regiões da África, Portugal foi o primeiro país da Idade Moderna a utilizar o comércio de escravos negros. Posteriormente, o tráfico negreiro foi mundialmente difundido pelos países mercantilistas. Cerca de 20 milhões de negros, segundo dados históricos, foram abrupta e violentamente retirados do continente africano, marcados com ferro em brasa, e transportados para as regiões coloniais, entre elas, o Brasil, que recebeu cerca de 4 milhões de negros africanos. De 20% a 40% dos negros morriam nos porões escuros e inóspitos dos navios negreiros (tumbeiros) durante as viagens.

Apenas na Idade Contemporânea, com a decadência do sistema colonial e o desenvolvimento do capitalismo industrial — que necessitava da expansão dos mercados consumidores, o que somente seria possível com a existência de trabalho assalariado nas nações ainda não desenvolvidas —, além das lutas dos negros pela sua liberdade, teve início a decadência do regime de escravidão das nações africanas. No Brasil, que também adotou este tipo de escravidão, sua abolição formal ocorreu em 1888, com a promulgação da Lei Áurea.

No entanto, ao contrário de outras formas de escravidão, a dos povos africanos marcou profundamente suas estruturas sociais e econômicas, que se fazem sentir até os dias atuais quando se compara seu grau de desenvolvimento econômico e social com o dos demais continentes. Os reflexos e o estigma da escravidão pairam sobre a população negra em qualquer continente em que se encontrem. Como aponta Fábio Konder Comparato, "O estigma da escravidão ancestral continua, até hoje, a marcar a alma das populações negras".[(368)]

A Idade Contemporânea teve início sob os influxos da universalização dos ideários burgueses da Revolução Francesa de 1789 e das ideias iluministas presentes na Constituição da independência dos Estados Unidos da América, embora a proscrição da escravidão dos negros, nesse país, adviesse somente após a Guerra da Secessão (1861-1865).

Em 26 de agosto de 1789, a Assembleia Nacional Francesa proclamou a célebre Declaração dos Direitos do Homem e do Cidadão, com premissas referentes à dignidade da pessoa humana, à liberdade e à igualdade dos cidadãos perante a lei, o direito à resistência e à opressão política, à liberdade de pensamento e de opinião.

Os princípios da igualdade, fraternidade e liberdade, a doutrina dos direitos humanos e as diversas formas de manifestação ressoaram por todo o mundo e contribuíram para a proscrição internacional da escravidão no período contemporâneo. No Congresso de Viena de 1815, essa prática foi contundentemente condenada. Em 1926, a Sociedade das Nações proclamou a Convenção sobre a Escravidão.

No presente estágio da humanidade, a escravidão, sob todas as suas formas, é refutada no mundo inteiro. A Declaração Universal do Homem estabelece que "ninguém será mantido em escravidão nem em servidão; a escravatura e o tráfico de escravos serão proibidos em todas as suas formas" (art. 4º).

Em seu art. 5º, declara que "Ninguém será submetido à tortura, nem a tratamento ou castigo cruel, desumano ou degradante", e também assinala, no art. 13, que "todo homem tem direito à liberdade de locomoção e residência dentro das fronteiras de cada Estado".

No mais, a própria Declaração consagra o livre direito à escolha do trabalho ao dispor que "toda pessoa tem direito ao trabalho, à livre escolha de seu trabalho e à proteção contra o desemprego" (art. 23, item 1).

A Convenção Americana sobre Direitos Humanos (1949) — Pacto de San José da Costa Rica —, proíbe as práticas da escravidão e da servidão, bem como as de trabalho forçado ou obrigatório.[(369)]

---

(368) COMPARATO, Fábio Konder. *A afirmação histórica dos direitos humanos*. São Paulo: Saraiva, 2003. p. 198.

(369) O art. 6º da Convenção está assim redigido: "Art. 6º Proibição da escravidão e da servidão. § 1º Ninguém será submetido à escravidão ou servidão, e tanto estas como o tráfico de escravos e o tráfico de mulheres são proibidos em todas as suas formas. § 2º Ninguém será constrangido a executar trabalho forçado ou obrigatório. Nos países em que se prescreve, para certos delitos, pena privativa de liberdade

A Convenção Suplementar das Nações Unidas sobre a Abolição da Escravidão, do Tráfico de Escravos e das Instituições e Práticas Semelhantes à Escravidão (1956), considera como escravidão a "situação ou condição decorrente do empenho, por parte do devedor, dos seus serviços pessoais ou dos de pessoas sob seu controle como garantia para uma dívida, se o valor desses serviços, razoavelmente avaliado, não for aplicado à liquidação da dívida, ou se a duração e a natureza desses serviços não forem, respectivamente, limitados e definidos" (art. 1º).

A Convenção n. 29 da OIT sobre Abolição do Trabalho Forçado (1930) utiliza as expressões "trabalho forçado" ou "trabalho obrigatório" para designar "todo trabalho ou serviço exigido de um indivíduo sob ameaça de qualquer penalidade e para o qual ele não se ofereceu de espontânea vontade" (art. 2º, item 1).[370] O Brasil, como os demais membros ratificadores dessa Convenção, obrigou-se a suprimir o emprego do trabalho forçado ou obrigatório sob todas as suas formas, no mais curto prazo possível (art. 1º, item 1).

A Convenção n. 105 da OIT sobre Abolição do Trabalho Forçado (1957) dispõe que "Qualquer membro da Organização Internacional do Trabalho que ratifique a presente convenção se compromete a suprimir o trabalho forçado ou obrigatório, e a não recorrer ao mesmo sob forma alguma: a) como medida de coerção, ou de educação política ou como sanção dirigida a pessoas que exprimam certas opiniões políticas, ou manifestem sua oposição ideológica à ordem política, social ou econômica estabelecida; b) como método de mobilização e de utilização da mão de obra para fins de desenvolvimento econômico; c) como punição por participação em greves; d) como medida de discriminação racial, social, nacional ou religiosa" (art. 1º).[371]

O Pacto Internacional dos Direitos Econômicos, Sociais e Culturais (1966) prescreve que os Estados-partes reconheçam o direito ao trabalho, que compreende o direito de toda pessoa de ter a possibilidade de ganhar a vida mediante um trabalho livremente escolhido ou aceito, e tomarão medidas apropriadas para salvaguardar esse direito (art. 6º, item 1).

Todas as normas internacionais citadas têm duas preocupações básicas: evitar a utilização de mão de obra servil ou escrava pelos Estados-membros, e impedir que estes permitam a adoção desse regime de trabalho em seu território, seja por autoridades públicas e governantes, seja por particulares e demais cidadãos.

No entanto, a proscrição internacional das diversas formas de escravidão, seguida de normas internas dos Estados, embora eficaz na erradicação da forma tradicional de escravidão, acabou por levar ao surgimento de

---

acompanhada de trabalhos forçados, esta disposição não pode ser interpretada no sentido de que proíbe o cumprimento da dita pena, imposta por juiz ou tribunal competente. O trabalho forçado não deve afetar a dignidade nem a capacidade física e intelectual do recluso. § 3º Não se consideram trabalhos forçados ou obrigatórios para efeitos deste artigo: a) trabalhos ou serviços normalmente exigidos de pessoa reclusa em cumprimento de sentença ou resolução formal expedida pela autoridade judiciária competente. Tais trabalhos ou serviços devem ser executados sob a vigilância e controle das autoridades públicas, e os indivíduos que os executarem não devem ser postos à disposição de particulares, companhias ou pessoas jurídicas de caráter privado; b) o serviço militar e, nos países onde se admite a isenção por motivos de consciência, o serviço nacional que a lei estabelecer em lugar daquele; c) o serviço imposto em casos de perigo ou calamidade que ameace a existência ou o bem-estar da comunidade; e d) o trabalho ou serviço que faça parte das obrigações cívicas normais".

(370) Pelo art. 2º, item 2, da Convenção não se compreende na expressão trabalho forçado ou obrigatório: a) qualquer trabalho ou serviço exigido em virtude de leis sobre o serviço militar obrigatório e que só compreenda trabalhos de caráter puramente militar; b) qualquer trabalho ou serviço que faça parte das obrigações cívicas normais dos cidadãos de um país plenamente autônomo; c) qualquer trabalho ou serviço exigido de um indivíduo como consequência de condenação pronunciada por decisão judiciária, contanto que esse trabalho ou serviço seja executado sob a fiscalização e o controle das autoridades públicas e que dito indivíduo não seja posto à disposição de particulares, companhias ou pessoas privadas; d) qualquer trabalho ou serviço exigido nos casos de força maior, isto é, em caso de guerra, de sinistro ou ameaças de sinistro, tais como incêndios, inundações, fome, tremores de terra, epidemias e epizootias, invasões de animais, de insetos ou de parasitas vegetais daninhos e em geral todas as circunstâncias que ponham em perigo a vida ou as condições normais de existência de toda ou de parte da população; e) pequenos trabalhos de uma comunidade, isto é, trabalhos executados no interesse direto da coletividade pelos membros desta, trabalhos que, como tais, podem ser considerados obrigações cívicas normais dos membros da coletividade, contanto que a própria população ou seus representantes diretos tenham o direito de se pronunciar sobre a necessidade desse trabalho.

(371) Ao que nos parece, num primeiro momento, a Convenção n. 105 da OIT tem uma preocupação imediata com a abolição do trabalho escravo, forçado ou obrigatório praticado por Estados-membros. Ao prescrever medidas diretas e imediatas para a abolição dessa espécie de trabalho por particulares no âmbito desses Estados, exige a tomada de providências por cada Estado ratificante da Convenção no combate às formas de escravidão praticadas em seu território também por particulares. Caso contrário, estar-se-ia abrindo uma fenda para o não cumprimento da aludida norma internacional.

formas dissimuladas de escravidão — servidão, casamento servil, tráfico de mulheres, crianças e adolescentes para exploração sexual —, destacando-se as situações de escravidão por dívidas, comumente verificadas na América Central, América Latina, África e sul da Ásia, cujas características são semelhantes às constatadas no Brasil, como veremos a seguir.

Todas essas modernas práticas escravizatórias substituem a ideia da propriedade juridicamente garantida sobre a pessoa de outrem — como na escravidão romana — pelo procedimento da posse fática e forçada, embasada na dissuasão pelo medo, sobre o corpo e a própria pessoa de indivíduos que se encontram em manifesta posição de inferioridade. Equivale à transformação da antiga figura do homem-coisa (escravo) — considerado a própria *res* — na do homem coisificado.

2.8.2. Formas de escravidão no Brasil contemporâneo

Como vimos, o Brasil iniciou suas atividades econômicas por meio da utilização da mão de obra escrava dos indígenas nativos e dos negros africanos trazidos ao nosso território pelos portugueses, vigorando o regime escravocrata até o final do século XIX, quando, em 1888, foi formalmente abolida a escravidão.(372)

Após três séculos e meio de escravidão formalmente admitida pelo nosso ordenamento jurídico, ainda são encontradas diversas formas de escravidão no Brasil dos dias atuais. Não deixamos de ser um país escravocrata. Uma escravocracia camuflada. Nos dias atuais, não somente os negros estão relegados à herança negativa da escravidão oficial, como também brancos, pobres, mulheres e crianças são submetidos a verdadeiros regimes escravocratas de trabalho nas mais diversas regiões do País; desde as mais industrializadas, como o Sul e o Sudeste, às menos desenvolvidas, como Norte e Nordeste.

Como adverte Jorge Luiz Souto Maior, "em quatro séculos e meio de história do Brasil, três séculos e meio foram marcados pela existência da escravidão", cuja influência se faz sentir até hoje na cultura nacional, por gerar a concepção de trabalho como algo que se possa obrigar o outro a fazer e que possibilita tratar as pessoas como mercadorias.(373)

Abeberando-se das palavras de Luis Felipe Alencastro, o autor elucida que essa situação nos legou "uma insensibilidade, uma espécie de descompromisso com a sorte das pessoas que se situam fora das classes mais favorecidas", está, ainda, atualmente, esse espírito escravista arraigado na cultura brasileira, seja na discriminação da mulher, seja na discriminação do negro e seus tratamentos desfavorecidos.(374)

Não são raras as veiculações de matérias na imprensa a respeito de lesões a direitos de trabalhadores rurais e a submissão dos mesmos às mais aviltantes condições de trabalho nos diversos pontos do país, como também a denúncia de subserviência do rurícola ao empregador em função de dívidas que contraiu no curso da relação de emprego.(375)

---

(372) "Lei n. 3.353, de 13 de maio de 1888. Declara Extinta a Escravidão no Brasil. A Princesa Imperial Regente, em nome de Sua Majestade o Imperador, o senhor D. Pedro II faz saber a todos os súditos do Império que a Assembleia Geral decretou e Ela sancionou a Lei seguinte: Art. 1º É declarada extinta desde a data desta lei a escravidão no Brasil. Art. 2º Revogam-se as disposições em contrário. Manda portanto a todas as autoridades, a quem o conhecimento e execução da referida Lei pertencer, que a cumpram e façam cumprir e guardar tão inteiramente como nela se contém. Dada no palácio do Rio de Janeiro, em 13 de maio de 1888, 67º da Independência e do Império. Princesa Regente Imperial". Formalmente, porque se tem notícias que em muitas regiões do Brasil a escravidão não foi imediatamente eliminada, seja pela resistência dos senhores de engenho, seja pela ausência de perspectiva dos negros, que, sem recursos, eram obrigados a trabalhar para seus antigos senhores. À elaboração da Lei Áurea não correspondeu uma mudança imediata de cultura e comportamento. Como assinala Irany Ferrari, "com a abolição, exigiu-se a elaboração de uma nova autoconcepção de *status* e papéis sociais por parte dos negros e mestiços, a formação de novos ideais e padrões de comportamento. Ela implicava também na mudança de comportamento do homem livre e branco diante do liberto, do negro não mais escravo. Impunha-se um novo ajustamento inter-racial. A súbita equiparação legal entre negros e brancos, em 1888, não destruiu de imediato o conjunto de valores que se elaborara durante o período colonial. Econômica, social e psicologicamente, os ajustamentos foram lentos" (FERRARI, Irany; NASCIMENTO, Amauri Mascaro; MARTINS FILHO; Ives Gandra. *Op. cit.*, p. 34).

(373) SOUTO MAIOR, Jorge Luiz. *O direito do trabalho como instrumento de justiça social*. São Paulo: LTr, 2000. p. 61.

(374) SOUTO MAIOR, Jorge Luiz. *Op. cit.*, p. 62-63.

(375) SENTO-SÉ, Jairo Lins de Albuquerque. *Op. cit.*, p. 16-17.

Atualmente, vários modos de proceder dão ensejo à existência do trabalho escravo, forçado ou obrigatório no Brasil:

a) a constrição da vontade inicial do trabalhador em se oferecer à prestação de serviços, sendo, por isso, constrangido à prestação de trabalhos forçados sem sequer emitir sentimento volitivo neste sentido (geralmente, esta situação ocorre com os filhos de trabalhadores sujeitos a trabalho escravo e seus familiares);

b) o aliciamento de trabalhadores em uma dada região com promessas de bom trabalho e salário em outras regiões, com a superveniente contração de dívidas de transportes, de equipamentos de trabalho, de moradia e alimentação, cujo pagamento se torna obrigatório e permanente, determinando a chamada escravidão por dívidas;

c) o trabalho efetuado sob ameaça de uma penalidade — como ameaças de morte com armas —, geralmente violadora da integridade física ou psicológica do empregado; modalidade que quase sempre segue a escravidão por dívidas;

d) a coação, pelos proprietários de oficinas de costuras em grandes centros urbanos — como São Paulo — de trabalhadores latinos pobres e sem perspectivas em seus países de origem — geralmente, bolivianos e paraguaios —, que ingressam irregularmente no Brasil. Os empregadores apropriam-se coativamente de sua documentação e os ameaçam de expulsão do país por meio de denúncias às autoridades competentes. Obstados de se locomoverem para outras localidades, diante da sua situação irregular, os trabalhadores submetem-se às mais vis condições de trabalho e de moradia (coletiva).

Independentemente da denominação adotada — "trabalho escravo contemporâneo", "escravidão por dívidas", "trabalho forçado", "trabalho obrigatório", "redução à condição análoga à de escravo", cujo estudo diferenciador e detalhado não é objeto deste trabalho —, em todas as hipóteses levantadas, constatamos flagrantemente a sempre presença de vícios de vontade, seja no início da arregimentação do trabalhador, no começo da prestação de serviços, no curso da relação de trabalho e até mesmo por ocasião do seu término. Os mais diversos métodos de coação física, moral e psicológica, simulação, fraude, dolo, indução a erro, violência física e uso de armas, são empregados para cercear a vontade do empregado e obrigá-lo à prestação de serviços contra a sua vontade.

Além da posse fática exercida sobre a própria pessoa subjugada e dos vícios de vontade, uma outra característica marca todos esses movimentos: a atividade desempenhada pelo trabalhador não transfere a quem dela se beneficia somente sua força de trabalho *(labor)*, como sói acontecer nas tradicionais formas contratuais de trabalho, mas consome a própria pessoa do trabalhador, sua energia e seu corpo; desgasta-o; desfalece-o; retira sua vida.

Não se trata, evidentemente, de relações juridicamente caracterizadas como de trabalho, e muito menos de emprego, nelas não se encontra o *homo faber*, no sentido expresso por Hannah Arendt, como aquele que cria ao trabalhar sobre os materiais, mas algo próximo do seu *animal laborans*, na medida em que o *homo* se mistura com os materiais por ele mesmo utilizados, consoante o restrito e contextualizado significado com o qual o estamos empregando e com a diferença fundamental de que para Arendt o *animal laborans* é servo da natureza e da terra e, no nosso contexto, ele se apresenta como subjugado às vontades de outrem.

2.8.3. A específica escravidão por dívidas no Brasil

O modo peculiar e mais conhecido de forma escravizatória no Brasil contemporâneo é a denominada escravidão por dívidas, instituto há muito conhecido na história da humanidade e largamente utilizado nas diversas épocas da história do nosso país.

A escravidão por dívidas é conhecida desde a Babilônia. Na Grécia Antiga, ela desenvolveu-se, no período Homérico, ao lado da escravidão dos prisioneiros de guerra, para atingir diretamente os próprios membros da comunidade. Em Atenas, foi largamente utilizada. A concentração fundiária nas mãos dos nobres atenienses empobrecia os pequenos proprietários e aumentava as suas dívidas. Diante da insuficiência de recursos dos devedores, os nobres passaram a apoderar-se das próprias pessoas dos devedores, tornando-se seus proprietários e transformando-os em escravos. Para sanar dívidas, também era comum os pais venderem seus filhos ou filhas considerados rebeldes, ato comum em sociedades patriarcais. Somente com a legislação de Sólon os cidadãos transformados em escravos foram oficialmente libertados.

Na Roma Antiga, tornou-se comum a escravização dos plebeus (homens livres, sem *status* de cidadãos, que se dedicavam ao comércio, ao artesanato e ao trabalho agrícola) por dívidas contraídas junto aos Patrícios (cidadãos romanos, grandes proprietários de terras, rebanhos e escravos). Sua proibição oficial ocorreu por volta de 366 a.C., quando foi editada uma lei que proibia a escravidão de romanos por dívidas.

No Brasil, a escravidão por dívidas tem existência no período do colonato; os colonos que chegaram ao Brasil em 1853 eram sujeitos à escravidão por dívidas. Conforme a descrição que Irany Ferrari extrai da obra "Memórias de um Colono no Brasil", do suíço Thomaz Davatz, o procedimento ocorria de modo semelhante ao abaixo transcrito:

> "os colonos recebiam dinheiro adiantado para a viagem de Hamburgo a Santos e deste porto à Fazenda Ibicaba, no Município de Limeira, de propriedade de Vergueiro & Cia. Esse adiantamento já era o começo de uma dívida que deveria ser reembolsada, acrescida dos juros legais.
>
> A essa primeira dívida acrescentava-se uma segunda, relativa à comissão que tinham os colonos, suas mulheres e seus filhos que pagar pelo contrato e pelo que nem sequer constava no contrato. Consta que tal comissão se destinava a pagar os agentes da empresa, na Europa.
>
> Ao desembarcarem, eram trancados em um pátio enorme. Depois de paga ou garantida a dívida dos colonos (dinheiro da passagem mais comissão), o colono era destinado a outro proprietário, caso não ficasse para trabalhar na firma Vergueiro & Cia. Aí, então, compreendia que tinha sido comprado, como se fosse uma mercadoria. E quando o colono era destinado a outro proprietário? Exatamente quando não tinha podido saldar sua dívida com Vergueiro & Cia."[(376)]

Nos dias atuais, a escravidão por dívidas tem sido a vitrina mais visível dos diversos modos de escravidão presentes em nossa sociedade. Jairo Lins de Albuquerque Sento-Sé descreve minuciosamente[(377)] como se verifica a escravidão por dívidas em nosso país. Segundo sua narrativa, a qual sintetizamos e simplificamos, o procedimento, em geral, ocorre da seguinte forma:

> a) o empregado recebe uma proposta de emprego bastante tentadora para trabalhar em um determinado local, normalmente muito distante de sua cidade natal;
>
> b) são-lhe oferecidos salários atraentes e feitas promessas de melhores condições de vida;
>
> c) a tarefa de arregimentação e recrutamento da mão de obra é realizada por empreiteiros, "gatos", "zangões" ou "turmeiros"; geralmente meros prepostos dos empregadores rurais;
>
> d) os "gatos" não exigem qualquer documento de identificação ou Carteira de Trabalho dos trabalhadores, mas, quando apresentado algum documento, eles o retêm para criar um vínculo de dependência entre o trabalhador e o suposto empreiteiro;
>
> e) o arregimentador geralmente adianta uma pequena quantia em dinheiro para o trabalhador satisfazer as suas necessidades básicas e as de sua família. Este não sabe que é a sua primeira dívida perante o empregador; início do débito que o reduzirá à escravidão;

(376) FERRARI, Irany; NASCIMENTO, Amauri Mascaro; MARTINS FILHO; Ives Gandra. *Op. cit.*, p. 39.

(377) SENTO-SÉ, Jairo Lins de Albuquerque. *Op. cit.*, *passim*.

f) quando inicia o trabalho, o trabalhador percebe o engodo em que foi envolvido; o empregador o submete a uma jornada de trabalho insuportável; o pagamento é quase todo feito *in natura* — alimentos e vestuário adquiridos nos barracões do empregador —, e o débito para com o patrão vai aumentando de tal maneira que o valor que ele tem a receber não é suficiente para saldar a sua dívida;

g) muitas vezes, como forma de aliciar os trabalhadores, o futuro empregador quita a dívida desses com as pensões onde permanecem nos períodos de entressafra;

h) a dívida aumenta vertiginosamente no local de serviço. Ao chegarem ao seu destino, os trabalhadores recebem os equipamentos essenciais para realizar seu trabalho (como facão, facas, botas, chapéu etc.), juntamente com aqueles fundamentais para a sua sobrevivência (rede de dormir, panelas, mantimentos, lonas para barraca e outros), todos cobrados pelo empregador a preços superiores aos do mercado;

i) os gêneros alimentícios de primeira necessidade são vendidos pelo próprio proprietário rural em sua fazenda a preços acima dos de mercado e descontados do salário do obreiro ao final do mês. É o chamado sistema de barracão ou *truck system*. Por ser uma pessoa de pouco discernimento, muitas vezes, analfabeta, o trabalhador perde totalmente o controle do valor da dívida e é facilmente ludibriado pelo credor;

j) sob a justificativa de não ter sido quitado todo o débito, o empregado é coagido pelo fazendeiro e obrigado a prestar serviços mesmo contra a sua vontade;

k) quando decide abandonar o emprego, o trabalhador é coagido a manter a relação de trabalho;

l) advém coação física e detenção ilegal de documentos.

Como se percebe, apesar de o Brasil ter uma das legislações mais avançadas no concernente à proteção do salário e da remuneração do trabalho, dedicando todo o Capítulo II do Título IV da CLT para a disciplina da matéria, além de outras normas esparsas, a constrição do salário dos trabalhadores e o seu controle por meio das dívidas por estes contraídas constituem as formas preferidas pelos escravagistas para coagi-los à prestação forçada de serviços.

Várias são as normas de proteção ao trabalho violadas pelas práticas acima enunciadas. O pagamento ao empregado, quando feito, o é com drástica redução, em virtude dos descontos pelo fornecimento de instrumentos de trabalho, moradia e gêneros alimentícios; isto, quando ele não é direcionado diretamente para os donos de pensões para pagamento da estada dos trabalhadores no período de entressafra, de modo que nada, ou quase nada, sobra, verdadeiramente, ao empregado.

Tais procedimentos ferem os princípios da pessoalidade do salário (art. 464, CLT), da intangibilidade do salário (art. 462, *caput*, CLT), da irredutibilidade do salário (art. 7º, VI, CF/1988) e, principalmente, a vedação à prática do *truck system* (art. 462, §§ 2º e 3º, CLT) e a determinação do pagamento da prestação em espécie do salário em moeda corrente do país (art. 463, CLT).

No caso específico da escravização no meio rural, há ainda violação aos dispositivos da Lei n. 5.889/73, que estatui normas reguladoras do trabalho rural, que, *mutatis mutandis*, consagram os mesmos princípios da legislação consolidada. Não tem sido incomum proprietários rurais camuflarem o regime de trabalho forçado ou de redução à condição análoga à de escravo com a figura do arrendamento. Esta dissimulação possui uma justificativa histórica, pois o arrendamento, juridicamente previsto em nosso ordenamento, é a forma contratual que mais se aproxima do regime de servidão, sendo exatamente o regime de trabalho que passou a ser imposto aos servos da gleba no início da decadência do regime da servidão.

Além das normas trabalhistas infligidas, as condutas descritas tipificam os crimes definidos no Código Penal, em seu art. 149 (redução de alguém à condição análoga à de escravo); art. 203 (frustração de direitos trabalhistas mediante fraude ou violência); art. 132, parágrafo único (exposição da vida ou da saúde de outrem a perigo direto e iminente decorrente do transporte em condições ilegais); e art. 207 (aliciamento de trabalhadores, com o fim de levá-los de uma para outra localidade do território nacional).

Essa famigerada prática também afronta os preceitos da Convenção n. 95 da OIT sobre Proteção ao Salário (1949).(378)

O trabalhador envolvido nessa situação é privado da sua condição de ser humano, deixa de ser um destinatário dos bens e produtos por ele produzidos para assumir a condição de instrumento de trabalho. Perde sua dignidade, sua imagem e, não raramente, sua própria identidade, uma vez que se vê desprovido até de laços de família e dos valores de cidadania. Seu trabalho perde o valor social e humano estampado no art. 1º da CF/1988.

Essa prática viola várias cláusulas pétreas asseguradoras de direitos fundamentais contidas na nossa Carta Política, especificamente a não permissão da imposição de pena de morte, de caráter perpétuo, de trabalhos forçados, de banimento e tratamentos cruéis (art. 5º, XVII, CF/1988), e um Estado que permite essa prática por particulares está, de toda forma, descumprindo o preceito constitucional, a cuja observância ele está, indubitavelmente, obrigado.

Em decorrência da mudança radical de localidade, desenvolve-se um processo de desestruturação das famílias dos trabalhadores submetidos a estas condições, pois, guardadas as devidas proporções, da mesma maneira que houve o deslocamento de escravos negros africanos para as terras americanas, há um deslocamento de trabalhadores rurais de um Estado para outro dentro do território brasileiro, ou dentro de Estados territorialmente grandes, como Pará, Amapá, Mato Grosso do Sul etc. Aliciados com propostas de emprego e moradia, eles deixam seus locais de residência e suas famílias para se estabelecerem nas propriedades dos contratantes, terminando como escravos destes.

Os trabalhadores submetidos a essa forma de trabalho forçado, além do desprezo da sua vontade, ficam submetidos aos mais diversos tipos de castigos físicos e psicológicos: a) eles e seus familiares, principalmente seus filhos, são privados do acesso às escolas; b) desfazimento dos vínculos conjugais e familiares; c) sujeição à contração de moléstias contagiosas e doenças endêmicas, além daquelas decorrentes da prestação de serviços em condições subumanas; d) jornadas de trabalho sobre-humanas, sem alimentação condigna; e) inexistência de repousos semanais remunerados; f) apreensão de seus documentos e dos de seus familiares; g) desamparo ao sofrer algum acidente do trabalho ou doença profissional que os deixem incapacitados, transitória ou permanentemente, para o trabalho; h) não adaptação ao clima ou condições de alimentação dos lugares para os quais foram levados para trabalhar; i) condições subumanas de higiene e de *habitat*; sem alojamentos dignos, inexistência de água potável, ausência de serviços médicos; j) desamparo da família em caso de morte ou doença do trabalhador; k) perda da identidade como pessoa humana; l) baixa expectativa de vida; m) escravização de filhos e familiares; n) punições e maus-tratos físicos e psicológicos; o) altos índices de acidentes de trabalho, muitas vezes, com ocorrência de mutilações e/ou mortes.

A descrição do trabalho escravo contemporâneo assemelha-se em muito ao trabalho escravo da época colonial. Ao trocar-se a figura do senhor de engenho pela do fazendeiro e a do feitor pela do gato ou capataz, as similaridades são gritantes, como se extrai da descrição de Gilberto Cotrim:

> "sob a fiscalização do feitor, o negro era obrigado a trabalhar, em média, 15 horas por dia. Além disso, caso desobedecesse as ordens, sofria vários tipos de castigo e torturas: chicotadas, queimaduras, prisão em calabouço etc.
>
> O excesso de trabalho, a má alimentação, as péssimas condições de higiene, os castigos acabavam deteriorando rapidamente a saúde do escravo. A maioria morria depois de cinco a dez anos de trabalho."(379)

---

(378) Aprovada no Brasil por meio do Decreto Legislativo n. 24, de 29.5.1996.

(379) COTRIM, Gilberto. *História global*: Brasil e geral. 5. ed. São Paulo: Saraiva, 1999. p. 212.

2.8.4. Transindividualidade dos danos decorrentes de práticas escravizatórias

Escravizar um indivíduo equivale à escravização de toda a nação. Dessa simples e profunda assertiva extrai-se a natureza difusa das práticas escravizatórias. A proibição da escravidão é um direito de toda a sociedade e, quiçá, da humanidade, como expressam as declarações internacionais. Os titulares desse direito são indeterminados e espraiam-se por toda a sociedade — a mera circunstância fática de se localizar no território brasileiro deixa o indivíduo protegido contra a escravidão — proteção *erga omnes*. Sua natureza é indivisível, o usufruto por um indivíduo não obsta o gozo por outros, e a violação em relação a uma pessoa equivale à violação total do direito. É insuscetível, por isso, de disposição coletiva ou individual, de sorte que a ninguém, ainda que volitivamente, é dado submeter-se a práticas escravizatórias, pois sua esfera de repercussão atinge toda a sociedade, isto é, transcende a mera esfera individual.(380)

Escravizar é violar direitos fundamentais e difusos da sociedade, consagrados na CF/1988, entre os quais se destacam: a dignidade da pessoa humana (art. 1º, III); os valores sociais do trabalho e da livre-iniciativa (art. 1º, IV); a inviolabilidade do direito à vida, à liberdade, à igualdade, à segurança (art. 5º, *caput*); a construção de uma sociedade livre, justa e solidária (art. 3º, I); o princípio da legalidade (art. 5º, II); não submissão à tortura ou a tratamento desumano ou degradante (art. 5º, III); a inviolabilidade da intimidade, da vida privada, da honra e da imagem (art. 5º, X); a liberdade de exercício de trabalho, ofício ou profissão (art. 5º, XIII); a liberdade de locomoção (art. 5º, XV); a função social da propriedade (art. 5º, XXIII); a proibição de imposição de pena de trabalhos forçados e cruéis (art. 5º, XLVI); a proibição de prisão civil por dívida (art. 5º, LXVII).

Torna-se evidente, e nem merece maiores apreciações no bojo deste trabalho, que se a própria pessoa subjugada a essas práticas não têm reconhecidas sua liberdade e dignidade, todas essas formas de trabalho forçado vêm acompanhadas da submissão dos trabalhadores às mais vis e desumanas condições de trabalho. Por elas também são violados direitos coletivos dos trabalhadores, como a salubridade do meio ambiente e a proteção à saúde, dentre outros, além de diversos interesses individuais homogêneos, já que acompanha esses métodos a não satisfação de uma série de direitos trabalhistas, que, por decorrerem de uma origem comum, revestem-se de homogeneidade, de modo que propiciem a sua tutela processual conjunta. Entre os diversos direitos individuais lesados, destacam-se: o não pagamento dos salários integrais; não pagamento do 13º salário, das férias e dos repousos semanais remunerados, e suas respectivas concessões, e todos os demais títulos decorrentes de uma relação de trabalho.

Além desses efeitos, essas práticas dão ensejo à reparação por danos morais em três esferas distintas: dano moral difuso (à imagem da sociedade); dano moral coletivo (do grupo globalmente considerado); e dano moral individual homogêneo (correspondente aos danos sofridos de forma pessoal por trabalhador encontrado na situação em comento), cujas reparações possuem finalidades distintas e independentes, sendo, por isso, específicas e, assim, passíveis de serem exigidas concomitantemente.

Não têm sido poucas as atuações do Ministério Público do Trabalho, da Polícia Federal e dos Auditores do Ministério do Trabalho na batalha contra a proliferação do trabalho escravo no Brasil, com a propositura de ações civis públicas, fiscalizações e fechamento de fazendas, detenção de escravagistas e outras medidas que ainda não se tornaram suficientes, em virtude da extensão territorial do nosso país e da dificuldade desses órgãos de adentrar aos cantões em que se verificam essas práticas odiosas. Diante da extensão e da gravidade dos fatos, o art. 149 do Código Penal passou a capitular o crime de "redução à condição análoga a de escravo" (alteração dada Lei n. 10.803/2003).

A necessidade premente de uma atuação da sociedade civil invoca a atuação das entidades sindicais no combate a esta forma de exploração do trabalho humano, e aqui, mais uma vez, entendemos cabível a utilização

(380) A inalienabilidade da pessoa humana já era normativamente expressa na Declaração de Direitos do Homem e do Cidadão da Constituição Francesa de 1793. "Art. 18. Todo homem pode empenhar seus serviços e tempo; mas não pode vender a si próprio nem ser vendido; sua pessoa não é propriedade alienável. A lei não reconhece a domesticidade; somente pode existir uma obrigação de cuidados e de reconhecimento, entre o homem que trabalha e o que emprega".

dos diversos instrumentos jurídicos de tutela dos interesses transindividuais dos trabalhadores (LACP e CDC), podendo as entidades sindicais fazer uso da ação civil pública em face de certo "escravizador" (empregador) para a cessação das práticas escravizantes em determinada localidade, bem como de atos de aliciamento, denunciando-os ao Ministério Público Federal para a tomada de providências quanto à responsabilização criminal. Poderá, outrossim, ingressar, cumulativamente, na mesma lide ou em ação coletiva autônoma para a defesa de interesses individuais homogêneos, como o pagamento dos seus haveres trabalhistas e dos danos morais individualmente sofridos, sem prejuízo da reparação pelos danos morais coletivos.

2.9. Coação de trabalhadores e "listas negras"

O termo "coação" é originário do latim *coactio*, de *cogere*, que significa constranger, obrigar, violentar. Juridicamente, possui dois significados distintos: a) na anatomia de um direito, indica os meios de que dispõe o titular de um direito de avocar a proteção legal ao bem objeto do seu direito; b) com o significado de constrangimento, exprime a ação, geralmente violenta, conduzida por uma pessoa contra outra, a fim de diminuir a sua vontade ou de obstar a sua livre manifestação e obrigá-la à prática de determinado ato desejado pelo coator e, em princípio, não desejado pela pessoa que sofre a ação.(381)

Segundo Alexandre Agra Belmonte, a "coação é a ameaça fundada, de dano físico ou moral, atual ou futuro, feita a uma pessoa em relação a ela própria, à sua família ou patrimônio, no intuito de que aquela pratique ou deixe de praticar determinado ato, como de interesse ou desejo do coator".(382)

Reconhece-se a existência de duas espécies de coação: a física *(vis absoluta)* e a moral *(vis compulsiva)*. A coação física se caracteriza pelo exercício da força e da violência de uma pessoa contra outra, impossibilitando-a de resistir ao constrangimento e obrigando-a a anuir com determinado comportamento do coator ou praticar atos por este desejados. A coação moral, por sua vez, resulta da prática da intimidação ou da ameaça pelo coator em face do coagido, de modo que este, como na coação física, anua com determinado procedimento ou pratique certo ato.

Trata-se de um dos vícios de consentimento do negócio jurídico: uma constrição da vontade humana, substrato para existência ou validade de todo negócio jurídico (art. 151 a 155, CCB). A coação física, que constrange o coagido à pratica do ato, leva à nulidade do ato jurídico praticado, em virtude da total ausência de manifestação de vontade, de consentimento. Já a coação moral geralmente figura como mero vício de consentimento. No primeiro caso, o ato jurídico seria nulo ou inexistente por lhe faltar um elemento essencial; no segundo, a prática do ato pode ser declarada nula, por configurar um vício de vontade.(383)

A coação, para viciar a manifestação da vontade, há de ser tal que incuta ao paciente fundado temor de dano à sua pessoa, à sua família, ou a seus bens, iminente e igual, pelo menos, ao receável do ato extorquido (art. 151, CCB).

São pressupostos para o reconhecimento da coação: "a) que a ameaça seja causa do ato; b) que ela seja grave; c) que ela seja injusta; d) que ela seja atual ou iminente; e) que traga justo receio de um prejuízo igual, pelo menos, ao decorrente do ato extorquido; f) que o prejuízo recaia sobre a pessoa ou os bens do paciente, ou pessoa de sua família".(384)

Estes fatos têm se tornado comuns nas hipóteses de ações de cumprimento propostas pelos sindicatos da categoria para o asseguramento de diversos direitos dos trabalhadores. Trata-se de substituição processual dos trabalhadores pela entidade sindical, permitida pelo art. 872 da CLT.

---

(381) SILVA, Oscar José de Plácido e. *Op. cit.*, p. 175.

(382) BELMONTE, Alexandre Agra. *Instituições civis no direito do trabalho*. Rio de Janeiro: Renovar, 1994. p. 123.

(383) RODRIGUES, Silvio. *Direito civil*: parte geral. 27. ed. São Paulo: Saraiva, 1997. v. 1. p. 199.

(384) RODRIGUES, Silvio. *Direito civil*: parte geral. 27. ed. São Paulo: Saraiva, 1997. v. 1. p. 199.- 200.

Não raro, entidades sindicais ou magistrados do trabalho formulam denúncias perante o Ministério Público do Trabalho, descrevendo a ocorrência de desistência em massa de trabalhadores de ações de cumprimento propostas em seu benefício, pela entidade profissional, em virtude de coação moral de seu empregador.

A prática ocorre do seguinte modo: a) em face da lesão pelo empregador de algum direito dos trabalhadores previsto em norma coletiva da categoria, o sindicato representativo da respectiva categoria ingressa com ação de cumprimento para a garantia de usufruto do direito lesado; b) o empregador, a fim de obstar os efeitos de eventual decisão judicial que lhe poderá ser desfavorável, redige uma série de petições de desistência e as entrega aos empregados substituídos processualmente na ação movida pelo sindicato; c) diante da recusa de algum empregado, o empregador o ameaça com a despedida; d) os empregados, diante da coação sofrida, assinam as petições que são entregues em juízo.

A ação de cumprimento é um instrumento processual típico para a salvaguarda de interesses transindividuais dos trabalhadores. A propositura da ação pelo sindicato em nome dos trabalhadores — substituição processual — visa exatamente à despersonalização dos empregados, a fim de evitar pressões, represálias, retaliações, dispensas e punições, diretas ou indiretas, dos substituídos. Este caráter despersonalizador da ação de cumprimento é de fundamental importância no campo de relações jurídicas continuativas ou de trato sucessivo, como as relações de trabalho, à medida que assegura a exigibilidade judicial de direitos sem a cessação da relação jurídica de direito material.

O empregador, no entanto, aproveitando-se do estado de dependência do empregado, obriga-o a desistir da ação proposta. Além de esvaziar o objetivo da substituição processual no campo do direito do trabalho, tal prática constitui afronta ao princípio da inafastabilidade da jurisdição, insculpido no art. 5º, XXXV, CF/1988.

Também é cada vez mais comum a represália a empregados, contratados por empresa prestadora de serviços, por mover ação contra a tomadora ou a prestadora. Geralmente, a empresa tomadora exige a imediata desistência das ações propostas pelos empregados da empresa prestadora contra esta ou mesmo em face da tomadora. As práticas de coação são as mesmas intentadas contra os empregados substituídos e demonstradas anteriormente, acrescendo o pedido de substituição do empregado da empresa prestadora por outro, que não tenha promovido qualquer ação.

São vários os casos de ofensa ao princípio constitucional da inafastabilidade da jurisdição como: a) proibição de propositura de ação trabalhista contra a empresa, sob pena de dispensa; b) fixação, como critério para ascensão funcional, de inexistência de qualquer ação trabalhista contra o empregador; c) organização de listas negras, contendo os nomes de trabalhadores que demandam ou demandaram contra um ou mais empregadores de determinada categoria econômica, com a veiculação de tais informações por entre empresas e obstaculização do preenchimento de posto de trabalho por quem nela estiver incluído; d) destituição de cargos de confiança por empregados que se sabe serem autores de demanda contra a empresa.[385]

O abuso de direito é praticado com tal naturalidade, que muitas empresas preveem em seus regulamentos internos a não contratação de candidatos ao emprego que tenham movido ações contra a empresa, ou o afastamento ou dispensa daqueles, já empregados, que as propõem, como também a não contratação por empresas que lhe queiram prestar serviços terceirizados de autores de demandas judiciais contra as respectivas tomadoras.

Ante a existência de norma interna da empresa que assim disponha, tanto o sindicato profissional, como o Ministério Público do Trabalho e as associações são partes legítimas para, conjunta ou separadamente, instar, por meio de ação civil pública, o Juiz do Trabalho à emissão de provimento judicial cancelador da absurda exigência, com a fixação *initio litis* de multa liminar diária para a eventualidade de insistir-se com a famigerada conduta.[386]

(385) SILVA NETO, Manoel Jorge e. *Op. cit.*, p. 131.

(386) SILVA NETO, Manoel Jorge e. *Op. cit.*, p. 131.

Há, outrossim, um rol de práticas coativas atentatórias dos princípios da liberdade sindical dos trabalhadores. As liberdades mais violadas são: a) a de aderir a um sindicato; b) a de permanecer filiado a um sindicato; c) a das relações entre o sindicalizado e o sindicato profissional; d) a de exercício do direito sindical em relação à empresa; e) a do exercício do direito sindical em relação à profissão.

Trabalhadores são coagidos a se desfiliar da entidade sindical representativa da categoria. O empregador, semelhantemente aos casos de coação para a desistência de ações de cumprimento, a fim de obstar o fortalecimento do sindicato e impor a convenção ou acordo coletivo que lhe é favorável, elabora e distribui para os empregados formulários de desfiliação para serem por estes preenchidos e assinados. Aqueles que se recusam a assiná-los são ameaçados com punições, dispensas ou qualquer outro tipo de represália. Os empregados, diante da coação sofrida, preenchem e assinam os formulários que são entregues à entidade sindical correspondente.

Essa ofensa à liberdade sindical dos trabalhadores é prática que remonta aos primórdios da Revolução Industrial e às origens dos sindicatos. Constitui plena e direta violação ao direito de associação sindical consagrado no art. 8º, V, CF/1988 e do princípio da legalidade cristalizado no art. 5º, II, CF/1988. Não raro o empregador, após a desfiliação coagida dos empregados impõe-lhes um determinado acordo coletivo, sem a participação da entidade sindical, infringindo a norma do art. 8º, III, CF/1988, segundo a qual "ao sindicato cabe a defesa dos direitos e interesses coletivos ou individuais da categoria, inclusive em questões judiciais ou administrativas", transgredindo o inciso VI da aludida norma que determina a participação obrigatória dos sindicatos nas negociações coletivas de trabalho.

Consoante o art. 5º, XLI, CF/1988, que preceitua a punição por lei de qualquer discriminação atentatória dos direitos e liberdades fundamentais, o art. 199 do Código Penal prevê o crime de "atentado contra a liberdade de associação", em cujo tipo legal se enquadram os atos de coação dos empregadores com o objetivo de perpetrar a desfiliação sindical em massa de seus empregados.[(387)]

São várias as hipóteses de coação perpetrada por empregador com o intuito de frustrar o gozo de diversos direitos, trabalhistas ou de outras espécies. Citamos aqui as hipóteses que verificamos com maior ocorrência na práxis. Não se pode olvidar que esses procedimentos coativos constituem ofensa a direitos transindividuais dos trabalhadores, ainda que praticados contra um só deles, por ser lesão que aflige a comunidade dos trabalhadores, o que enseja a atuação do Ministério Público e das entidades sindicais para a salvaguarda desses interesses.

2.10. Assédio moral nas relações de trabalho: uma análise jurídico-psicanalítica

2.10.1. Denominação e etimologia

O vocábulo assédio (derivado do latim obsidiu, obsidere — pôr em diante, sitiar, atacar) significa cerco posto a um reduto para tomá-lo; sítio, insistência importuna junto de alguém, com perguntas, propostas, pretensões etc.[(388)] Assediar, por sua vez, consiste em por assédio ou cerco a (praça ou lugar fortificado); perseguir com insistência; importunar; molestar, com perguntas ou pretensões insistentes; assaltar.[(389)]

A expressão assédio moral, também conhecido como "terror psicológico", tem correlato no vocábulo bullying (Inglaterra), mobbing (Inglaterra, Alemanha, Itália — verbo to mob: cercar, agredir, assediar), harassment (Estados Unidos), ijime (Japão), harcèlement moral (França), acoso laboral ou acoso moral (Espanha), molestie morali, molestie psicologiche ou terrore psicologico (Itália), coacção moral (Portugal).

O psiquiatra e psicólogo alemão Heinz Leymann, radicado na Suécia, foi o pioneiro, na década de 1980, nos estudos concentrados na questão do assédio moral no âmbito das organizações. Leymann introduziu o conceito de

(387) "Art. 199. Constranger alguém, mediante violência ou grave ameaça, a participar ou deixar de participar de determinado sindicato ou associação profissional: Pena — detenção, de 1 (um) mês a 1 (um) ano, e multa, além da pena correspondente à violência."

(388) FERREIRA, Aurélio Buarque de Holanda. *Op. cit.*, p. 213.

(389) *Idem, ibidem*, p. 212.

mobbing na literatura psicolaboral a partir dos estudos da situação de um certo grupo de enfermeiros que tinham cometido ou tentado cometer suicídios em virtude de fatos ou situações relacionados ao local de trabalho.

O termo mobbing possui origem na etologia, ciência criada pelos austríacos Karl Von Frisch e Konrad Lorenz e pelo holandês Nikolas Tinbergen, cujo objeto é o estudo comparado dos hábitos e comportamento dos animais. O termo foi concebido pelo etólogo Konrad Lorenz para se referir ao comportamento de determinados animais que adotam uma conduta grupal defensiva e continuada em face de um intruso ou inimigo comum, o qual é conhecido por mobbing.

O mobbing foi comumente verificado no comportamento hostil e continuado de determinados pássaros em face de uma outra ave (frequentemente uma ave de rapina), tendo como resultado a fuga ou a morte desta última. Leymann registrou o evento no mundo animal e o aplicou ao comportamento humano nas organizações.

Nos anos 1960, o médico sueco Perterson Paul Heinemann empregou o termo *mobbing* para descrever o comportamento hostil nas escolas de crianças ou grupo delas em relação a outras crianças. Na Inglaterra, esta situação envolvendo crianças era comumente qualificada de bullying, derivado do verbo to bully (desumanidade, grosseria), de bully (pessoa grosseira, tirânica, que ataca os mais fracos).[(390)]

Embora os termos sejam utilizados indistintamente, Marie-France Hirigoyen assinala algumas diferenças semânticas. Mobbing estaria mais relacionado a perseguições coletivas ou violência própria das organizações, cujos desvios podem resultar em violência física. Bullying teria maior amplitude que mobbing, com maior referência às ofensas individuais que à violência organizacional, referindo-se a chacotas, isolamento e até condutas abusivas com conotações sexuais ou agressões físicas. O assédio moral, por sua vez, diria respeito a agressões sutis, geralmente mais difíceis de caracterizar e provar, qualquer que seja a sua procedência.[(391)]

Em síntese, os termos mobbing, bullying ou assédio moral são formas de violência multifacetárias presentes em diversas esferas da vida social, familiar, escolar, laboral e nas relações interpessoais. São espécies de violência que tem como denominador comum condutas direcionadas à desconstrução ou destruição psicológica do outro, acompanhadas ou não de agressões físicas.

2.10. 2. Matizes do assédio moral nas relações de trabalho

Durante muito tempo, o assédio moral nas relações de trabalho ainda fora predominantemente tratado por um viés intersubjetivo, isto é, considerando-se os caracteres interpessoais das práticas assediantes, no campo das relações entre assediante(s) e assediado(s), nos limites estritos das relações entre agente e vítima, desconsiderando-se as peculiaridades do mundo do trabalho e das relações de trabalho, na qual o assédio está mesmo, por assim, dizer na própria forma de realização do trabalho e extração de mais-valia no sistema de produção capitalista.

Se tal configuração intersubjetiva do assédio é servível para o seu reconhecimento e tutela jurídica em diversos setores sociais, nas relações de trabalho, a questão não se resume ao campo da intersubjetividade, pois a própria base material das relações de trabalho possui matrizes significantes do assédio moral presentes na própria forma de desenvolvimento do trabalho (dominado, alienado e estranhado) no sistema capitalista de produção, como também das políticas de gestão empresariais.

A reificação dos trabalhadores, condição por si só assediante, é intensificada pelo sequestro de sua subjetividade, com o controle e uso manipulatório de suas emoções e afetos, por meio de procedimentos e políticas de gestão que capturam e cooptam aspectos de suas personalidades.

Não se pode olvidar, assim, que a própria estrutura das relações trabalhistas pessoais e subordinadas que se desenrolam no âmago das organizações empresariais com o constante e latente conflito entre capital e trabalho é

(390) HIRIGOYEN, Marie-France. *Mal-estar no trabalho: redefinindo o assédio moral.* Trad. Rejane Janowitzer. 7. ed. São Paulo: Bertrand Brasil, 2012. *passim*.

(391) *Idem, ibidem*, p. 85.

um fator de violência simbólica que, por vezes, manifesta-se como violência concreta, como nas situações de assédio moral.

A propagação do assédio moral como um problema meramente individual, caricaturado na figura do chefe perseguidor, reduz a complexidade da questão e das raízes do assédio moral nas relações de trabalho, dificultando a compreensão estrutural do fenômeno e da escolha propositada de políticas de gestão assediantes, que além de se revestirem de formas simbólicas de violência, também mobilizaram e fomentam a prática de assédio individual no local do trabalho. Referida leitura é premente para uma melhor definição das políticas e ações coletivas de combate ao assédio moral no trabalho.

Diante deste quadro, consequentemente, o grau de violência simbólica ou concreta nos locais de trabalho, como a prática do assédio moral, dependerá também, e inclusive, dos graus de democracia das relações de trabalho em cada país e das condições legislativas, sendo que estas últimas podem atuar como diques normativos ou como mais um fator propiciador de assédio moral nas relações de trabalho, quando não a própria norma constituir um dispositivo normativo assediante. Como acentua Adriane Reis de Araújo,

> O uso instrumental da violência psicológica pela organização produtiva com fins disciplinares ou de controle da mão de obra se alimenta — ao mesmo tempo que acentua — a assimetria de poderes entre as partes contratantes. De modo comparativo, se o desvio de conduta do agressor individual — retratado no assédio interpessoal — encontra-se em um contexto corporativo que favorece sua expressão, num nível mais amplo a estratégia abusiva de gestão da mão de obra (assédio organizacional) igualmente pode se inspirar e crescer em um modelo antidemocrático de relações de trabalho, uma vez que é integrado à assimetria de poder entre as partes contratantes. A quebra do círculo vicioso exige a redução da arbitrariedade empresarial ou o empoderamento dos trabalhadores. Para dizer de outro modo, exige a intervenção jurídica nos atos de gestão empresarial associada ao reforço da proteção social e da intervenção ideológica nos discursos corporativos em favor daquele que vive do trabalho.[392]

Trata-se de um assédio moral presente na própria tessitura normativa, o qual faz com que a violência psicológica como ferramenta de gestão não somente permaneça como até se frutifique nos "silêncios do legislador", como também na inoperância dos atores sociais em temas importantes, como as ferramentas de controle da mão de obra, medidas em favor da igualdade de gênero e dificuldade de compreensão dos novos modelos de prestação de serviços. As próprias medidas legislativas neoliberais e precarizantes das relações de trabalho, como a Lei n. 13.467/2017, com a redução de garantias fundamentais e legais, flexibilizantes do contrato de trabalho, redução do acesso à justiça e da ação sindical, entre outros, debilitam o poder de reação coletiva e individual dos trabalhadores, intensificam o medo e favorecem o assédio moral no âmbito organizacional.[393]

Além das normas precarizantes, a situação se agrava porque, diferentemente de legislações internacionais ou de outros países, a legislação trabalhista brasileira possui raríssimos dispositivos de tutela da integridade psicossomática e dos atributos do direito da personalidade do trabalho, bem como de limitação do poder de direção do empregador, circunstância que não somente propicia como perpetua as práticas assediantes nas relações de trabalho. Aliás, a própria disposição dos dispositivos da CLT já demonstra o privilegiamento da "potestade" do empregador, o estatuto celetista inicia exatamente pelo conceito de empregador (art. 2º), ao contrário, v. g., do Código de Trabalho Português que inaugura a ordem trabalhista exatamente pelos direitos de personalidade nas relações de trabalho, com dispositivos específicos sobre liberdade de expressão e de opinião; reserva da intimidade e da vida privada; proteção de dados pessoais, tutela da integridade física e moral; testes e exames médicos; emprego de meios de vigilância à distância; confidencialidade de mensagens e de acesso à informação; igualdade e não discriminação no trabalho e, entre outros uma norma específica sobre assédio moral e sexual.

---

(392) ARAÚJO, Adriane Reis. *Estudo apresentado na XI Convención Latinoamericana del Derecho*. Orga. CEDDAL — Comitê para el Estudio e Difusión Del Derecho en América Latina. Lima/Perú. Realizada de 31 de outubro a 02 de novembro de 2018.

(393) *Idem, Ibidem*.

2.10.3. Conceito de assédio moral interpessoal nas relações de trabalho

Como espécie de relação social, a relação de trabalho não somente não está isenta de práticas assediantes, como possui um elemento propiciador, consistente no poder de direção do empregador, de um lado, e o estado de subordinação do empregado, do outro. O estado de subordinação é o corolário jurídico do estado de dominação econômico-social de classes sociais.

Marie-France Hirigoyen define como assédio moral no trabalho como

> qualquer conduta abusiva (gesto, palavra, comportamento, atitude...) que atente, por sua repetição ou sistematização, contra a dignidade ou integridade psíquica ou física de uma pessoa, ameaçando seu emprego ou degradando o clima de trabalho.[(394)]

Para Márcia Novaes Guedes, "o mobbing no mundo do trabalho "significa todos aqueles atos e comportamentos provindos do patrão, gerente ou superior hierárquico ou dos colegas, que traduzem uma atitude de contínua e ostensiva perseguição que possa acarretar danos relevantes às condições físicas, psíquicas e morais da vítima.[(395)]

Referência em saúde mental no trabalho, Edith Seligmann-Silva considera que o assédio moral constitui um atentado contra a dignidade de alguém, decorrente de uma prática liderada, expressa ou implicitamente, por quem a perpetra, com caráter desmoralizante, que, por vezes, recebe adesões dos demais com consequente isolamento da vítima. "O objetivo é excluir, desqualificar profissionalmente e desestabilizar emocionalmente alguém que, por motivos diversos, tenha se tornado indesejável para o/a perpetrador/a do assédio".[(396)]

O Código de Trabalho de Portugal (art. 29) proíbe expressamente a prática do assédio no âmbito da empresa, definindo assédio moral como "o comportamento indesejado, nomeadamente o baseado em fator de discriminação, praticado quando do acesso ao emprego ou no próprio emprego, trabalho ou formação profissional, com o objetivo ou o efeito de perturbar ou constranger a pessoa, afetar a sua dignidade, ou de lhe criar um ambiente intimidativo, hostil, degradante, humilhante ou desestabilizador". Enquadra o assédio como ato discriminatório e confere ao assediado indenização por danos patrimoniais e não patrimoniais.

A Convenção n. 190 da OIT, sobre Violência e Assédio (2019), prescreve que para os efeitos da referida convenção (art. 1º),

> (a) a expressão "violência e assédio" no mundo do trabalho designa um conjunto de comportamentos e práticas inaceitáveis, ou de ameaças de tais comportamentos e práticas, que se manifestam de um uma só vez ou de modo repetitivo, que tenham por objeto, causem, ou sejam susceptíveis de causar um dano físico, psicológico, sexual ou económico, e inclui a violência e o assédio por razão de género, e
>
> (b) a expressão "violência e assédio por razão de gênero" designa a violência e o assédio dirigido às pessoas em virtude do seu sexo ou gênero, ou que afetam de forma desproporcionada as pessoas de um determinado sexo ou gênero, e inclui o assédio sexual.

Podemos assim definir, no campo intersubjetivo, o assédio moral como uma prática sistemática, direta ou indireta, instantânea ou reiterada, que por intermédio de diversas formas de conduta, como exclusão, recusa de comunicação, intolerância desqualificação, vexação, constrangimento, perseguição, opressão ou maus tratos, atentem contra a personalidade de determinado indivíduo, com repercussão na sua esfera física, emocional, mental ou social, geralmente com a causação de um desequilíbrio em uma ou mais destas esferas.

---

(394) HIRIGOYEN, Marie-France. *Op. cit.*, p. 17.

(395) NEVES, Márcia Novaes. *Terror psicológico no trabalho.* São Paulo: LTr, 2003. p. 33.

(396) SELIGMANN-SILVA, Edith. *Trabalho e desgaste mental:* o direito de ser dono de si mesmo. São Paulo: Editora Cortez, 2011. p. 502-503.

O assédio moral possui caráter plurissubjetivo em relação às vítimas (assediados) e aos agressores (assediantes) e pluriofensivo, uma vez que pode ocorrer por diversos métodos e condutas e violar diversos bens e valores jurídicos, patrimoniais e extrapatrimoniais, das vítimas.

Em relação à plurissubjetividade, assédio moral pode ser praticado ou sofrido por diversas pessoas no ambiente do trabalho, tanto no campo individual como no coletivo (no qual todo um grupo de trabalhadores é vítima de uma prática assediante e sistemática da organização empresarial), na condição de empregador, superior hierárquico, subordinado ou colega de trabalho. Desta observação, origina-se uma classificação do assédio moral, consoante a sua forma de manifestação e as pessoas envolvidas.

2.10.3.1. Elementos do assédio moral interpessoal no trabalho

O assédio moral constitui uma prática sistemática, direta ou indireta, instantânea ou reiterada, que por intermédio de diversas formas de conduta, como exclusão, recusa de comunicação, intolerância desqualificação, vexação, constrangimento, perseguição, opressão ou maus tratos, atentem contra a personalidade de determinado indivíduo, com repercussão na sua esfera física, emocional, mental ou social, geralmente com a causação de um desequilíbrio em uma ou mais destas esferas.

Da definição acima, podemos extrair diversos elementos característicos das condutas e atos assediantes.

a) Conduta abusiva

Os atos de assédio caracterizam-se primordialmente por uma conduta abusiva, isto é, que invade a esfera da intimidade e da vida privada da vítima, sem o seu consentimento ou anuência, no mais das vezes, contra a sua resistência. A vítima é negada em sua humanidade pelo assediador; que retira a sua autonomia, ignora a sua vontade e desconsidera seus atributos da personalidade, de pessoa humana.

b) Desestabilização psicofísica

O assédio realiza-se pela desestabilização psíquica da vítima, com vistas a fragilizá-la emocionalmente. O embalo emocional pode ser perpetrado por condutas vexatórias, constrangedoras, inferiorizadoras, excludentes, segregadoras, humilhantes, difamantes, amedrontadoras, repressivas ou jocosas, ou por qualquer outro ato ou conduta que implique um atentado psíquico à vítima, podendo gerar psicopatologias como estresse, depressão, ansiedade, transtorno do estresse pós-traumático, síndrome de burnout, entre outras.

São diversos os atos e métodos de assédio no local de trabalho, como a recusa de comunicação direta; colocação da vítima em isolamento ou mesmo em regime de segregação física e social; inserção da vítima em estado de inatividade ou inação; retirada de funções importantes da vítima, relegando-a a atividades secundárias ou insignificantes; processo, direto ou indireto, de desqualificar ou desacreditar a vítima; ataques à reputação; degradação das condições de trabalho da vítima.

c) Sistematização da conduta

O assédio moral comumente decorre de uma conduta ou atos reiteradamente direcionados contra a vítima, uma vez que o assédio é uma forma de violência que se realizada de modo constante, geralmente em doses homeopáticas, com a desconstrução paulatina da estrutura psicológica da vítima. No entanto, a reiteração do ato não é pressuposto para a caracterização do assédio, podendo este também ser caracterizado por poucos atos ou mesmo por práticas únicas ou instantâneas.

A duração da conduta, do ato ou da condição é irrelevante para a caracterização do assédio moral no trabalho. O assédio moral poderá se manifestar tanto por uma conduta reiterada no tempo, como também por um ato instantâneo, mas que evidencie seus elementos essenciais.

d) Objetividade do resultado

O assédio moral não é uma conduta despropositada. Tem como finalidade a desconstrução psicomental da vítima, com vistas à degradação do seu meio ambiente do trabalho para que o assediado ceda a um determinado objetivo desejado pelo agressor, como a desistência de uma promoção, formulação de um pedido de demissão ou gerar uma situação que leva à dispensa da vítima por justa causa.

A finalidade desejada pelo agressor, embora seja elemento importante para a caracterização do assédio moral, não é constitutivo deste, bastando apenas que a degradação do meio ambiente laboral e a desconstrução psicológica da vítima sejam resultantes da conduta assediante.

2.10.3.2. Modalidades: assédio moral vertical, horizontal ou misto

A depender da localização do agente assediante e da vítima na estrutura hierárquica da empresa, o assédio moral pode ser vertical ou horizontal.

O assédio moral vertical caracteriza-se pela circunstância de o agente e a vítima estarem em graus diferentes na estrutura hierárquica da empresa, geralmente em relação recíproca de direção e subordinação, direta ou indireta, geralmente na condição de empregador (ou quem o represente — sócio ou preposto) e empregado, subordinante e subordinado, supervisor e supervisionado, gerente e gerenciado.

O assédio moral vertical, por sua vez, pode ser classificado em descendente ou ascendente. O assédio moral vertical descendente é aquele no qual a vítima se encontra em um grau hierárquico, de subordinação, direta ou indireta. ao agente assediante, sendo que a conduta assediante é praticada pelo superior hierárquico em face do subordinado. Representa a maior parte dos casos de assédio.

No assédio moral vertical ascendente agente e vítima se encontram em patamares hierárquicos distintos na empresa, porém a conduta assediante é praticada pelo subordinado ou grupo de subordinados em face do superior hierárquico. Esta espécie de assédio, embora mais rara na iniciativa privada, é mais perceptível no âmbito do serviço público, onde os cargos de chefia são comumente ocupados por servidores que ocupavam cargo efetivo igual ou semelhante ao dos subordinados. No mundo futebolístico não são incomuns, por exemplo, notícias de time de jogadores que boicotam o treinador, principalmente quando querem a sua deposição.

O assédio moral horizontal ou simétrico ocorre nas situações que agente e vítima se encontram no mesmo grau hierárquico na estrutura da empresa, sem relação de emprego ou situação de subordinação entre ambos. São diversos os fatores determinantes desta forma de assédio, com as disputas por posições dentro da empresa, inveja, inimizade, transtornos mentais ou emocionais ou preconceito.

Este tipo de assédio é frequente entre empregados que almejam uma mesma promoção, que disputam prêmios no local de trabalho, que almejam ser o "queridinho" do chefe. A horizontalização do assédio também é comumente verificada nas situações em que os prêmios ou comissões são divididas por setores ou grupo de trabalhadores. Por esta estratégia, o empregador potencializa o conflito entre os próprios trabalhadores, já que o controle passa a ser exercido pelo grupo em face dos membros do grupo. Geralmente o fracasso do grupo é atribuído a um bode expiatório, que passa a ser alvo de ataques da coletividade

O assédio moral pode ser classificado em unidirecional e misto. O assédio moral unidirecional corresponde aquele praticado exclusivamente em uma das vertentes vertical (descendente ou ascendente) ou horizontal. Por fim, tem-se o assédio moral misto, concomitantemente vertical e horizontal, como nas situações em que determinado grupo de subordinados juntam-se a um superior hierárquico para assediar um outro superior hierárquico, do mesmo ou de outro setor.

No exemplo acima, das vantagens distribuídas por desempenho de setor, não é raro que a persecutoriedade ao empregado tido por bode expiatório ocorra com o fomento ou participação do próprio chefe, que, em conluio com os demais empregados, assediam o trabalhador apontado como responsável pelo fracasso do grupo.

2.10.4. Assédio organizacional

O assédio moral individual é aquele restrito ao círculo de atributividade psicossomática de um indivíduo ou de indivíduos singularmente determinados (assédio moral plúrimo). Paralelamente às práticas individuais de assédio moral, nas relações de trabalho verifica-se a dimensão coletiva do assédio moral, comumente denominada de assédio moral coletivo ou organizacional.

Consoante Renato de Almeida Oliveira Muçouçah, "O assédio moral coletivo somente é possível pela utilização da violência instrumental, ou seja, violência nem sempre percebida — ou tida como normal por parte dos empregados e da sociedade — para que a empresa logre as finalidades que deseja obter. Uma espécie totalitária de governança empresarial, certamente".(397)

O denominado assédio moral coletivo, organizacional ou estratégico é aquele que abrange um grupo ou toda uma coletividade de trabalhadores da empresa ou de um setor desta, delineando-se por de políticas e práticas de organização e de gestão de pessoas que se fundamentam, expressa ou implicitamente, no controle por violência simbólica, com manipulação pelo medo, sequestro da subjetividade, fomento da competitividade predatória e desleal entre os trabalhadores.

O assédio moral organizacional congrega dois elementos essenciais à sua manifestação: o abuso de poder e a manipulação perversa.(398) São métodos e técnicas de psicoterror no trabalho geralmente decorrente de políticas empresariais para a consecução de metas e resultados, que se traduzem por violência psicológica concreta (como ameaça de perda de emprego, de posição ou prestígio na empresa) ou simbólica (psicoterror), gestão por estresse, manipulação pelo medo, incentivo à competitividade e concorrência entre os trabalhadores, programas de qualidade total.

Neste tipo de assédio, comumente se verifica um sequestro da subjetividade dos trabalhadores, os quais são destituídos de sua personalidade em privilégio dos objetivos e da subsistência da empresa. É instituído um sistema de padronização e uniformização dos métodos, das metas e dos valores, com a consequente violação dos direitos da personalidade e a negação da diversidade e dos direitos fundamentais dos trabalhadores.

São processos organizacionais pelos quais se pretende o domínio dos mais diversos atributos da personalidade dos trabalhadores e da sua compleição psicossomática. No setor de telemarketing/teleatendimento, por exemplo, verifica-se uma ampla gama de casos envolvendo a tentativa de controle do corpo e da fisiologia dos trabalhadores, com o controle de idas dos empregados ao banheiro, do tempo de utilização do banheiro e, até mesmo, com a negativa de acesso aos sanitários durante a jornada de trabalho. No âmbito internacional, *v. g.*, já foram constatados diversos casos, em vários locais do mundo, nos quais empresas obrigam seus empregados a utilizar fraldas geriátricas durante o expediente para evitar o dispêndio de tempo com idas aos banheiros.

Tal prática de controle fisiológico dos empregados difundiu-se por empresas de outros setores econômicos. Cite-se, por exemplo, o caso em que uma agroindústria não somente determinava que seus empregados anotassem as idas ao banheiro em seus cartões de ponto, como concedida uma "gratificação de descanso" para os empregados que menos utilizavam o banheiro durante a jornada. Havia um controle excessivo sobre a fisiologia dos empregados, tendo inicialmente a empresa fixado que os empregados teriam apenas dois intervalos de 10 minutos por dia, justamente coincidente com o tempo de desligamento dos maquinários para manutenção.

Um dos casos mais emblemáticos destas formas aviltantes de assédio moral organizacional, traduzidas como tentativas de pleno domínio do corpo e do biológico dos trabalhadores, foi perpetrado por uma empresa da área de telemarketing que instituiu um "rodízio de gravidezes", cujas regras deveriam ser obrigatoriamente observado por suas empregadas.(399) ***São incomensuráveis os direitos fundamentais das trabalhadoras violados por tal prática,***

(397) MUÇOUÇAH, Renato de Almeida Oliveira. *Assédio moral coletivo nas relações de trabalho.* São Paulo: LTr, 2011. p. 187.

(398) NEVES, Márcia Novaes. *Terror psicológico no trabalho.* São Paulo: LTr, 2003. p. 35.

(399) Processo TST — RR — 755-28.2010.5.03.0143, Ac. 7ª T., Rel. Min. Vieira de Melo Filho, J. 10.09.2014, *DEJT* 19.09.2014.

podendo-se citar somente a título de exemplificação, o direito de liberdade e de autodeterminação, de planejamento familiar, discriminação de gênero e de estado social, violação da integridade psicossomática.

Na área de vendas não são raras as situações de assédio moral coletivo, como nos notórios casos de entrega de prêmios humilhantes ou colocação em situações vexatórias nas reuniões de fechamento daqueles que tiveram os piores desempenhos ou não alcançaram as metas fixadas pela empresa.[(400)]

As novas tecnológicas propiciaram novas formas de assédio organizacional, já se falando em novas denominações, como assédio moral eletrônico ou teleassédio. Tornou-se emblemático o caso de uma empresa de telecomunicações que criou um programa denominado "ilha de papel", com vistas controlar rígida e excessivamente a produtividade diária dos empregados e o cumprimento das metas. No decorrer do dia, os trabalhadores recebem mensagens na tela de seus computadores, com elogios, quando as metas estão sendo cumpridas, e com ofensas, quando estão aquém das metas, sendo chamados de burros, perdedores, incompetentes.

2.10.4.1. Assédio moral organizacional e psicanálise: o mito de Procusto

> "Procusto justiceiro do mundo antigo. Em terra de muitos anões e gigantes, submeteu todos à cama do castigo.
>
> Para a sociedade não ser dissonante./
>
> Agindo em nome da sua "justiça, construiu uma cama num tamanho médio, nivelou a todos nesta premissa. Os gigantes, pés cortados a lanhos./
>
> Os pobres anões eram esticados.
>
> Todos tinham que deitar na cama. Sob tratamento desumano, atados. Quando teseu fez dele o torturado,
>
> Chegou ao fim aquele seu proclama, Procusto foi vítima do seu tratado."

Na mitologia grega, o sanguinário Damastes (também conhecido como Polipêmon), apelidado de Procusto ("Procrusten", Procrusto) — aquele que estica —, filho de Poseidon, era um criminoso que vivia na serra de Elêusis, no caminho para Atenas. Procusto possuía em sua casa uma cama de ferro, cujas dimensões correspondia ao seu exato tamanho e para a qual convidada os viajantes redução a se deitarem.

Após saltear os viajantes, Procusto obrigava suas vítimas a se deitar sobre o leito de ferro. Se a vítima fosse demasiadamente alta, ele amputava o excesso para ajustar o corpo da vítima às dimensões do leito. Se esta fosse de baixa estatura, o salteador esticava-a com cordas e roldanas até a extensão do leito. Ao final, nenhuma vítima saia com vida da experiência procustiana.

Para Procusto a "justiça" (a sua justiça) era findar com as diferenças, instaurando a sua verdade e medida e aniqualando aqueles que não se enquadravam nestas. No fundo, a medida de Procusto era ele próprio, de forma que ninguém jamais se enquadraria no "leito procustiano". Procusto era ele mesmo a medida de todas as coisas.

---

(400) *"ASSÉDIO MORAL ORGANIZACIONAL. TROFÉUS LANTERNA E TARTARUGA. O pseudo procedimento de incentivo de vendas adotado pela empresa, consistente em atribuir troféus lanterna e tartaruga aos vendedores e coordenadores de vendas com menores desempenhos na semana, trouxe-lhes desequilíbrio emocional incontestável, independentemente de quem efetivamente os recebiam, visto que na semana seguinte qualquer deles poderia ser o próximo agraciado com este abuso patronal, que ocorreu de forma generalizada e reiterada. Ficou evidente que o clima organizacional no ambiente de trabalho era de constante pressão, com abuso do poder diretivo na condução do processo de vendas. Não há outra conclusão a se chegar senão a de que todos que ali trabalhavam estavam expostos às agressões emocionais, com possibilidades de serem o próximo alvo de chacota. Nesse contexto, o tratamento humilhante direcionado ao Autor e existente no seu ambiente de trabalho mostra-se suficiente para caracterizar o fenômeno do assédio moral organizacional, máxime quando presente prova de que a conduta desrespeitosa se perpetrou no tempo, de forma repetitiva e sistemática. Configurado o assédio moral e a culpa patronal, é devida a indenização pretendida pelo Reclamante."* (TRT 23ª Região, RO 795201000223003, relator Des. Tarcísio Valente, J. 06.09.2011, p. 09.09.2011)

Procusto continuou seu reinado de terror até que foi capturado pelo herói ateniense Teseu, o qual prendeu Procusto em sua própria cama e cortou-lhe a cabeça e os pés, aplicando-lhe o mesmo suplício que infligia às suas vítimas.

Como recorda Junito de Souza Brandão, Procusto reduzia as suas vítimas às dimensões que desejava. Conhecido como o "monstro" de Elêusis", simboliza "a banalização, a da alma a uma certa medida convencional". Configura "a tirania ética e intelectual exercida por pessoas que não toleram e nem aceitam as ações e julgamentos alheios, a não ser para concordar. Temos assim, nessa personagem sanguinária, a imagem do poder absoluto, que se trate de um homem, de um partido ou de um regime político".(401)

Procusto encarna o totalitarismo, a onipotência do mal; o arbítrio de decidir ou determinar um estado de coisas consoante e exclusivamente às suas próprias convicções e sua plena vontade. Realiza simbolicamente o desejo de poder ilimitado e domínio sobre outrem. A negação do outro, das individualidades, das diferenças, do pluralismo.

A banalização da maldade humana, a rigidez de concepções e ideologias e a descartabilidade do ser humano, foram representadas concretamente nos Estados totalitários do Século XX, especificamente na Alemanha Hitlerista, na Itália de Mussolini e na Rússia de Stálin. Estas formas de dominação ideológico-social trouxeram a lume o comportamento procustiano de cunho coletivo e nacional.

A atmosfera de loucura e irrealidade do mito de Procusto foi impressionamente retratada na experiência da humanidade pelos campos de concentração nazistas (Alemanha) e pelos gulags (União Soviética). A descartabilidade e o aniquilamento banalizado da vida humana nestes "leitos de ferro" demonstram indubitavelmente a força simbólica do mito e a sua representação na psique, mas propriamente, no inconsciente humano.

Como bem descreveu Hannah Arendt, "Essa atmosfera de loucura e irrealidade, criada pela aparente ausência de propósitos, é a verdadeira cortina de ferro que esconde dos olhos do mundo todas as formas de campo de concentração. Vistos de fora, os campos e o que neles acontece só podem ser descritos como imagens extraterrenas, como se a vida fosse neles separada das finalidades deste mundo".(402)

Assim também a figura de Procusto pode estar presente no inconsciente individual, assim como na configuração de diversas dinâmicas organizacionais e empresariais, dando ensejo a figuras como o assédio moral nas relações de trabalho. Intolerância, negação das diferenças, padronização, desconstrução dos trabalhadores. Políticas de metas e resultados.

2.10.4.2. *Assédio moral organizacional: a empresa procustiana*

A posição procustiana do assédio moral, reside exatamente no aspecto em que o assédio frequentemente se inicia pela recusa de uma diferença. Como ressalta Marie-France Hirigoyen, esta conduta se manifesta por um comportamento no limite da discriminação, como propostas sexistas para desencorajar a aceitação de uma determinada função considerada tipicamente masculina; brincadeiras grosseiras a respeito da homossexualidade de determinado indivíduo. Da discriminação chega-se ao assédio moral, mas sutil e menos identificável, para evitar-se os riscos de uma sanção.(403)

Por este ângulo, as próprias organizações empresariais, com seus processos de padronização, uniformização e políticas de metas, não introjetam a diversidade em seu ambiente de trabalho, desconsiderando as subjetividades dos trabalhadores e suas características e especifidades pessoais. O leito de ferro das políticas empresariais colaboram para o corte procustiano daqueles que não se enquadram nos parâmetros rigorosamente delineados.

---

(401) BRANDÃO, Junito de Souza. *Mitologia grega.* V. 3. 18. ed. Petrópolis: Vozes, 2011. p. 164.

(402) ARENDT, Hannah. *Origens do totalitarismo:* anti-semitismo, imperialismo, totalitarismo. Trad. Roberto Raposo. São Paulo: Companhia das Letras, 1989. p. 495-496.

(403) HIRIGOYEN, Marie-France. *Op. cit.*, p. 38.

Neste contexto, como recorda Marie-France Hirigoyen, as atitudes de assédio, visam, antes de tudo, a livrar-se daqueles indivíduos que não estão em sintonia com o sistema. "Na hora da globalização, procura-se fabricar o idêntico, clones, robôs interculturais e intercambiáveis. Para que o grupo seja homogêneo, esmaga-se aquele que não está no ponto, aniquila-se qualquer especificidade, seja de caráter, comportamental, sexo, raça... Formatar os indivíduos é uma maneira de controlá-los. Eles devem se submeter para melhorar os desempenhos e a rentabilidade.(404)

Esta formação encontra-se ressonância no grupo, sendo retransmitida pelo pelos próprios trabalhadores, que, como todo grupo social, geram em seu seio forças de autocontrole incumbidas de recolocar na linha os "alienígenas". "Eles têm de aceitar, por bem ou por mal, as regras do jogo. O assédio moral é um dos meios de impor a lógica do grupo"(405).

Como observa Paulo Eduardo Vieira de Oliveira, "Referida modalidade de assédio moral, recentemente identificada, ocorre quando a agressão está tão enraizada na empresa, que de nada adianta a substituição da chefia ou da direção, que qualquer que seja a pessoa que esteja lá agirá de forma a assediar os empregados".(406)

O assédio moral, principalmente na esfera organizacional, traduz a pretensão de domesticar, de transferir à(s) vítimas a própria vontade do assediante, a partir do exercício do poder diretivo do empregador "para transformar e nivelar distintas individualidades presentes num ambiente de trabalho", atentando-se contra a dignidade da pessoa humana e aos seus direitos de personalidade.(407)

Como recorda Renato de Almeida Oliveira Muçouçah, o sistema de produção empresarial, na consecução de respostas ágeis às demandas da competitividade, direciona uma ação sobre os trabalhadores para enquadrá-los no modelo de indivíduo considerado competente, que deve servir de parâmetros aos demais, assim, como salienta o autor:

A partir do momento em que o modelo é produzido para os indivíduos e que é dado literalmente e produzido para outros seres humanos como um prêt-à-porter, a sua imposição toma lugar da reflexão individual acerca do que é ser, por exemplo, competente. O estereótipo é a resposta rápida aos anseios de uma comunidade que deseja conceitos precisos: conceitos precisos porque funcionais, porque úteis, porque ensimesmam a utilidade de servir ao aprimoramento da técnica; ele retira a dúvida e instaura a certeza matemática, calculada à base de esquemas pré-fabricados. E, no prescindir da hesitação em favor da certeza, abdica, também das possibilidades de propiciar reflexão e experiência aos indivíduos. Os modelos de estereótipo são fabricados pelas diversas instâncias sociais, e uma delas é a do trabalho.(408)

O leito de Procusto do assédio moral caracteriza-se pela desconsideração das diferenças individuais na consecução de políticas empresariais de metas, resultados e busca da competitividade, a partir da parametrização dos seres humanos trabalhadores, com negação das diferenças e das individualidades, e padronização dos métodos de trabalho, formas de conduta e modos de ser previamente definidos pela política empresarial assediante.

Este sistema é regido por um pensamento estereotipado dos trabalhadores, o qual é caracterizado por uma fixidez de procedimentos que devem ser aplicados a uma mesma pessoa, com a finalidade de enquadrá-la ou não num determinado conceito ("se eu proceder tal o modelo de competência, serei competente; se não proceder, não o serei"). A estereotipia empresarial colabora para a construção de preconceitos, valendo recordar que o preconceito também se configura pela fixidez de repúdio à pessoa (negra, homossexual, soropositiva).(409)

---

(404) *Idem, ibidem*, p. 39.

(405) *Idem, ibidem, loc. cit.*

(406) OLIVEIRA, Paulo Eduardo Vieira de. *Assédio moral no trabalho: caracterização e consequências*. São Paulo: LTr, 2013. p. 54.

(407) MUÇOUÇAH, Renato de Almeida Oliveira. *Op. cit.*, p. 130-131.

(408) *Idem, ibidem*, p. 162.

(409) *Idem, ibidem, loc. cit.*

No assédio moral organizacional os trabalhadores têm negada a sua condição humana e existencial e passam a ser considerados meras engrenagens da política empresarial para a consecução de metas, produtividade, resultados e competitividade.

A utilização de técnicas e do saber científico são tomados como instrumento de construção de uma dinâmica empresarial totalitária e desumanizada como anteviu Aldous Huxley, em Admirável Mundo novo, por meio da fala do Diretor do Centro de Incubação e Condicionamento de Londres Central, ao responder à questão de um estudante em visita ao respectivo laboratório de germinação e padronização de seres humanos:

> — Meu bom amigo! — O Diretor virou-se vivamente para ele. — Não vê, pois? Não vê? — Ergue a mão; tomou uma atitude solene. — O Processo Bokanovsky é um dos principais instrumentos da estabilidade social.

Um dos principais instrumentos da estabilidade social.

Homens e mulheres padronizados, em grupos uniformes. Todo o pessoal de uma pequena usina constituído pelos produtos de um único óvulo bokanovskizado.

> — Noventa e seis gêmeos idênticos fazendo funcionar noventa e seis máquinas idênticas! — Sua voz estava quase trêmula de entusiasmo. — Sabe-se seguramente para onde se vai. Pela primeira vez na história. — Citou o lema planetário: Comunidade, identidade, estabilidade' — Grandes palavras. — Se pudéssemos bokanovskizar indefinidamente, todo o problema estaria resolvido.

Resolvido por meio de Gamas típicos, Deltas invariáveis, Ípsilons uniformes. Milhões de gêmeos idênticos. O princípio da produção em série aplicado à biologia.(410)

Neste contexto, a organização empresarial adquire um caráter perverso narcisista; a empresa narcísica — voltada exclusivamente para as suas necessidades — adota um dinamismo perverso de padronização, controle e fiscalização da produção e da política de metas, com caráter destrutivo das identidades e das diferenças pessoais e excludente daqueles que não se enquadram no modelo pré-formatado de trabalhador padrão. Formatação e intolerância com as diferenças são a tônica da empresa procustiana.

A lógica empresarial narcísica e assediante opera pelo mecanismo do psicoterror, da gestão por estresse, da prática de ameaça de perda do emprego ou de determinada promoção, do mecanismo do bode expiatório em relação àqueles que não estão em conformidade com as dimensões do leito empresarial procustiano de gestão.

Da mesma maneira como Procusto estica ou decepa os indivíduos, o assédio moral organizacional encomprida os mecanismos de defesa, desejo, angústia, obsessão e perseguição, e destrói/corta a saúde mental dos indivíduos, consistindo fator determinante na gênese dos transtornos psicopatológicos relacionados ao ambiente de trabalho (depressão, transtorno do estresse pós-traumático, transtornos relacionados à autoimagem, problemas de autoestima, síndrome de burnout, transtornos de ansiedade). Se Procusto destrói concretamente os indivíduos, o assédio moral organizacional aniquila simbolicamente aqueles que não se enquadram no "leito de ferro empresarial".

A tão apregoada e perseguida individualidade nos anúncios de emprego é sufocada pela padronização empresarial. Como salienta Marie-France Hirigoyen, "Entrar numa empresa é aceitar seus valores, suas normas e sua maneira de pensar. No momento da contratação, é feita a seleção dos candidatos apropriados. Mas existe uma enorme diferença entre os anúncios das empresas que estão contratando e a realidade de seu funcionamento. Enquanto as ofertas de emprego apregoam o espírito de iniciativa, a originalidade de pensamento dos funcionários admitidos, na realidade o sistema em operação não aceita tal ideia. É preciso amoldar-se à empresa e à função a desempenhar".(411)

---

(410) HUXLEY, *Aldous. Admirável mundo novo.* Trad. Lino Vallandro e Vidal Serrano. 2. ed. São Paulo: Globo, 2003. p. 14.

(411) HIRIGOYEN, Marie-France. *Op. cit.*, p. 196.

No contexto da organização empresarial procustiana, o gerenciamento é marcado pela tendência à homogeneização, com o declínio do indivíduo, de sua capacidade de desenvolver e pensar autonomamente.

O próprio grupo, como um todo, introjeta a postura padronizada, com vistas a evitar a sua própria marginalização e exclusão. Sente-se a necessidade de não somente preservar o emprego, mas também de pertencer ao grupo. O próprio grupo passa a praticar o autopoliciamento.[(412)]

Neste estado, surge a propensão coletiva para a busca e perseguição de indivíduos considerados "bodes expiatórios", sejam por serem apontados por eventuais infortúnios do grupo em não alcançar os seus desideratos, seja por não se enquadrarem no "leito procustiano grupal ou coletivo". O grupo passa a ser instrumento de assediamento, paralelamente à própria organização empresarial.

Passa-se a uma espécie de narcisismo coletivo que, como salienta Dulce Regina dos Santos Pedrossian, este narcisismo coletivo não pode ser desvinculado do narcisismo individual,

Há forças na sociedade que possibilitam o narcisismo, pois o sentimento de abandono é visível, e o indivíduo passa a orientar-se pelas normas externas, mesmo que sejam contrárias ao seu bem-estar, e os verdadeiros valores não são mais interiorizados. A sujeição excede a capacidade de desaceitação ao todo, e não apenas a resistência e o desejo de rebeldia estão ocultos no indivíduo narcisista, como também a necessidade de conservar uma personificação ideal impele-o a interditar a via à consequência de qualquer sentimento que possa entrar em conflito com a imagem que faz de si mesmo e do outro.[(413)]

Este funcionamento paranoico, denominado por Freud como narcisismo das pequenas diferenças, tornou-se elemento primário de políticas desta espécie, como se observou no advento das ideologias totalitárias do Século XX.[(414)]

Deste modo, à guisa de conclusão, somente uma compreensão holística do fenômeno do assédio moral nas relações do trabalho, também na sua dimensão organizacional, a partir do intercâmbio entre as diversas ciências, inclusive com a inexorável contribuição da psicanálise, poderá propiciar a derrocada do psicoterror nas relações do trabalho, assim como o herói Teseu venceu o sanguinário Procusto.

2.10.5. Assédio moral e danos morais

A prática do assédio moral em qualquer das suas modalidades, por corresponder a uma grave violação dos direitos da personalidade da(s) vítima(s), principalmente a sua integridade psicológica, mas com capacidade de afetar igualmente a honra, a imagem, a intimidade e a vida privada desta(s), constitui grave violação da esfera moral, ensejando a reparação dos danos morais daí decorrentes, nos termos dos arts. 5º, V e X, da CF/1988, 186, 187 e 927 do CCB.

Em se tratando de assédio moral interpessoal, vertical ou horizontal, a responsabilidade pela reparação é do empregador, uma vez que este responde pelos atos de seus prepostos (art. 932, III, CCB). Ademais, sequer haveria necessidade de invocação da norma civilista para a responsabilização do empregador, uma vez que é seu dever a manutenção de um meio ambiente do trabalho equilibrado, íntegro e saudável é objetiva, respondendo objetivamente pelos danos decorrentes da quebra de homeostase do meio ambiente laboral, consoante os princípios e regras regentes do meio ambiente, como o art. 225 da CF/1988 e Lei n. 6.938/81, entre outros.

2.10.6. Assédio moral e dano existencial

Com o desenvolvimento da teoria da reparação integral do dano, nos ordenamentos jurídicos de diversos países, há uma tentativa crescente de precisar-se o conjunto de bens patrimoniais e extrapatrimoniais lesados e

(412) *Idem, ibidem, loc. cit.*,

(413) PEDROSSIAN, Dulce Regina dos Santos. *A racionalidade tecnológica, o narcisismo e a melancolia*. São Paulo: Roca, 2009. p. 58.

(414) AMARAL, Mônica do. *O espectro de Narciso na modernidade: de Freud a Adorno*. São Paulo: Estação Liberdade, 1997. p. 41.

passíveis de reparação ou compensação diante de determinados atos ou condutas causadores de danos às respectivas vítimas.

Neste diapasão, no início da década de noventa, desenvolveu-se na Itália, principalmente por obra dos Professores Paolo Cendon e Patrizia Ziviz, a teoria da reparação do "dano existencial", ou seja, daquela categoria de danos que, diferentemente dos danos morais, não se referem necessariamente à integridade psicofísica do sujeito, mas às suas relações de alteridade, como as de estudo, sociais, familiares afetivas, culturais e ambientais.[415]

Como esclarece Flaviana Rampazzo Soares, "O dano existencial é a lesão ao complexo de relações que auxiliam no desenvolvimento normal da personalidade do sujeito, abrangendo a ordem pessoal ou a ordem social. É uma afetação negativa, total ou parcial, permanente ou temporária, seja a uma atividade, seja a um conjunto de atividades que a vítima do dano, normalmente, tinha como incorporado ao seu cotidiano e que, em razão do efeito lesivo, precisou modificar em sua forma de realização, ou mesmo suprimir de sua rotina"[416].

O dano existencial corresponde ao conjunto de atos ou condutas dos empregadores e seus prepostos que afetam prejudicialmente o indivíduo em sua realização social, em aspectos fundamentais para a concretização desta, como os seus projetos de vida pessoal e profissional, sua convivência familiar, lazer, desenvolvimento acadêmico. Via de regra, o dano moral recai sobre os atributos da personalidade, ao passo que o dano existencial decorre da violação da liberdade de escolha, de autodeterminação e da frustração de projetos de vida do empregado. Cite-se, *v. g.*, trabalhadores obrigados a cumprir jornadas excessivas, com prejuízos ao seu casamento, acompanhamento dos filhos ou que tenha que abandonar um projeto de estudo (curso, faculdade) em razão das longas jornadas de trabalho.

Assim, além da reparação por danos morais e materiais, determinadas práticas assediantes podem ocasionar um dano existencial ao trabalhador. As psicopatologias decorrentes da prática de assédio moral, como depressão, síndrome de burnout, transtorno do estresse pós-traumática, fobias e ansiedades são fatores geradores de disfunções na vida laboral e extralaboral dos trabalhadores, com prejuízos para a sua vida familiar e social, quando não também incapacitam o trabalhador para prosseguir no seu aprimoramento profissional, inviabilizando a participação em eventos sociais como feiras, congressos, cursos etc.

Com a crescente utilização do celular, tem sido comum os relatos de envio de mensagens, cobranças e até ofensas por chefes e supervisores fora do local e do expediente de trabalho, obstando ao empregado a sua desconexão do trabalho, com graves prejuízos à sua vida pessoal.

2.10.7. Assédio moral e rescisão indireta

Como se ressaltou anteriormente, a legislação trabalhista brasileira é incipiente em dispositivos jurídicos específicos da proteção da integridade psicossomática e dos atributos da personalidade do trabalhador, não obstante, do próprio texto constitucional, descendo-se para a legislação infraconstitucional, há todo um complexo normativo, de princípios e regras, tutelador destas esferas jurídicas, com plena aplicação às relações de trabalho (art. 8º da CLT).

Além da reparação por danos morais, existenciais e materiais, a vítima de assédio moral pode pleitear a rescisão indireta do contrato de trabalho, nos termos do art. 483 da CLT, por violação aos seus atributos da personalidade; "forem exigidos serviços superiores às suas forças, defesos por lei, contrários aos bons costumes, ou alheios ao contrato"; "for tratado pelo empregador ou por seus superiores hierárquicos com rigor excessivo"; ofensas físicas ou morais; redução ou esvaziamento de suas atividades; pois, toda situação de assédio moral também é, em última análise, o descumprimento de uma obrigação contratual, como a não garantia de um meio ambiente de trabalho equilibrado e saudável.

(415) SOARES, Flaviana Rampazzo. *Responsabilidade civil por dano existencial*. Porto Alegre: Livraria do Advogado Editora, 2009. p. 43.

(416) *Idem, Ibidem*, p. 44.

2.10.8. Assédio moral e dano moral coletivo

Os danos morais podem ser individuais ou coletivos. O dano moral individual é aquele que se limita ao círculo de atributividade jurídica de determinado indivíduo. Diz respeito à ofensa da esfera extrapatrimonial de um sujeito determinado, gerando-lhe um interesse jurídico subjetivo à reparação da sua esfera moral, cujo exercício e fruição é de sua exclusiva titularidade.

Já o denominado dano moral coletivo consiste na lesão de bens extrapatrimoniais ínsitos a uma coletividade de pessoas; concernentes ao próprio grupo social, ou a coletividades difusas, coletivas e individuais homogêneas, cuja esfera moral não se confunde com as esferas individuais de seus membros ou com a mera soma destas, posto que titularizados pela própria coletividade, globalmente considerada. Encontra previsão legal na Lei da Ação Civil Pública (Lei n. 7.347/85) e no Código de Defesa do Consumidor (Lei n. 8.078/90). São os danos ocasionados aos interesses transindividuais (difusos e coletivos), os quais não se confundem com os interesses individuais dos membros ou componentes destas coletividades. O que se tutela é a reparação da lesão a um "valor síntese", interesse coletivo, pertinente à coletividade globalmente considerada.

Como elucida Carlos Alberto Bittar, "Dano moral coletivo é a injusta lesão da esfera moral de uma dada comunidade, ou seja, é a violação antijurídica de um determinado círculo de valores coletivos. Quando se fala em dano moral coletivo, está-se fazendo menção ao fato de que o patrimônio valorativo de uma certa comunidade (maior ou menor), idealmente considerado, foi agredido de maneira absolutamente injustificável do ponto de vista jurídico: quer isso dizer, em última instância, que se feriu a própria cultura, em seu aspecto imaterial".(417)

Não se perquire aqui da existência de uma esfera psíquica da coletividade, mas de um prejuízo à esfera social, à síntese de valores de uma comunidade ou coletividade, seja de modo puro e direto, como a ofensa a um determinado grupo étnico ou religioso, seja como danos reflexos de uma conduta socialmente prejudicial à coletividade, como a submissão de trabalhadores à condição análoga à de escravo; a contratação de trabalhadores sob o falso manto de cooperados, pessoa jurídicas ou qualquer outro meio de fraude ao contrato de trabalho, a exploração de crianças e adolescentes entre outros; o assédio moral organizacional.(418)

O dano moral coletivo deve ser aferido in re ipsa, a partir do dano social, devendo-se apenas comprovar a conduta lesiva à coletividade pelo agente causador do dano.

2.11. Fraudes nas relações de trabalho: morfologia e transcendência

2.11.1. A natureza ambivalente do direito do trabalho

As relações de trabalho livre, embora presentes desde os primórdios da humanidade, ensejaram o nascimento de um novo ramo jurídico somente a partir do advento da Revolução Industrial, quando a prestação generalizada do trabalho assalariado passou a ser a forma predominante de trabalho no emergente sistema capitalista de produção.

---

(417) BITTAR, Carlos Alberto. Do dano moral coletivo no atual contexto jurídico brasileiro. *Revista de Direito do Consumidor*, V. 12. São Paulo: Revista dos Tribunais, out./dez. 1994, p. 55.

(418) *"ASSÉDIO MORAL ORGANIZACIONAL. GESTÃO POR ESTRESSE. STRAINING. PRÁTICA CONSISTENTE NO INCENTIVO AOS EMPREGADOS DE ELEVAREM SUA PRODUTIVIDADE, POR MEIO DE MÉTODOS CONDENÁVEIS, COMO AMEAÇAS DE HUMILHAÇÕES E RIDICULARIZAÇÕES. DEVIDA INDENIZAÇÃO POR DANOS MORAIS COLETIVOS. REDUÇÃO DO QUANTUM FIXADO PELA INSTÂNCIA A QUO. A gestão por estresse, também conhecida como assédio moral organizacional ou straining consiste em uma "técnica gerencial" por meio da qual os empregados são levados ao limite de sua produtividade em razão de ameaças que vão desde a humilhação e ridicularização em público até a demissão, sendo consideravelmente mais grave que o assédio moral interpessoal (tradicional) por se tratar de uma prática institucionalizada pela empresa, no sentido de incrementar seus lucros às custas da dignidade humana dos trabalhadores. Caracterizada tal situação, é devida indenização pelo dano moral coletivo causado, que deve ser suficiente, sobretudo, para punir a conduta (função punitiva) e para desincentivar os infratores (função pedagógica específica) e a sociedade (função pedagógica genérica) a incorrerem em tal prática, mas também para proporcionar, na medida do possível, a reparação dos bens lesados, como preceitua o art. 13 da Lei n. 7.347/85. Assim, tendo em vista a amplitude das lesões e suas repercussões, razoável a redução do quantum indenizatório para R$ 200.000,00 (duzentos mil reais). Recurso ordinário do Sr. Alessandro Martins não admitido, por deserto. Recurso ordinário da Euromar conhecido e, no mérito, parcialmente provido"* (TRT 16ª Região, RO 00772-2008-016-16-00-5, rel. José Evandro de Souza, J 13.04.2011, *DJ* 26.04.2011.)

O Direito do Trabalho surgiu dos impactos da denominada "questão social", a qual, segundo Manuel Carlos Palomeque Lopez constitui um eufemismo que representa a "dulcificada envoltura semântica da exploração sistemática das classes trabalhadoras por obra da industrialização e do maquinismo dentro do modo de produção capitalista".(419)

No campo político, a doutrina liberalista, emergente à época, no esteio do iluminismo, revelou-se no repúdio às instâncias intermediárias entre os indivíduos e o Estado (associações, sindicatos, corporações de ofício), com a proclamação e a sacralização dos direitos individuais, da soberania estatal e da separação dos poderes. No plano econômico, o liberalismo havia prescrito a abstenção do Estado das relações econômicas (laissez faire, laissez passer), as quais seriam regidas por leis específicas, equiparáveis às leis físicas ou naturais, que operariam autonomamente e de forma inexorável à margem da vontade dos homens (lei da oferta e da procura no contexto de um mercado livre). No âmbito jurídico, o ideário liberal transpareceu no processo codificador do Século XIX que absorveu os dogmas da igualdade formal e da autonomia plena da vontade nas relações contratuais.(420)

Ao absorver os dogmas liberais da igualdade formal e da liberdade contratual sujeita à lei da oferta e da procura, a legislação civil mostrou-se incongruente para a regulamentação de uma nova categoria de relação jurídica advinda com o novo modo de produção capitalista — o trabalho subordinado, pessoal, contínuo e assalariado —, marcada por sua natureza assimétrica e autocrática; o que suscitou a formação de novas categorias dogmáticas para a regulamentação dos conflitos entre trabalhadores e empregadores, cujo centro de gravidade consiste na própria canalização para o âmbito das relações de trabalho do desigual conflito de classes emergente na sociedade capitalista.

Nasce, neste contexto, não somente um corpo legislativo regulamentador dos conflitos individuais e coletivos do trabalho, mas também um sistema de regulamentação com um claro objetivo tuitivo e promocional de um dos polos da relação de trabalho: a figura do empregado; sendo que um dos veículos principais para essa proteção consistiu exatamente na relativização dos dogmas da autonomia da vontade e da igualdade formal entre as partes, consagrando-se os direitos sociais fundamentais dos trabalhadores, com vistas a impedir a sua coisificação e preservar a sua condição humana numa relação jurídico-material na qual a sua pessoa ocupa uma posição central.

A hipótese normativa central do Direito do Trabalho — a relação de trabalho pessoal, assalariada e subordinada (relação de emprego) — jamais encontrou guarida nos contratos típicos da legislação civilista comum, nem tampouco se adaptou aos institutos desta, fundados na igualdade formal e, por vezes, absoluta, das partes, tanto pelo conteúdo material do vínculo empregatício, que impedia seu enquadramento em qualquer figura contratual do direito civil (contrato de compra e venda, locação de serviços, mandato), quanto pelos objetivos tuitivos e promocionais da sua regulamentação, a qual invocou um conjunto de institutos, princípios e regras específicas, que deu origem ao Direito do Trabalho e concedeu-lhe autonomia como novo ramo do ordenamento jurídico.

O Direito do Trabalho remete ao primeiro plano não o trabalho como um bem, mas o trabalhador como sujeito de direito e como pessoa humana(421). Assim, diversamente do Direito Civil, o Direito do Trabalho consiste, primordialmente, num instrumento de promoção dos denominados direitos humanos de segunda dimensão — os direitos sociais ou direitos de igualdade — correlacionados às relações de trabalho.(422) Por outro lado, ao contrário do que propugnam as oportunistas doutrinas "neoliberalistas", o Direito do Trabalho também foi uma necessidade política, ideológica e normativa para a subsistência do próprio sistema capitalista, cujo grau de exploração do trabalho alheio colocou em risco o próprio regime emergente.

---

(419) LOPEZ, Manuel Carlos Palomeque. *Direito do trabalho e ideologia*. Trad. António Moreira. Coimbra: Almedina, 2001. p. 46-47.

(420) *Idem, ibidem*, p. 21.

(421) SUPIOT, Alain. *Critique du droit du travail*. Quadrige/PUf, 1994. p. 44 e segs.

(422) Tornou-se lugar comum em diversos estudos doutrinários classificação tipológica dos direitos humanos em direitos de liberdade (direitos de primeira dimensão); direitos de igualdade (direitos de segunda dimensão) e direitos de solidariedade — ou fraternidade — (direitos de terceira dimensão), havendo menções atuais aos direitos de fraternidade como direitos de quarta dimensão.

Como assinala Manuel Carlos Palomeque Lopez "Ao mesmo tempo que o instrumento protector das relações capitalistas, cuja dominação legaliza e reproduz, através do contrato de trabalho, o Direito do Trabalho limita certamente a exploração da força do trabalho e garante importantes meios de luta dos trabalhadores. É, igualmente, o resultado tanto da acção dos trabalhadores e das suas organizações contra a ordem capitalista (direito conquistado), como o combate do empresário e do poder político contra a acção dos trabalhadores (direito concedido, funcional às relações de produção capitalistas)"[(423)].

É o que denominamos de ambivalência do Direito do Trabalho. Por um lado, o Direito do Trabalho é um instrumento garantidor de justiça social e de direitos fundamentais e, por outro, um marco limitador imposto pelo próprio regime capitalista para o intrínseco sistema de exploração do trabalho alheio. Trata-se de um corpo normativo concomitantemente anticapitalista e capitalista, posto que, ao mesmo tempo em que se fortaleceu pela atuação de movimentos anticapitalistas, também encontrou defesa naqueles que temiam o fim do próprio sistema. Numa perspectiva freudiana poder-se-ia metaforizar que o Direito do Trabalho constitui um instrumento limitador da pulsão de exploração e coisificação da pessoa do trabalhador pelos empregadores, adotado pelo próprio superego do capitalismo diante das ameaças à sua subsistência.

Relevante assinalar que, contrariamente aos argumentos sobre a necessidade de diminuição do custo do valor trabalho como forma de conceder competitividade às empresas, a fraude nas relações de trabalho decorre mais de uma herança escravista da sociedade brasileira, que gerou uma cultura de exploração e aviltamento das pessoas dos trabalhadores, do que uma necessidade econômica em face de fenômenos como globalização e concorrência externa[(424)]. Os países com economias mais sólidas e competitivas são exatamente aqueles nos quais os trabalhadores possuem amplas garantias sociais e trabalhistas e, coincidentemente, sociedades mais igualitárias.

Não se pode negar o caráter pessoal (e não econômico) do cometimento da fraude nas relações de trabalho. Assim como quase a totalidade dos ilícitos penais não ocorrem por um estado de necessidade ou legítima defesa, mas por motivações pessoais do agente, a fraude nas relações de trabalho baseia-se muito mais no caráter usurário do empregador que almeja maior aferição econômica por meio do aumento da mais-valia e da mercantilização do labor. Como relembra Arnaldo Süssekind, "Em toda comunidade, durante a história da civilização, apareceram, como surgirão sempre, pessoas que procuram fraudar o sistema jurídico em vigor, seja pelo uso malicioso e abusivo do direito de que são titulares, seja pela simulação de atos jurídicos, tendente a desvirtuar ou impedir a aplicação da lei pertinente, seja, enfim, por qualquer outra forma que a má-fé dos homens é capaz de arquitetar. Por isto mesmo, inúmeros são os atos praticados por alguns empregadores inescrupulosos visando a impedir a aplicação dos preceitos de ordem pública consagrados pelas leis de proteção ao trabalho".

A humanização da relação de trabalho nuclear do sistema capitalista de produção — a relação de emprego —, a partir da sua relativa "desmercantilização", por meio do asseguramento de uma série de garantias e de direitos sociais básicos ao trabalhador, é o símbolo da sua transcendência, pois a sua preservação possui um interesse econômico-social que ultrapassa o círculo de interesse individual do trabalhador e dos sujeitos da relação de emprego, pois atinge toda a sociedade e a subsistência do próprio sistema econômico, não obstante a proteção da dignidade humana do trabalhador seja o núcleo central de todo o sistema de relações de trabalho e do Direito do Trabalho.

Dentro desta dinâmica, de um modo geral, o instituto da fraude nas relações de trabalho consiste num pernicioso instrumento de tentativa de (re)mercantilização do labor, consistente no emprego de métodos, procedimentos, condutas e mecanismos jurídico-formais que, por intermédio da concessão de uma roupagem jurídica fictícia a uma relação de emprego, visam a obstar, no todo ou em parte, a imputação da legislação trabalhista e a observância dos direitos sociais fundamentais dos trabalhadores.

A fraude consistente no mascaramento da própria relação de emprego corresponde a tentativas de conceder uma roupagem jurídica de negócios jurídicos correspondentes a outro campo do direito (direito civil, direito empresarial, direito do consumidor), como instrumento de evitação da aplicação das normas do Direito do Trabalho

(423) LOPEZ, Manuel Carlos Palomeque. *Direito do Trabalho e ideologia*. Trad. António Moreira. Coimbra: Almedina, 2001. p. 33.

(424) SÜSSEKIND, *Arnaldo et al. Instituições de Direito do Trabalho*. v. 1, 22. ed. 2005. p. 226.

à relação material de emprego, juridicamente inserida, de forma fraudulenta, em outro invólucro jurídico (contrato de sociedade, de parceria, arrendamento, de prestação de serviços autônomos etc.). Também são utilizadas como expediente de fraude as relações especiais de trabalho como o contrato de estágio e o contrato de trabalho temporário, além do desvirtuamento de figuras morfológicas contratuais como o contrato de experiência e o contrato por tempo determinado.

2.11.2. A fraude objetiva nas relações de trabalho

Atualmente a própria legislação civil possui diversos institutos tuitivos e promocionais de um dos polos da relação jurídica (principalmente nas áreas de consumidor e meio ambiente), afastando-se, em determinadas hipóteses normativas, do dogma formal da autonomia da vontade. Entretanto seus institutos jamais se adaptaram à hipótese normativa nuclear do Direito do Trabalho — a relação de emprego —, tendo em vista que esta pressupõe uma cadeia de valores diversa da que norteia os institutos da legislação civil. Por isso, muitos destes institutos ou foram reelaborados pela própria legislação do trabalho ou, quando aplicáveis a esta, sofrem amplas reestruturações e reinterpretações para adaptarem-se aos princípios, regras, institutos e objetivos específicos do Direito do Trabalho e à preservação dos direitos sociais dos trabalhadores, tendo como vértice a proteção e a preservação da dignidade humana dos trabalhadores.

De acordo com esta diretriz, o instituto da fraude nas relações de trabalho sempre foi regido por princípios diversos do direito civil, pois enquanto neste faz-se normalmente necessária a prova do consilium fraudis para o reconhecimento do vício do ato jurídico, no Direito do Trabalho, em razão do estado de hipossuficiência jurídica do empregado (e também de hipossuficiência econômica), adotou-se o instituto da fraude objetiva, cristalizada no art. 9º da CLT, in verbis: "Serão nulos de pleno direito os atos praticados com o objetivo de desvirtuar, impedir ou fraudar a aplicação dos preceitos contidos na presente Consolidação".

A fraude objetiva no Direito do Trabalho é corolário do contrato-realidade, tal como propugnado por Mario de La Cueva, uma vez que presentes os requisitos da relação de emprego (pessoalidade, subordinação, não eventualidade, onerosidade e alteridade — arts. 2º e 3º da CLT) numa determinada prestação ou relação de trabalho, indiferente para o Direito do Trabalho a presença ou não do consilium fraudis entre as partes ou mesmo da conscientia fraudis por parte do empregador, com a consequente nulidade dos atos fraudulentos e o reconhecimento da relação de emprego entre as partes.

Diz-se objetiva a fraude nas relações de trabalho porque, ao contrário do que ocorre no direito civil, para a sua aferição basta a presença material dos requisitos da relação de emprego, independentemente da roupagem jurídica conferida à prestação de serviços (parceria, arrendamento, prestação de serviços autônomos, cooperado, contrato de sociedade, estagiário, representação comercial autônoma, etc.), sendo irrelevante o aspecto subjetivo consubstanciado no animus fraudandi do empregador, bem como eventual ciência ou consentimento do empregado com a contratação irregular, citando-se, v. g., nesta última hipótese, a irrelevância dos termos de adesão às falsas cooperativas pelos trabalhadores com vistas a alcançar um posto de trabalho dentro de determinada empresa; a inscrição, e consequente prestação de serviços, como autônomo ou representante comercial, apesar da existência de um vínculo empregatício; a exigência de constituição de pessoa jurídica ("pejotização") pelo trabalhador para ingressar no emprego etc., posto que constituem instrumentos jurídicos insuficientes para afastar o contrato-realidade entre as partes.

Nesse sentido, é irrelevante para a configuração da relação de emprego a natureza do ato de ingresso do trabalhador na prestação de serviços, pois a existência do vínculo empregatício dependerá objetivamente do modus operandi da prestação de serviços e não dos aspectos formais que o revestem. Exatamente na fase de contratação se localiza um dos pontos de maior vulnerabilidade do empregado e da sua autonomia volitiva, sendo este momento a porta privilegiada para submissão do empregado a formas dissimuladas de contratação.

2.11.3. Morfologia da fraude nas relações de trabalho

A fraude à relação de emprego possui uma morfologia ampla e diversificada, sofisticando-se paralelamente à complexidade das próprias relações de trabalho e das novéis formas de produção e expansão mercantil. Neste contexto, analisaremos perfunctoriamente algumas das modalidades de fraude numericamente mais expressivas nas relações de trabalho, não obstante depararmos com diversos outros expedientes fraudatórios do vínculo de emprego.

2.11.3.1. Fraude por meio de contratos civis

Como se observa, desde os primórdios da legislação do trabalho até a elaboração jurídico-científica da categoria nuclear do Direito do Trabalho — a relação de trabalho subordinada, pessoal, não eventual, assalariada e em regime de alteridade — como hipótese normativa específica deste corpo legislativo, as primeiras teorias contratuais sobre a natureza da relação de emprego, fundamentadas na legislação civil, tentaram enquadrá-la numa das formas contratuais clássicas — arrendamento, compra e venda, sociedade, mandato, parceria, locação de serviços (locatio operarum), representação comercial autônoma. Tal fato decorre de o contrato de trabalho ser uma das espécies de contrato de atividade, o que lhe concede um grau de semelhança com algumas características dos contratos supracitados.

Neste diapasão, as primeiras formas de manifestação de fraude nas relações de trabalho debruçaram-se exatamente nas figuras contratuais clássicas do direito civil ou do direito empresarial.

De fato, com vistas a furtarem-se à satisfação dos direitos sociais dos trabalhadores, determinados empregadores intentam afastar a figura da relação de emprego impondo ao trabalhador a sua contratação por meio de uma das categorias contratuais da legislação civil supracitadas, embora a prestação de serviços se desenvolva como típica relação de emprego, isto é, de forma pessoal, subordinada, contínua, onerosa e com alteridade (art. 2º e 3º da CLT).

Não obstante as diversas discussões doutrinárias sobre o critério da subordinação como o centro de gravidade da relação de emprego, evidentemente que este ainda persevera como o principal elemento que distingue as relações de trabalho civis e empresariais da relação de emprego. Assim, independentemente da figura contratual adotada, uma vez ausente a autonomia organizacional do trabalho do prestador de serviços, com o exercício da sua atividade laboral de forma pessoal e sob a direção do tomador, e sem assunção ativa (propriedade dos meios de produção) e passiva (responsabilidade pelos riscos do empreendimento), está-se diante de típica relação de emprego, o que invoca a tutela juslaboral do trabalhador.

Conquanto as fraudes no Direito do Trabalho venham recebendo sofisticação, ainda se verifica em diversas circunstâncias a utilização destas figuras contratuais como forma de ocultar formalmente a presença de uma relação de emprego, como nas hipóteses de contratação de vendedores como representantes comerciais autônomos; emprego de profissionais de informática como prestadores de serviços autônomos; a contratação de empregados rurais como parceiros ou meeiros(425) etc.

Considerando-se que a relação de emprego constitui a forma predominante de trabalho na sociedade capitalista, diante da invocação da fraude pelo empregado contratado por meio de contrato civil, caberá ao empregador, admitida a prestação de serviços, o ônus de comprovar a inexistência da relação de emprego (art. 818 da CLT c/c art. 333 da CLT), conforme a máxima "o ordinário se presume e o extraordinário se comprova".

2.11.3.2. Fraude nas relações especiais de trabalho: estágio

Consoante os art. 442 e 443 da Consolidação das Leis do Trabalho o contrato de trabalho geralmente não possui forma prescrita em lei, podendo ser celebrado tácita ou expressamente, inclusive de forma verbal ou escrita.

(425) O Código Civil de 1916 (Lei n. 3.071/16) disciplinava expressamente a parceria agrícola (arts. 1.410 a 1.415) e a parceria pecuária (arts. 1.416 a 1.423), sendo que o atual Código Civil (Lei n. 10.406/2002) não possui regulamentação expressa destas espécies contratuais, atualmente consistindo em hipóteses de contratos inominados.

Assim, consoante a regra geral, o contrato de trabalho constitui uma espécie contratual não solene, sujeito à liberdade de forma. Comumente esta possui um caráter ad probationem da relação de emprego ou de condições especiais de trabalho (*v. g.*, contratos por tempo determinado).

Não obstante a informalidade geral da relação de emprego, algumas relações especiais de trabalho pressupõem a celebração solene do contrato (ad solemnitatem), sendo o respectivo instrumento ad substantia negotii. A forma solene constitui pressuposto para a formalização de determinadas relações especiais de trabalho ou condições especiais de trabalho que, em virtude das peculiaridades no desenvolvimento do labor, excepciona, no todo ou em parte, a aplicação do Direito do Trabalho e da legislação social.

Neste contexto enquadra-se o contrato de estágio (Lei n. 11.788/2008), cujo desenvolvimento pressupõe a celebração de termo de compromisso escrito entre o educando, a parte concedente do estágio e a instituição de ensino) e o contrato de trabalho temporário (regido pela Lei n. 6.019/74), que deve ser obrigatoriamente escrito, pois constitui a única hipótese legal de intermediação de mão de obra e dupla subordinação do emprego prevista em lei). Entretanto, ambas as figuras são deveras empregadas para cometimento de fraude à relação de emprego.

No referente ao estágio, nos aspectos jurídico-materiais, a relação de estágio constitui uma relação de trabalho pessoal, contínua e subordinada e, nos casos de estágio oneroso, tem-se todos os elementos de uma relação de emprego. Porém, diferentemente das demais relações de trabalho, o estágio tem como objetivo principal a complementação do ensino e o "aprendizado de competências próprias da atividade profissional e à contextualização curricular, objetivando o desenvolvimento do educando para a vida cidadã e para o trabalho" (art. 2º, Lei n. 11.788/2008). Visa a fornecer conhecimento prático-profissional ao estudante, agregando-o ao teórico. Trata-se de uma relação de trabalho subordinado especial que tem como meta principal o desenvolvimento pedagógico-profissional do trabalhador e não a sua subsistência.

Diferencia-se, outrossim, pela mitigação da alteridade do trabalho, pois o estágio é concedido primordialmente em benefício do estudante, não podendo ser utilizado como simples instrumento de substituição de mão de obra necessária à realização das atividades-fim, essenciais e permanentes da entidade concedente.

Não obstante, tem sido comum a contratação de trabalhadores (estudantes) sob o rótulo de estagiário para esse desiderato, com vistas a baratear o fator trabalho para o empregador, sem que haja qualquer correlação entre os serviços prestados pelo estudante (trabalhador) e a sua formação educacional, em flagrante fraude à legislação trabalhista, inclusive com a participação de agentes de integração.(426) Tal incompatibilidade de funções e ausência a de pertinência temática com o objeto de estudo do educando, per si, justifica a nulidade da contratação e o reconhecimento do vínculo empregatício entre as partes.

A Lei n. 11.788/2008, em determinados aspectos, tornou mais rigorosa a concessão do estágio, prevendo diversos requisitos formais e materiais, cuja ausência acarreta automaticamente o reconhecimento de vínculo de emprego entre as partes, destacando-se os seguintes requisitos: matrícula e frequência regular do educando em curso de educação superior, de educação profissional, da educação especial e dos anos finais do ensino fundamental, na modalidade profissional da educação de jovens e adultos; existência de unidade em condições de proporcionar experiência prática na linha de formação; realização obrigatória de atividades complementares ao ensino na área de formação do estudante; celebração de termo de compromisso com participação de todos os sujeitos: estudante, parte concedente e instituição de ensino (intervenção obrigatória); compatibilidade entre as atividades desenvolvidas no estágio e aquelas previstas no termo de compromisso; sistemático acompanhamento pelo professor orientador da instituição de ensino e pelo supervisor da parte concedente (art. 3º, § 2º); jornada de trabalho compatível com o horário escolar (art. 10, *caput*).

---

(426) A Lei n. 11.788/2008 previu expressamente a responsabilidade dos agentes de integração nessas hipóteses: "*Art. 6º (...). § 3º Os agentes de integração serão responsabilizados civilmente se indicarem estagiários para a realização de atividades não compatíveis com a programação curricular estabelecida para cada curso, assim como estagiários matriculados em cursos ou instituições para as quais não há previsão de estágio curricular.*" Além da responsabilização civil o agente de integração responde solidariamente pelos direitos trabalhistas nas hipóteses de decretação da fraude e reconhecimento do vínculo de emprego entre o trabalhador (estudante) e a empresa concedente.

Verificando-se a ausência de quaisquer dos requisitos formais ou materiais previstos na lei para a concessão do estágio, o vínculo de emprego forma-se automaticamente com a parte concedente, que deverá arcar com todos os direitos trabalhistas do trabalhador, com responsabilidade solidária de eventual agente de integração. Na hipótese de reincidência da instituição concedente previu-se o impedimento do recebimento de estagiários pelo período de 2 (dois) anos, sem prejuízo das demais responsabilidades (art. 15, Lei n. 11.788/2008).

2.11.3.3. Cooperativas intermediadoras de mão de obra

Sob a falsa premissa de combate ao desemprego, proliferou-se a contratação de cooperativas intermediadoras de mão de obra, com a utilização de trabalhadores sob o falso manto de cooperados para o exercício de atividades-fim, essenciais e permanentes das empresas contratantes (tomadoras), em regime de pessoalidade, subordinação, onerosidade, não eventualidade e alteridade com o tomador dos serviços.

Não obstante a existência da Lei n. 5.764/71, que traça a política nacional de cooperativismo e institui o regime jurídico das sociedades cooperativas, foi a partir da Lei n. 8.949/94 que acrescentou parágrafo único ao art. 442 da CLT, estabelecendo que: "qualquer que seja o ramo de atividade da sociedade cooperativa, não existe vínculo empregatício entre ela e seus associados, nem entre estes e os tomadores de serviços daquela", que se propagaram as "cooperativas" intermediadoras de mão de obra, principalmente no âmbito urbano, cujo único objetivo é a inserção de mão de obra de trabalhadores dentro da estrutura orgânica das empresas tomadoras, com evidente desvirtuamento do cooperativismo.

O cooperativismo autêntico foi inserido no capítulo constitucional pertinente à ordem econômica e financeira (art. 174, § 2º, CF/1988), devendo observar os fundamentos e princípios a ele pertinentes. Seu desenvolvimento deve estar em consonância com as demais normas do ordenamento jurídico, inclusive com o sistema de relações de trabalho, cuja única hipótese legal de intermediação de mão de obra — que não se confunde com terceirização de serviços — consiste no trabalho temporário (Lei n. 6.019/74). O parágrafo único do art. 442 da CLT deve ser interpretado sistematicamente com os demais dispositivos da legislação do trabalho, de forma que presentes os requisitos da relação de emprego entre o trabalhador (cooperado) e a empresa contratante, impõe-se o contrato realidade, formando-se o vínculo de emprego diretamente com o tomador de serviços.[(427)]

Uma entidade intermediadora de mão de obra, não obstante a sua configuração formal como "cooperativa" não encontra ressonância em nosso ordenamento jurídico, uma vez que nosso sistema de proteção social prescreve uma rede especial de proteção a todos aqueles inserido objetivamente numa relação de emprego, independentemente da forma de contratação ou da envoltura jurídica conferida à prestação dos respectivos serviços. As máximas de experiência demonstram que as "cooperativas" intermediadoras de mão de obra não se enquadram no conceito técnico-jurídico de uma entidade cooperativa pela total ausência dos princípios cooperativistas, tratando-se de meras empresas locadoras de mão de obra em proveito dos seus proprietários e/ou dirigentes e das empresas contratantes, com desvirtuamento das relações de emprego que se formam diretamente entre os trabalhadores ("cooperados") e as empresas tomadoras.

Nestas entidades, não existe a affectio societatis (art. 3º, Lei n. 5.764/71); a união de esforços para a obtenção de um objetivo comum, uma vez que os trabalhadores são arregimentados simplesmente em proveito de terceiras

---

(427) Como assinalou Arnaldo Süssekind, *"Esse acréscimo (do parágrafo único do art. 442 da CLT), porque óbvio e desnecessário, gerou a falsa impressão e o consequente abuso no sentido de que os cooperativados podem prestar serviços às empresas contratantes, sob a supervisão ou direção destas, sem a caracterização da relação de emprego. Na verdade, porém, somente não se forma o vínculo empregatício com o tomador de serviços quando os cooperados trabalham na* cooperativa *e* para a cooperativa *de que são parte, como seus associados. O tomador dos serviços da cooperativa deve estabelecer uma relação jurídica e de fato com a sociedade e não uma relação fática, com efeitos jurídicos, com os cooperativados. Destarte, as cooperativas de trabalho permanecem fora do campo de incidência do art. 7º da Constituição, sempre que operarem de conformidade com a sua estruturação jurídica e finalidade social. Inversamente, quando os cooperativados trabalharem, na realidade, como empregados do tomador de serviços da cooperativa, configurada está a relação de emprego entre eles e a empresa contratante. Aplicar-se-ão no caso o princípio da primazia da realidade consagrado no art. 9º da CLT, tal como referido no Enunciado TST n. 331. Nesse sentido prevalecem a doutrina e a jurisprudência".* (SÜSSEKIND, Arnaldo. *Direito constitucional do trabalho.* Rio de Janeiro: Forense, 1999. p. 87-88).

empresas, para a substituição de mão de obra inerente às suas atividades. Consequentemente não se observa o princípio basilar da dupla qualidade (art. 4º e 7º da Lei n. 5.764/71), segundo o qual o agregado é concomitantemente cooperado e beneficiário da entidade cooperativa, pois os verdadeiros beneficiários são os dirigentes "proprietários" da entidade, que auferem lucro com a venda da força de trabalho alheio, e as empresas contratantes, que diminuem os custos de produção com a sonegação dos direitos trabalhistas dos empregados contratados como cooperados.

A adesão a estas "cooperativas" dá-se em virtude da necessidade do emprego, e não pela presença da *affectio societatis*. Não se observa adesão voluntária e democrática (art. 4º, I, Lei n. 5.764/71), porque a adesão se torna uma condição sine qua non para a contratação pela empresa beneficiária, não obstante o labor se desenvolver com todos os requisitos do vínculo de emprego.

Geralmente os trabalhadores são arregimentados no próprio estabelecimento da empresa tomadora, que os seleciona e encaminha para se filiarem à cooperativa, ou, o caminho inverso, são direcionados pelas próprias cooperativas para as empresas tomadoras, hipótese em que também atuam como agências de recrutamento. Tornam-se assim responsáveis pela arregimentação da mão de obra na medida das necessidades do empregador (tomador). Os trabalhadores que se associam a estas entidades não o fazem por nenhuma "consciência cooperativa", mas para o cumprimento de uma ilegal exigência para a obtenção do emprego tão desejado.

É praxe constatar-se que, geralmente, a data de adesão à cooperativa coincide com a da prestação de serviços ao real empregador. Irrelevante, neste sentido, que o trabalhador tenha se dirigido diretamente à entidade dita cooperativa, sendo primordial a motivação do ato, pois sua adesão "voluntária", na realidade, não foi a cooperativa, mas a única via para a obtenção de um posto de trabalho dentro de determinada empresa. De outra sorte, esta suposta "adesão" é nula,

As cooperativas intermediadoras de mão de obra geralmente são multiprofissionais; destituídas de qualquer especialização; com a inexistência de qualquer "proveito comum" a ser buscado (art. 3º da Lei n. 5.764/71), porque não há nenhuma identidade entre os diversos profissionais e as múltiplas atividades congregadas por estas cooperativas.

Os profissionais são contratados de acordo com as demandas das empresas contratantes e inseridos nas estruturas orgânicas daquelas. Mesmos em algumas cooperativas aparentemente especializadas, observa-se que a sua constituição não se deveu à obtenção de qualquer proveito comum, mas simplesmente ao fornecimento de mão de obra para terceiras empresas. Cite-se, por exemplo, uma cooperativa de garçons que presta serviços para restaurantes, buffets, bares, hotéis etc.; uma cooperativa de costureiras que presta serviços para uma grande indústria de confecção, entre outros.

As cooperativas intermediadoras de mão de obra se revelam pela inexistência de autonomia na prestação dos serviços pelos cooperados, que trabalham em regime de subordinação, pessoalidade, alteridade, onerosidade e não eventualidade com o tomador dos serviços, estando o trabalhador inserido na estrutura orgânica da empresa tomadora.

Essa falta de autonomia advém da própria ausência de especialidade destas entidades, as quais não prestam qualquer atividade especializada, não possuem know-how, condições materiais ou equipamentos próprios, utilizando-se das dependências da empresa contratante para a realização dos serviços. Ela também é simbolizada pela inexistência de gestão democrática, dado que constituem entidades de cofres cheios e assembleias vazias.

Diferentemente de uma verdadeira cooperativa, as atividades destas entidades não se enquadram no conceito de terceirização, limitando-se à intermediação de mão de obra. Neste diapasão, vale ressaltar que terceirização de serviços não se confunde com a mera intermediação de mão de obra. Na terceirização predomina o fator "prestação de serviços especializados" ao passo que na intermediação de mão de obra prevalece o elemento "trabalho-humano" como objeto de troca na relação entre empresa-tomadora e prestadora. Como assevera Amauri Mascaro Nascimento, "A intermediação é a comercialização, por alguém ou por uma pessoa jurídica, da atividade lucrativa de aproximar o trabalhador de uma fonte de trabalho, o que é condenado pelos princípios internacionais de proteção ao trabalho".[(428)]

A intermediação de mão de obra caracteriza-se, entre outros, pelos seguintes elementos: a organização do trabalho é exercida diretamente pela contratante (gestão do trabalho); a contratada não realiza nenhuma atividade especializada que justifique a contratação de seus serviços, uma vez que não possui qualquer know-how ou técnica específica; a contratada não detém o capital e/ou os meios materiais para a realização dos serviços, realizando-os dentro das dependências da contratante; a contratada geralmente realiza atividade-fim, essencial e permanente da empresa contratante, seguindo as ordens e orientações procedimentais desta última; na intermediação há a prevalência do elemento "trabalho humano" sobre o fator "serviços"; a contraprestação da contratante é aferida com base nas horas trabalhadas pelos trabalhadores.[(429)]

Como elucida Rodrigo Carelli, "Outro elemento forte indicador de intermediação de mão de obra é a prevalência do elemento humano na prestação de serviços. No caso concreto, deve verificar se o objeto contratual se satisfaz com o mero emprego de mão de obra, ou se há a necessidade de um conhecimento técnico específico e uma estrutura de apoio operacional com a utilização de meios materiais próprios para a execução do contrato. Se, por outro lado, o objeto contratual se encerrar na prestação de trabalho pelos empregados do contratante, estaremos provavelmente frente a uma intermediação de mão de obra. Da mesma forma, quando contratualmente se observa que o objeto contratual é, por exemplo, a cessão de 5 (cinco) marceneiros, 3 (três) motoristas, 10 (dez) soldadores, com evidência deverá ser entendida como intermediação de mão de obra, ilícita portanto".[(430)]

Diversamente de uma verdadeira entidade cooperativa, as cooperativas intermediadoras de mão de obra constituem verdadeiras empresas capitalistas, cujo único empreendimento é a prática do marchandage como fator de lucro para os seus dirigentes/proprietários e para as empresas contratantes, condicionando os trabalhadores a uma dupla exploração ("cooperativa" e empresa contratante), com a subtração dos seus direitos trabalhistas.

2.11.3.4. "Pejotização" de empregados

Como elucida Célia Regina Camachi Stander, o vocábulo "pejotização" constitui um neologismo originado da sigla "PJ", a qual é utilizada para designar a expressão "pessoa jurídica".[(431)] Por meio do processo de pejotização o empregador exige que o trabalhador constitua uma pessoa jurídica (empresa individual) para a sua admissão ou permanência no emprego, formalizando-se um contrato de natureza comercial ou civil, com a consequente emissão de notas fiscais pelo trabalhador, não obstante a prestação de serviços se desenvolver como típica relação empregatícia.

Conquanto a "pejotização" se encontra presente em diversos setores econômicos e ramos de atividade, há alguns setores emblemáticos, nos quais esse procedimento fraudulento se encontra amplamente difundido, como nas áreas hospitalar, de informática, indústria de entretenimento (cinema, teatros, eventos) e veículos de comunicação. Nas mais diversas empresas de comunicação (escrita, radiofônicas, televisivas e veículos de comunicação virtual), tornou-se a tônica a contratação de jornalistas, apresentadores de TV, artistas, dubladores etc. por meio de empresas individuais abertas somente para a prestação dos respectivos serviços, que se desenvolvem com pessoalidade, subordinação, onerosidade, habitualidade, alteridade, nos termos dos arts. 2º e 3º da CLT, até porque constituem típicas, atividades-fim essenciais ou permanentes destas entidades. Trata-se de expediente fraudulento também utilizado para a contratação de empregados ocupantes de altos cargos nas empresas.

---

(428) NASCIMENTO, Amauri Mascaro. *Curso de Direito do Trabalho*. 23. ed. São Paulo: LTr, 2008. p. 627.

(429) CARELLI, Rodrigo de Lacerda. *Cooperativas de mão de obra*: manual contra a fraude. São Paulo: LTr, 2002. p. 39-40.

(430) *Idem, ibidem*, p. 42.

(431) STANDER, Célia Regina Camachi. Fraude por meio de cooperativa e de constituição de pessoa jurídica por trabalhadores. *Revista da Escola da Magistratura do Tribunal Regional do trabalho da 2ª Região*, São Paulo, ano I, n. 1, set. 2006, p. 105.

Com vistas a conceder ares de legalidade a esta prática, por lobby de entidades interessadas, foi promulgada a Lei n. 11.196/2005, cujo art. 129 dispõe, in verbis: "Para fins fiscais e previdenciários, a prestação de serviços intelectuais, inclusive os de natureza científica, artística ou cultural, em caráter personalíssimo ou não, com ou sem a designação de quaisquer obrigações a sócios ou empregados da sociedade prestadora de serviços, quando por esta realizada, se sujeita tão somente à legislação aplicável às pessoas jurídicas, sem prejuízo da observância do disposto no art. 50 da Lei n. 10.406, de 10 de janeiro de 2002 — Código Civil".

Como recorda Célia Regina Camachi Stander, matéria publicada no Jornal Folha de S. Paulo, de 23.11.2005, noticiou que o dispositivo legal em questão foi, ipsis litteris, "obra de um lobby liderado por empresas de comunicação", com o objetivo de "evitar questionamentos à contratação de profissionais liberais na condição de pessoa jurídica, em especial as chamadas 'empresas de uma pessoa só'; na mesma matéria divulgou-se que a Receita Federal se pronunciou contrariamente ao texto legal publicado "por entender que abria caminho para disfarçar vínculos empregatícios e driblar o fisco".[(432)]

Em relação ao referido dispositivo legal são aplicáveis as mesmas observações a respeito do parágrafo único do art. 442 da CLT, uma vez que, consoante mencionado alhures, o sistema de relações de trabalho brasileiro, por meio do contrato realidade (art. 2º e 3º da CLT), concede uma rede de proteção social a todos aqueles que prestem serviços com pessoalidade, habitualidade, continuidade, onerosidade e alteridade; imputando o vínculo de emprego diretamente com o tomador dos serviços, independentemente da configuração jurídica dada à relação ou da forma de contratação do empregado.

O art. 129 da Lei n. 11.196/2005 deve ser interpretado sistematicamente com as demais normas do ordenamento jurídico brasileiro, não possuindo o condão de afastar o reconhecimento do vínculo de emprego entre o trabalhador — contratado sob o manto de pessoa jurídica — e o empregador. Ademais, referido preceito legal é flagrantemente inconstitucional por violação do princípio da igualdade insculpido no art. 5º, I, e art. 7º, XXX e XXXII, ambos da CF/1988, sendo que este último dispositivo constitucional é peremptório ao prescrever a "proibição de distinção entre trabalho manual, técnico e intelectual ou entre os profissionais respectivos", pois, presentes os requisitos da relação de emprego, é indiferente para a configuração da relação de emprego o exercício ou não de atividade intelectual.

Como assinala Alice Monteiro de Barros, "O fato de o trabalho executado ser intelectual não descaracteriza o liame empregatício, pois ele consistirá sempre na exteriorização e no desenvolvimento da atividade de uma pessoa em favor de outrem. Por outro lado, inexiste incompatibilidade jurídica, tampouco moral, entre o exercício dessa profissão e a condição de empregado. Isso porque a subordinação é jurídica, e não econômica, intelectual ou social; ela traduz critério disciplinador da organização do trabalho, sendo indispensável à produção econômica".[(433)] A aferição legal da condição intelectual do empregado como forma de afastamento do vínculo de emprego, per si, não encontra guarida na nossa ordem constitucional, sendo manifestamente inconstitucional o art. 129 da Lei n. 11.196/2005, por consistir em preceito discriminatório, violador do art. 7º, XXXII da CF/1988 e dos demais preceitos consagradores do princípio da igualdade.

A contratação irregular de trabalhadores por intermédio da constituição de pessoa jurídica não se confunde com um verdadeiro processo de terceirização de atividades da empresa principal. No processo de "pejotização" o trabalhador se encontra subordinado ao empregador, prestando serviços com todos os requisitos da relação de emprego; o trabalhador pode até exercer uma atividade específica, mas a sua especialização confunde-se com as atividades finalísticas do empregador, sendo geralmente este o prestador dos respectivos serviços especializados a terceiras empresas (tomadoras); embora o trabalhador detenha conhecimentos técnicos, o know-how do desenvolvimento das atividades é determinado pelo empregador, que detém todo o controle da prestação de serviços; a "pessoa jurídica" do trabalhador não detém o capital e/ou os meios materiais para a realização dos respectivos

(432) *Idem, ibidem,* p. 106.

(433) BARROS, Alice Monteiro de. *Curso de Direito do Trabalho*. São Paulo: LTr, 2005. p. 256.

serviços, que são fornecidos pelo empregador, diretamente ou por meio das empresas tomadoras dos seus serviços; o trabalhador "pejotizado" geralmente presta serviços exclusivos para o empregador, com a geração de uma dependência econômica, uma vez que todos os ganhos são aferidos na condição de remuneração do labor, tendo natureza salarial, conquanto o empregado seja obrigado à emissão de notas fiscais; a "pessoa jurídica" do trabalhador não possui a assunção de riscos econômicos, pois estes estão concentrados na entidade empregadora, sendo esta que atua verdadeiramente no mercado.

2.11.3.5. "Socialização" de empregados

Consiste o contrato de sociedade no instituto jurídico pelo qual determinadas pessoas se obrigam a contribuir, com bens ou serviços, para o exercício de uma atividade econômica e a partilhar entre si os resultados (art. 981 do Código Civil). O principal aspecto que o distingue do contrato de trabalho é a affectio societatis, ou seja, o espírito de comunhão e a identidade de interesses entre os sócios que se configura pelo compartilhamento dos lucros e perdas. Trata-se de um elemento subjetivo ausente no contrato de trabalho, no qual o empregado não assume os riscos do empreendimento, sendo que a sua participação figura no campo da contraprestação e não da associação.(434)

Por outro lado, o elemento subordinação é inerente à relação de emprego, pois exsurge diretamente do direito de direção do empregador, não se verificando no contrato de sociedade, no qual os poderes decisórios são distribuídos conforme a participação social de cada membro ou de acordo com aquilo voluntariamente por eles deliberado e constante do contrato social da entidade.

Entretanto, dentro da análise da linha evolutiva da fraude, paralelamente ao processo de "pejotização" vem ganhando cada vez mais foro a denominada "socialização" de trabalhadores, isto é, a formalização destes como sócios da própria empresa empregadora, não obstante o suposto "sócio" (trabalhador) realizar materialmente suas atividades com todas as características da relação de emprego. Por meio da socialização, o trabalhador é materialmente inserido na estrutura orgânica da empresa com todos os requisitos da relação de emprego, e formalmente inserido no contrato social do empreendimento na condição de sócio minoritário.

Como assinala Mauricio Godinho Delgado, embora não sejam, a princípio, incompatíveis as figuras de sócio e de empregado, que podem ser sintetizadas numa mesma pessoa física (como nas sociedades anônimas, sociedades limitadas ou comanditas por ações), a dinâmica judicial trabalhista vem registrando o uso do contrato de sociedade como instrumento simulatório, com o intuito de transparecer, formalmente, uma situação fático-jurídica de natureza civil/comercial, conquanto oculte uma efetiva relação empregatícia.(435)

A "socialização" de empregados revela um grau de sofisticação da fraude nas relações de trabalho, tendo em vista que o empregador insere materialmente o trabalhador numa relação empregatícia, mas, concomitantemente, concede-lhe o status de sócio, com a sua inclusão no contrato social da empresa. Este tipo de fraude geralmente ocorre em atividades exercidas por profissionais qualificados — muitos dos quais outrora eram predominantemente profissionais liberais — (advogados, médicos, arquitetos, veterinários, fisioterapeutas etc.) ou em atividades especializadas (radiologias), cuja formação técnica pressupõe um profissional qualificado, cujo grau de conhecimento torna mais plausível a sua inserção fraudulenta como sócio, já que geralmente o trabalhador submetido a este tipo de fraude possui a mesma formação do proprietário do negócio, dando-se ensejo a uma incipiente identificação comumente verificada no entabulamento de sociedades.

A transformação de trabalhadores em sócios geralmente ocorre em entidades empresariais menores (empresas de radiologia, clínicas de fisioterapia, clínicas veterinárias, escritórios de arquitetura etc.), sendo que os proprietários do negócio figuram como sócios majoritários no contrato social, com detenção de quase todas as cotas do capital social, e os demais trabalhadores aparecem como detentores de cotas irrisórias, que lhes retiram qualquer poder decisório ou de participação real na administração da empresa e no direcionamento dos negócios.

---

(434) *Idem, Ibidem*, p. 484.

(435) DELGADO, Mauricio Godinho. *Curso de direito do trabalho*. 6. ed. São Paulo: LTr, 2007. p. 361-363.

Os trabalhadores contratados por esta forma dissimulada de sociedade limitam-se à prestação pessoal de serviços sob o controle e direção dos sócios majoritários. Importante assinalar que, ordinariamente, esses sócios majoritários possuem a mesma qualificação profissional dos "sócios-trabalhadores" (radiologistas, advogados, engenheiros etc.), circunstância que concede uma fictícia presença do *"affectio societatis"*, tendo em vista o exercício da mesma atividade profissional entre os empregadores (sócios majoritários) e os empregados (sócios minoritários).

O próprio contrato social destas entidades demonstra a subserviência dos "sócios-trabalhadores" aos verdadeiros empregadores — os sócios majoritários —, uma vez que estes estatutos jurídicos são permeados por disposições leoninas, que retiram qualquer possibilidade de ingerência na administração da sociedade ou do exercício do poder decisório pelos "sócios-trabalhadores". Entre outros aspectos, esta submissão é demonstrada pela presença de cláusulas que relegam a deliberação final de qualquer medida administrativa ou empresarial à aprovação dos sócios majoritários, como o ingresso de novos sócios, a preferência (e/ou exclusividade) na compra das cotas dos sócios majoritários que queiram retirar-se da sociedade, tomada de medidas disciplinares e adoção de sanções contra os demais sócios etc. Tais cláusulas demonstram a pessoalidade e a subordinação da prestação de serviços dos "sócios-trabalhadores".

A hierarquia societária presente no contrato social é uma expressão formal da hierarquia subordinativa que envolve a prestação pessoal de serviços dos empregados contratados sob o falso manto de sócios da entidade empresarial: "VÍNCULO DE EMPREGO. ***SÓCIO*** COTISTA MINORITÁRIO — ***FRAUDE*** — Não pode ser considerado ***sócio***, mas autêntico empregado, aquele que detém participação mínima no capital da sociedade, especialmente quando não restou demonstrado nos autos qualquer tipo de gestão na atividade empresarial, revelando, ainda, os autos o labor como empregado antes e após o período consignado no contrato social" (TRT 3ª Região, RO — Processo n. 211.2007.001.03.00-7, 1ª T., relª. Juíza Maria Laura Franco Lima de Faria, *DJMG* 20.06.2008).

Em determinadas situações, a presença de um relativo grau de autonomia dos sócios minoritários na execução dos serviços pode capitular uma "zona grisis", devendo-se analisar os demais aspectos jurídico-materiais do caso concreto para concluir-se sobre a presença do vínculo empregatício, pois, não é incomum, mesmo em determinadas relações de emprego, que trabalhadores qualificados exerçam a prestação de serviços com uma contingencial liberdade organizacional, até porque, como assinalado alhures, na maior parte dos casos de contratação irregular de trabalhadores como sócios, aqueles possuem a mesma qualificação profissional destes últimos.[436]

Nestas hipóteses, a mera condição de sócio minoritário no contrato social, com a concentração de todos os poderes decisórios nas pessoas dos sócios majoritários constitui indício da existência de uma subordinação empregatícia, constituindo em determinadas situações elemento suficiente para o reconhecimento do vínculo de emprego ou, no mínimo, um fator de inversão do ônus da prova, sujeitando o empregador, in casu, ao encargo de provar a inexistência da relação de emprego vindicada em juízo pelo trabalhador.[437]

---

(436) *"RELAÇÃO DE EMPREGO —* SÓCIO *MINORITÁRIO — CONFISSÃO DO PREPOSTO ACERCA DA AUSÊNCIA DA INTEGRALIZAÇÃO DAS COTAS — PARTICIPAÇÃO ÍNFIMA —* FRAUDE *— A distinção entre a figura do* sócio *e do empregado nem sempre é tarefa fácil ao julgador, havendo casos que se situam na chamada "zona gris". Assim, cabe perquirir acerca dos aspectos fáticos que tornam peculiar o caso concreto, extraindo-se a conclusão que mais adequadamente o enquadre em face das normas legais. No caso em exame, vários são os elementos que levam ao convencimento de que a qualidade de* sócio *do reclamante não passava de máscara para o vínculo empregatício, que já existia previamente e permaneceu, na realidade, mesmo com a dispensa perpetrada pela reclamada. O reclamante detinha apenas 1% das cotas de uma sociedade componente do grupo econômico, em relação às quais não teve qualquer dispêndio financeiro, segundo o depoimento do próprio preposto da reclamada. Portanto, não arcava com os riscos do empreendimento econômico, não se equiparando ao outro sócio, a quem era atribuída a gerência da sociedade, revelando a inexistência da "affectio societatis". O fato de deter certo grau de autonomia, com poderes para realizar negócios em nome da sociedade, não é causa excludente da relação de emprego, pois a legislação prevê a hipótese do empregado com poderes de mando e gestão (art. 62, II, da CLT). Enfim, resta configurada a* fraude *à legislação trabalhista (art. 9º da CLT), ensejando o reconhecimento da continuidade da relação empregatícia por todo o período.* (TRT 3ª Reg., RO – Processo n. 00225.2003.017.03.00-2, 3ª T., relª. Juíza Maria Cristina Diniz Caixeta, *DJMG* 07.02.2004).

(437) Neste aspecto, não coadunamos do entendimento esposado por Mauricio Godinho Delgado, segundo o qual, ainda que a parte contrária admita a prestação de serviços, retorna ao autor o ônus de desconstituir a validade dos instrumentos formais elaborados conforme as regras da lei civil ou comercial, nos termos do art. 389, inciso I, do CPC (DELGADO, Mauricio Godinho. *Op. cit.*, p. 364); o Direito do Trabalho é regido pelo princípio da realidade, não tendo os documentos formais a mesma força probatória do direito civil, uma vez que o ramo juslaboral não se lastreia no dogma da autonomia da vontade, em virtude do estado de vulnerabilidade jurídica do trabalhador, que o submete à imposição

A análise das disposições do contrato social da entidade é fundamental para a caracterização da fraude, uma vez que, como não se trata de uma autêntica relação societária, o real empregador (sócio majoritário), de modo algum poderá repartir poderes com os trabalhadores ilicitamente constantes do quadro societário, obrigando a inserir cláusulas leoninas de concentração de poderes em sua pessoa e de controle sobre os demais sócios.

Neste tipo de expediente fraudatório, os sócios-trabalhadores retiram pro labore simplesmente para formalização da fraude, sendo a onerosidade do seu trabalho calculada geralmente pelas horas trabalhadas. Diferentemente dos sócios majoritários, os trabalhadores não auferem parte dos lucros obtidos pela sociedade, sendo limitados ao recebimento de pro labore. Porém, referidas parcelas não se confundem, os lucros são obtidos em razão do capital investido, calculado sobre a cota societária, independentemente do efetivo labor do sócio, ao passo que o *pro labore* apenas remunera o trabalho realizado. A retirada de lucros, quando existente, restringe-se a valores ínfimos, não refletindo a existência de uma verdadeira sociedade em virtude da desigualdade entre as partes, típica da relação de emprego.

A transmutação irregular da relação material de emprego em relação formal de sociedade pode ocorrer em qualquer fase do contrato de trabalho; conquanto geralmente ocorra ab initio da contratação do trabalhador, não têm sido raras as situações em que trabalhadores são inseridos irregularmente no contrato social da empresa como sócio minoritário no decorrer da relação de emprego, geralmente continuando o trabalhador a exercer as mesmas funções e em iguais condições.

Neste diapasão a condição de sócio, como excludente da relação empregatícia, requer prova contundente de que o empregado, por livre-iniciativa inseriu-se na composição societária da entidade empresarial, com a participação efetiva no capital social e na gestão do negócio, assunção dos riscos do empreendimento e usufruição dos lucros e rendimentos, independentemente do labor por ele realizado.

2.11.4. A transcendência da fraude: danos sociais e concorrência desleal

Assim como a própria natureza da relação de emprego, a fraude na seara do Direito do Trabalho possui transcendência social, econômica e política, pois seus efeitos maléficos repercutem sobre diversos aspectos da sociedade. Ao se contratar empregados por meio de mecanismos jurídicos fraudulentos, além da sonegação de direitos sociais dos trabalhadores, referida prática reflete-se por toda a ordem jurídica social, pois, por meio dela, reduz-se a capacidade financeira do sistema de seguridade social, diminuem-se os recolhimentos do Fundo de Garantia do Tempo de Serviço, impossibilitando a utilização dos recursos em obras de habitação e de infraestrutura precariza-se as relações de trabalho com prejuízos ao meio ambiente de trabalho e, consequentemente, à integridade física e à saúde dos trabalhadores, com aumentos de gastos estatais neste setor; acentuam-se as desigualdades sociais e os problemas delas decorrentes; assoberba-se o Judiciário Trabalhista com uma pletora de demandas judiciais. Enfim, referidas condutas causam intensa perturbação ao corpo social, suscitando uma reparação pelos danos sociais e morais coletivos, nos termos das Leis ns.7.347/85 e 8.078/90, cuja responsabilização já está amplamente consolidada na doutrina e na jurisprudência.

Além da perturbação da ordem social, as práticas fraudulentas violam completamente os princípios e fundamentos da ordem econômica prejudicando não somente os trabalhadores explorados, mas também as demais empresas que observam a legislação trabalhista. Trata-se igualmente de práticas de concorrência desleal exercidas pelas empresas que utilizam subterfúgios jurídicos para a redução do valor trabalho e fomentadas por entidades que fornecem o instrumental fraudatório para terceiras empresas, como as "cooperativas" intermediadoras de mão de

de situações prejudiciais e obstativas do usufruto de seus direitos sociais fundamentais, devendo-se aplicar a regra específica do art. 9º da CLT e a carga do ônus da prova condizente com os princípios do Direito do Trabalho, que a delega para o empregador na hipótese da admissão da prestação de serviços, ainda que emoldurada por outra roupagem jurídica. Por outro lado, havendo indícios da subordinação e da relação empregatícia nas disposições formais do contrato social em relação a determinados sócios, presume-se a relação de emprego, devendo ao empregador o ônus de desconstituir a prova indiciária.

obra. A condenação pelos danos sociais e morais coletivos possui natureza reparatória, repressiva e pedagógica, posto que além de obstar a reiteração da prática fraudatória, preserva da concorrência desleal as entidades econômicas que observam a legislação do trabalho, bem como servem de instrumento de desmotivação da fraude.

O próprio legislador constituinte tratou de proscrever a prática da concorrência desleal, no art. 173, §§ 4º e 5º, CF/1988(438). A Lei n. 8.884/94, que dispõe sobre a prevenção e a repressão às infrações contra a ordem econômica, é peremptória em relação à responsabilidade das pessoas físicas ou jurídicas de direito público ou privado, inclusive associações pelos atos de concorrência desleal.(439)

---

(438) *"§ 4º A lei reprimirá o abuso do poder econômico que vise à dominação dos mercados, à eliminação da concorrência e ao aumento arbitrário dos lucros.""§ 5. A lei, sem prejuízo da responsabilidade individual dos dirigentes da pessoa jurídica, estabelecerá a responsabilidade desta, sujeitando-a às punições compatíveis com sua natureza, nos atos praticados contra a ordem econômica e financeira e contra a economia popular."*

(439) *"Art. 15. Esta Lei aplica-se às pessoas físicas ou jurídicas de direito público ou privado, bem como quaisquer associações de entidades ou pessoas, constituídas de fato ou de direito, ainda que temporariamente, com ou sem personalidade jurídica, mesmo que exerçam atividade sob regime de monopólio legal."*

"Art. 16. As diversas formas de infração da ordem econômica implicam a responsabilidade da empresa e a responsabilidade individual de seus dirigentes ou administradores, solidariamente."

"Art. 18. A personalidade jurídica do responsável por infração da ordem econômica poderá ser desconsiderada quando houver da parte deste abuso de direito, excesso de poder, infração da lei, fato ou ato ilícito ou violação dos estatutos ou contrato social. A desconsideração também será efetivada quando houver falência, estado de insolvência, encerramento ou inatividade da pessoa jurídica provocados por má administração."

Capítulo IV

Tutela de interesses transindividuais e ruptura da concepção de categoria

1. A recepção da concepção de categoria pela CF/1988

A Constituição Federal de 1988, não obstante tivesse ensaiado uma imersão na seara da liberdade sindical — com a vedação da interferência e intervenção do Estado na organização sindical, consagrando a autonomia sindical (art. 8º, I); a abolição da exigência de autorização do Estado para a fundação de sindicato (art. 8º, II); a eliminação da necessidade de enquadramento sindical prévio e obrigatório (art. 8º, I e II); a garantia das liberdades sindicais individuais negativas e positivas (art. 8º, V); o privilegiamento da negociação coletiva de trabalho (art. 8º, VI; art. 114, §§ 1º e 2º); a previsão da estabilidade do dirigente sindical (art. 8º, VIII) e a consagração do direito de greve (art. 9º) —, não conseguiu se libertar de preceitos e concepções do sistema corporativista italiano, o qual inspirou a nossa organização sindical *ab initio* da sua institucionalização legal durante o Estado Novo.

Além de manter a contribuição sindical e criar mais uma contribuição — a confederativa (art. 8º, IV) —, manteve a unicidade sindical (art. 8º, II) e recepcionou o sistema de organização sindical dividido por categorias. O sindicato, assim, aparece como ente exponencial da categoria em vários dos incisos do art. 8º da CF/1988, num misto de sindicato corporativista e entidade de classe de regime democrático.

A noção de categoria (profissional ou econômica) revestira-se de fundamental importância no ordenamento fascista italiano do período entre Guerras. Constituía a base sobre a qual se sustentava o ordenamento jurídico corporativista italiano e o âmbito no qual e em referência ao qual se formava um núcleo associativo juridicamente reconhecido.(440)

A distribuição dos sindicatos por categorias era um dos instrumentos de controle do Estado totalitário sobre os fatores da produção. O movimento sindical emergia como um braço do Estado, ao qual era subordinado e cujo controle se submetia. Assim, a organização sindical por categoria nasceu, na Itália fascista, com um propósito imediato: veicular o poder de controle do Estado sobre as forças produtivas e organizar a vida socioeconômica do país por meio de corporações. O sindicato apresenta-se, nesse regime, como pessoa jurídica de direito público, com o objetivo de satisfazer interesses próprios do ente estatal.

A primeira Constituição brasileira a consagrar a divisão de sindicatos por categoria foi justamente a Constituição Federal de 1937, que, em seu art. 138, conferia ao sindicato devidamente reconhecido pelo Estado o direito de representação legal de todos os participantes da categoria.

Inspirou-se a Carta Política de 1937 na *Carta del Lavoro* do regime fascista italiano. O supracitado art. 138 da CF/1937 constitui basicamente interpretação (transcrição) literal da Declaração III da Carta italiana, instituída em 21 de abril de 1927, por deliberação do *Gran Consiglio Nazionale del Fascismo*, presidido por Benito Mussolini, Chefe do governo e Duce do fascismo, e pela qual foram definidas as bases da organização sindical e da *Magistratura del Lavoro* italiana.(441)

---

(440) ROMITA, Arion Sayão. *O fascismo no direito do trabalho brasileiro...*, cit., p. 60.

(441) ROMITA, Arion Sayão. *Direito do trabalho*: temas em aberto. São Paulo: LTr, 1998. p. 516.

A adoção de tal regime pelo Estado Novo, implantado por Getúlio Vargas, perseguia os mesmos objetivos controladores do Estado italiano.

Apesar das transformações políticas e econômicas que se seguiram após o término da *Era Vargas*, o sistema de representação sindical por categorias perdurou até os dias atuais, independentemente da situação político-econômica do país. Passou pelo regime imposto pelos governos militares e sobrevive no regime democrático implantado com a ordem constitucional pós-88.

Desse modo, embora originária do sistema corporativista italiano implantado por Mussolini, a divisão da organização sindical brasileira por categorias aparenta possuir feições peculiares, as quais lhe teriam garantido sobrevivência desde 1937, mesmo em períodos democráticos.

Acolhido o regime de representação sindical por categorias pelo constituinte de 1988, mister se faz uma análise da compatibilidade desse sistema com a atuação sindical na defesa dos interesses transindividuais. A questão se resume numa pergunta básica: o sistema de representação sindical por categorias é compatível com a atuação sindical na defesa dos interesses transindividuais? Para essa questão, tentamos buscar uma resposta.

Essa resposta não é fácil. Ainda não há uma discussão na doutrina e na jurisprudência a respeito dessa questão. Talvez, porque os próprios sindicatos não colaborem para o desenvolvimento da matéria, uma vez que possuem uma conduta incipiente e, por assim dizer, precária, no campo da tutela dos interesses metaindividuais.(442)

Notória a interligação ente os campos material e processual, estando o estudo da compatibilidade da ação sindical com a concepção de categoria intimamente vinculado com a problemática da legitimação dos sindicatos para a defesa dos interesses metaindividuais, principalmente, no campo dos interesses difusos.

1.1. A utilização de critérios de categorização na Sociologia

Entre os diversos objetivos científicos da Sociologia, enquadra-se a atribuição de distinguir os vários tipos de coletividades humanas, tendo como meta o estabelecimento de uma linguagem precisa com vistas à realização de análises sociais. Como elucida Ely Chinoy, ao sociólogo cabe o dever de distinguir entre grupos sociais, categorias sociais e agregados estatísticos, o que conduz à ordenação e classificação das coletividades humanas.(443)

Na Sociologia, as classificações por categorias são comumente utilizadas em razão de sua relevância para o estudo e análise de dados estatísticos e sociais. A categoria social é composta por pessoas cujos *status* são semelhantes, o que as leva ao desempenho do mesmo papel social (eletricistas, adolescentes, banqueiros, idosos).(444)

Nessa área do conhecimento, as categorias são aferidas a partir de aspectos semelhantes entre pessoas e elementos que possuem significação sociológica, com base em dados estatísticos obtidos principalmente por meio de censos. São "construções mentais baseadas nos fatos".(445)

As categorias, por constituírem construções mentais, são conceitos artificiais e mutáveis que variam de acordo com o objetivo de cada estudo, de cada regramento, metodologia ou classificação adotada por cada cientista social ou pesquisador.

---

(442) Nesse diapasão, vale demonstrar a dissertação da juíza Thereza Christina Nahas referente à sua experiência com relação à atuação dos sindicatos na defesa dos direitos metaindividuais na Justiça do Trabalho. Segundo ela, denota-se que "apenas o Ministério Público do Trabalho é que vem agindo como titular na defesa de interesses e direitos metaindividuais dos trabalhadores, posto que os sindicatos, ainda atrelados à tutela no bojo do processo individual, não vêm utilizando os instrumentos existentes na legislação para tanto, o que termina por impedir a formação de jurisprudência e dificulta a pesquisa das questões práticas. Colhemos em pesquisa jurisprudencial a interposição de poucas ações civis públicas cuja autoria em algumas situações é sindical; em outras, associativa, sob a jurisdição do Tribunal Regional do Trabalho de São Paulo, das quais oito estão em andamento e uma foi arquivada, no período de 1995 a 2000. Portanto, outra não pode ser a conclusão da fraca atuação sindical, o que colabora para o estrangulamento da Justiça do Trabalho, que julga inúmeras lides repetidas, cuja situação caberia no âmbito da ação coletiva" (NAHAS, Thereza Christina. *Legitimidade ativa dos sindicatos*. São Paulo: Atlas, 2001. p. 133).

(443) *Apud* FERRARI, Irany. História do trabalho. In: FERRARI, Irany; NASCIMENTO, Amauri Mascaro; MARTINS FILHO, Ives Gandra da Silva. *História do trabalho...*, cit., p. 20.

(444) CHINOY, Ely, *apud idem, loc. cit.*

(445) LAKATOS, Eva Maria; MARCONI, Marina de Andrade. *Sociologia geral*. 7. ed. São Paulo: Atlas, 1999. p. 106-107.

As principais categorias estudadas pela Sociologia são definidas a partir de valores julgados socialmente relevantes pelo sociólogo, de modo que configurem as categorias sociais significativas.[446]

São inúmeros os critérios adotados pelos sociólogos para efetuar classificações por categorias. Como exemplo, citamos liames como: a) parentesco — reúne-se as pessoas em razão de sua procedência familiar (de nobres e de plebeus, famílias tradicionais e novos ricos, legalmente constituídas e ilegais etc.); b) riqueza — relaciona-se com a posse de bens na sociedade (rico, pobre, remediado); c) educação — diferencia-se analfabetos de alfabetizados, aptidões e habilidades de incapacidades, cientistas e literatos etc.; d) ocupação — refere-se aos diversos tipos de atividades e profissões (professores, funcionários públicos etc.); e) religião — distinções como sagrado e secular, católicos e protestantes, crentes e ateus etc.; f) fatores biológicos — diferenciações com base no sexo, idade, cor da pele, gênero, tipos físicos (estatura, peso), características físicas (textura do cabelo, cor dos olhos ou da pele).[447]

São os denominados agregados estatísticos, constituídos por pessoas que possuem um atributo social semelhante em virtude do qual podem ser logicamente consideradas em conjunto.[448]

Estes enquadramentos aferidos por meio da colheita e análise de dados estatísticos, obtidos nos censos, também possuem enorme relevância para a previsão e organização da atuação e comportamento de pessoas, massas, grupos e de instituições públicas e privadas.

Eva Maria Lakatos e Marina de Andrade Marconi citam como exemplo a utilização da taxa de natalidade e mortalidade de crianças até sete anos de determinada população, em dada área geográfica; por meio dela, pode-se prever a necessidade de salas de aula e o número de professores para atender à demanda de crianças que ingressam no 1º ciclo, em certo ano.[449]

Além dos órgãos públicos, todas as entidades ou organizações que pretendam realizar planejamentos, visando a grandes massas de população, necessitam de conhecimento das categorias estatísticas, como, *v. g.*, as empresas de produção industrial (automóveis, medicamentos); o setor de serviços (hotéis, restaurantes); a área hospitalar; as políticas públicas.

Segundo Joseph Fichter, "uma categoria social é uma pluralidade de pessoas que são consideradas como uma unidade social pelo fato de serem efetivamente semelhantes em um ou mais aspectos".[450]

Também não tem sido novidade a utilização da classificação por categorias como um instrumento para incrementar um maior controle social. Nesse sentido, categorizar implica não somente aferir as características, os aspectos e comportamentos de determinado grupo social delineado como uma categoria, mas também uma maneira de alcançar uma conformidade de condutas, pensamentos e valores das pessoas enquadradas na categoria especificada, bem como uma maior solidariedade entre elas, de sorte a produzir determinado padrão coletivo de comportamento, que daria o tom da previsibilidade da atuação dos indivíduos e, assim, a possibilidade de um maior controle social sobre estes indivíduos e seus grupos.[451]

Como asseveram Walfred A. Anderson e Frederick B. Parker, "todas as sociedades se esforçam por induzir seus membros e grupos a chegar, espontânea ou automaticamente, às respostas desejadas. Em condições ideais,

(446) No fascismo italiano, por exemplo, a noção de categoria, como critério de organização sindical, foi adotada a partir de valores e objetivos do Estado fascista, com fulcro em considerações de utilidade política. A elaboração de categorias econômicas e profissionais teve como vetor a necessidade de controle do Estado sobre os fatores de produção. Se outro fosse o vetor adotado, poderiam ser distintas as categorias criadas. Naquele momento, o "controle" e a "organização" eram os valores julgados relevantes pelo Estado fascista e que deram origem à criação das categorias mencionadas.

(447) LAKATOS, Eva Maria; MARCONI, Marina de Andrade. *Op. cit.*, p. 107-108.

(448) CHINOY, Ely, *apud* FERRARI, Irany. *História do trabalho*, cit., p. 20.

(449) LAKATOS, Eva Maria; MARCONI, Marina de Andrade. *Op. cit.*, p. 107.

(450) *Apud* LAKATOS, Eva Maria; MARCONI, Marina de Andrade. *Op.* e *loc. cit.*

(451) E, aqui, retornamos ao Estado fascista. Ao criar as categorias econômicas e profissionais, os agentes políticos poderiam não somente prever a atuação dos sindicatos, como também efetuar maior controle sobre aquela, por meio da análise de dados estatísticos etc.

espera conseguir conformidade, solidariedade e continuidade através do comportamento do povo, que fica habituado a agir de acordo com as normas da sociedade. Então, a sociedade não mais precisa dispensar profunda atenção ao comportamento de seus membros. Em verdade, um comportamento padronizado, que seja automática manifestação dos objetivos da sociedade, permite que a interação entre as pessoas se processe da forma que lhe parecesse melhor. Seria difícil haver estruturas sociais duradouras se os atos de cada indivíduo dependessem de deliberação e orientação conscientes. Para conservar efetivamente a energia societal, o comportamento social deve estar tão rotinizado que a atenção ao controle possa ser reduzida ao mínimo. Isso significa, evidentemente, que as sociedades devem depender, em elevada dose, de efetiva socialização, para internalizar as normas e valores sociais como guias e estímulos dos indivíduos".(452)

1.2. A definição jurídico-legal de categoria no Direito do Trabalho brasileiro

O vocábulo categoria, do grego *kategoria* (atributo) e do latim *categoria*, é utilizado para designar caráter, espécie, grupo, classe, qualidade, ordem.(453) Segundo o "Aurélio", essa palavra, entre outras aplicações, é empregada na filosofia e sua história, na lógica, na matemática e nos estudos da linguagem.

Dos significados encontrados para o vocábulo "categoria" naquele dicionário, nenhum deles coincide com o utilizado juridicamente, mas, ao contrário, são aplicados em contextos diversos daqueles verificados na Consolidação das Leis do Trabalho.(454)

De fato, a noção de categoria não é ontológica, isto é, classificações de seres ou elementos em categoria são construções artificiais, aplicadas em diversas ciências, não possuindo existência concreta na natureza das coisas.

O vocábulo, assim, possui conteúdo plurívoco. Categoria é um conceito que não existe *in natura, per se,* é um dado, um elemento artificialmente construído. Ele adquire forma e conteúdo diversos de acordo com o enfoque que lhe é conformado ou dos fatos, dados ou elementos nos quais se assenta.

As mais diversas ciências e campos do conhecimento humano adotam classificações, seleções, qualificações, ordenações e especificações de coisas e pessoas por meio da divisão por categorias. Estas construções tomam por base fatos ou semelhanças entre coisas ou pessoas, de modo que o seu agrupamento possibilite o estudo e a análise de determinados elementos e condutas dos grupos sociais de forma global e uniformizada, ou propiciar a sujeição de certos agrupamentos aos mais diversos tipos de controle.

Ainda quando utilizado no seio de uma mesma ciência, o vocábulo pode adquirir significado ambíguo. Geralmente, é construído a partir de elementos e posições antagônicas. Em Sociologia, por exemplo, pode-se sempre encontrar contraponto entre duas esferas situacionais distintas: no campo do estudo da família, *v. g.*, fala-se em categoria das famílias nobres e categoria das famílias pobres; na educação, em categorias de analfabetos e alfabetizados e assim por diante. Há sempre a formação de posições contrárias, caracterizadas por adjetivos antônimos: nobre/pobre, patrão/empregado, homem/mulher, jovem/idoso.(455) Há um elemento base, previamente institucionalizado que estrutura o sistema *opt in/opt out* da respectiva categoria, isto é, quais sujeitos, animais ou coisas pertencem ou não ao âmbito da categoria delineada.

Categoria é uma noção fluida, que adquire significado e conteúdo distintos no tempo e no espaço, bem como em conformidade com a posição e os valores de cada idealizador. Seu conteúdo modifica-se, automaticamente, com a alteração dos critérios antes considerados na sua formulação ou, paulatinamente, com a alteração natural dos fatos, dados e demais elementos que serviram ao seu delineamento.

---

(452) ANDERSON, Walfred A.; PARKER, Frederick B. *Uma introdução à sociologia*. 3. ed. Trad. Álvaro Cabral. Rio de Janeiro: Zahar, 1974. p. 717.

(453) FERREIRA, Aurélio Buarque de Holanda. *Op. cit.*, p. 428.

(454) PAMPLONA FILHO, Rodolfo. *Pluralidade sindical e democracia*. São Paulo: LTr, 1997. p. 74.

(455) No Direito do Trabalho brasileiro, o vocábulo é utilizado para designar duas posições distintas: categoria profissional (trabalhadores) e categoria econômica (empregadores). No entanto, como elucida Giuseppe D'Eufemia, o vocábulo categoria, apesar de utilizado com insistência na práxis sindical e na negociação coletiva não possui um único e determinado significado, podendo variar conforme os valores e critérios aplicados na sua construção. De acordo com o autor, no sentido econômico e social, e na mais ampla acepção, categoria designa a série de pessoas que se encontram na mesma situação no processo produtivo e na atividade que produz bens ou serviços.

No campo do Direito do Trabalho, a concepção jurídica de categoria foi transplantada do ordenamento corporativista italiano pelo Decreto-lei n. 1.402, de 5.7.1939, editado sob a égide da CF/1937, que regulamentou a sindicalização no país — cujos dispositivos foram posteriormente incorporados à CLT —, legando-nos uma organização sindical baseada em categorias econômicas e profissionais.

A CLT, no Título V, que trata da organização sindical, no *caput* do seu art. 511, declarou a licitude de "associação para fins de estudo, defesa e coordenação dos seus interesses econômicos ou profissionais de todos os que, como empregadores, empregados, agentes ou trabalhadores autônomos, ou profissionais liberais, exerçam, respectivamente, a mesma atividade ou profissão ou atividades ou profissões similares ou conexas". É a sua definição de sindicato.

Adotou o estatuto celetista o regime de representação por categorias, recepcionado pela CF/1988. Em nosso ordenamento juslaboral, a categoria é a base legal sobre a qual repousa a representação de determinada entidade sindical. O legislador postou, de um lado, uma categoria de trabalhadores e, do outro, uma categoria de empregadores, ou seja, para cada categoria econômica, uma categoria profissional.

Categoria econômica, segundo o art. 511, § 1º, da CLT, é a denominação que se atribui ao vínculo social básico constituído pela solidariedade de interesses econômicos dos que empreendem atividades idênticas, similares ou conexas. Já a categoria profissional, conforme seu § 2º, compreende uma expressão social elementar caracterizada pela similitude de condições de vida oriunda da profissão ou trabalho em comum, em situação de emprego na mesma atividade econômica ou em atividades econômicas similares ou conexas.

Para Wilson de Souza Campos Batalha, a categoria representa "o conjunto abstrato de pessoas que se dedicam à mesma profissão ou atividade econômica. A categoria profissional tem abrangência de todos os trabalhadores que, numa determinada base territorial, dedicam-se à mesma profissão na qualidade de empregados ou de profissionais liberais. A categoria econômica tem abrangência de todas as empresas que, numa determinada base territorial, se dedicam à mesma atividade econômica".[(456)]

Amauri Mascaro Nascimento a conceitua como o conjunto de pessoas que exercem a sua atividade (categoria econômica) ou o seu trabalho (categoria profissional) num dos setores da atividade econômica, como os industriais, os comerciais e suas subdivisões (indústrias alimentícias, indústrias metalúrgicas, comércio hoteleiro). Nesse sentido, é que se fala em categoria profissional dos bancários e categoria econômica das instituições bancárias.[(457)]

Para Octavio Bueno Magano, "categoria é o conjunto de pessoas que, ligadas pela solidariedade resultante da identidade de condições de vida, perseguem interesses profissionais comuns".[(458)]

Apesar das definições doutrinárias semelhantes em seus aspectos essenciais, a concepção de categoria "não possui valor universal". Assim, em países em que os sindicatos possuem outra base de organização, como os Estados Unidos da América, nem se perquire a respeito desse conceito. A própria Itália, com o desmantelamento do regime corporativo, diminuiu a importância jurídica dessa concepção.[(459)]

A categoria, desse modo, configura somente mais um critério de agregação de trabalhadores, ao lado de tantos outros que poderiam ser adotados, como a profissão, a empresa, o território geográfico, o setor econômico. Como critério de organização sindical, trata-se de mera opção política, cuja adoção varia conforme os valores vigentes num determinado Estado e em seu sistema sindical.

É de notar-se que a legislação brasileira consagrou não somente o monopólio da representação sindical por categorias, e sim por categoria econômica e profissional. Como esclarece Arnaldo Süssekind, "se tivesse referido

(456) BATALHA, Wilson de Souza Campos. *Direito processual das coletividades e dos grupos*. São Paulo: LTr, 1991. p. 39.

(457) NASCIMENTO, Amauri Mascaro. *Iniciação ao direito do trabalho*. São Paulo: LTr, 2001. p. 514.

(458) MAGANO, Octavio Bueno. *Direito coletivo do trabalho*. 3. ed. São Paulo: LTr, 1993. v. 3. p. 106.

(459) *Idem, ibidem*, p. 104.

apenas 'categoria', poder-se-ia entender que cogitava, indeterminadamente, de qualquer grupo de trabalhadores ou de empresários; mas, a verdade é que alude a 'categoria profissional' e 'categoria econômica' — expressões a que correspondem conceitos sociológicos transplantados para o direito positivo brasileiro. E as normas legais pertinentes são não somente compatíveis com o Estatuto Fundamental, mas necessárias ao funcionamento do sistema sindical por ele adotado".(460)

Edivaldo Boaventura, ao analisar o direito positivo brasileiro, já destacava que "nem sempre há a correspondência entre um sindicato e uma categoria. O sindicato pode cobrir uma categoria — pelo princípio da identidade profissional, ou princípio das categorias específicas — como também pode abranger várias categorias — pelos critérios acessórios da similaridade e conexidade".(461)

O próprio legislador, ao perceber a insuficiência dos conceitos de categoria profissional e econômica para enquadrar todas as formas de trabalho e atividades dos trabalhadores e empregadores, concedeu-lhes uma certa elasticidade, ao possibilitar a formação de categorias não somente por identidade de profissões ou atividades econômicas, mas também por critérios de similaridade ou conexidade, ponto em que se diferiu da ideia original de categoria presente no ordenamento jurídico italiano do fascismo, pelo qual se admitiam somente categorias homogêneas.

Ao notar também a insuficiência do conceito de categoria profissional por critérios de identidade, similaridade e conexidade, o legislador pátrio consagrou um terceiro tipo: o da categoria profissional diferenciada, a qual se forma mediante a união dos "empregados que exerçam profissões ou funções diferenciadas por força de estatuto profissional especial ou em consequência de condições de vida singulares" (art. 511, § 3º, CLT). São exemplos de categorias diferenciadas: aeronautas, aeroviários, condutores de veículos rodoviários (motoristas), músicos profissionais, professores, vendedores e viajantes do comércio.

Em nosso sistema, as categorias são representadas pelos sindicatos. A cada categoria econômica corresponde uma categoria profissional. É o que Octavio Bueno Magano denomina de "paralelismo simétrico", ou seja, a correspondência entre categoria econômica e categoria profissional, e que José Martins Catharino nomeia como "bifrontalidade sindical".(462)

Segundo Wilson de Souza Campos Batalha, "as categorias não dependem das pessoas físicas ou jurídicas de seus integrantes, mas do caráter objetivo de sua inserção em determinadas atividades profissionais ou econômicas. Não se compõem de um agrupamento determinado de pessoas, mas da reunião, eventual e provisória, dos que ocupam certa posição no quadro das atividades profissionais ou econômicas. A categoria continua a mesma, embora variando os seus componentes".

Arion Sayão Romita, com esteio em Nicola Jaeger, assinala que "a categoria compreende também os sujeitos futuros, que a ela pertencerão exclusivamente pelo ato de possuírem as qualidades ou ocuparem posições que distinguem a própria categoria. Para a realização do interesse geral (de categoria) não podem ser chamados todos os titulares, nem direta nem indiretamente: trata-se de uma representação de vontades. A categoria (profissional ou econômica) é uma série aberta, da qual podem fazer parte sujeitos mais diferentes, desde que exerçam a mesma atividade de produção ou explorem o mesmo empreendimento econômico".(463)

Como expõe Giuseppe D'Eufemia, o conceito de categoria é extremamente elástico e variável, pode compreender todos os trabalhadores subordinados (a classe trabalhadora) e os empregadores dos grandes ramos produtivos ou pode restringir-se para indicar as mais limitadas diferenciações dos agrupamentos produtivos.(464)

---

(460) SÜSSEKIND, Arnaldo. *Direito constitucional...*, cit., p. 337.

(461) *Apud* PAMPLONA FILHO, Rodolfo. *Op. cit.*, p. 72.

(462) MAGANO, Octavio Bueno. *Op. cit.*, p. 109.

(463) ROMITA, Arion Sayão. *O fascismo no direito do trabalho brasileiro*, cit., p. 59.

(464) D'EUFEMIA, Giuseppe. *Diritto sindacale*. Napoli: Morano, 1967. p. 94.

No mesmo sentido, o posicionamento de Gino Giugni, para quem "tendências mais antigas tentaram caracterizar a categoria profissional como um *quid* que deriva mecanicamente da mesma formação dos estratos da sociedade, do qual o sindicato seria uma espécie de representação necessária. Visão realista do problema, por sua vez, revela que a estratificação social se realiza segundo linhas historicamente determinadas, mas se traduz em fenômeno de importância jurídica somente através do momento organizativo, cuja vida é dada pelos indivíduos com atos de livre vontade".(465)

Do ponto de vista estritamente jurídico-positivista, a categoria emerge como o parâmetro sobre o qual se organiza um determinado tipo de sindicato. Trata-se de um componente do mundo sociológico, que possui relevância jurídica somente quando relacionado a um sindicato — sujeito por excelência da atividade sindical. Conforme assinalado, ao adotar-se outro critério de agregação sindical como empresa, ofício, base territorial, ou setor econômico, esse conceito perde toda e qualquer relevância jurídica.

A categoria é, assim, um simples valor de relação, não um valor absoluto, nem uma instituição autônoma ou entidade *sui generis*, sendo compreendida somente quando estabelecida uma relação simultânea com outra entidade, que é a associação profissional.(466)

Como elucida Rodolfo de Pamplona Filho, categorias "outras há e houve que nelas não couberam, mas foram enfiadas de qualquer jeito na camisa de força que tudo deveria comportar e sorver, como uma caixa de Pandora miraculosa, onde se enfiasse, num divino milagre de harmonia, toda a realidade variada e diversa das atividades profissionais e econômicas".(467)

Conforme Gino Giugni, "sinteticamente, pode-se dizer que os grupos sociais não se apresentam como um fato ontologicamente definido, mas adquirem identidade em função de avaliação — de escolha realizada como ato de autonomia negociável — que transforma a amorfia sociológica em caso organizativo e confere ao grupo importância jurídica. O grupo profissional, portanto, adquire tal relevância quando se auto-organiza e se coloca como centro propulsor de atividade juridicamente relevante".(468)

Muitos autores afirmavam a relevância jurídica da categoria profissional em sentido ontológico, ou seja, como existente *in rerum natura*, sustentava-se que essa era uma característica própria do sistema corporativista, mas mesmo com referência ao período corporativo, essa concepção é infundada. Pelo prisma jurídico, a categoria profissional torna-se importante somente quando consagrada em uma norma jurídica, que fixa os critérios de reagrupamento profissional. A afinidade de interesses pode ser afirmada sob uma pluralidade de pontos de vista.(469)

Isto demonstra, por exemplo, que a categoria profissional, por vezes, concebida em nosso ordenamento jurídico como um ente de natureza real, não constitui uma realidade de fato, uma entidade natural, em razão da extrema variedade e subjetividade dos critérios em relação aos quais se possa identificar o interesse comum que dá possibilidade à configuração abstrata de uma indeterminada quantidade de categoria.(470)

Desse modo, sob o plano jurídico, a categoria profissional não aparece como um ente autônomo, ela adquire relevância por meio da vontade do legislador que, de modo imperativo, a determina, ou por meio da autodeterminação dos interessados que, voluntariamente, dão vida às formações sindicais correspondentes aos interesses profissionais individuais e feitos objeto da tutela coletiva.

Na época do ordenamento corporativista italiano, o Estado estabelecia de forma autoritária, e como método de controle das forças de produção, da luta de classes e dos conflitos coletivos de trabalho, por meio de lei ou ato

(465) GIUGNI, Gino. *Direito sindical*. Trad. Elko Lúcia Itioka. São Paulo: LTr, 1991. p. 59.

(466) GOTTSCHALK, Egon Felix. *Norma pública e privada no direito do trabalho*. São Paulo: LTr, 1995. p. 65.

(467) PAMPLONA FILHO, Rodolfo. *Op. cit.*, p. 75.

(468) GIUGNI, Gino. *Op. cit.*, p. 60.

(469) BATALHA, Wilson de Souza Campos; BATALHA, Sílvia Marina Labate. *Op. cit.*, p. 59.

(470) D'EUFEMIA, Giuseppe. *Op. cit.*, p. 95.

administrativo, o enquadramento coletivo das categorias. Tratava-se de uma conduta constitutiva e não declaratória. Somente o sindicato legalmente reconhecido e submetido ao controle do Estado tinha o poder de representação legal da categoria profissional para o qual era constituído, independentemente da filiação voluntária dos trabalhadores ou empregadores ao ente sindical constituído.

Com a redemocratização da sociedade italiana, abandonou-se o enquadramento legal estatal por categorias, deixando estas de serem consideradas uma realidade predeterminada, objetiva e estável.

Entretanto, as características com as quais se concebeu a divisão sindical por categorias no Brasil acabaram por possibilitar a sua permanência em nosso ordenamento jurídico, independentemente do contexto sociopolítico do país ou das transformações políticas e econômicas que se seguiram, após o término da Era Vargas. Mais que uma opção política, o conceito de categoria passou a ser considerado um critério ontológico de organização sindical.

No entanto, constata-se um equívoco nesse pensamento, pois sendo uma construção artificial, visto sob o aspecto sociológico ou o jurídico, a concepção de categoria não é da essência do sindicalismo como se possa pressupor. Ela não dá origem a determinado sindicato ou a determinada profissão; pois é concebida a partir da existência destes. Não sendo inerente ao aspecto social, a concepção de categoria não possui o condão de amoldar o mundo dos fatos e os seres viventes, nem tampouco possui caráter dinâmico que lhe possibilite acompanhar a velocidade dos fatos.

Como admoesta Rodolfo Pamplona Filho, a figura da categoria "não existe, nem nunca existiu ontologicamente, pois o que se constata na prática é que se fala tanto nela que nós chegamos a acreditar que efetivamente exista, ou pior, que sempre existiu! É importante demonstrar, portanto, que esta não é a única forma de sindicalização conhecida".[(471)]

O abismo entre mundo real e a construção artificial vem determinando cada vez mais a obsolescência da categoria como critério de agregação sindical. A atual necessidade de os sindicatos instrumentalizarem um modo de ação que irradie seus efeitos a um âmbito que extrapole os limites da categoria e da própria base territorial comprova essa realidade. E, no campo dos interesses transindividuais, já se torna possível constatar a imprescindível expansão da ação sindical, bem como a obsolescência da noção de categoria, cuja rigidez conceitual não é compatível com a fluidez dos interesses transindividuais.

1.3. Categoria e profissão

O enraizamento em nossa estrutura sindical da categoria como critério de organização colaborou não somente para a consideração ontológica desse conceito, como também para a falaciosa ideia de que sindicato só pode ser criado por categoria.

Não se pode olvidar, no entanto, que ao longo da sua história, máxime nos primórdios, o sindicalismo fundamentou-se sobre a profissão e, por vezes, no ofício.[(472)]

Parece haver, em nosso meio jurídico, uma identificação, em determinadas hipóteses, entre categoria e profissão, mas, como adverte Amauri Mascaro Nascimento, "profissão e categoria são conceitos diferentes. Profissão é o meio lícito que uma pessoa escolheu e do qual provém a sua subsistência. Categoria é o setor no qual essa pessoa exerce a sua profissão. O advogado, por exemplo. Advocacia é a sua profissão. Se é empregado, trabalhando para o departamento jurídico de um banco, a sua categoria é bancário. Se esse advogado trabalhar para uma indústria metalúrgica, a sua profissão é a advocacia e a sua categoria será metalúrgico. Nosso sindicato representa todo o pessoal de uma categoria, independente da sua profissão. Assim, o sindicato dos bancários representará os gerentes de bancos, os advogados, os economistas, os chefes, os fiscais, os inspetores, os secretários, os porteiros, os ascensoristas de todos os bancos, numa base territorial. É nesse sentido que se fala que os sindicatos brasileiros representam categorias. São sindicatos por categorias".

---

(471) PAMPLONA FILHO, Rodolfo. *Op. cit.*, p. 74.

(472) ROMITA, Arion Sayão. Sindicalização por categoria. In: *Direito do trabalho:* temas em aberto. São Paulo: LTr, 1998. p. 515.

Não se pode confundir a natureza da profissão — que surge, socialmente, sem qualquer premeditação, de forma espontânea, como simples resultado de uma convergência de fenômenos e de circunstâncias — com o conceito de categoria — estabelecido intencionalmente com um fim determinado, de pouca duração, criado com finalidade específica, podendo extinguir-se com a realização da sua finalidade ou, nas situações em que se torna incompatível com a realidade fática.

A profissão possui um universo complexo, podendo ser dividida em partes e, por seu caráter dinâmico, possibilita a constituição de novas profissões, sua expansão ou extinção de modo natural. Já a categoria reveste-se de um caráter simples; sua configuração é estática, somente se alterando com a mudança nos critérios utilizados para a sua própria construção.

Evaristo de Moraes Filho, na sua célebre obra "O problema do sindicato único no Brasil", ao conceituar profissão, adota a concepção de Jean-Marie Arnion, segundo o qual a profissão "abrange o conjunto das pessoas, físicas ou morais, que exercem, a títulos diferentes e segundo modalidades variáveis, um mesmo gênero de atividades remuneradoras que se manifestam pelo fornecimento dos mesmos produtos ou dos mesmos serviços. Isto é, abrange tanto os indivíduos como as empresas".[473] No campo do psiquismo individual, nota-se a maior força do conceito de profissão em relação ao de categoria sobre a vida do ser humano trabalhador. A ocupação profissional marca os que a exercem. Seu exercício determina, no curso do tempo, a fixação de tipos profissionais, de forma que exerça sobre os homens que dela fazem parte uma ação de transformação ao mesmo tempo física e moral. Depois "de um longo tempo, o hábito cria no homem uma segunda natureza. E, assim, uma determinada comunidade de certos hábitos na vida íntima de um grupo social tende a diferenciá-los dos demais, quanto ao seu aspecto corporal, ao desenvolvimento de suas faculdades, suas preferências e seu gênero de vida".[474]

O trabalho ocupacional é, por assim dizer, permanente, repete-se diariamente e solicita uma permanente adaptação do corpo e do espírito para o seu desempenho. Enorme, durável e incessante é a sua influência sobre o indivíduo, pois a ocupação praticada por longo tempo marca todo o organismo, moldando-o conforme a sua natureza, como também modifica a aparência do homem e sua indumentária e influi sobre os seus processos de percepção, sensação, atenção, imaginação e associação, sobre seus valores, crenças, juízos morais e práticos, as opiniões e em toda a sua ideologia, que levam o sinal da sua correspondente ocupação.[475]

Profissão tem existência natural e concreta; torna-se inerente a cada um que a exerce; qualifica o indivíduo e determina seu *modus vivendi* (alimentação, educação, saúde, lazer, vestuário, higiene). Categoria tem existência artificial, absorve todos os indivíduos que se inserem nos critérios adotados pelo legislador para a caracterização de determinado círculo de pessoas (identidade, similaridade ou conexidade de interesses econômicos ou de condições de vida).

Gino Giugni elenca as razões de ordem histórica, sociológica e religiosa que deram origem ao erro metodológico e conceitual de unificação dos conceitos de grupo profissional organizado e do substrato social ou categoria ontológica.

Historicamente, esse equívoco tem origem na organização publicista dos grupos profissionais desenvolvida sob o regime corporativista, o qual, segundo seus idealizadores, teria realizado apenas um reconhecimento da realidade social na qual se encontram as categorias já existentes na natureza. Assim, a fórmula, para justificar esse pensamento, estava marcada na difusão da ideia de que somente se efetuara a tradução para termos jurídicos da essência ontológica dessas categorias. Em verdade, esse pensamento estribava-se em elaboração doutrinária que respondia aos imperativos ideológicos, como modo de justificar, *a posteriori*, determinadas escolhas jurídicas juridicizadas.[476]

(473) MORAES FILHO, Evaristo de. *Op. cit.*, p. 52.

(474) *Idem, ibidem*, p. 56.

(475) *Idem, ibidem*, p. 57.

(476) GIUGNI, Gino. *Op. cit.*, p. 60.

Outro fundamento, que contribui para a identificação de ambos os conceitos, reside na constatação da permanente incapacidade dos sindicatos para representar todos os componentes de uma profissão, empresa ou pessoas sujeitas a uma mesma atividade econômica, diante da existência de um reduzido número de membros inscritos. Essa incapacidade de representação total de todos os componentes de um dado grupo profissional, com o sempre crescente discurso pela necessidade de ampliar o círculo de tutela dos sindicatos para além do limitado universo dos trabalhadores organizados, norteou a defesa da expansão das suas bases de representação para a esfera da categoria, cuja abrangência envolve um universo maior de trabalhadores que o daqueles filiados. Exemplo disso é encontrado na conferição de eficácia geral aos contratos coletivos e dissídios coletivos.(477)

Colaboraram também para essa correspondência os pensamentos católico-sociais contrários aos aspectos maléficos do industrialismo e que, com vistas ao fortalecimento dos sindicatos, pregavam o modelo de organização profissional de inspiração corporativo-medieval. Para a doutrina social da Igreja, a categoria aparecia como o "ponto de resistência e de defesa do valor da pessoa humana, contra a invasão do industrialismo e da estatização. Essa concepção inclinava-se, pois, a sustentar a organização publicista da categoria, pela qual, em última análise, a identificação do grupo profissional seria resultante de escolha efetuada pelo Estado, mesmo se a gestão dos interesses da categoria assim organizada pudesse realizar-se de modo autônomo e democrático (isto é, corporativismo democrático)".(478)

Essa tendência à ampliação forçada da esfera de representação do sindicato invocou argumentos fundantes da tese segundo a qual este ente associativo não era agente somente na representação dos seus filiados, mas que sua ação deveria transcender os limites da própria organização para alcançar a categoria profissional, esta sim, segundo esse entendimento, dotada de existência concreta, distinta, por assim dizer, tanto do grupo organizado quanto da própria entidade.(479)

Não se pode confundir critério de agregação de trabalhadores e/ou empregadores com exercício profissional. Categoria e profissão somente podem se assemelhar se ambas forem consideradas critério de organização sindical, escolhido de modo autônomo pelos próprios sindicatos ou de forma heterônoma por órgão do Estado ou pelo legislador.

2. Representação sindical e categoria

2.1. Sistemas de organização sindical: unicidade e liberdade

Dois sistemas distintos de representação sindical dividem juristas em todo o mundo: unicidade e liberdade sindical.

Unicidade sindical é expressão utilizada para designar um sistema de representação sindical no qual se permite a um único sindicato a representação dos trabalhadores de determinada categoria profissional ou econômica na mesma base territorial. Nos países em que se adota outra base de representação — profissão, empresa, setor econômico —, a unicidade sindical dá-se em razão de cada uma dessas esferas de representação. É sistema adotado em países como Brasil, Colômbia e Peru.

Liberdade sindical, por sua vez, descreve o sistema de representação sindical no qual se permite a representação de determinada esfera de agregação profissional ou econômica por mais de um sindicato. Adotam esse regime países como França, Alemanha e Itália.

A liberdade sindical pode ser realizar como unidade ou pluralidade sindicais. A unidade sindical pode ser definida como a união na liberdade. Embora haja a possibilidade de criação de mais de uma entidade sindical

(477) *Idem, ibidem*, p. 61.

(478) GIUGNI, Gino. *Op. cit.*

(479) *Idem, loc. cit.*

numa dada base territorial e em relação a uma ou diversas coletividades de trabalhadores, estes preferem unir-se voluntariamente sob uma mesma entidade sindical. A pluralidade consiste na diversidade na liberdade; embora haja possiblidade de uma união voluntária em torno de uma mesma entidade sindical, os trabalhadores preferem manter entidades sindicais especificas. No regime de liberdade, num mesmo país, verificamos a coexistência da unidade e da pluralidade, pois depende das deliberações e escolhas das diversas coletividades de trabalhadores do mesmo país.

Em nosso ordenamento jurídico, extrai-se a noção de unicidade sindical do art. 8º, II, da CF/1988, segundo o qual "é vedada a criação de mais de uma organização sindical, em qualquer grau, representativa de categoria profissional ou econômica, na mesma base territorial, que será definida pelos trabalhadores ou empregadores interessados, não podendo ser inferior à área de um Município".

O art. 516 da CLT, embora mais sucinto, possui o mesmo significado do art. 8º, II, da CF/1988, dispondo que "Não será reconhecido mais de um Sindicato representativo da mesma categoria econômica ou profissional, ou profissão liberal, em uma dada base territorial". Referida norma demonstra a pedra de toque normativa do princípio da unicidade sindical adotado no País. No paralelismo sindicato único/base territorial, binômio de conceitos rígidos e normativamente definidos, manifestam-se facetas da permanência do corporativismo na estrutura sindical brasileira.

Apesar da aparente vinculação entre unicidade sindical e representação por categoria, este laço não necessariamente existe. Em nosso ordenamento jurídico, ele se faz presente em virtude da adoção do critério de agregação profissional por categorias. No entanto, outros critérios de agregação são admitidos, conforme as opções políticas adotadas em cada ordenamento jurídico. Por isso, a definição de unicidade sindical que elaboramos deve ser interpretada à luz do ordenamento jurídico brasileiro. Já com relação à pluralidade, preferimos utilizar a expressão "esfera de agregação profissional ou econômica" em vez do vocábulo categoria.

Assim, acolhido outro critério de agregação — empresa, ofício, profissão —, a unidade sindical ocorreria com a permissão de apenas um sindicato representativo em cada uma dessas esferas de agregação coletiva de trabalhadores.[(480)]

Nestes termos, a definição de unicidade sindical formulada por Mauricio Godinho Delgado parece em melhor conformidade com os diversos critérios de agregação profissional. Consoante o autor: "A unicidade corresponde à previsão normativa obrigatória da existência de um único sindicato representativo dos correspondentes obreiros, seja por empresa, seja por profissão, seja por categoria profissional. Trata-se da definição legal imperativa do tipo de sindicato passível de organização na sociedade, vedando-se a existência de entidades sindicais concorrentes ou de outros tipos sindicais. É, em síntese, o sistema de sindicato único, com monopólio de representação sindical dos sujeitos trabalhistas".[(481)]

No Brasil, a unicidade sindical é flexibilizada pela própria lei, não somente por meio da possibilidade de criação de categorias diferenciadas, como também pela admissão da dissociação ou desdobramento de categorias ecléticas — formadas por atividades principais, conexas ou similares que se destacam para a formação de categoria

(480) Com base neste entendimento, Rodolfo Pamplona Filho concede uma significação mais ampla para a noção de pluralidade sindical. Conforme o autor, pode-se aperfeiçoar o conceito ao afastar-se da concepção de categoria como única forma de representação sindical numa dada base territorial, de forma que a pluralidade seja "entendida como a liberdade total dos trabalhadores de se organizarem, constituindo as entidades representativas da forma que considerarem convenientes, com a única condição de observância dos seus estatutos, o que é a regra básica do Estado de Direito para a formação de organizações civis". No seu entender, o conceito por ele formulado ajusta-se mais adequadamente à própria realidade do que é aceito, do ponto de vista global, como "pluralidade sindical", tendo em vista que a maior parte dos países não adota, como no Brasil, a representação da categoria por base territorial, bem como se afina mais com a tendência internacional, propugnada pela Organização Internacional do Trabalho, por meio de sua Convenção n. 87, de 1948, sobre liberdade sindical e a proteção do direito sindical (PAMPLONA FILHO, Rodolfo. *Op. cit.*, p. 45).

(481) DELGADO, Mauricio Godinho. *Direito coletivo do trabalho*. São Paulo: LTr, 2001. p. 66-67.

específica —, como pela descentralização de bases territoriais, por exemplo, um sindicato municipal, onde havia um estadual.[482]

Como tínhamos assinalado, esse regime vigora, em nosso País, desde a edição do Decreto n. 1.402/1939, cujas disposições foram incorporadas à CLT, e recepcionadas por todas as Constituições posteriores, inclusive a Carta Política de 1988, pois, embora esta última Carta proclame a liberdade sindical, concomitantemente instituiu a unicidade sindical, a sindicalização por categoria e a contribuição sindical compulsória, de forma que parece instituir um novo tipo de sindicalismo: o de corporativismo democrático, já prenunciado por Gino Giugni.

Nesse contexto, a liberdade apregoada pela CF/1988 é mais aparente do que real, considerando-se que, além de não se admitir a representação por empresa ou profissões (com exceção da categoria profissional diferenciada), esta forma de representação ainda se encontra limitada a uma dada base territorial e a uma única categoria. O conceito de categoria, enquanto forma de organização sindical, passou a alicerçar o sistema do sindicato único. Proíbe-se a existência de mais de um sindicato representativo de uma mesma categoria numa dada base territorial que, no caso brasileiro, não pode ser inferior à área de um Município. A unicidade sindical, assim, deve ser observada a partir de dois elementos essenciais: a) uma objetiva, a base territorial e, b) outra subjetiva, a coletividade representada (categoria).

Observamos a rigidez do nosso sistema sindical ao constatarmos as seguintes prescrições e proibições: a) representação por categorias; b) vinculação a uma base territorial; c) permissão somente de um sindicato por categoria em determinada base territorial; d) proibição de base territorial inferior à área de um município. Com fundamento nesses elementos, pode-se dizer que é um sistema de unicidade rígida, no qual, além de proibir-se a formação de mais de um sindicato em relação a uma categoria em dada base territorial, às entidades sindicais também não foi assegurada a liberdade de fixar suas bases de representação em outros critérios que não o de categoria (empresa, profissão) e a delimitação territorial, que poderia ser, inclusive, inferior a um município.

Em doutrina, encontramos defensores de um e outro sistema e os mais diversos argumentos em favor de cada um deles. Pela unicidade sindical, destacaram-se Oliveira Viana, Evaristo de Moraes Filho, José Martins Catharino, Orlando Gomes. Pela pluralidade, posicionaram-se Mozart Victor Russomano, Octavio Bueno Magano, Roberto Barretto Prado, Antônio Álvares da Silva.

Mozart Victor Russomano aponta os argumentos desfavoráveis a cada um desses sistemas. Em relação à unicidade sindical assinala que: a) limita a liberdade sindical; b) o sindicato único e oficializado é produto artificial da lei e não de um movimento espontâneo; c) o sindicato torna-se fácil objeto da intervenção do Estado; d) estimula a "profissionalização" dos dirigentes sindicais; e) põe em xeque a independência e a altivez das suas decisões.

No tocante à pluralidade, aduz o citado autor que: a) quebra a unidade da classe operária; b) estimula a luta entre sindicatos — e, por extensão, entre seus dirigentes e associados; c) facilita a formação de numerosos sindicatos dissidentes e desnecessários, enfraquece a luta operária e do próprio sindicato; d) necessidade de, em certos momentos cruciais, declarar qual entidade é a mais representativa.[483]

Outros argumentos são por alguns apontados como desfavoráveis à instituição da pluralidade sindical: a) diluição da força dos trabalhadores por várias organizações profissionais; b) maior flexibilidade ao empregador na escolha entre trabalhadores filiados e não filiados a uma determinada entidade sindical; c) impossibilidade de instituição de um órgão responsável pelos critérios de fixação da representatividade de certo grupo de trabalhadores, diante da vedação à interferência e intervenção estatal nos sindicatos.

Por mais que se analise a questão no campo teórico, não é nele que se resolvem os problemas de cada um desses sistemas, nem mesmo a definição de qual deles se apresenta como a melhor alternativa para a adoção em determinado ordenamento jurídico. Como elucida Arion Sayão Romita, "a questão de determinar se o sindicato

(482) NASCIMENTO, Amauri Mascaro. *Iniciação ao direito do trabalho...*, cit., p. 516.

(483) RUSSOMANO, Mozart Victor. *Op. cit.*, p. 89-90.

deve ou não deter o monopólio da representação jamais será resolvida aprioristicamente. Se o regime político vigente ensejar a prática da liberdade sindical, os próprios interessados decidirão. Caso contrário, o Estado ditará a solução que lhe for politicamente mais conveniente. Esta é, portanto, uma questão estritamente política. Determinar se haverá unidade ou pluralidade sindical depende de uma decisão política tomada pelo Estado".(484)

Nessa batalha entre os dois sistemas pela ocupação de terrenos surgiu a noção de unidade sindical. Não se trata de um terceiro sistema, mas de uma variação da concepção do regime de liberdade. O sistema de liberdade sindical baseia-se, entre diversos outros atributos, na liberdade de criação, organização e atuação conferida aos sindicatos. Desse modo, adotada a ampla liberdade sindical, faculta-se aos trabalhadores organizarem-se em mais de uma entidade sindical ou estruturar-se volitivamente em um sindicato único.

Há unidade sindical quando, em regime jurídico de possível pluralidade, os interessados, espontânea e livremente, se abstêm de fundar mais de um sindicato; e haverá unicidade sindical quando a legislação proibir a criação de mais de um sindicato na mesma base. A unidade consiste na pluralidade garantida por lei e na união de fato voluntariamente acolhida pelos sindicatos. "A unidade é filha da liberdade sindical; a unicidade resulta da negação do regime de liberdade".(485)

A pluralidade de fato das entidades sindicais representativas dos trabalhadores não é um pressuposto ou característica do regime de liberdade. Corolária da liberdade sindical, a pluralidade não se coaduna nem com o sindicato único imposto com lei, nem com a adoção legal da pluralidade sindical obrigatória. Não cabe à lei regular a estrutura e organização sindical. Assegurada a liberdade de associação, cabe aos trabalhadores optarem entre a formação de várias entidades sindicais ou a centralização da ação em um único sindicato. De qualquer forma, é a ação voluntária dos trabalhadores que decide pela unidade ou pluralidade de fato, cabendo ao Estado somente a garantia da pluralidade de direito.

Pluralidade sindical é um regime de oportunidade. Oportunidade legal de criar ou não mais de uma entidade sindical numa mesma base territorial para uma dada coletividade de trabalhadores. É um sistema de liberdade. Liberdade de escolha entre a unidade e a pluralidade de fato, não obstante a pluralidade de direito. A unidade nasce diretamente dos fatos e da vontade dos trabalhadores, por isso, é eminentemente adaptativa às necessidades de dada sociedade, além de mais permanente e consistente que a unicidade, a qual se impõe a partir da sobreposição da vontade estatal sobre a autonomia privada coletiva dos trabalhadores.

2.2. Liberdade sindical e categoria

Um verdadeiro sistema de liberdade sindical não se limita a permitir a pluralidade de direito e de fato. Todo autêntico regime de liberdade sindical deve consagrar uma genuína autonomia de auto-organização sindical. A autonomia sindical envolve a possibilidade de escolha do melhor critério de agregação dos trabalhadores, permitindo o questionamento do critério da categoria como base de representação sindical. Na realidade, a experiência estrangeira demonstra que um legítimo sistema de liberdade sindical sequer permite a presença do conceito de categoria em seu interior.

Num regime de ampla liberdade sindical, tal como o apregoado na Convenção n. 87 da OIT, a base de representação de um sindicato é, espontaneamente, decidida por determinado grupo profissional, segundo critérios aprioristicamente por ele definidos, e mais condizentes com os interesses e o real vínculo de solidariedade de seus membros.

A solidariedade passa a ser o parâmetro sobre o qual repousa toda a estrutura sindical, de forma que os representados e a extensão da base de atuação são aqueles delineados pelo tamanho e proporção do vínculo de solidariedade, em concordância com os estatutos da respectiva entidade sindical. A base de representação pode relacionar-se com os empregados de uma determinada empresa, com um dado território, com trabalhadores de uma mesma profissão ou ofício, com trabalhadores de atividade ou setor econômico.

(484) ROMITA, Arion Sayão. *Direito do trabalho...*, cit., p. 491.

(485) ROMITA, Arion Sayão. *Direito do trabalho...*, cit., p. 491.

Embora necessariamente não haja uma relação imediata entre a adoção de determinado sistema de representação sindical e o regime político de determinado Estado, a história vem demonstrando que nos regimes autoritários ou democráticos com alta intervenção estatal na sociedade, dá-se preferência pelo sistema da unicidade sindical e de suas bases — concepção de categoria, contribuição compulsória, delimitação da base territorial —, ao passo que os países de tendências democráticas geralmente adotam o sistema de pluralidade sindical. E, como o Brasil adotou a configuração política de um Estado democrático de direito — *caput* do art. 1º da CF/1988 —, mais consentâneo com essa postura seria a adoção de um regime de liberdade sindical, nos termos da Convenção n. 87 da OIT, e a extirpação do critério de agregação sindical por categoria e outros elementos originários do corporativismo.

3. A atuação sindical e a defesa dos interesses transindividuais

3.1. Os interesses da categoria como parâmetro da atuação sindical

Em vista da adoção de uma organização sindical por categorias, firmou-se o entendimento, em determinados setores da doutrina e da jurisprudência, de que os sindicatos devem tutelar somente os interesses da categoria sobre a qual foram constituídos.

Essa orientação, *a priori*, numa análise perfunctória, parece encontrar-se em vários dispositivos constitucionais e infraconstitucionais, como se observa do art. 8º, III, da CF/1988, pelo qual compete ao sindicato "a defesa dos direitos e interesses coletivos ou individuais da categoria, inclusive em questões judiciais ou administrativas", e do art. 513, *"a"*, da CLT, o qual preceitua como prerrogativa dos sindicatos "representar, perante as autoridades administrativas e judiciárias, os interesses gerais da respectiva categoria ou profissão liberal ou os interesses individuais dos associados relativos à atividade ou profissão exercida".

Após 1937, a categoria tornou-se a base, o ponto de gravidade de toda a atuação sindical; o molde, pelo qual se formula a organização e a luta dos sindicatos. Ao sindicato cabe a representação da respectiva categoria econômica ou profissional. Não se admitem sindicatos por empresa, sindicatos mistos, sindicatos por profissões (com exceção da categoria profissional diferenciada).

Difundiu-se a ideia segundo a qual o sindicato, por constituir um tipo específico de associação, detentora de personalidade sindical, somente poderia atuar na defesa de direitos e interesses da respectiva categoria para a qual fora juridicamente criado. Por este pensamento, sindicato e categoria seriam institutos visceralmente vinculados; o sindicato só poderia atuar na defesa de direitos da categoria, ainda que parcialmente; determinada categoria, por sua vez, deveria ser representada somente por sindicato devidamente reconhecido pela lei ou pelo órgão estatal.

Entretanto, esta pretensa limitação da atuação sindical ao linde da categoria representada, além de não encontrar respaldo no ordenamento jurídico pátrio, apresenta-se completamente obsoleta e ultrapassada pela dinâmica social e das relações de trabalho, diante das modernas formas de organização da produção e engenharia empresarial, das novas conformações das relações de trabalho, das atividades profissionais e da heterogeneidade da classe trabalhadora, fatores que exigem novas posturas das entidades sindicais, inclusive como fator de sua própria subsistência como representantes dos interesses dos trabalhadores.

3.2. A crise da concepção de categoria como parâmetro da ação sindical

Tanto o sindicalismo de resultados iniciado com o trade-unionismo inglês da primeira metade do século XIX, marcado por reivindicações predominantemente econômicas e com objetivos de cunhos imediatos e concretos, quanto o sindicalismo ideológico, centrado na luta de classes, após a redução do Estado de Bem-Estar Social, não mais se adaptam às novas necessidades dos trabalhadores, tendo em vista que estas não se restringem a direitos decorrentes de relações de emprego ou de questões respeitantes à suposta luta ou a divergências entre classes.

O enfraquecimento do Estado de Bem-Estar Social deixou os trabalhadores desvalidos de uma série de carências sociais, as quais já não podem ser ignoradas pelas entidades sindicais e exigem a expansão da sua atuação para a tutela de diversos bens e sujeitos de direitos, cuja condição não necessariamente corresponde a interesses intrínsecos à categoria representada.

A crise do *welfare state*, coligada a fatores como a persistente progressão do desemprego, a reorganização do setor industrial, o crescimento do setor de serviços, a gradativa substituição do taylorismo e do fordismo pela produção massificada de bens padronizados, o vertiginoso crescimento tecnológico com a substituição do homem pela máquina, o fechamento de vários postos de trabalho, a nova composição da população ativa com o ingresso significativo das mulheres no mercado de trabalho, o aumento do trabalho atípico e precário e do trabalho informal, a integração econômica global e regionalizada dos países, a insuficiência da ação estatal para suprir necessidades no campo da seguridade social e dos demais direitos sociais, todos estes fatos, em si, considerados isolados ou conjuntamente, estão a exigir uma nova postura sindical.

Em razão da noção de categoria, muitas das necessidades sociais dos trabalhadores, em geral, não têm recebido a devida atenção dos sindicatos, já que elas não estão diretamente vinculadas às categorias por eles representadas.

Questões como o desemprego, a criação de empregos, a proteção do trabalho informal, a inserção dos trabalhadores com deficiência no mercado de trabalho, o combate ao trabalho escravo e ao trabalho infantil, a proteção ao trabalho da mulher, a adoção de medidas antidiscriminatórias, a qualificação de trabalhadores desempregados, entre outras, salvo raras experiências de sindicatos mais atuantes, ainda têm sido tratadas como temas mais ligados a uma política social do Estado que a uma questão sindical de interesse de todos os trabalhadores e, especificamente, das entidades sindicais.

Um sindicalismo atualizado não pode ficar alheio a todas estas questões e suas repercussões sociais. Uma atuação centrada no trabalho subordinado formal — cada vez mais raro — já não supre todas as necessidades sociais dos trabalhadores. Atualmente, os sindicatos devem possuir campos de interesses que não só transcendam a esfera dos indivíduos, como a própria noção de categoria profissional, estendendo-se a outros bens e sujeitos de direito.

O sindicalismo que quiser projetar-se no futuro deve manter como seu objetivo primordial a defesa dos interesses dos trabalhadores, não somente no campo estrito das relações e direitos tipicamente trabalhistas. Necessita, para não se tornar uma figura obsoleta, salvaguardar o valor do trabalho humano em todas as suas dimensões, tutelando a figura do trabalhador, empregado ou não, em toda a sua dignidade e significação social, não somente nas situações em que se encontram sob a égide de um trabalho subordinado, mas também em setores sociais mais abrangentes, bem como nas questões correlatas com as relações de trabalho de um modo geral e o próprio mercado de trabalho.

Torna-se indispensável que as associações sindicais privilegiem a solidariedade como o principal motor de aglutinação dos trabalhadores, estejam ou não formalmente inseridos na categoria representada. "Essa solidariedade deve alimentar as energias necessárias para reivindicar com inteligência, negociar com habilidade e zelar pela igualdade de oportunidades para todos".(486)

Esse mesmo princípio da solidariedade norteia o pensamento de Alfredo J. Ruprecht, para quem o sindicato "tem uma finalidade permanente, que é defender os interesses de seus membros e de toda a classe trabalhadora em geral e, especialmente, de sua categoria profissional. Procurar elevar o nível de vida, condições razoáveis de trabalho, ele o faz pelo princípio da solidariedade".(487)

Também para U. Zachert, os interesses sindicais devem ampliar-se para outros campos e deixar de se vincular predominantemente à relação entre empregado e patrão. O citado autor arrola uma série de tarefas sindicais mais abrangentes, especialmente no âmbito do meio ambiente, das quais o sindicato poderia se ocupar. Para ele, isso tem importância também para a política de emprego, na qual a acentuação de problemas conclama os sindicatos

(486) COSTA, Orlando Teixeira da. Novos rumos do sindicalismo no Brasil. *Revista LTr*, São Paulo, ano 61, n. 1, p. 39, jan. 1997.

(487) RUPRECHT, Alfredo J. *Op. cit.*, p. 135.

ao desenvolvimento de políticas estruturais para cidades e regiões; algo que tem acontecido na Alemanha para as indústrias do aço do vale do Ruhr.[(488)]

Celso Antonio Pacheco Fiorillo, no seu estudo dos sindicatos na defesa dos interesses difusos, após a elaboração e análise do perfil destas instituições (natureza jurídica, legitimação ativa etc.), conclui que "essa pessoa jurídica de Direito Privado possui perfil evidente de órgão aglutinador de interesses não só de trabalhadores de uma determinada categoria como órgão representativo de anseios de toda a sociedade civil (em conjunto com associações civis, partidos políticos etc.)".[(489)]

Antonio de Lemos Monteiro Fernandes observa "que o sindicato é uma associação com fins específicos predeterminados na lei: a defesa e promoção dos interesses socioeconômicos dos seus membros, não comportando apenas os interesses coletivos atinentes ao exercício da profissão, mas os de toda a condição social do trabalhador enquanto cidadão, inclusive a ação sindical centrada em problemas sociais de caráter extraprofissional".[(490)]

Igualmente para Vazquez Viallard, os sindicatos "constituem órgãos que reúnem trabalhadores para servir-lhes de instrumento de sua promoção humana (não só ao nível dos seus caracteres de empregados)"; mas, "na medida em que lograram consolidar sua estrutura institucional, atuam como porta-vozes do grupo e como seu coordenador... Sua tarefa não se reduz aos aspectos relacionados diretamente com o trabalho — condições de trabalho, pois também pretendem expressar sua vontade e o desejo dos trabalhadores no concernente aos diversos aspectos do futuro nacional: político, econômico, cultural etc.".[(491)]

Arnaldo Süssekind ressalta que "se o sindicato nasceu com a finalidade de obter, por meios conflituosos, a melhoria das condições de trabalho e, por via de consequência, de vida; se, de certa maneira, tais conquistas são perseguidas através de negociação coletiva, greve e pressão junto aos órgãos legislativos — certo é que no curso da história o movimento sindical passou a constituir poderosa alavanca para reformas sociais e até econômicas, culturais e políticas".[(492)]

Como bem conclui Alfredo J. Ruprecht, "definir ou delinear qual será o futuro do sindicalismo, além de pretensioso, é difícil, por múltiplas e variadas circunstâncias. Não há dúvida de que o sindicalismo não desaparecerá, mas a incógnita é: que forma adotará?"

De uma forma ou de outra, parece ser pacífica a necessidade de reavivamento da atividade sindical. O sindicato deve expandir seus horizontes para os mais diversos setores sociais, sob pena de estar fadado ao fracasso; situação na qual se encontra qualquer entidade sindical que adote uma postura conservadora de negação das mudanças sociais.

Como observa Michel Hansenne, grande parte da população não trabalha em empresas nem está devidamente representada pelas organizações associativas e, exatamente nesse grupo, encontram-se os mais altos níveis de pobreza. Assim, "um diálogo social em que não se considerem os marginalizados e não se aborde a eliminação mais aberrante de desigualdade, isto é, pobreza, dificilmente alcançará a legitimidade social indispensável à sua eficácia".[(493)]

As novas linhas de atuação exigem a renúncia à restrição da atuação sindical aos métodos clássicos, utilizados até então. O atual contexto socioeconômico exige a reformulação da atuação sindical e a sua difusão para

(488) ZACHERT, Ulrich, *apud* LEDUR, José Felipe. *Op. cit.*, p. 175.

(489) FIORILLO, Celso Antonio Pacheco. *Os sindicatos...*, cit., p. 103.

(490) FERNANDES, Antonio de Lemos Monteiro. *Op. cit.*, p. 66-67.

(491) SÜSSEKIND, Arnaldo. *Direito constitucional...*, cit., p. 316.

(492) SÜSSEKIND, Arnaldo. *Op. cit.*, p. 252.

(493) HANSENNE, Michel. Um novo diálogo social para a renovação do mundo do trabalho. In: CAMPEO, Guilherme *et al. Os atores sociais no novo mundo do trabalho*. São Paulo: LTr, 1994. p. 11.

diversas outras questões sociais. Vetores como a luta pela geração de empregos, *v. g.*, exigem o estabelecimento de relação de solidariedade entre empregados e desempregados, entre trabalhadores da economia formal e setores marginalizados.

A instrumentalização das políticas de emprego torna imprescindível o alargamento da atuação sindical para novos sujeitos como os jovens, os negros, as pessoas portadoras de deficiência e os idosos. A tutela do trabalho invoca a luta contra a exploração de crianças e adolescentes, a proteção especial ao trabalho da mulher, uma postura preventiva em relação ao meio ambiente do trabalho, a proscrição de práticas discriminatórias nas relações de trabalho, o combate às fraudes nas relações de trabalho (pseudocooperativas, estágios irregulares, contratação de empregados por meio de pessoas jurídicas individuais — pejotização —, como trabalhadores autônomos ou falsos sócios) e às terceirizações ilícitas.

Todas essas novéis necessidades dos trabalhadores devem nortear a atuação sindical, para que esta alcance não somente os trabalhadores efetivamente empregados e integrantes da categoria, como também aqueles que estejam fora de uma relação formal de emprego — como desempregados, aposentados, doentes — e que, por isso, necessitam de maior proteção social.

Quando se fala em crise do sindicalismo, está-se, também, reportando-se à não adaptação e à ausência de atenção das entidades sindicais com as transformações vivenciadas na sociedade e nas condições de vida dos trabalhadores. Ao afastar-se desses campos, a atuação sindical se distancia da efetividade social e da sua principal fonte de existência: a figura do trabalhador-cidadão, vinculado formalmente ou não à relação formal de trabalho.

Cabe aos sindicatos, sem abandonar a inspiração pela luta em prol da melhoria das condições de trabalho e vida dos trabalhadores, despirem-se do véu do conflito ideológico (capital/trabalho) para assumir a sua parcela de responsabilidade na defesa de interesses outros que nem sempre se interligam diretamente com as relações de emprego, mas que dizem respeito àqueles que participam, participaram ou participarão do mercado de trabalho.

No entanto, essa dificuldade dos sindicatos em atuar em novas frentes não é observada somente em nosso país. Leôncio Martins Rodrigues demonstra que os sindicatos americanos se deparam com o mesmo problema, tomando-o como exemplo, assinala que "... no caso dos EUA, é habitual a crítica à passividade dos dirigentes sindicais, ao seu desinteresse em aumentar os gastos com a ampliação da filiação, em tentar incorporar novos segmentos, em levantar novas bandeiras e em desenvolver outras ações inovadoras".(494)

O autor manifesta-se, também, no sentido de demonstrar que, mesmo na área do emprego, os sindicatos se mostraram neutros ou omissos em diversas questões, dando margem à atuação de grupos de defesa de interesses específicos — como no caso dos homossexuais — que assumiram papéis que caberiam ao sindicalismo.

Essa perda de terreno para outras associações já fora observada por José Felipe Ledur. O jurista se baseia no crescimento da organização e atuação do Movimento dos Trabalhadores Sem Terra (MST), para demonstrar a omissão ou inércia sindical em áreas que exigiriam sua atuação. Conforme expõe, a existência e marcante atuação desse Movimento, além de outros, demonstra que organizações sindicais tradicionais podem não ser os interlocutores exclusivos na busca da realização do direito ao trabalho, que, no caso, se expressa pelo acesso ao trabalho na terra. A "incapacidade dos sindicatos dos trabalhadores rurais, sejam de empregado ou não, de velarem pelos direitos daqueles trabalhadores que, junto com suas famílias, foram alijados da posse e cultivo da terra, ou daqueles trabalhadores rurais submetidos a degradantes condições de trabalho, sem dúvida, é a razão determinante do surgimento e consolidação das organizações político-sociais mencionadas".(495)

Diante dessa nova realidade e da necessidade de expansão da ação sindical para terrenos por ela ainda pouco explorados, a compartimentalização estanque de sindicatos em categorias previamente fixadas pelo Estado tornou-se completamente disfuncional e contraproducente diante de diversos fatores econômicos, sociais e culturais, que vêm transformando de modo acentuado as relações trabalhistas e a própria conformação da classe trabalhadora.

(494) RODRIGUES, Leôncio Martins. *Destino do sindicalismo*. São Paulo: EDUSP, 1999. p. 281.

(495) LEDUR, José Felipe. *Op. cit.*, p. 179-180.

Fatores como as transformações econômicas, inovações tecnológicas, crescimento das pequenas e médias empresas, descentralização horizontal das empresas com o processo de terceirização, desemprego em massa, alterações no quadro da população economicamente ativa etc. demonstram a irrefutável incompatibilidade do modelo rígido de agregação sindical por categorias com a nova realidade social.

Se, em princípio, a adoção do modelo sindical por categorias teve entre seus propósitos o de fortalecer o sistema sindical brasileiro, hodiernamente, sua inadaptação às novas configurações das relações de trabalho poderá inexoravelmente levar à derrocada de todo o movimento sindical, considerando-se que o engessamento da sua atuação torna-lo-á ineficaz e obsoleto para a nova realidade.

O modelo legal de categoria acaba por limitar em determinadas situações a atuação sindical por dois prismas distintos: subjetivo (número de indivíduos) e objetivo (território geográfico). Para evitar essa limitação da ação sindical, esta deve ter como vetor não o conceito de categoria, mas os reais e verdadeiros laços de solidariedade social dos trabalhadores, não somente como empregados, mas também como cidadãos, e essa solidariedade certamente não possui aqueles limites que delineiam a categoria profissional.

Desse modo, em conformidade com a nova dinâmica social, os sindicatos não mais devem ter restrita a sua atuação a direitos exclusivos da categoria ou estritamente relacionados às relações de emprego. Modernamente, os trabalhadores, globalmente considerados, devem tornar-se o centro de imputação de direitos e deveres por parte dos sindicatos. Trata-se de um processo de atuação que integre todo e qualquer direito, trabalhista ou social, dos trabalhadores, não somente os empregados, mas, inclusive, os desempregados e os empregados *in potentia.*

3.3. A fragmentação dos interesses dos trabalhadores

Todo esse contexto em que se insere a necessidade de ampliação da atuação sindical para além dos limites legais traçados para a categoria representada, decorre não somente do imprescindível alargamento dos laços de solidariedade, mas também de um importante fator que vem afetando de frente as entidades sindicais: a fragmentação dos interesses dos trabalhadores.

Os sindicatos sempre basearam sua atuação na reivindicação de direitos comuns à classe trabalhadora representada. A maior oferta de emprego, com um alto grau de empregabilidade no mercado, aliada à homogeneização interna da classe trabalhadora favorecida pelo labor, principalmente na indústria de fabricação em série, em princípio, não exigiam uma diversificação da ação sindical, em face da coesão e unificação dos interesses dos seus representados. Coesão esta também propiciada pela prevalência do modelo fordista-taylorista de produção com grande concentração nas indústrias da mão de obra masculina desqualificada ou de qualificação técnica de nível médio, com faixas salariais semelhantes.

No entanto, uma série de fatores decorrentes da moderna sociedade provocou um conjunto de alterações na área produtiva e no mercado de trabalho, ocasionando a "fragmentação dos interesses das classes trabalhadoras". Trata-se da dispersão de novos e diversos interesses pelo interior das classes trabalhadoras, dificultando a unificação das suas demandas e acarretando a diminuição da coesão e da solidariedade dos grupos, de modo a prejudicar o exercício do tradicional papel de representação pelos sindicatos.[496]

Entre esses fatores, pode-se elencar a dispersão da produção, às vezes, por países diferentes e distantes, a redução no tamanho das unidades de produção e o aumento da produção nas pequenas empresas, a maior mobilidade do capital internacional, tendência de acordos por empresas e locais de trabalho, a maior heterogeneidade da força de trabalho com o aparecimento de novas profissões e a inserção da mulher e dos imigrantes no mercado de trabalho, as terceirizações e as subcontratações, o deslocamento de empresas para outra região dentro do mesmo país — geralmente, onde os salários são mais baixos e a pressão sindical mais fraca, além dos benefícios oferecidos pelas autoridades locais — e a diminuição crescente do emprego. Acresce-se também o efeito das novas tecnologias nas relações de trabalho, com a exigência de mão de obra qualificada e o aumento do individualismo na negociação

(496) RODRIGUES, Leôncio Martins. *Op. cit.*, p. 177.

com os empregadores, com a queda do interesse por salários e benefícios coletivos padronizados e aumento do processo de dessindicalização.(497)

A heterogeneidade desses novos interesses colocou em xeque a tradicional forma de representação sindical, em virtude da dificuldade organizacional de uma comunidade tão heterogênea, com interesses e reivindicações distintos que se espraiam por diferentes grupos de trabalhadores. A clássica representação sindical apresenta-se impotente para dar guarida a demandas não homogêneas, nem sempre convergentes e, por vezes, até mesmo divergentes entre os trabalhadores.

Tornou-se cada vez mais complexa a unificação das demandas dos trabalhadores e seus interesses e muito mais difícil a criação de formas unitárias de ação.(498) Em face da sua impotência para lidar com a nova situação, preocuparam-se as entidades sindicais em opor-se a todo esse sistema de alterações estruturais, com vistas a manter a padronização das condutas e reivindicações, conservarem suas funções de representação e sobreviverem como instituições,(499) empreitada na qual não vêm obtendo êxito.

Diversas propostas estão sendo formuladas, buscando a solução da questão da ineficácia da ação sindical diante das novas necessidades sociais e interesses dos trabalhadores. Entre elas, Leôncio Martins Rodrigues, ao analisar as proposições sugeridas nos Estados Unidos para esta questão, chama-nos a atenção para a necessidade de ampliação da ação sindical para novos segmentos das classes trabalhadoras, que não a habitual "clientela do sindicato". Conforme o jurista, "Neste tipo de ampliação da atuação é enfatizada a necessidade de os sindicatos darem mais atenção para problemas que afetam os trabalhadores como cidadãos. Entram nessa classe as reivindicações que interessam às minorias étnicas, a atenção a questões que se referem especificamente às mulheres, aos aposentados, à defesa do meio ambiente, às reivindicações democráticas, de modo geral".(500)

A avaliação de pesquisadores em diversos países, principalmente nos Estados Unidos, revela o ainda desinteresse dos dirigentes sindicais na tentativa de incorporação de novos segmentos de trabalhadores, no levantar de novas bandeiras e no desenvolvimento de ações inovadoras. Strauss, por exemplo, "salienta que os sindicatos americanos têm estado afastados das grandes questões sociais e políticas, como os direitos femininos, os das minorias, a proteção aos deficientes físicos; o direito ao aborto, as questões ecológicas".(501)

Diante deste quadro, verificou-se o fenômeno que Leôncio Martins Rodrigues denomina de "dessindicalização"(502) para designar a queda das taxas de filiação e do poder sindical em geral. Walküre Lopes Ribeiro da Silva prefere a utilização do vocábulo "descoletivização" por considerá-lo mais apropriado para a compreensão da complexa realidade sindical, que implica não apenas o enfraquecimento dos sindicatos, mas também de toda forma de organização e atuação coletiva dos trabalhadores.(503)

Paul Smith e Gary Morton, depois de refletirem sobre esse fenômeno, ponderam que a descoletivização envolve "a redistribuição de poder aos empregadores, por força das novas formas de organização do trabalho e da produção, de modo a conter o poder coletivo dos trabalhadores".(504)

Walküre Lopes Ribeiro da Silva, após analisar os impactos econômicos, sociais e políticos da globalização, das inovações tecnológicas e da reestruturação produtiva sobre as relações de trabalho e a organização e atuação coletiva dos trabalhadores, conclui que "a heterogeneidade do mercado de trabalho, associada à precarização das relações laborais, têm afastado os trabalhadores dos sindicatos e outras formas de organização e atuação coletivas".

(497) *Idem, ibidem*, p. 176-181.

(498) RODRIGUES, Leôncio Martins. *Op. cit.*, p. 182-183.

(499) *Idem, ibidem*, p. 182.

(500) *Idem, ibidem*, p. 281.

(501) *Apud* RODRIGUES, Leôncio Martins. *Op.* e *loc. cit.*

(502) RODRIGUES, Leôncio Martins. *Op. cit.*, p. 161.

(503) SILVA, Walküre Lopes Ribeiro da. *Crise de representatividade e participação dos sindicatos em políticas ativas de emprego.* Tese (Titular), Faculdade de Direito, Universidade de São Paulo. São Paulo, 2001. p. 45.

(504) *Apud* SILVA, Walküre Lopes Ribeiro da, *loc. cit.*

Como uma das soluções, indica a necessidade de alargamento da base de representação dos sindicatos, com a filiação de mulheres, jovens, trabalhadores precarizados e atípicos.(505)

Diante do quadro apresentado, duas tendências distintas são experimentadas pelo sindicalismo. Uns intentam manter o *status quo*, de modo a limitar a sua representação à figura tradicional do empregado e manter uma posição conservadora e defensiva em face das novas tecnologias e da reestruturação produtiva; outros reputam conveniente e necessária a ampliação das bases de representação, por meio da atração dos mais diversos tipos de trabalhadores, e não somente daqueles empregados, com o consequente incremento de campanhas de filiação, mediante prestação de serviços ou ação conjunta com outras entidades da sociedade civil.(506)

Nos Estados Unidos, por exemplo, várias são as estratégias adotadas para renovação das formas de organização e atuação coletivas dos trabalhadores, muitas, inclusive, à margem da lei.(507) Um dos modelos que mais causam surpresas consiste na criação de sindicatos por associação, a qual propõe a organização com base na raça, etnia e experiência de trabalho, movimentando-se em atuação conjunta com outras associações da sociedade civil para tornarem-se mais próximos desses trabalhadores, muitas vezes, sem a intenção imediata de filiação e negociação coletiva.(508)

3.4. Ruptura da concepção de categoria como parâmetro da ação sindical em face da tutela de interesses transindividuais pelos sindicatos

Como esclarecemos, o sistema sindical adotado pelo Brasil tem como premissa a representação por categorias. Esse critério de agregação profissional, suporte do sistema de unicidade sindical constitucionalmente assegurado em nosso país, naturalmente não se coaduna com a atuação sindical na tutela dos interesses transindividuais.

Não nos reportamos aqui a uma necessidade de modificação da legislação para possibilitar a ação sindical na tutela dos interesses transindividuais, já que os elementos presentes atualmente no ordenamento jurídico não somente permitem a tutela sindical dos interesses transindividuais como fomentam essa esfera de ação pelos sindicatos. Tal circunstância não elimina a necessidade de uma reformulação da legislação sindical, inclusive como forma de tornar mais eficaz e célere essa tutela dos interesses transindividuais pelas entidades sindicais.

No entanto, a imersão dos interesses transindividuais no campo dos direitos sociais e, especificamente, no âmbito das relações de trabalho, funciona como um machado que quebra os grilhões corporativistas das entidades sindicais, de forma a redefinir o seu papel social e consolidá-las como entidades de defesa, não só de trabalhadores, mas de toda uma massa de indivíduos que pretendem usufruir os direitos sociais.

Como assinalado, o campo dos direitos sociais constitui área fértil para o florescimento de interesses transindividuais. Laços de igualdade, solidariedade, condições similares de vida e de trabalho, a própria condição de homem-trabalhador e a coletivização de relações de emprego padronizadas potencializam o surgimento de atos e/ou fatos que atingem de forma similar e, concomitantemente, grande número de trabalhadores.

As relações de trabalho, nesse contexto, constituem terreno fecundo para o florescimento e o desabrochar dos interesses transindividuais — difusos, coletivos e individuais homogêneos. O trabalho prestado por vários indivíduos a um mesmo empregador e as relações uniformes com este formadas propiciam a identidade de interesses dos trabalhadores e a configuração de um lugar originário comum.

São os direitos transindividuais nas relações de trabalho, cuja lesão ou tutela, na maioria das vezes, extrapola a restrita esfera dos trabalhadores ligados a um determinado empregador e espraia seus efeitos a um campo distinto dos contornos traçados pela delimitação da categoria.

---

(505) SILVA, Walküre Lopes Ribeiro da. *Crise de representatividade...*, cit., p. 52-53.

(506) *Idem, ibidem*, p. 75-76.

(507) A título de exemplo, cite-se a organização de sindicatos por ocupação, geográfico/regional e por associação, opostamente à organização com base no local de trabalho, como prescreve o *Taft-Harley Act*, como forma de agilizar o procedimento de negociação coletiva e melhor proteger os trabalhadores das pressões impingidas pelos empregadores (*Idem, ibidem*, p. 77-78).

(508) *Idem, ibidem*, p. 78-79.

São direitos que, por sua própria natureza, ao serem tutelados por um sindicato, beneficiam automaticamente trabalhadores não necessariamente componentes da categoria representada. A realidade ontológica desses interesses é inteiramente complexa, não se reduzindo a rígidos esquemas teóricos e classificatórios como o de categoria, uma vez que os interesses transindividuais não possuem limitações definidas e, muitas vezes, não são exclusivos de um grupo de trabalhadores ou decorrentes diretamente da relação de trabalho com um ou mais empregadores.

A ideia de categoria não implica o desprovimento dos sindicatos de poderes para atuar em seara que extrapole os lindes daquele. Como visto, o conceito de categoria é uma construção artificial, devidamente absorvida pela legislação sindical como um dos pilares do sistema do sindicato único com delegações do Poder Público. Não constitui um ente ontológico que ocasione um óbice ou uma barreira concreta à atuação sindical. Ao atuar na defesa dos interesses transindividuais — difusos, coletivos e individuais homogêneos —, a ação sindical não se orienta pelos limites impostos pela noção de categoria, tendo em vista que esses interesses possuem um campo de irradiação que não se limita a esferas e círculos previamente delineados.

Embora em muitas ocasiões verifique-se uma relativa coincidência, parcial ou total, entre alguns dos interesses transindividuais, principalmente os coletivos e os individuais homogêneos e a comunidade de trabalhadores membros da categoria, esta identificação não necessariamente ocorre em todas as situações em que uma entidade sindical atua na tutela desses interesses, podendo inclusive haver colisão de interesses no seio de uma mesma coletividade de trabalhadores.

A análise fática nos traz valiosos exemplos. Imaginemos um sindicato de trabalhadores da indústria metalúrgica que se depara com um alto número de acidentes do trabalho nesse ramo da atividade econômica (com mutilações, perdas parciais de capacidade para o trabalho e mortes) e com a constatação de que diversos trabalhadores atingidos por esses acidentes acabam tornando-se deficientes físicos e encontrando dificuldades de retorno a esse ramo de atividade em virtude de discriminação. *In casu*, poderia o sindicato propor ação civil pública contra uma ou mais empresas a fim de exigir o preenchimento dos percentuais de trabalhadores deficientes a serem contratados, nos termos do art. 93 da Lei n. 8.213/91.

O sindicato tem interesse não somente na contratação de trabalhadores membros da categoria, que se tornaram deficientes físicos e estão desempregados, como forma de não desprover a categoria da força desses trabalhadores, como também de fortalecer a própria categoria, dotando-a de poderes para tutelar os direitos não só dos membros empregados, como, outrossim, dos desempregados ou daqueles que se encontram alijados do mercado de trabalho. O ato praticado pelo sindicato favorece direito difuso da sociedade, uma vez que todo e qualquer trabalhador deficiente poderá concorrer às vagas liberadas a partir da ação sindical.

Embora o sindicato tivesse agido com vistas à inserção de ex-empregados no mercado de trabalho — muitos ainda vinculados ao sindicato —, a própria essência do direito tutelado — de natureza propriamente difusa — expande os efeitos da atuação sindical para além dos lindes da categoria representada. Assim, todo e qualquer trabalhador deficiente que preencha os requisitos para quaisquer dos cargos abertos pela empresa, em atendimento a eventual provimento jurisdicional em ação civil pública movida pela entidade sindical, poderá habilitar-se e concorrer à vaga aberta, sem que o empregador possa recusá-lo com o argumento de que, como a demanda fora proposta por sindicato representante da categoria dos trabalhadores da indústria metalúrgica, somente ex-empregados ou empregados desse ramo poderiam preencher a vaga aberta em função da demanda por ele proposta.

Desse modo, apesar de haver um interesse imediato na contratação de certos trabalhadores membros da categoria, é certo que a ação sindical, automaticamente e *per se*, beneficia a todo e qualquer trabalhador que se encontre na hipótese de incidência da previsão legal. Não há, na propositura de determinada ação civil pública, como limitar o provimento jurisdicional apenas aos trabalhadores deficientes pertencentes à categoria profissional representada pelo sindicato autor da ação. A própria natureza do direito defendido faz com que os efeitos da ação sindical se irradiem por um universo de indivíduos, muitas vezes superiores ao número de trabalhadores componentes da categoria profissional representada pelo sindicato ou por seus associados. A indivisibilidade do interesse transindividual acarreta a unidade do provimento jurisdicional, com produção de efeitos jurídicos sobre toda a coletividade difusa.

Ao analisar-se a hipótese de coação dos trabalhadores por determinada empresa com intuito de obstar a propositura de reclamação trabalhista ou desistirem daquelas já propostas, sob pena de serem despedidos ou destituídos de cargos de confiança, constata-se que não se poderia limitar a atuação sindical somente aos empregados já contratados por aquela empresa, sob a pecha de que este somente possuiria aptidão para a defesa de interesse coletivo e não difuso. Sabe-se que eventual provimento coibitivo dessa ação empresarial em sede jurisdicional protege não somente aqueles empregados já atacados pelo ato do empregador, mas também todo candidato a emprego ou empregado que venha a ingressar nos quadros da empresa. O provimento, assim, alcança não somente o interesse coletivo ou individual homogêneo dos empregados que estão sofrendo a ação, mas também os empregados futuros. Quem haveria de negar que não se trata de direito difuso na espécie? Mais, onde estaria a inaptidão do sindicato profissional para propor ação civil pública na Justiça do Trabalho, visando à defesa desses interesses coletivos e difusos?

Acreditamos que, salvo raras exceções, a linha de diferenciação entre esses interesses é cada vez mais tênue, dependendo muito mais da visão enfocada que da natureza mesma desses direitos. Não raro, por exemplo, a defesa de um direito coletivo resvala na defesa de um interesse difuso da sociedade, assim como a tutela de um interesse difuso pode implicar a igual tutela de um interesse coletivo e, quiçá, de interesses individuais homogêneos.

A própria CF/1988, em seu art. 227, dispõe que "é dever da família, da sociedade e do Estado assegurar à criança e ao adolescente, com absoluta prioridade, o direito à vida, à saúde, à alimentação, à educação, ao lazer, à profissionalização, à cultura, à dignidade, ao respeito, à liberdade e à convivência familiar e comunitária, além de colocá-los a salvo de toda forma de negligência, discriminação, exploração, violência, crueldade e opressão". Quando um determinado sindicato atua no combate à exploração do trabalho de crianças e adolescentes em uma dada região ou empresa, por um processo de indução, verifica-se que estão sendo protegidos interesses difusos de toda a sociedade, tal como colocado no art. 227 da CF/1988.

Celso Antonio Pacheco Fiorillo cita importante experiência do Sindicato dos Trabalhadores Rurais de Xapuri, no Acre, que, ao enviar tese a ser debatida no Congresso Nacional, manifestou sua preocupação com a defesa da natureza e dos povos da floresta, ao pregar a necessidade de o movimento sindical manifestar-se na defesa da autodeterminação das nações indígenas e garantias de direitos como a educação e a saúde, assim como lutar pela implantação de métodos extrativistas não agressores da natureza e da cultura daqueles povos.[(509)] Nesse exemplo do autor, deparamo-nos com uma típica defesa de interesses difusos pelo sindicato, sendo que sua conduta em nada afronta o direito positivo brasileiro.

Impraticável torna-se qualquer tentativa de inserir todas as particularidades e contingências advindas com a presença dos interesses transindividuais em um limitado conceito de categoria, não somente obsoleto, como abandonado pela própria doutrina jurídica italiana que o havia consolidado e, quiçá, em vias de extinção em todo o mundo.

Devemos novamente salientar que há pontos ou zonas de intersecção entre os diversos tipos de interesses assinalados, o que demonstra o alto grau de fluidez com que aparecem na órbita jurídica. Desse modo, ao atuar nesse campo, dificilmente se poderá definir com exatidão onde se iniciam e terminam os interesses da categoria, diante da presença de interesses transindividuais, máxime os interesses difusos.

Mesmo Manoel Jorge Silva e Neto, que nega legitimidade aos sindicatos para a defesa de direitos difusos, afirma que "nem sempre será fácil delimitar, de modo rígido e preciso, se as consequências do ato lesivo ao interesse transindividual se operam restritamente no âmbito da empresa ou se ultrapassam tais domínios".[(510)]

Do mesmo modo, podemos afirmar que essa rigidez e precisão de delimitação também não se verificam quando tentamos observar se determinado litígio se limita ao campo das relações de trabalho ou o extrapola. Não

(509) FIORILLO, Celso Antonio Pacheco. *Associação civil...*, cit., p. 300.

(510) SILVA NETO, Manoel Jorge e. *Op. cit.*, p. 196.

se pode olvidar, como dissemos anteriormente, que uma mesma situação fática pode ensejar o nascimento de um ou mais interesses transindividuais — difusos, coletivos e individuais homogêneos —, de sorte que a defesa de um deles poderá, ainda que reflexamente, implicar a defesa dos outros, não sendo desarrazoado equacionar-se a preposição segundo a qual, para efeitos práticos, a definição do interesse decorre da carga de predominância do direito violado ou do ponto de vista do(s) ente(s) legitimado(s) para sua defesa. Assim, diante de um dano ao meio ambiente de uma determinada comunidade, exsurge o interesse difuso dos habitantes da região atingida, como também os interesses individuais homogêneos daqueles que tiveram danos semelhantes decorrentes desse mesmo fato.

Pode ocorrer, também, que determinado ato, ainda que praticado apenas por um empregador e que venha a lesionar concretamente um só empregado, irradie seus efeitos por toda a coletividade de trabalhadores ou mesmo de trabalhadores a ele não vinculados e até desempregados, adquirindo, desta maneira, os mais diversos caracteres — interesse plúrimo, individual homogêneo, coletivo ou difuso. O ato do empregador afeta imediatamente um interesse singular, mas também tem o condão de refletir em vários outros indivíduos que, porventura, estejam em condições similares.

Assim, não raro, a defesa de um direito coletivo resvala na defesa de um interesse difuso da sociedade, assim como a tutela de um interesse difuso pode implicar a igual tutela de um interesse coletivo e, quiçá, de interesses individuais homogêneos.

Pretender restringir os efeitos jurídicos da tutela desses interesses aos limites da categoria do sindicato agente, corresponde a não compreender toda a dinâmica e a lógica do sistema de proteção coletiva. É querer dar a cada uma de suas espécies — difusos, coletivos e individuais homogêneos — uma delimitação estanque e bem definida, como a de categoria econômica ou profissional, o que, como demonstrado, é impraticável, tanto diante do seu grau de fluidez como das diversas situações que ensejam não só o nascimento de uma, mas até de todas essas espécies concomitantemente. Trata-se de uma limitação mais artificial que real.

Segundo relata Celso Antonio Pacheco Fiorillo, em nossa legislação, "há a necessidade de um lado em aprofundar o estudo em defesa da legitimação de pessoas jurídicas de Direito Privado desatreladas do Estado e em defesa dos cidadãos; de outro a necessidade de que estes 'corpos intermediários' estejam voltados não para interesses corporativistas e sim para os interesses maiores de defesa dos direitos da coletividade que, uma vez lesados, abarcam também interesses dos próprios associados das pessoas jurídicas".(511)

4. Categoria profissional e interesses difusos

4.1. A interpretação do inciso III do art. 8º da Constituição Federal de 1988, em face dos interesses transindividuais

A previsão pelo legislador constituinte de que ao sindicato cabe a defesa dos direitos e interesses coletivos ou individuais da categoria (art. 8º, III, CF/1988), em nenhuma hipótese contém locução restritiva ou proibitiva da possibilidade de os sindicatos atuarem na defesa de direitos outros, além daqueles estritamente referentes à categoria. A circunstância de a lei dispor sobre a permissão de um fato não significa a proibição de todos os demais que dele se distingam.

O emprego do brocardo *inclusio unius, alterius est exclusio*, como todo argumento a contrário, exige conduta acurada e mais reservada em se tratando de Direito Constitucional, pois nem sempre o fato de se mencionar uma faculdade ou poder a um caso determinado determina a obrigatoriedade de excluir-se todos os outros, nem tampouco a negativa de uma hipótese singular implica a afirmativa em relação às demais.(512)

O legislador constituinte, ao dispor explicitamente sobre a representação judicial ou extrajudicial dos interesses individuais ou coletivos da categoria, disciplinou uma exceção que concede o direito a uma associação sindical de

(511) FIORILLO, Celso Antonio Pacheco. *Os sindicatos...*, cit., p. 54.

(512) MAXIMILIANO, Carlos. *Hermenêutica e aplicação do direito*. 12. ed. Rio de Janeiro: Forense, 1992. p. 314.

representar terceiros a ela não associados ou filiados para, inclusive, elaborar acordos e convenções coletivas de alcance geral.

Evidente que, como toda exceção, esta deveria estar prevista em lei, constitucional ou infraconstitucional, caso contrário, a ação sindical não poderia alcançar indivíduos que não fizeram parte dos instrumentos normativos citados, em face do princípio da legalidade (art. 5º, II, CF/1988). O sentido da norma foi de expandir a ação sindical para esfera maior que o círculo dos meros associados, e não de restringir a ação sindical à seara da categoria.

Essa extensão do campo de sujeitos a serem protegidos pelos sindicatos fica evidente na Carta Maior, quando, no art. 8º, VII, assegurou ao aposentado o direito de votar e ser votado nas organizações sindicais. O dispositivo constitucional em comento possui dois objetivos básicos: a) conferir aos sindicatos o gozo da experiência daqueles que passaram parte da vida integrados àquela categoria profissional e que, por isso, a conhecem bem, podendo fornecer subsídios para a atuação sindical; b) alargar, com a introdução desses novos sujeitos no campo sindical, o raio de ação das entidades sindicais, que passam a defender interesses daqueles que, apesar de não pertencerem à categoria, dela já fizeram parte e, assim, possuem condições similares de vida.

A Carta Política de 1988 concedeu enorme relevância à proteção de interesses transindividuais. Somente uma interpretação mais adequada aos princípios e valores constitucionais, que possibilite a conjugação do texto constitucional com as características históricas, políticas, ideológicas do momento, propicia encontrar o melhor sentido da norma jurídica, em confronto com a realidade sociopolítica e com vistas à sua plena eficácia.[(513)]

E, nesse ponto, de máxima importância, transparece a necessidade de uma visão totalizadora do direito, que pode ser adquirida com a adoção de uma interpretação lógico-sistemática do preceito jurídico. Esse modo de interpretação inicia-se com a consideração da norma como parte de um sistema jurídico que lhe empresta seu verdadeiro sentido, impossível de obter-se com a análise isolada da norma, fora do contexto e das conexões lógicas do sistema. Essa interpretação lógico-sistemática é um "poderosíssimo instrumento" para averiguar a mudança de significado das normas jurídicas ao longo do tempo e das transformações sociais.[(514)]

Toda interpretação consiste no apreender ou compreender os sentidos implícitos nas normas jurídicas, com a indagação da vontade atual da norma e determinação do seu campo de incidência. É expressar seu sentido com o recorrer a signos diferentes dos usados na sua formulação original.[(515)]

No Capítulo I do Título II, sob a rubrica "Dos direitos e deveres individuais e coletivos", o constituinte assegurou uma série de direitos transindividuais, o que permite assinalar que o vocábulo "coletivos" foi empregado na sua acepção mais ampla, para designar as diversas espécies de direitos transindividuais — difusos, coletivos e individuais homogêneos. Toda a ordem constitucional atual tem como um de seus vetores a tutela dos interesses transindividuais. "A própria topografia constitucional reafirma tal postura, colocando sob a mesma rubrica os direitos e deveres individuais e coletivos, contrapondo garantismo individual e transindividual".[(516)]

A interpretação do art. 8º, III, da CF/1988, pelo qual "ao sindicato cabe a defesa dos direitos e interesses coletivos ou individuais da categoria", de acordo com os valores da própria Constituição, leva, inexoravelmente, à ilação de que a expressão "interesses coletivos" foi utilizada no sentido amplo, para designar a defesa de interesses transindividuais. Somente essa interpretação justifica o fato de o constituinte ter utilizado duas expressões distintas: "direitos" e "interesses", de forma que demonstre o conteúdo ontologicamente diverso de ambos os vocábulos.

Além disso, uma visão sistemática da Carta Maior demonstra que o vocábulo "interesse" somente é utilizado nas hipóteses em que o legislador se refere aos interesses transindividuais. É, explicitamente, com esse significado que o vocábulo voltou a ser utilizado pelo legislador constituinte ao declarar como uma das funções institucionais

(513) MORAES, Alexandre de. *Direito constitucional*. 8. ed. São Paulo: Atlas, 2000. p. 42.

(514) BONAVIDES, Paulo. *Curso de direito constitucional*. 4. ed. São Paulo: Malheiros, 1993.

(515) HERKENHOFF, João Batista. *Como aplicar o direito*. 3. ed. Rio de Janeiro: Forense, 1994. p. 9.

(516) MORAIS, José Luis Bolzan de. *Op. cit.*, p. 176.

do Ministério Público a promoção do patrimônio público e social, do meio ambiente e de outros *interesses difusos e coletivos*.

Essa interpretação lógico-sistemática é a que mais se coaduna com a Constituição Federal de 1988 e já vem sendo adotada pela doutrina e jurisprudência em diversas situações.

Nelson Nery Junior, ao comentar o inciso IV do art. 1º da Lei n. 7.347/85, também confere interpretação lógico-sistemático-extensiva ao art. 8º, III, da CF/1988, para concluir pela legitimação dos sindicatos para a propositura de ação coletiva para a defesa de direitos difusos, coletivos e individuais da categoria.(517) O vocábulo "categoria" não é utilizado pelo ilustre jurista na sua concepção corporativista, como alguns poderiam deixar-se seduzir por essa interpretação, mas com o significado de "base de representação sindical", caso contrário não teria admitido a legitimidade dos sindicatos para a tutela de direitos difusos, cujo âmbito de irradiação não se limita aos lindes do conceito de categoria.

O autor, ao discorrer sobre a interpretação do art. 8º, III, da CF/1988, assinala que o art. 5º da LACP e o art. 82 do CDC, que têm como finalidade legitimar as associações e os sindicatos à defesa, em juízo, de interesses difusos, coletivos e individuais homogêneos, são compatíveis com o art. 8º, III, da CF/1988, uma vez que este não proíbe que a lei ordinária cometa outras funções aos sindicatos. A própria Constituição, no § 1º do art. 129, permite que a lei conceda legitimidade a outras entidades para o ajuizamento da ação coletiva, norma que se harmoniza com o art. 8º, III, da CF/1988 no sentido de poder-se conferir legitimidade para a defesa de interesses metaindividuais aos sindicatos.(518)

Também no âmbito do Judiciário Trabalhista, esta interpretação, mais consentânea com os princípios e valores da Constituição, já vem se aperfeiçoando. O entendimento de Thereza Christina Nahas deixa evidente essa posição. Segundo seu pensamento, "não podemos negar a tutela aos direitos e interesses metaindividuais de natureza trabalhista à tutela jurisdicional sob a justificativa de que não há instrumento que a ela se aplique, mesmo porque só o art. 8º da Constituição Federal bastaria para ser incontroverso o reconhecimento de que não só é possível a tutela de interesses metaindividuais, como são os sindicatos por excelência os legitimados à defesa de tais interesses e direitos".

E conclui que "o legislador constitucional reconheceu a existência de direitos e interesses metaindividuais. Tanto isso é verdade que no inciso III do art. 8º dispôs que ao sindicato caberá a defesa de direitos e interesses coletivos e individuais. Para nós que fazemos distinção entre interesse e direito, a abertura legislativa foi no sentido de reconhecer que há situações em que, não obstante não serem normatizadas e, portanto, caracterizarem direitos, merecem a tutela judicial, e que o processo individual não seria suficiente como instrumento para responder a tais anseios. Também não seria o dissídio coletivo, pois não podemos ignorar que nada mais é do que tipo de negociação realizada sob o crivo do Judiciário, o que já veio garantido no inciso VI do art. 8º e no art. 114 da Carta Constitucional".(519)

Ronaldo Lopes Leal, após afirmar que os textos modernos consagram a proteção contra lesões difusas e coletivas e elucidar que as normas jurídicas não se limitam à tutela de direitos subjetivos, analisa diversas normas em que aparece o vocábulo "interesses" como significador dos metaindividuais (art. 81 e 83 da Lei n. 8.078/90; inciso IV do art. 1º da Lei n. 7.347/85 — além de outros artigos dessa norma) e chama a atenção sintomática para a peculiaridade do inciso III do art. 8º da CF/1988, onde o vocábulo aparece com o mesmo sentido.(520)

---

(517) NERY JUNIOR, Nelson; NERY, Rosa Maria de Andrade. *Código de Processo Civil comentado e legislação processual em vigor*. 4. ed. São Paulo: Revista dos Tribunais, 1999. p. 1.507.

(518) NERY JUNIOR, Nelson. O processo do trabalho e os direitos individuais homogêneos — um estudo sobre a ação civil pública trabalhista. *Revista LTr*, São Paulo, ano 64, n. 2, p. 159, fev. 2000.

(519) NAHAS, Thereza Christina. *Op. cit.*, p. 134-135.

(520) LEAL, Ronaldo Lopes. Competência do Ministério Público do Trabalho: ações civis públicas, com ênfase na segurança bancária e na segurança e saúde no trabalho. *Revista do Tribunal Superior do Trabalho*, Brasília, v. 65, n. 1, p. 62, out./dez. 1999.

Por outro lado, negar aptidão aos sindicatos para a tutela de interesses metaindividuais que extrapolem os limites objetivos e subjetivos da categoria, especificamente no que concerne aos interesses difusos, é alijar essas entidades da cooperação para o alcance da solidariedade social apregoada pela nossa Carta Política (art. 3º, I) e obstaculizar um dos principais veículos para a erradicação da pobreza e da marginalização e para a redução das desigualdades (art. 3º, II), e a promoção de todos, sem preconceito de origem, raça, sexo, cor, idade e quaisquer outras formas de discriminação (art. 3º, IV).

De outro modo, inserida nas relações entre capital e trabalho e, por assim dizer, na ordem econômica nacional, a ação dos sindicatos para a promoção dos interesses transindividuais é um dos principais meios de tutela da valorização do trabalho humano, da função social da propriedade e do meio ambiente, além da busca do pleno emprego e da redução das desigualdades (art. 170, CF/1988).

Como outrora afirmado, a proteção dos interesses transindividuais reformulou a doutrina e a legislação processual de vários países, como também, no campo do direito material, criou novos direitos e sujeitos de direito, em âmbito constitucional e infraconstitucional. Nessa esfera, vale lembrar que toda essa nova doutrina e a necessidade de proteção desses novéis direitos, igualmente, ocasionaram enorme impacto nas técnicas e métodos interpretativos. Assim, institutos e normas que pareciam seguramente interpretados, de forma que adquirissem um significado aparentemente estático, adotam novas acepções lexicais e dessa influência não foge o texto constitucional.

Como estatui Carlos Maximiliano, "a Constituição aplica-se aos casos modernos, não previstos pelos que a elaboraram. Faz-se mister supor que os homens incumbidos da nobre tarefa de distribuir os poderes emanados da soberania popular e de estabelecer preceitos para a perpétua segurança dos direitos da pessoa e da propriedade tiveram a sabedoria de adaptar a sua linguagem às emergências futuras, tanto como às presentes; de sorte que as palavras apropriadas ao estado então existente da comunidade e ao mesmo tempo capazes de ser ampliadas de modo que abranjam outras relações mais extensas não devem ser afinal restringidas ao seu mais óbvio e imediato sentido, se, de acordo com o objetivo geral dos autores e os verdadeiros princípios do contexto, podem elas ser estendidas a diferentes relações e circunstâncias criadas por um estado aperfeiçoado da sociedade".[(521)]

Não se pode olvidar também da utilização do método sociológico como um poderoso instrumento de adaptação da norma por meio da sua interpretação. O processo sociológico se desenvolve sob os seguintes aspectos: a) primeiro, confere-se ao sentido da norma interpretada, além das relações e situações de fato inicialmente contempladas, a abrangência das demais que, com o decorrer do tempo, se transformaram ou se modificaram, assumindo modalidades novas; b) segundo, estende-se o sentido da norma às novas relações de igual natureza e que surgiram nas mesmas condições; c) terceiro, deve-se temperar o seu alcance para corresponder às necessidades reais e atuais, de caráter social.[(522)]

Do mesmo modo que o reconhecimento dos interesses transindividuais modificou os institutos tradicionais do direito civil e do processo civil, no âmbito do direito do trabalho, a derrubada de conceitos clássicos é inevitável, principalmente no campo da atuação sindical, uma vez que a tradicional concepção sindical centrada na defesa de interesses da categoria sofre profunda transformação quando se trata da defesa de interesses metaindividuais, cuja área de irradiação extrapola os limites da categoria.

A necessidade de proteção aos interesses transindividuais reformulou, inclusive, conceitos do direito penal, uma vez que o art. 225 da Constituição Federal previu a responsabilidade penal de pessoas jurídicas no tocante a "condutas e atividades consideradas lesivas ao meio ambiente".

Não se pode negar a natureza evolutiva das normas jurídicas, o que veda a interpretação de uma norma constitucional sob o manto de uma concepção baseada numa sociedade de cunho corporativista e autoritário, numa época em que prevalecem os ideais de uma democracia participativa voltada para a satisfação de interesses de massas.

---

(521) MAXIMILIANO, Carlos. *Op. cit.*, p. 311.

(522) RÁO, Vicente. *O direito e a vida dos direitos*. 5. ed. São Paulo: Revista dos Tribunais, 1999. p. 494.

Como bem expõe Wagner Giglio, "o Direito, como fenômeno cultural, é o produto de uma posição ideológica diante das circunstâncias fáticas, políticas e econômicas vigorantes, em determinado local e época. Se a ideologia pode, em boa medida, ser atemporal, ou seja, desvinculada da evolução dos fatos, o mesmo não ocorre em relação às condições de vida em sociedade, ditadas pelas variações políticas e econômicas. O Direito reflete, sob uma perspectiva ideológica, as variações de comportamento da sociedade, mas o faz sempre com atraso, maior ou menor, em função da falta de agilidade do processo legislativo".(523)

E, como adverte o autor, "a legislação trabalhista é seguramente a mais sensível às alterações sociais, e o governo, no momento histórico que atravessamos, ainda próximos da reformulação política e constitucional, e lutando contra uma renitente recessão econômica, continua reprimindo e comprimindo as reivindicações da massa trabalhadora, ainda muito empobrecida, e que não encontrou seu caminho, pois nem sequer é capaz de identificar com precisão seus objetivos".(524)

Evidentemente que, somente uma retomada crítica e uma reconstrução do nosso sistema sindical, com a ratificação da Convenção n. 87 da OIT e a adoção de um regime de liberdade sindical, poderão firmar as bases necessárias para a eficaz tutela dos interesses transindividuais pelos sindicatos, mas a não realização de uma reforma constitucional não impede a atuação sindical na defesa desses interesses, uma vez que a interpretação lógico-sistemática do texto constitucional já consagra essa possibilidade.

Cabe a todo intérprete, em vez de preocupar-se em revelar inconstitucionalidades, ser solícito no sentido de enquadrar na letra do texto antigo o instituto moderno. Esse é o segredo pelo qual a Constituição dos Estados Unidos perdura por, aproximadamente, duzentos anos. Uma Constituição não pode ser alterada a todo o momento, como pretendem alguns. Esse procedimento cria instabilidade, obsta a paz, a felicidade e o progresso de um povo. Em vez de alterações constantes, forçoso se lhe torna acompanhar a evolução e adaptar-se às circunstâncias inicialmente imprevistas.(525)

O emprego dos diversos métodos de interpretação leva à aquisição de surpreendentes resultados de alteração de sentido das regras constitucionais sem que se faça necessário modificar-lhes o respectivo teor, de sorte que se combina a preservação da Constituição com o deferimento das mais prementes e sentidas exigências da realidade social.(526)

Todas essas colocações demonstram que, independentemente da mudança estrutural na nossa organização sindical, a delimitação da atuação aos limites estritos da categoria representada, embora possa nortear a abrangência dos dissídios coletivos, ação de cumprimento e dos acordos e convenções coletivas, reduz-se ao mero plano secundário no campo da tutela de interesses transindividuais, uma vez que a própria natureza destes interesses leva-os a extrapolar os limites traçados para determinada categoria.

O Direito possui enorme capacidade de progresso, sem que para sua consolidação seja necessária à sua constante alteração. Mesmo a exegese mais conservadora não se vincula à vontade estrita do legislador e, quando o faz, não o realiza somente para descobrir a vontade do legislador, quando da elaboração da norma, mas qual seria o sentido da norma que o legislador determinaria se ele a redigisse no momento atual. Assim, mesmo uma interpretação conservadora procura encasar na letra da lei antiga a visão atual do legislador.

Esse pensamento atenua a posição da doutrina subjetivista tradicional, cuja interpretação, restrita na busca da vontade do legislador, do emissor da norma, concede-lhe sempre uma interpretação *ex tunc*, que retroage ao momento da emissão da vontade legislativa, ao contrário da corrente doutrinária objetivista, que empresta efeitos *ex nunc*, à interpretação do texto normativo, que goza de sentido próprio, determinado por fatores objetivos.

---

(523) GIGLIO, Wagner D. *Direito processual do trabalho*. 10. ed. São Paulo: Saraiva, 1997. p. 530.

(524) *Idem, ibidem*, p. 540.

(525) MAXIMILIANO, Carlos. *Op. cit.*, p. 311-312.

(526) BONAVIDES, Paulo. *Op. cit.*, p. 376.

A lei adquire vida própria e autonomia relativa com a sua promulgação. Ela se separa do legislador e aparece na sociedade como um produto. Sem qualquer alteração em suas palavras, seu conteúdo pode ampliar-se e até adquirir outro significado, de modo que a norma se mostra mais previdente que o seu autor. A lei é a expressão da vontade do Estado e não propriedade do legislador. Ela é impessoal, tem conteúdo específico e autônomo. Por isso, cabe ao intérprete, ao determinar o sentido objetivo do texto, olhar menos para o passado e mais para o presente, para a finalidade humana, sem desprezar os postulados da Sociologia, da Psicologia e outras ciências.(527)

A adoção extrema de uma ou outra posição pode levar a absurdos e inseguranças jurídicas, razão pela qual o equilíbrio entre os dois doutrinamentos apresenta-se como uma estrada mais bem sedimentada. Deve-se adaptar a norma ao presente sem relegar o passado ao olvido.

4.2. A hermenêutica e a interpretação da regra constitucional do art. 8º, III, da CF/1988

Não se pode olvidar que a norma do art. 8º, III, da CF/1988 é, antes de uma norma de caráter sindical, uma típica norma constitucional garantidora de um direito fundamental dos trabalhadores e deve ser interpretada por meio de uso de técnicas e métodos hermenêuticos consentâneos com a sua natureza constitucional.

Como elucida Tercio Sampaio Ferraz Jr., constitui hoje um postulado universal de toda a ciência jurídica a tese de que não existe norma sem interpretação. Toda norma, pelo simples fato de ser posta, é passível de interpretação.(528)

Como ressalta Carlos Maximiliano, "a técnica da interpretação muda, desde que se passa das disposições ordinárias para as constitucionais, de alcance mais amplo, por sua própria natureza e em virtude do objetivo colimado redigidas de modo sintético, em termos gerais".(529)

Os que limitam a atuação sindical à defesa de interesses coletivos estritos da categoria interpretam o texto constitucional sob a ótica do passado sindical e do corporativismo. Baseiam-se numa parcela da história sindical em que os sindicatos estavam atrelados às concepções advindas de um regime autoritário. Defendem que a intenção do legislador foi a de elevar ao âmbito constitucional um elemento corporativista. Negam uma interpretação atual do texto constitucional com a realidade contemporânea dos fatos.

Esse pensamento é completamente equivocado em matéria constitucional. Todo texto fundamental é elaborado com vistas a reger uma determinada nação para o presente e para o futuro, por isso, em vez de se ater a uma técnica interpretativa rígida e estreita, deve o intérprete atingir um sentido que torne efetivos e eficientes os grandes princípios e valores constitucionais, dando à regra um caráter atemporal e sempre atual, consentâneo com os reclames da sociedade.

O Direito Constitucional apoia-se no elemento político, natural e essencialmente instável, o que exige comportamento acurado do exegeta, para não negar os valores jurídico-sociais pelos quais devem as instituições ser entendidas e postas em função para corresponder às necessidades políticas e aos mais elevados valores e justas aspirações do povo.(530)

As normas constitucionais disciplinam relações de preponderante conteúdo político e social, sujeitas a um considerável influxo político que se reflete diretamente sobre a norma, bem como sobre o método interpretativo aplicável. Desse modo, não se pode dar à norma constitucional uma interpretação mecânica e silogística, indiferente à sua inerente plasticidade e que lhe permite a acomodação a fins cujo valor axiológico assenta nos princípios que tutelam o próprio ordenamento jurídico.(531)

---

(527) MAXIMILIANO, Carlos. *Op. cit.*, p. 31.

(528) FERRAZ JÚNIOR, Tercio Sampaio. *Introdução...*, cit., p. 239.

(529) MAXIMILIANO, Carlos. *Op. cit.*, p. 304.

(530) *Idem, ibidem*, p. 305.

(531) BONAVIDES, Paulo. *Op. cit.*, p. 378.

Esse posicionamento não implica defender a supremacia do político sobre o jurídico, e sim, assinalar que a interpretação constitucional se move sobre esses dois planos, cuja delicada dicotomia demanda o equilíbrio entre essas duas esferas, cuja importância é igualmente mensurável.

A força do elemento político-social não pode ser desprezada pelo jurista que desejar se engalfinhar na seara única do direito, em desprezo à realidade social e aos valores insculpidos no ordenamento constitucional.

Evidente que não se pode negar os antecedentes históricos de um instituto, seus anais, as exposições de motivos e os trabalhos legislativos de sua elaboração, como elementos úteis para a elucidação do sentido da lei, mas pode-se e deve-se negar o caráter absoluto, permanente e imutável que alguns intérpretes concedem a esses elementos, estatuando-se a história.

O recurso aos materiais legislativos e aos elementos históricos serve apenas para descobrir uma ideia do passado, mas o apego exacerbado a ela leva à estagnação, à imobilidade, a um obstáculo ao progresso jurídico e a um processo de engessamento da jurisprudência. Quanto mais antiga uma norma, menos se deve recorrer a esses elementos, pois a norma velha deve ser interpretada do modo que melhor atenda às necessidades do presente, recebendo um sentido atual e que se coadune com a letra primitiva. Diante da mudança do ambiente, do meio e do fim colimado, nos dizeres de Carlos Maximiliano, "a Hermenêutica precisa acompanhar a evolução geral".(532)

O estudo histórico de uma norma ou instituto não prescinde e não é incompatível com uma análise evolutiva contemporânea, inclusive com arrimo no direito comparado, não somente para traçar o seu perfil, mas para determinar sua atual configuração e objetivos. Tanto o completo repúdio ao passado quanto o demasiado apego a este são comportamentos perigosos, cuja adoção deve ser evitada em matéria de hermenêutica e interpretação jurídicas.

Nenhum elemento histórico tem o condão de determinar um resultado interpretativo único e irrecusável, tanto o abuso como a exclusividade do uso do processo histórico poderão causar consequências nefastas, por afastar o intérprete do conteúdo real e social da norma, bem como de seu destino, que consiste em regular as condições atuais e sociais da vida individual e da vida coletiva.(533)

Nesse ponto, a discussão em comento não pode esquecer que a fonte do conceito de categoria adotado em nosso ordenamento foi o direito corporativista italiano, que perdurou durante os anos de 1926 a 1944, período fascista, e abandonado com a retomada da liberdade sindical e do direito de greve, cujos princípios foram incorporados ao Estatuto dos Trabalhadores. Assim, até mesmo o elemento histórico-evolutivo demonstra a necessidade premente de uma nova interpretação aos dispositivos constitucionais que disciplinam a matéria sindical, com superação de entendimentos já abandonados por seus criadores.

Atualmente, tem-se como forte a presunção de constitucionalidade da técnica interpretativa utilizada há muitos anos e que concede ao texto do art. 8º, III, da CF/1988, um caráter restritivo e limitador da atuação sindical.

No entanto, esta presunção não é absoluta, mas relativa. Essa interpretação restritiva, embora fosse empregada por muitos anos, perde aplicação, quando utilizada para limitar e estreitar o campo de abrangência da norma constitucional. Tal comportamento envelhece a Constituição, o Estatuto Fundamental de um povo, e o transforma em algo desconectado da sociedade na qual se aplica.

Sendo relativa, a presunção de constitucionalidade da interpretação restritiva do vocábulo "coletivo", empregado no art. 8º, III, da Carta Política, não vigora para todo o sempre, é superada pela ordem social e por outras técnicas interpretativas que dão maior eficácia à norma constitucional e segurança para a sociedade.

Alexandre de Moraes é contundente ao afirmar que a Constituição Federal deve sempre ser interpretada, "pois somente por meio da conjugação da letra do texto com as características históricas, políticas, ideológicas do momento, se encontrará o melhor sentido da norma jurídica, em confronto com a realidade sociopolítico-econômica e almejando sua plena eficácia".(534)

---

(532) MAXIMILIANO, Carlos. *Op. cit.*, p. 144.

(533) RÁO, Vicente. *Op. cit.*, p. 493.

(534) MORAES, Alexandre de. *Op. cit.*, p. 42.

J. J. Gomes Canotilho enumera diversos princípios que devem ser observados na interpretação das normas constitucionais: a) da unidade da Constituição; exige que as normas constitucionais devem ser interpretadas de modo que não criem contradições entre elas; b) do efeito integrador; consiste no privilégio dos critérios de integração política e social na resolução de problemas jurídico-constitucionais; c) da máxima efetividade ou eficiência pela qual a uma norma constitucional deve ser dado o sentido que lhe conceda maior eficácia; d) da justeza ou da conformidade funcional; não se podem criar interpretações que subvertam, alterem ou perturbem o sistema organizatório-funcional estabelecido pelo legislador constituinte originário; e) da concordância prática ou da harmonização; que exige a organização coordenada e combinada dos bens jurídicos de forma que evite o sacrifício de uns em relação aos outros; f) da força normativa da constituição, entre as possíveis interpretações deve ser aplicada aquela que garanta maior eficácia, aplicabilidade e permanência das normas constitucionais.(535)

Não há qualquer dúvida de que a interpretação que confere sentido lato à expressão "interesses coletivos", expressa no art. 8º, III, da CF/1988, observa e privilegia todos os princípios enunciados por J. J. Gomes Canotilho e concede-lhe maior eficácia e harmonização com os princípios constitucionais.

O Estatuto Supremo deve sempre condensar princípios e normas asseguradoras do progresso, da liberdade e da ordem e evitar a casuística minuciosidade, a fim de se não tornar demasiado rígido, de permanecer dúctil, flexível, adaptável a distintas épocas e circunstâncias, destinado, como é, à longevidade excepcional. "Quanto mais resumida uma lei, mais geral deve ser a linguagem e maior, portanto, a necessidade, e também a dificuldade, de interpretação do respectivo texto".(536)

4.3. *Aplicação do princípio* in dubio pro libertate

A história sindical foi constantemente marcada por perseguições, proibições, tentativas de controle e restrições das mais diversas espécies. A Lei *Le Chapelier*, de 1791, é o retrato mais sincero desse quadro de reprimendas e da tentativa de abortar o movimento sindical já no seu nascedouro.

Seja em regimes autoritários, seja em regimes democráticos, vozes de todos os tipos e das mais diversas ideologias se postaram diante das entidades sindicais e lhe impuseram limitações. O mais surpreendente é que, ao longo de todos esses duzentos anos de história sindical, essas entidades sobreviveram a todas as turbulências políticas e jurídicas e se consolidaram como os principais porta-vozes dos anseios dos trabalhadores e das classes mais desfavorecidas. Demonstram enorme capacidade de adaptação às mais diversas turbulências sociais e mudanças políticas.

Uma visão panorâmica dessa história, desde a formação da classe trabalhadora até o desenvolvimento das entidades sindicais e o seu reconhecimento como um direito fundamental, o movimento sindical percorreu longo caminho, sofrendo as influências das concepções político-ideológicas de cada época e lugar, até sua legitimação como ente associativo e representativo dos trabalhadores.

Basta lembrar que a introdução dos sindicatos nos ordenamentos jurídicos não foi uma graciosidade do Estado, mas uma forma de submetê-los aos mais diversos métodos de controle com sua inserção num Estado de Direito.

Sempre que os sindicatos passam a atuar em um novo terreno, vozes levantam-se e propagam a proibição e a repressão ao movimento sindical, por meio de expressões como: "é proibido", "não é permitido", "é restrito" etc., para, depois, por força dos fatos, e superação dessas posições, reconhecer-se a legitimação dos sindicatos para expandir sua atuação a um novo terreno. É esse elastério que vem caracterizando a atuação sindical e a reformulação constante de suas convicções jurídicas e ideários políticos, com o alargamento da sua autonomia e independência.

---

(535) CANOTILHO, J. J. Gomes, *apud* MORAES, Alexandre de. *Op. cit.*, p. 42-43.

(536) MAXIMILIANO, Carlos. *Op. cit.*, p. 304.

A questão da interpretação do art. 8º, III, da CF/1988 insere-se também nesse processo de negação da liberdade sindical. Entendimento pela negativa de legitimidade de atuação sindical para a defesa de interesses transindividuais, especificamente os difusos, nada mais constitui do que resquício do velho corporativismo e sua noção de categoria; de sorte a ignorar a necessidade de todos os trabalhadores componentes de um ramo de atividade que, por um motivo ou outro, deixam de exercer a profissão, mas continuam vinculados ao seu ramo de atividade ou se tornam empregados *in potentia*.

Esse posicionamento, na prática, consiste em formatar a realidade sindical com resquícios do corporativismo. Causa estranheza que muitos daqueles que defendem a plena liberdade sindical, com a ratificação da Convenção n. 87 da OIT e alteração do art. 8º da CF/1988, sejam os primeiros a negar a "alforria" sindical.

A liberdade de associação, como vimos no Capítulo I desta obra, vem consagrada nos mais importantes instrumentos e declarações de direitos internacionais e garantida constitucionalmente em diversos países, inclusive na nossa Carta Política. Qualquer movimento que limite a liberdade conferida, implícita ou explicitamente, pelo legislador constituinte, é, evidentemente, inconstitucional.

Por constituir um direito fundamental do homem, a regra tornou-se a salvaguarda dessa liberdade e a adoção de métodos que lhe concedam a maior eficácia possível dentro do ordenamento jurídico, sempre tendo como parâmetro o exercício dos demais direitos fundamentais contidos no ordenamento jurídico de modo que evite a colisão de direitos.

Desse modo, em matéria sindical, aplica-se o princípio *in dubio pro libertate. Libertas omnibus rebus favorabilior est.* Na dúvida, pela liberdade. Em todos os assuntos e circunstâncias, é a liberdade que merece maior favor, principalmente quando a liberdade emergir como um valor supremo para a salvaguarda de outros valores fundamentais do homem, entre os quais, sem dúvida alguma, encontra-se a proteção aos interesses transindividuais.

Capítulo V

Legitimidade dos sindicatos para a defesa processual dos interesses transindividuais

1. Acesso à Justiça

1.1. A questão do acesso à Justiça no curso da história

A problemática do acesso à Justiça não é uma questão exclusiva da sociedade contemporânea. Há muito, mesmo em povos mais primitivos, já se observava uma certa preocupação com a resolução universal e justa dos conflitos. Como enuncia Humberto Pena de Moraes, "a preocupação em auspiciar a todos as mesmas oportunidades de acesso à Justiça, independentemente do grau de fortuna, constitui, desde os pródomos da história, marcante característica de todos os povos".[(537)]

O conteúdo da expressão "acesso à Justiça" não é unívoco. Sua dimensão e significado variam no tempo e no espaço, em virtude da presença de elementos de natureza política, sociológica, cultural, religiosa ou filosófica.

Joaquim Silguero Estagnan considera o acesso à Justiça como um direito fundamental que assiste a toda pessoa, para obter, como resultado de um processo cercado de todas as garantias previstas no ordenamento jurídico, a proteção jurisdicional de seus direitos e interesses legítimos.[(538)]

A expressão acesso à Justiça pode ser compreendida em dois sentidos básicos: um amplo e um restrito. Este concerne à ideia formal de acesso efetivo à prestação jurisdicional para solução de conflitos intersubjetivos; consiste na garantia a todos de ajuizamento de uma ação judicial perante o Poder Judiciário; aquele possui significado mais abrangente, compreende o primeiro e vai além para abranger a concepção de acesso a uma ordem jurídica justa, mais consentânea com a teoria dos direitos fundamentais.[(539)]

Mauro Cappelletti e Bryant Garth, após reconhecerem a dificuldade de definição da expressão, assinalam que ela identifica duas finalidades básicas de um sistema jurídico: a consolidação de um acesso igualitário a todos e a produção de resultados que sejam individual e socialmente justos.[(540)]

E esta constatação dos citados juristas parece reafirmar-se ao longo da história. Na Babilônia, o Código de Hamurabi já continha importantes garantias para impedir a opressão do mais fraco pelo mais forte. Assegurava-se, por exemplo, proteção às viúvas e aos órfãos e incentivava-se o homem oprimido a procurar a instância judicial — o soberano. Havia também preocupação geral com o acesso de hipossuficientes à Justiça, bem como com o direito de informação e o meio de persegui-lo.[(541)]

---

(537) MORAES, Humberto Pena de. A assistência judiciária pública e os mecanismos de acesso à justiça no estado democrático. *Revista de Direito da Defensoria Pública*, Rio de Janeiro, v. 1, p. 70, 1988.

(538) SILGUERO ESTAGNAN, Joaquim. *La tutela jurisdicional de los intereses colectivos a traves de la legitimación de los grupos*. Madrid: Dikinson, 1995. p. 86.

(539) BEZERRA LEITE, Carlos Henrique. *Ação civil pública*. São Paulo: LTr, 2001. p. 75.

(540) CAPPELLETTI, Mauro; GARTH, Bryant. *Acesso à justiça*. Trad. Ellen Gracie Northfleet. Porto Alegre: Fabris, 1988. p. 8.

(541) CARNEIRO, Paulo Cezar Pinheiro. *Acesso à justiça*: juizados especiais cíveis e ação civil pública. Rio de Janeiro: Forense, 1999. p. 4.

Na Grécia antiga, tomou corpo o conceito de isonomia e iniciou-se o seu processo de influência sobre a questão dos direitos humanos. Na Escola Pitagórica, a Justiça era simbolizada pela figura geométrica do quadrado, em face da absoluta igualdade dos seus lados. Com Aristóteles, nasceu a ideia de equidade e de adaptação da lei ao caso concreto. É conferido amplo, e quase irrestrito, acesso dos cidadãos à Justiça. Atenas constituiu o berço da assistência judiciária aos pobres; eram nomeados dez advogados por ano para assistir às pessoas carentes.[(542)]

Em Roma, nos primeiros tempos, a Justiça civil era distribuída pelos reis, que julgavam os conflitos entre os particulares. Com a implantação da República, surgiu a figura dos magistrados que se espalhavam pelo território romano, principalmente em três esferas: Roma, Itália e Províncias Romanas. Por volta do ano de 387, a magistratura foi posta nas mãos do pretor. As práticas e ritos processuais excessivamente formalistas foram dando espaço a procedimentos menos formais, mais céleres e com maior preocupação com a distribuição da justiça.[(543)]

Numa fase posterior, os magistrados passaram a ser agentes do Estado, categorizados e distribuídos em escala hierárquica. Estabeleceu-se a necessidade da presença de advogado para o equilíbrio das partes em juízo. Constantino elaborou uma lei para assegurar o patrocínio gratuito aos necessitados, posteriormente incorporada ao Código de Justiniano.[(544)]

Com o surgimento do cristianismo e sua pregação de caridade e fraternidade entre os homens, inspirando a proteção dos mais pobres, impôs-se aos advogados o dever de defesa a essas pessoas, sem recebimento de honorários e, aos juízes, o dever de julgar, com renúncia às custas.[(545)]

Os romanos já utilizavam o vocábulo "difusos" para designar direitos públicos comuns da comunidade, bem como já se conheciam instrumentos processuais para a tutela desses direitos como as *actiones populares, albo corrupto, sepulcro violato, effusis et dejectis, interdictum de via publica,*[(546)] além do *interdicto pretorio* para proteger direitos que ultrapassavam a esfera individual, como a *salubritas* e a *res publica*.[(547)]

A Idade Média foi marcada pelo pluralismo jurídico derivado da pluralidade de instâncias políticas e da influência religiosa dos pensadores da época. Seguia-se uma pluralidade de jurisdições: eclesiástica, real, territorial, senhorial e feudal, que assegurava uma diversidade de caminhos para alcançar-se o julgamento de uma lide.

Em verdade, durante esse período, mais que um acesso à Justiça, verificava-se o acesso a um julgamento justo segundo o entendimento da época, que se utilizava dos ordálios ou juízos de Deus.[(548)]

Ainda nesse período, há conhecimento do que pode ter sido o primeiro caso de ação coletiva de que se tem notícia. Trata-se da reivindicação conjunta, no ano de 1179, dos aldeões da vila *Rosny-sous-Bois* aos senhores, ao abade e aos clérigos de Santa Genoveva, em Paris, para a extinção da sua servidão.[(549)]

O marco mais importante dessa época foi a imposição, em 1215, da Magna Carta da Liberdade ao rei João Sem Terra, da Inglaterra, que em seus §§ 39 e 40 dispunha: "Nenhum homem livre será capturado ou aprisionado, ou despido de seus direitos ou posses, ou posto fora da lei, ou exilado ou privado de sua posição por qualquer meio.

(542) MORAES, Humberto Pena de. *Op. cit.*, p. 72.

(543) O sistema das *legis actiones* (*Legis actio per sacramentum, Judicis postulatio, condictio, Manus injectio e Pignoris captio*) — processos civis legais, reservados aos cidadãos romanos, chefes de família para o reconhecimento de um direito ou execução de um julgamento —, rigoroso e com primitivo formalismo (inclusive com aspectos de religiosidade), que continham até penas para as infrações formais, com o Estado como mero espectador das controvérsias entre os particulares — mais resolvidas pela forma do que pelo conteúdo da demanda e das alegações — foi concedendo espaços cada vez mais amplos a outras formas judiciais de resolução de conflitos menos formais e com maior participação do magistrado, como o processo formular, até que Augusto, pelas leis Júlias Judiciárias, proscreveu o primitivo ritual.

(544) CARNEIRO, Paulo Cezar Pinheiro. *Op. cit.*, p. 7.

(545) MORAES, Humberto Pena de. *Op. cit.*, p. 72.

(546) FERRAZ, Antonio Augusto Mello de Camargo; MILARÉ, Edis; NERY JUNIOR, Nelson. *Op. cit.*, p. 47-49.

(547) CABRERA ACEVEDO, Lucio. *Op. cit.*, p. 100-101.

(548) CARNEIRO, Paulo Cezar Pinheiro. *Op. cit.*, p. 12-13.

(549) LEAL, Márcio Flávio Mafra. *Ações coletivas*: história, teoria e prática. Porto Alegre: Fabris, 1998. p. 22.

Nem procederemos à força contra ele ou enviaremos outros para fazê-lo, senão pelo legítimo julgamento de seus iguais ou pela lei da terra. A ninguém venderemos nem negaremos o direito ou a justiça".(550)

O acesso universal à Justiça aparece prescrito em seu art. 48: "Nós não venderemos, não recusaremos nem atrasaremos a justiça a ninguém". Já se percebia uma preocupação com a celeridade da Justiça como uma vertente do acesso à Justiça.

A maior parte da doutrina aponta como antecedente da moderna ação coletiva o *Bill of Peace* inglês, do século XVII. Tratava-se de uma autorização para o processamento de uma ação individual sob a forma coletiva, concedida nas hipóteses em que o autor requeria que o provimento da demanda englobasse os direitos de todos os indivíduos que estivessem em igual condição de litígio, para que a questão fosse tratada de modo uniforme e com vistas a evitar a multiplicação de processos.

O pensamento liberal vigorante na Idade Moderna e a propagação do ideal da igualdade formal motivaram a exclusão do Estado dos assuntos dos particulares. Também a oposição aos poderes do rei acarretou resistência ao Poder Judiciário e aos juízes reinícolas, tidos como braço forte da repressão estatal. Retirar o poder dos juízes era, em última instância, diminuir o poder do rei. Desse modo, o desprezo ao Poder Judiciário fez com que o Estado Liberal não se preocupasse com a ideia ou a prática do acesso à Justiça.(551)

Havia uma passividade dos Estados diante dos obstáculos materiais e formais a um efetivo acesso à Justiça. Esta expressão era adotada em seu sentido formal de acesso ao Poder Judiciário; significava apenas o direito do indivíduo de propor uma demanda ou resistir a que lhe fosse proposta.

A época contemporânea foi marcada pela discussão da questão social e das mazelas do capitalismo, bem como pela irresignação religiosa diante dos reclamos sociais e pelo desenvolvimento de diversas correntes teóricas como a doutrina social da Igreja, o marxismo, o anarquismo e várias outras que contestavam o pensamento liberal, o crescimento da desigualdade entre os homens, a concentração de renda e a acumulação de riquezas pela burguesia.

As concepções marxistas, especialmente no campo trabalhista, deram impulso à discussão da questão do acesso à Justiça, como forma de proteção ao trabalhador. Transformou-se o Direito do Trabalho no ponto de partida das discussões em torno do acesso à Justiça, com a inserção de questões como facilidade de acesso, proteção de direitos individuais e coletivos, preferência pela conciliação, inversão do ônus da prova.(552)

A passagem do Estado liberal para o Estado social, com o crescimento da intervenção estatal na vida da sociedade e a busca da igualdade material, trouxe à baila a necessidade de salvaguarda dos hipossuficientes e do suprimento das carências dos menos favorecidos nas áreas da saúde, da cultura, da educação, da participação política e do acesso à Justiça. O modelo da igualdade meramente formal é gradativamente substituído por um novo modelo que vai buscar a igualdade material.

Como aponta Mauro Cappelletti, o movimento de acesso à Justiça passa a ser considerado como "elemento central de uma filosofia política assentada sob a ideia fundamental de igualdade, não por uma igualdade meramente formal, no senso da abolição das distinções e privilégios jurídicos dos nascimentos, ou das classes, ou das profissões, mas no sentido de fazer com que esta igualdade seja efetiva, ao menos como igualdade de oportunidade".(553)

Nesse contexto, na busca da igualdade material, o Estado social utiliza-se cada vez mais de conceitos jurídicos indeterminados, o que passa a exigir uma atuação mais efetiva do Poder Judiciário, o qual abandona a mera

(550) CARNEIRO, Paulo Cezar Pinheiro. *Op. cit.*, p. 13.

(551) CARNEIRO, Paulo Cezar Pinheiro. *Op. cit.*, p. 17.

(552) *Idem, ibidem*, p. 20-21.

(553) CAPPELLETTI, Mauro. O acesso à justiça e a função do jurista em nossa época. *Revista de Processo*. São Paulo, n. 61, p. 147, jan./mar. 1991.

conduta de interpretação da lei para utilizar-se de instrumentos técnicos e dogmáticos de interpretação e aplicação da lei e da construção de juízos de equidade.(554) Cresce a reação ao positivismo e enaltece-se o valor de justiça.

O moderno movimento reformador no plano do acesso à Justiça tem em mira a eliminação ou, no mínimo, a atenuação de três ordens de obstáculos à efetivação dessa garantia fundamental de todo e qualquer cidadão. Primeiro, emergem os problemas econômicos, centrados na constatação de que muitas pessoas por sua hipossuficiência econômica não estão em condições de suportar os custos processuais e extraprocessuais de uma demanda judicial. Segundo, o obstáculo organizacional de certos direitos e interesses difusos e coletivos, que faz com que a sua tutela não se efetue, eficazmente, sem a transformação radical de regras e instituições tradicionais do direito processual. Por último, o óbice propriamente processual que consiste na inadequação contextual de certos modelos de procedimento.(555)

Trata-se de um movimento visceralmente ligado a diversas questões sociais como a desigualdade econômica e as questões a ela relativas (pobreza, alto custo do processo, delonga na solução e manutenção do litigante durante o seu curso); motivações psicológicas (descrença na Justiça, apatia), sociais (pobreza, baixa educação, desinformação, inaptidão para o reconhecimento e exercício de direitos) e, como vimos, jurídicos.

Os primeiros passos do moderno movimento de acesso à Justiça ocorreram nos países desenvolvidos, a partir das reivindicações sociais e da demanda por formas céleres e efetivas de justiça para a população em geral.(556)

Desenvolveu-se, a partir daí, a concepção do real significado de acesso à Justiça: Justiça acessível, célere e justa a todos, desde os mais carentes aos mais privilegiados, desde o indivíduo, isoladamente considerado, até o grupo, a coletividade, globalmente considerada.

Consolidou-se no âmbito internacional o *World Wide Movement* — o movimento mundial de pensamento e de reforma do acesso à Justiça — no amplo panorama das grandes tendências evolutivas do Direito e da Justiça, no mundo contemporâneo.(557)

O Poder Judiciário passou a ter destaque na busca pela realização dos direitos, principalmente os direitos sociais, cujo campo conflitual é amplo e necessita de uma esfera estatal apropriada e instrumentalizada para a conciliação e julgamento. Ao Judiciário, passou a competir o asseguramento do exercício pleno da liberdade e também das condições materiais para esse exercício. Ao mesmo tempo em que se valoriza a solução pública das controvérsias sociais, há uma tendência à adoção de formas alternativas de solução de conflitos, de natureza pública e privada.(558)

Como conclui Mauro Cappelletti, "a velha concepção 'tolemaica' consistia em ver o direito sobre a única perspectiva dos 'produtores' e de seu produto: o legislador e a lei, a administração pública e o ato administrativo, o juiz e o provimento judicial. A perspectiva de acesso consiste, ao contrário, em dar prioridade à perspectiva do consumidor do direito e da justiça: o indivíduo, os grupos, a sociedade como um todo, suas necessidades, a instância e as aspirações dos indivíduos, grupos e sociedades, os obstáculos que se interpõem entre o direito visto como 'produto' (lei, provimento administrativo, sentença) e a justiça vista como demanda social, aquilo que é justo. A última tentativa é aquela de aproximar o direito da sociedade civil, da qual tem estado há muito alienada".(559)

1.2. Obstáculos ao acesso à Justiça e formas de superação

A proteção de toda situação jurídica deve desenvolver-se em um duplo plano: material e processual. Se, por um lado, há necessidade de criar-se, reformar e melhorar o leque de situações de vantagens reconhecidas pelo

(554) CARNEIRO, Paulo Cezar Pinheiro. *Op. cit.*, p. 21.

(555) CAPPELLETTI, Mauro. *O acesso à justiça...*, cit., p. 148.

(556) CARNEIRO, Paulo Cezar Pinheiro. *Op. cit.*, p. 27.

(557) CAPPELLETTI, Mauro. *O acesso à justiça...*, cit., p. 154.

(558) CARNEIRO, Paulo Cezar Pinheiro. *Op. cit.*, p. 25.

(559) CAPPELLETTI, Mauro. *O acesso à justiça...*, cit., p. 156.

direito material aos sujeitos de direito, por outro, torna-se imprescindível a instituição de um sistema de proteção jurisdicional eficaz ao exercício e defesa dessas posições jurídicas quando violadas.

Muito se tem falado sobre os obstáculos e barreiras que afastam o cidadão da Justiça e impedem o efetivo exercício desse direito, sem travas e em condições de igualdade, e que o afastam do recebimento de uma tutela judicial efetiva, bem como da inadequação das estruturas processuais tradicionais para acolher essas novas situações jurídicas.

Pablo Gutiérrez de Cabiedes e Hidalgo de Caviedes, por exemplo, assinala a existência de duas espécies de obstáculos de acesso à Justiça: os de natureza fática e aqueles de índole jurídica.(560)

No campo das barreiras fáticas, destacam-se:

a) os aspectos econômicos, que podem ser implícitos ou explícitos. Implícitos são aqueles relacionados ao valor dos gastos processuais em relação aos custos da demanda.(561) Explícitos são os limites pecuniários, expressamente fixados nas normas em quantia mínima, para ter acesso à Justiça e cerceiam, de fato, as possibilidades de recorrer aos tribunais;

b) os óbices culturais, como a deficiente educação e informação dos indivíduos a respeito de seus direitos e obrigações, a ignorância de leis protetoras dos seus direitos, a inacessibilidade da linguagem jurídica, o insuficiente ou o difícil acesso aos diversos serviços de consultoria jurídica que possam oferecer-lhes essas informações;

c) as causas psicológicas e sociológicas, como o medo do risco de perder uma demanda e a consequente condenação ao pagamento das custas, a desconfiança na administração da Justiça, que motiva a escassa inclinação para litigar dos cidadãos.

Entre as causas jurídicas, podemos assinalar:

a) a inadequação das estruturas jurisdicionais para efetivar o exercício de novos direitos e sujeitos;

b) a complexidade e a delonga dos ritos processuais que se transformam em verdadeiros labirintos jurídicos;

c) a inexistência de processos especiais e sistematicamente organizados, com vistas à tutela de novos interesses;

d) a ausência de uma normatividade própria a novos interesses — meio ambiente, consumidores etc., nos aspectos material e processual;

e) a dificuldade de ampliação da legitimação processual a novos atores sociais, como os sindicatos, as associações;

f) o não incremento de formas alternativas de solução de conflitos, com a abertura de possibilidades para novos métodos etc.

---

(560) HIDALGO DE CAVIEDES, Pablo Gutiérrez de Cabiedes e. *La tutela jurisdicional de los intereses supraindividuales colectivos e difusos.* Navarra: Aranzadi, 1999. p. 124.

(561) No campo específico dos direitos transindividuais, esse obstáculo encontra-se acentuado, tendo em vista que o prejuízo individualmente sofrido por cada um dos diversos sujeitos afetados apresenta-se de pouca monta, de forma que produza uma desproporção entre os grandes gastos que geraria uma eventual demanda judicial e o pequeno montante reclamado, de modo que a exiguidade daquilo que se possa obter não compensa os custos e as dificuldades que se possa vislumbrar ao recorrer-se à esfera judicial. São as denominadas *small claims*, pequenas reclamações, cujos valores são absorvidos pelas custas dos processos, mas que consideradas coletivamente, por seu conteúdo homogêneo, constituem algo muito mais considerável e suscetível de uma tutela global.

Entre os obstáculos para o acesso à Justiça, Mauro Cappelletti e Bryant Garth elencam:

a) o dispêndio financeiro exigido pela resolução formal de litígios decorrente do pagamento das despesas processuais (custas), dos ônus da sucumbência e dos honorários advocatícios, que afetam principalmente as pequenas causas, e os prejuízos advindos com a delonga do processo judicial, que aumentam os custos e pressionam os economicamente mais fracos a abandonar suas causas ou a aceitar acordos, infimamente inferiores àqueles a que teriam direito;

b) as "possibilidades das partes" e as vantagens e desvantagens de uma em relação à outra, como maior detenção de recursos financeiros por uma delas, aptidão para reconhecer um direito e propor uma ação ou sua defesa, decorrente de recursos financeiros, diferenças de educação, meio e *status* social, habitualidade e eventualidade na atuação perante o Poder Judiciário;

c) os problemas referentes aos direitos difusos, como o valor do bem individualmente considerado em relação aos altos custos dos processos, ausência de interesse financeiro direto das pessoas singulares; dificuldades de reunir e organizar as diversas pessoas interessadas.

Em face de toda essa complexidade, a resolução do problema do acesso à Justiça não pode ser alcançada somente com instrumentos jurídicos. A multidisciplinariedade da matéria há muito demonstra a insuficiência de um estudo estritamente jurídico para solução desta questão. A imersão pelos campos da Economia, Sociologia, Psicologia, Arquitetura urbana etc. é tão necessária quanto o estudo jurídico. Como expõe Sérgio Ferraz, "o debate do acesso à Justiça constitui um terreno polifacético, que ultrapassa, até mesmo, os confins da temática jurídica. Política, sociologia, antropologia, economia são apenas alguns dos segmentos do saber, que também têm palavra a dar, nesse assunto".(562)

Mauro Cappelletti e Bryant Garth apontam três soluções práticas adotadas pelos países do mundo ocidental e por eles denominados "ondas", com vistas à resolução do problema do acesso à Justiça e da eliminação das suas barreiras:(563)

a) a primeira onda consiste no incremento da assistência judiciária aos indivíduos com carências no financiamento de sua atuação, perante o Judiciário;

b) a segunda onda reporta-se à problemática da representação dos interesses difusos em juízo, nos quais enquadra os interesses coletivos ou grupais, e sua repercussão nos institutos tradicionais do processo civil e influência sobre o papel dos tribunais;

c) a terceira e última onda refere-se à problemática da representação efetiva em juízo dos interesses transindividuais e a uma concepção mais ampla de acesso à Justiça, centrando sua atenção no conjunto de instituições, mecanismos, pessoas e procedimentos utilizados no processamento e na prevenção de disputas nas sociedades modernas.

Como se nota, embora existam inúmeras dificuldades para se determinar todas as barreiras que impossibilitam um integral e efetivo acesso à justiça, atualmente reconhecem-se duas preocupações essenciais de todo movimento de acesso à Justiça: a universalização do acesso ao sistema de solução estatal de conflitos, com a superação dos obstáculos fáticos e jurídicos que impossibilitam o alcance da atividade jurisdicional a grande parte dos cidadãos e a igualização de condições processuais de demanda, por meio do incremento de técnicas, métodos e instrumentos que possibilitem às partes o sucesso na demanda com base nos fundamentos fáticos e jurídicos componentes da lide e não por aspectos secundários, como as condições de cada agente.

---

(562) FERRAZ, Sérgio. Mandado de segurança e acesso à justiça. In: QUEIROZ, Raphael Sofiati de (Org.). *Acesso à justiça.* Rio de Janeiro: Lumen Juris, 2001. p. 291.

(563) CAPPELLETTI, Mauro; GARTH, Bryant. *Op. cit., passim.*

O direito a uma tutela judicial efetiva não somente é mais amplo que o mero direito de ação, como também ultrapassa visões restritivas que o enquadram como um simples direito de acesso aos tribunais. Trata-se de um conceito autônomo e independente, fundamental para o sistema legal processual, cujo conteúdo absorve os dois anteriores e os coloca como instrumentos, jurídico-políticos de universalização e de garantia de igualdade no âmbito da Justiça estatal.

2. A tutela processual dos interesses transindividuais

2.1. Modelos de representação dos interesses transindividuais em juízo

Os interesses transindividuais, por ser uma categoria cuja relevância jurídica somente notabilizou-se em tempos recentes, encontram-se ainda em constante processo de construção jurídico-doutrinária. Nesses primeiros momentos, as deficiências de proteção desses interesses apresentam-se, igualmente, tanto no âmbito do direito material quanto no processual.

No âmbito processual, em qualquer movimento de ampliação dos canais de acesso à Justiça constata-se uma enorme preocupação com a temática dos interesses transindividuais e dos entes legitimados para a sua representação em juízo. Evidentemente, são distintas as soluções adotadas nos mais diversos ordenamentos jurídicos. O objetivo é sempre o mesmo: o acesso efetivo à Justiça que toda justiça social pressupõe.

Como consequência do reconhecimento jurídico dos interesses transindividuais, surge a necessidade "de adoção de novos instrumentos, mecanismos ou técnicas no sistema de proteção jurisdicional, que permitam o acesso à jurisdição e à tutela eficaz desses interesses. De outra maneira, corre-se o risco de confirmar-se o caráter simbólico ou mitificador dos direitos reconhecidos aos cidadãos, dos sistemas de proteção estabelecidos e dos instrumentos de formalização jurídica disponíveis, que equivale a dizer que estes reconhecimentos da legislação material — direitos subjetivos e interesses legítimos dos cidadãos — transformem-se em declarações retóricas e sua proteção sem eficácia".(564)

Como assinalado, no seio de uma sociedade marcada por um processo de produção, de troca e de consumo de massa, por conseguinte, surgem conflitos igualmente de massa, isto é, com o envolvimento simultâneo de vários indivíduos, em virtude da ocorrência de lesões que afetam, concomitantemente, um elevado número de pessoas, de modo homogêneo e uniforme. São conflitos que afetam direitos e interesses de grupos inteiros, de certas categorias de pessoas, de determinada classe de indivíduos ou comunidades.

A necessidade de eficaz proteção dessa legião de indivíduos lesados e a constatação prática da insuficiência ou da impossibilidade da defesa individual de tais interesses — por motivos como a hipossuficiência do indivíduo lesado em face do violador do direito, altos custos dos processos judiciais ou custos demasiadamente elevados em proporção ao valor do bem objeto da pretensão judicial, a própria impossibilidade da defesa singular, insignificância do bem jurídico atingido se considerado pelo prisma individual, ignorância ou falta de informação a respeito dos direitos de cada indivíduo — levou os legisladores dos mais diversos países a criar vias alternativas para a sua proteção, principalmente em face da sua repercussão ou do interesse social que se perfaz em torno da sua preservação.

Tornou-se notória a insuficiência e a inadequação das estruturas processuais tradicionais para a tutela jurisdicional dos interesses difusos, coletivos e individuais homogêneos. Os institutos processuais clássicos se baseiam na tutela individual de direitos, ao passo que a proteção jurídica dos interesses transindividuais se subtrai a esses esquemas tradicionais, principalmente no que se refere ao problema da legitimação e da eficácia da sentença. Assim, como era de se esperar, todo o sistema processual teve que sofrer uma série de adaptações que propiciassem a tutela judicial desses direitos materiais emergentes.

O caminho, entretanto, não vem sendo percorrido sem dificuldades. Não se pode ignorar a existência de obstáculos que se opõem ao garantivismo coletivo, como a oposição e a resistência de alguns à reformulação dos

---

(564) HIDALGO DE CAVIEDES, Pablo Gutiérrez de Cabiedes e. *Op. cit.*, p. 132.

conceitos de legitimação e de princípio dispositivo e à adoção de novas técnicas, institutos e instrumentos de adaptação do processo às necessidades sociais e às peculiaridades dos novos direitos e sujeitos de direitos, muitas dessas resistências foram especificadas por Mauro Cappelletti nas discussões a respeito do acesso à Justiça.

Cada Estado-Nação procura enfrentar a questão não somente com observação das características da sua sociedade e do seu ordenamento jurídico, mas também pela análise das soluções adotadas no direito comparado de outros países; sempre a considerar que há diferenças de valores e necessidades sociais de nação para nação, por razões de cultura e política processuais distintas e específicas a cada Estado.

São diversas as soluções encontradas, demonstrando que os legisladores não estão impassíveis diante da questão, considerando-se que se tem ventilado as mais diversas soluções para esta problemática.

Joaquim Silguero Estagnan demonstra o estabelecimento de três modelos básicos para a proteção desses interesses:[565]

> a) o orgânico privado: adotado pelos países da Europa continental; nele a legitimação se estende a grupos privados dotados de personalidade jurídica, mesmo que o objeto do processo não se refira diretamente a interesses que lhe sejam próprios;
>
> b) o orgânico público: refere-se aos ordenamentos jurídicos que recorrem às instituições públicas relativamente especializadas para que defendam os interesses transindividuais. Geralmente adotado pelos países nórdicos, centra-se em figuras como o Ministério Fiscal ou o Defensor do Consumidor;
>
> c) o social: inclui os ordenamentos que concedem legitimação a grupos desprovidos de personalidade jurídica. Basicamente, é utilizado por países da *common law*. Seu maior representante é o Canadá, o qual admite as *class actions*.

Ada Pellegrini Grinover,[566] após analisar o direito estrangeiro, extraiu as experiências que possibilitaram investirem-se as formações sociais de poderes para demandar por meio de corpos intermediários portadores de interesses transindividuais. É concedida a esses corpos a iniciativa para a tutela de certos interesses difusos, em conformidade com os métodos de controles judiciais ou legais de cada ordenamento e dentro das fórmulas mais adequadas a cada sistema, que torna a solução compatível com a realidade histórica e social de cada país. São elas:

> a) as *relator actions*, comuns na Grã-Bretanha e na Austrália, pelas quais se confere, após autorização do Ministério Público, legitimidade aos indivíduos ou associações para agir diante da inércia do *Attorney General*, sempre que a conduta de alguém possa lesar a saúde ou o bem-estar da coletividade;
>
> b) as *class actions* dos Estados Unidos, cuja titularidade é atribuída a qualquer membro da classe que demonstre ser seu adequado representante. A ação sofre controle da legitimidade e do procedimento pelo juiz. Nela tanto o polo ativo quanto o passivo podem conter coletividades, com extensão do julgado a toda a categoria. Reconhecida a *adequacy of representation*, a legitimação do autor coletivo é considerada ordinária, agindo ele no interesse próprio e na representação dos demais membros da classe;
>
> c) as associações de *défense*, da França, investidas de legitimação para a tutela jurisdicional de interesses coletivos do grupo que representam, por força de legislação especial. Após a análise e comprovação do preenchimento dos requisitos da *Lei Royer*, de 27 de dezembro de 1973, pelo Ministério Público, este concede autorização ao grupo para demandar, requisito que se torna condição prévia para aquisição de capacidade e legitimação processuais;
>
> d) as associações de consumidores na Alemanha, a quem se atribuiu a legitimação, em via exclusiva e, por categoria, contra atos de concorrência desleal que prejudiquem, coletivamente, os interesses de seus membros (Lei de 21 de julho de 1965).

(565) SILGUERO ESTAGNAN, Joaquim. *Op. cit.*, p. 190-191.

(566) GRINOVER, Ada Pellegrini. A tutela jurisdicional dos interesses difusos. In: *A tutela dos interesses difusos*, cit., p. 78-84.

Mauro Cappelletti, no estudo da metamorfose que sofreu o direito processual para evitar que os interesses transindividuais dos consumidores ficassem desprovidos de proteção, aponta para alguns modelos adotados no sentido de substituir a solução tradicional — consoante a qual cada sujeito somente poderia agir em juízo em defesa de direito próprio; situação em que os efeitos do julgamento ficavam restritos às partes litigantes *(res judicata tertiis neque prodest neque nocet)* — por um novo modelo de jurisdição compatível com a natureza dos novos direitos:[(567)]

a) primeiro modelo: dos países em que os interesses difusos são considerados como "públicos", atribuindo-se a legitimação para agir ao Ministério Público;

b) segundo modelo: instituição de novos órgãos públicos especializados, como o *Ombudsman* dos Consumidores na Suécia (1970), o *Director General of Fair Trading* na Inglaterra (1973), a *Environmental Protection Agency* (EPA) e a *Consumer Product Safety Commission* nos Estados Unidos;

c) terceiro modelo: dos denominados "autores ideológicos"; baseia-se na extensão da legitimação ativa para a defesa de direitos transindividuais a pessoas ou organizações privadas, para defesa, não somente de direito próprio, mas de direito de inteiras categorias, grupos ou classes de pessoas. Este é encontrado na Alemanha, onde se configurou a ação das associações *(Verbandskage)* e, na França, com a *action collective.*

Como verificamos, são várias e diversificadas as soluções encontradas nos mais diversos ordenamentos jurídicos para a solução da tutela judicial dos interesses transindividuais. Basicamente, encontram-se três vetores principais na temática da legitimação para agir em sede de interesses transindividuais, como um dos aspectos da questão do acesso à Justiça:

a) o publicista, em que a legitimação é conferida a órgãos públicos;

b) o privatista, com a legitimação relegada à iniciativa dos indivíduos interessados;

c) o associacionista, que se fundamenta no conferimento da legitimidade aos grupos sociais ou às associações privadas.[(568)]

São perceptíveis as dificuldades que cercam os interesses transindividuais. Não são apenas os conteúdos novos ou os atores envolvidos que lhes problematizam o estudo, mas, também e fundamentalmente, a busca de soluções para as situações de ameaças ou agressões que lhe são infligidas.

Independentemente da solução adotada em cada país para a tutela dos interesses transindividuais, a experiência demonstra que o melhor é não a delegar a um único meio, mas distribuí-la, convenientemente, entre os diversos protagonistas públicos e privados.

2.2. A atuação dos corpos intermediários

2.2.1. Corpos intermediários: conceito

Em todos os modelos de representação de interesses transindividuais citados, constata-se, em maior ou menor grau, a presença dos grupos organizados como entes aptos à tutela desses interesses. São os denominados corpos ou instâncias intermediárias, cuja presença na sociedade moderna acentua-se, gradativamente, com a adoção dos sistemas de democracia participativa.

Esses corpos ou instâncias intermediárias são configurações sociais que, acentuadamente, vêm ganhando espaço na sociedade moderna. Nascem da tensão entre o indivíduo e a sociedade, da divergência entre o universal

(567) CAPPELLETTI, Mauro. O acesso dos consumidores à justiça. In: TEIXEIRA, Sálvio de Figueiredo (Coord.). *As garantias do cidadão na justiça.* São Paulo: Saraiva, 1993. p. 313-314.

(568) BEZERRA LEITE, Carlos Henrique. *Ação civil pública*, cit..., p. 78-79.

e o particular. Configura um modo indireto de inserção do indivíduo na totalidade social. São os denominados grupos sociais, grupos de pressão, grupos intermediários, corpos intermediários e, ainda, instâncias intermediárias. São associações, sindicatos, entidades de classe, organizações não governamentais (ONGS) etc.

É notável a intensificação dos corpos ou grupos intermediários na sociedade moderna. Trata-se de precioso mecanismo de ação social por meio do qual os indivíduos se fortalecem e atuam em defesa de direitos e interesses comuns (sociais, jurídicos, políticos, econômicos, ideológicos) e de propósitos unificados.

Albion W. Small definiu essa espécie de grupos como "qualquer número de pessoas, grande ou pequeno, em que essas relações sejam encontradas de tal modo que sejam consideradas juntas", acrescenta que essas relações "são suficientemente marcantes para chamar a atenção".(569)

Para Franz Oppenheimer, um grupo é "qualquer círculo de pessoas (maior ou menor, momentâneo ou duradouro, solidamente organizado ou reunido de forma indefinida) que atuam contemporaneamente e de modo semelhante, sob um mesmo impulso externo e na base de um estado de consciência comum".(570)

Bernhard Schäfers explica que um grupo social é formado por um determinado número de membros que, com vistas ao alcance de um objetivo comum — denominado objetivo de grupo —, inscreve-se durante um prolongado período de tempo em um processo relativamente contínuo de comunicação e interação e desenvolve um sentimento de solidariedade.(571)

Para Samuel Koening, o termo "grupo" somente adquire sentido quando existente um tipo definido de relações entre os diversos indivíduos — não uma simples coleção de indivíduos — e quando essas relações resultam num determinado grau de sentimento de solidariedade.(572)

A capacidade de ação consistente dirigida, de forma implícita ou explícita, para uma finalidade comum, caracteriza o funcionamento de determinado grupo. Esse interesse, essa finalidade comum é a base do grupo e pode configurar-se num interesse efêmero ou permanente, cuja presença sempre cria e mantém a unidade do grupo.

A organização é o toque principal dos grupos. Por ela, dá-se coesão a interesses oportunamente unificados. Embora existam organizações de todos os tipos, formas e tamanhos, um propósito característico a todas elas, é a promoção de interesses de seus membros ou representados.

Como enuncia Mancur Olson, "um grupo 'intermediário' é um grupo em que nenhum membro obtém sozinho uma parte do ganho suficientemente grande para incentivá-lo a prover o benefício, mas que não tem tantos integrantes a ponto de um membro não perceber se o outro está ou não ajudando a prover o benefício coletivo. Em tal grupo, um benefício coletivo pode ser obtido ou pode não ser, mas nenhum benefício coletivo jamais será obtido sem alguma coordenação ou organização grupal".(573)

Por suprirem a insuficiência da ação individual, esses grupos atraem pela possibilidade de se conseguir algo em virtude de a eles se pertencer. Defendem, em sua maioria, interesses comuns da coletividade. Neste contexto, constata-se o avanço no grau de participação desses corpos nas sociedades mais desenvolvidas em relação às mais primitivas, cuja ação social gira em torno dos grupos primários.

2.2.2. O crescimento da legitimação processual dos corpos intermediários

Nos modelos jurídicos analisados, em matéria de efetivação da tutela processual dos interesses transindividuais, constata-se o repensar da capacidade da tutela processual, de caráter exclusivamente individual e privado, para uma proteção de ordem pública ou associacionista.

---

(569) *Apud* KOENING, Samuel. *Elementos de sociologia*. Trad. Vera Borda. Rio de Janeiro: Zahar, 1967. p. 241.

(570) *Apud* HORKHEIMER, Max; ADORNO, Theodor W. (Orgs.). Trad. Álvaro Cabral. São Paulo: Cultrix, Ed. da Universidade de São Paulo, 1973. p. 61.

(571) *Apud* SILGUERO ESTAGNAN, Joaquim. *Op. cit.*, p. 35.

(572) KOENING, Samuel. *Op. cit.*, p. 241.

(573) OLSON, Mancur. *A lógica da ação coletiva*. São Paulo: Edusp, 1999. p. 62.

A solução que mais vem adquirindo adeptos e, assim, sendo adotada por diversos ordenamentos jurídicos, reside exatamente na gradual e crescente concessão de legitimação aos grupos de indivíduos afetados e condensados em organizações, sendo várias as causas sociais, políticas e jurídicas pelas quais se constata essa tendência.

Entre as causas sociais, destacam-se: a própria complexidade das sociedades contemporâneas e as transformações dela decorrentes; o processo de massificação (produção de massa, consumo de massa e conflituosidade de massa) com a ascensão de situações em que se observa uma identidade de interesses num determinado contingente humano; a afirmação de microestruturas sociais (como os grupos e as comunidades); o aparecimento de novos movimentos sociais e as limitações à intervenção estatal, com espaço aos particulares organizados.

Como razões políticas desse processo, pode-se citar a redistribuição do poder político e econômico no *Welfare State*, em face da crise do Estado; elevação dos valores de igualdade e justiça, que se direcionam, não somente aos indivíduos, como também aos grupos organizados, movimentos, categorias de pessoas e minorias; a concepção moderna de democracia participativa e incremento das garantias de participação do cidadão como forma de implementação de uma transformação social universal e abrangente.

Entre as causas jurídicas, merecem relevo: a alteração da visão tradicional do processo, com a superação da rígida divisão clássica entre direito público e direito privado (os interesses transindividuais são, para alguns, um *tertium genus* entre os dois ramos citados); a inserção de uma concepção social-participativa nos instrumentos jurídicos; a própria emersão de interesses transindividuais e sua sublimação a verdadeiros direitos e deveres sociais, que toda Constituição democrática e declaração de direitos humanos atuais reconhecem; a constatação da hipossuficiência da defesa individual dos novos interesses; a maior preocupação com o acesso à justiça e a sua distribuição igualitária; a tendência ao abandono da dogmática tradicional; o incremento do caráter instrumental do processo e da concepção atual do processo como veículo de promoção social.

Em comparação com as dificuldades ou desvantagens dos indivíduos singulares para a atuação e defesa de direitos violados ou ameaçados de violação nestas situações jurídicas, os grupos organizados se encontram mais aparelhados e em melhor posição para tutelar esses interesses supraindividuais. Não sofrem dos condicionamentos e obstáculos financeiros, culturais, organizativos e de tempo que afligem os indivíduos singulares.

Como elucidam Pablo Gutiérrez de Cabiedes e Hidalgo de Caviedes, a própria existência dos interesses supraindividuais, que se desenvolveram no campo social, e a necessidade de sua defesa mediante o exercício de ações (judiciais e extrajudiciais) acarretaram, como consequência lógica e natural de todo esse processo, o fenômeno do surgimento e desenvolvimento dos grupos sociais intermediários, de profunda transcendência e repercussão no momento atual da civilização.[574]

Nesse sentido, é a observação de Joaquim Silguero Estagnan, para quem o próprio desenvolvimento da sociedade de massas constitui um fator relevante para valorar a necessidade de acessibilizar o processo aos grupos. Segundo o autor, vivemos numa sociedade de produção de massa, de consumo de massa, de conflituosidade de massa, motivo pelo qual a justiça deve dar solução não somente a conflitos individuais, mas também aos coletivos, por resultar afetadas categorias, classes e coletividades, muitas vezes, com a despersonalização de seus componentes e, mesmo, o anonimato das suas instituições.[575]

Assim, como acontece na dinâmica social, com o acentuado crescimento da atuação dos corpos intermediários, os processualistas de todas as posições vêm tendendo para a correspondente adaptação do processo a essa nova realidade, seguindo-a no que se refere ao incremento e aumento da participação dos grupos nos processos judiciais, por meio da alteração das tradicionais formas de legitimação. É a política processual a favor da política social.

A legitimação dos corpos intermediários para a tutela judicial de interesses transindividuais nada mais é que uma adaptação do direito à nova realidade social. Consiste em técnica processual que tem como finalidade primordial

(574) HIDALGO DE CAVIEDES, Pablo Gutiérrez de Cabiedes e. *Op. cit.*, p. 230.

(575) SILGUERO ESTAGNAN, Joaquim. *Op. cit.*, p. 38-39.

a facilitação aos cidadãos de acesso ao Judiciário. "A solução é válida não somente no aspecto técnico-jurídico, como também no aspecto político, pois é sabido que somente pela união poderão as pessoas, com comunhão de interesses e necessidades, superar a debilidade individual".[576]

A própria CF/1988 concede guarida a esse reclamo jurídico-sociológico, ao acenar para uma verdadeira democracia participativa e permitir que modernos corpos intermediários (sindicatos, associações, órgãos de classe) integrem-se à gestão da coisa pública, atuando tanto nas instâncias primárias (art. 1º, V, e parágrafo único; 205, 216, § 1º, e 225), como na via judicial, esta última com o alargamento da legitimação ativa para a defesa dos interesses transindividuais (art. 5º, XXI e LXX, 103, VII, VIII e IX, 129, III e § 1º).[577]

Com o incremento da legitimação dos corpos intermediários, a ação abandona o caráter de mero instrumento de realização de direitos objetivo e subjetivo para tornar-se uma verdadeira forma de participação pública por meio do Judiciário, bem como instrumento de racionalização do poder e de viabilização da democracia participativa.[578]

Diversas são as vantagens advindas para a Justiça e para os jurisdicionados com a admissão da legitimação dos corpos intermediários: a) economia processual com a junção de várias situações jurídicas violadas numa mesma causa; b) descongestionamento do Poder Judiciário; c) acesso das pequenas demandas à Justiça; d) atenuação dos obstáculos representados pelos altos custos envolvidos nos processos judiciais, cuja mitigação é notável nas ações coletivas; e) maior celeridade na prestação jurisdicional; f) alternativa às limitações hoje impostas ao litisconsórcio multitudinário.

Todo esse privilegiamento dos corpos intermediários tem como fim precípuo incrementar a segunda onda de reformas apontada por Mauro Cappelletti, com o enfrentamento da "pobreza organizativa", isto é, a dificuldade dos titulares dos interesses difusos de se organizarem contra os *mass wrongdoer*.[579]

3. A tutela processual dos interesses transindividuais no Brasil — evolução legislativa

No Brasil, a própria constitucionalização do direito de ação e a consagração, também em âmbito constitucional, do princípio da inafastabilidade da jurisdição e de uma série de prescrições processuais, já demonstra a preocupação da sociedade com o problema do acesso à Justiça e a busca de meios efetivos para a sua concretização.

Caminhou o legislador por estrada bem sedimentada. Adotou-se, entre nós, um modelo eclético de proteção aos interesses transindividuais. Abraçou-se de maneira harmônica alguns dos modelos da experiência estrangeira, no que concerne à legitimação *ad causam* para a tutela dos interesses transindividuais. Concedeu-se legitimação: a) aos órgãos públicos, como o Ministério Público, nas ações civis ou coletivas; b) às associações civis, também nas ações civis públicas e coletivas; c) ao cidadão, na hipótese de interesse cuja tutela pode ser efetuada em sede de ação popular.[580]

A nossa Carta Política é uma das mais avançadas do mundo na temática de proteção dos interesses transindividuais. Por meio dela, instituiu-se um verdadeiro processo constitucional coletivo, com a fixação de princípios que não mais podem ser ignorados pelos estudiosos e aplicadores do direito.

Interessante observar que, em nosso país, surpreendentemente, os institutos processuais para tutela de interesses transindividuais desenvolveram-se em fase muito anterior que o próprio direito substantivo em matéria desses interesses. Atualmente, parece haver uma inversão nesse movimento, principalmente na órbita do direito do trabalho, pois há uma busca pela identificação material desses interesses para, a partir de então, aplicarem-se

(576) WATANABE, Kazuo. *Tutela jurisdicional...*, cit., p. 96.

(577) MANCUSO, Rodolfo de Camargo. *Interesses difusos...*, cit., p. 40-41.

(578) WATANABE, Kazuo. *Tutela jurisdicional...*, cit., p. 97.

(579) CAPPELLETTI, Mauro. *O acesso à justiça...*, cit., p. 152.

(580) BEZERRA LEITE, Carlos Henrique. *Ação civil pública*, cit..., p. 78-79.

os diversos instrumentos processuais de tutela coletiva na sua defesa. O desajuste entre nosso direito material e o direito processual no campo dos interesses transindividuais era notório. Recentemente, observa-se uma evidenciada aproximação entre os dois campos.

O primeiro instrumento processual de tutela de interesses transindividuais previsto em nosso ordenamento jurídico consistiu o dissídio coletivo de trabalho, enunciado na Constituição Federal de 1937 e implementado pelo Decreto-lei n. 1.237, de 2.5.1939, posteriormente incorporado à Consolidação das Leis do Trabalho. Foi elevado ao âmbito Constitucional pela CF/46 e, atualmente, encontra-se previsto no art. 114, §§ 2º e 3º, CF/1988.

Ainda no seio das relações de trabalho, a Lei n. 2.275/1954 alterou o art. 872 da CLT, consagrando a substituição processual sindical por meio da ação de cumprimento — típico instrumento para a tutela de interesses individuais homogêneos dos trabalhadores.

Para além das fronteiras do Direito do Trabalho, o primeiro instrumento a contemplar a tutela processual de interesses transindividuais foi a Ação Popular, instituída pela Lei n. 4.717/1965, que conferiu legitimação a qualquer cidadão para pleitear a anulação ou a declaração de nulidade de atos lesivos ao patrimônio da União, do Distrito Federal, dos Estados e dos Municípios, de entidades autárquicas, de sociedades de economia mista, de empresas públicas e de outras entidades nela previstas.

Em seguida, adveio a Lei n. 6.938/1981, que dispôs sobre a Política Nacional do Meio Ambiente e concedeu legitimidade ao Ministério Público da União e dos Estados para a propositura de ação de responsabilidade civil e criminal, por danos causados ao meio ambiente (art. 14, § 1º).

A Lei Complementar n. 40/1981 foi o primeiro estatuto jurídico em nosso país a consagrar a utilização da ação civil pública para a defesa de direitos da sociedade, ao prever, entre as funções institucionais do Ministério Público, a promoção da ação civil pública, nos termos legais (art. 3º, II).

Em 24 de julho de 1985, foi publicada a Lei n. 7.347/85, marco fundamental na tutela dos interesses transindividuais, conhecida como Lei da Ação Civil Pública, cujo objeto residia na responsabilização e consequente reparação de danos causados ao meio ambiente, ao consumidor, a bens e direitos de valor artístico, estético, histórico, turístico e paisagístico. No projeto que recebeu aprovação, havia a previsão de um inciso IV ao art. 1º da Lei, que previa o cabimento da ação civil pública para a tutela "a qualquer outro interesse difuso", mas este recebeu o veto da Presidência da República. Com o veto, a ação civil pública nasceu podada de uma das suas principais características: ser um instrumento de tutela de todo e qualquer interesse difuso relevante para a sociedade, além daqueles previstos nos demais incisos do art. 1º da Lei.

Com a promulgação da CF/1988, a ação civil pública foi elevada ao âmbito constitucional e consagrou-se como autêntico instrumento de tutela dos interesses transindividuais. O legislador constituinte retificou o erro decorrente do veto presidencial, ao atribuir, como função institucional do Ministério Público, a promoção do inquérito civil e da ação civil pública "para a proteção do patrimônio público e social, do meio ambiente e de outros interesses difusos e coletivos" (art. 129, III, CF/1988).

A ação civil pública não foi somente prevista na Lei n. 7.347/85; apesar de essa lei constituir um instrumento geral de tutela de interesses transindividuais em todos os ramos do direito, preferiu o legislador infraconstitucional prevê-la especificamente em alguns diplomas normativos regulamentadores de matérias específicas de cabimento da ação civil pública. Enquadram-se nessa situação a Lei n. 7.853/89, que dispõe sobre o apoio às pessoas portadoras de deficiência física e institui a tutela jurisdicional de interesses coletivos e difusos dessas pessoas por meio da ação civil pública (art. 3º); a Lei n. 7.913/89 que regulamenta a ação civil pública de responsabilidade por danos causados aos investidores no mercado de valores imobiliários; o Estatuto da Criança e do Adolescente (Lei n. 8.069/90) prevê a ação civil pública "para a proteção dos interesses individuais, difusos ou coletivos relativos à infância e à adolescência, inclusive os definidos no art. 220, § 3º, II, da Constituição Federal" (art. 201, V); a Lei Orgânica do Ministério Público da União, LC n. 75/93; o Estatuto do Idoso (Lei n. 10.741/2003) que enuncia o cabimento da ação civil pública para "a proteção dos direitos e interesses difusos ou coletivos, individuais indisponíveis e individuais homogêneos do idoso"; o Estatuto da Igualdade Racial (Lei n. 12.288/2010), o qual prevê a ação civil pública para a tutela judicial contra lesões e das ameaças de lesão aos interesses da população negra decorrentes de situações de desigualdade étnica.

Com a promulgação da Lei n. 8.078/1990, Código de Defesa do Consumidor (CDC), inseriu-se o inciso IV, outrora vetado, ao texto da Lei da Ação Civil Pública, corroborando a previsão constitucional ao dotar a ação civil pública de idoneidade para a tutela de "qualquer outro interesse difuso ou coletivo".

O CDC, após introduzir o conceito de direitos individuais homogêneos na legislação nacional e dispor sobre a sua tutela processual, ao disciplinar a ação coletiva para tutela de interesses individuais homogêneos, inseriu o art. 21 à LACP para determinar que se aplicam à defesa dos direitos e interesses difusos, coletivos e individuais, no que for cabível, os dispositivos do seu Título III que trata da "Defesa do Consumidor em Juízo", possibilitando a tutela desses interesses também por meio da ação civil pública.

Com o surgimento do CDC, deu-se o passo mais relevante para a instauração de uma esfera coletiva de proteção processual. Esse instrumento, além de conferir contornos mais precisos ao objeto da ação civil pública, definiu uma série de conceitos cruciais para a celeridade e segurança desse universo de proteção, como a enunciação dos atributos essenciais e específicos de cada um dos interesses transindividuais (art. 81, inc. I, II e III), a tutela processual de direitos individuais homogêneos (art. 91 e seg.), a determinação do alcance e efeitos da coisa julgada nas lides coletivas (art. 103, inc. I, II e III), a litispendência entre as lides individuais e as coletivas com o mesmo objeto (art. 104).

Essa imbricação entre os dois estatutos processuais coletivos deu ensejo à formação de um "microssistema das ações coletivas", cujas disposições são aplicáveis a qualquer demanda coletiva, como prescrito no art. 21 da Lei n. 7.347/85.

A CF/1988, em seu art. 5º, LXX, inovou o ordenamento jurídico, ao prever o mandado de segurança coletivo, que pode ser impetrado: a) por partido político com representação no Congresso Nacional; e b) organização sindical, entidade de classe ou associação, legalmente constituída e em funcionamento há pelo menos um ano, em defesa dos interesses de seus membros ou associados. Trata-se de remédio constitucional com o mesmo objeto do mandado de segurança individual previsto no inciso LXIX, da mesma norma constitucional: a proteção de direito líquido e certo, não amparado por *habeas corpus* ou *habeas data*, quando o responsável pela ilegalidade ou abuso de poder for autoridade pública ou agente de pessoa jurídica no exercício de atribuições do Poder Público, com modificação dos entes legitimados para sua impetração e consagração da tutela urgente de interesses transindividuais.

Nossa atual Carta Política, assim como em relação ao mandado de segurança coletivo e ao *habeas data*, inovou em nosso ordenamento ao instituir o mandado de injunção, em relação ao qual, a doutrina e a jurisprudência, com esteio na existência do mandado de segurança coletivo, admitiram a impetração de mandado de injunção coletivo. Trata-se de um direito público subjetivo de invocar-se a prestação da tutela jurisdicional "sempre que a falta de norma regulamentadora torne inviável o exercício dos direitos e liberdades constitucionais e das prerrogativas inerentes à nacionalidade, à soberania e à cidadania" (art. 5º, LXXI).

A Lei Orgânica do Ministério Público da União (Lei Complementar n. 75/93), além de dispor, em diversos dispositivos, sobre a tutela de direitos por meio da ação civil pública e outros instrumentos processuais coletivos já consagrados em nosso ordenamento (ação coletiva, ação direta de inconstitucionalidade etc.), previu, entre as atribuições do Ministério Público do Trabalho, a propositura de ação para declaração de nulidade de acordo, convenção ou contrato coletivo (art. 83, IV), para a tutela dos direitos individuais e coletivos dos trabalhadores.

A análise de toda a legislação brasileira e dos instrumentos processuais de defesa de direitos coletivos (*lato sensu* — difusos, coletivos e individuais homogêneos), interpretados sistematicamente, nos leva, inexoravelmente, à constatação da existência de um verdadeiro direito processual coletivo.

Deu o constituinte um enfoque à solução da problemática do acesso à Justiça, com absorção de institutos que retratam as soluções apontadas por Mauro Cappelletti e Bryant Garth nas três ondas acima assinaladas. A Lei Maior prevê a assistência judiciária aos indivíduos com carências no financiamento de sua atuação perante o Judiciário (1ª onda); elenca uma série de instrumentos processuais para a implementação da tutela dos interesses transindividuais (2ª onda); além de atacar o problema da legitimação processual para a defesa desses direitos e sua representação em juízo, com base numa concepção mais ampla de cidadania e de acesso à Justiça (3ª onda).

Com todos esses instrumentos de defesa dos interesses transindividuais, postos à disposição da sociedade pela CF/1988, presencia-se, atualmente, uma real tendência pela busca da sua proteção no plano do Poder Judiciário.

Se no campo do direito processual comum é inegável o crescimento de mecanismos de tutela coletiva, intui-se que, no processo do trabalho, essa necessidade é premente, em face da automática subordinação do empregado que emerge do contrato de trabalho e da condição de hipossuficiência dos trabalhadores que lhe impossibilitam a igualdade num litígio com o empregador. Por meio da substituição processual e dos demais instrumentos de tutela coletiva, garante-se a proteção do trabalhador por intermédio da sua despersonalização, permitindo-se que a Justiça Laboral seja efetivamente uma Justiça do Trabalho — atuante em lides de pessoas contemporaneamente empregadas —, e não uma Justiça dos desempregados como sói acontecer.

No âmbito do direito processual do trabalho, os institutos clássicos de salvaguarda de interesses coletivos (dissídio coletivo e ação de cumprimento) não devem constituir obstáculo à utilização dos modernos instrumentos processuais para a defesa dos interesses transindividuais. Refutar a ideia de utilização desses novos instrumentos na processualística laboral é relegá-la ao oblívio e negar o conteúdo evolutivo e dinâmico da ciência do direito.

Para a implementação dessa verdadeira esfera de jurisdição coletiva na processualística laboral é condição *sine qua non* observar todo esse sistema de tutela coletiva, cujos motores são a Lei da Ação Civil Pública e o Código de Defesa do Consumidor. O art. 83, II, da LC n. 75/93 previu expressamente o cabimento da ação civil pública na Justiça do Trabalho, afastando as controvérsias em torno do assunto — cuja controvérsia foi soterrada com o advento da EC n. 45/2004 —, de modo que, ante a inexistência de norma legal que trate, especificamente dessa ação na Justiça do Trabalho, são plenamente aplicáveis as regras de direito material e processual contidas na LACP e no CDC.(581)

Assim, atualmente, a jurisdição trabalhista pode ser exercida por meio de três sistemas de tutela processual: um primeiro, destinado à solução dos tradicionais dissídios individuais; um segundo, com vistas a solucionar os dissídios coletivos de trabalho, nos quais se busca, por exemplo, por intermédio do poder normativo, a criação de normas e condições de trabalho, para as partes que figuram no processo (art. 114, § 2º, CF/1988) e, finalmente, um terceiro, vocacionado à tutela preventiva e reparatória dos direitos ou interesses transindividuais.(582)

Vale lembrar que, há muito tempo, Wagner Giglio, em sua obra "Direito Processual do Trabalho", ao analisar as tendências do direito processual do trabalho, já apontava, em perspectiva, o futuro assoberbamento da Justiça do Trabalho, com o crescimento de processos — e a manutenção dos mesmos órgãos —, em virtude das transformações decorrentes da evolução tecnológica e da massificação das reclamações. Tais fatores levam à padronização dos feitos e instam o Judiciário Trabalhista à adoção de instrumentos de generalização das soluções, com a ampliação dos casos de substituição processual, aplicação mais frequente das ações civis públicas e de outras figuras processuais destinadas à solução de interesses gerais, coletivos e individuais homogêneos dos trabalhadores e, afinal, indaga: "O decurso do tempo dirá se acertamos".(583)

(581) BEZERRA LEITE, Carlos Henrique. Tendências do direito processual do trabalho e tutela dos interesses difusos. *Revista do Ministério Público do Trabalho*, Brasília, v. 20, n. 20, p. 36-37, set. 2000.

(582) *Idem, ibidem*, p. 36.

(583) GIGLIO, Wagner D. *Op. cit.*, p. 544.

4. Legitimação processual dos sindicatos para a defesa dos interesses transindividuais

4.1. *Legitimidade* ad causam

Como no tratamento material dos interesses transindividuais, no âmbito processual há uma certa obscuridade em relação à temática da legitimação para agir na tutela desses interesses, principalmente no processo do trabalho, de forma a constituir um dos temas mais debatidos e confusos de direito processual, em face da escassa regulamentação legal e da pluralidade de posições teóricas e jurisprudenciais.

Tornou-se fonte de excessivas incertezas e, na maioria das vezes, os autores de demandas judiciais com vistas à tutela de direitos transindividuais têm dispensado maior dedicação à justificação perante os Tribunais da sua legitimidade ativa para a ação proposta do que propriamente à matéria de mérito merecedora da tutela judicial.

A legitimação não é uma instituição jurídica exclusiva do Direito Processual, é pertencente à Teoria Geral do Direito e, desse modo, suscetível de ser tratada e aplicada em cada um dos diferentes ramos que compõem o ordenamento jurídico.

Numa perspectiva geral, a legitimação constitui um pressuposto subjetivo dos atos jurídicos, especificamente um pressuposto de eficácia — somente, excepcionalmente, é elevada a pressuposto de validade. Desse modo, para a eficácia de um ato jurídico, é necessário que o autor tenha o reconhecimento jurídico da possibilidade concreta de realizá-lo, isto é, legitimação. A legitimação, assim, deriva sempre de uma relação especial do sujeito agente com o objeto do ato e, portanto, com a esfera jurídica na qual o ato deva concretizar seus efeitos.[(584)]

A opinião dominante na doutrina civilista considera a legitimação como pressuposto de eficácia do ato jurídico e a define como o reconhecimento jurídico a que uma pessoa possa realizar um ato, eficazmente. Este reconhecimento deriva da possibilidade da existência de uma determinada relação entre o sujeito agente e o objeto do ato.[(585)]

Nosso Código de Processo Civil adotou a tríplice separação das categorias fundamentais do processo, distintas e dotadas de autonomia: pressupostos processuais, condições da ação e mérito da causa.

Os pressupostos processuais são os requisitos para a formação e validade da relação jurídica processual. São as circunstâncias de fato e de direito cuja presença é imprescindível para a existência regular do processo e sua aptidão para a produção de uma sentença de mérito. Podem ser subjetivos ou objetivos. Os primeiros referem-se às partes, ao juiz ou a terceiros, os segundos, a fatos jurídicos que possam obstar a formação regular do processo.

As condições da ação, em conformidade com a teoria da ação como direito abstrato, são compostas pelos institutos da legitimidade *ad causam* e do interesse de agir (art. 17, CPC).

Pressupostos processuais e condições da ação não se confundem. Os pressupostos constituem exigências legais cujo atendimento é imprescindível para o estabelecimento ou validade da relação jurídica processual e da sua aptidão para atingir uma sentença que aprecie o mérito da causa. São requisitos jurídicos para a validade e eficácia da relação processual. Já as condições da ação são requisitos que devem ser observados depois de estabelecida, regularmente, a relação processual, para que o juiz possa solucionar a lide (mérito).[(586)]

Não se confundem legitimidade *ad processum* e legitimidade *ad causam*. A primeira relaciona-se com o indivíduo e sua aptidão para agir no campo do processo em face de qualquer relação jurídica processual. Trata-se de um pressuposto processual que, uma vez preenchido, faculta ao indivíduo atuar em todo e qualquer processo, como parte autora, ré ou interveniente. A segunda corresponde à aptidão da pessoa para figurar como parte em determinada lide processual. Como condição da ação, é aferida em relação a uma lide específica. É a pertinência subjetiva da ação, que se relaciona com a capacidade da parte para atuar como titular ativo ou passivo de dada demanda.

---

(584) HIDALGO DE CAVIEDES, Pablo Gutiérrez de Cabiedes e. *Op. cit.*, p. 143.

(585) SILGUERO ESTAGNAN, Joaquin. *Op. cit.*, p. 155-156.

(586) THEODORO JÚNIOR, Humberto. *Curso de direito processual civil*. 32. ed. Rio de Janeiro: Forense, 2000. v. 1. p. 52.

Especificamente em relação à legitimidade *ad causam*, seu problema consiste na individualização da pessoa a quem possa ser atribuído o exercício do direito de ação. Piero Calamandrei deixa claro que a análise da legitimação para agir é um problema de individualização de qual pessoa a lei considera apta a agir em juízo.(587)

Para a doutrina italiana, geralmente, a legitimação para agir é reconhecida àquele que se afirma titular da pretensão deduzida em juízo, com que se assegura a autonomia do direito de ação em face do direito material. A legitimação deve ser extraída das afirmações realizadas na demanda. No mais tudo que concerne à efetiva titularidade da relação deduzida em juízo é questão referente ao mérito e não à legitimação.(588)

Por muito tempo, predominou o entendimento que vinculava legitimação para agir e titularidade do direito pretendido. No entanto, esta visão acarretava uma impregnação excessiva da relação material deduzida em juízo sobre a *legitimatio ad causam*, circunstância que se incompatibiliza com a natureza autônoma e abstrata do direito de ação. A lide possui existência própria e independente, ainda que injurídica a pretensão deduzida ou nas situações se nega *in totum* a existência de qualquer relação jurídica material. Em resumo, a existência ou a licitude da relação jurídica material diz respeito ao mérito da demanda e não à legitimação para agir.

A legitimação, por isso, é caracterizada com base nos elementos da ação e não nos direitos materiais debatidos em juízo. Legitimados são os sujeitos da lide, isto é, os titulares das pretensões deduzidas em juízo e decorrentes do conflito. Assim, em princípio, a legitimação ativa caberá ao titular do interesse afirmado na pretensão, e a passiva, ao titular do interesse que se opõe ou resiste à pretensão.(589)

No entanto, embora autônomo e abstrato o direito de ação, a legitimação em certo grau é aferida a partir da relação existente entre os direitos cuja tutela jurisdicional se pretende, isto é, escora-se na *res in iudicium deducta.*

Por esse sentido que Cândido Rangel Dinamarco a conceitua como "relação de legítima adequação entre o sujeito e a causa". O renomado processualista a define como "a qualidade para estar em juízo, como demandante ou demandado, em relação a determinado conflito trazido ao exame do juiz. Ela depende sempre de uma necessária relação entre o sujeito e a causa e traduz-se na relevância que o resultado desta virá a ter sobre sua esfera de direitos, seja para favorecê-la ou para restringi-la. Sempre que a procedência da demanda seja apta a melhorar o patrimônio do autor, ele será parte legítima; sempre que ela for apta a atuar sobre a vida ou patrimônio do réu, também esse será parte legítima".(590)

Ao falar-se em efetiva titularidade da pretensão deduzida em juízo, ventila-se matéria atinente ao mérito da demanda, ao passo que a titularidade do direito de ação concerne à questão que antecede ao mérito da questão. O reconhecimento da legitimação *ad causam* é realizado em abstrato, a partir das afirmações das partes enunciadas na demanda (*in statu assertionis*), sendo prescindível o questionamento a respeito da veracidade da matéria de fato e de direito pertinente ao objeto litigioso, o que leva à distinção entre a titularidade do direito de ação e titularidade do direito material.

A pertinência subjetiva da demanda é estabelecida *prima facie*, a partir daquilo que é sustentado pelas partes — saber se a pretensão corresponde ou não ao direito subjetivo material já constituirá o mérito da controvérsia. Para a análise da condição da ação, é suficiente o que vem afirmado pelos contraditores e, ao constatar-se a possível titularidade subjetiva, em ambos os polos da demanda, presentes estarão a legitimação ativa e a passiva.(591)

É nesse sentido que se projetam as observações de Pablo Gutiérrez de Cabiedes e Hidalgo de Caviedes para quem a legitimação, como reconhecimento jurídico-formal, regula quem pode, em abstrato, solicitar, em nome próprio, e com possibilidades de êxito, a tutela jurisdicional num caso concreto, ou seja, diante de uma determinada

(587) *Apud* VIGORITI, Vincenzo. *Op. cit.*, p. 91.

(588) VIGORITI, Vincenzo. *Op. cit.*, p. 92.

(589) THEODORO JÚNIOR, Humberto. *Op. cit.*, p. 51.

(590) DINAMARCO, Cândido Rangel. *Instituições de direito processual civil.* São Paulo: Malheiros, 2001. v. 2. p. 303.

(591) MANCUSO, Rodolfo de Camargo. *Interesses difusos...*, cit., p. 160.

situação jurídica. O reconhecimento da legitimação sustenta-se nas afirmações do autor e a sua adequação jurídica com o objeto pretendido. O que importa é a subjetividade da pretensão e não a relação material controvertida.(592)

Em suma, a legitimação *ad causam* consiste no reconhecimento de que o ordenamento jurídico realiza em favor de um sujeito para exercitar eficazmente o poder de ação, tendo por base uma relação existente entre o sujeito e os direitos e interesses cuja tutela jurisdicional se pretende.(593) Trata-se de uma condição da ação, cuja ausência obsta o exame do mérito da causa e acarreta a extinção do processo sem resolução do mérito (art. 337, XI e 485, VI, CPC).

Embora seja um conceito processual abstrato, a legitimidade *ad causam*, por vezes, é analisada a partir da sua vinculação com a pretensão material deduzida em juízo, sem que tal relação retire o caráter autônomo e abstrato do direito de ação, considerando-se que o interesse (pretensão material) é visto pelo prisma processual (*res in iudicium de ducta*). Embora não haja uma vinculação estrita entre a legitimação e direito material, a titularidade da pretensão material ainda influencia no reconhecimento da legitimidade para a propositura de determinada demanda ou para a qualificação dessa legitimidade, daí falar-se em legitimidade ordinária, legitimidade extraordinária, legitimidade autônoma para o processo e substituição processual.

Como se extrai da experiência estrangeira, no campo dos interesses transindividuais, um dos problemas mais acentuados recai exatamente na escolha do ente legitimado deduzi-los em juízo. Essa dificuldade resulta do nítido afastamento da legitimação metaindividual do conceito de direito subjetivo clássico do direito civil e da ainda existente tentativa de conexidade deste com as tradicionais formas de legitimação *ad causam*. Esta complexidade decorre da constante necessidade de organizar e conferir a defesa desses interesses àquele que Mauro Cappelletti denomina de "autor ideológico".(594)

4.2. Legitimidade ordinária e extraordinária

A legitimação *ad causam*, como extraímos das discussões anteriores, na maioria das vezes, é reconhecida aos supostos titulares da relação jurídica material deduzida em juízo. Por esse prisma, a legitimação ativa ordinária é aquela conferida ao titular do interesse pretendido em juízo; por ela, está autorizado a demandar aquele que afirma ser o titular do interesse material deduzido no campo processual. É a regra que confere a cada um pleitear interesse próprio em nome próprio.

A principal consequência da legitimação ordinária está em que os sujeitos juridicamente reconhecidos como legitimados (partes legítimas) suportarão os efeitos decorrentes da sentença proferida na demanda em que configuram como partes ativa e passiva, sejam-lhes estes favoráveis ou não, além de apresentar formas mais complexas, como a necessidade de uma pluralidade de sujeitos no polo ativo ou passivo da relação jurídica processual, nos casos de litisconsórcio facultativo ou necessário.(595)

Algumas vezes, o ordenamento jurídico reconhece determinado sujeito como parte, ainda que, sabidamente, este afirme não ser o titular da pretensão material cuja tutela processual se busca em juízo. É o que ocorre na denominada legitimação extraordinária.

A legitimação extraordinária consiste no conferimento, em determinadas circunstâncias, de legitimidade à pessoa ou ente não titular do interesse material deduzido em juízo, para que possa demandar em nome próprio, mas na defesa de interesse alheio. Tradicionalmente, são casos em que há autorização legislativa expressa para que alguém demande na salvaguarda do interesse material de outrem, esse, sim, o verdadeiro titular do interesse material deduzido em juízo.

---

(592) HIDALGO DE CAVIEDES, Pablo Gutiérrez de Cabiedes e. *Op. cit.*, p. 152.

(593) SILGUERO ESTAGNAN, Joaquin. *Op. cit.*, p. 156.

(594) CAPPELLETTI, Mauro. *O acesso à justiça...*, cit., p. 150.

(595) MIRRA, Álvaro Luiz Valery. Um estudo sobre a legitimação para agir no direito processual civil: a legitimação ordinária do autor popular. *Revista dos Tribunais*, São Paulo, ano 76, v. 618, p. 37, abr. 1987.

São ocasiões em que o ordenamento jurídico, em atenção a um interesse que considera prevalente e digno de proteção, legitima um sujeito a deduzir em juízo, em nome próprio, direito alheio, de forma que produza uma dissociação entre a titularidade da relação jurídica material e a titularidade do direito de fazê-la valer em juízo.[(596)]

A doutrina alemã refere-se à legitimidade extraordinária como o "poder de conduzir o processo" *(Prozeßführungrecht)*, pois o legitimado extraordinário conduz legitimamente o processo na condição de parte, sem, no entanto, ser parte no conflito material.[(597)]

São notas básicas da legitimação extraordinária — também denominada de substituição processual: a dissociação entre os sujeitos legitimados e os titulares da relação jurídica material controvertida; a existência de um direito material reconhecido como relevante no ordenamento jurídico e que invoca a necessidade de uma tutela jurisdicional; pressuposição de alguma forma de conexão entre a situação substancial deduzida em juízo e o legitimado.[(598)]

Álvaro Luiz Valery Mirra, após conjugar os trabalhos de diversos autores, cita como principais características da legitimação extraordinária: a) descoincidência entre as partes materiais e as partes formais; b) atribuição do direito de ação a quem não é titular do interesse material discutido em juízo e nem afirma sê-lo; c) atuação do legitimado em nome próprio, mas na defesa de direito alheio; d) dependência de previsão legal para sua admissão.[(599)]

A legitimação extraordinária implica uma reestruturação da coisa julgada, diante da possibilidade de o real titular do interesse deduzido em juízo ser atingido pelos seus efeitos, apesar de não ter participado da relação jurídica processual, como parte ou interveniente, já que o legitimado extraordinário atuou como parte processual na tutela de interesse daquele.

Na hipótese de legitimação extraordinária, a eficácia subjetiva da sentença estende-se a pessoas não integrantes do contraditório, excepcionando a regra contida no art. 506 do CPC, segundo a qual a "sentença faz coisa julgada às partes as quais é dada, prejudicando terceiros". Nas causas relativas ao estado de pessoa, se houverem sido citados no processo, em litisconsórcio necessário, todos os interessados, a sentença produz coisa julgada em relação a terceiros". *In casu*, observa-se uma repercussão *ultra partes* dos efeitos da coisa julgada.

Em nosso ordenamento jurídico, a legitimação extraordinária, no campo dos direitos individuais, vem consagrada no art. 18 do CPC, ao prescrever que "Ninguém poderá pleitear, em nome próprio, direito alheio, salvo quando autorizado pelo ordenamento jurídico".

A legitimação extraordinária pode ser autônoma ou subordinada. Será autônoma quando o legitimado puder atuar no processo com total independência do sujeito titular do interesse processual deduzido em juízo e que seria o legitimado ordinário. Será subordinada, na hipótese em que apenas os supostos titulares da relação jurídica material possam iniciar ou responder à demanda, cabendo aos legitimados extraordinários atuar junto àqueles.[(600)]

A legitimação extraordinária autônoma pode ser exclusiva ou concorrente. Nesta, tanto o legitimado ordinário quanto um ou mais legitimados extraordinários podem instaurar o processo, separada ou conjuntamente. Naquela, dá-se a supressão da titularidade do detentor do interesse material, delegando-se a faculdade da propositura da ação somente ao substituto processual. Nesse caso, o contraditório instaura-se somente com a presença do legitimado extraordinário, sendo irrelevante a presença do legitimado ordinário. Este concede o exercício do direito de ação ao legitimado extraordinário e, concomitantemente, exclui a necessidade da sua atuação em juízo.

(596) HIDALGO DE CAVIEDES, Pablo Gutiérrez de Cabiedes e. *Op. cit.*, p. 170.

(597) DINAMARCO, Cândido Rangel. *Op. cit.*, p. 310.

(598) HIDALGO DE CAVIEDES, Pablo Gutiérrez de Cabiedes e. *Op. cit.*, p. 171.

(599) MIRRA, Álvaro Luiz Valery. *Op. cit.*, p. 37.

(600) *Idem, ibidem*, p. 38.

Interessante aspecto diz respeito à possibilidade ou não de litisconsórcio em cada espécie de legitimação extraordinária. Na hipótese de legitimação extraordinária exclusiva não se permite a formação de litisconsórcio pelo titular da pretensão material deduzida em juízo, uma vez que o legitimado extraordinário é o único com aptidão para figurar na relação jurídica processual. Em decorrência disto, o legitimado ordinário pode apresentar-se somente como assistente. Nos casos de legitimação extraordinária concorrente, tanto o legitimado ordinário quanto o(s) extraordinário(s) possuem aptidão para figurar num dos polos do processo. Eventual intervenção do legitimado ordinário será a título litisconsorcial.

A legitimação extraordinária concorrente, conforme o momento processual no qual o substituto possa atuar, pode ser subdividida em primária ou subsidiária. No primeiro tipo, o substituto pode atuar ou ser demandado legitimamente *ab initio*, sem que haja necessidade de se esperar a omissão do titular da pretensão material. Já na segunda hipótese, a legitimação autônoma do substituto dá-se somente após o não exercício do direito de ação pelo substituído dentro de determinado prazo assinalado em lei.(601)

Assim, na legitimação extraordinária concorrente primária, cabe ao legitimado extraordinário instaurar a relação jurídica processual, independentemente da iniciativa do legitimado ordinário. Já na subsidiária, há uma ordem legal estabelecida para a atuação dos diversos legitimados, com a fixação de um prazo para que cada um exerça a sua preferência como condição para instaurar o contraditório.

Álvaro Luiz Valery Mirra aponta a existência de outra forma de legitimação extraordinária à qual confere o nome de legitimação mista. Esta ocorre na situação em que a legitimação autônoma é conferida a diversos titulares de um mesmo direito, sem que haja exigência legal de reunião de todas elas para reclamá-los. No caso de ingresso de apenas um deles em juízo para reclamar o respectivo direito, ele será considerado legitimado ordinário na parte em que defende um direito próprio e, concomitantemente, legitimado extraordinário em relação à parcela dos outros titulares. Parte da doutrina enquadra essa espécie entre os casos de legitimação extraordinária concorrente.(602)

A legitimação extraordinária é comumente denominada de substituição processual, expressão inserida no mundo jurídico por Giuseppe Chiovenda.

No Direito do Trabalho, a doutrina, de um modo geral, utiliza a expressão "substituição processual" para designar as hipóteses em que as entidades sindicais atuam em juízo em nome próprio na tutela de interesse dos trabalhadores, como na propositura de ação de cumprimento (art. 872, CLT), em contraponto às situações nas quais o sindicato atua como representante, isto é, em nome alheio na defesa de direito alheio, como na instauração de dissídio coletivo.

O substituto processual é a pessoa que recebe da lei a legitimidade que lhe permite atuar em juízo na defesa de interesse alheio, como parte principal, não obstante não figurar como parte na relação jurídico-material controvertida. O substituto processual é parte no processo, o que lhe permite atuar segundo suas próprias vontades e escolhas, tendo todos os ônus, deveres e obrigações que advêm da sua condição de parte.(603)

No entanto, vale assinalar que alguns autores vêm diferenciando legitimação extraordinária e substituição processual. A primeira seria o gênero, do qual a segunda, uma de suas espécies. Simplificando, nem todo caso de legitimação extraordinária seria substituição processual, mas todo caso de substituição processual corresponderia à situação de legitimação extraordinária. Para esses autores, só haveria verdadeira substituição processual na hipótese de legitimação extraordinária exclusiva. No entanto, a maior parte da doutrina considera a existência de substituição processual mesmo nas hipóteses de legitimação extraordinária concorrente.(604)

(601) MENDES, Aluisio Gonçalves de Castro. *Ações coletivas no direito comparado e nacional*. São Paulo: Revista dos Tribunais, 2002. p. 25.

(602) MIRRA, Álvaro Luiz Valery. *Op. cit.*, p. 39.

(603) DINAMARCO, Cândido Rangel. *Op. cit.*, p. 309.

(604) MIRRA, Álvaro Luiz Valery. *Op. cit.*, p. 39.

4.3. Aspectos da legitimação extraordinária nas lides coletivas

Analisados os principais pontos da legitimação extraordinária, é necessária uma imersão sobre o seu campo de aplicação no universo dos interesses transindividuais. Parte da doutrina e da jurisprudência, de modo equivocado, está dando o mesmo tratamento a esse modo peculiar de legitimação para ambos os campos de ação processual: individual e coletiva.

Enquanto a legitimação ordinária representa a regra em matéria de proteção processual de direitos individuais, como, inclusive, extrai-se da formulação do art. 18 do CPC, não se pode dizer o mesmo no âmbito das ações coletivas para a defesa de interesses transindividuais, pois, nesta seara, a legitimação extraordinária ou autônoma dos corpos intermediários é a regra.

Como verificamos da experiência de outros países, várias e diversificadas são as soluções encontradas no campo processual em relação à legitimação para agir em matéria de interesses transindividuais, sinalizando-se para a adoção singular ou mista dos sistemas publicista (em que a legitimação é conferida a órgãos públicos), privatista (com a legitimação relegada à iniciativa dos indivíduos interessados) e o associacionista (fundamentado na concessão de legitimidade aos grupos sociais ou associações privadas).

Nos modelos jurídicos analisados, constata-se o repensar da legitimação de caráter exclusivamente individual e privado para uma de ordem pública e/ou associacionista. A solução que mais vem sendo adotada reside na gradual e crescente concessão de legitimação às associações, aos entes públicos e a grupos organizados.

Neste cenário, ganha relevo o instituto da legitimação extraordinária, o qual representa a regra no plano das ações coletivas. No âmbito das ações coletivas, entretanto, a legitimação extraordinária possui relevo peculiar, intrínseco à esfera do direito processual coletivo consolidado com a LACP e o CDC, os quais forneceram um delineamento geral às lides coletivas e ao fenômeno da legitimação extraordinária, cujos contornos, na esfera coletiva, não se confundem com a concepção consagrada pelo Código de Processo Civil, ainda centrado na estreita relação entre direito subjetivo e legitimidade *ad causam*.

O tratamento dispensado às formas de legitimação para a tutela processual de interesses transindividuais apoia-se nos princípios e regras peculiares do sistema de ações coletivas, no âmbito do qual foi redefinida uma série de institutos processuais, com vistas à consecução de maior celeridade e segurança a esse universo de proteção coletiva. Assim, receberam nova e peculiar formatação os institutos como a coisa julgada, litispendência, legitimação para agir, sentença genérica e liquidação coletiva, entre outros, que devem ser interpretados e aplicados em consonância com os princípios e regras próprios do denominado microssistema de jurisdição coletiva, com o abandono das concepções de cunho liberal e individualista do Código de Processo Civil.

Vale recordar que o art. 110 do CDC acrescentou o inciso IV ao art. 1º da LACP, estendendo a abrangência dos dispositivos deste âmbito de tutela processual a qualquer outra ação para a defesa de interesses transindividuais, significando que os preceitos dessa esfera de jurisdição coletiva são aplicáveis a todas as ações que envolvam o amparo de interesses difusos, coletivos, ou individuais homogêneos, como expressamente previsto no art. 21, LACP c/c art. 90, CDC.

À guisa de exemplificação, basta comparar o instituto da coisa julgada. Enquanto nas lides individuais predomina o entendimento doutrinário, segundo o qual os efeitos da coisa julgada sempre atingem o substituído processualmente, no âmbito das lides coletivas, especificamente, nas quais se discutem direitos individuais homogêneos, a coisa julgada, em relação ao substituído, dá-se *secundum eventum litis*, ou seja, em caso de improcedência do pedido, os interessados que não tiverem intervindo no processo poderão propor ação individual versando sobre o mesmo objeto (art. 103, § 2º, CDC), não se submetendo à imutabilidade da decisão em âmbito coletivo.

A disciplina da coisa julgada no Código de Processo Civil foi construída com vistas à solução de conflitos envolvendo direitos meramente individuais, de forma que se mostrou inservível às lides que versam sobre interesses transindividuais, daí por que o legislador ordinário cuidou de adequar o instituto da coisa julgada às características peculiares dos bens jurídicos a serem defendidos por meio do uso das ações coletivas.[605]

(605) MOMEZZO, Marta Casadei. *Mandado de segurança coletivo*. São Paulo: LTr, 2000. p. 75.

Ainda a título de exemplificação da peculiaridade dos institutos das demandas coletivas, tome-se a reformulação dos critérios para reconhecimento de litispendência às ações coletivas e entre as ações e as individuais. No primeiro caso, diferentemente do direito processual comum, a litispendência não exige a presença da tríplice identidade (partes, pedido e causa de pedir), sendo suficiente a aferição da igualdade formal de pedido e causa de pedir e que os autores coletivos estejam atuando na tutela de uma mesma coletividade. Na segunda hipótese, não se verifica a ocorrência de litispendência entre a ação proposta pelo substituto e aquela individualmente proposta pelo substituído (art. 103, § 3º, CDC).

Esse contraponto entre legitimação extraordinária das lides individuais e aquela presente nas demandas coletivas será minudenciado quando confrontarmos o tratamento conferido às ações de cumprimento do processo trabalhista pela antiga Súmula n. 310 do TST e o disciplinamento da substituição processual pelo CDC. Por ora, simplesmente ressaltamos o equívoco em que incorrem aqueles que concedem tratamento igualitário entre a legitimação extraordinária do Código de Processo Civil e aquela preceituada para as lides coletivas, cujos aspectos, naturezas e efeitos são relativamente distintos.

4.3.1. Controvérsia em torno da natureza jurídica da legitimação nas lides coletivas

Embora tenhamos assinalado que a legitimação extraordinária nas lides coletivas difere essencialmente daquela prevista no art. 18 do CPC, interpretado *a contrario sensu*, vale ressaltar que ainda não há um consenso doutrinário a respeito da denominação e da natureza jurídica da legitimação nas demandas coletivas, principalmente naquelas ações ajuizadas por associações.

Para alguns, a associação age sempre na qualidade de substituta processual, independentemente da natureza do direito transindividual veiculado em juízo, se difuso, coletivo ou individual homogêneo. Por esse prisma, tratar-se-ia sempre de legitimação extraordinária, pois a entidade estaria sempre atuando em nome próprio na defesa de direito alheio da coletividade interessada, independentemente da qualificação do interesse deduzido na demanda.

Para outros, a legitimação das associações nas demandas coletivas é do tipo ordinária. A associação, *in casu*, apresentar-se-ia como a *longa manus* da coletividade representada, mas, ao ingressar em juízo, também estaria defendendo um interesse próprio, pois os interesses dos seus associados ou das pessoas atingidas seriam igualmente seus, uma vez que decorrentes da sua própria razão de existir.[(606)]

Para alguns outros, a natureza jurídica da legitimação nas demandas coletivas depende da espécie do interesse transindividual veiculado. Na hipótese dos direitos individuais homogêneos, a entidade legitimada para a propositura da demanda estaria agindo em nome próprio na defesa de direitos individuais alheios, numa típica hipótese de substituição processual. Nos casos de defesa de direitos de pessoas indeterminadas (difusos e coletivos), a natureza da legitimação seria ordinária ou legitimação autônoma para a condução do processo, como a denomina Nelson Nery Junior.[(607)]

Toda esta controvérsia em torno da natureza jurídica da legitimidade *ad causam* nas demandas coletivas demonstra a necessidade de desvinculação do conceito de legitimação para agir das ações individuais do Código de Processo Civil. Estamos diante de um novo instrumental jurídico cujos preceitos e delineamento — ainda em formação — requerem tratamento peculiar e coadunado com a jurisdição coletiva que vem se formando gradativamente.

Não obstante as observações críticas acima expostas, predomina na doutrina o entendimento segundo o qual a legitimação para agir nas lides coletivas caracteriza-se como ordinária ou condução autônoma para o processo nas hipóteses de interesses difusos e coletivos, e extraordinária nos casos de tutela de interesses individuais homogêneos e de substituição processual.

---

(606) MANCUSO, Rodolfo de Camargo. *Ação civil...*, cit., p. 115.

(607) NERY JUNIOR, Nelson. *O processo do trabalho...*, cit., p. 156.

4.3.2. Quadro sinóptico da legitimação nas ações coletivas

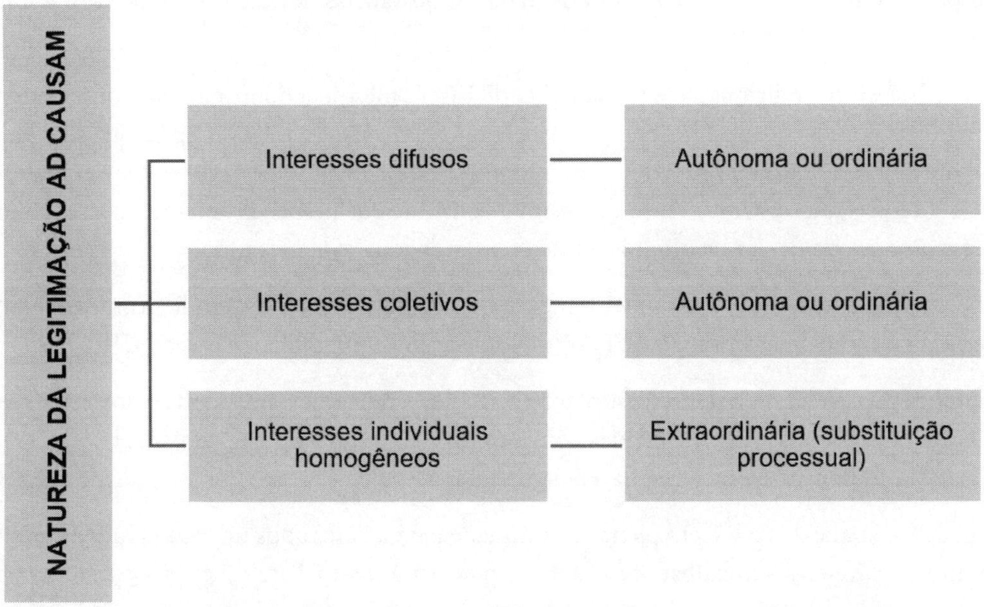

4.4. Legitimação sindical para a defesa dos interesses individuais homogêneos

Lembramos que os interesses individuais homogêneos são aqueles interesses singulares de pessoas determinadas, comumente disponíveis e de fruição singular, mas decorrentes de uma origem comum, que lhes concede homogeneidade e possibilita o seu tratamento conjunto e uniforme, sem que, por tal fato, percam a nota da sua individualidade.

Decorrem de um fato jurídico, que atinge diversos indivíduos similarmente e os coloca em situação assemelhada, propiciando o tratamento uniforme das várias relações jurídicas que se formam em torno da mesma situação, sem que tal característica implique uniformidade de resultado para todos os indivíduos, uma vez que as pretensões podem assumir conteúdo e matizes os mais variados, em face do fato de os indivíduos poderem ser afetados com intensidade e consequências diversas.

Não deixam de ser direitos individuais, mas a sua forma processual de proteção dá-se por meio de uma ação, em face da uniformidade dos interesses, do elemento comum que os originam e da quantidade de pessoas atingidas. O seu tratamento processual coletivo advém do princípio de economia processual, o qual permite a aglutinação de pretensões individuais oriundas de fato comum em uma via judicial única, objetivando-se maior segurança jurídica, com a eliminação ou, no mínimo, dificultação da prolatação de decisões judiciais distintas e/ou contraditórias em torno de uma mesma situação fático-jurídica.

A legitimidade dos sindicatos para a atuação na seara dos interesses individuais homogêneos não é novidade perante o processo do trabalho. A presença de uma coletividade de empregados de um lado e a figura do empregador de outro, conjugada com a origem (fonte) comum dos diversos contratos de trabalho, torna o ambiente de trabalho terreno fértil para o surgimento de interesses individuais homogêneos nas relações de trabalho.

O principal caminho encontrado pelo legislador trabalhista para a defesa de interesses individuais homogêneos ocorreu mediante a utilização da figura da substituição processual pelo sindicato, na qual se enquadra a ação de cumprimento (art. 872, CLT), que veio atuando como o principal instrumento processual para defesa desses interesses na processualística laboral.

As principais situações em que se notabilizou a ação sindical para a defesa de interesses individuais homogêneos são: a) impetração do mandado de segurança coletivo (art. 5º, LXX, "b", CF/1988); b) propositura de ação de cumprimento (art. 872, CLT); c) ajuizamento de demanda com o objetivo de caracterizar, classificar ou delimitar as atividades insalubres ou perigosas e/ou para pleitear os efeitos pecuniários da constatação da existência de insalubridade e/ou de periculosidade (art. 195, § 2º, CLT); d) requerimento em juízo do pagamento de diferenças do adicional de insalubridade (Orientação Jurisprudencial TST n. 121-SDI-1); e) apresentação de reclamação trabalhista para compelir o empregador a efetuar o depósito das importâncias devidas ao Fundo de Garantia do Tempo de Serviço (art. 25, Lei n. 8.036/90).

Por serem passíveis de individuação e plenamente divisíveis, mesmo a doutrina mais conservadora admite que os direitos individuais homogêneos estão abrangidos pela norma do art. 8º, III, CF/1988, que se refere à atribuição dos sindicatos para a defesa dos direitos e interesses coletivos ou individuais da categoria. Desse modo, ainda para os que sustentam a interpretação restritiva desse dispositivo constitucional, especificamente do vocábulo "coletivos", a norma é expressa ao prever a defesa de direitos e interesses individuais da categoria.

Hugo Nigro Mazzilli assinala contundentemente que os sindicatos possuem legitimidade para a defesa de interesses coletivos ou individuais homogêneos por meio de ação civil pública ou coletiva.[(608)]

Thereza Christina Nahas defende a legitimação ativa dos sindicatos para a defesa dos interesses individuais homogêneos, tanto em razão das suas finalidades como em face da autorização do art. 8º, III, CF/1988, sendo esta a posição majoritária da doutrina e da jurisprudência trabalhistas.[(609)]

Desse modo, os sindicatos possuem plena legitimidade para a defesa dos interesses individuais homogêneos, disponíveis ou indisponíveis, dos trabalhadores. O mesmo entendimento é aplicável às associações profissionais.

Atualmente, há uma diferença jurídica básica desta atuação em relação a outras épocas, pois presentemente os sindicatos contam com um maior arsenal de instrumentos processuais para a tutela de direitos individuais homogêneos no campo das relações de trabalho. Além da consagrada ação de cumprimento, poderão fazer uso da ação civil pública, das ações coletivas do Código de Defesa do Consumidor, do mandado de segurança coletivo e, até, do mandado de injunção coletivo.

A grande vantagem em relação à simples utilização da ação de cumprimento está no largo campo aberto pelas demais ações coletivas para a tutela de todos e quaisquer interesses individuais homogêneos dos trabalhadores, que alcança, inclusive, os trabalhadores *in potentia*. Essas ações não se limitam, desse modo, à busca da satisfação de direitos contidos nos instrumentos normativos da categoria, tal como ocorre com a ação de cumprimento. O círculo de atuação das demais ações coletivas é, por assim dizer, maior que o das ações de cumprimento.

4.5. Legitimação sindical para a defesa dos interesses coletivos

O processo trabalhista foi o primeiro ramo processual a se preocupar com as lides coletivas. A própria gênese do Direito do Trabalho está ligada à "questão social", e as consequências dela advindas, numa dimensão global jamais verificada anteriormente, o que foi determinante para o desenvolvimento da ação coletiva dos trabalhadores (greve, sabotagem, boicotagem, piquetes etc.) e o incremento de métodos de solução de conflitos coletivos.

Tornou-se clássica a existência no Direito do Trabalho de dois tipos fundamentais de relações jurídicas: as relações coletivas e as relações individuais de trabalho. As relações coletivas têm como sujeitos os grupos de trabalhadores e empregadores, representados, via de regra, pelos sindicatos profissionais e entidades patronais; são também relações coletivas as que se desenvolvem entre um grupo de trabalhadores e uma ou mais empresas. Os grupos são os sujeitos das relações coletivas e os sindicatos atores sociais. O grupo é um sujeito coletivo porque é considerado no aspecto global, de modo que forma um todo, sem destaque de cada um de seus participantes.[(610)]

No círculo das relações coletivas de trabalho, discutem-se e conflitam-se interesses coletivos dos trabalhadores. Para a defesa desses interesses, os trabalhadores se organizam sob diversas formas de associações, dentre as quais a mais importante, como tivemos oportunidade de demonstrar, é a sindical. Os sindicatos, assim, tornaram-se os corpos intermediários cuja principal atribuição é a defesa dos interesses coletivos dos trabalhadores.

---

(608) MAZZILLI, Hugo Nigro. *A defesa dos interesses...*, cit., p. 302.

(609) NAHAS, Thereza Christina. *Op. cit.*, p. 139.

(610) NASCIMENTO, Amauri Mascaro. *Compêndio...*, cit., p. 31.

Como elucida Francesco Santoro-Passarelli, os "sindicatos são associações de trabalhadores ou de empregadores constituídas para tutelar interesses profissionais coletivos; entre estes, é prevalente o de disciplinar a concorrência entre trabalhadores e entre empregadores. A disciplina da concorrência satisfaz um interesse coletivo, não podendo ser obtida separadamente, mas, apenas, de forma conjunta, por todos".(611)

No âmbito processual, o dissídio coletivo caracteriza-se por ser uma ação tipicamente coletiva. Figura como o primeiro instituto jurídico processual brasileiro a consagrar a defesa de interesses transindividuais, mas, especificamente, os interesses coletivos das categorias de trabalhadores e empregadores representadas.

A visão clássica dos limites dos interesses da categoria organizada como parâmetro da atuação dos sindicatos não influenciou a ação destes na tutela de outros interesses transindividuais, pois essa legitimação é extraída diretamente do art. 8º, III, CF/1988, o qual deixa expresso que os sindicatos são, por excelência, os *enti esponenziali* desses interesses, seja por meio do dissídio coletivo ou por outras ações.

Os sindicatos são instituições adrede constituídas para a proteção e representação em juízo de interesses coletivos, pois o grau de agregação dos interesses coletivos, mais intenso do que em relação aos difusos, os transforma num gênero mais delineado e afetado a segmentos e categorias sociais bem definidas, como os interesses dos metalúrgicos, dos têxteis, dos empregados de determinada empresa etc., e determinam a sua representação por essas espécies de instituições.(612)

Nesse aspecto, a diferença entre a tutela atual e a clássica (dissídio coletivo) decorre da ampliação dos instrumentos processuais passíveis de utilização pelas entidades sindicais para defesa dos interesses coletivos dos trabalhadores. Até recentemente, a tutela desses interesses era efetuada principalmente pela suscitação de dissídios coletivos na Justiça do Trabalho, porém, no atual estádio de desenvolvimento dos meios de defesa dos interesses transindividuais, os sindicatos podem fazer uso da ação civil pública, das ações coletivas do CDC, do mandado de segurança coletivo e do mandado de injunção coletivo entre outros instrumentos processuais de tutela coletiva.

A tutela de direitos coletivos por meio do dissídio coletivo tem por finalidade substituir eventual negociação coletiva frustrada, com a fixação de normas e condições de trabalho não pactuadas, livremente, pelas partes conflitantes ou com o dirimir de uma questão quanto à aplicação ou interpretação de determinada norma jurídica. Por meio dele, a categoria organizada recebe um provimento constitutivo ou declaratório, com a criação da norma jurídica aplicável aos casos concretos.

Com o novo instrumental, os direitos coletivos podem ser fracionados a uma parcela da categoria ou a todos os seus membros, com vistas à obtenção de um provimento condenatório, isto é, que aplique direito preexistente ao caso *sub judice* e possibilite a sua imediata satisfação, ou de provimentos inibitórios de determinados atos e condutas lesivos à dada coletividade de trabalhadores.

Ao passo que nos dissídios coletivos a defesa de direitos da categoria se dá principalmente por meio da criação da norma jurídica aplicável ao caso concreto, nas ações coletivas do CDC e da LACP, possibilita-se a obtenção direta de um provimento condenatório ou inibitório, de cunho patrimonial ou moral.

Os novos mecanismos de tutela coletiva, ao contrário do dissídio coletivo, não se limitam a integrantes da categoria, já que não possuem esfera subjetiva previamente definida em lei, de modo que poderão abranger, inclusive, trabalhadores *in potentia* ou os demais sujeitos de direito relacionados com a esfera das relações de trabalho, como determinados segmentos sociais ou categorias de pessoas.

Assim, delinearam-se duas esferas de atuação sindical para a tutela de direitos coletivos dos trabalhadores: a já clássica e consagrada via do dissídio coletivo e os veículos de defesa de direitos do CDC e LACP.

---

(611) SANTORO-PASSARELLI, Francesco. *Op. cit.*, p. 11.

(612) MANCUSO, Rodolfo de Camargo. *Interesses difusos...*, cit., p. 161.

Ives Gandra Martins Filho, após afirmar a existência de legitimidade concorrente do Ministério Público e dos sindicatos para a propositura da ação civil pública, assinala uma diferença no prisma pelo qual cada um desses entes defende os interesses coletivos. Para o ilustre jurista, o sindicato tem, como objetivo primordial, a defesa dos trabalhadores que a ordem jurídica protege (art. 8º, III, CF/1988), ao passo que o Ministério Público defende a própria ordem jurídica protetora dos interesses coletivos dos trabalhadores (art. 127, CF/1988).(613)

4.6. Legitimação sindical para a defesa dos interesses difusos

Ao passo que a legitimação dos sindicatos para a defesa de interesses coletivos e individuais homogêneos encontra grande respaldo na doutrina e jurisprudência pátrias, o mesmo não se pode dizer em relação aos interesses difusos. Em relação a esses, há diversas controvérsias a respeito da possibilidade de as entidades sindicais profissionais atuarem em sua defesa.

Carlos Henrique Bezerra Leite, ao analisar a legitimidade dos sindicatos para a defesa de interesses difusos, assinala que, em face do art. 8º, III, da CF/1988, deve-se concluir que o sindicato não possui legitimidade para a defesa de interesses ou direitos difusos, uma vez que estes não estariam ligados a grupo ou categoria de pessoas ligadas entre si ou com a parte contrária por meio de uma relação jurídica-base como costuma acontecer nas relações de trabalho.(614)

Manoel Jorge e Silva Neto coaduna do mesmo entendimento. Por meio de uma análise conjunta da legitimidade prevista para o mandado de segurança coletivo limitada à proteção dos associados e da previsão da defesa de direitos e interesses coletivos e individuais da categoria prevista no art. 8º, III, CF/1988, entende o autor que o sindicato não possui legitimidade para a defesa de interesses difusos, pois, para ele, o sindicato apenas possui um campo mais dilargado do que o previsto no art. 5º, XXI, da CF/1988, mas circunscrito ao raio da categoria por ele representada.(615)

Sergio Pinto Martins é contundente ao afirmar que "Terá legitimidade para a propositura da ação civil pública o Ministério Público do Trabalho concorrentemente com o sindicato, desde que se trate de interesses coletivos ou individuais homogêneos (art. 82, Lei n. 8.078/90), e não simples interesse individual. Havendo interesses difusos em discussão, a legitimidade para a propositura da ação civil pública é exclusiva do Ministério Público do Trabalho, pois o sindicato não protege interesses difusos, mas os interesses da categoria, que são interesses coletivos".(616)

No entanto, como assinalamos no capítulo anterior, a previsão de que ao sindicato cabe a defesa dos direitos e interesses coletivos ou individuais da categoria (art. 8º, III, CF/1988), em nenhuma hipótese contém locução restritiva ou proibitiva da possibilidade de os sindicatos atuarem na defesa de direitos outros, além daqueles estritamente referentes à categoria. A circunstância de a lei dispor sobre a permissão de um fato não significa a proibição de todos os fatos que daquele se distinguem. O sentido da norma foi de expandir a ação sindical para esfera maior que o círculo dos meros associados, e não de restringir a ação sindical.

A interpretação do art. 8º, III, CF/1988 de acordo com os valores da própria Carta Magna remete à ilação de que a expressão "interesses coletivos" foi utilizada no sentido amplo, para designar a defesa de interesses transindividuais. Somente essa interpretação justifica o fato de o constituinte ter utilizado duas expressões distintas, "direitos" e "interesses", de forma que demonstre o conteúdo ontologicamente diverso de ambos os vocábulos.

Celso Antonio Pacheco Fiorillo, ao apresentar a sua dissertação de mestrado, já defendia a legitimação das entidades sindicais para a defesa de interesses difusos. Naquela ocasião, salientava que não havia qualquer incompatibilidade entre a atuação sindical e a defesa de interesses difusos. Para o autor, por serem, em sua gênese,

(613) MARTINS FILHO, Ives Gandra. *Op. cit.*, p. 210.

(614) BEZERRA LEITE, Carlos Henrique. *Ministério Público do Trabalho*. São Paulo: LTr, 1998. p. 127.

(615) SILVA NETO, Manoel Jorge e. *Op. cit.*, p. 203-204.

(616) MARTINS, Sergio Pinto. *Direito processual do trabalho*. São Paulo: Atlas, 2001. p. 498.

verdadeiras associações civis, bastar-lhes-ia adequarem seus estatutos ao que dispõem os incisos I e II do art. 5º da LACP, para adquirir aptidão para tutelar interesses difusos, como eventuais danos causados ao meio ambiente, ao consumidor, a bens e direitos de valor artístico, à saúde dos trabalhadores e outros estabelecidos em lei.[(617)]

Amauri Mascaro Nascimento, após apontar a ampliação do estudo dos diversos tipos de interesses que existem numa sociedade de massas — difusos, coletivos, individuais homogêneos e sociais — que se interpõem ou postam-se ao lado dos já conhecidos, afirma que os sindicatos são defensores de todos eles, "inclusive de direitos individuais coletivos, expressão utilizada pela Constituição Federal de 1988, como um tipo diferente, inconfundível com o interesse coletivo".[(618)]

Para João Hilário Valentim, os sindicatos, como espécie do gênero associação civil, constituem entes legitimados para a defesa dos interesses transindividuais, inclusive os difusos. Posicionamento também adotado por Francisco Antonio de Oliveira e Hugo Nigro Mazzilli, sendo que este é contundente ao assinalar que o "sindicato está, portanto, legitimado à defesa judicial de interesses difusos, coletivos e individuais homogêneos dos integrantes da categoria, pouco importa estejam eles sindicalizados ou não".[(619)]

Nelson Nery, ao criticar a restrição enunciada pela antiga Súmula n. 310 do TST, sustentou que a CF/1988, no art. 8º, inc. III, "legitimou o sindicato a defender amplamente em juízo, como substituto processual, direito individual da categoria, e como legitimado autônomo para a condução do processo, os direitos difusos e coletivos da categoria". Ressalta que eventual restrição legal à ação do sindicato não foi recepcionada pela nova ordem constitucional.[(620)]

No mesmo sentido se posiciona José Felipe Ledur, para quem o dispositivo do art. 8º, III, CF/1988, não possui caráter restritivo da atuação sindical na defesa de interesses transindividuais, que transcendem o interesse de categoria determinada, como o direito ao meio ambiente saudável ou a luta pela criação de postos de trabalho em determinado município.[(621)]

Raimundo Simão de Melo menciona que o dispositivo constitucional em comento assegura que os sindicatos possuem legitimidade presumida para a defesa de interesses coletivos e individuais homogêneos, tendo em vista que guardam pertinência direta com a sua função institucional; quanto aos interesses difusos, entende que deve haver previsão nas normas estatutárias da entidade. Porém, admite que, em determinadas hipóteses, os sindicatos podem defender interesses difusos, como no caso em que pleiteiam, em juízo, por meio de ação civil pública, a colocação de portas eletrônicas como instrumentos destinados à proteção dos trabalhadores. Embora o objetivo imediato seja a tutela dos direitos dos representados do sindicato, a tutela beneficia, difusamente, todas as pessoas que utilizam os serviços bancários.

O pensamento do Procurador do Trabalho coincide com nosso entendimento no ponto em que admite que a própria natureza do direito tutelado implica a extrapolação dos limites subjetivos da categoria representada, de modo que, ainda que reflexamente, venha a atingir direito difuso da sociedade. No entanto, entendemos que os sindicatos possuem legitimidade não presumida, mas declarada no art. 8º, III, CF/1988, de forma que não há necessidade de previsão em seus estatutos de defesa de direitos difusos, tendo em vista a interpretação *lato sensu* do vocábulo "coletivos" enunciado na norma constitucional em comento.

Por outro lado, a legitimidade dos sindicatos para a defesa de interesses difusos não se restringe à hipótese de tutela reflexa e indireta, uma vez que a norma do art. 8º, III, CF/1988 prevê expressamente a tutela dos interesses coletivos *lato sensu*, os quais abrangem os difusos, os coletivos *stricto sensu* e os individuais homogêneos.

(617) FIORILLO, Celso Antonio Pacheco. *Associação civil...*, cit., p. 298-299.

(618) NASCIMENTO, Amauri Mascaro. *Compêndio...*, cit., p. 34.

(619) VALENTIM, João Hilário. Atuação dos sindicatos e os direitos coletivos e difusos. *Arquivos do Instituto Brasileiro de Direito Cesarino Junior*. São Paulo, n. 22, 1994. p. 44; OLIVEIRA, Francisco Antonio. *Ação civil pública...*, cit., p. 90-91; MAZZILLI, Hugo Nigro. *A defesa dos interesses...*, cit., p. 304.

(620) NERY JUNIOR, Nelson; NERY, Rosa Maria de Andrade. *Op. cit.*, p. 393.

(621) LEDUR, José Felipe. *Op. cit.*, p. 170.

O próprio autor explana que a tutela coletiva do meio ambiente do trabalho de uma empresa, por exemplo, tem defensores no sentido de que sempre constitui uma pretensão de direito difuso de uso comum do povo (art. 225, CF/1988), tendo em vista a repercussão econômica dos acidentes do trabalho para a sociedade, suportada por meio do denominado risco social.(622)

Essa colocação apenas demonstra aquilo que vínhamos assinalando, isto é, a impossibilidade de compartimentar os interesses transindividuais em círculos perfeitamente definidos e estanques. São interesses cuja mutação genética lhes é inerente e de difícil categorização. Ao contrário da legitimação para as lides individuais, somente um esforço excessivo de intelecção poderia vincular natureza do direito e legitimidade, se a própria natureza deles é fluida, mutável e designada conforme o prisma pelo qual se enfoca a situação.

O posicionamento de Márcio Túlio Viana demonstra a penumbra que existe em torno da matéria. O autor reconhece a existência de interesses difusos na esfera trabalhista e, após negar a legitimidade aos sindicatos para a defesa de interesses difusos por entender que a referência sindical é a categoria, declara que nada impede ao sindicato, ao buscar a proteção da categoria, a satisfação reflexa de interesses difusos dos trabalhadores que nela não se inseriram ainda. Cita como exemplo a hipótese de determinada empresa que só admite aqueles que apresentem certidões negativas de reclamatórias; nesse caso, a atuação sindical, além de proteger direito coletivo da categoria, estará atendendo aos interesses difusos dos candidatos ao emprego.(623)

Em que pese o pensamento do reconhecido autor, entendemos haver na hipótese narrada típico interesse difuso da categoria, uma vez que os interesses em jogo não se limitam a um número determinado de pessoas; são verdadeiramente transindividuais, de natureza indivisível, de pessoas indeterminadas e ligadas por circunstâncias de fato (candidatura a emprego) e não por uma relação jurídica base, há, sim, uma circunstancial identidade de situações. E o sindicato é plenamente legitimado para a defesa desses interesses difusos.

Esse confronto de ideias em torno da legitimação sindical para a tutela de interesses difusos, como se nota, inicia-se já na problemática da identificação desses interesses na realidade concreta, o que muito dificulta a fase posterior de discussão sobre a legitimidade dos sindicatos para a sua tutela.

A análise do direito comparado, entretanto, demonstra uma tendência à expansão da atividade sindical para a defesa de interesses difusos, inclusive àqueles que não possuem ligação estrita com as relações de trabalho, mas que, assim mesmo, figuram como atribuição dos sindicatos.

Pioneiros no desenvolvimento da discussão dos interesses difusos e coletivos, os juristas italianos também têm se debruçado sobre a problemática da legitimação ativa dos sindicatos para a defesa desses interesses.(624)

A maior parte da doutrina italiana conclui que a atuação das entidades sindicais, hodiernamente, supõe uma clara expansão em direção ao campo dos conflitos coletivos e tutela de interesses gerais e difusos. A jurisprudência peninsular adota, como um dos critérios para a aferição da representatividade de uma confederação sindical no plano nacional, a sua atuação no campo dos conflitos coletivos, em matéria de interesses gerais e difusos.(625)

São numerosas as situações em que as associações profissionais italianas podem atuar com "transcendência processual". O art. 28 da Lei n. 300, de 30 de maio de 1970, regulamentadora do Estatuto dos Trabalhadores, prevê a legitimação dos sindicatos para a repressão às condutas antissindicais. Estão também legitimados, para fins de

---

(622) MELO, Raimundo Simão de. *Ação civil pública na justiça do trabalho*. São Paulo: LTr, 2002. p. 128.

(623) VIANA, Márcio Túlio. Interesses difusos na Justiça do Trabalho. *Revista LTr*, São Paulo, ano 59, n. 2, p. 184, fev. 1995.

(624) Desde a década de setenta, a doutrina italiana vem desenvolvendo aprofundadas discussões a respeito dos direitos transindividuais. São numerosos os congressos e publicações de livros e artigos em revistas especializadas sobre o assunto. Tem como seu maior expoente Mauro Cappelletti, que iniciou os primeiros estudos a respeito da matéria, mas muitos outros nomes destacam-se nessa área: Vittorio Denti, Anna De Vita, Massimo Severo, Giuseppe Di Chiara Giannini, Giorgio Constantino, Andréa Proto Pisani, Giorgio Recchia, Alberto Romano, Claudio Varrone, Vicenzo Vigoritti, Massimo Villone, Marco Cresti e muitos outros que deixamos de citar em face da extensibilidade da lista, mas que merecem não menos importância.

(625) SILGUERO ESTAGNAN, Joaquim. *Op. cit.*, p. 208.

conciliação, à adoção de cláusulas compromissórias em contratos e acordos coletivos de trabalho; recorrer ao juiz por insuficiência de provas em situações contra a discriminação em matéria de igualdade entre homens e mulheres; informar ou realizar observações em processo judicial quando indicados pelas partes litigantes.(626)

Na França, o *Code du Travail* explicitamente reconhece aos sindicatos a faculdade de propor ações com suporte em fatos que tenham causado prejuízos diretos ou indiretos ao interesse coletivo da profissão, ainda que representem somente uma parcela desta.(627)

Joaquim Siguero Estagnan, que admite a legitimação dos sindicatos para a defesa de interesses difusos, elucida que a própria jurisprudência das Cortes francesas, principalmente no campo penal, não tem sido rigorosa a esse respeito. Naquele país, aceita-se a legitimação, por exemplo, nas hipóteses de homicídio ou lesões causadas pela violação de uma norma de seguridade ou higiene do trabalho (art. 319 e 320 do Código Penal). Reconheceu legitimidade do sindicato na tutela de interesse geral da sociedade, antes relegada somente ao Ministério Público.(628)

Na esfera não penal, a jurisprudência francesa tem sido mais favorável à legitimação dos sindicatos, como em matéria de concorrência desleal ou publicidade enganosa, que prejudiquem os trabalhadores.(629)

O *Code du Travail* vem, outrossim, alargando as hipóteses de habilitação processual legal dos sindicatos para a propositura de ações em defesa de interesses difusos, mesmo em situações de litígio individual, quando, por exemplo, a lide versar sobre o desrespeito ao princípio da igualdade entre homens e mulheres (art. L. 123-6), para defender trabalhadores diante das associações empresariais (art. L. 127-6) ou para proteger um trabalhador despedido por causas econômicas ou por reorganização empresarial (art. 321-15).(630)

Na Espanha, Pablo Gutiérrez de Cabiedes e Hidalgo de Caviedes, após admitir a ação dos sindicatos para a tutela de interesses difusos, cita importante decisão do Alto Tribunal que admitiu a legitimidade de um sindicato para a tutela da liberdade sindical e dos direitos fundamentais violados em virtude de uma conduta discriminatória de uma empresa, por razão de sexo, como também em situação de discriminação coletiva de um grupo genérico e inominado de trabalhadores, pela exigência de uma série de requisitos discriminatórios para o acesso ao emprego.

Na hipótese, o Tribunal francês considerou que a ação discriminatória do trabalhador no ingresso ao trabalho, por razão de sexo, constituiu uma atitude pluriofensiva, que afeta tanto a interesses individuais como a um interesse difuso, mediante a negativa de contratar grupos genéricos de trabalhadores, inominados e não identificados pessoalmente, mesmo que determinados mediante dados objetivos. Entendeu-se que, para a defesa do interesse individual, qualquer trabalhador lesionado poderia ajuizar ação requerendo a concessão do posto de trabalho. Na vertente supraindividual, diante da discriminação que atentara contra o interesse genérico de um grupo de indivíduos, teria o sindicato um interesse legitimador para demandar a sua proteção.(631)

Voltando-se para o nosso ordenamento, notamos que também há os que negam legitimidade aos sindicatos para defesa de direitos difusos, centrando suas argumentações na legitimidade conferida ao Ministério Público para a defesa desses direitos, nos termos previstos pelo art. 129, III, CF/1988.

No entanto, não obstante a atuação intensa do Ministério Público na defesa desses direitos, especificamente o Ministério Público do Trabalho no que diz respeito às relações de trabalho, sua atuação ainda não teve o condão de suprir as necessidades de defesa desses direitos em face da quantidade e diversidade de situações que ensejam sua violação. Com certeza, a hipertrofia do *Parquet* Laboral não é a melhor solução para a universalização da tutela desses direitos, máxime num país de medidas continentais como o nosso.

---

(626) *Idem, loc. cit.*

(627) *Idem, ibidem*, p. 240.

(628) SILGUERO ESTAGNAN, Joaquim. *Op. cit.*, p. 240-241.

(629) *Idem, ibidem*, p. 241.

(630) *Idem, loc. cit.*

(631) HIDALGO DE CAVIEDES, Pablo Gutiérrez de Cabiedes e. *Op. cit.*, p. 298.

Incorrem em erro aqueles que retiram a legitimação dos entes sindicais para a defesa de interesses transindividuais com base na natureza do direito tutelado, ou seja, se se tratar de interesse difuso, não possuiriam legitimidade, se coletivos ou individuais homogêneos, aquela não estaria presente. Em matéria de interesses transindividuais, os critérios para aferição da legitimidade são completamente distintos daqueles previstos para os direitos individuais. Emergem novos critérios como a *adequacy of representation* e a pertinência temática, surgidos com o advento das lides coletivas.

Como aduz Rodolfo de Camargo Mancuso, "as respeitáveis proposições tendentes à delimitação dos campos de atuação do Ministério Público Trabalhista e do Sindicato, em função do tipo ou natureza do interesse transindividual veiculado na ação civil pública devem ser temperadas, *in concreto*, com a devida cautela, a fim de evitar que certos valores importantes, porventura situados numa linha tangencial ou na 'zona de influência' subjacente ao conceito de 'meio ambiente do trabalho', não fiquem desprovidos de amparo judicial. Assim, as restrições efetivamente inarredáveis ficariam por conta de casos extremos, como por exemplo, as hipóteses que não se enquadram na competência *ratione materiae* da Justiça do Trabalho, ou nas atribuições do Ministério Público e dos Sindicatos. Afora esses casos excepcionais, no mais será recomendável uma linha exegética mais generosa no tocante à legitimação para agir *(benigna amplianda, odiosa restringenda)*, até para se preservar a desejável harmonia com as diretrizes constitucionais do amplo acesso à Justiça, da ordem jurídica justa, e da democracia participativa, tríade que, no âmbito dos interesses metaindividuais, se resolve no exercício da legitimação ativa, em modo concorrente-disjuntivo".(632)

A norma do art. 129 da CF/1988, ao conferir legitimidade ao Ministério Público para defesa de interesses transindividuais, não lhe atribui exclusividade, ilação que se pode extrair de uma análise sistemática da Carta Política, de forma que aos demais atores sociais não só é conferida essa legitimidade, como são conclamados a exercê-la, o que se aplica, igualmente, aos sindicatos.

A universalização da tutela dos interesses transindividuais motivou o legislador constituinte a garantir o pluralismo participativo, por meio da legitimação concorrente do Ministério Público com outras entidades, como se extrai do art. 129, § 1º, CF/1988.(633)

A Constituição cidadã, no caminho da construção de um Estado democrático e pluralista (art. 1º, *caput* e inciso V), assegurado como um dos fundamentos da nossa República, estimulou a participação social na conquista e defesa de direitos por meio dos corpos intermediários, bem como assegurou a plena liberdade de associação para fins lícitos (art. 5º, XVII), libertando-a da interferência estatal na sua criação e no seu funcionamento (art. 5º, XVIII); incentivou a atuação dessas associações mediante concessão de uma série de direitos e instrumentos processuais, bem como lhes garantiu a representação judicial e extrajudicial de seus filiados (art. 5º, XXI), além de outorgar-lhes remédios constitucionais como o mandado de segurança coletivo (art. 5º, LXX).

Como elucida Kazuo Watanabe, "se procura estimular a criação de associações, que são reconhecidas também a nível de lei ordinária, e se é fim lícito as associações proporem à defesa do meio ambiente, dos valores culturais, à defesa do consumidor, enfim, dos interesses difusos, não seria, acaso, discrepante de todo esse sistema constitucional a conclusão que negue às mesmas associações a possibilidade de promover a defesa desses interesses difusos perante o Judiciário? Se o legislador constituinte quer alcançar determinados objetivos e chega até a sugerir um modelo a ser adotado pela sociedade civil, não encontro argumento que me conduza a outra ilação senão a de que a própria Constituição assegurou, a essas mesmas associações, todo o instrumento necessário à consecução dos fins perseguidos, inclusive acesso ao Judiciário".(634)

---

(632) MANCUSO, Rodolfo de Camargo. Ação civil pública trabalhista: análise de alguns pontos controvertidos. *Revista de Processo*, São Paulo, ano 24, n. 93, p. 169-170, jan./mar. 1999.

(633) "§ 1º A legitimação do Ministério Público para as ações civis previstas neste artigo não impede a de terceiros, nas mesmas hipóteses, segundo o disposto nesta Constituição e na lei."

(634) WATANABE, Kazuo. *Tutela jurisdicional...*, cit., p. 91-92.

O fato de os interesses difusos pressuporem uma indeterminação subjetiva dos seus titulares requer um reforço da sociedade civil organizada, como instrumento para a salvaguarda da sua eficácia. Uma verdadeira democracia se faz com práticas efetivas de atuação social. Aos pluralismos político e jurídico, deve seguir o pluralismo participativo, com o incremento da legitimação das associações, entidades de classe e outros corpos intermediários na defesa desses interesses, principalmente os difusos.

No campo dos interesses transindividuais, a delimitação do campo de atuação sindical não tem como parâmetro a noção de categoria, mas a pertinência temática — econômica, social e profissional — do sindicato com o ramo de atividade econômica na qual atua como paladino dos interesses transindividuais. Assim, um sindicato dos trabalhadores da indústria têxtil, por exemplo, estaria legitimado para defender interesses difusos, coletivos e individuais de todos os trabalhadores relacionados a esse ramo econômico, ainda que a ação venha a refletir-se sobre outros indivíduos da sociedade.

Não se pode negar a transcendência desses interesses dos trabalhadores, ainda que a ação venha a atingi-los somente por via indireta ou reflexa, isto é, sem que tenha existido uma pretensão inicial focada na sua defesa.

Tome-se o exemplo de uma empresa que discrimina certo grupo social, negando, aos seus componentes, acesso aos seus quadros. Nessa hipótese, não há qualquer óbice a que o sindicato mova ação civil pública para obstar a prática discriminatória perpetrada pela empresa, a fim de que os membros da categoria tenham acesso igualitário ao valor do trabalho. Julgado procedente o pedido, os efeitos da decisão alcançam todas as pessoas que compõem o grupo social favorecido, seja associado ao sindicato, membro da categoria de trabalhadores correspondentes à atividade econômica da empresa ou trabalhadores *in potentia* (desempregados ou aqueles que buscam seu primeiro emprego).

São protegidos, por esta ação, diversos interesses difusos constitucionalmente garantidos: a dignidade da pessoa humana (art. 1º, III); os valores sociais do trabalho e da livre-iniciativa (art. 1º, IV); a igualdade (art. 5º, *caput*); a proibição de discriminação atentatória dos direitos e liberdades fundamentais (art. 5º, XLI) e a vedação à prática de racismo (art. 5º, XLII). Além do interesse dos trabalhadores, há um interesse de toda a sociedade na eliminação dessas formas de conduta.

As considerações acima expostas nos levam a uma conclusão prática: assim como foi difícil a quebra de barreiras ideológicas em torno da legitimidade do Ministério Público do Trabalho para a defesa dos interesses individuais homogêneos, atualmente já consagrada pela doutrina e jurisprudência, as entidades sindicais terão uma grande luta pela frente até convencer juristas e juízes da sua legitimidade para a defesa desses interesses, o que talvez tenha inibido um pouco a atuação individual dessas entidades, as quais, na sua maior parte, ainda se limitam a efetuar denúncias de irregularidades perante o Ministério Público do Trabalho a fim de que o *Parquet* instaure inquérito civil público e proponha a respectiva ação e, quando muito, ingressam como litisconsortes facultativos.

4.7. A expressão "interesses coletivos" da categoria como referência à aferição da* adequacy of representation *e da pertinência temática no âmbito sindical

Em relação à interpretação do art. 8º, III, CF/1988, uma última questão poderia ser levantada: se a expressão "interesses coletivos", que consta desta norma, deve ser entendida em sentido amplo, para designar a presença de interesses transindividuais, não haveria um paradoxo na medida em que não se poderia falar em "interesses difusos da categoria", uma vez que a própria natureza daqueles transcende aos limites desta?

O hipotético paradoxo que se poderia observar entre a interpretação extensiva do vocábulo "coletivos" e a referência à categoria não existe. Ao reportar-se a interesses coletivos *lato sensu* (difusos, coletivos *stricto sensu* e individuais homogêneos) da categoria, o legislador nos fornece a base para a determinação da legitimação das entidades sindicais em matéria de interesses transindividuais, na sua esfera de atuação primária.

De fato, a referência à categoria no campo dos interesses transindividuais indica a adequação da representação e a pertinência temática, como pressupostos para a atuação sindical na defesa dos interesses transindividuais (coletivos *lato sensu*) e não uma limitação da legitimação sindical a direitos estritos da categoria.

Deve haver uma adequação entre a atividade da empresa e a representação do sindicato, o que equivale a dizer que determinado sindicato profissional estará legitimado a atuar em face de empresa pertencente à categoria econômica correspondente à respectiva categoria profissional por ele representada.

Nesse sentido, no seu campo de atuação primária, pode o sindicato tutelar interesse transindividual dos trabalhadores, na sua base de representação, diante de qualquer empresa componente da respectiva categoria econômica. Assim, a um sindicato de bancários faculta-se defesa de qualquer direito transindividual da coletividade de trabalhadores representada em face de qualquer instituição bancária, envolvendo os mais variados temas (discriminação, inserção de portador de deficiência no mercado de trabalho, trabalho escravo, trabalho da mulher, terceirização ilícita, meio ambiente do trabalho).

Ainda à guisa de exemplificação, teria o sindicato legitimidade para propor ação civil pública contra existência de determinada cooperativa fraudulenta, que presta serviços terceirizados para certa empresa tomadora? Em caso afirmativo, caberia a ação sindical contra toda e qualquer cooperativa? À primeira pergunta, a resposta é afirmativa. Trata-se de verdadeira defesa de interesses difusos e coletivos dos trabalhadores. Difusos porque eventual terceirização ilícita por parte da empresa tomadora impossibilita a integração na empresa e na categoria de qualquer trabalhador habilitado para a prestação de serviços. Coletivos, à medida que pode a entidade sindical exigir a contratação direta dos trabalhadores terceirizados. Quanto à segunda questão, entendemos que a ação sindical deve guardar pertinência com a representação sindical do sindicato. Assim, o sindicato de trabalhadores da indústria metalúrgica terá legitimidade para insurgir-se contra uma empresa metalúrgica da categoria econômica correspondente (área de metalurgia) que, fraudulentamente, terceiriza seus serviços por meio de cooperativas. Por outro, poderá insurgir-se contra qualquer cooperativa fraudulenta que atue no setor econômico de sua base de representação. Nesta última hipótese, eventual provimento condenatório terá nítido caráter difuso, pois abrangerá toda a atuação da cooperativa, independentemente do setor em que atua, embora a ação tenha sido proposta por sindicato profissional de determinado setor.

Esta é a única, e possível, interpretação da atuação sindical em defesa dos interesses transindividuais passível de ser extraída da norma do art. 8º, III, CF/1988, e do delineamento da organização sindical brasileira, que possui, como pilares, o conceito de categoria e a unicidade sindical. Assim, o vocábulo "categoria" constante da norma indicada não está a limitar a atuação sindical apenas à defesa de trabalhadores membros da categoria, mas sim determina uma baliza para a atuação sindical na defesa dos interesses coletivos *lato sensu*.

Constata-se, desse modo, que no campo dos interesses transindividuais a expressão "interesses coletivos da categoria", contida no art. 8º, III, CF/1988, designa um critério de aferição da legitimidade sindical para atuação em defesa dos interesses transindividuais no seu campo de atuação primária. Por se tratar de interesses que se espraiam por um campo social de larga dimensão, evidente a necessidade de maior segurança jurídica na escolha dos entes legitimados para a sua tutela.

Essa preocupação já foi manifestada pelo legislador infraconstitucional, ao exigir, por meio do art. 5º, I e II, LACP, o preenchimento de requisitos que demonstram uma existência relativamente consolidada das associações legitimadas para sua defesa. Além do requisito da existência há mais de um ano, previu o legislador a necessidade de inclusão entre as finalidades institucionais da associação a indicação dos interesses transindividuais de que é portadora. O legislador teve, como objetivo, evitar a atuação de associações não suficientemente sólidas, ou cujos objetivos não se coadunem com o interesse metaindividual em causa.[635]

A finalidade é a aferição da pertinência temática, isto é, a verificação da correlação entre os fins institucionais da associação ou dos demais entes legitimados para a demanda coletiva e a defesa dos interesses transindividuais nesta objetivados.[636]

---

(635) MANCUSO, Rodolfo de Camargo. *Ação civil...*, cit., p. 118.

(636) MAZZILLI, Hugo Nigro. *A defesa dos interesses...*, cit., p. 292.

Diferentemente das demais associações passíveis de legitimação no processo civil, no campo do processo do trabalho, a pertinência temática em relação aos sindicatos é extraída diretamente da dicção do art. 8º, III, CF/1988. Este critério legal de aferição da representatividade adequada refere-se ao campo de atuação primária dos sindicatos, de modo que podem estes atuar na defesa da ordem jurídico-trabalhista, ainda que em face de outra categoria, se presente a pertinência temática em seus estatutos ou em seus valores institucionais. Cite-se, por exemplo, o combate ao trabalho escravo em determinada fazenda. Ele pode ser realizado por qualquer entidade sindical, uma vez que concerne à defesa da ordem jurídico-trabalhista, valor inerente às associações sindicais.

Assim, a expressão "interesses coletivos da categoria", além de critério para aferição da *adequacy of representation* em relação aos sindicatos, indica que o interesse metaindividual tutelado deva referir-se, de forma direta, indireta ou conexa, à categoria ou os efeitos de sua proteção recaírem sobre esta, ainda que remota ou indiretamente.

A pertinência temática, desse modo, é extraída diretamente dos fins institucionais do sindicato previstos no art. 8º, III, CF/1988. Constitui a denominada missão institucional.

Vale ressaltar que referência à categoria, aqui, não equivale à restrição, isto é, o fato de o direito protegido dever referir-se à categoria, não significa que o sindicato esteja legitimado à tutela de interesse transindividual previsto em norma legal ou coletiva, de aplicação exclusiva à categoria por ele representada. Dessa maneira, o ente sindical, por exemplo, tem plena legitimação para propor ação civil pública em face de determinado empregador que pratique atos de discriminação em relação a determinada etnia. Não obstante o combate à discriminação não seja um direito exclusivo da categoria representada pelo sindicato, os efeitos dessa tutela, certamente, recaem sobre essa mesma categoria, à medida que possibilita o ingresso em seu seio de pessoas pertencentes àquela comunidade étnica discriminada.

Nesse sentido, é o posicionamento de Francisco Antonio de Oliveira: "A defesa dos interesses difusos, coletivos e individuais homogêneos faz parte dos objetivos de todo e qualquer sindicato, sempre que os interesses estejam ligados à área trabalhista ou de alguma forma afetem a categoria".[(637)]

Ainda, a título de exemplificação, digamos que uma determinada "pedreira" esteja sujeitando trabalhadores a trabalho escravo. Embora a matéria não seja restrita à categoria do respectivo sindicato profissional que representa os trabalhadores desse ramo de atividade — uma vez que interessa a toda a sociedade —, é fato que a ela se refere, considerando-se que são trabalhadores que estão sob campo de representação do sindicato, o que permite a atuação sindical na hipótese.

Há casos em que o interesse trabalhista da categoria ou grupo de empregados somente aparece de forma mediata, isto é, não é retirada automaticamente de determinado ato ou fato violador direto de um direito da categoria, mas a lesão aparece de modo reflexo, como nos casos de ofensa a um interesse difuso da sociedade. Mas, nesse caso, não será desarrazoado inferir-se a legitimidade dos sindicatos para a defesa de interesses transindividuais dos trabalhadores atingidos pelos efeitos da situação.

Na França, por exemplo, no campo das infrações penais, admite-se, explicitamente, a legitimação das entidades sindicais para a defesa contra lesões a direitos que tenham causado um prejuízo direto ou indireto ao interesse coletivo da profissão que representam (art. L. 411-11, *Code du Travail*).[(638)]

A análise da pertinência temática e da *adequacy of representation* à luz da norma do art. 8º, III, CF/1988 demonstra a compatibilização da expressão "interesses coletivos da categoria" com a atuação dos sindicatos na tutela de interesses transindividuais em todas as suas espécies: difusos, coletivos e individuais homogêneos, explicitando o sentido que o vocábulo categoria adquire na nova ordem constitucional de privilegiamento da tutela de interesses transindividuais.

---

(637) OLIVEIRA, Francisco Antonio de. Da ação civil pública: instrumento de cidadania. *Revista LTr*, São Paulo, ano 61, n. 7, p. 887, jul. 1997.

(638) SILGUERO ESTAGNAN, Joaquim. *Op. cit.*, p. 240.

4.8. Intervenção assistencial sindical em ação individual movida pelo trabalhador

Como dissertado ao longo desta obra, uma mesma situação fática pode ensejar o nascimento de um ou mais interesses transindividuais, de tal modo que a lesão de um deles pode incorrer em lesão de outros e a defesa de um deles poderá, ainda que reflexamente, implicar a defesa dos outros.

Como tivemos oportunidade de demonstrar, não raramente, certo ato praticado pelo empregador e que venha a lesionar concretamente um só empregado, poderá estender seus efeitos por toda a comunidade "coletiva" ou "difusa" de trabalhadores ou candidatos a emprego. O ato do empregador, apesar de afetar imediatamente um interesse singular, atinge também indivíduos que estão em condições similares, podendo adquirir a forma de lesão a interesse plúrimo, a individual homogêneo, a coletivo ou a difuso, ou seja, há uma "transcendência coletiva de um interesse individual".

Essa transcendência coletiva do interesse individual decorre da constante interação dos diversos interesses transindividuais, que cria zonas de intersecção entre eles e ocasiona a transubstanciação de um em outro interesse ou mesmo, simplesmente, uma definição distinta da espécie de interesse, conforme o prisma pelo qual se observa a sua existência.

Nesses casos em que a lesão a direito individual do trabalhador possui reflexo no âmbito transindividual, eventual litígio entre empregador e empregado, em ação judicial promovida por este, suscita o interesse do sindicato, que poderá intervir no processo como assistente do empregado, parte principal que detém a legitimidade ativa.

In casu, trata-se de intervenção assistencial simples, pois o sindicato, na condição de terceiro, não é o titular da relação jurídica material discutida em juízo e a decisão proferida não lhe afeta de modo direto.

O interesse da entidade sindical, na hipótese, não é pecuniário ou patrimonial, âmbito em que, geralmente, observam-se os denominados efeitos reflexos. Trata-se de um interesse jurídico, além de moral e ideológico, do sindicato, encarregado de velar — na dimensão coletiva — pelos interesses transindividuais dos trabalhadores, tendo em vista que, da sentença proferida na ação individual, podem decorrer consequências prejudiciais aos demais trabalhadores e dificuldades para a atuação sindical no campo do direito discutido na ação individual.(639)

A intervenção processual sindical não alarga o objeto da lide, tendo em vista que o sindicato interveniente não deduz nenhuma pretensão em juízo diferente daquelas já constantes do processo. A intervenção é justificada pelo interesse do interveniente em auxiliar uma das partes principais — o trabalhador, na hipótese —, deixando inalterado o objeto do processo *(intervento adesivo)*. A norma aplicável é a do art. 119 do CPC, segundo o qual, "pendendo causa entre 2 (duas) ou mais pessoas, o terceiro juridicamente interessado em que a sentença seja favorável a uma delas poderá intervir no processo para assisti-la".

A intervenção assistencial simples, na hipótese, esteia-se nos reflexos jurídicos que eventual provimento jurisdicional possa projetar sobre a esfera de direitos de outros trabalhadores, que estejam potencialmente submetidos a sofrer idêntica ação, de forma que atinjam dimensões que afetam interesses transindividuais dos trabalhadores, em qualquer das suas espécies. Não se pode olvidar que o precedente firmado pelos resultados do processo repercutirá sobre processos movidos pelos trabalhadores ou pela entidade sindical com objeto semelhante em atos futuros.

Um dado interessante diz respeito ao *Code du Travail* francês, no qual há permissões até para a atuação principal do sindicato, em casos em que o litígio individual concerne a um convênio coletivo (art. L. 135-4 C. trav.), objetiva fazer respeitar o princípio da igualdade entre homens e mulheres (art. L. 123-6), para defender os trabalhadores perante a associações empresariais (art. L. 127-6) ou para proteger um trabalhador despedido por causas econômicas ou por recriminação (art. L. 321-15).(640)

---

(639) HIDALGO DE CAVIEDES, Pablo Gutiérrez de Cabiedes e. *Op. cit.*, p. 294.

(640) SILGUERO ESTAGNAN, Joaquim. *Op. cit.*, p. 241.

5. Instrumentos processuais para a defesa dos interesses transindividuais dos trabalhadores

A defesa, em juízo, dos interesses transindividuais dos trabalhadores perfaz-se por meio de um rol de ações coletivas, protagonizadas pela ação civil pública. São ações que têm como objetivo a tutela de interesses coletivos, difusos e individuais homogêneos.

No campo processual, não pretendemos o estudo de todos os instrumentos coletivos postos à disposição no nosso ordenamento jurídico para a tutela dos interesses transindividuais, mas uma análise dos principais instrumentos processuais que podem ser utilizados pelas entidades sindicais perante o Judiciário Trabalhista, objetivando a proteção dos interesses transindividuais dos trabalhadores, destacando-se alguns pontos que consideramos importantes para uma compreensão panorâmica de cada ação.

Assim, embora reconheçamos a vocação da ação direta de inconstitucionalidade, da ação declaratória de constitucionalidade e da ação popular para a tutela de interesses transindividuais, nossa análise, nos próximos capítulos, limitar-se-á a algumas ações de competência da Justiça Laboral, como o dissídio coletivo, a ação de cumprimento, a ação civil pública, a ação coletiva, o mandado de segurança coletivo, o mandado de injunção coletivo e a tutela cautelar coletiva, interpretando-as com os novos valores, regras e princípios processuais da denominada jurisdição coletiva.

Capítulo VI

Dissídio coletivo

1. Dissídio individual e dissídio coletivo

Entre as diversas formas de resolução de conflitos decorrentes das relações de trabalho, o Brasil também adotou a solução estatal de conflitos individuais e coletivos por meio da atuação do Poder Judiciário.

O conflito individual é solucionado pela ação trabalhista; instrumento processual pelo qual a lide — envolvendo um ou mais empregados perfeitamente identificados de um lado e empregador(es) do outro — é resolvida mediante aplicação da lei ao caso concreto.

Já os conflitos coletivos são solucionados por meio de ações judiciais denominadas "dissídios coletivos" e ajuizadas perante os Tribunais Trabalhistas (TRT e TST). Estas demandas dão solução ao conflito pela aplicação do poder normativo do Poder Judiciário, consistente na faculdade conferida aos Tribunais do Trabalho para estabelecer normas e condições de trabalho a fim de reger as relações individuais e coletivas dos trabalhadores e empregadores representados e das suas respectivas entidades representantes.

O dissídio coletivo encontra previsão no art. 114 da CF/1988, que trata da competência da Justiça do Trabalho, cuja redação foi alterada pela Emenda Constitucional n. 45/2004. Trata-se de uma competência regulamentar atribuída ao Judiciário Trabalhista para solucionar conflitos coletivos do trabalho.

1.1. Origens do poder normativo

O poder normativo da Justiça do Trabalho teve inspiração na *Carta del Lavoro* do regime fascista italiano, aprovada pelo *Gran Consiglio*, em 21 de abril de 1927. Ele foi concebido dentro de um modelo autoritário de Estado, cuja doutrina se sintetizava em dois conceitos básicos: autoritarismo e corporativismo. O autoritarismo afirmava a concepção política de um Estado baseado em relação de comando, obediência e controle. O corporativismo elevava à esfera do direito público as coletividades organizadas para proteção de interesses, que deixavam de ser simplesmente privadas, para tornarem-se corporações atreladas ao Poder Público e submetidas ao controle do Estado.(641)

A principal aspiração do Estado corporativo era o estabelecimento do equilíbrio entre as classes sociais, posicionando-se acima delas como moderador, regulador e, sobretudo, organizador da sociedade.(642) Esse objetivo do Estado fascista restou consagrado emblematicamente na célebre frase de Benito Mussolini: "Tudo no Estado; nada contra o Estado, nada fora do Estado".(643)

Como assinala Arion Sayão Romita, "... o Estado corporativo, onipresente, dispõe sobre todos os assuntos que dizem respeito ao social: desde a regulamentação das relações individuais de trabalho, passando pela política sindical, até desembocar na solução dos dissídios do trabalho, individuais ou coletivos. Nada resta ao particular: O Estado vê tudo, sabe o que é melhor para cada um, a tudo provê".(644)

---

(641) ROMITA, Arion Sayão. *O fascismo...*, cit., *passim*.

(642) BORTOLOTO, Guido, *apud* ROMITA, Arion Sayão. *Op. cit.*, p. 27.

(643) COTRIM, Guilherme. *História global...*, cit., p. 392.

(644) ROMITA, Arion Sayão. *Op. cit.*, p. 27.

No Estado totalitário, dilui-se a diferença entre sociedade e Estado, sendo as organizações divididas em corporações, com vistas a facilitar a regulamentação e o controle destas pelo próprio Estado. O regime corporativo pressupôs a organização do Estado em corporações, com submissão dos interesses particulares ao interesse nacional. O ordenamento corporativo valeu-se de dois meios para submeter os interesses particulares aos da nação: a organização e o controle das forças produtivas e a intervenção do Estado na sociedade. A política sindical tornou-se, para este desiderato, um pressuposto da política corporativa estatal.(645)

Neste contexto, foi criada a *Magistratura del Lavoro* que, ao lado da regulamentação da organização sindical, da proibição da greve e do *lockout* e do incremento do corporativismo, tornou-se um dos pilares da estrutura do Estado fascista. Sua função primordial era o preenchimento do vazio deixado pela proibição da greve e do *lockout*,(646) para, por meio da sua intervenção, controlar e solucionar conflitos latentes nas relações de trabalho, com a manutenção da ordem e do equilíbrio entre as classes sociais no seio do Estado fascista, mediante a conciliação entre os interesses opostos dos empregadores e trabalhadores, e a sua subordinação aos interesses superiores da produção.

Segundo a Declaração V da *Carta del Lavoro*, "A Magistratura do Trabalho é o órgão pelo qual o Estado intervém para solucionar as controvérsias do trabalho, sejam as que versam sobre a observância dos pactos e de outras normas existentes, sejam as que versam sobre determinações de novas condições de trabalho". Consagrou-se, assim, poder normativo à Justiça do Trabalho, isto é, o poder de estipular normas e condições para reger as relações individuais de trabalho.

Embora a *Carta del Lavoro*, de 1927, tenha consagrado o poder normativo da Justiça do Trabalho, entre os pilares do Estado corporativo, sua previsão inicial deu-se pela Lei n. 563 (que regulamentou as relações coletivas de trabalho), de 3 de abril de 1926, que, em seu art. 13 dispôs: "Todas as controvérsias relativas à disciplina das relações coletivas de trabalho, que concernem, seja sobre a aplicação dos contratos coletivos ou de outras normas existentes, seja sobre as reivindicações de novas condições de trabalho, são de competência das Cortes de Apelação, que funcionam como Magistratura do Trabalho".

1.2. Evolução legislativa no Brasil

Como assinalado, a CF/1937, outorgada durante o Estado Novo, inspirou-se no sistema corporativista italiano, com reprodução, quase que literal, da declaração III da *Carta del Lavoro*. Por meio dela, o governo varguista extinguiu o modelo sindical pluralista da Carta de 1934 e aumentou o intervencionismo estatal nos sindicatos.

Embora não previsse expressamente o poder normativo da Justiça do Trabalho, a Carta de 1937, ao proibir a greve e o *lockout* (art. 139), prever a organização da produção por corporações (art. 140) e instituir a Justiça do Trabalho (vinculada ao Poder Executivo), para dirimir os conflitos oriundos das relações entre empregadores e empregados (art. 139), acabou por consagrá-lo ao assimilar as linhas mestras do Estado corporativista, inclusive com a previsão de uma Justiça especializada para a solução de controvérsias decorrentes das relações de trabalho.(647)

O Decreto-lei n. 1.237, de 2.5.1939, implementou o dissídio coletivo como atribuição dos Conselhos Regionais do Trabalho, ao prever como sua competência "conciliar e julgar os dissídios coletivos que ocorrerem dentro da respectiva jurisdição" (art. 28, alínea *"a"*), consagrando, no âmbito infraconstitucional, o poder normativo da Justiça do Trabalho. Posteriormente, a CLT incorporou as disposições sobre o dissídio coletivo e o poder normativo.

A CF/1946 elevou o poder normativo ao âmbito constitucional, ao prever expressamente a competência normativa da Justiça do Trabalho, agora pertencente ao Poder Judiciário, ao dispor que "Compete à Justiça do Trabalho

(645) ROMITA, Arion Sayão. *Ibidem*, p. 27.

(646) *Idem, Ibidem*, p. 89.

(647) "Art. 139. Para dirimir os conflitos oriundos das relações entre empregadores e empregados, reguladas na legislação social, é instituída a Justiça do Trabalho, que será regulada em lei e à qual não se aplicam as disposições desta Constituição relativas à competência, ao recrutamento e às prerrogativas da Justiça comum."

conciliar e julgar os dissídios individuais e coletivos entre empregados e empregadores, e as demais controvérsias oriundas de relações de trabalho regidas por legislação especial" (art. 123), delegando à lei a especificação dos casos em que as decisões nos dissídios coletivos poderiam estabelecer normas e condições de trabalho (art. 123, § 2º, CF/1946). Referidos dispositivos foram integralmente reiterados na CF/1967 (art. 142) e na EC n. 1/1969 (que manteve o art. 142 da CF/1967).

Como assinalamos anteriormente, a CF/1988 mesclou alguns elementos de autonomia e liberdade sindicais com outros de heteronomia e intervencionismo, esteando um modelo sindical híbrido. Entre os elementos heterônomos, manteve o dissídio coletivo e o poder normativo da Justiça do Trabalho ao dispor, em sua redação original: "Recusando-se qualquer das partes à negociação ou à arbitragem, é facultado aos respectivos sindicatos ajuizar dissídio coletivo, podendo a Justiça do Trabalho estabelecer normas e condições de trabalho, respeitadas as disposições convencionais e legais mínimas de proteção ao trabalho" (art. 114, § 2º).

Ao contrário das Cartas anteriores, a CF/1988, em sua redação original acima enunciada, não delegou à legislação infraconstitucional a especificação dos limites do poder normativo, estabelecendo ela mesma as suas balizas, ao exigir a observância das disposições convencionais e legais mínimas de proteção ao trabalho pelo órgão julgador.

A EC n. 45/2004, pela qual fora implementada a denominada Reforma do Judiciário, alterou a redação do art. 114 da CF/1988, ampliando a competência da Justiça do Trabalho e reformulando as bases do dissídio coletivo, passando a dispor, *in verbis*:

> "Art. 114. Compete à Justiça do Trabalho processar e julgar: (...) § 1º Frustrada a negociação coletiva, as partes poderão eleger árbitros. § 2º Recusando-se qualquer das partes à negociação coletiva ou à arbitragem, é facultado às mesmas, de comum acordo, ajuizar dissídio coletivo de natureza econômica, podendo a Justiça do Trabalho decidir o conflito, respeitadas as disposições mínimas legais de proteção ao trabalho, bem como as convencionadas anteriormente. § 3º Em caso de greve em atividade essencial, com possibilidade de lesão do interesse público, o Ministério Público do Trabalho poderá ajuizar dissídio coletivo, competindo à Justiça do Trabalho decidir o conflito."

Como se afere, a EC n. 45/2004 elevou ao âmbito constitucional a legitimação do Ministério Público do Trabalho para a instauração de instância em caso de greve em atividade essencial, com possibilidade de lesão a interesse público (art. 114, § 3º).

1.3. Conceito de dissídio coletivo

O dissídio coletivo é ação judicial por meio da qual a Justiça do Trabalho aprecia e julga um conflito coletivo de trabalho, primordialmente, com fulcro no poder normativo, isto é, mediante uma atividade regulamentar consistente na faculdade de estabelecimento de normas e condições de trabalho para reger as relações individuais e coletivas de trabalho entre trabalhadores e empregadores representados, como também decide controvérsia sobre a aplicação ou interpretação de determinada norma jurídica de aplicação às coletividades e sujeitos representados, ou resolve questões jurídico-materiais decorrentes de um movimento grevista.

1.4. Repercussões da EC n. 45/2004 no dissídio coletivo

A EC n. 45/2004 alterou substancialmente o dissídio coletivo, passando a tratá-lo em três parágrafos distintos do mesmo art. 114 da CF/1988. O primeiro (§ 1º) institui a tentativa prévia de negociação ou arbitragem; o segundo (§ 2º) refere-se ao dissídio coletivo suscitado pelas partes conflitantes; e o terceiro (§ 3º) concerne ao dissídio coletivo de greve e à legitimidade do Ministério Público do Trabalho para a sua suscitação.

O novo delineamento do dissídio coletivo conferido pela EC n. 45/2004 foi seguido de uma série de discussões doutrinárias e jurisprudenciais sobre a constitucionalidade ou não da exigência de comum acordo para sua suscitação; sobre a própria dimensão da expressão "de comum acordo"; sobre a natureza jurídica do dissídio coletivo (instância arbitral ou jurisdicional) e do seu provimento jurisdicional; sobre a manutenção ou não do poder normativo da Justiça do Trabalho; sobre a permanência ou não do dissídio coletivo de natureza jurídica; sobre a previsão constitucional da legitimidade do Ministério Público do Trabalho para o dissídio coletivo de greve e suas repercussões; entre outras questões decorrentes ou vinculadas a estas, as quais serão analisadas ao longo deste capítulo.

1.4.1. Origem da exigência do comum acordo

Como recorda Amauri Mascaro Nascimento, a origem histórica da alteração constitucional para exigir a necessidade de comum acordo para a suscitação de dissídio coletivo remete-se à noticiada greve dos petroleiros de 1995, na qual cerca de 50 dirigentes sindicais foram dispensados pela Petrobrás, sendo o respectivo sindicato profissional condenado, em dissídio coletivo perante o TST, ao pagamento de elevada *astreintes* diária para a hipótese da não cessação da greve. Na ocasião, a Central Única dos Trabalhadores (CUT) apresentou queixa à Organização Internacional do Trabalho (OIT), fundamentando-se na violação dos princípios de liberdade sindical, sendo que o Comitê de Liberdade Sindical da OIT oficiou ao Governo Brasileiro, com as seguintes sugestões: reintegração dos dirigentes sindicais dispensados; transformação do nosso sistema de solução dos conflitos coletivos com a adoção da arbitragem, quando requerida por ambas as partes; manutenção do dissídio coletivo apenas no caso de greve em atividades essenciais.(648)

Diante das recomendações da OIT, foi aprovada uma lei de anistia para reintegrar ou indenizar os dirigentes sindicais despedidos. Em relação ao sistema de solução de conflitos, embora as discussões se enveredassem para a supressão do dissídio coletivo, também foi cogitada a hipótese da sua transformação em arbitragem pelos Tribunais do Trabalho.(649)

A análise histórica da alteração constitucional demonstra que a ideia de comum acordo como forma de impulsionar mecanismos de solução de conflitos referia-se à instituição de um sistema de arbitragem, e não ao dissídio coletivo; porém, o projeto passou por modificações, resultando no atual texto da EC n. 45/2004.(650) O comum acordo foi previsto como pressuposto para o dissídio coletivo. Isto é, não se extinguiu o dissídio e também não se implementou a arbitragem.

Ao oscilar entre manutenção do dissídio coletivo e a sua supressão para adoção da arbitragem, o legislador adotou um meio-termo, inserindo uma figura nova no ordenamento jurídico brasileiro, um *tertium genus* entre a arbitragem privada e o processo judicial: o dissídio coletivo de comum acordo; figura teratóide, que gera controvérsias em diversos pontos, desde a sua natureza jurídica, passando pela sua constitucionalidade e findando na sua conformação processual.

1.4.1.1. Constitucionalidade e caracterização da experiência do comum acordo

Desde a sua transposição para o ordenamento jurídico brasileiro a partir da *Carta del Lavoro (1927)*, o dissídio coletivo delineou-se de forma incontestável na doutrina brasileira como uma ação judicial para a tutela de interesses das coletividades de trabalhadores e empregadores (ou empregador) representados, e, como tal, passível de propositura unilateral por uma das partes conflitantes, quando presentes a legitimidade e o necessário interesse de agir (art. 17, CPC), isto é, quando imprescindível para a solução de um conflito coletivo lastreado em uma negociação coletiva (ou tentativa de arbitragem) frustrada.

Em face da constitucionalidade ou não da exigência do "comum acordo", surgiram diversas posições e correntes doutrinárias e jurisprudenciais.

Uma corrente sustenta a inconstitucionalidade da exigência do comum acordo para a instauração de dissídio coletivo, uma vez que o poder constituinte derivado não poderia suprimir o direito de acesso à Justiça consagrado como cláusula pétrea no art. 5º, XXXV, CF/1988, segundo o qual *"a lei não excluirá da apreciação do Poder Judiciário*

(648) NASCIMENTO, Amauri Mascaro. A questão do dissídio coletivo 'de comum acordo'. *Revista LTr*, São Paulo, v. 70, n. 6, p. 650.

(649) *Idem, Ibidem*, p. 650.

(650) *Idem, Ibidem*, p. 650.

lesão ou ameaça a direito", violando, consequentemente, a norma do art. 60, § 4º, IV, CF/1988, que inclui entre as cláusulas pétreas, impossíveis de abolição por emenda, "os direitos e garantias fundamentais". Nesse sentido, Arnaldo Süssekind(651) e Wilma Nogueira Vaz da Silva(652). Alice Monteiro de Barros, sem se reportar à questão da constitucionalidade, considera que a exigência da aquiescência da outra parte para a propositura de dissídio coletivo viola a autonomia sindical.(653)

Para outra corrente, a exigência do comum acordo para a suscitação do dissídio coletivo de natureza econômica não se contrapõe ao princípio do art. 5º, XXXV, CF/1988, uma vez que o dissídio coletivo não tem como objetivo primordial a apreciação de lesão ou ameaça de lesão a direito preexistente, mas à criação de regras e condições de trabalho, razão pela qual não estaria abrangido pela norma do art. 5º supracitado. Nesse sentido Edson Braz da Silva,(654) Gustavo Felipe Barbosa Garcia,(655) Pedro Carlos Sampaio Garcia,(656) Walter William Ripper(657), Carlos Henrique Bezerra Leite(658). Neste diapasão, a exigência de comum acordo consistiria numa condição da ação ou num pressuposto processual, conforme as concepções a respeito destes dois institutos.

Com posição *sui generis*, Amauri Mascaro Nascimento considera não exorbitante a tese da inconstitucionalidade, em virtude do afastamento do princípio da inafastabilidade da jurisdição pela EC n. 45/2004, assinalando que a inconstitucionalidade não decorre exatamente da inserção de uma suposta condição de ação ou de um pressuposto processual, como sustentam alguns, pois, na realidade, a alteração constitucional não teria criado nenhum desses institutos em sede de dissídio coletivo, mas verdadeiramente teria invertido o direito de ação, com a transferência do poder de agir do autor para o réu, que se verifica na dependência do autor de consentimento do réu para acioná-lo. Segundo o autor, se o dissídio coletivo tem natureza de processo judicial, e não de arbitragem (esta sim pressupõe concordância de vontades), transferir o poder de ação do autor para o réu viola o princípio constitucional do direito de ação e da inafastabilidade do Poder Judiciário.(659)

Como ressalta o autor, "o dissídio coletivo econômico ou é considerado um processo, e se é assim os princípios fundamentais do processo ser-lhe-ão aplicáveis, ou não é tido como processo, mas uma arbitragem pública feita pelo Tribunal do Trabalho, caso este, e único em que seria compatível com a exigência de consentimento comum para a sua propositura, como o é na arbitragem facultativa".(660)

A jurisprudência dos Tribunais Trabalhistas, num primeiro momento, refletiu a miríade de posições doutrinárias, havendo decisões judiciais em diversos sentidos:

a) pela inconstitucionalidade da exigência do comum acordo, com a possibilidade de suscitação unilateral de dissídio coletivo por uma das partes;

b) pela constitucionalidade, mas com mitigação, considerando que o comum acordo não significa petição conjunta, podendo o comum acordo ocorrer tácita ou expressamente, por exemplo, com a apresentação de defesa ou comparecimento às sessões pelo suscitado;(661)

---

(651) SÜSSEKIND, Arnaldo. Do ajuizamento dos dissídios coletivos. *Revista LTr*, São Paulo, v. 69, n. 9, p. 1.031-1.033, set. 2005.

(652) SILVA, Wilma Nogueira de A. V. da. Sobre a exigência do comum acordo como condição da ação de dissídios coletivos. *Revista LTr*, São Paulo, v. 69, n. 9, p. 1.033-1.037, set. 2005.

(653) BARROS, Alice Monteiro de. *Curso de direito do trabalho*. São Paulo: LTr, 2005. p. 1.200.

(654) SILVA, Edson Braz da. Aspectos processuais e materiais do dissídio coletivo frente à Emenda Constitucional n. 45/04. *Revista LTr*, São Paulo, v. 69, n. 9, p. 1.038-1.047, set. 2005.

(655) GARCIA, Gustavo Felipe Barbosa. A reforma do Poder Judiciário: O dissídio coletivo na Justiça do Trabalho após a Emenda Constitucional n. 45/2004. *Revista de Direito do Trabalho*, São Paulo, n. 118, p. 71-91, 2005.

(656) GARCIA, Pedro Carlos Sampaio. O fim do poder normativo. In: COUTINHO, Grijalbo Fernandes; FAVA, Marcos Neves (Coords.). *Justiça do Trabalho:* competência ampliada. São Paulo: LTr, 2005. p. 293.

(657) RIPPER, Walter William. *O poder normativo da Justiça do Trabalho após a EC n. 45/2004*. São Paulo: LTr, 2007. p.104.

(658) BEZERRA LEITE, Carlos Henrique. Curso de direito processual do trabalho. 5. ed. São Paulo: LTr, 2012. p. 1.225.

(659) NASCIMENTO, Amauri Mascaro. *A questão do dissídio...*, cit., p. 651.

(660) *Idem, ibidem*, p. 650.

(661) *"DISSÍDIO COLETIVO. COMUM ACORDO. NÃO CONCORDÂNCIA DA SUSCITADA. JURISPRUDÊNCIA DO TST. EXTINÇÃO. O comum acordo, pressuposto específico para o ajuizamento do dissídio coletivo, exigência trazida pela Emenda Constitucional n. 45/04 ao art. 114, § 2º, da CF, embora*

c) constitucionalidade, com exigência de que a recusa à via do dissídio seja expressa durante a negociação ou após a sua suscitação, no primeiro momento que o suscitado tiver para manifestar-se, sob pena de configuração de aceitação tácita;

d) constitucionalidade, com necessidade de concordância prévia de ambas as partes, como condição da ação ou pressuposto processual, sob pena de extinção sem resolução do mérito.

Não obstante o posicionamento inicial de alguns Tribunais Trabalhistas no sentido da inconstitucionalidade e consequente afastamento da exigência do comum acordo, o TST sedimentou sua jurisprudência pela constitucionalidade da exigência prevista no § 2º do art. 114 da CF/1988, considerando-o um pressuposto processual "anômalo", porém, com a mitigação da sua exigência, para dispensar a necessidade de petição conjunta e exigir que a recusa seja efetuada expressamente pela parte contrária, durante a fase de negociação (previamente ao dissídio), no momento da resposta, ou na primeira oportunidade processual, sob pena de configuração da concordância tácita.[(662)]

Como assinalou o Ministro do TST, José Luciano de Castilho Pereira, a expressão "de comum acordo" não significa petição conjunta, de forma que não precisa ser necessariamente prévio, podendo vir de forma expressa ou tácita na resposta do suscitado ao dissídio ajuizado. Assim, suscitado unilateralmente o dissídio pelo sindicato profissional, deve o suscitado ser citado e, somente na hipótese de recusa formal ao dissídio coletivo, deve a inicial ser indeferida.[(663)]

No entanto, evidentemente que nenhuma ação judicial pode estar condicionada à aceitação da parte contrária no litígio para a sua propositura; tal entendimento não somente desnatura por completo o conceito de ação como contraria a sua finalidade, uma vez que o direito de ação somente pode ser exercido na hipótese de resistência da parte contrária à pretensão do autor, não fazendo qualquer diferença se a pretensão direciona-se para a aplicação de direito preexistente ou para a própria criação do direito.

---

idealmente devesse ser materializado sob a forma de petição conjunta da representação, é interpretado de maneira mais flexível pela Justiça do Trabalho, no sentido de se admitir a concordância tácita na instauração da instância, desde que não haja a oposição expressa do suscitado, na contestação. No presente caso, verifica-se que a suscitada, já na audiência de conciliação, apontou a ausência de comum acordo como causa da extinção do feito, sem resolução de mérito, ratificando seu dissenso na contestação, mostrando-se contrária ao ajuizamento do dissídio coletivo. Em sendo assim, deve-se respeitar a vontade soberana da Constituição Federal, em seu art. 114, § 2º, que erigiu a negociação coletiva como método privilegiado de composição dos conflitos coletivos de trabalho, sendo esse o entendimento atual desta Corte. Assim, embora o Regional tenha rejeitado a preliminar de ausência de comum acordo e decidido pela extinção do processo, sem resolução de mérito, por ilegitimidade ativa, a análise do pressuposto constitucional precede às demais questões, cumprindo a esta Relatora arguir, de ofício, a extinção do processo, sem resolução do mérito, por ausência de comum acordo, nos termos dos arts. 114, § 2º, da CF e 267, IV e § 3º, do CPC. Recurso ordinário não provido." (RODC — 701/2005-000-15-00.0, relatora Ministra: Dora Maria da Costa, Data de Julgamento: 10.4.2008, Seção Especializada em Dissídios Coletivos, Data de Publicação: 2.5.2008).

(662) "Dissídio Coletivo. Necessidade de comum acordo para instauração. Recusa expressa da suscitada na contestação. Impossibilidade de imposição da jurisdição normativa. 1. O art. 114, § 2º, da CF, com a redação dada pela EC n. 45/04, condicionou o ajuizamento de dissídio coletivo ao comum acordo entre as partes para buscarem a Justiça do Trabalho como órgão que componha o conflito. 2. Adotando interpretação flexível do art. 114, § 2º, da CF, a jurisprudência do TST tem admitido a hipótese de concordância tácita com o ajuizamento do dissídio coletivo, no intuito de facilitar o acesso das entidades coletivas à composição pela via do poder normativo desta Justiça Especializada." (TST-SDC-RODC — 1414/2006-000-04-00, Rel. Ministro Ives Gandra Martins Filho, DJ 30.11.07). "Recurso Ordinário em Dissídio Coletivo. Exigibilidade de anuência prévia. A manifestação expressa da Suscitada em contrário ao ajuizamento do Dissídio Coletivo torna inequívoca a ausência do comum acordo, pressuposto da ação prevista no art. 114, § 2º, da Constituição da República. Recurso ordinário a que se nega provimento." (TST-RODC-16.007/2005-909-09-00.8, Rel. Min. Carlos Alberto Reis de Paula, DJ de 16.2.07). "Comum acordo. Dissídio coletivo de natureza econômica. Art. 114, § 2º, da Constituição da República. Ausência. Consequência. A Emenda Constitucional n. 45, de 8 de dezembro de 2004, trouxe mudanças significativas no âmbito dos dissídios coletivos. A alteração que vem suscitando maiores discussões diz respeito ao acréscimo da expressão "comum acordo" ao § 2º do art. 114 da Constituição da República. O debate gira em torno do consenso entre suscitante e suscitado como pressuposto para o ajuizamento do dissídio coletivo. A jurisprudência desta Corte consagra o entendimento segundo o qual o comum acordo exigido para se ajuizar dissídio coletivo de natureza econômica, conforme previsto no § 2º do art. 114 da Constituição da República, constitui-se pressuposto processual cuja inobservância acarreta a extinção do processo sem resolução do mérito, nos termos do inc. VI do art. 267 do CPC. Recurso Ordinário de que se conhece e a que se nega provimento." (TST-SDC- RODC — 244/2006-000-12-00, rel. Min. João Batista Brito Pereira, *DJ* 30.11.07). "Recurso ordinário em dissídio coletivo. Exigibilidade de anuência prévia. A manifestação expressa da Suscitada em contrário ao ajuizamento do *Dissídio Coletivo* torna inequívoca a ausência do comum acordo, pressuposto da ação prevista no art. 114, § 2º, da Constituição da República. Recurso ordinário a que se nega provimento." (TST-RODC-16.007/2005-909-09-00.8, rel. Min. Carlos Alberto Reis de Paula, *DJ* de 16.2.07)

(663) PEREIRA, José Luciano de Castilho. A reforma do Poder Judiciário — o dissídio coletivo e o direito de greve. In: COUTINHO, Grijalbo Fernandes; FAVA, Marcos Neves (Coords.). *Justiça do Trabalho:* competência ampliada. São Paulo: LTr, 2005. p. 293.

Assim, é indubitável a inconstitucionalidade da alteração implementada pela EC n. 45/2004 no § 2º do art. 114 da CF/1988, para condicionar a suscitação do dissídio coletivo à existência de um pretenso comum acordo, pois tal exigência equivale à verdadeira supressão do direito de suscitação de dissídio coletivo, primordialmente consagrado como ação unilateral pelo legislador constituinte originário.

No entanto, o Supremo Tribunal Federal, na ADI 3423 (à qual foram apensadas as ADIs ns. 3.392, 3.431, 3.432 e 3.520) de relatoria do Ministro Gilmar Mendes (julgamento 12.07.2011; Publ-*DJe*201-Divulg. 18.10.2011, Publ – 19.10.2011), declarou a constitucionalidade dos §§ 2º e 3º do art. 114 da Constituição, na redação conferida pela EC n. 45/2004.

De qualquer forma, tendo em vista o prevalecimento do entendimento da mais alta Corte Trabalhista no sentido da constitucionalidade da alteração perpetrada pela EC n. 45/2004 no âmbito do dissídio coletivo, e da dispensabilidade de petição conjunta, eventual recusa da parte contrária à sua suscitação somente poderia ser acolhida se plenamente justificada e lastreada em sólidos elementos de fato ou de direito, não podendo admitir-se recusas vazias, desprovidas de fundamento, manifestadas por mero capricho ou por má-fé, ou com o único objetivo de obstar o exercício do direito de ação pela parte contrária, caracterizando típico abuso de direito. Em qualquer destas hipóteses, há límpida violação do princípio da inafastabilidade da jurisdição, consagrado no art. 5º, XXXV, da Carta Maior.

Todavia, os Tribunais Trabalhistas vêm admitindo a recusa sem maiores justificativas, considerando o comum acordo um pressuposto processual anômalo.

Na hipótese de recusa injustificada ou de má-fé da parte suscitada, a sua manifestação não deveria produzir efeitos processuais, em virtude do abuso de direito (art. 187, CCB), devendo o feito seguir o seu trâmite processual, com o consequente suprimento judicial da concordância da parte recalcitrante.

O suprimento judicial de manifestação de vontade pode ser requerido *ab initio* da suscitação do dissídio coletivo, juntamente com a exordial, quando a recusa injustificada ou abusiva preceder à sua suscitação, ou de forma incidental, mediante peticionamento ao juízo, quando verificada referida recusa no curso do dissídio coletivo. À parte contrária deverá ser concedida a oportunidade para exposição de suas razões, após as quais, poderá o órgão julgador decidir pela configuração do abuso, com processamento do dissídio coletivo ou pela extinção sem resolução do mérito por ausência de pressuposto processual.

Evidentemente que o intuito do legislador foi obstar a suscitação de dissídio coletivo nas situações em que há patente possibilidade de resolução do conflito subjacente por outro método de solução, como a negociação coletiva e a arbitragem. Uma vez esgotada a via negocial ou arbitral, o comum acordo está implicitamente configurado, pois ambas as partes reconheceram o insucesso da via extrajudicial.

O texto inserto no art. 114, § 2º, CF/1988 não exige que o comum acordo seja manifestado de modo expresso ou formal, não se devendo distinguir entre comum acordo expresso, tácito, presumido ou suprido, para os fins colimados pelo legislador, pois, além de tal distinção não se encontrar no texto constitucional, todos os modos de comum acordo mencionados não somente apresentam-se aptos para o cumprimento da exigência constitucional como convergem para a plena consecução dos objetivos colimados pelo legislador constituinte.

1.4.2. Natureza jurídica do dissídio coletivo após a EC n. 45/2004

Com o advento da EC n. 45/2004 e a exigência do comum acordo para a instauração do dissídio coletivo, parte da doutrina propugnou que o legislador o transformara em uma forma de arbitragem pública ou oficial.

No entanto, mesmo se considerando a necessidade do comum acordo, a previsão de um requisito para a instauração do dissídio coletivo não possui, *per si*, o condão de modificar a sua natureza jurídica.

Desde o Decreto-lei n. 1.237/1939, a expressão "dissídio coletivo" se consolidou em nosso ordenamento com o significado específico de uma ação judicial para a solução de conflitos coletivos do trabalho pelos Tribunais Trabalhistas, mediante o exercício do poder normativo.

Ao empregar a expressão "dissídio coletivo", o legislador recepcionou um instituto jurisdicional tal como já conceituado, estruturado e delineado em nosso ordenamento jurídico, inclusive no que se refere ao seu disciplinamento infraconstitucional, ressalvadas as modificações decorrentes da alteração constitucional.

Como assinala José Carlos Arouca, embora tenha havido uma alteração substancial do dissídio coletivo como processo especial, aproximando-o da arbitragem, "Enquanto mantido o dissídio coletivo, com ele se mantém a disciplinação dada pelo pouco que restou da Consolidação das Leis do Trabalho e da Lei n. 10.192, de 2001".[(664)]

A referência à arbitragem foi realizada expressamente pelo legislador no § 1º do art. 114 da CF/1988, como método extrajudicial de solução de conflitos coletivos de trabalho, não havendo menção à arbitragem oficial ou pública no § 2º do referido dispositivo constitucional. As melhores técnicas legislativas e interpretativas não admitem a transmutação implícita de um conceito ou instituto jurídico por analogia ou interpretação extensiva.

Embora seja um aspecto da arbitragem, o comum acordo não lhe é exclusivo, podendo ser previsto em outros institutos jurídicos, sem que estes percam a sua natureza peculiar. Como ressalta Gustavo Filipe Barbosa Garcia, apenas se inseriu na jurisdição coletiva um instituto encontrado na arbitragem.[(665)]

A própria manifestação doutrinária e jurisprudencial sobre a natureza do comum acordo (se condição da ação ou pressuposto processual) revela o entendimento predominante de que o dissídio coletivo continua constituindo típico juízo jurisdicional. Em reiteradas decisões, o TST confirmou a natureza jurisdicional do dissídio coletivo, com o afastamento explícito da tese da arbitragem pública.[(666)]

Como toda e qualquer ação, o dissídio coletivo está sujeito ao princípio da demanda, devendo observar os pressupostos processuais gerais e específicos e as condições da ação. Inicia-se, assim, pelo exercício do direito de ação e finda com o proferimento de um provimento judicial: a sentença normativa.

1.4.3. Subsistência do poder normativo da Justiça do Trabalho

A EC n. 45/2004, ao alterar a redação do § 2º do art. 114 da CF/1988 em relação ao conteúdo da decisão normativa, extraiu expressão "podendo a Justiça do Trabalho *estabelecer normas e condições de trabalho*, respeitadas as disposições convencionais e legais mínimas de proteção ao trabalho" para inserir a expressão "podendo a Justiça do Trabalho *decidir o conflito*, respeitadas as disposições mínimas de proteção ao trabalho, bem como as convencionadas anteriormente" (grifos nossos).

Com base na referida alteração, parte da doutrina sustentou o fim do poder normativo da Justiça do Trabalho.

No entanto, a antiga expressão *"estabelecer normas e condições de trabalho"* elucidava o conteúdo do poder normativo presente no dissídio coletivo, uma vez que a redação anterior do § 2º do art. 114 da CF/1988 não distinguia a natureza do dissídio coletivo, limitando-se a dispor ser, *ipsis litteris*, "facultado aos respectivos sindicatos ajuizar *dissídio coletivo*".

---

(664) AROUCA, José Carlos. *Curso básico de direito sindical.* São Paulo: LTr, 2006. p. 367.

(665) GARCIA, Gustavo Filipe Barbosa. *Coisa julgada:* novos enfoques. São Paulo: Método, 2007. p. 105.

(666) "Recurso Ordinário da suscitada. Dissídio coletivo de comum acordo entre as partes — Jurisprudência do TST — A concordância tácita configurada. 1. A Emenda Constitucional n. 45/04, no entender desta Corte, ressalvado entendimento pessoal deste Relator, não reduziu o exercício do Poder Normativo da Justiça do Trabalho, nem sequer lhe conferiu contornos de juízo arbitral, mas tão somente criou pressuposto processual anômalo, consistente na necessidade do mútuo acordo entre as partes em conflito para a instauração do dissídio coletivo, excepcionadas as hipóteses de greve em serviço essencial, nas quais o Ministério Público pode suscitar isoladamente o dissídio. 2. Adotando interpretação flexível do art. 114, § 2º, da CF, a jurisprudência do TST tem admitido a hipótese de concordância tácita com o ajuizamento do dissídio coletivo, com o intuito de facilitar o acesso dos entes coletivos à composição pela via do poder normativo desta Justiça Especializada." (TST — SDC — RODC 12/2005-000-04-00, DJ 23.11.07, Rel. Min. João Oreste Dalazen). "Dissídio coletivo. Greve. Participação nos lucros. Poder Normativo. 1. A participação nos lucros e resultados deve resultar, preferencialmente, da negociação livremente entabulada entre a empresa e seus empregados, com a participação do sindicato da categoria profissional, de conformidade com a Lei n. 10.101, de 19 de dezembro de 2000. Para a solução de eventual impasse, a lei contempla métodos específicos, a saber: mediação ou arbitragem de ofertas finais (art. 2º e art. 4º). 2. Somente em caráter excepcional, assim, e desde que haja convergência de vontade dos interessados (CF/1988, art. 114, § 2º), a Justiça do Trabalho pode arbitrar, mediante o sistema de aceitação de ofertas finais, o conflito coletivo sobre participação nos lucros e resultados." (RODC n. 564/2005-000-15-00 — TST-SDC, Min. rel. João Oreste Dalazen, *DJ* 7.12.07).

A EC n. 45/2004 não eliminou e sequer alterou a essência do poder normativo da Justiça do Trabalho, pois, embora tenha extraído a expressão em comento, a nova redação referiu-se categoricamente ao "dissídio coletivo de natureza econômica", cujo conceito de poder normativo lhe é inerente. O estabelecimento de normas e condições de trabalho constitui o núcleo do dissídio coletivo de natureza econômica.

Assim, eventual manutenção da expressão "*estabelecer normas e condições de trabalho*" teria um papel meramente pleonástico, uma vez que o dissídio coletivo de natureza econômica tem exatamente como objetivo a resolução de um conflito coletivo a partir do estabelecimento de regras e condições de trabalho. É da essência de um dissídio coletivo de natureza econômica o exercício do poder normativo.

Em grossas linhas, as expressões "dissídio coletivo de natureza econômica" e "dissídio coletivo para o estabelecimento de normas e condições de trabalho" possuem o mesmo significado, imbricando-se numa relação respectiva de continente e conteúdo.

Como afirmado algures, ao empregar a expressão "dissídio coletivo" o legislador recepcionou um instituto jurisdicional tal como conceituado e delineado em nosso ordenamento jurídico, inclusive no que se refere ao seu disciplinamento, ressalvadas as modificações decorrentes da alteração constitucional. Desse modo, ao inserir a expressão "dissídio coletivo de natureza econômica", o legislador adotou essa espécie de dissídio coletivo na sua essência, possibilitando a redução do texto constitucional, com a retirada de uma expressão ("estabelecer normas e condições de trabalho") cujo conteúdo está contido na anterior (dissídio coletivo de natureza econômica) que lhe é continente.

2. Espécies

2.1. Dissídio de natureza econômica e dissídio de natureza jurídica

O dissídio coletivo nasceu com o fim precípuo de dirimir um conflito coletivo sobre condições de trabalho, com vistas a impedir a permanência de um conflito de acentuada dimensão social. Assim, em princípio, o dissídio coletivo tem como meta a fixação de normas e condições de trabalho não pactuadas livremente pelas partes conflitantes.

Reconheceu-se, no entanto, ao longo da história, a possibilidade de propositura de dissídio coletivo, não para a fixação de condições de trabalho, mas para dirimir questão quanto à aplicação ou interpretação de determinada norma jurídica de interesse das categorias representadas pelas entidades suscitantes.

Desse modo, quanto à natureza da pretensão, delinearam-se duas espécies de dissídio coletivo: os de natureza econômica (também denominados dispositivos ou de interesses) e os de natureza jurídica (ou de direito). Os primeiros têm como objeto a fixação de normas e condições a serem observadas nas relações individuais de trabalho. Os segundos, por sua vez, têm como meta dirimir controvérsia a respeito da aplicação ou interpretação de acordo coletivo, de convenção coletiva, de sentença normativa, de atos normativos ou de preceito legal restrito às categorias ou às partes em conflito.

Como no dissídio coletivo econômico, o objetivo primordial do dissídio coletivo de natureza jurídica também consiste na apreciação de interesse restrito da coletividade interessada. Dessa maneira, ele só possui cabimento nas hipóteses de normas específicas das categorias envolvidas, razão pela qual o TST não admite dissídio coletivo de natureza jurídica para a interpretação de norma de caráter geral, pertinente a todos os trabalhadores, como se depreende da Orientação Jurisprudencial n. 7, da SDC: "Dissídio coletivo. Natureza jurídica. Interpretação de norma de caráter genérico. Inviabilidade. Não se presta o dissídio coletivo de natureza jurídica à interpretação de normas de caráter genérico, a teor do disposto no art. 313 do RITST".[667]

O dissídio coletivo de natureza jurídica deve versar sobre controvérsia a respeito de normas que digam respeito especificamente às categorias envolvidas, como cláusulas de sentenças normativas, acordos e convenções coletivas de trabalho, disposições legais particulares de categoria profissional ou econômica e de atos normativos.

(667) Atualmente, o dispositivo pertinente à matéria é o art. 220 do RITST (Regimento Interno do TST).

2.1.1. Permanência do dissídio coletivo de natureza jurídica após a EC n. 45/2004

Em relação à natureza da pretensão, na redação originária do § 2º do art. 114 da CF/1988 não havia distinção entre as espécies de dissídio coletivo — econômico ou de interesses e jurídico ou de direito.

Na atual redação do § 2º do art. 114 da CF/1988 (EC n. 45/2004), previu-se expressamente a suscitação de dissídio coletivo de "natureza econômica", restando silente o legislador sobre o dissídio coletivo de natureza jurídica.

Entretanto, referida circunstância não alterou a sistemática dessa espécie de dissídio, uma vez que o dissídio coletivo de natureza jurídica jamais teve previsão expressa no âmbito constitucional.

A antiga redação do § 2º do art. 114 da CF/1988 já se reportava implicitamente ao dissídio coletivo de natureza econômica, ao prever a possibilidade do estabelecimento de normas e condições de trabalho, sendo que esta circunstância jamais obstou a existência do dissídio coletivo de natureza jurídica.

O dissídio coletivo de natureza jurídica está contido na própria essência do instituto do dissídio coletivo, tal como concebido pelo ordenamento jurídico italiano do Estado corporativista, cujas linhas mestras, previstas na Declaração V da *Carta del Lavoro* e no art. 13 da Lei n. 563, de 1926, também consagravam a solução de controvérsia coletiva sobre a observância de regras convencionais e de outras normas existentes. Embora jamais tivesse previsão constitucional expressa, o dissídio coletivo de natureza jurídica incorporou-se ao ordenamento jurídico brasileiro como integrante do modelo importado do Estado italiano.

O dissídio coletivo de natureza jurídica foi, assim, amplamente aceito pela doutrina e a jurisprudência pátrias como decorrente da sistemática do próprio instituto e do ordenamento jurídico que adotou o dissídio coletivo em sua integralidade, tanto para a fixação de normas e condições de trabalho como para a solução de conflito pertinente à aplicação ou interpretação de norma jurídica.

Como elucidamos anteriormente, a previsão de um direito ou instituto pelo legislador constituinte não afasta a possibilidade de adoção ou de previsão infraconstitucional de um direito ou instituto conexo, máxime porque, assim como o dissídio coletivo de natureza econômica, o dissídio coletivo de natureza jurídica encontra lastro constitucional no art. 5º, XXXV, CF/1988.

Embora a nova redação do art. 114, § 2º, da CF/1988 mencione expressamente a locução "dissídio coletivo de natureza econômica", o que, numa primeira leitura, poderia suscitar a impossibilidade de dissídio coletivo de natureza jurídica, vale ressaltar que essa diferenciação entre as duas espécies de dissídios tem função meramente didática, com base na carga jurisdicional predominante no julgamento de cada um deles — constitutiva, nos econômicos e, declaratória, nos jurídicos —, uma vez que, na realidade, ambos possuem natureza econômica, pois é da essência de qualquer dissídio coletivo repercutir nas condições de trabalho entre trabalhadores e empregadores.

Desse modo, *v. g.*, na hipótese em que um Tribunal decide um conflito jurídico sobre a interpretação de uma norma coletiva — por exemplo, uma controvérsia sobre se o aumento concedido incide sobre o salário-base ou sobre este acrescido de outras verbas —, conquanto a controvérsia verse sobre interpretação de uma norma coletiva, são inegáveis seus efeitos econômicos, que repercutirão de uma ou outra forma, conforme a interpretação concedida à norma perquirida. Na realidade, tem-se um dissídio jurídico-econômico, pois nenhum dissídio de natureza jurídica tem finalidade meramente declaratória, mas visa sempre à transformação de uma dada realidade a partir da solução de um conflito de interesses, com profundos efeitos patrimoniais.

Como assevera Arion Sayão Romita, "A classificação dos dissídios em dissídios de natureza jurídica e de natureza econômica deve ser afastada, por imprecisa, pois todo dissídio tem, ao mesmo tempo, natureza jurídica e econômica. Deve ser preferida a nomenclatura que distingue entre dissídios de direito e dissídios de interesses".[668]

---

(668) ROMITA, Arion Sayão. Os novos instrumentos processuais à disposição das partes em face da EC n. 45/2004. *Gênesis*, Curitiba, n. 25, p. 628, jul./ago. 2005.

Atualmente, o dissídio coletivo de natureza jurídica encontra previsão legal na Lei n. 7.701/89 (art. 10) e no Regimento Interno do TST, que o define como o dissídio "para interpretação de cláusulas de sentenças normativas, de instrumentos de negociação coletiva, acordos e convenções coletivas, de disposições legais particulares de categoria profissional ou econômica e de atos normativos" (art. 241).

2.2. Dissídio coletivo originário, de revisão e de extensão

2.2.1. Dissídio coletivo originário

Os dissídios coletivos originários caracterizam-se pela instauração da instância judicial quando inexistente norma coletiva anterior — acordo, convenção coletiva ou sentença normativa — para as categorias ou coletividades representadas (art. 867, "*a*", CLT), de forma que a sentença normativa que vier a ser proferida no processo de dissídio coletivo será a primeira norma coletiva das categorias, partes ou coletividades representadas.

A originalidade não é exatamente do dissídio coletivo, mas da sentença normativa dele decorrente, uma vez que ela passa a constituir a norma coletiva primeva da categoria.

2.2.2. Dissídio coletivo de revisão

O dissídio coletivo de revisão tem como objeto a reavaliação de normas e condições coletivas de trabalho fixadas em sentença normativa, e que tenham se tornado injustas ou ineficazes pela modificação das circunstâncias fáticas e jurídicas que fundamentaram a decisão judicial (arts. 873 a 875 CLT).

"Art. 873. Decorrido mais de um ano de sua vigência, caberá revisão das decisões que fixarem condições de trabalho, quando tiverem modificado as circunstâncias que a ditaram, de modo que tais condições hajam tornado injustas ou inaplicáveis."

O dissídio revisional possui base na cláusula *rebus sic stantibus* (teoria da imprevisão), possibilitando a suscitação de novo dissídio coletivo para a revisão das regras e condições de trabalho previstas em sentença normativa prolatada em dissídio coletivo anterior.

A aplicação da cláusula *rebus sic stantibus* às decisões judiciais encontra ressonância em qualquer decisão que delibera sobre relação jurídica continuativa, encontrando fundamento no art. 505, inciso I, do CPC, *in verbis*: "*Art. 505. Nenhum juiz decidirá novamente as questões já decididas relativas à mesma lide, salvo: I – se, tratando-se de relação jurídica continuativa, sobreveio modificação no estado de fato ou de direito; caso em que poderá a parte pedir a revisão do que foi estatuído na sentença*".

Embora o art. 873 da CLT disponha que o dissídio coletivo de revisão possui cabimento após um ano de vigência da sentença normativa, nada impede a instauração de instância coletiva de revisão em período inferior ao primeiro ano, desde que devidamente comprovadas as alterações nas situações de fato ou de direito que tornem excessivamente onerosa, prejudicial ou injusta para uma das partes.

Embora o prazo máximo de vigência da sentença normativa seja de até quatro anos (art. 868, parágrafo único, CLT), a regra geral é a fixação de duração de 01 (um) ano pelos Tribunais Trabalhistas, seguindo a tradição do prazo de vigência dos acordos e convenções coletivas, os quais geralmente são fixados em 01 (um) ano pelas partes convenentes. Entendimento diverso seria tornar inoperante o dissídio coletivo de revisão e esvaziar o sentido da cláusula *rebus sic stantibus* nas relações coletivas de trabalho. Nada impede assim a revisão devidamente fundamentada em lapso temporal inferior ao anual.

O próprio art. 505 do CPC (correspondente ao art. 471 do CPC de 1973), posterior à CLT, e mais atual e consentâneo com o desiderato da *rebus sic stantibus*, exige apenas a alteração do estado fático-jurídico, sem previsão mínima ou máxima para esta pretensão, o que se aplica, *mutatis mutandis*, ao processo do trabalho.

A existência de norma específica não impede uma interpretação progressiva do instituto. Vale ressaltar que a norma do art. 873 da CLT foi elaborada em período histórico em que as transformações políticas, econômicas e sociais não possuíam a dinâmica e a complexidade da sociedade atual. Mais adiante, lançamos mais algumas observações em relação à coisa julgada *rebus sic stantibus* no dissídio coletivo.

Sobre a necessidade de comum acordo para o dissídio coletivo de revisão, há entendimentos no âmbito do TST que consagram a referida exigência para a sua suscitação.(669)

A exigência de comum acordo para a suscitação de dissídio coletivo de revisão não se apresenta como a melhor solução, devendo-se considerar que o dissídio revisional constitui mero desdobramento do dissídio originário, para o qual já foi exigido e reconhecido o comum acordo.

O dissídio revisional não possui significado ou mesmo cabimento sem a existência do dissídio originário ou anterior. Embora autônomo, o dissídio coletivo de revisão possui natureza subsidiária, dependente e incidental. O comum acordo reconhecido no primeiro dissídio envolve a anuência com todos os seus desdobramentos (oposição, assistência, recursos etc.), inclusive para a sua revisão por posterior dissídio revisional. Aliás, o interesse da Justiça nessa situação é tão grande ou maior que o da parte suscitante, pois envolve questão referente à justeza da própria decisão judicial.

2.2.3. Dissídio coletivo de extensão

O dissídio coletivo de extensão tem como finalidade a expansão das normas e condições de trabalho fixadas em dado dissídio coletivo para uma fração de empregados de uma empresa aos demais empregados da empresa que estejam em situação similar (art. 868, *caput*, CLT); a decisão também pode ser estendida a todos os empregados da mesma categoria profissional compreendida na jurisdição do Tribunal (art. 869 e 870, CLT).

Para a ocorrência da extensão, é necessária a observância dos seguintes requisitos:

a) requerimento por parte de um ou mais empregadores, ou de quaisquer sindicatos destes; ou

b) requerimento de um ou mais sindicatos de empregados; ou

c) determinação *ex officio* do Tribunal que proferiu a decisão; ou

d) requerimento do Ministério Público do Trabalho; e

e) anuência de ¾ dos empregadores e ¾ dos empregados ou dos respectivos sindicatos com a extensão.

Eventual negativa de anuência dos requeridos deverá ser plenamente justificada, com sólidos fundamentos de fato e direito, não se admitindo negativas elaboradas por má-fé, com abuso de direito, vazias, por mero capricho, movidas por rivalidades sindicais ou classistas. Nestas hipóteses, a negativa será considerada ineficaz e consolidada a extensão.

---

(669) *"DISSÍDIO COLETIVO DE NATUREZA ECONÔMICA E REVISIONAL. EXIGÊNCIA DE COMUM ACORDO. MANIFESTAÇÃO CONTRÁRIA EM DEFESA. 1. O art. 114, § 2º, da Constituição Federal, com a redação dada pela EC n. 45/2004, dispõe que, recusada a negociação coletiva ou a arbitragem, faculta-se às partes, de comum acordo, o ajuizamento de dissídio coletivo de natureza econômica. 2. Tal dispositivo não padece de inconstitucionalidade frente ao art. 5º, inciso XXXV, da Constituição Federal, pois referido dispositivo, ao impedir que se vede o acesso ao Poder Judiciário, diz respeito às lesões a direitos subjetivos decorrentes de normas jurídicas preexistentes, situação muito diversa do dissídio coletivo, em que a pretensão dirige-se à criação de normas jurídicas. De todo modo, a Constituição Federal não consagra um direito irrestrito e incondicionado de mero acesso ao Poder Judiciário, podendo a lei prever requisitos, condições e pressupostos para tanto, tal como se dá, por exemplo, com o exaurimento da negociação coletiva prévia no dissídio coletivo (CLT, art. 616, § 4º). 3. Se em defesa há manifestação expressa de discordância no ajuizamento de dissídio coletivo, impõe-se a extinção do processo, sem resolução de mérito (CPC, art. 267, inciso IV). 4. Recurso ordinário interposto pela Empresa Suscitada a que se dá provimento."* (Proc. RODC n. 354200-72.2005.5.04.0000, Rel. Ministro João Oreste Dalazen, SDC, J. 13.9.2007, DJ 26.10.2007). *"RECURSO ORDINÁRIO – DISSÍDIO COLETIVO DE NATUREZA ECONÔMICA E DE REVISÃO – AUSÊNCIA DE COMUM ACORDO – CONSENSO QUASE INTEGRAL EM AUDIÊNCIA DE CONCILIAÇÃO – REJEIÇÃO DA PRELIMINAR A redação do art. 114, § 2º, da Constituição da República elenca o comum acordo entre as partes como pressuposto à instauração de Dissídio Coletivo de Natureza Econômica. Diante disso, a C. SDC entende que o consenso quase integral alcançado pelas partes em audiência de conciliação e objeto de homologação pela Corte de origem demonstra que o Suscitado concordou com a instauração do Dissídio, o que impõe a rejeição da preliminar."* (TST — RO: 316120155220000, relator(a): Maria Cristina Irigoyen Peduzzi, Data de Julgamento: 14.03.2016, Seção Especializada em Dissídios Coletivos, Data de Publicação: *DEJT* 22.03.2016)

Embora, num primeiro momento, parecesse que o requerimento de extensão pudesse ser elaborado por simples petição, como poderia sugerir uma leitura dos art. 868 e 869 da CLT, a extensão pressupõe a propositura de uma ação incidental, o dissídio coletivo de extensão, pois tal procedimento prescreve a necessidade de oitiva dos interessados, em prazo não inferior a 30 dias e nem superior a 60 dias, findo o qual será ouvido o Ministério Público do Trabalho com a sequente prolação da decisão sobre a extensão e a sua entrada em vigor (arts. 870 e 871, CLT) para os demais empregados e empregadores.

A decisão que fixa a data de entrada em vigor, como toda decisão judicial (art. 93, IX, CF/1988), deverá ser devidamente fundamentada, com a indicação dos elementos de fato e de direito que foram considerados para a determinação da data de entrada em vigor pelo Tribunal.

A exigência de concordância por parte de empregados e empregadores ou seus respectivos sindicatos aplica-se também para as determinações *ex officio* do Tribunal e para os requerimentos do Ministério Público do Trabalho. No entanto, a anuência ou não dos requeridos não constitui fator determinante da decisão, pois, além de dever ser plenamente justificada e instruída com a necessária e sólida fundamentação, o Tribunal, com base no princípio da razoabilidade e em diversos outros elementos axiológicos do Direito do Trabalho e dos Direitos Humanos, poderá estender à revelia dos requeridos as normas e condições de trabalho reconhecidas na decisão em extensão, pois as decisões proferidas em dissídios coletivos são decisões fundamentadas em juízo de equidade e não somente juízo de legalidade.

Os art. 869 e 870 da CLT não excluem a extensão determinada pelo Tribunal *ex officio* e requerida pelo Ministério Público dos procedimentos neles previstos. Ademais, tratando-se de extensão de decisão judicial, faz-se mister a observância do contraditório e da ampla defesa, com a oitiva das partes interessadas, sob pena de configurar-se não um ato de autoridade, mas de autoritarismo, com nítida violação do princípio da congruência da sentença aos pedidos e da proibição de prolação de decisão *ultra petita*.

2.2.4. Quadro sinóptico das espécies de dissídio coletivo

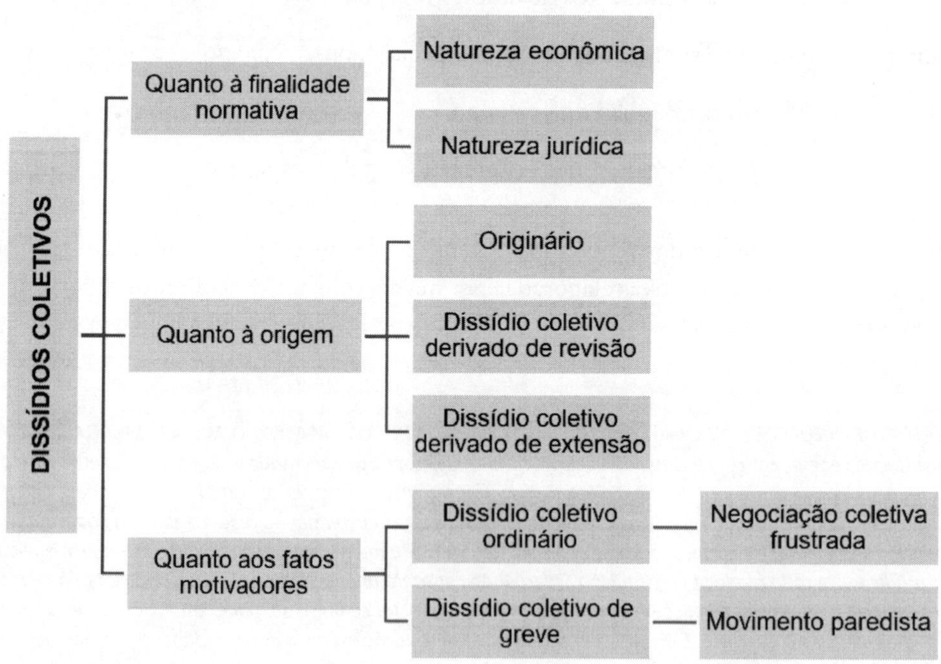

2.3. Dissídio coletivo de greve

2.3.1. Conceito e objeto

O dissídio coletivo de greve é aquele suscitado na iminência de um movimento paredista ou no período de duração deste, tendo por objeto a apreciação de controvérsias sobre a regularidade da greve, o julgamento das reivindicações que deram origem ao conflito e a apreciação de outras matérias correlacionadas com o movimento grevista, como a manutenção dos serviços essenciais ou inadiáveis da comunidade, a continuidade dos serviços cuja paralisação acarrete prejuízos irreversíveis ao empregador, o ressarcimento de danos morais e materiais difusos e coletivos ocasionados à coletividade etc.

2.3.2. Elevação ao âmbito constitucional com a EC n. 45/2004

Anteriormente ao advento da EC n. 45/2004, o dissídio coletivo de greve sempre fora previsto no âmbito da legislação infraconstitucional — Decreto-lei n. 1.237/39 (art. 56); CLT (art. 856); Lei n. 7.783/89 (art. 8º); Lei Complementar n. 75/93 (art. 83, VIII).

Assim como nas cartas anteriores, a redação original da CF/1988 não previa expressamente a legitimidade do Ministério Público do Trabalho para a suscitação de dissídio coletivo; essa legitimidade era extraída de uma interpretação sistemática dos diplomas normativos acima citados (arts. 856 e 857 da CLT; art. 8º da Lei n. 7.783/89; e art. 83, VIII, da LC n. 75/93).

A elevação ao âmbito constitucional do dissídio coletivo de greve, com previsão expressa da legitimidade do Ministério Público do Trabalho para a sua suscitação, constituiu uma exigência decorrente da reformulação desse instituto pela EC n. 45/2004, pois, uma vez condicionado o ajuizamento do dissídio coletivo ao "comum acordo" das partes interessadas, restaria não recepcionada a legitimidade unilateral do Ministério Público do Trabalho prevista nas normas infraconstitucionais supracitadas. Somente a própria norma constitucional, *in casu*, poderia excepcionar a exigência por ela imposta, por meio da previsão da legitimidade singular do *Parquet* Laboral.

2.3.3. Delimitação constitucional da legitimação do MPT pela EC n. 45/2004

A análise do novo texto constitucional e a interpretação histórica dos diplomas infraconstitucionais sobre o tema demonstram que a legitimidade do *Parquet* Laboral veio sendo paulatinamente reconfigurada para adaptar-se às situações compatíveis com a sua missão constitucional, tal como delineada na CF/1988 (art. 127 e segs.).

De fato, pelos arts. 856 e 857 da CLT, o MPT possuía legitimidade para a instauração de instância de dissídio coletivo na existência de qualquer suspensão do trabalho, ou seja, sempre que houvesse um movimento paredista, independentemente da natureza das atividades, do setor econômico ou da existência ou não de lesão ou ameaça de lesão a interesses da coletividade, estaria o Ministério Público apto à suscitação da instância.

Posteriormente, conquanto a Lei n. 7.783/89 tenha diferenciado a greve em serviços e atividades essenciais daquela deflagrada nos demais setores, essa distinção teve como objetivo surtir efeitos no campo material, consubstanciados na garantia da continuidade dessas atividades para o atendimento das necessidades inadiáveis da população. Ela não repercutiu na legitimidade do MPT para suscitar dissídio coletivo de greve, que continuou ampla, abrangendo qualquer movimento paredista, seja em atividades essenciais, serviços públicos ou privados, também independentemente de lesão ou ameaça de lesão a interesse público.

Evidentemente que o *Parquet* jamais atuou com tamanha amplitude, mas, ressalte-se, não por vedação legal, e sim por interpretar sistematicamente a faculdade prevista na Lei n. 7.783/89 com o art. 127 e segs. da Carta Política, instaurando instância, em caso de greve, somente quando necessário para a tutela de interesses da coletividade, cuja proteção lhe foi incumbida pelo constituinte.

Esse direcionamento da atuação do MPT, na práxis ministerial, foi consagrado com o advento da LC n. 75/93. Por este diploma legal, a instauração de instância pelo MPT somente poderia ocorrer nas situações de greve e desde que a defesa da ordem jurídica ou o interesse público o exigissem; previu-se, para a autuação do Ministério Público, um *plus* em relação à Lei anterior; isto é, além da existência de greve, a legitimação do *Parquet* dependeria também da presença de ameaça à ordem jurídica ou ao interesse público.

Ainda aqui, a intervenção do MPT não estava vinculada à natureza das atividades, podendo ocorrer, tanto em serviços públicos como em privados, em atividades essenciais ou não, desde que presentes os dois requisitos legais: existência de greve e ameaça à ordem jurídica ou ao interesse público.

A EC n. 45/2004 trouxe um novo balizamento para a instauração de instância pelo MPT, exigindo, ao lado dos dois requisitos anteriores (greve e ameaça à ordem jurídica ou ao interesse público), que a greve ocorra em atividades essenciais.

Desse modo, houve uma maior restrição às hipóteses de suscitação de dissídio coletivo pelo *Parquet*, que somente se verificará nos casos de greve em atividades essenciais com possibilidade de lesão ao interesse público, ou seja, na presença conjunta desses três requisitos: a) greve; b) que a greve ocorra em atividades essenciais; c) que haja lesão ou ameaça de lesão a interesse público (interesses da coletividade, interesses difusos, coletivos e individuais homogêneos).

Vale ressaltar que a paulatina reconfiguração histórica da legitimidade do MPT para a instauração de instância de dissídio coletivo em casos de greve, não significa limitação à possibilidade de intervenção ministerial por intermédio de outros instrumentos processuais quando existente movimento paredista. Essa intervenção sempre ficará a critério da oportunidade e da conveniência do órgão do Ministério Público, sempre que vislumbrar lesão ou ameaça de lesão a interesses da coletividade. Não se deve confundir legitimação para a instauração de dissídio com intervenção para a salvaguarda de interesses transindividuais; em algumas situações, o que estará obstada é a suscitação de dissídio coletivo pelo *Parquet*, mas não a propositura de outros instrumentos jurídicos, como a ação civil pública, a ação coletiva etc.

2.3.3.1. Quadro sinóptico

Em resumo, a atuação do Ministério Público do Trabalho nas hipóteses de greve fica assim delineada:

NATUREZA DA GREVE	LEGIMIDADE DO MPT PARA O DISSÍDIO COLETIVO	LEGITIMIDADE PARA OUTROS INSTRUMENTOS PROCESSUAIS
Greve em atividades não essenciais	Sem legitimidade in abstracto/legitimidade relevância social no caso concreto	Ação civil pública nas hipóteses de lesões a interesses transindividuais, inclusive individuais homogêneos
Greve em atividades essenciais sem lesão ou ameaça de lesão a interesse público	Sem legitimidade in absrtracto/ legitimidade por relevância no caso concreto	Ação civil pública nas hipóteses de lesões a interesses transindividuais, inclusive individuais homogêneos
Greve em atividades essenciais com lesão ou ameaça de lesão a interesse público	Legitimidade ampla e presumida	Também poderá propor ação civil pública, ação coletiva ou qualquer outra demanda para asseguramento dos serviços essenciais

Como se observa do quadro delineado acima, na hipótese de greve em serviços essenciais com possibilidade de lesão a interesse público, a instauração de instância pelo MPT constitui somente um dos procedimentos processuais possíveis, cuja utilização ficará a critério do Órgão Ministerial, uma vez que o Ministério Público possui um rol de instrumentos para a garantia dos serviços essenciais e dos interesses da coletividade, como a ação civil pública e as ações coletivas, que possibilitam igual resolução da questão da prestação dos serviços, sem que haja intervenção na autonomia privada coletiva das partes ou na sua promoção.

Embora a nova redação do dispositivo constitucional tenha se referido à hipótese de "greve em atividade essencial, com possibilidade de lesão do interesse público", diante da presença de um movimento paredista em atividades essenciais, a legitimidade do MPT é presumida, pois toda atividade essencial quase sempre se vincula a um interesse público, que a transcende. Dessa forma, poderá o *Parquet* instaurar a instância nas atividades essenciais, públicas ou privadas, com legitimação presumida, devendo eventual interessado desincumbir-se do ônus da prova da ausência de interesse público no caso concreto. Nas atividades essenciais com manifesta lesão ou possibilidade de lesão à ordem jurídica ou ao interesse público, a legitimação do *Parquet* é ampla.

2.3.4. Legitimação do Presidente do Tribunal do Trabalho

A legitimidade ativa conferida pelo art. 856 da CLT ao Presidente do Tribunal do Trabalho para suscitar dissídio coletivo de greve não foi recepcionada pela CF/1988, que atribuiu ao Ministério Público o zelo pelo efetivo respeito aos Poderes públicos, à ordem jurídica e aos serviços de relevância pública (arts. 127 a 129 CF/1988). Além disso, a Lei n. 7.783/89, posterior à redação do art. 856 da CLT, já não havia previsto a legitimidade ativa do Presidente do Tribunal para a instauração da instância em caso de greve, derrogando a previsão do dispositivo celetista (art. 8º).

Com a nova redação do art. 114, § 3º, CF/1988 (EC n. 45/2004), não resta qualquer dúvida sobre a ilegitimidade do Presidente do Tribunal do Trabalho para a instauração *ex officio* do dissídio coletivo de greve, uma vez que a única legitimidade unilateral para suscitar dissídio coletivo, em exceção à regra do comum acordo entre as partes, corresponde à legitimidade do Ministério Público do Trabalho, como prevista na própria norma constitucional, a qual não resguardou qualquer outra legitimidade unilateral. Como exposto antes, uma vez condicionado o ajuizamento do dissídio coletivo ao "comum acordo" das partes interessadas, somente a própria norma constitucional, *in casu*, poderia excepcionar a exigência por ela imposta, por meio da previsão de legitimidades singulares, como a do Ministério Público.

2.3.5. Legitimação das empresas (empregadores)

Não obstante a limitação constitucional do dissídio coletivo de greve à legitimação exclusiva do Ministério Público do Trabalho (art. 114, § 3º, CF/1988), e o próprio entendimento consolidado no âmbito do STF e do TST a respeito da constitucionalidade da exigência do comum acordo para a instauração de dissídio coletivo, vem se consolidando entendimento paradoxal no âmbito destas mesmas Cortes sobre a possibilidade de suscitação de dissídio coletivo de greve de forma unilateral pelas empresas.

O *leading case* foi o dissídio coletivo de greve, ProcessoTST-DCG-1001203-57.2020.5.00.0000, suscitado pela Empresa Brasileira de Correios e Telégrafos em face das entidades profissionais de trabalhadores, no qual se considerou que, *"Nos casos dos dissídios coletivos de greve, a Justiça do Trabalho atua independentemente do comum acordo, instada inclusive pelo Ministério Público, a bem da sociedade (CF, art. 114, § 3º). Nesse caso, como não é juízo de eleição, seu poder normativo fica restrito aos limites constitucionais e legais, preservando as normas convencionais pré-existentes, o que significa aquelas decorrentes do último instrumento normativo oriundo de negociação coletiva. Nessa hipótese, não é possível impor normas que venham a onerar economicamente a empresa, mas apenas cláusulas sociais que melhorem as condições de trabalho na empresa".*

Como se observa, há uma incongruência no sistema de soluções coletivas, tendo em vista que os próprios Tribunais que consideraram constitucional e obrigatório o comum acordo, afastam a exigência na hipótese de dissídio coletivo de greve suscitado unilateralmente pelas empresas. Desta forma, instaura-se uma instância sem o consentimento das representações profissionais com o denominado "comum acordo", criando-se uma hipótese de legitimação empresarial unilateral indubitavelmente inconstitucional segundo a lógica jurídica do STF que havia declarado a constitucionalidade do comum acordo, na ADI 3423, conforme analisado anteriormente.

2.3.6. Conteúdo da decisão no dissídio coletivo de greve suscitado pelo MPT e dissídio coletivo de natureza mista

Em relação ao conteúdo da sentença normativa proferida no dissídio coletivo de greve, destaca-se uma controvérsia sobre a sua amplitude, quando suscitado unilateralmente pelo *Parquet*. Em relação a essa temática, formaram-se duas principais correntes de pensamento.

Uma primeira, predominante na doutrina, considera que, nas hipóteses de suscitação de dissídio coletivo unilateralmente pelo MPT, nos casos de greve, o provimento jurisdicional deve limitar-se à apreciação das pretensões do Órgão Ministerial (declaração de abusividade ou não da greve, exigência de manutenção mínima dos serviços essenciais etc.), devendo o Tribunal abster-se de apreciar os demais aspectos do conflito coletivo, por estarem na esfera reivindicatória privada das partes.

Nesse sentido, pondera Sandra Lia Simón que "... doravante, somente nos casos de greve em atividade essencial em que, a critério do Ministério Público do Trabalho, possa haver lesão do interesse público, e por este houve ajuizamento de dissídio coletivo, a Justiça do Trabalho, originalmente em segunda instância, decidirá sobre o mérito da greve (procedência ou improcedência das reivindicações), bem como julgará alegações de abuso do direito de greve e regulará outras questões relativas ao movimento paredista, como o pagamento de salários dos dias parados (art. 8º, 14 e 15 da Lei n. 7.783/89)".[670]

Pedro Carlos Sampaio Garcia compartilha dessa ilação, pois, depois de ressaltar que não cabe ao Ministério Público a tutela de interesses econômicos das partes envolvidas no conflito, assinala que "No dissídio coletivo instaurado pelo MPT, o pedido se restringe aos atos praticados no exercício do direito de greve. E, naturalmente, obedecendo à conhecida regra de que o juiz não julga mais, não julga menos e não julga diferente do que foi pedido, a decisão deve se restringir ao pedido formulado pelo MPT. Cabe à Justiça do Trabalho, nesses casos, julgar a greve e não o conflito econômico, sendo este o sentido da disposição contida no § 3º, do art. 114, da Constituição Federal".[671]

Por sua vez, uma segunda posição, prevalecente na jurisprudência, e que ganha espaço na doutrina, apregoa que, embora o dissídio coletivo tenha sido proposto pelo MPT para a salvaguarda de interesses da coletividade, o órgão julgador deve apreciar toda a matéria referente ao conflito coletivo, decidindo tanto as pretensões formuladas pelo Ministério Público quanto as reivindicações das partes, como o proferimento de decisão ampla e exauriente.

Os Tribunais do Trabalho inclinam-se para esse segundo entendimento, convocando as partes para comparecimento em juízo e decidindo todos os aspectos do conflito.[672] Porém, dependendo da conformação da lide, e dos elementos nela presentes, há situações em que o Tribunal se limita ao julgamento dos aspectos concernentes ao movimento paredista.

No dissídio coletivo de greve instaurado pelo MPT, formar-se-á um litisconsórcio passivo necessário entre as partes do conflito (*v. g.*, sindicato profissional e empresa), cabendo, em princípio, ao Tribunal do Trabalho decidir sobre os atos e condições do movimento paredista, com vistas à salvaguarda dos interesses da coletividade; nada obsta, entretanto, que, após apresentadas as razões dos suscitados e estando a lide madura, possa o Tribunal, *in continenti*, decidir sobre as pretensões e formulações das partes, decidindo o conflito.

Na hipótese de o Tribunal do Trabalho apreciar as reivindicações das respectivas categorias no dissídio coletivo de greve, constituir-se-á um dissídio coletivo de natureza mista, uma vez que a decisão apreciará tanto as questões pertinentes à greve, como a sua abusividade ou não, como também as demais controvérsias materiais presentes no conflito coletivo.

---

(670) SIMÓN, Sandra Lia. A ampliação da competência da Justiça do Trabalho e o Ministério Público do Trabalho. In: COUTINHO, Grijalbo Fernandes; FAVA, Marcos Neves (Coords.). *Nova competência da Justiça do Trabalho*. São Paulo: LTr, 2005. p. 345.

(671) GARCIA, Pedro Carlos Sampaio. *O fim do poder...*, cit., p. 395.

(672) No dissídio coletivo de greve, suscitado pelo Ministério Público do Trabalho em face do Sindicato das Entidades de Assistência ao Menor e à Família no Estado de São Paulo e Fundação Estadual do Bem-Estar do Menor, o TRT 2ª Região julgou inteiramente o conflito: "*DISSÍDIO COLETIVO DE GREVE — FEBEM — CELETISTAS — DESPEDIDA EM MASSA — CONCURSADOS ESTÁVEIS — CONCURSADOS EM ESTÁGIO PROBATÓRIO — ART. 41 DA CF/88 — ORIENTAÇÃO JURISPRUDENCIAL N. 265 DA SDI-1/TST — ADMINISTRAÇÃO DIRETA FUNDACIONAL — APLICABILIDADE — Dissídio Coletivo instaurado pelo Ministério Público do Trabalho em decorrência do estado de greve dos funcionários da Febem, agravado pelo fato novo da despedida de 1.751 empregados no curso do processo. Tratando-se de uma Fundação Pública Estadual, integrante da Administração Pública Direta, os empregados da suscitada Febem, concursados, são beneficiários da estabilidade prevista no art. 41 da Constituição Federal, a teor da Orientação Jurisprudencial n. 265 da SDI-1/TST, sendo que aos que se encontram em estágio probatório é concedida a estabilidade de 60 dias, em razão da declaração de não abusividade da greve. Dissídio que se julga parcialmente procedente.*" (TRT/SP, Proc. n. 2000720050000200, Ac. 2005000360, SDC, relª. Wilma Nogueira de Araújo Vaz da Silva, *DOE* 15.3.05)

3. Natureza jurídica do dissídio coletivo quanto à pretensão

Com base na tríplice divisão das ações de conhecimento, em declaratórias, constitutivas e condenatórias, pode-se dizer que o dissídio coletivo de natureza econômica tem natureza jurídica constitutiva, tendo em vista que cria (constitui) normas e condições de trabalho, ao passo que o dissídio coletivo de natureza jurídica tem natureza declaratória, uma vez que visa à prolação de um provimento jurisdicional com o intuito de esclarecer ou interpretar o conteúdo de determinada norma coletiva.

O dissídio coletivo também pode adquirir natureza condenatória, como nos casos de greve, em que se imputam obrigações de fazer e não fazer, além de pagamento de multa por descumprimento. Na realidade, o dissídio coletivo de greve tende a adotar uma natureza mista, podendo também envolver provimentos declaratórios, como as decretações de abusividade ou não abusividade do movimento paredista, além dos provimentos acima citados.

4. Pressupostos processuais específicos

Além da exigência do comum acordo, na forma delineada pelo TST, que admite a sua mitigação como pressuposto processual, para dispensar a necessidade de petição conjunta e exigir que a recusa seja efetuada justificada e expressamente pela parte contrária, durante a fase de negociação (previamente ao dissídio), no momento da resposta, ou em primeira oportunidade, sob pena de configuração de concordância tácita, o dissídio coletivo está sujeito ao preenchimento das condições da ação e dos pressupostos processuais aplicáveis a qualquer ação de conhecimento, além de observar alguns pressupostos processuais específicos:

a) tentativa de negociação prévia (§ 2º do art. 114, CF/1988 e art. 616, § 2º, CLT) ou de submissão do conflito à arbitragem (art. 114, § 2º, CF/1988);

b) autorização da assembleia, observado o *quorum* previsto no art. 859 da CLT[(673)], ou o *quorum* do estatuto da entidade sindical, em caso de dissídio coletivo de greve (art. 4º, § 1º, Lei n. 7.783/89);

c) inexistência de norma coletiva em vigor, salvo se o dissídio decorrer da deflagração de greve cujo conflito verse sobre o descumprimento da própria cláusula ou condição da norma coletiva *(exceptio non adimpleti contractus)*, ou motivado pela superveniência de fato novo ou acontecimento imprevisto que modifique substancialmente as obrigações constantes da norma coletiva vigente *(rebus sic stantibus)*, consoante o art. 14 da Lei n. 7.783/89;

d) observância da época própria para o ajuizamento (art. 616, § 3º, CLT). O dissídio coletivo deve ser suscitado dentro de 60 (sessenta) dias anteriores ao respectivo termo final da norma coletiva em vigor (acordo, convenção ou sentença normativa), para que a nova decisão produza efeitos no dia imediato a esse termo final.

A suscitação de dissídio coletivo antes do prazo de 60 (sessenta) dias prescrito no art. 616, § 3º, CLT, invoca a extinção do processo sem resolução do mérito por falta de interesse de agir do postulante, tendo em vista que as condições de trabalho se encontram regulamentadas por norma coletiva em vigor. A suscitação de dissídio coletivo antes do prazo de 60 (sessenta) dias do término da norma coletiva em vigor só terá cabimento nas hipóteses de aplicação das cláusulas *rebus sic stantibus* e *exceptio non adimpleti contractus* (art. 14, Lei n. 7.783/89).

---

(673) *"DISSÍDIO COLETIVO DE NATUREZA ECONÔMICA E REVISIONAL.* QUORUM. *ART. 859 DA CLT. ORIENTAÇÃO JURISPRUDENCIAL N. 13 CANCELADA. 1. A Orientação Jurisprudencial n. 13/SDC foi superada pelo entendimento de que o art. 859 da CLT, porque específico, regula o* quorum *exigível para a assembleia geral sindical deliberar sobre o ajuizamento de dissídio coletivo, resultando inaplicável o* quorum *do art. 612, próprio para viabilizar a celebração de convenção ou acordo coletivo de trabalho (TST-AG-RODC 30132/2002-900-02-00.9, Rel. Min. João Oreste Dalazen, DJ 13.2.2004). 2. Recurso ordinário interposto pelo Sindicato profissional Suscitante a que se dá provimento para anular o acórdão recorrido, em virtude de erro procedimental, determinando o retorno dos autos ao Tribunal de origem a fim de que prossiga no exame da causa, como entender de direito, afastada a preliminar de ausência de* quorum *deliberativo."* (RODC — n. 146/2002-000-01-00.0 , rel. Min. João Oreste Dalazen, *SDC*, j. 16.6.2005, p. 5.8.2005)

Vaticinando que a negociação ultrapassará esse prazo, deverá o interessado propor "protesto judicial para asseguramento da data-base", com vistas a propiciar a continuidade das negociações sem a perda da retroação dos efeitos da sentença normativa ao término da norma coletiva anterior.

Tratando-se de tutela de urgência de natureza cautelar, o protesto judicial deverá ser requerido no Tribunal competente para a apreciação do dissídio coletivo até o termo *ad quem* da norma coletiva vigente. A petição deve ser obrigatoriamente escrita e dirigida diretamente para o presidente do Tribunal competente.

Como ação principal, o respectivo dissídio coletivo deveria ser suscitado no prazo de 30 (trinta) dias da efetivação da medida cautelar (art. 308, CPC), sob pena de perda dos efeitos retroativos pretendidos. No entanto, diversamente do previsto na norma do CPC, o TST possui disposição em seu regimento, determinando que o protesto deverá ser requerido no prazo de 30 (trinta) dias a partir da intimação do seu deferimento (art. 219, § 2º, RITST). Intimação e efetivação da medida são conceitos distintos e podem ocorrer em momentos diversos, não obstante, *in casu*, haver coincidência fática entre os dois institutos processuais, já que a simples intimação já efetiva a medida.

Não suscitado o respectivo dissídio coletivo no prazo de 30 (trinta) dias, o protesto judicial para asseguramento da data-base perderá sua eficácia (art. 309, I, CPC).

5. Denominação das partes, legitimidade e o comum acordo

Tratando-se de ação judicial especial, o dissídio coletivo possui uma nomenclatura específica. A sua propositura é denominada "suscitação", vocábulo derivado do latim *suscitare*, que significa fazer nascer, fazer aparecer, provocar, promover;[674] sendo também empregada a expressão "instauração de instância".

As partes do dissídio coletivo são denominadas de suscitante (autor) e suscitado (réu), na hipótese de suscitação unilateral, ou simplesmente suscitantes, no caso de suscitação de comum acordo *ab initio*. A CLT utiliza a expressão instauração de instância (art. 856 e segs.).

Na hipótese de instauração conjunta da instância, temos suscitantes, e não suscitante e suscitado. Nestes casos, também não se deveria fazer referência a legitimados ativo e passivo, mas apenas a legitimados, salvo na instauração de instância unilateralmente pelo MPT.

Não se deve olvidar que, diante da tendência jurisprudencial de mitigar o "pressuposto processual" do comum acordo, para dispensar a necessidade de petição conjunta e exigir que a recusa seja efetuada justificada e expressamente pela parte contrária, durante a fase de negociação (previamente ao dissídio), no momento da resposta, ou em primeira oportunidade processual, sob pena de configuração de concordância tácita, haverá situações em que o dissídio coletivo poderá ser suscitado unilateralmente por uma das partes conflitantes, com mantença da denominação original das partes (suscitante e suscitado).

5.1. Legitimidade ativa

A priori, suscitação ou instauração de dissídio coletivo constitui prerrogativa das entidades sindicais de base, profissionais e econômicas (art. 857, CLT).

Na ausência de sindicato representativo da categoria profissional ou econômica, poderão suscitá-lo a federação e, na falta desta, a confederação respectiva (art. 857, parágrafo único, CLT).

Também poderão suscitar dissídio coletivo a empresa ou empresas envolvidas num conflito a elas limitado, ou quando da ausência de entidade sindical que as represente.

As centrais sindicais não possuem legitimidade para suscitar dissídio coletivo, uma vez que, além de não se enquadrarem na estrutura sindical delineada pela CF/1988, possuem representação plural, pois sua base é composta por entidades sindicais de categorias distintas. Embora reconhecidas como entidades gerais de representações

(674) FERREIRA, Aurélio Buarque de Holanda. *Op. cit.*, p. 1.909.

dos trabalhadores pela Lei n. 11.648/2008, as centrais sindicais não possuem a prerrogativa de firmar acordos e convenções coletivas de trabalho e, consequentemente, de suscitar dissídio coletivo na hipótese de uma negociação coletiva frustrada.

Em havendo dissídio de greve e na falta de entidade sindical, a comissão de negociação formada por trabalhadores poderá suscitar dissídio coletivo (art. 5º da Lei n. 7.783/89).

Também, na hipótese de paralisação do trabalho, poderá a instância ser instaurada pelo Ministério Público do Trabalho (art. 114, § 3º, CF/1988, art. 856, CLT, art. 129, II, CF/1988, art. 83, I, VIII, IX, LC n. 75/93, art. 8º, Lei n. 7.783/89).

Como afirmamos anteriormente, o presidente do Tribunal Regional do Trabalho não possui legitimidade para a instauração do dissídio coletivo, uma vez que sua legitimidade já não havia sido recepcionada pelo art. 114, § 2º, CF/1988, tendo sido revogada pelo art. 8º da Lei n. 7.783/89 e soterrada com o advento da EC n. 45/2004, que excepcionou somente a legitimidade unilateral do MPT para suscitar dissídio coletivo na hipótese de movimento paredista em atividades essenciais com possibilidade de lesão a interesse público.

As associações profissionais não possuem legitimidade para a suscitação de dissídio coletivo, em virtude de não possuírem personalidade sindical. As associações representam somente seus associados, não possuindo poderes de representação da categoria ou grupo de trabalhadores não filiados. Além disso, como não detêm a prerrogativa de firmar acordos e convenções coletivas de trabalho, cuja atribuição é exclusiva das entidades sindicais (art. 513, "*b*", CLT e art. 8º, VI, CF/1988), não podem propor uma demanda judicial substitutiva de uma negociação que não podem entabular.

5.1.1. Natureza jurídica da atuação sindical no polo ativo

Ao suscitar dissídio coletivo, seja de modo unilateral, seja de comum acordo, o sindicato profissional atua na condição de entidade representante dos interesses da categoria ou da respectiva coletividade (trabalhadores de uma ou mais empresas) e não na condição de substituto processual.

In casu, na qualidade de representante, o sindicato profissional atua em nome alheio, da respectiva categoria ou coletividade em defesa de interesse alheio de um destes grupamentos.

Referida situação não se cofunde com as hipóteses nas quais o sindicato atua como legitimado extraordinário, isto é, em nome próprio, na defesa de interesse alheio, como nas hipóteses de substituição processual, ação de cumprimento e ação coletiva para a tutela de interesses individuais homogêneos dos trabalhadores (CDC).

5.2. Legitimidade passiva

Podem compor ambos os polos do dissídio coletivo todas as entidades que possuem legitimação ativa, com exceção do MPT, que possui somente legitimidade ativa para a suscitação unilateral do dissídio.

Assim, o respectivo sindicato da categoria econômica ou a(s) empresa(s) empregadora(s) têm legitimidade para figurar no polo passivo de dissídio suscitado pelo sindicato da categoria profissional.

Quando instaurado por sindicato da categoria econômica, tem legitimidade passiva o respectivo sindicato da categoria profissional ou, na sua falta, federação ou confederação responsável ou a comissão de trabalhadores da Lei n. 7.783/89.

No dissídio suscitado pelo MPT, na hipótese de suspensão do trabalho, ambas as partes conflitantes figurarão no polo passivo da demanda na condição de litisconsortes passivos necessários.

6. Competência

A competência originária para o julgamento dos dissídios coletivos é restrita aos Tribunais Trabalhistas — Tribunais Regionais do Trabalho (segunda instância) e Tribunal Superior do Trabalho (terceira instância).

A competência deve ser aferida com base na dimensão do conflito, e não em decorrência da área de representação dos sindicatos. A competência dos TRT (art. 678, I, "a", CLT e art. 6º da Lei n. 7.701/88) abrange os dissídios coletivos que se limitam ao seu âmbito territorial de jurisdição. Já os dissídios coletivos que extrapolem a base territorial de um ou mais TRT terão, por competente, o Tribunal Superior do Trabalho (art. 702, I, "b", CLT e art. 2º, I, "a", Lei n. 7.701/88).

O Estado de São Paulo, que abrange as sedes dos TRT da 2ª (São Paulo) e 15ª (Campinas) Regiões, constitui exceção à regra, pois, segundo a Lei n. 7.520/86 (lei de criação do TRT da 15ª Região), compete ao TRT da 2ª Região o julgamento do dissídio coletivo cujo conflito abranja a área de jurisdição de ambos os Tribunais. Assim, embora ambos os sindicatos conflitantes possam ter base estadual, se o conflito se limitar, *v. g.*, a uma cidade de jurisdição do TRT da 15ª Região, este será o Tribunal competente para a sua aplicação. A competência é determinada pela dimensão do conflito e não pela extensão da base territorial dos sindicatos conflitantes.

A Lei n. 9.254/96 dirimiu controvérsia a esse respeito, ao alterar o art. 12 da Lei n. 7.520/86 para dispor, *in verbis*: "Art. 12. Compete exclusivamente ao Tribunal Regional do Trabalho da 2ª Região processar, conciliar e julgar os dissídios coletivos nos quais a decisão a ser proferida deva produzir efeitos em área territorial alcançada, em parte, pela jurisdição desse mesmo Tribunal e, em outra parte, pela jurisdição do Tribunal Regional do Trabalho da 15ª Região".

7. Requisitos específicos da petição inicial

A petição inicial do dissídio coletivo deve observar os requisitos inerentes a qualquer petição inicial (art. 319, CPC e art. 840, CLT); deve, ainda, obedecer a algumas exigências específicas do rito especial do dissídio coletivo.

Todavia, diante do prevalente entendimento jurisprudencial no sentido da mitigação do pressuposto processual do comum acordo, para dispensar a necessidade de petição conjunta e exigir que a recusa seja efetuada expressamente pela parte contrária, durante a fase de negociação (previamente ao dissídio), no momento da resposta, ou em primeira oportunidade processual, sob pena de configuração de concordância tácita, os requisitos específicos da petição inicial dependerão da forma de instauração da instância, se conjunta pelas partes ou unilateralmente.

São requisitos da petição inicial para suscitação de dissídio coletivo:

a) a representação para a instauração da instância deve ser obrigatoriamente escrita (art. 856, CLT), sendo exceção à regra do art. 840, da CLT, que dispõe sobre a possibilidade de reclamação individual escrita e verbal;

b) apresentação da representação em via única, se instaurada a instância de comum acordo, ou em tantas vias quantas forem as entidades suscitadas, mais uma, na hipótese de suscitação unilateral do dissídio (art. 858, *caput*, CLT);

c) endereçamento para a autoridade territorial e funcionalmente competente, conforme a extensão do conflito — Tribunal Regional do Trabalho ou Superior Tribunal do Trabalho. A petição do dissídio coletivo é endereçada para o presidente do respectivo Tribunal;

d) a designação das entidades suscitantes e sua qualificação — ou da suscitante e suscitada(s) na hipótese de instauração unilateral — bem como a indicação da natureza do estabelecimento ou do serviço (art. 858, "a", CLT);

e) a indicação da delimitação territorial de representação das entidades sindicais, bem como das categorias profissionais e econômicas envolvidas no dissídio coletivo. Esta delimitação não se confunde com a demonstração da extensão territorial do conflito para fins de fixação de competência. A extensão do conflito poderá não coincidir com os âmbitos de representação territorial das entidades conflitantes;

f) documentos comprobatórios da realização da assembleia dos trabalhadores e de observância do *quorum* previsto no art. 859 da CLT, entre os quais figuram: edital de convocação de assembleia geral da categoria e respectiva ata assemblear, lista de presença da assembleia;

g) juntada da norma coletiva anterior (acordo ou convenção coletiva de trabalho, sentença normativa, laudo arbitral ou termo de mediação), salvo no caso de dissídio coletivo originário;

h) a exposição das causas motivadoras do conflito coletivo ou da greve (art. 858, "b", CLT);

i) as bases da conciliação, com a indicação das pretensões coletivas pela(s) parte(s) suscitante(s) (art. 858, "*b*", CLT), devidamente fundamentadas (art. 12 da Lei n. 10.192/2001[(675)]), de forma articulada, cláusula por cláusula (Precedente Normativo n. 37 do TST[(676)] e OJ n. 32 da SDC[(677)]);

j) a comprovação da tentativa de negociação ou das negociações realizadas e indicação das causas que impossibilitaram o êxito da composição direta do conflito coletivo;

k) a data e a(s) assinatura(s) do(s) representante(s).

7.1. Documentos que acompanham a inicial

A petição inicial do dissídio coletivo, denominada representação, deve estar acompanhada dos documentos comprobatórios do preenchimento dos pressupostos processuais e das condições da ação, além de outros necessários para a fixação dos efeitos do julgado, entre os quais:

a) correspondências, registros e atas alusivas à negociação coletiva tentada ou realizada diretamente ou mediante a intermediação do órgão competente do Ministério do Trabalho;

b) cópia da sentença normativa anterior, do instrumento normativo do acordo ou convenção coletiva, ou, ainda, do laudo arbitral, acaso existente;

c) cópia da ata da assembleia da categoria que aprovou as reivindicações e concedeu poderes para a negociação coletiva e para o acordo judicial, ou, ainda, aprovação das cláusulas e condições acordadas, observado o quórum legal;

d) cópia do livro ou das listas de presença dos associados participantes da assembleia deliberativa, ou outros documentos hábeis à comprovação de sua representatividade.

8. Reconvenção

Consiste a reconvenção numa ação proposta pelo demandado (réu) contra o demandante (autor) no mesmo processo em que este figura como legitimado ativo *(simultaneus processus)*. É figura processual prevista no art. 343 do CPC: "*Na contestação, é lícito ao réu propor reconvenção para manifestar pretensão própria, conexa com a ação principal ou com o fundamento da defesa*".

Em face do caráter peculiar do dissídio coletivo, dúvidas já eram suscitadas a respeito do cabimento da reconvenção nessa espécie de demanda coletiva antes mesmo do advento da EC n. 45/2004. Formaram-se duas correntes a respeito da temática. A primeira considera a reconvenção perfeitamente compatível com o dissídio

(675) Lei n. 10.192/2001: "*Art. 12. No ajuizamento do dissídio coletivo, as partes deverão apresentar, fundamentadamente, suas propostas finais, que serão objeto de conciliação ou deliberação do Tribunal, na sentença normativa*".

(676) Precedente Normativo n. 37 do TST. "*DISSÍDIO COLETIVO. FUNDAMENTAÇÃO DE CLÁUSULAS. NECESSIDADE. (positivo) Nos processos de dissídio coletivo só serão julgadas as cláusulas fundamentadas na representação, em caso de ação originária, ou no recurso*".

(677) OJ n. 32 da SDC: "*REIVINDICAÇÕES DA CATEGORIA. FUNDAMENTAÇÃO DAS CLÁUSULAS. NECESSIDADE. APLICAÇÃO DO PRECEDENTE NORMATIVO N. 37 DO TST. (inserida em 19.08.1998) É pressuposto indispensável à constituição válida e regular da ação coletiva a apresentação em forma clausulada e fundamentada das reivindicações da categoria, conforme orientação do item VI, letra "e", da Instrução Normativa n. 4/93*".

coletivo, com a possibilidade de o suscitado invocar a fixação de novas condições de trabalho. A segunda reputava incabível a reconvenção em sede de dissídio coletivo em razão do seu caráter de ação dúplice.

A partir da consolidação da exigência do comum acordo como pressuposto para a instauração do dissídio coletivo, restaram reduzidas as oportunidades para a apresentação de reconvenção nesta espécie de demanda. Somente nas hipóteses de suscitação unilateral, poderia a parte suscitada, ao concordar com a sua suscitação, apresentar reconvenção, hipótese em que o tribunal deveria pronunciar-se sobre o seu cabimento.

Por ser tratar de ação dúplice, o dissídio coletivo não deixa espaço para a possibilidade de reconvenção, uma vez que não há tecnicamente defesa, mas a apresentação de bases de conciliação distintas, bem como fundamentos contrapostos na peça de instauração de instância.

Como típica ação dúplice, o dissídio coletivo não admite reconvenção, tendo em vista que, nestas espécies de demanda, é inerente à natureza da defesa o levantamento de pedidos e questões contrapostos ao pedido inicial na própria peça defensiva. Desse modo, na apresentação das suas razões, o suscitado formulará as suas bases de conciliação e apresentará os fundamentos contrapostos ao pedido do suscitante, sem necessidade da propositura de uma ação incidental de natureza reconvencional.

Cite-se, por exemplo, um dissídio coletivo de greve suscitado por um sindicato profissional, no qual o sindicato econômico, nas próprias razões de defesa, poder requerer a declaração de abusividade da greve, pleito que se fundamenta nas próprias razões de defesa e enseja um pronunciamento judicial sobre a pretensão formulada, que poderá ser julgada procedente ou improcedente, com possibilidade de condenação do autor na mesma demanda por ele proposta, em obrigações de fazer, não fazer, imposição de *astreintes* etc.

9. Oposição

A oposição é a figura de intervenção processual de terceiro que pretenda, no todo ou em parte, a coisa ou o direito objeto da pretensão sobre a qual litigam autor e réu da lide originária (art. 682, CPC). Consiste "numa verdadeira ação em que alguém ingressa em processo alheio pretendendo, no todo ou em parte, a coisa ou o direito sobre o qual discutem autor e réu".[(678)] O terceiro opoente deduz pretensão declaratória contra o autor da demanda principal e condenatória contra o réu,[(679)] que passam a figurar como opostos na lide incidental.

Antes da EC n. 45/2004, nas ações de dissídio coletivo, havia se tornado prática reiterada a intervenção de um terceiro sindicato — geralmente da categoria profissional — pleiteando o seu reconhecimento como legítimo representante dos trabalhadores e requerendo a exclusão do suscitante (sindicato profissional autor) da respectiva lide. Formava-se, assim, um típico conflito de representação sindical, cuja temática não se enquadrava na competência da Justiça do Trabalho.

Após a EC n. 45/2004, não obstante a competência da Justiça do Trabalho tenha sido ampliada para o julgamento das "ações sobre representação sindical, entre sindicatos, entre sindicatos e trabalhadores, e entre sindicatos e empregados" (art. 114, III, CF/1988), esta matéria não se enquadra entre os objetivos precípuos da figura da oposição. *In casu*, o sindicato (opoente) não age com a finalidade de invocar para si a coisa ou o direito sobre os quais controvertem os suscitantes (ou suscitante e suscitado), mas pretendem o reconhecimento de sua legitimação *ad causam* como devido representante da categoria. Não serve a oposição à correção da legitimação para agir.

O não cabimento da oposição no dissídio coletivo jamais foi uma questão de competência, uma vez que o Judiciário Trabalhista poderia decidir a questão *incidenter tantum* anteriormente ao advento da EC n. 45/2004. O âmago da questão refere-se à presença do necessário interesse de agir, tendo em vista que a oposição não constitui o meio processual adequado para a discussão de representação sindical. Não sendo a questão da representação sindical um objeto da lide originária, logo não poderá ser pleiteada em lide incidental de oposição, uma vez que autor e réu não litigam sobre a detenção da representação no dissídio coletivo originário.

(678) GRECO FILHO, Vicente. *Direito processual civil brasileiro*. São Paulo: Saraiva, 2000. v. 1, p. 134.

(679) *Idem, loc. cit.*

Conquanto a Justiça do Trabalho possua competência para apreciação de controvérsias sobre representação sindical, a matéria enquadra-se na competência das Varas do Trabalho, juízos de 1º grau, não podendo os Tribunais do Trabalho suprimirem o grau preliminar de jurisdição. Desse modo, qualquer decisão do Tribunal sobre conflito de representação somente poderia ocorrer *incidenter tantum*, sem formação de coisa julgada.

Assim, mesmo incidentalmente, não deve recair julgamento sobre a oposição que verse sobre discussão de representação, tendo em vista que, ainda que se reconheça a ilegitimidade de algum dos suscitantes do dissídio, inidônea é a entrada do opoente como parte principal na demanda; primeiro pelo desvirtuamento da finalidade do instituto da oposição, que não se presta à correção da ilegitimidade *ad causam;* segundo, porque restaria inócuo o ingresso do opoente como parte principal do dissídio coletivo, tendo em vista que não participou das negociações prévias, não preenchendo um dos pressupostos processuais.[(680)]

Na hipótese, deveria o Tribunal, após indeferir a arguição de oposição, considerar os fatos levantados, para conhecer *ex officio* da matéria referente ao preenchimento da legitimidade *ad causam* do sindicato suscitante (art. 485, VI e § 3º, CPC) e, diante da constatação da sua veracidade, extinguir o processo de dissídio coletivo sem resolução do mérito por ausência de uma das condições da ação. O sindicato-opoente, por sua vez, terá a oportunidade de instaurar novo dissídio, após devidamente preenchidas as condições da ação e os pressupostos processuais, gerais e específicos do dissídio coletivo.

10. Efeitos da revelia — configuração de concordância tácita e inexistência de confissão ficta

A revelia é configurada pela ausência de apresentação de defesa pelo réu, dentro do prazo legal, após regularmente citado. Sua ocorrência traz como consequência automática que sejam reputados como verdadeiros os fatos afirmados pelo autor na petição inicial. Essa é a disposição do art. 344 do CPC: "Se o réu não contestar a ação, será reputado revel e presumir-se-ão verdadeiras as alegações de fato formuladas pelo autor".

A partir da consolidação da exigência do comum acordo como pressuposto para a instauração do dissídio coletivo, restariam reduzidas as oportunidades para a ocorrência da revelia nesta espécie de demanda. Contudo, diante do entendimento jurisprudencial sobre a mitigação do pressuposto processual do comum acordo, não se apresenta cerebrina a hipótese de revelia (ausência de manifestação) em dissídio coletivo suscitado unilateralmente por uma das partes conflitantes.

Neste diapasão, em consonância com o posicionamento jurisprudencial a respeito da exigência do comum acordo, diante de eventual revelia da parte contrária em dissídio coletivo, a ausência de manifestação da parte contrária acarretará a configuração tácita do comum acordo, dando ensejo ao processamento do dissídio coletivo. Essa solução se consonantiza com a natureza jurídica de "pressuposto processual anômalo" da exigência do comum acordo — conforme definido em decisões do TST (TST — SDC — RODC 12/2005-000-04-00, *DJ* 23.11.2007, rel. Min. João Oreste Dalazen). Este é praticamente o único efeito da revelia em sede de dissídio coletivo.

De fato, embora o advento da revelia possa acarretar a configuração tácita do comum acordo, ela não possui o condão de, em sede de dissídio coletivo, invocar a presunção de veracidade dos fatos afirmados pelo suscitante.

Como expusemos em linhas anteriores, o dissídio coletivo não tem como objetivo a consecução de uma sentença condenatória, mas de um provimento constitutivo (dissídio coletivo de natureza econômica) ou declaratório (dissídio coletivo de natureza jurídica). O dissídio coletivo de natureza econômica — o mais comum nos Tribunais Trabalhistas —, à medida que objetiva a defesa de interesses coletivos da categoria por meio da criação de normas

---

(680) Como bem acentuava Manoel Antonio Teixeira Filho, ao analisar a questão antes do advento da EC n. 45/2004, "se o pressuposto para o exercício da ação coletiva é o insucesso da negociação (Const. Federal, art. 114, § 2º), eventual decisão favorável ao opoente (por entender-se que é o legítimo representante da categoria) faria com que a tentativa de negociação ficasse invalidada, por haver sido realizada por sindicato que não representa a categoria. Com isso, deveria ser extinto o processo de dissídio coletivo, sem julgamento do mérito, por falta de atendimento a um pressuposto constitucional indispensável". (TEIXEIRA FILHO, Manoel Antonio. *Curso de processo do trabalho:* perguntas e respostas sobre assuntos polêmicos em opúsculos específicos, n. 4: Litisconsórcio, assistência e intervenção de terceiros. São Paulo: LTr, 1997. p. 37).

e condições de trabalho, não tem como meta a aplicação de direito preexistente, mas a própria criação da norma jurídica a ser aplicada ao caso concreto.

Essa peculiaridade dos dissídios coletivos concede aos fatos discutidos em juízo o posto de elementos de embasamento e de convicção do juízo para a prolação do provimento jurisdicional; eles não constituem instrumentos para a realização de subsunção normativa, como sói ocorrer nas ações trabalhistas individuais. Essa especificidade dos fatos trazidos ao dissídio coletivo obsta a decretação dos efeitos da revelia — bem como eventual declaração de *confissão ficta*, com a presunção de veracidade dos fatos afirmados na exordial.

O art. 864 da CLT, ao prescrever que "Não havendo acordo, ou não comparecendo ambas as partes ou uma delas, o presidente submeterá o processo a julgamento, depois de realizadas as diligências que entender necessárias e ouvida a Procuradoria", corrobora essa assertiva, demonstrando que o legislador celetista não adotou, em relação aos dissídios coletivos, os efeitos previstos para as ausências das partes nas reclamações trabalhistas individuais (art. 844, CLT), como a confissão quanto à matéria fática.

Após a EC n. 45/2004, a ocorrência da revelia nos dissídios coletivos, conquanto possa acarretar a configuração da concordância tácita, não interfere no transcorrer do processo — com exceção dos naturais prejuízos para a conciliação — nem na apreciação discricionária dos pedidos formulados na petição inicial, pois o poder normativo é exercido por meio da aplicação de um juízo de equidade, que possibilita ao julgador a colmatação de lacunas legais, com base nos critérios de justiça e equanimidade.

Desse modo, ao fundamentar, por exemplo, um pedido de fixação de piso normativo com a alegação de que a empresa suscitada teve, no ano anterior, um acréscimo nos lucros e produção superior aos índices inflacionários oficiais, poderá o Juiz, ainda que ausente a suscitada na audiência de conciliação, determinar providências instrutórias, como a realização de perícia contábil para aferição da variação na produção e dos índices econômicos da empresa, de forma a propiciar a prolação de uma decisão mais justa.

11. Instrução processual

A instrução probatória no dissídio coletivo possui finalidade e aspecto distintos da fase instrutória das ações trabalhistas individuais.

Nas ações individuais, a prova tem como objetivo primordial a demonstração dos fatos constitutivos do direito do autor (art. 373, I, CPC) e/ou dos fatos impeditivos, modificativos ou extintivos alegados pelo réu (art. 373, II, CPC), com vistas à formação de um juízo de legalidade pelo julgador, com a consequente subsunção dos fatos à norma.

Já nos dissídios coletivos, os elementos probatórios têm como objetivo a composição justa do conflito. Em regra, no exercício do poder normativo, o órgão julgador não está vinculado a um juízo de legalidade, podendo aplicar um juízo de equidade.

A função probatória tem como destino a justa composição do conflito coletivo a partir da coleta de elementos fático-materiais que possam nortear os juízos de equidade, razoabilidade e proporcionalidade e possibilitar o estabelecimento de regras e condições de trabalho pelo órgão julgador.

A CLT não previu expressamente a presença de uma fase instrutória no dissídio coletivo, como o fez em relação às lides individuais (art. 848, CLT). No entanto, a produção probatória no dissídio coletivo pode ser inferida da disposição do art. 864 da CLT, a qual confere ao presidente do Tribunal a execução de diligências necessárias para a elucidação do conflito.

Entre as diligências determináveis pelo presidente, está a realização de uma instrução processual *ex officio* ou em atendimento aos requerimentos do Ministério Público ou das partes, com a faculdade de colheitas de depoimentos das partes e/ou de testemunhas; determinação de perícia; realização de inspeções etc., e todos os demais meios de prova legais e moralmente legítimos (art. 369, CPC).

11.1. Trâmite preferencial dos dissídios coletivos

Em virtude da dimensão dos conflitos coletivos que lhes são subjacentes e da urgência na sua solução, os dissídios coletivos possuem tramitação preferencial no âmbito dos Tribunais Trabalhistas (art. 221, RITST).

Embora o RITST preveja que os dissídios coletivos sejam inseridos em pauta preferencial quando evidenciada urgência na sua solução, é de boa e salutar técnica e justeza jurisdicional que seja conferida ordem preferencial a todos os dissídios coletivos, tendo em vista a dimensão dos conflitos de natureza coletiva, geralmente com repercussões sociais, políticas e econômicas que estão, implícita ou explicitamente, presentes, sempre com potencialidade de agravamento da lide coletiva.

Na hipótese de greve em serviços ou atividades essenciais, o Presidente do Tribunal poderá, em ato fundamentado, dispensar a inclusão do processo em pauta, com a convocação imediata de sessão para julgamento do dissídio coletivo, notificando as partes e cientificando o Ministério Público, tudo com antecedência de, pelo menos, doze horas (art. 221, RITST).

12. Delegação da função conciliatória

Apesar de a competência funcional para os dissídios coletivos ser dos Tribunais Regionais do Trabalho ou do Tribunal Superior do Trabalho, conforme a área de dimensão do conflito, os juízos das Varas do Trabalho podem atuar de forma auxiliar nas fases de instrução e conciliação dos dissídios coletivos.

Porém, os juízes das Varas do Trabalho, em sede de dissídio coletivo, somente poderão atuar na instrução e conciliação do processo, por delegação do Presidente do Tribunal competente, quando o dissídio ocorrer fora da sede do Tribunal (art. 866, CLT). Trata-se de recurso processual facilitador da coleta das provas e do acesso à Justiça, possibilitando que a instrução do dissídio coletivo seja realizada na Vara do Trabalho mais próxima do local do conflito.

Por atribuição delegada dos Tribunais, os Juízes do Trabalho também poderão participar da fase conciliatória do dissídio coletivo, na hipótese de conflito ocorrente fora da sede do Tribunal.

Em ambos os casos, a atuação do Juiz de 1º grau limitar-se-á a instruir o feito e/ou tentar conciliar as partes, devendo reenviar o processo ao Tribunal, após a realização dos atos instrutórios e/ou das diligências conciliatórias. O Juízo de 1º grau não possui competência para a avaliação das provas produzidas, salvo quanto aos aspectos formais da produção probatória, nem tampouco poderá adentrar ao mérito da conciliação, cujas bases serão apreciadas pelo Tribunal delegante, único órgão competente para homologar eventual acordo ou proferir decisão de mérito e, consequentemente, avaliar a substância das provas.

13. Providências judiciais necessárias

O art. 865 da CLT concede ao juiz-presidente, no decorrer do dissídio coletivo e diante da ameaça de perturbação da ordem, o poder de requisitar às autoridades competentes as providências que se tornarem necessárias.

A norma celetista possui uma redação imprecisa e policialesca. Imprecisa porque não deixa evidente se está voltada para os acontecimentos pertinentes ao próprio processo judicial ou ao conflito coletivo subjacente ao dissídio. Policialesca porque expressa normativamente a concepção e o autoritarismo estatal em relação aos conflitos coletivos de trabalho à época da sua elaboração.

Pelo prisma processual, embora o dispositivo refira-se à "autoridade", o poder conferido ao juiz-presidente é muito mais amplo, abrangendo todos aqueles sujeitos ao poder geral de cautela do magistrado e os demais poderes de direção previstos nos arts. 765 da CLT e 139 do CPC.

Desse modo, pode o juiz-presidente, em dissídio coletivo de greve, *v. g.*, determinar o cumprimento do art. 11 da Lei n. 7.783/89, o qual prescreve que "Nos serviços ou atividades essenciais, os sindicatos, os empregadores e os trabalhadores ficam obrigados de comum acordo, a garantir, durante a greve, a prestação dos serviços indispensáveis ao atendimento das necessidades inadiáveis da comunidade. Parágrafo único. São necessidades inadiáveis da comunidade aquelas que, não atendidas, coloquem em perigo iminente a sobrevivência, a saúde ou a segurança da população".

A prestação dos serviços inadiáveis da comunidade deve ser efetuada pelos empregados e empregadores que desempenham suas atividades nesses serviços. É comum, por exemplo, o juiz-presidente, no caso de greve em atividades de transportes, determinar a colocação em funcionamento de um certo percentual de veículos, com cominação de multa diária pelo descumprimento. Em caso de a medida não ser eficiente para a satisfação, ainda que parcial, das necessidades inadiáveis da comunidade, poderá o juiz determinar ao poder público a aludida prestação dos serviços indispensáveis (art. 12 da Lei n. 7.783/83).

O poder geral de cautela conferido ao juiz no processo de dissídio coletivo tem natureza discricionária e possui como maior objetivo a tutela da ordem jurídica e das necessidades materiais da comunidade. Tal faculdade não se limita a garantir a efetividade do processo, mas também proteger interesse de terceiros estranhos à lide, tendo em vista a dimensão social de um conflito coletivo do trabalho.

O poder de cautela no dissídio coletivo possui outrossim um extenso campo objetivo, considerando-se que, por meio dele, poderá o magistrado deferir quaisquer providências necessárias para a salvaguarda da eficácia do processo de dissídio coletivo para uma das partes e para o atendimento das necessidades inadiáveis da comunidade. Como acentua Humberto Theodoro Júnior, diante do "poder geral de cautela, a atividade jurisdicional apoia-se em 'poderes indeterminados' porque a lei, ao prevê-los, não cuidou de preordená-los a providências de conteúdo determinado e específico".[(681)]

Essa discricionariedade possui certos limites, pois não pode o magistrado, por meio do exercício do poder geral de cautela: a) obstar integralmente o exercício do direito de greve, ao determinar providências que inibam, por completo, os efeitos do movimento paredista; b) conceder antecipadamente as pretensões reivindicadas; c) adentrar ao mérito do litígio, antecipando o conteúdo de uma decisão final.

Embora as ordens e injunções de fazer, não fazer ou de prestar possam assumir conteúdos os mais diversificados possíveis, de acordo com as situações de fato e de direito sobre as quais terão que incidir, para preservar a eficácia útil do processo ou para o atendimento das necessidades inadiáveis da comunidade, elas devem ser plenamente valoradas pelo juiz quando requeridas ou concedidas *ex officio*, quanto à sua necessidade, sua adequação e a sua utilidade.[(682)]

14. Participação do Ministério Público do Trabalho

O Ministério Público do Trabalho atua ativamente, como parte ou *custos legis*, em todos os processos de dissídio coletivo, competindo-lhe, entre outras atribuições:

a) manifestar-se em qualquer fase do processo trabalhista, acolhendo solicitação do juiz ou por sua iniciativa, quando entender existente interesse público que justifique a intervenção (art. 83, II, LC n. 75/93, art. 864, CLT);

b) instaurar instância em caso de greve, nas hipóteses de greve em atividade essencial, com possibilidade de lesão a interesse público (art. 114, § 2º, CF/1988; art. 83, VIII, LC n. 75/93; art. 8º, Lei n. 7.783/89; e art. 856, CLT);

c) promover ou participar da instrução e conciliação em dissídios coletivos decorrentes da paralisação de serviços de qualquer natureza (art. 83, IX, LC n. 75/93);

d) oficiar obrigatoriamente nos processos, manifestando sua concordância ou discordância, em eventuais acordos firmados antes da homologação (art. 870, § 2º, CLT e art. 83, IX, LC n. 75/93);

e) recorrer das decisões proferidas nos processos de dissídio coletivo para defesa da ordem jurídica, do regime democrático e dos interesses sociais e transindividuais dos trabalhadores (art. 83, VI, LC n. 75/93, art. 129, CF/1988, art. 746, "*f*", CLT), bem como das decisões homologatórias de acordo entre as partes (art. 7º, § 5º, Lei n. 7.701/88);

---

(681) THEODORO JÚNIOR, Humberto. *Op. cit.*, v. 2, p. 344.

(682) *Idem, ibidem*, p. 346.

f) atuar como árbitro, se assim for solicitado pelas partes (art. 83, XI, LC n. 75/93);

g) requerer a adoção de medidas acautelatórias, solicitando as requisições e as diligências que julgar convenientes (art. 83, VII e XII, LC n. 75/93);

h) propor tutelas acauteladoras, incidentais ou antecedentes ao dissídio coletivo, para o atendimento das necessidades inadiáveis da população e/ou salvaguarda de interesses transindividuais dos trabalhadores (art. 83, I, LC n. 75/93);

i) juntar documentos, certidões, pareceres, produzir prova, requerer medidas necessárias ao descobrimento da verdade (art. 179, CPC).

15. Limites ao poder normativo

15.1. Delineamento constitucional

A competência normativa da Justiça do Trabalho, embora seja constitucionalmente prevista desde a Constituição Federal de 1946 (§ 2º do art. 123),[(683)] mantendo-se na Carta de 1967 (§ 1º do art. 134), na EC n. 1/69 (§ 1º do art. 142)[(684)] e na Constituição Federal de 1988 (§ 2º do art. 114)[(685)], sempre suscitou controvérsia na doutrina e na jurisprudência em torno dos seus limites e conteúdo.

Tal situação decorre do fato de o poder normativo atuar por meio de um juízo de equidade, uma vez que não possui como fim imediato a aplicação de direito preexistente, com a subsunção do fato à norma, mas a criação da própria norma jurídica a ser aplicada ao caso concreto, para a justa composição do conflito.

Em relação aos limites do poder normativo da Justiça do Trabalho, tornou-se clássica a interpretação do Ministro Coqueijo Costa, relator no julgamento do Recurso Ordinário TST-RO-DC-30/82: "O Poder Normativo, atribuído à Justiça do Trabalho, limita-se ao norte, pela Constituição; ao sul, pela lei, à qual não pode contrariar; a leste pela equidade e o bom senso; e a oeste, pela regra consolidada no art. 766, conforme a qual nos dissídios coletivos serão estipuladas condições que assegurem justo salário aos trabalhadores, mas permitam também justa retribuição às empresas interessadas" (AC, TP 1.071/82, de 27.5.82).

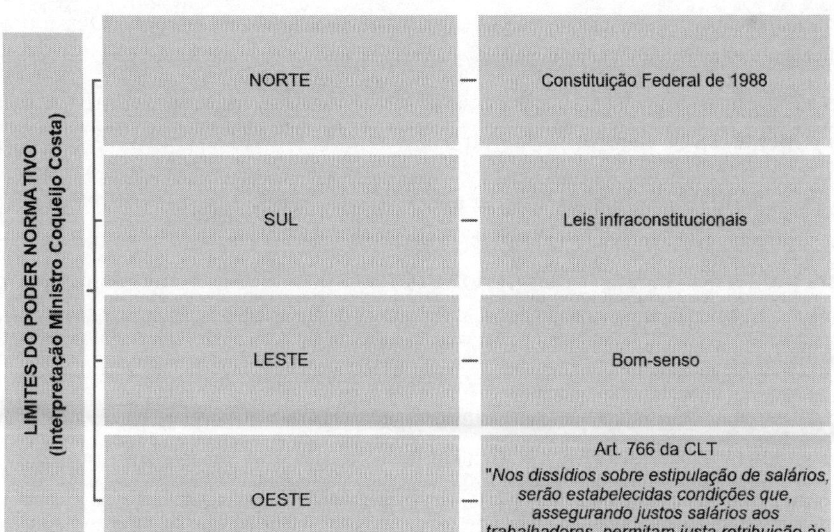

(683) Constituição Federal de 1946, art. 123, "§ 2º A lei especificará os casos em que as decisões, nos dissídios coletivos poderão estabelecer normas e condições de trabalho".

(684) Emenda n. 1/69 à Constituição Federal de 1967, art. 142, "§ 1º A lei especificará as hipóteses em que as decisões nos dissídios coletivos poderão estabelecer normas e condições de trabalho".

(685) CF/1988, art. 114, "§ 2º Recusando-se qualquer das partes à negociação coletiva ou à arbitragem, é facultado aos respectivos sindicatos ajuizar dissídio coletivo, podendo a Justiça do Trabalho estabelecer normas e condições, respeitadas as disposições convencionais e legais mínimas de proteção do trabalho".

A CF/1988 destoou das Cartas anteriores, que remetiam o delineamento dos limites do poder normativo às leis infraconstitucionais. A atual Carta Política estabeleceu no próprio § 2º do seu art. 114 as balizas do poder normativo da Justiça do Trabalho, ao determinar que o seu exercício deveria observar as "disposições convencionais e legais mínimas de proteção ao trabalho" nos julgamentos dos dissídios coletivos.

Os limites do poder normativo, desse modo, foram definidos pelo próprio legislador constituinte. Nas Constituições anteriores, era delegado à lei o estabelecimento das hipóteses de atuação do poder normativo. Na atual Carta, o exercício do poder normativo não fica vinculado à existência de lei que estabeleça suas balizas; passou-se da previsão legal adstritiva para uma formulação jurídico-sistemática dos limites do poder normativo.

A EC n. 45/2004, ao alterar o § 2º do art. 114 da CF/1988, manteve a opção pelo balizamento constitucional do poder normativo, ao dispor que "Recusando-se as partes à negociação coletiva ou à arbitragem, é facultado às mesmas, de comum acordo, ajuizar dissídio coletivo de natureza econômica, podendo a Justiça do Trabalho decidir o conflito, respeitadas as disposições mínimas de proteção ao trabalho, bem como as convencionadas anteriormente".

Como se observa do cotejo de ambas as redações, houve uma redefinição dos limites do poder normativo, o qual agora deverá respeitar quaisquer "disposições mínimas de proteção ao trabalho", seja legal, convencional, internacional etc., bem como *"as convencionadas anteriormente"*.

15.1.1. A posição do Supremo Tribunal Federal antes da EC n. 45/2004

O Supremo Tribunal Federal, por meio do notório voto do Ministro Octavio Gallotti, proferido no RE 197.911-9-PE, 1ª T., DJU 7.11.1997,[(686)] interpretou o § 2º do art. 114 da CF/1988, para estabelecer duas ordens de limites ao poder normativo da Justiça do Trabalho. Reconheceu o STF que, na sua área de atuação, o poder normativo não poderia ser elevado, no regime jurídico da separação de poderes, ao grau de um "poder irrestrito de legislar ao órgão do Poder Judiciário", estando restrito a atuar no "vazio legislativo", de forma subsidiária ou supletiva, mas, ainda assim, subordinado à lei e, não podendo "produzir normas ou disposições contrárias à Constituição".

Foram duas as ordens de limitações impostas ao poder normativo pelo STF: a) observância dos preceitos constitucionais; b) não invasão da esfera reservada à lei (princípio da reserva legal). Desse modo, não podem, por meio do poder normativo, os Tribunais Trabalhistas complementarem legislação preexistente, redefinindo os direitos nela previstos, como também não podem suprir omissão do legislador, quando a Constituição delega à lei infraconstitucional a regulamentação de determinada matéria. Vazio da lei não se confunde com omissão do legislador.

A disposição, por exemplo, do inciso XXI do art. 7º da CF/1988 que prescreve "aviso prévio proporcional ao tempo de serviço, sendo no mínimo de trinta dias, nos termos da lei", não dá ensejo à fixação, em sede de poder normativo, da prevista proporcionalidade, *in casu*, não se observa o vazio da lei, mas somente omissão do legislador na regulamentação da matéria, situação que não enseja a atuação do poder normativo, em virtude da reserva legal prevista pelo Constituinte.

Como bem exposto pelo Ministro Octavio Gallotti, em seu memorável voto, ao analisar a questão do aviso prévio proporcional, "Diante dessa reserva específica de lei formal, não vemos como pudesse ser o prazo de aviso

(686) RE-STF-197.911-9, rel. Ministro Octavio Gallotti, *DJU* 7.11.97. Ementa: "Dissídio coletivo. Recursos Extraordinários providos, para excluir as cláusulas 2ª (piso correspondente ao salário mínimo acrescido de percentual) e 24ª (estabilidade temporária), por contrariarem, respectivamente, o inciso IV (parte final) e I do art. 7º da Constituição, este último juntamente com o art. 10 do ADCT, bem com a cláusula 29ª (aviso prévio de sessenta dias), por ser considerada invasiva da reserva legal específica, instituída no art. 7º, XXI, da Constituição. 2. Recursos igualmente providos, quanto à cláusula 14ª (antecipação, para junho, da primeira parcela do 13º salário), por exceder seu conteúdo à competência normativa da Justiça do Trabalho, cujas decisões, a despeito de configurarem fonte de direito objetivo, revestem o caráter de regras subsidiárias, somente suscetíveis de operar no vazio legislativo, e sujeitas à supremacia da lei formal (art. 114, § 2º, da Constituição). 3. Recursos de que não se conhece o concernente à cláusula 1ª (reajuste salarial), por ausência de pressupostos de admissibilidade, e, ainda, no que toca às cláusulas 52ª (multa pela falta de pagamento de dia de trabalho), 59ª (abrigo para a proteção dos trabalhadores), 61ª (fornecimento de listas de empregados), 63ª (afixação de quadro de avisos), visto não contrariarem os dispositivos constitucionais contra ela invocados, especialmente o § 2º do art. 114. Decisão por maioria, quanto às cláusulas 29ª e 14ª, sendo, no restante, unânime".

prévio ampliado, para além dos trinta dias, por decisão judicial, sem que mesmo se torne preciso entrar na indignação, acerca da possibilidade do elastecimento uniforme do lapso, até por lei, para toda a categoria, com abstração do critério da proporcionalidade, a que acena a Constituição".

Por outro lado, de acordo com a posição adotada pelo STF, em havendo previsão legal sobre determinada condição de trabalho, ainda que verse somente sobre patamares mínimos, não pode o Tribunal do Trabalho conferir direito além do legal, campo somente possível de atuação por meio da autonomia coletiva dos particulares. Por exemplo, havendo previsão legal mínima de adicional de 50% para a remuneração do serviço extraordinário (art. 7º, XVI, CF/1988), a instituição de adicional maior que o legalmente previsto somente pode ocorrer por meio de convenção coletiva entre as partes interessadas, não cabendo ao Tribunal, por meio do poder normativo, modificar os parâmetros mínimos prescritos pelo legislador, exercendo atividade legislativa complementar. O exercício do poder normativo visa à composição de conflitos pelo exercício do juízo de equidade; no caso citado, o conflito encontra prévia solução legal.

15.1.2. A expressão "vazio da lei"

As expressões "vazio da lei" e "branco da lei" correspondem a verdadeiros conceitos jurídicos indeterminados, de difícil concretização na praxe forense. Vazio é aquilo que não contém nada, ou só contém ar; desocupado, despovoado, falto, destituído, desprovido.(687) A elas referiu-se o Ministro Octavio Gallotti, no voto em comento, ao assinalar que "é fonte formal de direito objetivo decisão proferida pela Justiça do Trabalho, na resolução de dissídio coletivo, autônoma na sua elaboração, porém, suscetível de operar no vazio legislativo, como regra subsidiária ou supletiva subordinada à supremacia da lei".

Haverá vazio da lei, que justifique o exercício do poder normativo, nos casos em que a norma jurídica que regulamenta determinada condição de trabalho a preveja programaticamente, sem reservar à lei ou à negociação das partes a sua regulamentação; ou, ainda que não a reserve à lei, não existe, no ordenamento jurídico, preceito legal específico regulamentador do instituto que se deseja ver fixado por sentença normativa.

É exemplo de vazio da lei o inciso V do art. 7º da CF/1988 que prevê como direito dos trabalhadores "piso salarial proporcional à extensão e à complexidade do trabalho". A fixação de piso salarial nos termos enunciados na norma constitucional encontra previsão infraconstitucional no art. 766 da CLT (também foi prevista na Lei n. 8.222/91, Lei n. 8.419/92 e art. 1º, § 2º, Lei n. 8.542/92, posteriormente revogado pela Medida Provisória n. 1.950 e Lei n. 10.192/2001).

Já o inciso VIII do art. 7º da CF/1988, que prevê o direito ao "décimo terceiro salário com base na remuneração integral ou no valor da aposentadoria", embora não faça remissão à lei ou à negociação coletiva, possui regulamentação infraconstitucional específica (Lei n. 4.090/62; Lei n. 4.174/65; e Decreto n. 57.155/65), o que afasta a possibilidade de apreciação da matéria em dissídio coletivo. O Ministro Octavio Gallotti, no V. Acórdão, deixou clara essa limitação ao reformar a decisão do Tribunal *a quo* que havia deferido a antecipação, para o dia 20 de junho, do pagamento da primeira parcela do 13º salário, por entender que se tratava "de obrigação regulada por lei específica (Lei n. 4.794/75), no tocante à época da antecipação, segundo prescrições de conteúdo diverso, às quais não se podem sobrepor as editadas pelo Tribunal".

15.1.3. Matérias reservadas à autonomia coletiva dos particulares

O Direito do Trabalho compõe-se de uma pluralidade de normas e de fontes normativas, admitindo-se que tanto o Estado como particulares elaborem normas jurídicas trabalhistas.(688) No campo das relações do trabalho,

(687) FERREIRA, Aurélio Buarque de Holanda. *Op. cit.*, p. 2.051.

(688) SILVA, Walküre Lopes Ribeiro da. Autonomia privada coletiva e o direito do trabalho. *Revista de Direito do Trabalho*, São Paulo, n. 97, p. 27, jan./mar. 2000.

a elaboração de normas jurídicas não estatais no âmbito das relações coletivas de trabalho é efetuada com base na autonomia coletiva dos particulares.

A autonomia coletiva possui duas concepções, uma restrita e uma ampla. A primeira designa poder conferido aos representantes institucionais dos grupos sociais de trabalhadores e empregador para a criação de instrumentos jurídicos de normatização das relações de trabalho — contrato coletivo, acordos e convenções coletivas. A concepção ampla fundamenta a autonomia coletiva dos particulares não somente na negociação coletiva, mas também na liberdade sindical e na autotutela dos trabalhadores, concedendo uma visão tríplice da autonomia coletiva.[(689)]

A autonomia privada coletiva é "fonte que permite assegurar aos grupos sociais o direito de elaborar normas jurídicas que o Estado reconhece e está em harmonia com o pluralismo jurídico e a coexistência do direito estatal e não estatal, fundamentando, assim, o direito positivo autoelaborado pelos próprios interlocutores sociais para fixar normas e condições de trabalho aplicáveis ao seu respectivo âmbito de representação".[(690)]

Em síntese, como expusemos em outra obra, consiste "a autonomia privada coletiva no Direito do Trabalho, como o poder de autorregulamentação das relações de trabalho, ou de matérias correlatas, pelos grupos profissionais e econômicos, por meio de suas organizações representativas. A negociação coletiva é o seu instrumento, as normas coletivas de trabalho o seu produto".[(691)]

A negociação coletiva, como expressão de autocomposição de conflitos coletivos de trabalho, foi consagrada no campo constitucional como a forma mais idônea de composição de conflitos, sendo sua força normativa reconhecida em diversas disposições constitucionais (arts. 7º, XXVI, e 8º, VI, CF/1988) e infraconstitucionais. O Constituinte ainda previu o caráter subsidiário da jurisdição como forma de heterocomposição de conflitos, pois a instância somente pode ser instaurada após o esgotamento das vias conciliatórias extrajudiciais (art. 114, CF/1988).

São notórias as vantagens da autocomposição dos conflitos pelos próprios grupos sociais, como instrumento de verdadeira pacificação social, com resolução do conflito jurídico e do social, ao contrário da heterocomposição judicial, que soluciona o conflito no campo jurídico, mas não o harmoniza no social. Por isso, o poder normativo deve ser exercido no limite das exigências sociais para a pacificação do conflito posto em apreciação pelo Poder Judiciário, não podendo ser demasiadamente rígido ou excessivamente amplo, a ponto de comprometer a espontaneidade dos grupos sociais na pacificação autocompositiva de seus conflitos.

Assim, além dos limites fixados pela 1ª Turma do STF, era assente na doutrina e na jurisprudência que a atuação do poder normativo da Justiça do Trabalho não poderia invadir a esfera reservada ao exercício da autonomia coletiva dos particulares, de sorte que deveriam ser preservadas as áreas remetidas à negociação coletiva pela Constituição ou pelas leis infraconstitucionais.

Assim, não poderiam os Tribunais Trabalhistas, em princípio, imiscuírem-se na fixação de regras referentes: a) à participação nos lucros e resultados, delegada à negociação coletiva (art. 2º, Lei n. 10.101/2000); b) à redução de salários (art. 7º, CF/1988); c) à compensação de horários e redução de jornada (art. 7º, XIII, CF/1988); d) à fixação de jornadas para turnos ininterruptos de revezamento (art. 7º, XIV, CF/1988); e) à implementação de banco de horas (art. 59, § 2º, CLT); f) à instituição de contrato por prazo determinado (art. 1º da Lei n. 9.601/98); g) à suspensão do contrato de trabalho para realização de programa de qualificação profissional (art. 476, § 1º, CLT); h) à adoção do regime de trabalho a tempo parcial para os atuais empregados da empresa (art. 58-A, § 2º, CLT).

15.2. Limites do poder normativo com a EC n. 45/2004

Consoante o exposto anteriormente, conforme posição do STF, da jurisprudência e da doutrina, o poder normativo da Justiça do Trabalho, antes da EC n. 45/2004, estava delimitado pelas seguintes balizas:

---

(689) NASCIMENTO, Amauri Mascaro. *Teoria geral do direito do trabalho*. São Paulo: LTr, 1998. p. 125-126.

(690) *Idem, ibidem*, p. 135.

(691) SANTOS, Ronaldo Lima dos. *Teoria das normas coletivas*. São Paulo: LTr, 2007. p. 131.

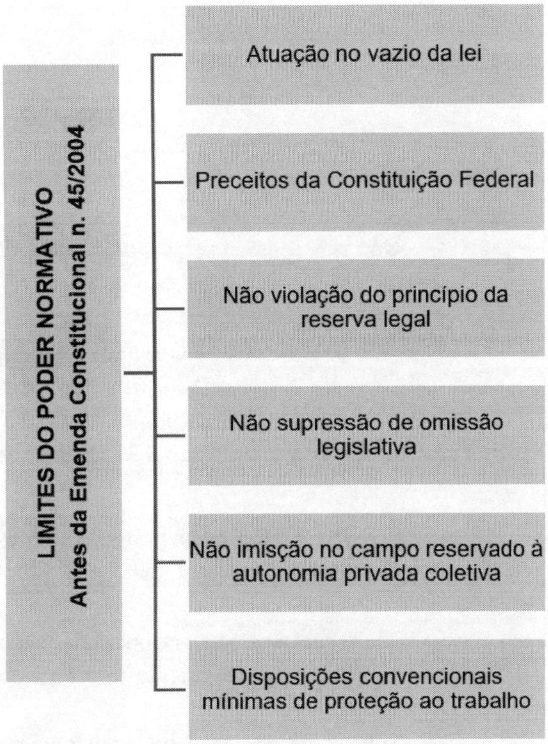

Com o advento da EC n. 45/2004, ultrapassada a fase de discussão sobre a subsistência do poder normativo, a controvérsia voltou-se para os novos limites desse poder, tendo em vista a atual redação do § 2º do art. 114 da CF/1988, pela qual compete à Justiça do Trabalho decidir o conflito "respeitadas as disposições mínimas de proteção ao trabalho, bem como as convencionadas anteriormente".

Como mencionado, houve uma ampliação dos limites do poder normativo, o qual agora deverá respeitar quaisquer "disposições mínimas de proteção ao trabalho", seja legal, convencional, internacional etc., bem como "as convencionadas anteriormente".

Não houve alteração da natureza do poder normativo da Justiça do Trabalho com a EC n. 45/2004, mantendo-se a sua essência de juízo de equidade, solucionante de um conflito coletivo de trabalho por meio da elaboração da norma jurídica (regras e condições) a ser aplicada às relações de trabalho. Assim, em linhas gerais, no exercício do poder normativo, o Tribunal do Trabalho deverá observar os limites outrora definidos pelo STF, com alguns novos parâmetros e referências decorrentes da atual redação do § 2º do art. 114 da CF/1988, ficando assim delineadas as suas balizas: a) atuação no vazio da lei; b) observância dos preceitos constitucionais; c) não invasão da esfera reservada à lei (princípio da reserva legal); d) não supressão de omissão do legislador; e) não imisção no campo reservado à autonomia coletiva das partes; f) observância das disposições mínimas de proteção ao trabalho; g) observância das disposições convencionadas anteriormente.

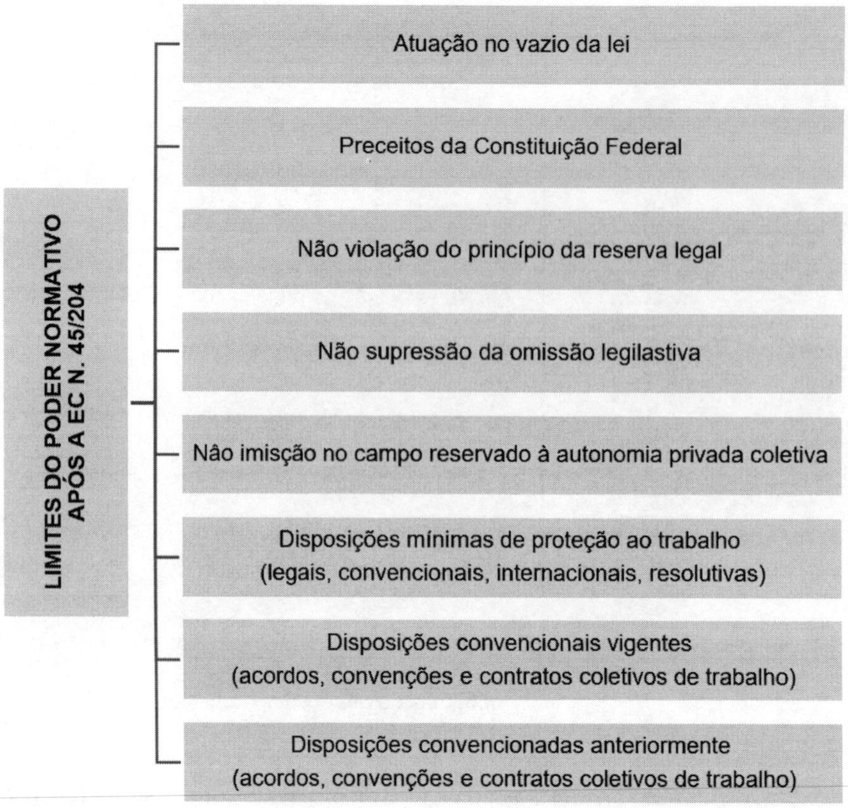

Com a EC n. 45/2004, os limites do poder normativo da Justiça do Trabalho sofreram alterações implícitas e explícitas. As implícitas decorrem da nova configuração do dissídio coletivo, pois, uma vez instaurada a instância de comum acordo entre as partes, estas poderão relativizar o âmbito de atuação do órgão julgador, possibilitando-o, em algumas situações, adentrar ao campo da reserva legal ou da autonomia coletiva das partes. *In casu*, as próprias partes conjuntamente delegam ao órgão julgador o seu poder de autorregulamentação. Cite-se, por exemplo, embora cerebrina, a hipótese de pleito conjunto de arbitramento do valor de participação nos lucros e resultados.

As explícitas derivam expressamente da nova redação do dispositivo constitucional em comento. A primeira consiste no amplo dever de observância das disposições mínimas de proteção ao trabalho, não mais se limitando somente às disposições *legais* e *convencionais*, como previsto na redação anterior, abrangendo atualmente quaisquer disposições: constitucionais, legais, previstas em atos normativos, em sentenças normativas, em diplomas internacionais etc. A segunda resulta do dever de disposições convencionadas anteriormente, abrangendo instrumentos normativos anteriores vigentes ou não.

Ao inserir a expressão "convencionadas anteriormente", o legislador extirpou uma controvérsia presente na doutrina e na jurisprudência sobre a obrigatoriedade de se considerar na decisão do conflito as disposições previstas em acordos e convenções coletivas não mais vigentes, uma vez que a redação anterior do § 2º do art. 114 da CF/1988 ensejava dúvidas sobre essa possibilidade.

Como ressalta Gustavo Filipe Barbosa Garcia, "O que a nova disposição deixou bem claro é que, mesmo tendo encerrado a vigência da norma coletiva negociada anterior (antes ou no curso do processo coletivo), justamente por conter 'disposições convencionadas anteriormente', estas devem ser mantidas na sentença normativa: o preceito constitucional não exige que as disposições ainda estejam em vigor, até porque isso raramente ocorre quando da decisão judicial do conflito coletivo".[(692)]

José Luciano de Castilho assinala que não vê como o texto constitucional possa ter outra leitura, considerando que em situações específicas em que se demonstre inequivocamente impossibilidade de a empresa manter a

(692) GARCIA, Gustavo Filipe Barbosa. *A reforma do Poder Judiciário*..., cit., p. 86.

conquista objeto do dissídio —, poderá a Justiça do Trabalho reexaminar a ótica pelo prisma da cláusula *rebus sic stantibus*, que deverá ser aplicada com o máximo rigor e cautela.(693) O TST vem se posicionando nesse sentido.(694)

Vale ressaltar que o § 2º do art. 114 da CF/1988 diz respeito à fixação dos limites mínimos do poder normativo da Justiça do Trabalho, nada elucidando em relação à incorporação de normas coletivas aos contratos individuais de trabalho (teoria da ultranormatividade). Trata-se de uma limitação à atuação do poder normativo jurisdicional para garantir que futura decisão não venha em desfavor de direitos dos trabalhadores previstos em normas coletivas.(695) A norma em análise regula o exercício de um poder jurisdicional, ao passo que a ultranormatividade constitui questão pertinente à autonomia privada coletiva dos atores sociais, isto é, constitui instituto de direito material.

15.3. Limites do poder normativo após a ADPF n. 323

O Supremo Tribunal Federal, na Arguição de Descumprimento de Preceito Fundamental (ADPF) n. 323, ajuizada pela Confederação Nacional dos Estabelecimentos de Ensino, com vista a questionar a constitucionalidade da Súmula n. 277 do Tribunal Superior do Trabalho. Na referida ação, a autora indicou como preceitos fundamentais violados o princípio da separação dos Poderes (art. 2º e 60, § 4º, inciso III, CF/1988) e o da legalidade (art. 5º, *caput*, CF/1988).

O Ministro Relator, Gilmar Ferreira Mendes, em 14 de outubro de 2016 (DJE n. 222, divulgado em 18.10.2016), concedeu liminar para determinar a suspensão de todos os processos em curso e dos efeitos de decisões judiciais proferidas no âmbito da Justiça do Trabalho que versem sobre a aplicação da ultratividade de normas de acordos e de convenções coletivas, sem prejuízo do término de sua fase instrutória, bem como das execuções já iniciadas.

Ao apreciar a demanda, o Ministro Relator Gilmar Ferreira Mendes, adiantou seu voto sobre o mérito, *in verbis*: "Ante o exposto, voto pela procedência da presente arguição de descumprimento de preceito fundamental, de modo a declarar a inconstitucionalidade da Súmula n. 277 do Tribunal Superior do Trabalho, na versão atribuída pela Resolução n. 185, de 27 de setembro de 2012, assim como a inconstitucionalidade de interpretações e de decisões judiciais que entendem que o art. 114, § 2º, da Constituição Federal, na redação dada pela Emenda Constitucional n. 34 Revisado ADPF 323 / DF 45/2004, autoriza a aplicação do princípio da ultratividade de normas de acordos e de convenções coletivas".

A questão está em estado de apreciação pelo Tribunal Pleno do STF. Ao prevalecer o voto do Ministro relator, haverá a alteração dos limites do poder normativo da Justiça do Trabalho, consoante a interpretação concedida ao § 2º do art. 114 da CF/1988 pelo STF.

15.4. Uma nova limitação ao poder normativo: sentença normativa antecedente

Como vimos anteriormente, com o advento da EC n. 45/2004, pela nova redação do § 2º do art. 114 da CF/1988, compete à Justiça do Trabalho decidir o conflito coletivo de trabalho, em sede de dissídio coletivo, tendo como um dos limites o respeito às disposições mínimas de proteção ao trabalho, bem como as convencionadas anteriormente.

---

(693) CASTILHO, José Luciano de. A reforma do Poder Judiciário — o dissídio coletivo e o direito de greve. In: COUTINHO, Grijalbo Fernandes; FAVA, Marcos Neves (Coords.). *Justiça do Trabalho:* competência ampliada. São Paulo: LTr, 2005. p. 256.

(694) "Dissídio coletivo de natureza econômica e revisional. CEB. Cláusulas preexistentes. Art. 114, § 2º, da CF/88. 1. À luz do art. 114, § 2º, da Constituição da República de 1988, reforçada pela EC n. 45/2004, cabe à Justiça do Trabalho, no exercício do Poder Normativo, estabelecer normas e condições de trabalho em dissídio coletivo, respeitadas as 'disposições mínimas legais de proteção ao trabalho, bem como as convencionadas anteriormente'. Para que o preceito constitucional em tela ostente algum sentido lógico, reputam-se disposições mínimas as cláusulas preexistentes, pactuadas em convenções coletivas de trabalho ou em acordos coletivos de trabalho. Tais cláusulas, constituindo um piso de conquistas da categoria profissional, balizam o julgamento do dissídio coletivo, a menos que, em face da dinâmica da economia e da sociedade, resulte demonstrada a excessiva onerosidade ou inadequação de determinada cláusula. Precedentes: RODC 37.375/02." (RODC — 455/2004-000-10-00, TST-SDC, rel. Min. João Oreste Dalazen, *DJ* 7.12.07)

(695) SANTOS, Ronaldo Lima dos. *Teoria das normas...*, cit., p. 242-243.

Desse modo, entre os limites do poder normativo da Justiça do Trabalho insere-se o dever de manutenção das cláusulas prévias dos acordos e convenções coletivas anteriores, ainda que os respectivos instrumentos normativos não mais estejam em vigência, ou tenha sido objeto de tutela provisória antecipada para asseguramento da data-base.

No entanto, além do entendimento esposado pelo Ministro relator do STF na ADPF n. 323, no sentido da inconstitucionalidade de interpretações e de decisões judiciais que consideram que o art. 114, § 2º, da CF/1988, na redação dada pela Emenda Constitucional n. 34 Revisado ADPF 323 / DF 45/2004, autoriza a aplicação do princípio da ultratividade de normas de acordos e de convenções coletivas, uma outra interpretação limitadora do poder normativo vem se intensificando nos Tribunais Trabalhistas.

De fato, tem-se concluído que no julgamento do dissídio coletivo, ainda que se entenda pela aplicação das normas coletivas anteriormente convencionadas, tal expediente não seria possível nas situações em que o instrumento normativo anterior seja uma sentença normativa e não um acordo ou uma convenção coletiva, já que aquela constitui uma decisão judicial e não uma norma decorrente da autonomia privada coletiva, ou seja, uma norma coletiva preexistente.

Desse modo, o dissídio coletivo pode se transformar num instrumento de perda de direitos historicamente conquistados pelos trabalhadores, tendo em vista que, ainda que obtida a manutenção das cláusulas de uma norma coletiva por decisão judicial, que mantenha as cláusulas preexistentes, na próxima data-base da categoria, em não havendo negociação coletiva e, em sendo suscitado um dissídio coletivo, excluída estará a manutenção do conteúdo da sentença normativa anterior, já que, por este entendimento, não se trata de cláusula convencional preexistente.

Tal entendimento, entretanto, não condiz com a natureza substitutiva do dissídio coletivo e da sentença normativa, principalmente pelo fato de os próprios Tribunais considerarem constitucional o comum acordo. Assim, quando as partes entabulam o comum acordo estão apenas delegando o poder de definição da solução e do conteúdo desta para o órgão julgador, o que não desnaturaliza a origem convencional da decisão e, portanto, a possibilidade de manutenção de suas cláusulas normativas em dissídio coletivo posterior.

16. Alcance subjetivo da sentença normativa — coisa julgada *erga omnes*

Embora o dissídio coletivo seja decidido por ato colegiado dos membros julgadores no Tribunal, a sua decisão é denominada sentença normativa.

A sentença normativa abrange todos os membros das categorias (art. 8º, III, CF/1988) representadas pelos sindicatos profissional e econômico ou a todos os empregados de uma ou mais empresas (na hipótese de conflito coletivo particularizado), independentemente da profissão exercida ou de serem filiados ou não às respectivas entidades sindicais.

A sentença normativa proferida no dissídio coletivo tem, desse modo, eficácia *erga omnes*, nos termos do art. 103, incisos I e III, CDC, pois não abrange somente os associados das entidades representantes, mas todos aqueles pertencentes à categoria ou à coletividade de trabalhadores interessada e, até mesmo, aqueles que não mais pertencem a estas coletividades, mas que podem sofrer os efeitos da coisa julgada coletiva, como nas hipóteses do reconhecimento de um aumento salarial com efeitos *ex tunc*, bem como abrange os futuros integrantes da categoria ou da coletividade representada, cujas relações de trabalho serão regidas pela norma coletiva em vigor.

17. Termos de vigência da sentença normativa

17.1. Termo a quo *dos efeitos da sentença normativa*

O termo *a quo* dos efeitos da sentença normativa não é uníssono, variando conforme os fatos que antecederam à propositura do dissídio coletivo. Assim, a sentença normativa produzirá seus efeitos do seguinte modo:

1) a partir do dia imediato ao termo final de vigência do acordo, convenção coletiva ou sentença normativa existente:

a) quando ajuizado o dissídio coletivo no prazo do art. 616, § 3º, CLT (até 60 dias antes do termo final à norma coletiva vigente);

b) quando, mesmo ultrapassada a época própria para o ajuizamento (art. 616, § 3º, CLT), a entidade sindical requerer e tiver deferido protesto judicial para assegurar a data-base;

2) a partir da data da sua publicação:

a) se não fora ajuizado o dissídio após o prazo do art. 616, § 3º, CLT, isto é, após os sessenta dias que antecedem o termo final da convenção, acordo ou sentença normativa anterior (alínea *"a"* do parágrafo único do art. 867, CLT);

b) na hipótese de dissídio coletivo originário, isto é, quando não existente acordo, convenção ou sentença normativa em vigor (alínea *"a"* do parágrafo único do art. 867, CLT);

3) a partir da data fixada pelo Tribunal, nos dissídios coletivos de extensão (arts. 868 a 871, CLT);

4) a partir da data fixada pelo Tribunal, nos dissídios coletivos de revisão (arts. 873 a 875, CLT); após análise pelo Órgão Julgador dos efeitos das alterações fático-jurídicas.

17.2. Termo **ad quem** *dos efeitos da sentença normativa*

A sentença normativa forma um tipo peculiar de coisa julgada, tendo em vista que possui prazo legal máximo de 4 (quatro) anos (parágrafo único do art. 868, CLT) de duração, além de ser passível de revisão pelo denominado "dissídio coletivo de revisão", quando, decorrido mais de um ano de sua vigência, "se tiverem modificado as circunstâncias que as ditaram, de modo que tais condições se hajam tornado injustas ou inaplicáveis" (art. 873, CLT).

Desse modo, a sentença normativa possui limitação temporal de vigência. Ela vigerá até o prazo definido pelo Tribunal do Trabalho, o qual não poderá ultrapassar 4 (quatro) anos, ou até que sobrevenha decisão revisional proferida em dissídio coletivo de revisão.

18. Sentença normativa — coisa julgada material *rebus sic stantibus*

Embora peculiar, a sentença normativa possui natureza jurídica de ato jurisdicional. Ela constitui uma decisão judicial proferida nos processos de dissídios coletivos. Origina-se de uma atividade jurisdicional provocada, que se desenvolve mediante um processo judicial sujeito aos princípios do contraditório e da ampla defesa.[(696)]

Nos dizeres de Francesco Carnellutti, a sentença normativa "tem alma de lei em corpo de sentença". Ela atua como ato jurisdicional proferido nos dissídios coletivos, atingindo uma zona limítrofe do ato legislativo.[(697)]

Como resumiu Piero Calamandrei, as sentenças normativas "...não são nem apenas sentenças, nem apenas leis; mas são sentenças ou leis, segundo sejam consideradas do ponto de vista das associações sindicais, que são parte no dissídio, ou do ponto de vista dos trabalhadores ou dos empregadores, que, da solução do dissídio coletivo entre os sindicatos, esperam, a sua lei".[(698)]

Por ser uma decisão judicial, a sentença normativa se sujeita aos efeitos da coisa julgada material e à sua garantia constitucional, prevista no art. 5º, XXXVI, CF/1988, segundo o qual "a lei não prejudicará o direito adquirido, o ato jurídico perfeito e a coisa julgada".

Nos termos do art. 966 do CPC, somente a sentença de mérito transitada em julgado pode ser objeto de ação rescisória. Equivale a dizer, que somente é passível o *iudicium rescindens* (juízo rescindendo) em sentenças

(696) MARTINS, Sergio Pinto. *Direito processual...*, cit., p. 604-605.

(697) CARNELLUTTI, Francesco, *apud* SÜSSEKIND, Arnaldo Lopes; TEIXEIRA FILHO, João de Lima; MARANHÃO, Délio; VIANNA, Segadas. *Instituições de direito do trabalho*. 18. ed. v. 1. São Paulo: LTr, 1999. p. 166.

(698) CALAMANDREI, Piero, *apud idem., loc. cit.*

materialmente transitadas em julgado. Nestes termos, ao prever o cabimento de ação rescisória contra sentença normativa, a Lei n. 7.701/88 (art. 2º, I, *c*) reconhece a formação de coisa julgada material na sentença normativa.

Conforme ressaltamos anteriormente, a sentença normativa forma um tipo peculiar de coisa julgada, tendo em vista que possui prazo legal máximo de 4 (quatro) anos de duração (art. 868, parágrafo único, CLT), além de ser passível de revisão pelo denominado "dissídio coletivo de revisão", quando, decorrido mais de um ano de sua vigência, "se tiverem modificado as circunstâncias que as ditaram, de modo que tais condições se hajam tornado injustas ou inaplicáveis" (art. 873, CLT).

É a aplicação da teoria da imprevisão (cláusula *rebus sic stantibus*) ao processo, dando origem à coisa julgada *rebus sic stantibus*, isto é, a decisão judicial que, por resolver situação continuativa, torna-se suscetível de revisão quando haja modificação nos pressupostos de fato e de direito que ditaram o seu conteúdo.

No processo civil, ela encontra fundamento no art. 505, I, do CPC, que dispõe: "Art. 505. Nenhum juiz decidirá novamente as questões já decididas, relativas à mesma lide, salvo: I – se, tratando-se de relação jurídica de trato continuado, sobreveio modificação no estado de fato ou de direito; caso em que poderá a parte pedir a revisão do que foi estatuído na sentença".(699)

Assim, apesar de decidir relação jurídica continuativa, ter prazo de vigência e estar sujeita à revisão, a sentença normativa produz coisa julgada material até a extinção do seu prazo de vigência ou a prolação de sentença normativa em dissídio coletivo de revisão.

Durante o seu período de vigência, a eficácia da coisa julgada protege a sentença normativa, de modo que posterior acordo ou convenção coletiva firmada pelos representantes dos empregados e dos empregadores não poderá dispor de modo contrário ao conteúdo da sentença normativa, embora possam fixar condições mais vantajosas, cuja aplicabilidade estará fundamentada no princípio da norma mais favorável.

Essa circunstância não se antagoniza com a autonomia privada coletiva, tendo em vista que o poder normativo da Justiça do Trabalho é exercido por delegação das próprias entidades sindicais que, ao se depararem com uma negociação coletiva frustrada, submetem a solução do litígio ao Judiciário (art. 114, § 2º, CF/1988), isto é, transferem a um terceiro a solução do conflito que poderiam encontrar por si mesmos, devendo, assim, submeter-se aos efeitos decorrentes da decisão proferida em um processo judicial, de antemão conhecidos, entre os quais se inclui a formação da coisa julgada e dos efeitos dela decorrentes.

Essa transferência é mais clara com a alteração do § 2º do art. 114 pela EC n. 45/2004, que dispôs que o dissídio coletivo somente poderá ser suscitado conjuntamente por ambas as partes.

Enquanto viger a sentença normativa, eventual insurgência dos representantes dos empregados e dos empregadores deverá ser exercida com a interposição de recurso ordinário no dissídio coletivo em que ela foi proferida ou com a suscitação do dissídio coletivo de revisão. É o momento da relativa imperatividade da sentença normativa sobre as normas convencionais.

Essa imperatividade decorre dos efeitos da coisa julgada e não de eventual desnível na hierarquia normativa entre a sentença normativa e os acordos e convenções coletivas, uma vez que, conforme a construção escalonada do ordenamento jurídico, no modelo Kelseniano, tanto a sentença coletiva como os acordos e convenções coletivas possuem o mesmo fundamento de validade: a própria Constituição Federal. A primeira é prevista no art. 114, § 2º, CF/1988, enquanto as segundas encontram fundamento em vários dispositivos dos art. 7º e 8º da Carta Magna, com destaque para o inc. XXVI do art. 7º, que reconheceu as convenções e os acordos coletivos de trabalho como um direito dos trabalhadores.(700)

---

(699) SANTOS, Ronaldo Lima dos. Modalidades da coisa julgada coletiva. *Revista do Ministério Público do Trabalho,* São Paulo, ano 14, n. 27, p. 49-50, mar. 2004.

(700) SANTOS, Ronaldo Lima dos. *Teoria das normas...*, cit., p. 270-273.

A incompreensão, porém, do instituto da coisa julgada *rebus sic stantibus*, levou o Tribunal Superior do Trabalho a manter o Precedente Normativo n. 120, *in verbis*: "SENTENÇA NORMATIVA. DURAÇÃO. POSSIBILIDADE E LIMITES (positivo) — (Res. 176/2011, *DEJT* divulgado em 27, 30 e 31.05.2011). A sentença normativa vigora, desde seu termo inicial até que sentença normativa, convenção coletiva de trabalho ou acordo coletivo de trabalho superveniente produza sua revogação, expressa ou tácita, respeitado, porém, o prazo máximo legal de quatro anos de vigência".

Procedimento correto seria que eventual convenção ou acordo coletivo superveniente à uma sentença normativa fosse apresentado ao Tribunal prolator da decisão por meio do dissídio coletivo de revisão.

19. Recursos

Das sentenças normativas proferidas pelos Tribunais Regionais do Trabalho em dissídio coletivo, é cabível recurso ordinário no prazo de 8 (oito) dias para o TST (art. 895, "*b*", CLT e art. 2º, II, "*a*", Lei n. 7.701/88). A parte contrária terá o prazo de 08 (oito) dias para apresentação das contrarrazões.

A petição é direcionada diretamente para o presidente do Tribunal prolator da decisão, sendo as razões recursais dirigidas ao TST. O recurso será julgado pela Seção de Dissídios Coletivos do TST (art. 2º, II, "*a*", Lei n. 7.701/88).

Na hipótese de denegação do recurso ordinário pelo Tribunal, caberá agravo de instrumento para o TST da respectiva decisão denegatória proferida pelo Tribunal *a quo*.

O recurso ordinário terá efeito meramente devolutivo (art. 899, CLT), possibilitando imediata propositura de ação de cumprimento (art. 872, CLT).

Entretanto, a fim de obstar prejuízo iminente, a parte recorrente poderá requerer efeito suspensivo ao recurso ordinário diretamente para o presidente do Tribunal (art. 14 da Lei n. 10.192/2001). O efeito suspensivo terá medida e extensão (objetiva e subjetiva) na forma conferida pelo presidente do Tribunal. Mais adiante, discorremos sobre a concessão de efeito suspensivo.

Quando de competência originária do TST, da decisão do dissídio coletivo caberá a interposição de embargos infringentes, também no prazo de 8 (oito) dias, das decisões homologatórias, terminativas ou de mérito, não unânimes, proferida pela Seção de Dissídios Coletivos do TST ou por quem detenha competência regimental (art. 894, "*a*", CLT), salvo se a decisão impugnada estiver em consonância com precedente jurisprudencial ou Súmula do TST (art. 2º, II, "*c*", Lei n. 7.701/88).

Se a decisão proferida pela SDC em sede de recurso ordinário não possuir divergências (proferida de forma unânime) não caberá qualquer outro recurso, com exceção dos embargos de declaração e do recurso extraordinário, nas hipóteses contempladas pelo art. 102, III, CF/1988.

Os embargos infringentes serão restritos às cláusulas em que há divergências. Se a divergência envolver apenas parte de uma ou mais cláusulas, os embargos deverão versar somente em relação ao objeto da divergência (art. 232, RITST).

Somente após o esgotamento das vias recursais dos Tribunais Trabalhistas, haverá possibilidade da interposição de recurso extraordinário para o STF, no prazo de 15 (quinze) dias, na hipótese de a decisão contrariar dispositivo constitucional (art. 102, II, "*a*", CF/1988).

19.1. Legitimidade para recorrer

Da decisão proferida em dissídio coletivo possuem legitimidade para interpor recurso:

a) as partes da demanda;

b) o Ministério Público do Trabalho, tanto nas demandas em que foi parte como naquelas em que atuou como *custos legis* (art. 179 e 996, CPC, art. 83, VI, LC n. 75/93, art. 7º, Lei n. 7.701/88);

c) os terceiros juridicamente interessados ou prejudicados (art. 996, CPC);

d) os intervenientes.

19.2. Recurso de decisão homologatória de acordo em dissídio coletivo

A decisão homologatória de acordo formulado pelas partes em dissídio coletivo não é passível de impugnação via recurso pelas partes, valendo como decisão irrecorrível (art. 831, CLT e 229, RITST).

Somente o Ministério Público do Trabalho poderá interpor recurso para impugná-la, não sendo abrangido pela irrecorribilidade da decisão (art. 7º, § 5º, Lei n. 7.701/88).

19.3. Depósito recursal e custas processuais

A sentença normativa pode adquirir natureza constitutiva ou declaratória, conforme decida, respectivamente, dissídio coletivo de natureza econômica ou dissídio de natureza jurídica.

O depósito recursal na Justiça do Trabalho tem natureza de garantia do juízo (art. 899, CLT), somente sendo exigido quando da interposição de recurso das sentenças condenatórias com conteúdo econômico imediato, não se coadunando com a natureza das sentenças normativas.

O § 2º do art. 8º da Lei n. 8.542/92, no entanto, dispôs sobre o recolhimento do depósito recursal quando interposto recurso em dissídio coletivo, prevendo que o seu valor seria o quádruplo do valor máximo do depósito para o recurso ordinário.

O TST, por meio da sua Instrução Normativa n. 3, de 5.3.1993, prescreveu que "V – Nos termos da redação do § 3º do art. 40, não é exigido depósito para recurso ordinário interposto em dissídio coletivo, eis que a regra aludida atribui apenas valor ao recurso, com efeitos limitados, portanto, ao cálculo das custas processuais".

A natureza das sentenças normativas afasta a exigência de recolhimento do depósito recursal para a interposição de recurso das sentenças normativas, sendo este o posicionamento majoritário da doutrina e da jurisprudência.

Em relação às custas, é devido o seu recolhimento, conforme valor arbitrado na decisão ou pelo Presidente do Tribunal, sendo que as partes vencidas responderão solidariamente pelo seu pagamento (art. 789, § 4º, CLT).

19.4. Concessão de efeito suspensivo

Os recursos interpostos das sentenças normativas proferidas em dissídio coletivo seguem a regra geral dos efeitos devolutivos dos recursos trabalhistas (art. 899, CLT).

Atualmente, há possibilidade de concessão pelo presidente do TST de efeito suspensivo ao recurso interposto de decisão normativa. A suspensão dos efeitos se dará na medida e extensão (subjetiva e objetiva) conferidas em despacho do Presidente do Tribunal, conforme o art. 14 da Lei n. 10.192/2001 — resultante da conversão da Medida Provisória que estabeleceu o plano de desindexação do real.

O TST editou a Instrução Normativa n. 24/2003, pela Resolução n. 120, de 2.10.2003, DJ 9.10.2003, facultando ao Presidente do Tribunal, diante de requerimento de efeito suspensivo, a designação de audiência de conciliação entre as partes e a possibilidade de submissão da questão à Seção Especializada em Dissídios Coletivos.

Como elucida Amauri Mascaro Nascimento, "O efeito suspensivo não é uma inovação; era previsto pela legislação, foi revogado em 1989, as partes interessadas procuraram obter os mesmos resultados por meio de liminares em ações cautelares. Essa prática generalizou-se e mostrou a necessidade de instrumentos processuais com esse objetivo. A Lei n. 7.701/88, art. 9º, declarava que o efeito suspensivo seria apreciado pelo presidente do TST. Assim, o pedido é dirigido diretamente ao presidente do TST por petição fundamentada".[(701)]

(701) NASCIMENTO, Amauri Mascaro. *Curso de direito processual do trabalho*. 21. ed. São Paulo: Saraiva, 2009. p. 841.

A possibilidade de concessão de efeito suspensivo ao recurso interposto de sentença normativa era prevista nas Leis ns. 4.725/65 e 7.701/88. Estas sofreram revogação pela Lei n. 7.788/89, que vedou a concessão de efeito suspensivo aos recursos interpostos de sentença normativa. Embora essa última lei tenha sido revogada pela Lei n. 8.030/90, impossibilitada estava a concessão de efeitos procrastinatórios, estando o efeito suspensivo obstado, até o advento da Medida Provisória que decretou o Plano Real e posteriormente convertida na Lei n. 10.192/2001, que restabeleceu o efeito suspensivo.(702)

Concedido o efeito suspensivo, resta obstada a propositura de ação de cumprimento (art. 872, CLT) para satisfação de direitos previstos na sentença normativa recorrida.

Negado ou não pleiteado o efeito suspensivo, a parte interessada poderá propor ação de cumprimento a partir do 20º (vigésimo) dia subsequente ao julgamento (art. 7º, § 2º, Lei n. 7.701/88).

O pedido de concessão de efeito suspensivo de recurso em matéria normativa deverá ser instruído com as seguintes peças: decisão normativa recorrida; petição de recurso ordinário, prova de sua tempestividade e respectivo despacho de admissibilidade; guia de recolhimento de custas, se houver; procuração conferindo poderes ao subscritor da medida; e outras que o requerente reputar úteis para o exame da solicitação (art. 238 do RITST).

O art. 9º da Lei n. 7.701/88, que prescreve que o efeito suspensivo terá eficácia pelo prazo improrrogável de 120 (cento e vinte) dias, encontra-se revogado pelo art. 14 da Lei n. 10.192/2001, não se aplicando a limitação temporal à eficácia da medida. O efeito suspensivo terá eficácia até a decisão final pelo Tribunal *ad quem* ou na medida e extensão conferidas pelo presidente do Tribunal.

A concessão de efeito suspensivo contra acórdão proferido pelo colegiado do Tribunal em julgamento de dissídio coletivo infringe flagrantemente o princípio do juiz natural, ao conceder a um único membro do Tribunal, o seu presidente, a possibilidade de concessão monocrática de efeito suspensivo à revelia do relator e do colegiado julgador, a quem compete funcional e originariamente o exercício do poder geral de cautela nos processos em que oficiam e em relação aos quais possuem amplo conhecimento, sendo, por isso, o órgão mais adequado para a promoção ou não de efeito suspensivo à sua decisão.(703)

20. Protesto judicial para asseguramento da data-base

20.1. Conceito

O protesto judicial para asseguramento da data-base consiste numa tutela provisória de urgência de caráter cautelar, antecedente de dissídio coletivo, intentada com a finalidade de preservar-se a retroação dos direitos assegurados na futura sentença normativa à data-base da categoria.

20.2. Natureza jurídica

O protesto judicial para assegurar a data-base tem natureza jurídica de tutela provisória de urgência de caráter cautelar (art. 294 e segs. do CPC).

No sistema do Código de Processo Civil de 1973, o protesto para asseguramento da data-base tinha a mesma natureza das denominadas ações cautelares. Estava previsto como um procedimento cautelar específico, sob a denominação "Dos protestos, notificações e interpelações", no art. 867 do CPC/1973, *in verbis*: "Todo aquele que deseja prevenir responsabilidade, prover a conservação e ressalva de direitos ou manifestar intenção de modo formal, poderá fazer por escrito o seu protesto, em petição dirigida ao juiz, e requerer que do mesmo se intime a quem de direito".

Assim, no regime processual civil do CPC/1973, o protesto enquadrava-se entre as ações cautelares não contenciosas, também denominadas de cautelares administrativas.

(702) MARTINS, Sergio Pinto. *Direito processual...*, cit., p. 550-551.

(703) MELO, Raimundo Simão de. *Dissídio coletivo de trabalho*. São Paulo: LTr, 2002.

No sistema do NCPC/2015, a notificação e a interpelação foram configuradas como procedimentos de jurisdição voluntária. Nestas espécies de procedimento não há lide. Em não havendo lide, não se pode falar em processo, mas apenas procedimento, embora de caráter judicial. Os sujeitos desses procedimentos são denominados interessados e não partes. A decisão proferida pelo juiz, que não é efetivamente uma sentença, mas decisão meramente homologatória, exaure-se com o deferimento ou o indeferimento da medida.

Já o protesto, como as demais medidas cautelares (arresto, sequestro etc.), no NCPC/2015, passou a figurar no rol das tutelas provisórias cautelares (art. 301, CPC), mas particularmente uma tutela provisória de urgência de caráter cautelar e antecedente. Trata-se de uma tutela cautelar assecuratória de direito.

20.3. Objetivo e efeitos

Como vimos, o termo *a quo* dos efeitos da sentença normativa, nos dissídios coletivos derivados, varia de acordo com a observância do prazo previsto no art. 616, § 3º, CLT.

Percebendo a entidade sindical que as negociações não se esgotarão antes do término do prazo para ajuizamento do dissídio coletivo e pretendendo garantir a retroação dos efeitos de eventual sentença normativa à data-base da categoria, tem, para isso, como instrumento, o protesto judicial para asseguramento da data-base.

Deste modo, requerida a referida tutela cautelar no prazo do art. 616, § 3º, CLT, ainda que suscitado o dissídio coletivo após esse prazo, garantidos estarão os efeitos da sentença normativa a partir do dia imediato ao termo final de vigência do acordo, convenção ou sentença normativa anterior, vale dizer: haverá a retroação dos efeitos da sentença normativa à data-base da categoria profissional representada.

Assim, o prazo previsto no art. 616, § 3º, da CLT, tem natureza de pressuposto processual de eficácia da sentença normativa, uma vez que garante a retroação dos efeitos desta à data-base da categoria. Não obstante, como o juízo no dissídio coletivo é de equidade e não de legalidade, poderá o Tribunal ponderar sobre os parâmetros normativos da decisão, inclusive quando ao momento da sua eficácia, mesmo que não tenha sido requerido o protesto.

O protesto judicial constitui um estímulo à negociação coletiva, uma vez que permite a ampliação do prazo de negociação extrajudicial e direta entre as partes, com possibilidade de concretização de convenção ou acordo coletivo, mesmo após o término da data-base e com garantia da retroação dos efeitos da sentença normativa até esta data.[704] Na prática, o deferimento do protesto possibilitará a continuidade das negociações por mais 30 (trinta) dias.[705]

Por este objetivo, caberá ao requerente da medida comprovar, efetivamente nos autos, a existência de negociação coletiva em andamento. Se, diversamente, demonstrar apenas a recusa da parte contrária à negociação coletiva, incabível será o protesto judicial, pois, nesta hipótese, o remédio correto é a imediata propositura do dissídio coletivo, único instrumento apto à substituição da negociação coletiva frustrada.[706]

20.4. Rito processual

O protesto será requerido perante o TRT ou TST, conforme a competência para a apreciação do dissídio coletivo (arts. 678 e 702, CLT e Lei n. 7.701/88), em petição dirigida ao seu presidente, com a exposição dos fatos e dos fundamentos do protesto (art. 303, CPC).

Deferido o protesto, a parte terá o prazo de 30 dias para a suscitação de dissídio coletivo (art. 219, § 2º, RITST e 806, CPC); isto em razão do fato de produzir efeitos na esfera jurídica de terceiros; *in casu*, em relação à parte passiva do dissídio coletivo, cujo protesto terá como efeito a retroação do termo *a quo* das suas obrigações, reconhecidas na sentença normativa. Não suscitado o dissídio coletivo no prazo de 30 (trinta) dias da efetivação da tutela cautelar, o protesto perderá a sua eficácia (arts. 308 e 309, I, CPC).

---

(704) MARTINS FILHO, Ives Gandra. *Op. cit.*, p. 111-112.

(705) MARTINS, Sergio Pinto. *Direito processual*..., cit., p. 540.

(706) MELO, Raimundo Simão de. *Dissídio*..., cit., p. 82.

Ao cessar a eficácia da medida, a data de vigência dos efeitos da sentença normativa observará as regras do art. 867 da CLT, como se não houvesse sido requerido o protesto judicial para assegurar a data-base.

21. Jurisprudência

TST — Súmula n. 177: "*DISSÍDIO COLETIVO. SINDICATO. REPRESENTAÇÃO (cancelada). Res. 121/2003,* DJ *19, 20 e 21.11.2003. Está em plena vigência o art. 859 da Consolidação das Leis do Trabalho, cuja redação é a seguinte: "A representação dos sindicatos para instauração da instância fica subordinada à aprovação de assembleia, da qual participem os associados interessados na solução do dissídio coletivo, em primeira convocação, por maioria de 2/3 dos mesmos, ou, em Segunda convocação, por 2/3 dos presentes."* (ex-Prejulgado n. 58).

TST — Súmula n. 397: "*AÇÃO RESCISÓRIA. ART. 485, IV, DO CPC. AÇÃO DE CUMPRIMENTO. OFENSA À COISA JULGADA EMANADA DE SENTENÇA NORMATIVA MODIFICADA EM GRAU DE RECURSO. INVIABILIDADE. CABIMENTO DE MANDADO DE SEGURANÇA (conversão da Orientação Jurisprudencial n. 116 da SBDI-2). Res. 137/2005,* DJ *22, 23 e 24.08.2005. Não procede ação rescisória calcada em ofensa à coisa julgada perpetrada por decisão proferida em ação de cumprimento, em face de a sentença normativa, na qual se louvava, ter sido modificada em grau de recurso, porque em dissídio coletivo somente se consubstancia coisa julgada formal. Assim, os meios processuais aptos a atacarem a execução da cláusula reformada são a exceção de pré-executividade e o mandado de segurança, no caso de descumprimento do art. 572 do CPC.* (ex-OJ n. 116 da SBDI-2 — *DJ* 11.8.2003)."

TST — Súmula n. 402: "*AÇÃO RESCISÓRIA. DOCUMENTO NOVO. DISSÍDIO COLETIVO. SENTENÇA NORMATIVA (conversão da Orientação Jurisprudencial n. 20 da SBDI-2). Res. 137/2005, DJ 22, 23 e 24.08.2005. Documento novo é o cronologicamente velho, já existente ao tempo da decisão rescindenda, mas ignorado pelo interessado ou de impossível utilização, à época, no processo. Não é documento novo apto a viabilizar a desconstituição de julgado: a) sentença normativa proferida ou transitada em julgado posteriormente à sentença rescindenda; b) sentença normativa preexistente à sentença rescindenda, mas não exibida no processo principal, em virtude de negligência da parte, quando podia e deveria louvar-se de documento já existente e não ignorado quando emitida a decisão rescindenda.* (ex-OJ n. 20 da SBDI-2 — inserida em 20.9.2000)."

TST — OJ n. 02 (SDC): "*ACORDO HOMOLOGADO. EXTENSÃO A PARTES NÃO SUBSCREVENTES. INVIABILIDADE* (inserida em 27.3.1998) *É inviável aplicar condições constantes de acordo homologado nos autos de dissídio coletivo, extensivamente, às partes que não o subscreveram, exceto se observado o procedimento previsto no art. 868 e seguintes, da CLT.*"

TST — OJ n. 03 (SDC): "*ARRESTO. APREENSÃO. DEPÓSITO. PRETENSÕES INSUSCETÍVEIS DE DEDUÇÃO EM SEDE COLETIVA.* (inserida em 27.3.1998) *São incompatíveis com a natureza e finalidade do dissídio coletivo as pretensões de provimento judicial de arresto, apreensão ou depósito.*"

TST — OJ n. 05 (SDC): "*DISSÍDIO COLETIVO CONTRA PESSOA JURÍDICA DE DIREITO PÚBLICO. IMPOSSIBILIDADE JURÍDICA. (inserida em 27.3.1998). Aos servidores públicos não foi assegurado o direito ao reconhecimento de acordos e convenções coletivos de trabalho, pelo que, por conseguinte, também não lhes é facultada a via do dissídio coletivo, à falta de previsão legal.*"

TST — OJ n. 06 (SDC): *Dissídio coletivo de natureza jurídica. Desnecessidade de realização de assembleia de trabalhadores e negociação prévia. (cancelada,* DJ 23.3.2001)

TST — OJ n. 07 (SDC): "*DISSÍDIO COLETIVO. NATUREZA JURÍDICA. INTERPRETAÇÃO DE NORMA DE CARÁTER GENÉRICO. INVIABILIDADE.* (inserida em 27.3.1998) *Não se presta o dissídio coletivo de natureza jurídica à interpretação de normas de caráter genérico, a teor do disposto no art. 313, II, do RITST.*"

TST — OJ n. 08 (SDC): "*DISSÍDIO COLETIVO. PAUTA REIVINDICATÓRIA NÃO REGISTRADA EM ATA. CAUSA DE EXTINÇÃO.* (inserida em 27.03.1998) *A ata da assembleia de trabalhadores que legitima a atuação da entidade sindical respectiva em favor de seus interesses deve registrar, obrigatoriamente, a pauta reivindicatória, produto da vontade expressa da categoria*".

TST — OJ n. 09 (SDC): "*ENQUADRAMENTO SINDICAL. INCOMPETÊNCIA MATERIAL DA JUSTIÇA DO TRABALHO.* (inserida em 27.03.1998) *O dissídio coletivo não é meio próprio para o Sindicato vir a obter o reconhecimento de que a categoria que representa é diferenciada, pois esta matéria — enquadramento sindical — envolve a interpretação de norma genérica, notadamente do art. 577 da CLT.*"

TST — OJ n. 15 (SDC): "*SINDICATO. LEGITIMIDADE* "AD PROCESSUM". *IMPRESCINDIBILIDADE DO REGISTRO NO MINISTÉRIO DO TRABALHO.* (inserida em 27.03.1998) *A comprovação da legitimidade* "ad processum" *da entidade sindical se faz por seu registro no órgão competente do Ministério do Trabalho, mesmo após a promulgação da Constituição Federal de 1988.*"

TST — OJ n. 19 (SDC): "*DISSÍDIO COLETIVO CONTRA EMPRESA. LEGITIMAÇÃO DA ENTIDADE SINDICAL. AUTORIZAÇÃO DOS TRABALHADORES DIRETAMENTE ENVOLVIDOS NO CONFLITO. (inserido dispositivo)* — DEJT *divulgado em 16, 17 e 18.11.2010. A legitimidade da entidade sindical para a instauração da instância contra determinada empresa está condicionada à prévia autorização dos trabalhadores da suscitada diretamente envolvidos no conflito.*"

TST — OJ n. 23 (SDC): "*LEGITIMIDADE 'AD CAUSAM'. SINDICATO REPRESENTATIVO DE SEGMENTO PROFISSIONAL OU PATRONAL. IMPOSSIBILIDADE.* (inserida em 25.5.1998) *A representação sindical abrange toda a categoria, não comportando separação fundada na maior ou menor dimensão de cada ramo ou empresa.*"

TST — OJ n. 28 (SDC): "*EDITAL DE CONVOCAÇÃO DA AGT. PUBLICAÇÃO. BASE TERRITORIAL. VALIDADE.* (inserida em 19.8.1998) *O edital de convocação para a AGT deve ser publicado em jornal que circule em cada um dos municípios componentes da base territorial.*"

TST — OJ n. 29 (SDC): "*EDITAL DE CONVOCAÇÃO E ATA DA ASSEMBLEIA GERAL. REQUISITOS ESSENCIAIS PARA INSTAURAÇÃO DE DISSÍDIO COLETIVO. (inserida em 19.08.1998). O edital de convocação da categoria e a respectiva ata da AGT constituem peças essenciais à instauração do processo de dissídio coletivo.*"

TST — OJ n. 32 (SDC): "*REIVINDICAÇÕES DA CATEGORIA. FUNDAMENTAÇÃO DAS CLÁUSULAS. NECESSIDADE. APLICAÇÃO DO TST — PN n. 37:* (inserida em 19.8.1998) *É pressuposto indispensável à constituição válida e regular da ação coletiva a apresentação em forma clausulada e fundamentada das reivindicações da categoria, conforme orientação do item VI, letra "e", da Instrução Normativa n. 4/93.*"

TST — OJ n. 35 (SDC): "*EDITAL DE CONVOCAÇÃO DA AGT. DISPOSIÇÃO ESTATUTÁRIA ESPECÍFICA. PRAZO MÍNIMO ENTRE A PUBLICAÇÃO E A REALIZAÇÃO DA ASSEMBLEIA. OBSERVÂNCIA OBRIGATÓRIA.* (inserida em 7.12.1998) *Se os estatutos da entidade sindical contam com norma específica que estabeleça prazo mínimo entre a data de publicação do edital convocatório e a realização da assembleia correspondente, então a validade desta última depende da observância desse interregno.*"

TST OJ n. 37 (SDC): "*Empregados de entidades sindicais. Estabelecimento de condições coletivas de trabalho distintas daquelas às quais sujeitas as categorias representadas pelos empregadores. Impossibilidade jurídica. Lei n. 4.725/65, art. 10.*" (*cancelada* — DJ 18.10.2006)

TST — OJ n. 38 (SDC): "*GREVE. SERVIÇOS ESSENCIAIS. GARANTIA DAS NECESSIDADES INADIÁVEIS DA POPULAÇÃO USUÁRIA. FATOR DETERMINANTE DA QUALIFICAÇÃO JURÍDICA DO MOVIMENTO.* (inserida em 7.12.1998) *É abusiva a greve que se realiza em setores que a lei define como sendo essenciais à comunidade, se não é assegurado o atendimento básico das necessidades inadiáveis dos usuários do serviço, na forma prevista na Lei n. 7.783/89.*"

TST — OJT n. 68 (SDI-1): "*BANCO DO ESTADO DE SÃO PAULO S.A. — BANESPA. CONVENÇÃO COLETIVA. REAJUSTE SALARIAL. SUPERVENIÊNCIA DE ACORDO EM DISSÍDIO COLETIVO. PREVALÊNCIA.* (*DEJT divulgado em 3, 4 e 5.11.2009*) *O acordo homologado no Dissídio Coletivo n. TST — DC — 810.905/2001.3, que estabeleceu a garantia de emprego aos empregados em atividade do Banco do Estado de São Paulo S.A. — Banespa e que, portanto, não se aplica aos empregados aposentados, prevalece sobre a fixação do reajuste salarial previsto na convenção coletiva firmada entre a Federação Nacional dos Bancos — Fenaban e os sindicatos dos bancários, ante a consideração do conjunto das cláusulas constantes do acordo e em respeito às disposições dos arts. 5º, XXXVI, e 7º, XXVI, da CF/1988.*"

TST — PN n. 10: "*BANCO DO BRASIL COMO PARTE EM DISSÍDIO COLETIVO NO TRT (positivo) (nova redação dada pela SDC em sessão de 14.9.1998 — homologação Res. 86/1998, DJ 15.10.1998). Os Tribunais Regionais do Trabalho são incompetentes para processar e julgar Dissídios Coletivos em que sejam partes o Banco do Brasil S.A. e entidades sindicais dos bancários.*"

TST — PN n. 29: "*GREVE. COMPETÊNCIA DOS TRIBUNAIS PARA DECLARÁ-LA ABUSIVA (positivo). Compete aos Tribunais do Trabalho decidir sobre o abuso do direito de greve.*"

TST — PN n. 37: "*DISSÍDIO COLETIVO. FUNDAMENTAÇÃO DE CLÁUSULAS. NECESSIDADE (positivo). Nos processos de dissídio coletivo só serão julgadas as cláusulas fundamentadas na representação, em caso de ação originária, ou no recurso.*"

TST — PN n. 119: "CONTRIBUIÇÕES SINDICAIS. INOBSERVÂNCIA DE PRECEITOS CONSTITUCIONAIS. (nova redação dada pela SDC em sessão de 2.6.1998 — homologação Res. 82/1998, DJ 20.8.1998) "*A Constituição da República, em seus arts. 5º, XX e 8º, V, assegura o direito de livre associação e sindicalização. É ofensiva a essa modalidade de liberdade cláusula constante de acordo, convenção coletiva ou sentença normativa estabelecendo contribuição em favor de entidade sindical a título de taxa para custeio do sistema confederativo, assistencial, revigoramento ou fortalecimento sindical e outras da mesma espécie, obrigando trabalhadores não sindicalizados. Sendo nulas as estipulações que inobservem tal restrição, tornam-se passíveis de devolução os valores irregularmente descontados.*"

TST — PN n. 120: "*SENTENÇA NORMATIVA. DURAÇÃO. POSSIBILIDADE E LIMITES (positivo) — (Res. 176/2011, DEJT divulgado em 27, 30 e 31.5.2011). A sentença normativa vigora, desde seu termo inicial até que sentença normativa, convenção coletiva de trabalho ou acordo coletivo de trabalho superveniente produza sua revogação, expressa ou tácita, respeitado, porém, o prazo máximo legal de quatro anos de vigência.*"

"*RECURSO ORDINÁRIO INTERPOSTO PELO SUSCITANTE. DISSÍDIO COLETIVO DE NATUREZA ECONÔMICA. AUSÊNCIA DE COMUM ACORDO. PRESSUPOSTO PROCESSUAL. EXTINÇÃO DO PROCESSO. Conforme a jurisprudência firmada pela Seção Especializada em Dissídios Coletivos do Tribunal Superior do Trabalho, a partir da exigência trazida pela Emenda Constitucional n. 45/04 ao art. 114, § 2º, da Constituição Federal, o comum acordo constitui pressuposto processual para o ajuizamento do dissídio coletivo de natureza econômica, o que em nada afronta o art. 5º, XXXV, da Constituição Federal, pois não se cogita de lesão ou ameaça a direito, mas objetiva a criação de normas e condições de trabalho. No caso concreto, verifica-se que o não preenchimento desse requisito foi expressamente indicado pelo suscitado na contestação, o que implica óbice ao chamamento desta Justiça Especializada para exercício de seu Poder Normativo. Assim, não merece reforma a decisão do Tribunal Regional que acolheu a preliminar de ausência de comum acordo e julgou extinto o processo, sem resolução de mérito, por ausência de pressuposto processual* (CPC, art. 267, VI). *Recurso ordinário conhecido e não provido."* (TST – RO n. 3598-61.2010.5.01.0000, SDC, rel. Walmir Oliveira da Costa, j. 8.08.2011, *DEJT* 19.8.2011).

"DISSÍDIO COLETIVO — QUÓRUM DA ASSEMBLEIA DOS TRABALHADORES — NECESSÁRIA QUALIDADE DE ASSOCIADOS — CONVOCAÇÃO INDISTINTA — ILEGITIMIDADE ATIVA DO SINDICATO PROFISSIONAL.

1. Nos termos do art. 859 da CLT, a legitimidade das entidades sindicais para instaurar instância se subordina à autorização da categoria através da assembleia, da qual participem associados interessados na solução do conflito. 2. No caso, verifica-se a ilegitimidade ativa do Sindicato Profissional, uma vez que o edital de convocação se dirigiu expressamente a todos os trabalhadores pertencentes à categoria profissional, não delineando distinção entre associados e não associados. 3. Ademais, as listas de presença das assembleias gerais trazem apenas nomes e rubricas, reforçando a convicção da impossibilidade da aferição da necessária qualidade de associados dos subscritores. 4. Assim, merece reforma a decisão regional que rejeitou a preliminar de ilegitimidade ativa, devendo ser extinto o processo, sem resolução do mérito, conforme a jurisprudência da SDC desta Corte, sendo certo que se trata de condição da ação, nos termos do art. 267, VI e § 3º, do CPC. Recurso ordinário provido." (TST – RODC n. 741037-18.2001.5.04.5555, SDC, rel. Ives Gandra Martins Filho, j. 14.6.2007, *DJ* 9.11.2007)

"I – DISSÍDIO COLETIVO. RECURSO ORDINÁRIO INTERPOSTO PELO SINDICATO DA MICRO E PEQUENA INDÚSTRIA DO TIPO ARTESANAL DO ESTADO DE SÃO PAULO — SIMPI (OPOENTE). Não há como reconhecer a representatividade do Sindicato da Micro e Pequena Indústria do Tipo Artesanal do Estado de São Paulo — SIMPI, em face do que dispõe a Orientação Jurisprudencial n. 23 desta Seção de Dissídios Coletivos, segundo a qual a representação sindical abrange toda a categoria, não comportando separação fundada na maior ou menor dimensão de cada ramo ou empresa. Precedentes. Recurso Ordinário a que se nega provimento. II – RECURSO ORDINÁRIO INTERPOSTO PELA FEDERAÇÃO DAS INDÚSTRIAS DO ESTADO DE SÃO PAULO — FIESP E OUTROS. TAXA NEGOCIAL/ASSISTENCIAL. É cabível a fixação de contribuição assistencial em instrumentos coletivos, inclusive em decisão normativa, desde que a respectiva cláusula se restrinja aos empregados associados ao sindicato profissional e contemple percentual razoável de desconto salarial a esse título. Recurso ordinário a que se dá provimento parcial." (TST – RODC n. 2040500-54.2007.5.02.0000, SDC, relª. Kátia Magalhães Arruda, j. 9.5.2011, *DEJT* 20.5.2011)

"RECURSO ORDINÁRIO EM DISSÍDIO COLETIVO. LEGITIMIDADE DO SINDICATO OBREIRO. O exercício do direito constitucional dos trabalhadores para reivindicarem melhores condições de trabalho não pode ser obstado por formalismo exacerbado. Na hipótese, a ata da assembleia consigna que houve a leitura do edital de convocação que previa, caso não houvesse acordo, a autorização para a instauração do dissídio coletivo. A ata da reunião consigna também que as resoluções da assembleia foram aprovadas pela totalidade dos presentes. Desse modo, presume-se que os trabalhadores presentes à reunião autorizaram o sindicato a negociar com a classe patronal para firmar instrumento normativo coletivo autônomo ou, se malogradas as tratativas negociais, instaurar dissídio coletivo. Recurso ordinário provido." (TST – RODC n. 199100-45.2004.5.01.0000, SDC, rel. Mauricio Godinho Delgado, j. 11.5.2009, *DJ* 22.5.2009)

"RECURSO ORDINÁRIO EM DISSÍDIO COLETIVO. INEXISTÊNCIA DE INSTRUMENTO NEGOCIAL AUTÔNOMO CELEBRADO EM PERÍODO ANTERIOR AO DO AJUIZAMENTO DESTA AÇÃO. O limite mínimo ao exercício do poder normativo da Justiça do Trabalho, estabelecido pela Constituição Federal em seu art. 114, § 2º, é o respeito às normas legais e convencionais preexistentes, entendendo-se, como tal, aquelas constantes de instrumento negocial autônomo, celebrado em período imediatamente anterior ao do dissídio coletivo submetido à via judicial. Significa dizer que as condições convencionais só serão observadas no dissídio que suceder a extinção da vigência do acordo ou convenção coletiva anterior, deixando de o ser por ocasião da instauração de novo dissídio. In casu, *não se podendo falar em preexistência das condições, visto que a norma revisanda se trata da sentença normativa proferida no DC-1722/2006-000-04-00.3, as pretensões trazidas nesta ação deverão ser analisadas com as restrições peculiares ao poder normativo da Justiça do Trabalho. Recurso ordinário provido parcialmente."* (TST – RODC n. 118600-03.2007.5.04.0000, SDC, relª. Dora Maria da Costa, j. 10.8.2009; *DJ* 21.8.2009).

"DISSÍDIO COLETIVO DE GREVE. LEGITIMIDADE ATIVA. DISSÍDIO DE NATUREZA ECONÔMICA. ART. 114, §§ 2º E 3º, CONSTITUIÇÃO DA REPÚBLICA. A partir da EC n. 45/2004, só é viável o dissídio coletivo econômico havendo mútuo consenso entre as partes (art. 114, § 2º, CF). Porém, havendo greve em andamento, torna-se possível a propositura de dissídio coletivo por qualquer das partes, empregador e sindicato de trabalhadores, ou pelo Ministério Público do Trabalho (art. 114, § 3º, CF; art. 8º, Lei n. 7.783/89). No dissídio coletivo de greve, o conteúdo pode ser também econômico, em face de a Constituição determinar, genericamente, caber à Justiça do Trabalho decidir o conflito (§ 3º do art. 114), ao passo que o art. 8º da Lei de Greve se refere a decisão sobre todo o conteúdo do dissídio (-A Justiça do Trabalho ... decidirá sobre a procedência, total ou parcial, ou improcedência das reivindicações ...-). DISSÍDIO COLETIVO DE GREVE. MOVIMENTO PAREDISTA EM CONFORMIDADE COM O ART. 9º

DA CF E COM OS REQUISITOS DA LEI N. 7.783/89. GREVE NÃO ABUSIVA. A Carta Constitucional reconhece a greve como um direito fundamental de caráter coletivo, resultante da autonomia privada coletiva inerente às sociedades democráticas. Não constitui abuso no seu exercício quando há observância dos requisitos estabelecidos pela ordem jurídica do país para a validade do movimento paredista: tentativa de negociação; aprovação da respectiva assembleia de trabalhadores; aviso-prévio à parte adversa. Na hipótese dos autos, percebe-se que o direito de greve foi exercido pelos empregados dentro dos limites legais. Não houve atentado à boa-fé coletiva. Relembro que a empresa tem unidades em praticamente todos os municípios do país — são mais de 5.000 municípios. No caso concreto, não se teve notícias de grandes incidentes durante todo o movimento da categoria profissional. Tal fato corrobora com a conclusão de que a greve não foi abusiva. Declaro não abusiva a greve." (TST, DC n. 6535-37.2011.5.00.0000, rel. Mauricio Godinho Delgado, j. 11.10.2011, *DEJT* 17.10.2011)

"DISSÍDIO COLETIVO DE NATUREZA ECONÔMICA E REVISIONAL. DATA-BASE. PRESERVAÇÃO. 1. Se há convenção coletiva, acordo coletivo ou sentença normativa em vigor, o dissídio coletivo de natureza econômica e revisional deve ser ajuizado dentro dos sessenta dias anteriores ao respectivo termo final, a fim de que a vigência seja fixada a partir do dia seguinte ao do referido termo final (art. 867, parágrafo único, alínea b, c/c art. 616, § 3º, da CLT). 2. A extinção do processo de dissídio coletivo, sem exame do mérito, não causa a perda da data-base garantida com a instauração da instância dentro do prazo elastecido pelo deferimento de protesto judicial. 3. Ajuizado novo processo de dissídio coletivo, a preservação da data-base é mero consectário das medidas tomadas anteriormente pelo Sindicato profissional. 4. Recurso ordinário interposto pelo Sindicato profissional Suscitante a que se dá provimento, no particular." (TST – RODC 3438005120035010000 343800-51.2003.5.01.0000, SDC, rel. João Oreste Dalazen, j. 9.3.2006, *DJ* 11.4.2006)

"RECURSO ORDINÁRIO EM AGRAVO REGIMENTAL EM PROTESTO JUDICIAL. DECISÃO QUE DEFERE A MANUTENÇÃO DA DATA-BASE. NÃO AJUIZAMENTO DO DISSÍDIO COLETIVO NO PRAZO DE TRINTA DIAS. De acordo com o art. 219, § 2º, do Regimento Interno do TST, deferido o protesto judicial para a preservação da data-base, a representação coletiva deverá ser ajuizada no prazo máximo de trinta dias, contados da intimação, sob pena de perda da eficácia do protesto. Recurso ordinário a que se nega provimento." (TST – ROAG 253600-56.2007.5.01.0000, SDC, rel. Márcio Eurico Vitral Amaro, j. 11.9.2008, *DJ* 26.9.2008)

Capítulo VII

Substituição processual e ação de cumprimento

1. Substituição processual

1.1. Conceito, espécies e características

A expressão "substituição processual" foi cunhada por Chiovenda para designar aquelas situações em que um determinado indivíduo, embora não se afirme titular da pretensão material posta em juízo, excepcionalmente, assume a posição de parte processual (substituto), tutelando em nome próprio direito alheio (do substituído).(707)

No esteio do pensamento de Chiovenda, o direito processual civil brasileiro adotou como regra para a legitimação processual a suposta identificação entre o indivíduo e a titularidade da pretensão material deduzida em juízo, enquadrando a substituição processual como instituto excepcional, somente possível nas hipóteses autorizadas pelo ordenamento jurídico (art. 18, CPC(708)).

Como exemplo de substituição processual no âmbito do processo individual, temos o art. 109 do CPC, que dispõe, *in verbis*: *"A alienação da coisa ou do direito litigioso, a título particular, por ato entre vivos, a título particular, não altera a legitimidade das partes"*. Neste caso, o alienante permanece na lide como substituto processual do adquirente, uma vez que aquele não mais detém a titularidade da coisa ou do direito litigioso.

A substituição processual, por ser uma espécie de legitimação extraordinária, distingue-se, assim, da legitimação ordinária, na qual a parte autora pleiteia em juízo, em nome próprio um direito próprio. Há uma identificação entre a autoria da demanda e a titularidade da pretensão material deduzida em juízo.

A substituição processual também se diferencia das hipóteses de "representação processual", nas quais o representante atua em nome alheio na defesa de direito alheio. O representante processual age em nome de outro, sendo que o representado é quem figura como parte na causa. No caso da substituição processual, o substituído não é parte na causa, mas sim o substituto.(709)

No entanto, vale assinalar que a substituição processual no processo individual possui algumas diferenças daquela verificada no subsistema das ações coletivas. No processo coletivo, a denominada legitimação extraordinária do autor ideológico é a regra, ao passo que, nas lides individuais, ela constitui uma exceção (art. 18, CPC).

No processo individual, o substituto possui alguma relação com o titular do direito material deduzido em juízo, como no caso do alienante e do adquirente da coisa litigiosa (art. 109, CPC), sendo que no processo coletivo o substituto constitui um autor ideológico sem comunhão de direitos ou interesses com os substituídos (tutela de interesses individuais homogêneos).

---

(707) CHIOVENDA, Giuseppe. *Principi di diritto processuale civile*. Napoli: Jovene Editore, 1965, p. 596-597.

(708) Art. 18 do CPC: *"Ninguém poderá pleitear, em nome próprio direito alheio, salvo quando autorizado pelo ordenamento jurídico".*

(709) CHIOVENDA, Giuseppe. *Op. cit.*, p. 597.

No processo coletivo, como veremos adiante, o substituído só pode intervir na demanda, nos termos do art. 103, § 2º, CDC), de forma excepcional para auxiliar na tese coletiva, sem possibilidade de discutir questões singulares da sua situação ou interesses e pretensões concretas; seu interesse de agir na intervenção litisconsorcial limita-se ao favorecimento da tutela coletiva. Nesse caso, o substituto só é atingido pelos efeitos da coisa julgada por ter ingressado como assistente litisconsorcial. Em não o fazendo, forma-se a coisa julgada *secundum eventum litis* (art. 103, § 3º, CDC).

No processo individual, em contrapartida, o substituto pode ingressar na lide como assistente litisconsorcial para tutela da sua própria situação, sendo abrangido pelos efeitos da sentença proferida, independentemente do seu ingresso ou não como litisconsorte (art. 109, § 3º).

1.2. Quadro sinóptico das legitimações ordinária e extraordinária

Legitimiação ordinária	• Autor pleiteia em nome próprio direito próprio • Autor (ordinário) é parte no processo
Legitimação extraordinária	• Autor pleiteia em nome próprio direito alheio • Substituto (autor) é parte no processo
Representação	• Representante pleiteia em nome alheio direito alheio • Representante não é parte no processo

1.3. Quadro sinóptico das diferenças da substituição processual individual e coletiva

SUBSTITUIÇÃO PROCESSUAL

- INDIVIDUAL
  - Constitui uma exceção (art. 18, CPC)
  - Existência de comunhão de interesses entre substituto e substituído
  - Substituto possui alguma relação com o substituído em em função do objeto litigioso
  - Substituído pode ingressar como assistente litisconsorcial para tutelar interesse imediato
  - Substituído é abrangido pelos efeitos da sentença favorável ou não
- COLETIVA
  - Constitui a regra no processo coletivo
  - Inexistência de comunhão de interesses entre o autor ideológico e os substituídos
  - Substituto não possui relação com o substituído em função do objeto litigioso
  - Substituído não pode ingressar como assistente litisconsorcial para tutelar interesse imediato
  - Substituído só é abrangido pelos efeitos da coisa julgada desfavorável, se ingressou na lide na condição de litisconsorte

1.4. Substituição processual sindical no processo do trabalho

No direito processual do trabalho, a expressão "substituição processual" adquiriu um significado específico para designar as hipóteses em que uma entidade sindical (substituto) atua em juízo em nome próprio na tutela de interesses alheios, dos trabalhadores (substituídos), caracterizando a denominada legitimação extraordinária. Trata-se da substituição processual sindical.

As primeiras fontes legislativas da substituição processual sindical encontram-se na ação de cumprimento de sentença normativa (art. 872, parágrafo único, CLT) e na cobrança de adicionais de insalubridade ou periculosidade em ação proposta pelo sindicato em favor de grupos de associados (art. 195, § 2º, CLT)(710).

A Lei n. 8.036/80 previu a possibilidade de substituição processual para instar o empregador a proceder ao recolhimento do FGTS.(711)

Ampla controvérsia foi gerada pela Lei n. 8.073/90, cujo veto aos dois primeiros artigos deixou em vigor somente o art. 3º, que versa apenas e tão somente sobre substituição processual pelos sindicatos.(712) Em torno da sua interpretação, surgiram duas correntes: a) negativista, segundo a qual o título da norma limitaria o conteúdo do único artigo não vetado, limitando a substituição processual à matéria salarial; b) positivista, consoante a qual, com o veto dos demais artigos da Lei n. 8.073/90, restou consagrada a substituição processual ampla, não limitada à matéria salarial, não havendo limitação de matéria pelo título da norma.

A Lei n. 8.984/95 ampliou a hipótese de substituição processual para a satisfação de vantagens previstas em normas coletivas por meio da ação de cumprimento do art. 872 da CLT.(713)

Até o advento desta Lei, a jurisprudência predominante somente admitia a ação de cumprimento de sentenças normativas ou de normas coletivas que tivessem sido homologadas pela própria Justiça do Trabalho.

Com a Lei n. 8.984/95, foi alterada a Súmula n. 286 do TST, pela Resolução n. 98/2000, DJ 18.9.2000: *"Sindicato. Substituição processual. Convenção e acordos coletivos. A legitimidade do sindicato para propor ação de cumprimento estende-se também à observância e acordo e convenção coletivos"*.

A substituição processual sindical foi sedimentando-se nas seguintes hipóteses:

a) ações de cumprimento para exigência de satisfação de direitos previstos em sentença normativa, acordos e convenções coletivas (art. 872, CLT c/c Lei n. 8.984/95);

b) mandado de segurança coletivo (art. 5º, LXX, *"b"*, CF/1988);

c) ações sobre a caracterização de atividades insalubres ou periculosas e/ou para pleitear os efeitos pecuniários (pagamento dos respectivos adicionais) da constatação da existência de insalubridade e/ou periculosidade (§ 2º do art. 195, CLT e OJ n. 121 da SDI-I do TST);

d) demandas relativas ao recolhimento dos valores do Fundo de Garantia do Tempo de Serviço (art. 25, Lei n. 8.036/90);

e) cobrança de reajustes/aumentos/diferenças salariais (Lei n. 8.073/90);

f) mandado de segurança coletivo (art. 5º, LXX, *"b"*, CF/1988).

---

(710) Art. 195 da CLT, § 2º: *"Arguida em juízo insalubridade ou periculosidade, seja por empregado, seja por Sindicato, em favor de grupo de associados, o juiz designará perito habilitado na forma deste artigo, e, onde não houver, requisitará perícia ao órgão competente do Ministério do Trabalho".*

(711) Lei n. 8.036/90. *"Art. 25. Poderá o próprio trabalhador, seus descendentes e sucessores, ou ainda o Sindicato a que estiver vinculado, acionar diretamente a empresa por intermédio da Justiça do Trabalho, para compeli-la a efetuar o depósito das importâncias devidas nos termos desta Lei. Parágrafo Único. A Caixa Econômica Federal e o Ministério do Trabalho e da Previdência Social deverão ser notificados da propositura da reclamação".*

(712) Lei n. 8.073/90. *"Substituição processual. Estabelece a Política Nacional de Salários e dá outras providências".* Arts. 1º e 2º Vetados. *"Art. 3º As entidades sindicais poderão atuar como substitutos processuais dos integrantes da categoria".*

(713) Lei n. 8.984/95. *"Art. 1º Compete à Justiça do Trabalho conciliar e julgar os dissídios coletivos que tenham origem no cumprimento de convenções coletivas de trabalho ou acordos coletivos de trabalho, mesmo quando ocorram entre sindicatos ou entre sindicatos de trabalhadores e empregador".*

A CF/1988, ao prever que *"ao sindicato cabe a defesa dos direitos e interesses coletivos ou individuais da categoria, inclusive em questões judiciais ou administrativas"* (art. 8º, III), ensejou uma controvérsia interpretativa sobre a consagração constitucional ou não da substituição ampla e geral pelos sindicatos pelo legislador constituinte.

Ao interpretar o art. 8º, III, da CF/1988, o TST, *a priori*, negou que o referido dispositivo constitucional tivesse consagrado a substituição processual ampla pelas entidades sindicais, considerando-o mera reprodução do art. 513, *"a"*, CLT[(714)], ao qual nada teria acrescido, de forma que a legitimação extraordinária somente poderia ser admitida nos casos expressamente previstos em lei, nos termos do art. 6º do CPC anterior.

Como se observa, o art. 513, *"a"*, CLT, insere entre as atribuições das entidades sindicais a representação dos interesses da categoria e dos associados, isto é, refere-se às hipóteses nas quais os sindicatos atuam em nome alheio na defesa de direito alheio (dos trabalhadores). Já nas situações de substituição processual, as entidades sindicais atuam em nome próprio na defesa de direito alheio (dos trabalhadores), na condição de legitimado extraordinário, figurando como parte formal no processo.

Diante de toda a controvérsia e da incipiente regulamentação legislativa sobre a substituição processual sindical, o TST, no exercício de verdadeira atividade legiferante, regulamentou a substituição processual trabalhista por meio da Súmula n. 310 *(Res. TST n. 1/93, 28.4.93,* DJ *6.5.93)*[(715)]; cancelada, dez anos após pela Resolução n. 119/2003, *DJ* 1º.10.2003. Referida súmula, que será analisada pormenorizadamente mais adiante, continha uma interpretação bastante restritiva do instituto da substituição processual trabalhista.

A interpretação restritiva do TST começou a se despenhar com o julgamento do Ag. 153.148 (AgRg)-PR, de relatoria do Ministro Ilmar Galvão (DJ 17.11.95), pelo qual a 1ª Turma do STF reconheceu que o art. 8º, III, da CF/1988 contemplava o instituto da substituição processual ampla pelas entidades sindicais. O STF reafirmou o seu entendimento no julgamento do Recurso Extraordinário n. 202.063-0 (j. 26.6.97), também pela 1ª Turma do STF, de relatoria do Ministro Octavio Gallotti, com a seguinte ementa:

> EMENTA: O art. 8º, III, da Constituição, combinado com o art. 3º da Lei n. 8.073/90, autoriza a substituição processual ao sindicato, para atuar na defesa dos direitos e interesses coletivos ou individuais de seus associados. (AGRAG 153.148-PR, *DJ* 17.11.95)

Eventuais divergências interpretativas do texto constitucional foram definitivamente soterradas com o julgamento dos Recursos ns. *210029, 193503, 193579, 208983, 211874, 213111, 214668, 214830, 211152,* em 12.6.2006, quando o plenário do STF consolidou o entendimento sobre a interpretação do art. 8º, III, da CF/1988, considerando-o como tendo estabelecido a substituição processual ampla pelas entidades sindicais.

Segue-se a ementa do acórdão proferido no RE 210.029-3/RS, tendo como recorrente o Sindicato dos Empregados em Estabelecimentos Bancários de Passo Fundo e recorrido o Banco do Estado do Rio Grande do Sul (Banrisul):

---

(714) *"Art. 513. São prerrogativas dos sindicatos: Representar, perante as autoridades administrativas e judiciárias, os interesses gerais da respectiva categoria ou profissão liberal ou os interesses individuais dos associados relativos à atividade ou profissão exercida."*

(715) *"Súmula n. 310 — Substituição processual. Sindicato. I - O art. 8º, inciso III, da Constituição da República, não assegura a substituição processual pelo sindicato. II - A substituição processual autorizada ao sindicato pelas Leis n. 6.708, de 30.10.1979 e n. 7.238, de 29.10.1984, limitada aos associados, restringe-se às demandas que visem aos reajustes salariais previstos em lei, ajuizadas até 3 de julho de 1989, data em que entrou em vigor a Lei n. 7.788. III - A Lei n. 7.788/89, em seu art. 8º, assegurou, durante sua vigência, a legitimidade do sindicato como substituto processual da categoria. IV - A substituição processual autorizada pela Lei n. 8.073, de 30 de julho de 1990, ao sindicato alcança todos os integrantes da categoria e é restrita às demandas que visem à satisfação de reajustes específicos, resultantes de disposição prevista em lei de política salarial. V - Em qualquer ação proposta pelo sindicato como substituto processual, todos os substituídos serão individualizados na petição inicial e, para o início da execução, devidamente identificados, pelo número da Carteira de Trabalho e Previdência Social ou de qualquer documento de identidade. VI - É lícito aos substituídos integrar a lide como assistente litisconsorcial, acordar, transigir e renunciar, independentemente de autorização ou anuência do substituto. VII - Na liquidação da sentença exequenda, promovida pelo substituto, serão individualizados os valores devidos a cada substituído, cujos depósitos para quitação serão levantados através de guias expedidas em seu nome ou de procurador com poderes especiais para esse fim, inclusive nas ações de cumprimento. VIII - Quando o Sindicato for o autor da ação na condição de substituto processual, não serão devidos honorários advocatícios* (Res. TST n. 1/93, 28.4.93, *DJ* 6.5.93)."

"EMENTA: PROCESSO CIVIL. SINDICATO. ART. 8º, III DA CONSTITUIÇÃO FEDERAL. LEGITIMIDADE. SUBSTITUIÇÃO PROCESSUAL. DEFESA DE DIREITOS E INTERESSES COLETIVOS OU INDIVIDUAIS. RECURSO CONHECIDO E PROVIDO. O art. 8º, III da Constituição Federal estabelece a legitimidade extraordinária dos sindicatos para defender em juízo os direitos e interesses coletivos ou individuais dos integrantes da categoria que representam. Essa legitimidade extraordinária é ampla, abrangendo a liquidação e a execução dos créditos reconhecidos aos trabalhadores. Por se tratar de típica hipótese de substituição processual, é desnecessária qualquer autorização dos substituídos. Recurso conhecido e provido."

No transcorrer do julgamento do RE n. 210.029-3/RS, o TST já havia determinado o cancelamento da Súmula n. 310, pela Resolução n. 119/2003, de 1º.10.2003.

Com o cancelamento da Súmula n. 310 do TST, foi aberto o caminho para a reformulação do instituto da substituição processual sindical no processo do trabalho. Entre as principais reformulações doutrinárias e jurisprudenciais, destacam-se a sua admissão ampla e geral, nos termos da interpretação concedida pelo STF ao art. 8º, III, da CF/1988 e a adoção dos princípios e regras constantes das Leis ns. 7.347/85 e 8.078/90; as quais formam núcleo normativo do microssistema das ações coletivas.

Substituição processual sindical ampla significa que, pelo prisma objetivo, as entidades sindicais podem pleitear em juízo, em seu próprio nome, qualquer direito da coletividade de trabalhadores representada, independentemente da natureza da pretensão deduzida em juízo e da questão debatida, não havendo necessidade de lei autorizadora da legitimação extraordinária, tendo em vista que em relação aos sindicatos esta permissão é concedida diretamente pelo texto constitucional (art. 8º, III, CF/1988), não se aplicando a lógica processual individual do art. 18 do CPC. Pelo prisma subjetivo, esta substituição processual é geral pela possibilidade de abranger a todos os membros da categoria.

Vale assinalar que toda esta controvérsia a respeito da dimensão material da substituição processual sindical tinha amplo significado na redação anterior do art. 6º do CPC de 1973, segundo o qual as hipóteses de legitimação extraordinária deveriam estar expressamente previstas em lei.(716)

No atual Código de Processo Civil, a legitimação extraordinária está prevista no seu art. 18, *in verbis*: "*Ninguém poderá pleitear em nome próprio direito alheio, salvo quando autorizado pelo ordenamento jurídico*".

No regime do atual Código de Processo Civil, houve uma alteração substancial das hipóteses de legitimação extraordinária (substituição processual), uma vez que, diferentemente do CPC de 1973, elas não estão restritas à expressa previsão em lei, mas podem ser reconhecidas quando autorizadas pelo ordenamento jurídico (art. 18, CPC), considerado em seu sentido amplo, por meio de seus princípios, regras e métodos interpretativos, findando assim as controvérsias a respeito da consagração da substituição processual sindical pelo art. 8º, III, da CF/1988.

2. Aplicação do Código de Defesa do Consumidor à substituição processual trabalhista

É indubitável que o instituto da substituição processual trabalhista, em todas as suas hipóteses, inclusive a ação de cumprimento, constitui um típico instrumento processual para a salvaguarda de direitos individuais homogêneos dos trabalhadores, sendo mais um mecanismo de tutela coletiva de direitos.

Como formas de tutela processual coletiva de direitos, a substituição processual trabalhista e a ação de cumprimento enquadram-se no denominado direito processual coletivo, cujo núcleo é formado pela Lei da Ação Civil Pública (Lei n. 7.347/85) e pelo Código de Defesa do Consumidor (Lei n. 8.078/90).

O CDC, além de conferir contornos mais precisos ao objeto da ação civil pública, delineou uma série de conceitos cruciais para a celeridade e segurança desse universo de proteção coletiva, como a definição e a enunciação dos atributos essenciais e específicos de cada um dos interesses transindividuais (art. 81, I, II e III), a previsão da tutela processual de interesses individuais homogêneos (art. 91 e segs.), a reformulação do alcance e efeitos da coisa julgada (art. 103, I, II e III) e da litispendência (art. 104) etc. Contém, assim, regras genéricas e princípios jurídicos aplicáveis a todo instrumento processual de proteção de direitos coletivos.

---

(716) "*Art. 6º Ninguém poderá pleitear, em nome próprio, direito alheio, salvo quando autorizado por lei.*"

A implementação dessa jurisdição coletiva no processo do trabalho deve observar todo esse sistema de tutela coletiva, cujos motores são a LACP e o CDC, tanto para as ações coletivas típicas (ação civil pública, ação coletiva para tutela de interesses individuais homogêneos, ação de cumprimento, mandado de segurança coletivo) quanto para todas as hipóteses de substituição processual sindical, pois esta constitui um característico instrumento de tutela de interesses individuais homogêneos.

Não restam dúvidas a respeito da nova disciplina da substituição processual trabalhista e das ações de cumprimento: a elas, aplicam-se as regras universais da LACP e do CDC inerentes a todas as ações coletivas, cujo objetivo é a tutela de interesses difusos, coletivos e individuais homogêneos.

Enquanto não sobrevierem normas especiais sobre a questão da substituição processual no processo do trabalho, são plenamente aplicáveis as disposições do CDC e da LACP à ação de cumprimento e outros instrumentos processuais de tutela coletiva de direitos, como a substituição processual sindical.

O art. 769 da CLT determina a aplicação do direito processual comum nos casos omissos e no que for compatível com os princípios e regras do processo do trabalho. Direito processual comum não significa somente processo civil, mas qualquer diploma ou norma processual, cujos princípios e regras sejam compatíveis com a natureza do instituto do processo do trabalho que invoca a aplicação subsidiária.

No caso de ações coletivas, típicas ou não do processo do trabalho, devem ser aplicadas as normas que regem o direito processual coletivo, e não aquelas de cunho liberal-individualístico do CPC, tendo em vista que estas são em sua maior parte incompatíveis com a natureza coletiva das lides em comento. Somente na falta de normas pertinentes a ações coletivas deve o intérprete buscar alento nas normas do CPC.

Considerando-se que a ação de cumprimento constitui somente uma espécie nominada de substituição processual, que se distingue pela finalidade específica de dar satisfação (cumprimento) a direitos previstos em normas coletivas, bem como que a substituição processual sindical como um todo é uma forma de tutela de interesses individuais homogêneos, aplicam-se à substituição processual trabalhista os preceitos, princípios, entendimentos e procedimentos preconizados ao longo desta obra para a ação de cumprimento e para ação coletiva para tutela de direitos individuais homogêneos do CDC, uma vez que todas possuem a mesma natureza jurídica.

3. Ação de cumprimento: conceito

O dissídio coletivo não tem por finalidade o proferimento de uma sentença condenatória. O dissídio coletivo de natureza econômica tem natureza jurídica constitutiva (criação de normas e condições de trabalho), ao passo que o dissídio coletivo de natureza jurídica tem natureza declaratória.

Geralmente, são executáveis as sentenças condenatórias (ou com carga obrigacional), pois imputam ao condenado uma obrigação (pagar, fazer, não fazer etc.), cujo não cumprimento enseja a atividade substitutiva (execução) do Estado para a sua satisfação. Já as sentenças constitutivas e declaratórias, via de regra, prescindem de um processo de execução para o seu cumprimento. A executoriedade das sentenças constitutivas faz-se mediante a prática de atos complementares, já as declaratórias valem como simples preceito, com eficácia automática.[(717)]

Neste diapasão, a ação de cumprimento consiste no meio processual pelo qual as entidades sindicais, na condição de substitutas processuais dos trabalhadores (legitimação extraordinária), buscam a satisfação de direitos previstos em instrumentos normativos (sentença normativa, convenções e acordos coletivos) quando não satisfeitos pelo(s) empregador(es).

Inicialmente prevista no art. 872 da CLT, *ab initio* era empregada apenas para dar cumprimento a acordo celebrado em dissídio coletivo ou à sentença normativa, não sendo admitida para a satisfação de direitos previstos em acordos e convenções coletivas.

(717) No entanto, mesmo essas sentenças podem ser passíveis de execução, quando contiverem qualquer carga obrigacional (custas, honorários). Assim, na prática, qualquer decisão que imponha uma obrigação, principal, secundária ou acessória, de fazer, não fazer, dar ou pagar, ainda que tenha carga predominantemente constitutiva ou declaratória, é passível de execução.

Vale recordar que, antes da Lei n. 8.984/95, as lides sobre o conteúdo ou a aplicação de acordo ou convenção coletiva (como as ações de cumprimento), somente eram admitidas na Justiça do Trabalho se as normas coletivas sobre as quais versavam tivessem sido homologadas num processo de dissídio coletivo (Súmula n. 57 do STJ).(718)

Com o advento da Lei n. 8.984/95, que estendeu a competência da Justiça do Trabalho para "conciliar e julgar os dissídios que tenham origem no cumprimento de convenções coletivas de trabalho ou acordos coletivos de trabalho mesmo quando ocorram entre sindicatos ou entre sindicato de trabalhadores e empregador" (art. 1º), a doutrina e a jurisprudência trabalhista passaram a admitir a propositura da ação para cumprimento das cláusulas daqueles instrumentos normativos.

A necessidade de homologação como *vis attractiva* da competência da Justiça do Trabalho para as lides sobre normas coletivas tornou-se despicienda com o advento deste diploma normativo. Neste contexto, foi alterada a Súmula n. 286 do TST, pela Resolução n. 98/2000, *DJ* 18.9.2000: "Sindicato. Substituição processual. Convenção e acordos coletivos. A legitimidade do sindicato para propor ação de cumprimento estende-se também à observância e acordo e convenção coletivos".

Com a EC n. 45/2004, que conferiu nova redação ao art. 114 da CF/1988, a competência da Justiça Laboral para o processamento e julgamento das ações de cumprimento encontra guarida no inciso III do dispositivo constitucional em comento, o qual ampliou a competência da Justiça do Trabalho para "as ações sobre representação sindical, entre sindicatos, entre sindicatos e trabalhadores, e entre sindicatos e empregadores". Deste modo, a ação de cumprimento teve constitucionalmente ampliado o seu objeto em relação a qualquer norma coletiva, independentemente de previsão infraconstitucional.

Se o direito a ser tutelado possuir previsão em fonte normativa que não seja uma norma coletiva (sentença normativa, acordo ou convenção coletiva), a hipótese não será de ação de cumprimento, mas de substituição processual sindical ou da ação coletiva do CDC, ambas com vistas à satisfação dos respectivos interesses individuais homogêneos dos trabalhadores.

4. Natureza jurídica

Observada a ordem cronológica dos procedimentos, percebe-se que o dissídio coletivo antecede a ação de cumprimento, tal como o processo de conhecimento em relação ao de execução. Porém, a ação de cumprimento não é uma ação de execução, mas uma ação de conhecimento cuja sentença nela proferida é que poderá ser objeto de execução.

Esse paralelismo cronológico e finalístico entre processo de conhecimento/dissídio coletivo e processo de execução/ação de cumprimento levou muitos juristas a considerar a ação de cumprimento como verdadeira fase ou processo de execução do dissídio coletivo, tendo em consideração a busca da satisfação das obrigações contidas numa sentença normativa.

No entanto, a relação é equivocada, pois, tendo a sentença normativa natureza constitutiva ou declaratória ela prescinde de uma fase de execução, pois a execução é inerente às sentenças condenatórias e acidental nas declaratórias e constitutivas.

A ação de cumprimento é processada como qualquer ação trabalhista, com as respectivas fases postulatória, instrutória e de julgamento, além de ter como finalidade exatamente a busca de um provimento condenatório, este, sim, executável. Trata-se de típica ação de conhecimento, de natureza condenatória.

Há, em verdade, uma inversão entre as bases da ação de cumprimento e da execução. A execução se fundamenta em sentenças com carga obrigacional, cuja satisfação compulsória dá-se mediante execução específica; já a ação de cumprimento não tem como fundamento uma sentença condenatória, mas declaratória ou constitutiva, conforme

(718) "Competência. Ação de cumprimento. Compete à Justiça Comum Estadual processar e julgar ação de cumprimento fundada em acordo ou convenção coletiva não homologada pela Justiça do Trabalho." (DJ 6.10.92)

se trate de dissídio coletivo de natureza jurídica ou econômica. É na ação de cumprimento que se persegue a declaração da lesão ao direito dos trabalhadores e o proferimento de uma sentença condenatória, para posterior execução. Do mesmo modo se processa a ação de cumprimento de cláusulas de acordo ou convenção coletiva. Primeiro, a fase de reconhecimento da lesão (conhecimento) e, posteriormente, a execução da sentença.

Para Emílio Gonçalves, a ação de cumprimento constitui uma ação de conhecimento e de natureza condenatória, que propicia às partes as mais amplas garantias de defesa, com exceção da discussão de matéria de fato e de direito já apreciada na sentença coletiva.[(719)] Trata-se de típica ação trabalhista de rito comum, com peculiaridades na legitimação para agir (sindicato na condição de substituto processual) e na impossibilidade de discutir-se matéria decidida no dissídio coletivo que lhe deu base.

Manoel Antonio Teixeira Filho também entende ser a ação de cumprimento de natureza condenatória por — na sua visão — objetivar um pronunciamento jurisdicional que imponha ao réu a obrigação de dar cumprimento às cláusulas do instrumento normativo violadas, podendo consistir numa obrigação de pagar, de fazer, ou não fazer, entre outras.[(720)]

A ação de cumprimento apenas assegura a realização *in concreto* do que foi estabelecido na decisão normativa genérica. Não constitui, portanto, execução do julgado pelo Tribunal do Trabalho no dissídio coletivo, uma vez que este não é executado, mas cumprido.[(721)]

5. Pressupostos específicos e a revogação da Súmula n. 310 do TST

A ação de cumprimento, assim como e as demais demandas com substituição processual sindical, como toda ação de conhecimento, estão sujeitas ao preenchimento genérico das condições da ação e dos pressupostos, além de ter que observar alguns pressupostos processuais específicos.

Entre os pressupostos específicos, encontravam-se diversos requisitos construídos e consolidados pelo TST, diversos deles elaborados com frágeis métodos de hermenêutica e interpretações *contra legem*. O mais célebre desses entendimentos era o consubstanciado na Súmula n. 310 do TST, *in verbis*:

> Súmula n. 310 — Substituição processual. Sindicato.
>
> I - O art. 8º, inciso III, da Constituição da República, não assegura a substituição processual pelo sindicato.
>
> II - A substituição processual autorizada ao sindicato pelas Leis ns. 6.708, de 30.10.1979 e 7.238, de 29.10.1984, limitada aos associados, restringe-se às demandas que visem aos reajustes salariais previstos em lei, ajuizadas até 3 de julho de 1989, data em que entrou em vigor a Lei n. 7.788.
>
> III - A Lei n. 7.788/89, em seu art. 8º, assegurou, durante sua vigência, a legitimidade do sindicato como substituto processual da categoria.
>
> IV - A substituição processual autorizada pela Lei n. 8.073, de 30 de julho de 1990, ao sindicato alcança todos os integrantes da categoria e é restrita às demandas que visem à satisfação de reajustes específicos, resultantes de disposição prevista em lei de política salarial.
>
> V - Em qualquer ação proposta pelo sindicato como substituto processual, todos os substituídos serão individualizados na petição inicial e, para o início da execução, devidamente identificados, pelo número da Carteira de Trabalho e Previdência Social ou de qualquer documento de identidade.
>
> VI - É lícito aos substituídos integrar a lide como assistente litisconsorcial, acordar, transigir e renunciar, independentemente de autorização ou anuência do substituto.
>
> VII - Na liquidação da sentença exequenda, promovida pelo substituto, serão individualizados os valores devidos a cada substituído, cujos depósitos para quitação serão levantados através de guias expedidas em seu nome ou de procurador com poderes especiais para esse fim, inclusive nas ações de cumprimento.

(719) GONÇALVES, Emílio. *Ação de cumprimento no direito brasileiro*. 3. ed. São Paulo: LTr, 1997. p. 30.

(720) TEIXEIRA FILHO, Manoel Antonio. *Curso de processo...*, cit., p. 12.

(721) MARTINS, Sergio Pinto. *Direito processual...*, cit., p. 558.

VIII – Quando o Sindicato for o autor da ação na condição de substituto processual, não serão devidos honorários advocatícios. *(Res. TST n. 1/93, 28.4.93,* DJ *6.5.93)*

Após 13 anos de atraso — a contar da edição da Lei n. 8.078/90, que introduziu a tutela dos direitos individuais homogêneos no processo civil —, e após a consolidação da matéria no STF, o TST revogou a Súmula n. 310 (Resolução n. 119/2003), abrindo o caminho para a ampliação e o aperfeiçoamento do instituto da substituição processual sindical, à luz dos preceitos da LACP e do CDC.

A antiga Súmula n. 310 continha exigências incompatíveis com a CF/1988 (art. 8º, III) e com a LACP e o CDC, razão pela qual, além de ilegal, era inconstitucional em muitos dos seus aspectos.

Embora com a revogação da citada súmula seu conteúdo tenha sido extirpado do mundo jurídico, resolvemos manter os apontamentos a respeito das ilegalidades nela contidas e as críticas sobre ela lançadas por nós e pela doutrina em geral, tendo em vista que a sua vigência por aproximadamente 10 (dez) anos, além de desestimular a propositura de ações de cumprimento e podar a substituição processual sindical perante o Judiciário trabalhista, também obstou a efetiva inserção desse instrumento processual no microssistema da jurisdição coletiva, formado pela LACP e pelo CDC, sendo que seus reflexos ainda se fazem sentir no pensamento de determinados setores da doutrina e da jurisprudência, conquanto minoritários e meramente recalcitrantes à modernidade das ações coletivas.

5.1. Juntada da decisão ou da norma coletiva

A petição inicial da ação de cumprimento deve ser acompanhada da juntada da certidão da decisão normativa, do acordo homologado ou do acordo ou da convenção coletiva que se quer fazer cumprir (art. 872, parágrafo único, CLT).

Evidentemente que se o objetivo da ação de cumprimento é a satisfação de direitos previstos em sentença normativa, acordo coletivo ou convenção coletiva de trabalho, deve ser acostado aos autos o diploma normativo coletivo no qual se fundamenta a pretensão deduzida em juízo.

Por outro lado, a exigência deriva do fato de que, por não se tratar de norma federal, o juiz não está obrigado ao seu conhecimento, sendo de responsabilidade da parte autora a sua juntada aos autos, nos termos do art. 376 do CPC, a parte que alega a existência de direito municipal, estadual, estrangeiro ou consuetudinário, deve provar a sua vigência e o teor, segundo determinação do juízo.

O não cumprimento da exigência torna a exordial inepta e possibilita ao juízo extinguir o processo sem resolução do mérito (art. 485, I, CPC), tendo em vista que a petição inicial deva ser instruída com os documentos necessários à propositura da ação (art. 320, CPC). Antes, porém, do indeferimento, caberá ao juízo determinar que a parte sane a irregularidade no prazo de 15 (dez) dias, sob pena de indeferimento da exordial (art. 321, CPC).

5.2. Certidão de trânsito em julgado

Embora uma primeira leitura do parágrafo único do art. 872 da CLT aponte para o trânsito em julgado da decisão para o ingresso da ação de cumprimento, a jurisprudência do TST, por meio da Súmula n. 246, pacificou o entendimento segundo o qual "É dispensável o trânsito em julgado da sentença normativa para a propositura da ação de cumprimento". Logo, a ação de cumprimento de sentença normativa poderá ser proposta apenas com fulcro no acórdão proferido ou na certidão de julgamento, a partir do 20º dia subsequente ao julgamento, salvo se concedido efeito suspensivo pelo presidente do TST (art. 7º, § 6º, Lei n. 7.701/88).

Se o recurso interposto da sentença normativa — objeto de cumprimento — acarretar-lhe modificação, isso não importará na restituição dos salários ou vantagens pagos, no cumprimento da execução da decisão (art. 6º, § 3º, Lei n. 4.725/65). Tal circunstância ocorre pela ausência de efeito suspensivo no recurso interposto.

Trata-se de uma peculiaridade do processo trabalhista, pela qual se procede ao cumprimento da execução de sentença normativa sem que esta esteja revestida pelo manto da coisa julgada material; a execução provisória, *in casu*, adorna-se com a característica de definitiva, dotada de executoriedade plenamente satisfativa, sem o risco de devolução das quantias recebidas.

5.3. Rol de substituídos exigido pela antiga Súmula n. 310 do TST — desnecessidade

Apesar de não constar da legislação trabalhista nenhum dispositivo que preveja como pressuposto das ações de cumprimento e demais demandas em que há substituição processual dos trabalhadores a apresentação de rol individualizado dos substituídos, o TST, por meio da antiga Súmula n. 310, determinava a identificação de todos os substituídos na petição inicial.

No entanto, reiteramos que, por se tratar de típicos instrumentos processuais para a tutela de interesses individuais homogêneos, o instituto da substituição processual sindical e a ação de cumprimento possuem a mesma regulamentação das ações coletivas do CDC, o qual não exige a identificação dos substituídos para a propositura da ação coletiva. Estas demandas coletivas são propostas de forma abstrata e despersonalizada pelo autor coletivo (autor ideológico).

A abstração e a despersonalização da demanda coletiva, mais do que faculdade, é um pressuposto para o proferimento de sentença genérica, nos termos do art. 95 do CDC, assim redigido: "Em caso de procedência do pedido, a condenação será genérica, fixando a responsabilidade do réu pelos danos causados".

Não há, em nosso ordenamento jurídico, amparo legal para a exigibilidade de apresentação do rol de substituídos tal como estava previsto na revogada Súmula n. 310 do TST. De todas as ações coletivas para a tutela de interesses transindividuais — ação civil pública, ação coletiva e o próprio dissídio coletivo — somente em relação à substituição processual sindical (incluindo a ação de cumprimento), fazia-se esta ilegal exigência. Assim, não havia dúvida: a Súmula n. 310 estava na contramão da história, pois não se justificava o tratamento diferenciado na esfera trabalhista.

Para Nelson Nery Junior, a restrição que estava contida no item V da Súmula n. 310 do TST não encontrava amparo legal, pois tanto o inciso III do art. 8º da CF/1988, quanto o art. 82 do CDC e o art. 5º da LACP, legitimam o sindicato, que tem natureza de associação civil, sem exigir que sejam identificados os substituídos, na ação coletiva para a defesa de direitos individuais homogêneos, já que tal exigência é de difícil ou impossível consecução.(722)

Wagner Giglio, na 10. edição do seu "Direito Processual do Trabalho", após elucidar que, nas edições anteriores de sua obra, fazia a defesa da necessidade de apresentação de rol de substituídos nas hipóteses de substituição processual, sob pena de inépcia da exordial ou nulidade da sentença que viesse a ser prolatada, afirma sua mudança de ponto de vista. Assinala que o processo civil, outrora mais conservador que o processo do trabalho, já reconheceu a existência de direitos materiais genéricos, os quais aproveitam e beneficiam a toda uma parcela mal definida da sociedade, ainda que sem limites e estrutura precisos ou personalidade reconhecida pelo Direito (direitos difusos), e reconhece esses direitos mesmo que a um conjunto populacional composto de elementos não identificados por nome, endereço ou outro dado qualificador. Propugna que, por possuir tendência mais flexível e mais adaptável às modificações fático-jurídicas, não deve o Direito Processual do Trabalho se apegar a princípios rígidos, que nem mesmo deles se vale o Processo Civil.

Consoante suas palavras, "a obtenção do rol completo de todos os beneficiários integrantes da categoria é impossível, se a ação abranger a todos, e extremante difícil, mesmo que se restrinja apenas aos empregados de algumas empresas, ou de uma única grande empresa. E o Direito repele as interpretações que levam a conclusões impossíveis ou absurdas". E prossegue: "a ausência de individualização dos empregados não impede a prolação da

(722) NERY JUNIOR, Nelson; NERY, Rosa Maria de Andrade. *Op. cit.*, p. 393.

sentença, nem exclui a possibilidade de serem opostos, noutros processos, as exceções da coisa julgada e da litispendência, bastando, para tanto, que o interessado instrua tal defesa com as peças do processo da ação anteriormente ajuizada".[(723)]

Thereza Christina Nahas, no estudo da legitimação dos sindicatos para a tutela processual dos direitos individuais homogêneos, assinala que, "considerando o alcance da norma constitucional, parece-nos evidente que a prefalada juntada da relação do rol dos substituídos é nada mais do que uma medida que pretende limitar a legitimidade sindical".[(724)]

Após a análise da evolução da substituição processual e da ação de cumprimento no processo do trabalho, não era precipitado concluir, à luz do desenvolvimento das ações coletivas para a tutela de interesses transindividuais no processo civil, que a jurisprudência dos tribunais trabalhistas, que havia se cristalizado na Súmula n. 310 do TST, além de consistir em interpretação histórico-involutiva desse importante instrumento processual, praticamente o desvirtuava, transformando-o em algo mais parecido com uma ação plúrima do que uma ação para defesa dos interesses transindividuais.

Os argumentos levantados para justificar a exigência de rol de substituídos — como cerceamento de defesa, possibilidade de alegação de prescrição e decadência, constatação de litispendência com lides individuais — sequer mereciam maiores considerações, tendo em vista que as ações coletivas previstas no CDC para a defesa de interesses individuais homogêneos são resolvidas pelo processo comum sem a famigerada exigência de identificação dos substituídos, o que somente ocorre na fase de execução coletiva ou nas liquidações e execuções individuais posteriormente propostas, em que se permite o levantamento daquelas questões, havendo uma grande celeridade, em face de a decisão de fundo estar completamente resolvida. Esse procedimento, adotado há muito na Justiça comum com grande eficiência, até o momento não incorreu em qualquer violação aos princípios do devido processo legal e da ampla defesa.

Mauro Cappelletti, ao discorrer sobre o revolvimento de regras "milenares" do processo civil, ventila ilação contundente no sentido da necessidade da quebra de regras como a da não extensão da coisa julgada às pessoas que não as partes (*res judicata tertiis neque prodest neque nocet*); "ou a regra pela qual todos os sujeitos, aos quais a coisa judicada pode estender-se, devam ter sido 'notificados' do início do juízo e de suas etapas principais (uma regra que tornaria praticamente impossível muitas ações coletivas ou *class actions*, quando se pensa no custo insuportável de uma notificação feita individualmente a muitíssimas pessoas, e ainda sem chegar ao extremo de cinco milhões de partes interessadas no famoso caso Eisen nos Estados Unidos)".[(725)]

Ainda podemos nos abeberar das lições de Wagner Giglio: "Na verdade não vemos razão lógica para que não possa a apuração dos beneficiários da condenação ser feita em liquidação do julgado. Sucede algo semelhante ao se identificar, através de ações individuais, os trabalhadores aos quais aproveita a norma coletiva, consignada nas decisões normativas. Nada — além do injustificado apego à tradição jurídica ultrapassada pelos imperativos da evolução —, nada impede que essa identificação seja feita nos autos da mesma ação, na fase de liquidação, com reais benefícios para a celeridade processual".[(726)]

O entendimento da Súmula n. 310 do TST partia da confusão entre representação e substituição processual. Somente para o representante, que age em nome alheio, no interesse alheio, deve-se exigir a nominação dos representados (autores da ação); na substituição processual, o sindicato é o próprio autor da ação, razão pela qual não se justifica a exigência de rol de substituídos, que não são os autores da ação, mas sofrerão os efeitos da coisa julgada material. Sua participação dá-se na fase de liquidação e execução da sentença, quando devem ser identificados.[(727)]

(723) GIGLIO, Wagner D. *Op. cit.*, p. 115.

(724) NAHAS, Thereza Christina. *Op. cit.*, p. 139.

(725) CAPPELLETTI, Mauro. *O acesso à justiça...*, cit., p. 151-152.

(726) GIGLIO, Wagner D. *Op. cit.*, p. 115.

(727) NERY JUNIOR, Nelson. *O processo do trabalho...*, cit., p. 160.

O que mais surpreendia é que a fonte de inspiração da condenação genérica do art. 95 do CDC foi justamente o processo do trabalho e a própria ação de cumprimento de sentença normativa, genérica por natureza.(728)

6. Objeto da ação de cumprimento: equivocidade da antiga Súmula n. 310 do TST

Em relação ao objeto — os direitos que podem ser defendidos por meio da ação de cumprimento —, havia uma verdadeira cizânia entre o entendimento doutrinário e aquele que havia se cristalizado na jurisprudência dos Tribunais Trabalhistas, por meio dos itens II, III e IV da Súmula n. 310 do TST.

Embora a redação restritiva do parágrafo único do art. 872 da CLT indique o cabimento da ação de cumprimento na hipótese em que os empregadores deixarem de satisfazer o pagamento de salários, a evolução legislativa e a doutrinária, aliadas a uma interpretação sistemática de preceitos pertinentes à matéria, demonstram que ação de cumprimento se presta a ver satisfeitos quaisquer direitos previstos em instrumentos normativos da categoria. Essa interpretação converge com a norma do art. 8º, III, da CF/1988, que, por consagrar a substituição processual ampla e geral, já não havia recepcionado o art. 872 da CLT em relação a estes aspectos.

Assim se posiciona Sergio Pinto Martins, para quem: "Apesar de no parágrafo único do art. 872 da CLT estar escrita a palavra salário, deve-se entender que a ação de cumprimento se estende a quaisquer outras condições de trabalho, que foram previstas na sentença normativa e não cumpridas espontaneamente pelo empregador".(729)

Também é a posição de Emílio Gonçalves, que, em seu entender, "mau grado a restrição estabelecida no citado dispositivo do texto consolidado, deve-se entender que a ação de cumprimento se estende a quaisquer outras condições de trabalho, criadas na sentença normativa e não cumpridas voluntariamente".(730)

No entanto, a posição do TST vinha exposta nos itens II, III e IV da sua antiga Súmula n. 310: "II – A substituição processual autorizada ao sindicato pelas Leis ns. 6.708, de 30.10.1979 e 7.238, de 29.10.1984, limitada aos associados, restringe-se às demais que visem aos reajustes salariais previstos em lei, ajuizadas até 3 de julho de 1989, data em que entrou em vigor a Lei n. 7.788; III – A Lei n. 7.788/89, em seu art. 8º, assegurou, durante sua vigência, a legitimidade do sindicato como substituto processual da categoria; IV – A substituição processual autorizada pela Lei n. 8.073, de 30 de julho de 1990, ao sindicato, alcança todos os integrantes da categoria e é restrita às demandas que visem à satisfação de reajustes específicos, resultantes de disposição prevista em lei de política salarial".

Por qualquer ângulo que se analisasse a questão, era manifesto o equívoco do entendimento da mais alta Corte Trabalhista. Uma análise do art. 8º, III, da CF/1988 e da Lei n. 8.073/90 demonstra que a ação de cumprimento não se restringe à matéria salarial, mas abrange qualquer pretensão que tenha, por base, obrigação contida em instrumento normativo da categoria.

Embora a Lei n. 8.073/90, como as Leis ns. 6.708/79, 7.238/84 e 7.788/89, dissesse respeito à matéria salarial, especificamente, reajustes salariais, com atribuição ao sindicato da qualidade de substituto processual, é certo que a matéria salarial nela estava contida nos seus art. 1º e 2º, cujo veto presidencial que receberam não fora rejeitado pelo Congresso Nacional, de modo que somente sobreviveu o seu art. 3º, que possui a seguinte redação: "As entidades sindicais poderão atuar como substitutos processuais dos integrantes da categoria".

Expurgados os artigos que prescreviam sobre salários antes mesmo da entrada em vigor da Lei que os contemplava, a substituição processual nela prevista tornou-se objetiva (matéria) e subjetivamente (categoria), derrogando o art. 872 da CLT, naquilo que limitava a ação de cumprimento à matéria salarial e aos associados do sindicato. Aliás, se não contemplasse a substituição processual ampla e geral, a Lei n. 8.073/90 seria flagrantemente inconstitucional.

---

(728) GRINOVER, Ada Pellegrini. *Código Brasileiro de Defesa do Consumidor comentado pelos autores do anteprojeto*. 7. ed. Rio de Janeiro: Forense Universitária, 2001. p. 797.

(729) MARTINS, Sergio Pinto. *Direito processual...*, cit., p. 559.

(730) GONÇALVES, Emílio. *Op. cit.*, p. 37.

O entendimento esposado na Súmula supracitada partia de uma interpretação histórico-sistemática de diversas leis que, nos últimos anos de acelerada inflação econômica, versam primordialmente sobre política salarial, além de disporem sobre o cabimento da substituição processual sindical para a formulação de pretensão ao percebimento de diferenças salariais. Embora a interpretação histórica de leis revogadas pareça dar um vetor ao problema, é fato que a matéria da substituição processual restou regulamentada de forma ampla e geral pela Lei n. 8.073/90, o que inviabilizava a interpretação formulada na Súmula n. 310, por ser completamente *contra legem*.

Ainda que limitação legal houvesse, certamente, esta seria inconstitucional, em face do art. 8º, III, da CF/1988, já reconhecido pelo STF, como consagrador da substituição processual sindical ampla em relação à matéria e geral, com o alcance de toda a categoria. Desse modo, referida controvérsia restou superada pelo entendimento da Corte Constitucional, bem como com o cancelamento da Súmula n. 310 do TST.

Como vimos, aplica-se à ação de cumprimento, e, evidentemente, aos demais casos de substituição processual sindical; o procedimento expendido pela antiga Súmula n. 310 do TST era fadá-la a ser um meio processual ineficaz para a tutela dos interesses transindividuais, pois correspondia, em última análise, a negar vigência aos princípios, normas e valores da atual e democrática Constituição Federal.

Como expôs Nelson Nery Junior, a Súmula n. 310 era inconstitucional por restringir a ação dos sindicatos aos pleitos de reajustes salariais com base em lei de política salarial, tendo em vista que o art. 8º, III, da CF/1988, confere ampla legitimidade ao sindicato para defender direitos coletivos e individuais da categoria, sendo vedada interpretação restritiva desse dispositivo constitucional, por tratar-se de direito social, sendo defeso à lei ordinária estipular restrições nesse sentido.[(731)]

7. Legitimidade ativa

Somente as entidades sindicais possuem legitimidade ativa para propor ação de cumprimento no âmbito do Judiciário Trabalhista, na condição de substituto processual, isto é, daquele que age em nome próprio, na defesa de interesse alheio (dos empregados), independentemente da outorga expressa de poderes dos representados (art. 872, CLT c/c. art. 3º, Lei n. 8.073/90 e art. 8º, III, CF/1988).

O empregado singularmente considerado, por meio da reclamação trabalhista individual, ou dois ou mais empregados, em reclamação trabalhista plúrima, desde que haja identidade de matéria e tratar-se de empregados da mesma empresa (art. 842, CLT), podem, evidentemente, pleitear a satisfação de direitos previstos em normas coletivas nas suas respectivas demandas, sem, no entanto, estas serem qualificadas como ações de cumprimento, uma vez que elas não contêm o instituto da legitimação extraordinária, pois os trabalhadores agem em nome próprio na tutela de direito próprio. Trata-se de simples ações trabalhistas, sem a presença do instituto da substituição processual.

Desse modo, equivocado o pensamento segundo o qual o trabalhador individual pode propor ação de cumprimento. O trabalhador singular pode pleitear o cumprimento de direitos previstos em normas coletivas para a sua situação individualizada numa ação trabalhista ordinária, mas tal demanda não se confunde com uma ação de cumprimento, na qual o autor (entidade sindical) atua em nome próprio na defesa de direito alheio (interesses individuais homogêneos dos trabalhadores substituídos).

Apesar de a redação do parágrafo único do art. 872 da CLT reportar-se apenas aos associados do sindicato, o STF decidiu que, em face do disposto no inciso III do art. 8º da CF/1988, a substituição processual abrange a categoria, ou seja, os filiados e os não filiados do sindicato. Tal ilação também pode ser extraída da Lei n. 8.073/90, cujo art. 3º dispõe que "As entidades sindicais poderão atuar como substitutos processuais dos integrantes da categoria". Por fim, esta amplitude subjetiva é extraída do subsistema processual das ações coletivas, consoante a Lei n. 7.347/85 (LACP) e a Lei n. 8.078/90 (CDC), como veremos adiante.

---

(731) NERY JUNIOR, Nelson; NERY, Rosa Maria de Andrade. *Op. cit.*, p. 393.

Para Manoel Antonio Teixeira Filho, a parte do parágrafo único do art. 872 da CLT que faz menção aos associados do sindicato teria sofrido derrogação pelo art. 3º da Lei n. 8.073/90, que alude à substituição processual dos integrantes da categoria.(732)

Na realidade, como mostramos acima, a limitação material e subjetiva à ação de cumprimento prevista no art. 872 da CLT já não havia sido recepcionada pelo art. 8º, III, da CF/1988, o qual consagrou a substituição processual sindical ampla e geral.

7.1. Legitimidade ativa das federações e confederações

As federações e as confederações, como entidades sindicais, possuem plena legitimidade para atuarem como substitutas processuais e propor ação de cumprimento para a efetivação de interesses de categorias inorganizadas em sindicato.

A interpretação extensiva do art. 872 da CLT, no sentido de conceder significado amplo ao vocábulo "sindicatos" para designar genericamente as "entidades sindicais", já vinha sendo empregada pela doutrina e jurisprudência;(733) situação corrigida pela Lei n. 8.073/90, ao dispor que "As entidades sindicais poderão atuar como substitutos processuais dos integrantes da categoria" (art. 3º). No mais, a legitimação das federações e confederações para atuar como substitutas processuais destas poderia ser retirada diretamente do inciso IV do art. 82 do CDC.

Se as federações e confederações possuem plena legitimidade para a instauração da instância de dissídio coletivo (art. 857, CLT), quando não existente sindicato representativo da categoria econômica e profissional, soaria ilógico obstar-lhe ação de cumprimento e a atuação como substitutas processuais, pois se possuem poderes para o mais, suscitarem dissídio coletivo (visando à criação de regras e condições de trabalho), evidente que podem o menos, isto é, ingressar com demanda para ver satisfeito o cumprimento dessas mesmas normas. A literalidade do preceito do art. 872 da CLT, quando se refere a "sindicatos", não sobrevive a uma interpretação sistemática da legislação trabalhista.

As federações e confederações podem, inclusive, celebrar acordos e convenções coletivas, nas hipóteses de categorias não organizadas em sindicatos no âmbito de suas representações (art. 612, § 2º, CLT), ou seja, se podem criar normas e condições de trabalho, evidentemente que possuem a faculdade de exigir o cumprimento dessas mesmas obrigações.

Emílio Gonçalves já alertava para a necessidade de conceder-se interpretação extensiva ao parágrafo único do art. 872 da CLT, a fim de admitir-se a atuação das federações nas ações de cumprimento, à falta de sindicato, com inteira aplicação do brocardo *ubi eadem ratio, ibi eadem dispositio*.(734)

7.2. Intervenção do trabalhador individual

A ação de cumprimento e a substituição processual sindical, assim como a ação coletiva para a tutela de interesses individuais homogêneos, admitem a intervenção litisconsorcial individual dos titulares dos interesses discutidos em juízo (arts. 94 e 103, § 2º, CDC).

No entanto, essa intervenção não tem como finalidade a discussão da situação individual, específica e peculiar do interveniente, tendo em vista que a lide coletiva é abstrata e despersonalizada, não necessitando de rol de substituídos, invocando a prolação de uma sentença genérica (art. 95, CDC).

---

(732) TEIXEIRA FILHO, Manoel Antonio. *Curso de processo...*, cit., p. 23.

(733) O TST cancelou, por meio da Resolução Adm. n. 121 do Tribunal Pleno, de 28.10.03, *DJ* 19.11.03, a Súmula n. 359, pela qual havia cristalizado jurisprudência no sentido de que "A federação não tem legitimidade para ajuizar ação de cumprimento prevista no art. 872, parágrafo único, da CLT, na qualidade de substituto processual da categoria profissional inorganizada".

(734) GONÇALVES, Emílio. *Op. cit.*, p. 50.

Na fase de conhecimento da demanda coletiva não há cabimento ou mesmo lugar para a suscitação e apreciação de situações particulares, cuja discussão fica relegada à fase de liquidação de sentença (arts. 97 e 98, CDC).

O ingresso do interessado individual na lide como litisconsorte limita-se apenas a auxiliar a parte assistida na obtenção de sentença genérica favorável à classe, de forma que a sua intervenção tem um cunho despersonalizado, no mesmo sentido da lide coletiva. A intervenção dá-se sob a ótica coletiva, uma vez que é possível a suscitação de questões individuais em lides coletivas.

Assim, era totalmente equivocado, e incongruente com o microssistema da jurisdição coletiva, o entendimento esposado no item IV da revogada Súmula n. 310 do TST que admitia o ingresso do trabalhador individual na lide com a finalidade de acordar, transigir ou renunciar, faculdades somente possíveis nas lides essencialmente individuais, uma vez que a via coletiva não obsta aquele caminho processual (art. 103, § 3º, CDC).

Em virtude do caráter abstrato e despersonalizado da demanda, não há possibilidade de suscitação de pretensões individuais nas lides coletivas, incluindo as situações de substituição processual e a ação de cumprimento. Possui o trabalhador o poder de propor a sua própria lide individual, renunciando assim à eventual sentença benéfica (art. 104, CDC), ou manifestar sua pretensão (renúncia/transação) na liquidação de sentença.

A lide coletiva é incompatível com pretensões individuais, inclusive requerimentos singulares de renúncia ou transação. Este é um dos fatores que, inclusive, diferenciam a lide coletiva das demandas plúrimas, onde cada trabalhador é parte no processo.

Nos termos do art. 104 do CDC, a intervenção assistencial litisconsorcial pelo indivíduo constitui hipótese de exceção à regra da coisa julgada *secundum eventum litis* (segundo a sorte da lide) pela qual os lesados individuais só são abrangidos pela coisa julgada favorável, não tendo obstada a via processual individual para a discussão de matéria julgada desfavoravelmente numa ação coletiva. Assim, na hipótese em que o interessado individual tiver intervindo no processo, ele será abrangido pelos efeitos da coisa julgada, favorável ou não, não podendo propor ação a título individual (art. 103, § 2º, CDC).

Eventual tentativa de trabalhador ingressar na lide coletiva com a apresentação de pretensões individuais ou com o intuito de renúncia, transação, desistência ou qualquer outro requerimento de ordem individual, deve ser indeferido por ausência de interesse de agir, tendo em vista que a intervenção assistencial individual em lide coletiva não constitui o meio adequado para a discussão de situações e pretensões individuais.

8. Legitimidade passiva

Terá legitimidade para figurar no polo passivo da ação de cumprimento o empregador ou empregadores responsáveis pela satisfação das obrigações contidas no instrumento normativo (acordo, convenção ou sentença normativa) cuja satisfação é pleiteada em juízo.

9. Competência

A competência para apreciação da ação de cumprimento é determinada pela regra geral, ou seja, é da alçada das Varas do Trabalho (art. 872, parágrafo único, CLT). Nas localidades não compreendidas na jurisdição das Varas do Trabalho, a competência será do Juiz de Direito investido da jurisdição trabalhista (art. 668, CLT).

Ainda que o dissídio coletivo seja julgado originariamente pelo Tribunal Superior do Trabalho ou por um Tribunal Regional do Trabalho, a competência para o julgamento da ação de cumprimento de sentença normativa proferida será da Vara do Trabalho.

A competência para as demandas que envolvam substituição processual sindical é das Varas do Trabalho do local da prestação de serviços dos substituídos, observadas, se for o caso, as demais regras de competência do art. 651 da CLT.

10. Reconvenção

A reconvenção constitui um contra-ataque do réu ao autor; consiste numa ação proposta pelo réu em face do autor no mesmo processo *(simultaneus processus)* em que este figure como legitimado ativo (art. 343, CPC).

A reconvenção, além das condições da ação e dos pressupostos processuais exigíveis para o exercício de qualquer ação, possui alguns requisitos específicos, extraídos do art. 343 do CPC: a) existência de ação pendente; b) conexão com a ação principal ou com o fundamento da defesa; c) competência do juízo para a ação principal e para a reconvenção; d) identidade de forma procedimental entre a ação principal e a reconvenção.

Ausente qualquer desses requisitos, incabível será a reconvenção, devendo a pretensão do réu em face do autor ser formulada em ação autônoma.

Além destes requisitos, o art. 315, parágrafo único, do CPC de 1973, que tratava da ação reconvencional, vedada a reconvenção nas ações nas quais o autor figurava como mero substituto processual; ou seja, exigia-se a identidade bilateral entre as partes da ação originária e da ação reconvencional. O atual CPC, em seu art. 343, § 5º, concedeu tratamento diferente à matéria, possibilitando a propositura de reconvenção na hipótese de substituição processual.(735)

Não se pode olvidar que a regra do art. 343, § 5º, do CPC, que prevê o cabimento de reconvenção na hipótese de substituição processual, diz respeito às lides individuais, não tendo aplicação às lides coletivas, como a ação de cumprimento, espécie de ação coletiva para a tutela de interesses individuais homogêneos, regida assim pelas normas do CDC e da LACP, não sendo cabível reconvenção contra substituto processual em ação coletiva, tendo em vista que, ao contrário das lides individuais, a ação coletiva é despersonalizada e abstrata.

Nas lides individuais, as partes formais (substituto e réu) e o substituído processual são sujeitos concretos e determinados, que se encontram imbricados tanto na relação processual quanto na relação material subjacente, havendo uma comunhão de interesses entre substituto e substituído. Previu o legislador a substituição processual passiva nas lides individuais nas hipóteses em que o autor já esteja na condição de substituto processual ativo.

Nas hipóteses de legitimação extraordinária ou autônoma para a lide coletiva, a parte autora atua na tutela de interesses individuais e/ou coletivos de membros de uma coletividade, sendo assim a ação despersonalizada e abstrata, e totalmente incompatível com pretensões reconvencionais concretas em face dos trabalhadores substituídos, bem como em face do autor coletivo, o qual não tem relação material com os substitutos ou com a parte contrária, tal como sói ocorrer com o substituto nas lides individuais regidas pelo CPC.

As ações coletivas são informadas pelo princípio da prevalência das questões coletivas sobre as individuais, de forma que eventuais reconvenções fundadas em situações singulares e específicas constituem instrumentos processuais incompatíveis com as demandas coletivas, falecendo interesse de agir para a sua propositura em sede coletiva.

Ao contrário das lides individuais, no âmbito das ações coletivas, o substituto não se encontra imbricado na relação jurídica material entre substituído e réu, não havendo comunhão de interesses materiais entre ambos, mas legitimação processual, formal e abstrata. Assim, nas ações coletivas, foi conferido ao substituto processual somente a legitimidade ativa para a tutela dos interesses dos substituídos.

11. Limite ao conteúdo da defesa

Como toda e qualquer ação, a ação de cumprimento deve observar os princípios do contraditório e da ampla defesa, consagrados no art. 5º, LV, da CF/1988. No entanto, uma peculiaridade a marca: a vedação ao questionamento de matéria de fato e de direito apreciada, em sede de dissídio coletivo, na decisão normativa (art. 872, CLT).

---

(735) Art. 343, "§ 5º Se o autor for substituído processual, o reconvinte deverá afirmar ser titular de direito em face do substituído, e a reconvenção deverá ser proposta em face do autor, também na qualidade de substituto processual".

Essa peculiaridade decorre da circunstância de a ação de cumprimento constituir uma ação que tem por fundamento uma decisão proferida em outra demanda, o dissídio coletivo. Os direitos previstos em sentença normativa já foram objeto de discussão no processamento do dissídio coletivo, no qual as partes puderam apresentar as suas razões de fato e de direito, além das provas respectivas para o proferimento de tal decisão, não podendo ser reaberto o debate em sede de ação de cumprimento, para que não haja ofensa à coisa julgada.

Além disso, a competência funcional para a apreciação da ação de cumprimento é do juízo da Vara do Trabalho, ao passo que as sentenças normativas são proferidas pelos Tribunais Regionais do Trabalho ou pelo Tribunal Superior do Trabalho, de modo que eventual imisção do juízo *a quo* em matéria de competência do juízo *ad quem* implicaria usurpação da competência.

A vedação do art. 872 da CLT não obsta a discussão de matéria de fato cuja ocorrência seja pressuposto para a aquisição de determinado direito previsto na sentença normativa. Assim, se prevista, *v.g.*, a concessão de um abono por aumento da produção, poderá o réu na ação de cumprimento discutir o fato-base (aumento de produção), mas não a existência do abono.

12. Prazo prescricional

Constitui a ação de cumprimento uma típica ação de conhecimento, de natureza condenatória, com vistas à satisfação de direitos individuais homogêneos previstos em norma coletiva de aplicação a uma coletividade de empregados.

Os interesses individuais homogêneos, sendo, na sua essência, simples interesses individuais, devem observar o prazo prescricional do inciso XXIX do art. 7º da CF/1988 para sua exigibilidade, em juízo.[(736)]

12.1. Início do prazo prescricional

Sendo a ação de cumprimento o meio processual adequado para a satisfação de preceitos decorrentes de sentença normativa, convenções e acordos coletivos, quando não satisfeitos pelo(s) empregador(es), o termo *a quo* do seu prazo prescricional dependerá do instrumento normativo objeto da pretensão de cumprimento, como veremos a seguir.

12.1.1. Direitos decorrentes de acordos e convenções coletivas

Ao versar a ação de cumprimento sobre a satisfação de direitos previstos em acordos e convenções coletivas de trabalho, o termo *a quo* do prazo da prescrição quinquenal da exigibilidade dos direitos objetos da ação de cumprimento fluirá a partir da violação do direito (*actio nata*) assegurado na norma coletiva, o que pressupõe, evidentemente, que esta já esteja em vigor. Observam-se, assim, inteiramente, os prazos previstos no art. 7º, XXIX, da CF/1988.

Vale recordar que a norma coletiva vigerá 3 (três) dias após o seu depósito no órgão do Ministério do Trabalho pelos sindicatos convenentes, consoante disposição do § 1º do art. 614 da CLT.

12.1.2. Direitos decorrentes de sentença normativa

Sentença normativa é a denominação dada às decisões proferidas pelos Tribunais Trabalhistas na solução dos processos de dissídio coletivo, por meio do exercício do poder normativo.

Por meio dela, os Tribunais Trabalhistas exercem o poder normativo, previsto no § 2º do art. 114 da Constituição, estabelecendo normas e condições de trabalho, mas podendo, outrossim, dispor sobre a aplicação ou interpretação de norma jurídica de aplicação no âmbito das categorias representadas pelos sindicatos litigantes.

---

(736) Art. 7º, inciso XXIX, da Constituição Federal de 1988: "ação, quanto aos créditos resultantes das relações de trabalho, com prazo prescricional de cinco anos para os trabalhadores urbanos e rurais, até o limite de dois anos após a extinção do contrato de trabalho".

A Lei n. 7.701/88, no § 6º do seu art. 7º, propiciou a propositura de ação de cumprimento antes mesmo do trânsito em julgado da sentença normativa ao prescrever que "A sentença normativa poderá ser objeto de ação de cumprimento a partir do 20º (vigésimo) dia subsequente ao do julgamento, fundada no acórdão ou na certidão de julgamento, salvo se concedido efeito suspensivo pelo Presidente do Tribunal Superior do Trabalho".

Ao possibilitar a ação de cumprimento apenas com base na certidão de julgamento, o legislador permitiu a sua propositura antes da publicação do acórdão pelo Tribunal respectivo — se a publicação não ocorrer nos 20 (vinte) dias subsequentes ao julgamento (art. 7º, § 1º, Lei n. 7.701/88).

Desse modo, o exercício da ação de cumprimento prescinde do trânsito em julgado da sentença normativa, conforme cristalização jurisprudencial do TST, por meio da Súmula n. 246: "Ação de cumprimento. Trânsito em julgado da sentença normativa. É dispensável o trânsito em julgado da sentença normativa para a propositura da ação de cumprimento".

Definido o momento a partir do qual a ação de cumprimento poderia ser exercida, a discussão voltou-se para o termo *a quo* do prazo prescricional. Após diversas discussões doutrinárias e jurisprudenciais, o TST, por meio da Súmula n. 350, pacificou jurisprudência para fixar o início de fluência do prazo prescricional a partir do trânsito em julgado da sentença normativa: "Prescrição. Termo inicial. Ação de cumprimento. Sentença normativa. O prazo de prescrição com relação à ação de cumprimento de decisão normativa flui apenas a partir da data de seu trânsito em julgado". Ou seja, o prazo prescricional da ação de cumprimento tem como *dies a quo* a data do trânsito em julgado da sentença normativa.

Assim, embora haja a faculdade da propositura da ação de cumprimento a partir do 20º (vigésimo) dia subsequente ao julgamento, com base no acórdão ou na certidão de julgamento, tal situação não implicará o termo *a quo* do prazo prescricional; somente após a certificação do trânsito em julgado passará a exigibilidade do direito a estar sujeita aos efeitos da inércia temporal.

Se o empregador, por exemplo, não concede aos empregados as cestas básicas previstas em sentença normativa ainda não transitada em julgado, poderá o sindicato da categoria ingressar com ação de cumprimento a partir do 20º (vigésimo) dia subsequente ao julgamento; não o fazendo, a prescrição da exigibilidade das cestas básicas iniciar-se-á somente após o trânsito em julgado da sentença normativa, não obstante a violação do direito ter ocorrido já em momento anterior.

Vale ressaltar que, de acordo com o princípio da *actio nata*, a prescrição só passa a fluir do trânsito em julgado se houver descumprimento por parte do empregador antes deste termo, caso contrário o prazo prescricional fluirá a partir da violação do direito (*actio nata*), quando já transitada em julgado a sentença normativa que o fundamenta.

13. Renúncia e transação

Na condição de legitimado extraordinário, nas ações de substituição processual e ação de cumprimento, o ente sindical não é o titular da pretensão material deduzida em juízo; em não sendo proprietário desses direitos, não pode efetuar atos que impliquem sua disposição ou alienação.

Sendo os direitos individuais homogêneos essencialmente individuais, com titulares determinados, somente estes podem dispô-los ou autorizar a sua disposição, na medida de suas quotas-partes. Desse modo, na condição de substituto processual, o sindicato não pode dispor de direitos pleiteados em ação de cumprimento, seja por meio de transação ou renúncia.

Como expõe Emílio Gonçalves, "Na ação de cumprimento, a substituição apresenta aspecto peculiar: os substituídos permanecem como titulares do direito material, não podendo o sindicato dispor do mesmo, o que só é deferido aos empregados, os quais podem transacionar o direito com o empregador e desistir da ação".(737)

(737) GONÇALVES, Emílio. *Op. cit.*, p. 66.

A substituição processual constituiu uma excepcionalidade para que uma associação aja em nome próprio na defesa de direito alheio e, nessa excepcionalidade, não se encontra o excepcional poder para dispor de direitos de terceiros.

Entretanto, não se pode negar a praxe forense, em que se verifica a possibilidade de acordos em muitas demandas para a tutela de interesses individuais homogêneos. Nesta hipótese, a conciliação deve assumir os mesmos contornos daquela realizada em sede de ação civil pública, não podendo o sindicato dispor do direito material deduzido em juízo, porém, poderá conciliar em aspectos acessórios e complementares como o tempo, o modo e a forma de cumprimento do direito.

14. Coisa julgada

14.1. *Coisa julgada* erga omnes

Como nas demais ações que versam sobre interesses individuais homogêneos, a decisão proferida nos casos de substituição processual sindical e na ação de cumprimento abrange todos os trabalhadores lesados, sejam todos os membros da categoria (art. 8º, III, CF/1988) representada pelo sindicato profissional ou os empregados de um ou mais empregadores, conforme a dimensão do pedido e da causa de pedir.

A sentença, assim, tem eficácia *erga omnes* (art. 103, III, CDC), pois abrange todos os trabalhadores cuja lesão decorre de uma origem comum (violação de norma por empregador comum a todos). A coisa julgada favorável alcança aos trabalhadores compreendidos pela hipótese normativa discutida na lide. Aplica-se, assim, à substituição processual sindical e à ação de cumprimento o regime da coisa julgada *erga omnes*, previsto para as ações, para a tutela de interesses individuais homogêneos do CDC.(738)

14.2. *Coisa julgada* secundum eventum litis

Nas ações em que o sindicato ou outro autor coletivo atue como substituto processual discute-se sobre os efeitos da coisa julgada da sentença coletiva, de procedência ou improcedência, sobre os trabalhadores substituídos e suas respectivas pretensões materiais.

Para uma determinada corrente, a sentença na ação coletiva produz coisa julgada em relação às pretensões individuais dos trabalhadores substituídos, pois embora não haja a tríplice identidade formal — partes, pedido e causa de pedir (art. 337, § 2º, CPC) — entre as ações coletivas e as ações ou pretensões individuais, já que os autores são diversos em ambas as ações, haveria uma identidade material entre o beneficiário de ambas as demandas. Uma espécie de tríplice identidade jurídico-material.

Sustenta-se que na substituição processual, embora a parte formal do processo (autor ideológico) seja distinto do titular (trabalhador) do interesse material invocado em juízo — a simples coincidência formal do pedido e da causa de pedir basta para a caracterização da coisa julgada também em relação ao substituído, tendo em vista que este é o titular da relação jurídica material. Em ambas as demandas o beneficiário material seria o mesmo.

Por este entendimento, a ausência de identidade processual entre as partes é suprida pelo caráter material do direito, de sorte que eventual propositura de ação individual pelo substituído com base no mesmo objeto e causa de pedir de uma ação de cumprimento já julgada encontra óbice na coisa julgada (art. 5º, XXXVI, CF/1988). Em síntese, sustenta-se que embora não constitua parte formal no processo, o trabalhador figura como parte material, sendo, portanto, abrangido pelos efeitos da coisa julgada, favorável ou não, formada na ação de cumprimento.

No entanto, não se pode olvidar que a substituição processual e ação de cumprimento constituem instrumentos jurídicos para a salvaguarda de interesses individuais homogêneos dos trabalhadores, enquadrando-se no denominado direito processual coletivo. Desse modo, a ela aplicam-se os preceitos da coisa julgada, *secundum*

(738) Nesse contexto, reformamos entendimento esposado na primeira edição de nossa obra, segundo o qual nas ações de cumprimento dá-se a formação da coisa julgada *ultra partes*, por envolver todos os membros de uma categoria.

eventum litis, contidos no CDC. Assim, em caso de improcedência do pedido, os interessados que não tiverem intervindo no processo poderão propor ação individual (art. 103, § 2º, CDC).

A análise do pensamento de Ada Pellegrini Grinover a respeito da transposição da disciplina da coisa julgada do CDC para toda e qualquer ação coletiva não deixa dúvidas de que ela se aplica à substituição processual sindical e às ações de cumprimento: "é oportuno lembrar que o art. 110 do Código acrescentou o inc. IV ao art. 1º da Lei n. 7.347/85, estendendo a abrangência desta a qualquer outro interesse difuso ou coletivo (v. comentário ao referido dispositivo). Daí por que os dispositivos processuais do Código se aplicam, no que couber, a todas as ações em defesa de interesses difusos, coletivos, ou individuais homogêneos, coletivamente tratados".

E prossegue: "Isso significa que a disciplina da coisa julgada, contida no art. 103, rege as sentenças proferidas em qualquer ação coletiva, pelo menos até a edição de disposições específicas que venham a disciplinar diversamente a matéria. Assim, por exemplo, a coisa julgada na ação coletiva a que foi legitimado o sindicato, nos termos do art. 8º, III, da CF, deverá reger-se pelo estatuído no Capítulo IV do Título III do Código. O mesmo ocorre com as ações promovidas por entidades associativas em defesa dos interesses coletivos de seus filiados (art. 5º, XXI, CF/1988) e com as ações das comunidades e organizações indígenas em defesa dos interesses dos índios (art. 232, CF/1988)".[(739)]

Marcus Orione Gonçalves, que também estudou o fenômeno das ações coletivas no Direito do Trabalho, sustenta esse entendimento. Para ele, as lides que envolvem substituição processual sindical, por seu caráter coletivo, devem ser tratadas a partir do referencial homogeneidade, com o transporte da experiência normativa da coisa julgada do CDC.

Como ele próprio conclui: "se o tratamento dado a ações como a de periculosidade proposta por sindicato fosse coletivo, seria possível, por exemplo, preconizar a adoção da coisa julgada *secundum eventum litis*. Desta forma, os efeitos da coisa julgada, nas ações de periculosidade propostas por sindicatos, não prejudicariam os interesses e direitos dos indivíduos, que se encontrariam aptos à promoção de ações individuais, mesmo com a improcedência da demanda conduzida pela entidade sindical".[(740)]

Assim, à disciplina da coisa julgada nas ações de cumprimento, propostas perante o Judiciário Trabalhista, aplicam-se as regras universais do CDC para as ações coletivas. Apenas um apego demasiado ao tradicionalismo individual clássico do processo civil pode criar resistência a uma situação que já se consolidou em nosso ordenamento jurídico.

Somente a sentença benéfica ao substituído tem o condão de imputar-lhe os efeitos da coisa julgada material. Em sendo julgado improcedente o pedido formulado na ação de cumprimento, restará ao substituído a via individual para discussão da sua pretensão, uma vez que, nessa situação, sua pretensão não será abrangida pela coisa julgada coletiva.

Aplica-se o fenômeno da coisa julgada *secundum eventum litis* (conforme a sorte da lide), segundo o qual as pretensões individuais dos particulares beneficiam-se das vantagens advindas com o proferimento de eventual sentença de procedência em ação coletiva, de modo que a coisa julgada possuirá efeitos *erga omnes*. Em sentido contrário, as pretensões individuais dos interessados não são prejudicadas pelo advento de sentença desfavorável, ou seja, somente são abrangidos *secundum eventum litis*; nesse caso, a existência de sentença coletiva desfavorável não obsta que os indivíduos enquadrados na hipótese fática ou jurídica, que fora objeto da ação coletiva, promovam suas ações individuais (art. 103, III, CDC).

Como conclui Regina Maria de Oliveira Vasconcelos: "afirmamos a legitimidade dos Sindicatos para agirem como substitutos processuais dos integrantes da categoria no processo de conhecimento para pleitear direitos individuais homogêneos e como representantes processuais dos credores para promoverem a liquidação e execução

---

(739) GRINOVER, Ada Pellegrini. *Código Brasileiro...*, cit., p. 843.

(740) CORREIA, Marcos Orione Gonçalves. *As ações coletivas e o direito do trabalho*. São Paulo: Saraiva, 1994. p. 114.

da sentença condenatória genérica, com base nas normas processuais constantes no CDC aplicáveis ao processo do trabalho".(741)

14.3. Coisa julgada resolúvel (rebus sic stantibus)

Como afirmamos, a propositura da ação de cumprimento prescinde do trânsito em julgado da sentença normativa do dissídio coletivo (Súmula n. 246, TST), podendo ser promovida a partir do 20º (vigésimo) dia subsequente ao julgamento do dissídio coletivo, com base no acórdão ou na certidão de julgamento, salvo se concedido efeito suspensivo total a eventual recurso proposto pela parte contrária (art. 14 da Lei n. 10.192/2001).

Assim, em razão da possibilidade de promoção da ação de cumprimento anteriormente ao trânsito em julgado da sentença normativa, não raras vezes, durante o trâmite da ação de cumprimento ou da sua fase executória, pode advir uma decisão reformatória da sentença normativa que fundamentou a ação de cumprimento, com graves prejuízos para as partes, principalmente quando já fora prolatada sentença na ação de cumprimento com o devido trânsito em julgado.

Diante deste contexto, parte da doutrina sustentava que, diante do trânsito em julgado da sentença proferida na ação de cumprimento, somente pela via da ação rescisória (art. 966, CPC), com fundamento na existência de documento novo (decisão reformadora da sentença normativa) poderia ser atacada a decisão.

Uma outra corrente preconizava a insubsistência automática da ação de cumprimento, independentemente da propositura de ação rescisória, com a reforma da sentença normativa, uma vez que aquela decisão proferida na ação de cumprimento estaria sujeita à condição resolutiva: possibilidade de reforma *in pejus* da sentença normativa.

O TST adotou o segundo entendimento, editando a Orientação Jurisprudencial n. 277 da SDI-I, *in verbis*: "Ação de cumprimento fundada em decisão normativa que sofreu posterior reforma, quando já transitada em julgado a sentença condenatória. Coisa julgada. Não configuração. A coisa julgada produzida na ação de cumprimento é atípica, pois depende de condição resolutiva, ou seja, da não modificação da decisão normativa por eventual recurso. Assim, modificada a sentença normativa pelo TST, com a consequente extinção do processo, sem julgamento do mérito, deve-se extinguir a execução em andamento, uma vez que a norma sobre a qual se apoiava o título exequendo deixou de existir no mundo jurídico".

15. Litispendência com a ação individual

O tratamento do instituto da litispendência entre ação trabalhista individual proposta por determinado trabalhador e eventual ação de substituição processual ou de cumprimento com o mesmo objeto é questão semelhante à dos efeitos da coisa julgada coletiva sobre as pretensões individuais dos trabalhadores.

No pertinente à litispendência, determinada corrente apregoa a existência de litispendência entre a ação de substituição processual e/ou a ação de cumprimento e eventual lide individual com o mesmo objeto, pois embora não haja a tríplice identidade formal — partes, pedido, e causa de pedir (art. 337, § 2º, CPC) — entre as ações coletivas e as ações individuais, já que os autores são diversos em ambas as ações, haveria uma identidade material entre o beneficiário de ambas as demandas. Uma espécie de tríplice identidade jurídico-material, bastando a coincidência formal de pedido e causa de pedir entre as ações em cotejo para o reconhecimento da litispendência.

Assim, com vistas a driblar a dificuldade formal, os séquitos deste pensamento reconheciam a existência da litispendência com base na titularidade da pretensão material deduzida em juízo.

Por este entendimento, embora não fosse parte no sentido formal na demanda coletiva, o substituído configuraria parte no sentido material, uma vez que se revestia como titular tanto do direito pleiteado coletivamente quanto individualmente, podendo, assim, ser beneficiado em caso de eventual procedência da demanda coletiva. Desse

---

(741) VASCONCELOS, Regina Maria de Oliveira. A substituição processual no processo do trabalho à luz das normas processuais do Código de Defesa do Consumidor. *Revista LTr*, São Paulo, ano 57, n. 1, p. 55, jan. 1993.

modo, a simples coincidência formal de pedido e da causa de pedir entre as demandas bastaria para a decretação de litispendência, pois a tríplice identidade seria completada pela titularidade material do direito.

No entanto, com o advento do CDC, o instituto da litispendência entre ação individual e ação coletiva recebeu uma nova formatação, sendo regulamentado pelo art. 104 daquele estatuto,(742) de modo que a propositura de ações individual e coletiva, com o mesmo objeto, não induz litispendência. Se os autores das ações individuais não requererem a suspensão destas no prazo de 30 (trinta) dias a contar da ciência nos autos do ajuizamento da ação coletiva, não serão beneficiados por eventual decisão favorável na ação coletiva, com exceção à extensão subjetiva do julgado *in utilibus* (art. 104, CDC).

O CDC assegurou duas dimensões da tutela judicial: a individual e a coletiva. Esta postura é consentânea com os ditames da CF/1988 que, ao consagrar diversas formas de tutela coletiva, não menosprezou o direito individual de ação.

O exercício do direito de ação coletiva pelo sindicato substituto não pode preponderar, pura e simplesmente, sobre o direito de ação individual quando o próprio substituído o exercite, com renúncia à tutela coletiva. O interesse social na propositura de ação coletiva não é excludente da ação individual, caso contrário, estar-se-ia transformando o sindicato em detentor da própria titularidade do direito, em detrimento do seu verdadeiro titular.(743)

Considerando-se que a ação de cumprimento, a substituição processual trabalhista e a ação coletiva do CDC possuem a mesma natureza jurídica e finalidade (tutela de interesses individuais homogêneos), o trâmite processual de nenhum deles obsta a propositura de ação individual com o mesmo objeto, em face do princípio da intangibilidade da via individual (art. 104, CDC).(744)

16. Recursos

A sentença proferida em ação de cumprimento suscita a interposição de recurso ordinário para o Tribunal Regional do Trabalho (art. 895, alínea "*a*", CLT), no prazo de oito dias, que terá efeito meramente devolutivo (art. 899, CLT).

17. Rito sumaríssimo

A ação de cumprimento, por se tratar de procedimento especial, não se enquadra na hipótese do art. 852-A da CLT,(745) com a redação dada pela Lei n. 9.957/2000, instituidora do rito sumaríssimo na Justiça do Trabalho para os dissídios individuais cujo valor não exceda a quarenta vezes o salário-mínimo. Pelo mesmo motivo, também não se submetem ao rito sumaríssimo as demais ações de caráter coletivo (ação civil pública, dissídio coletivo, ação coletiva para a defesa de direitos individuais homogêneos etc.).

---

(742) "Art. 104. As ações coletivas, previstas nos incisos I e II do parágrafo único do art. 81, não induzem litispendência para as ações individuais, mas os efeitos da coisa julgada *erga omnes* ou *ultra partes* a que aludem os incisos II e III do artigo anterior não beneficiarão os autores das ações individuais, se não for requerida sua suspensão no prazo de trintas dias, a contar da ciência nos autos do ajuizamento da ação."

(743) LIMA, Francisco Gérson Marques de. Ações coletivas sindicais e litispendência. *Revista LTr*, São Paulo, n. 79, p. 519, 1993.

(744) "*RECURSO DE REVISTA. LITISPENDÊNCIA. ART. 104 DO CÓDIGO DE DEFESA DO CONSUMIDOR. APLICABILIDADE AO PROCESSO DO TRABALHO. A coletivização das ações tem como resultado pronunciamento judicial com autoridade para solucionar lesões de direito que se repetem, de modo que tenha ele força suficiente para se estender aos direitos individuais homogêneos e coletivos, evitando, com isso, o entulhamento de processos que assoberbam os órgãos jurisdicionais. As ações coletivas têm a mesma natureza jurídica, quer sejam elas de origem trabalhista, quer sejam consumeristas. Deste modo, não há se falar em litispendência, na medida em que o autor apenas será abrangido pela coisa julgada, que se formará na decisão coletiva, se buscar a suspensão do seu processo individual, com o fim de receber os efeitos daquela ação, o que não consta no presente caso. Aplica-se, portanto, o art. 104 do CDC ao processo do trabalho, que assegura a propositura de ações individuais e coletivas sem caracterização de litispendência. Recurso de revista conhecido e desprovido. (...)*" (PROCESSO TST-RR-216700-91.2006.5.02.0029, 6ª T., Rel. Ministro Aloysio Corrêa da Veiga, j. 15.6.2011, DEJT 22.6.2011).

(745) "*Art. 852-A. Os dissídios individuais cujo valor não exceda a quarenta vezes o salário mínimo vigente na data do ajuizamento da reclamação ficam submetidos ao procedimento sumaríssimo.*"

A complexidade das causas coletivas não se coaduna com o rito simplificado do procedimento sumaríssimo trabalhista. O rito ordinário do processo trabalhista, sumário por natureza, propicia maior cognição vertical e horizontal, necessária e condizente com a relevância dos interesses deduzidos em juízo por meio das ações coletivas, permitindo um amplo debate e uma maior dilação probatória. O procedimento sumaríssimo prestigiou o elemento celeridade em detrimento da complexidade; as lides coletivas, por sua vez, prestigiam o elemento complexidade em detrimento da celeridade; a relevância dos direitos discutidos em juízo e sua difusão por raio indeterminado ou determinável de indivíduos exige maior cognição em virtude da multiplicidade de esferas jurídicas individuais que podem ser afetadas pela decisão judicial.

17.1. Rito sumaríssimo e as pseudoações de cumprimento (ações para cobrança de contribuições sindicais)

Sob a denominação de ação de cumprimento, diversos sindicatos propõem perante o Judiciário Trabalhista ações para a cobrança de contribuições sindicais, como a assistencial e a confederativa, perante empregadores. Estas demandas sujeitam-se ao rito sumaríssimo, uma vez que não se trata verdadeiramente de ações de cumprimento, mas de ações de cobrança, tendo em vista que não configuram hipótese de substituição processual dos trabalhadores, pois são propostas pelos sindicatos em nome próprio para a tutela de direito próprio.

18. Das execuções coletiva e individual

18.1. Juízo competente para as execuções coletiva e individual

Consoante o art. 98 do CDC, o juízo competente para a execução dependerá da modalidade desta, isto é, se individual ou coletiva. Na ação de cumprimento, em se tratando de execução promovida coletivamente pela entidade sindical a execução deverá ser processada perante o mesmo juízo que julgou a demanda coletiva, pois o art. 98, § 2º, II, do CDC, prevê como competente para a execução o juízo da ação condenatória, quando coletiva a execução:

> Art. 98. A execução poderá ser coletiva, sendo promovida pelos legitimados de que trata o art. 82, abrangendo as vítimas cujas indenizações já tiveram sido fixadas em sentença de liquidação, sem prejuízo do ajuizamento de outras execuções.
>
> § 1º A execução coletiva far-se-á com base em certidão das sentenças de liquidação, da qual deverá constar a ocorrência ou não do trânsito em julgado.
>
> § 2º É competente para a execução o juízo:
>
> I – da liquidação da sentença ou da ação condenatória, no caso de execução individual;
>
> II – da ação condenatória, quando coletiva a execução.

Em se tratando de execução promovida pelo próprio substituído (trabalhador individualmente lesado), extrai-se da redação do art. 98, § 2º, I, do CDC a previsão de uma faculdade para o exequente individual, que poderá optar pelo juízo perante o qual se processou a liquidação individual ou por aquele que julgou a demanda coletiva.

Desse modo, o exequente individual poderá liquidar a decisão coletiva em juízo diverso daquele que a prolatou, hipótese em que a execução será processada perante o juízo liquidante. Este juízo, no processo do trabalho, é o do local da prestação de serviços, nos termos do art. 651 da CLT.

Com efeito, a previsão do foro competente para a liquidação individual estava prevista no parágrafo único do art. 97 do CDC, que determinava que o juízo competente para liquidação da sentença poderia ser o do domicílio do liquidante, daí derivando a norma *sub examine*. A permanência da norma em análise deixa clara a possibilidade de serem diferentes o foro e o juízo da liquidação da sentença e da ação condenatória, sendo que o foro da liquidação da sentença poderá ser o do domicílio do autor, consoante previsto no art. 101, I, do CDC.[746]

(746) GRINOVER, Ada Pellegrini *et al. Código Brasileiro de Defesa do Consumidor...*, cit., p. 818-21.

No processo do trabalho, o foro para a liquidação individual das sentenças, assim, será o do juízo da ação condenatória ou o da prestação de serviços, observadas as regras do art. 651 da CLT, não se aplicando a regra do domicílio do autor, tendo em vista a norma específica para a competência territorial das ações coletivas.

19. Honorários advocatícios nas ações de cumprimento

Ao atuar na tutela dos interesses individuais homogêneos na condição substituto processual, a entidade sindical não somente está prestando assistência judiciária ampla aos representados, mas se utilizando do meio processual mais célere, eficiente e econômico para a tutela dos interesses dos representados.

In casu, os honorários advocatícios são devidos *ipso facto* pela assistência judiciária prestada pela entidade sindical por intermédio da tutela coletiva, independentemente da aferição dos demais elementos previstos no art. 14, § 1º, da Lei n. 5.584/70, uma vez que, tratando-se de uma tutela coletiva de caráter abstrato e despersonalizado, não é compatível com a sua natureza a aferição de situações personalizadas e individualizadas.

A concessão de honorários advocatícios nas hipóteses de qualquer tutela processual sindical coletiva, independentemente da natureza dos interesses deduzidos em juízo (difusos, coletivos e individuais homogêneos), decorrentes diretamente de relação de emprego ou não, o sindicato está sempre atuando na tutela de interesse dos membros da categoria, com assistência judicial e privilegiamento da molecularização dos conflitos, de modo que colabora com o desafogar do Judiciário Trabalhista e para a diminuição da possibilidade de decisões dissonantes para uma mesma hipótese normativa. A Lei n. 5.584/70, em sede coletiva, deve ser interpretada em consonância com os princípios e regras do microssistema processual de tutela coletiva e com o caráter abstrato e despersonalizado dos conflitos coletivos.

Neste contexto, era totalmente incompatível com o caráter abstrato e despersonalizado das lides coletivas o entendimento outrora esposado pelo TST na já cancelada Súmula n. 220, *in verbis*: "*Honorários advocatícios. Substituição processual. Cancelada. Atendidos os requisitos da Lei n. 5.584/70, são devidos os honorários advocatícios, ainda que o sindicato figure como substituto processual*".

Este entendimento foi superado pela nova redação conferida à Súmula n. 219 do TST, que reza: "*São devidos os honorários advocatícios nas causas em que o ente sindical figure como substituto processual e nas lides que não derivem da relação de emprego*".

No âmbito das ações coletivas, o art. 791-A, § 1º, da CLT, com redação conferida pela Lei n. 13.467/2017, que prevê o pagamento de honorários advocatícios nas "*ações em que a parte estiver assistida ou substituída pelo sindicato de sua categoria*", deve ser interpretado sistematicamente com os art. 17 e 18 da Lei n. 7.347/85, art. 87 da Lei n. 8.078/90 e art. 14, § 1º, da Lei n. 5.584/70.

Assim, como associação autora, e prestadora de assistência judiciária ampla, e considerada de forma global e abstrata, pela representação da coletividade, ao sindicato é devido o pagamento de honorários advocatícios (Lei n. 5.584/70), nas ações coletivas, nos termos dos art. 17 e 18 da LACP e do art. 87 do CDC, *in verbis*:

> Art. 17. Em caso de litigância de má-fé, a associação autora e os diretores responsáveis pela propositura da ação serão solidariamente condenados em honorários advocatícios e ao décuplo das custas, sem prejuízo da responsabilidade por perdas e danos.
>
> Art. 18. Nas ações de que trata esta lei, não haverá adiantamento de custas, emolumentos, honorários periciais e quaisquer outras despesas, nem condenação da associação autora, salvo comprovada má-fé, em honorários de advogado, custas e despesas processuais.
>
> Art. 87. Nas ações coletivas de que trata este código não haverá adiantamento de custas, emolumentos, honorários periciais e quaisquer outras despesas, nem condenação da associação autora, salvo comprovada má-fé, em honorários de advogados, custas e despesas processuais.

Por outro lado, o sindicato-autor, nas demandas coletivas, estará isento pagamento de custas, honorário periciais ou quaisquer outras despesas, no caso de improcedência da demanda, salvo se comprovada má-fé (art. 17 LACP c/c art. 87 CDC).

Assim, nas ações coletivas, prevalece a regra de que os honorários advocatícios não decorrem de mera sucumbência, sendo devidos ao sindicato na condição de associação autora (Lei n. 5.584/70), quando a sentença for favorável à coletividade, porém, limitada sua condenação ao pagamento de honorários advocatícios somente na hipótese de comprovada má-fé (art. 17 LACP c/c art. 87 CDC).

20. Especificidades das execuções individuais da ação de cumprimento e das ações coletivas para a tutela de interesses individuais homogêneos

20.1. Desnecessidade de autorização dos substituídos

Em relação à autorização dos substituídos para o ajuizamento de ação de cumprimento e ação coletiva para a tutela de interesses individuais homogêneos e da respectiva execução pelo autor coletivo, o STF, no Leading Case – Recurso Extraordinário n. 883642, firmou a Tese de Repercussão Geral n. 823, no seguinte sentido:

> Tema 823. Legitimidade dos sindicatos para a execução de título judicial, independentemente de autorização dos sindicalizados.
>
> Os sindicatos possuem ampla legitimidade extraordinária para defender em juízo os direitos e interesses coletivos ou individuais dos integrantes da categoria que representam, inclusive nas liquidações e execuções de sentença, independentemente de autorização dos substituídos.

O entendimento do STF está em consonância com o parágrafo único do art. 872, da CLT, o qual prescreve que, as entidades sindicais tem a faculdade de propor ação de cumprimento independentemente da outorga de poderes dos substituídos, como se observa da sua redação, *ipsis litteris:*

> Art. 872 – Celebrado o acordo, ou transitada em julgado a decisão, seguir-se-á o seu cumprimento, sob as penas estabelecidas neste Título.
>
> Parágrafo único – Quando os empregadores deixarem de satisfazer o pagamento de salários, na conformidade da decisão proferida, poderão os empregados ou seus sindicatos, independentes de outorga de poderes de seus associados, juntando certidão de tal decisão, apresentar reclamação à Junta ou Juízo competente, observado o processo previsto no Capítulo II deste Título, sendo vedado, porém, questionar sobre a matéria de fato e de direito já apreciada na decisão.

Desse modo, consoante o entendimento da Suprema Corte brasileira, na Tese de Repercussão Geral, Tema 823, na substituição processual sindical, seja nas ações de cumprimento ou nas demandas coletivas para a tutela de interesses individuais homogêneos, a entidade sindical não está adstrita à autorização dos substituídos tanto o ajuizamento da ação quanto para a execução dos créditos reconhecidos na sentença condenatória coletiva.

20.2. Da natureza peculiar da execução individual nas ações coletivas: execução por artigos

No processo do trabalho, a execução da sentença condenatória, *ab initio*, teve a natureza jurídica de mera fase do processo de conhecimento, inclusive com possibilidade de execução ex officio pelo próprio juízo, nos termos do art. 878 da CLT, quando a parte não estiver representada por advogado.

No processo do trabalho, a execução, assim, sempre teve a natureza de uma mera fase de conhecimento. Devemos recordar que a Justiça do Trabalho nasce como uma justiça administrativa paritária, inspirada nos *Conseils de prud'hommes* (Tribunais Industriais) franceses, criados em 1806, e na *Magistratura del Lavoro*, classista e paritária, instituída em 1926, na Itália e consolidada na Declaração V da *Carta Del Lavoro*, de 1927.

Assim, criada como uma justiça para a resolução de conflitos individuais e coletivos do trabalho, era da gênese do procedimento trabalhista tanto o conhecimento da questão litigiosa quanto a plena entrega do bem da vida ao trabalhador, tendo em vista a natureza alimentícia das verbas pleiteadas. A plena justiça social não se realiza somente com o reconhecimento do direito, mas com a entrega efetiva do bem da vida, razão pela qual, o denominado processo sincrético está na gênese do processo do trabalho.

A concentração da cognição e da execução como fases de um único processo, denominada de sincretismo processual, é a tônica de um processo que visa à efetivação da justiça do social.

No entanto, no que se refere à substituição processual sindical e à tutela de interesses individuais homogêneos, a execução possui algumas peculiaridades em conformidade com a natureza coletiva, abstrata e despersonalizada do processo de cognição e a execução do direito reconhecido em juízo, o qual se reverte para os trabalhadores (vítimas) substituídos, os quais, como vimos, são identificados na liquidação de sentença para a execução, seja individual ou coletiva.

Nesse diapasão, nas ações coletivas, por meio da liquidação e da execução individuais procede-se a habilitação das vítimas e seus sucessores (art. 100 CDC), dando-se conteúdo subjetivo ao título executivo judicial, de início "subjetivamente ilíquido", nos dizeres de Araújo Filho.

Como na liquidação de ações individuais, também na liquidação das sentenças genéricas das ações coletivas não se pode mais indagar a respeito do *an debeatur* (direito reconhecido no título judicial); no, entanto, nos dizeres de Ada Pellegrini Grinover, "cada liquidante, no processo de liquidação, deverá provar, em contraditório pleno e com cognição exauriente, a existência do seu dano pessoal e o nexo etiológico com o dano globalmente causado (ou seja, o *an*), além de quantificá-lo (ou seja, o *quantum*)".

Desse modo, a execução individual da sentença coletiva possui características peculiares, que lhe marcam como um processo judicial relativamente autônomo. Na liquidação, v.g., como aduz Ada Pelegrini Grinover, diante da necessidade de prova de fatos novos, processar-se-á por artigos, sendo que ao liquidante caberá provar a existência do dano individual, seu montante e o nexo de causalidade com o dano genérico reconhecido pela sentença.[(747)]

Devemos lembrar que a liquidação por artigos é aquela na qual o exequente deve provar fato novo, formando-se o que se denomina um mini-processo de conhecimento ou cognição complementar da sentença condenatória. Por este aspecto, a liquidação por artigos diferencia-se das liquidações por cálculos e arbitramento.

Na execução das ações individuais, dessa forma, na medida em que se processa por artigos, tem-se uma fase de cognição complementar, a qual evidencia a sua maior complexidade em relação às meras fases de execução do processo individual.

Além dessa especificidade, a liquidação por artigos das ações coletivas também se diferencia das liquidações por artigos das ações individuais, pois naquelas [ações coletivas] os artigos envolvem a prova do *cui debeatur*, ou seja, da identificação do credor e seu nexo causal com o dano, ao passo que nas liquidações das ações individuais esses elementos já estão contidos no título executivo judicial [sentença condenatória].

20.2. Honorários advocatícios nas execuções individuais

Como vimos, a execução individual das ações coletivas tem uma complexidade decorrente da necessidade da instauração de uma cognição complementar à sentença condenatória, a qual se realizada na execução por artigos, na qual o exequente (*cui debeatur*) deverá provar o seu dano individual, o nexo causal como dano reconhecido na sentença genérica e o *quantum debeatur*. A cognição complementar será ampliada por outros aspectos trazidos pelo executado, como, v.g., a questão prescrição, entre outros.

Tratando-se de processo relativamente autônomo são devidos honorários advocatícios nas execuções individuais, nos termos do art. 85, § 1º, do CPC e art. 791 da CLT, os quais não se confundem com os honorários de sucumbência da ação de conhecimento, revertido para o autor coletivo, pois constituem atividades postulatórias distintas, embora complementares.

---

(747) GRINOVER, Ada Pellegrini. *Código Brasileiro de Defesa do Consumidor...*, cit., p. 818.

O Superior Tribunal de Justiça, STF, firmou tese nesse sentido, no tema Repetitivo, 973, em complemento à Súmula n. 345 daquela corte, ambos *in verbis*:

> Tema 973. Tese: O art. 85, § 7º, do CPC/2015 não afasta a aplicação do entendimento consolidado na Súmula n. 345 do STJ, de modo que são devidos honorários advocatícios nos procedimentos individuais de cumprimento de sentença decorrente de ação coletiva, ainda que não impugnados e promovidos em litisconsórcio.
>
> SÚMULA N. 345. São devidos honorários advocatícios pela Fazenda Pública nas execuções individuais de sentença proferida em ações coletivas, ainda que não embargadas.

Assim, no âmbito das ações coletivas são devidos honorários advocatícios tanto na cognição quanto na execução, considerando-se, inclusive que o executado, após o proferimento da sentença coletiva, em certas situações, teria o condão de efetuar volitivamente a reparação dos danos causados. Veja-se, nesse sentido, que o conhecido procedimento [administrativo] de *recall* adotado por determinadas empresas, em certos casos, constitui uma reparação de danos transindividuais, com a evitação de uma ação coletiva, com sói comum nos Estados Unidos da América.

Capítulo VIII

Ação civil pública

1. Terminologia

Na expressão *ação civil pública*, o vocábulo "civil" é utilizado no sentido de "não penal", ou seja, designa um instrumento processual no qual se postula uma pretensão que se insere no direito privado, ao contrário da ação penal, em que há a veiculação de uma pretensão punitiva tipificada no Código Penal.

Em princípio, o emprego da expressão *ação civil pública* tinha como objetivo distingui-la da ação penal, para diferençar as hipóteses de atuação do Ministério Público. Tratava-se de um enfoque subjetivo, baseado na titularidade ativa do Ministério Público.

Entretanto, o fundamento de que a adjetivação "pública" se baseou na circunstância de ser a ação de titularidade do Ministério Público não se justificava, uma vez que tanto a CF/1988 (art. 129, § 1º) como a LACP, asseguraram legitimidade concorrente-disjuntiva ao *Parquet* e a outras entidades (art. 129, § 1º), com vistas a facilitar o mais amplo acesso à Justiça dos interesses transindividuais, não havendo exclusividade do Ministério Público.

Desse modo, as explicações subjetivas (centradas na legitimação do Ministério Público) deram lugar para justificativas objetivas, referentes à natureza dos interesses protegidos.

Assim, com vistas a fundamentar o caráter público da demanda, passou-se do fundamento subjetivo, concernente à legitimação ativa (já que o Ministério Público não constitui legitimado exclusivo), para o enfoque do seu objeto: a tutela de interesses transindividuais.(748)

Por essa posição, o caráter público não decorreria da concessão de legitimidade ao Ministério Público (como sói acontecer no processo penal, no qual o caráter público emerge da titularidade estatal para promover a ação), mas derivaria do seu objeto precípuo: "a tutela de interesses transindividuais". Como ressalta Rodolfo de Camargo Mancuso, "essa ação não é pública porque o Ministério Público pode promovê-la, a par de outros legitimados, mas sim porque ela apresenta um largo espectro social de atuação, permitindo o acesso à Justiça de certos interesses metaindividuais que, de outra forma, permaneceriam num certo limbo jurídico".(749)

Vale reiterar que os interesses transindividuais não se confundem com os interesses públicos (primários e secundários), por serem de naturezas ontologicamente diversas. O "público" assim deriva mais da relevância social dos interesses protegidos pela ação civil pública do que da natureza desses.

Em verdade, se observarmos com rigor, a expressão "ação civil pública" não possui qualquer correlação com os critérios subjetivo (titularidade da ação) e objetivo (direito material por ela tutelado). Essa denominação foi inserida em nosso ordenamento jurídico pela LC n. 40/81 (Lei Orgânica do Ministério Público), a primeira norma legal a tratar da ação civil pública no ordenamento jurídico brasileiro, num período de pouco amadurecimento da concepção de tutela coletiva no Brasil. Somente um esforço analítico-interpretativo possui o condão de dar-lhe um significado compatível com sua configuração atual. No entanto, esta denominação se encontra consagrada na doutrina e na jurisprudência, com credibilidade e profundo significado, merecendo permanência.

(748) MANCUSO, Rodolfo de Camargo. *Ação civil...*, cit., p. 18.

(749) MANCUSO, Rodolfo de Camargo. *Ação civil...*, cit., p. 21.

2. Conceito

Com esteio na Lei n. 7.347/85, Hely Lopes Meirelles definiu a ação civil pública como "o instrumento processual adequado para reprimir ou impedir danos ao meio ambiente, ao consumidor, a bens e direitos de valor artístico, estético, histórico, turístico e paisagístico e por infrações da ordem econômica (art. 1º), protegendo, assim, os interesses difusos da sociedade".(750)

No âmbito trabalhista, Marcello Ribeiro Silva a define como a ação de responsabilidade por danos morais e patrimoniais causados aos interesses transindividuais afetos às relações de trabalho, entendendo-se como transindividuais os interesses difusos, coletivos e individuais homogêneos.(751)

Carlos Henrique Bezerra Leite considera a ação civil pública como o meio, constitucionalmente assegurado ao Ministério Público, ao Estado ou a outros entes coletivos autorizados por lei, para promover a defesa dos interesses ou direitos transindividuais decorrentes das relações jurídicas reguladas pelo Direito do Trabalho.(752)

Como visto anteriormente, os interesses transindividuais trabalhistas não se limitam às relações jurídicas reguladas pelo Direito do Trabalho. Embora designem uma série de direitos e interesses relacionados com as relações de trabalho, sua aplicação não se limita às relações regulamentadas por este ramo específico do Direito, abrangendo uma série de situações, bens e sujeitos de direitos vinculados direta ou indiretamente às relações de trabalho.

Conquanto o art. 1º da LACP refira-se à ação civil pública como uma ação de responsabilidade por danos morais e patrimoniais, seu objeto pode ser muito mais amplo, por compreender uma série indefinida de tutelas para a salvaguarda dos interesses transindividuais, como as tutelas preventivas, cautelares, inibitórias, constitutivas, declaratórias etc.

Neste diapasão, podemos definir a ação civil pública trabalhista como o instrumento processual, de cunho constitucional, assegurado a determinados autores ideológicos com legitimação prevista em lei (Ministério Público, Defensoria Pública, entes estatais, autarquia, empresa pública, fundação, sociedade de economia mista e associações, entre as quais incluem-se as entidades sindicais), para a tutela preventiva, inibitória, repressiva ou reparatória de danos de qualquer ordem, imateriais ou materiais, morais ou patrimoniais, aos interesses transindividuais — difusos, coletivos e individuais homogêneos — afetos, direta ou indiretamente, às relações de trabalho e aos interesses individuais indisponíveis.

A ação civil pública é um instrumento processual; uma ação de conhecimento. Tem por objetivo a ampla tutela de interesses transindividuais (difusos, coletivos e individuais homogêneos), nos diversos ramos do direito e nos mais diversificados setores da sociedade, com indubitável aplicação ao campo das relações de trabalho.

3. Natureza jurídica

A ação civil pública consiste numa ação de conhecimento, de cunho eminentemente constitucional (art. 129, III, CF/1988), a qual vem se tornando o principal veículo de coletivização do processo trabalhista e de promoção da defesa dos interesses transindividuais na esfera das relações de trabalho.(753) Sua titularidade, no âmbito trabalhista, é conferida, primordialmente, ao Ministério Público do Trabalho, às entidades sindicais e às associações.

4. Objeto

A ação civil pública tem por objeto a defesa de quaisquer das espécies de interesses transindividuais (difusos, coletivos e individuais homogêneos), materiais ou imateriais, que sofram violação ou ameaça de lesão.

---

(750) MEIRELLES, Hely Lopes. *Mandado de segurança*. 22. ed. São Paulo: Malheiros, 2000. p. 153-154.

(751) SILVA, Marcello Ribeiro da. *A ação civil pública e o processo do trabalho*. Ribeirão Preto: Nacional de Direito, 2001. p. 25.

(752) BEZERRA LEITE, Carlos Henrique. *Ação civil...*, cit., p. 97-98.

(753) BEZERRA LEITE, Carlos Henrique. *Tendências...*, cit., p. 34.

Quando da sua promulgação, a Lei n. 7.347/85 dispunha que a ação civil pública tinha como finalidade a responsabilização e consequente reparação de danos causados ao meio ambiente, ao consumidor, a bens e direitos de valor artístico, estético, histórico, turístico e paisagístico.

No projeto que recebeu aprovação, havia a previsão de um inciso IV ao art. 1º da Lei, que previa o cabimento da ação civil pública para a tutela "a qualquer outro interesse difuso", mas este dispositivo recebeu veto da Presidência da República. Com o veto, a ação civil pública, *in initio*, havia nascido podada da sua vocação universal: ser um instrumento de tutela de todo e qualquer interesse transindividual relevante para a sociedade, além daqueles previstos nos demais incisos do art. 1º da Lei.

Com a CF/1988, a ação civil pública foi elevada ao âmbito constitucional, tendo sido consagrada como uma garantia processual para a proteção dos interesses transindividuais. O legislador constituinte retificou o erro decorrente do veto presidencial, ampliando o objeto da ação civil pública, ao atribuir como função institucional do Ministério Público a promoção do inquérito civil e da ação civil pública "para a proteção do patrimônio público e social, do meio ambiente e de outros interesses difusos e coletivos" (inciso III, do art. 129).

Com a promulgação do CDC, foi inserido no art. 1º da LACP o inciso IV, outrora vetado, corroborando a previsão constitucional e dotando-se a ação civil pública de idoneidade para a tutela de "qualquer outro interesse difuso ou coletivo" (art. 1º, IV, LACP).

O CDC, após introduzir o conceito de interesses individuais homogêneos na legislação nacional e disciplinar a sua tutela processual, inseriu o art. 21 à LACP para determinar que, em sede de ação civil pública, aplicam-se à defesa dos direitos e interesses difusos, coletivos e individuais, no que for cabível, os dispositivos do Título III, que trata da "Defesa do Consumidor em Juízo", soterrando as discussões a respeito da possibilidade de tutela dos interesses individuais homogêneos por meio da ação civil pública.

A Medida Provisória n. 1.984-20/2000, constantemente reeditada, acrescentou e alterou alguns dispositivos da Lei n. 7.347/85. Posteriormente, a Medida Provisória n. 2.180/2001 (também constantemente reiterada) manteve as alterações incrementadas pela MP n. 1.984/2000, sendo as alterações mantidas por força do art. 2º da EC n. 32/2001, quando em vigor a última reedição daquela norma — MP n. 2.180-35/2001.[754]

Entre os acréscimos, inseriu o inciso V ao art. 1º para declarar o cabimento da ação civil pública em casos de "infração da ordem econômica e da economia popular" e um parágrafo único ao mesmo artigo para dispor que "Não será cabível ação civil pública para veicular pretensões que envolvam tributos, contribuições previdenciárias, Fundo de Garantia do Tempo de Serviço — FGTS ou outros fundos de natureza institucional cujos beneficiários podem ser individualmente determinados".

Por meio das Leis n. 12.966/2014 e n. 13.004/2014, ampliou-se, respectivamente, o objeto da ação civil pública para a proteção à honra e à dignidade de grupos raciais, étnicos ou religiosos (art. 1º, VII) e ao patrimônio público e social (art. 1º, VIII).

Atualmente, com a previsão do art. 129, III, CF/1988, e com a inserção do inciso IV ao art. 1º da LACP, a ação civil pública constitui um instrumento com aptidão para a tutela de qualquer interesse transindividual, pois o art. 1º da LACP passou a funcionar como *numerus apertus*, o que garante sua plena e ampla aplicação no campo das relações trabalhistas.

4.1. Pretensões referentes ao FGTS

Como exposto anteriormente, a Medida Provisória n. 2.180-35/2001 acrescentou um parágrafo único ao art. 1º da LACP para dispor que "Não será cabível ação civil pública para veiculação de pretensões que envolvam tributos, contribuições previdenciárias, Fundo de Garantia do Tempo de Serviço — FGTS ou outros fundos de natureza institucional cujos beneficiários podem ser individualmente determinados".

(754) A Emenda Constitucional n. 32/2001, de 11.9.01, alterou o art. 62 da Constituição para, entre outras modificações, vedar a edição de medidas provisórias sobre matéria relativa a direito penal, processual penal e processual civil (art. 62, I, *"a"*, da CF/1988).

O interesse imediato do Governo Federal com a edição da referida norma foi, mais uma vez, por meio de tentativa de castração da tutela coletiva, tutelar o interesse público secundário (correspondente ao interesse patrimonial — egoístico — do Estado). Consoante assinala Hugo Nigro Mazzilli, como é rara a recorrência do indivíduo ao Poder Judiciário em questões tributárias ou correlatas, tornou-se um "bom negócio" ocasionar lesões a interesses transindividuais e, concomitantemente, proibir o uso das ações coletivas.(755)

No entanto, a tentativa de limitação do objeto da ação civil pública é formal e materialmente inconstitucional. No aspecto formal, ela não se enquadra nas hipóteses do art. 62 da CF/1988, uma vez que a citada MP não observou os predicados de relevância e urgência para a sua edição. No aspecto material, a norma infraconstitucional viola o art. 129, III, CF/1988, que prevê o cabimento da ação civil pública para a tutela de quaisquer interesses transindividuais, bem como ofende o seu art. 5º, XXXV, que garante o acesso ao Judiciário na hipótese de ameaça ou lesão de qualquer direito.(756) Essa regra não se aplica somente à tutela de direitos individuais, mas também a direitos coletivos, pois o art. 5º da CF/1988 refere-se a ambos.(757)

Embora as normas da LACP e do CDC formem um microssistema processual das ações coletivas, cujas regras, princípios, valores e diretrizes sejam aplicáveis a todas as demandas que versem sobre interesses transindividuais, especificamente em relação à tutela coletiva do FGTS, a Lei n. 8.036/80 possui um preceito específico que possibilita a atuação coletiva para instar o empregador ao recolhimento das importâncias devidas (art. 26), de forma que, ainda que fosse aceitável a alteração imposta ao parágrafo único do art. 1º da LACP, a *lex specialis* prevalece sobre a norma geral, restando ineficaz a alteração perpetrada no dispositivo legal em comento.

A vedação da via coletiva imposta pela referida Medida Provisória também não prevalece em face da LC n. 75/93, norma hierarquicamente superior, que prevê como função institucional do Ministério Público o zelo pela observância dos princípios constitucionais relativos "ao sistema tributário, às limitações do poder de tributar, à repartição do poder impositivo e das receitas tributárias e aos direitos do contribuinte" (art. 5º, II, "*a*").

Especificamente em relação ao FGTS, acrescenta-se que este constitui um direito fundamental assegurado aos trabalhadores urbanos e rurais pelo art. 7º, III, CF/1988 e, como tal, submetido ao princípio da máxima garantia, razão pela qual não poderia uma simples medida provisória obstar a eficaz via coletiva para a sua tutela. A sua condição de direito social insere a sua tutela entre as atribuições constitucionais do Ministério Público, previstas nos art. 127 e 129, II e III, CF/1988 e LC n. 75/93, art. 6º e 83, III, e 84, II, pelos quais assegurasse ao Ministério Público a tutela dos interesses constitucionais e sociais dos trabalhadores.(758)

Por outro lado, ao fazer referência à possibilidade de determinação dos beneficiários individuais, equivocou-se o legislador, olvidando-se que toda tutela coletiva, ainda que verse sobre um interesse essencialmente difuso ou coletivo, possui repercussões nas esferas individuais, ainda que indiretamente, como se observa do instituto da coisa julgada *in utilibus*, previsto no art. 103, § 3º, do CDC. Nesse sentido, como assinala Raimundo Simão de Melo, uma vez que qualquer ofensa difusa ou coletiva enseja, conforme a situação, pleitos de indenizações individuais, o dispositivo em questão parece ter o condão de obstar qualquer ação coletiva, o que não encontra guarida constitucional.(759)

A jurisprudência dos Tribunais Trabalhistas vem consolidando a legitimidade do MPT e das entidades sindicais para as ações civis públicas que versam sobre recolhimento do FGTS.(760)

---

(755) MAZZILLI, Hugo Nigro. *A defesa dos interesses...*, p. 140.

(756) MELO, Raimundo Simão de. *Ação civil...*, cit., p. 97.

(757) MAZZILLI, Hugo Nigro. *Op. cit.*, p. 140.

(758) PEREIRA, Ricardo José Macedo de Britto. Ação civil pública trabalhista e FGTS. *Revista do Ministério Público do Trabalho*, São Paulo, n. 31, p. 113-118, 2006.

(759) MELO, Raimundo Simão de. *Ação civil...*, cit., p. 98.

(760) "*RECURSO DE REVISTA. LEGITIMIDADE* AD CAUSAM *DO MINISTÉRIO PÚBLICO DO TRABALHO PARA O AJUIZAMENTO DE AÇÃO CIVIL PÚBLICA. RECOLHIMENTO DO FGTS. A jurisprudência desta Corte firmou-se no sentido de que o Ministério Público do Trabalho detém legitimidade para ajuizar ação civil pública, não apenas para a defesa de interesses difusos, mas também para tutelar direitos coletivos e individuais homogêneos, desde*

4.2. Controle de constitucionalidade e ação civil pública

4.2.1. Sistemas de controle de constitucionalidade

Com vistas a consagrar efetivamente a superioridade das normas constitucionais sobre as demais normas do ordenamento jurídico, a CF/1988 outorgou, predominantemente, ao Poder Judiciário a competência para o exercício do controle de constitucionalidade das leis e atos normativos. O controle de constitucionalidade é exercido pelas vias concentrada e difusa.

O controle difuso de constitucionalidade, também denominado de controle pela via de exceção ou defesa, ou controle aberto, é realizado por qualquer juízo ou tribunal diante de um caso concreto, sendo que a declaração de inconstitucionalidade dá-se de forma incidental *(incidenter tantum)*, como prejudicial ao exame de mérito.(761) *In casu*, a alegação de inconstitucionalidade é efetuada somente na causa de pedir, não integrando os pedidos da demanda; por conseguinte, ela figura somente na fundamentação da decisão, momento no qual o juízo considera a constitucionalidade ou inconstitucionalidade do ato normativo, mas apenas como fundamento para a apreciação dos demais pedidos; razão pela qual esta apreciação não é abrangida pelos efeitos da coisa julgada. Seus efeitos são limitados às partes do processo *(inter partes)*. O controle difuso de constitucionalidade é comumente exercido por instâncias judiciárias que não possuem competência para a apreciação direta de constitucionalidade de lei ou ato normativo.

O controle concentrado de constitucionalidade (também denominado controle reservado, abstrato ou por via de ação) é realizado pelo Supremo Tribunal Federal, em cinco situações: ação direta de inconstitucionalidade (ADIn), arguição de descumprimento de preceito fundamental, ação direta de inconstitucionalidade por omissão; ação direta de inconstitucionalidade interventiva e ação declaratória de constitucionalidade.(762)

A ação direta de inconstitucionalidade, prevista nos art. 102, I, "a" e 103 da CF/1988, tem como objeto a declaração de inconstitucionalidade de lei ou ato normativo, com eficácia *erga omnes*. Trata-se de um controle abstrato de constitucionalidade, isto é, desvinculado de um caso concreto, exercido pelo STF, cuja legitimidade para acionamento é restrita aos órgãos, entidades e pessoas previstas no art. 103 da CF/1988.

O objeto da ação direta de inconstitucionalidade é a expurgação do sistema jurídico da lei ou ato normativo formal ou materialmente inconstitucional.(763) A declaração de inconstitucionalidade é o núcleo do pedido da ação direta de inconstitucionalidade, devendo o STF declarar a constitucionalidade ou inconstitucionalidade do ato normativo, a qual é abrangida pela coisa julgada, cujos efeitos não são limitados às partes do processo (*inter partes*), mas estendem-se *erga omnes*, inclusive aos demais órgãos do Poder Judiciário.

4.2.2. Diferenças entre ação civil pública e ação direta de inconstitucionalidade

Embora constituam instrumentos jurisdicionais dotados de ampla carga de conflituosidade e politicidade, decorrentes da natureza dos seus pedidos e dos resultados dos seus provimentos jurisdicionais, em virtude de os efeitos da coisa julgada não se limitarem às partes do processo, sendo *ultra partes* ou *erga omnes* na ação civil pública

---

que demonstrada a relevância social destes, em defesa dos direitos assegurados constitucionalmente; o que, no caso, ficou evidenciado, tendo em vista que a ação proposta defende interesses coletivos, com natureza cominatória, no recolhimento do FGTS, razão pela qual a legitimidade está amparada nos arts. 83, III, da Lei Complementar n. 75/93; 127 e 129 da Constituição Federal. Precedentes. Recurso de revista de que se conhece e a que se dá provimento." (TST – RR: 13100920115090025 1310-09.2011.5.09.0025, relator: Valdir Florindo, Data de Julgamento: 26.06.2013, 7ª Turma). *"RECURSO DE REVISTA INTERPOSTO PELO MINISTÉRIO PÚBLICO DO TRABALHO. LEGITIMIDADE PARA PROPOR AÇÃO CIVIL PÚBLICA. FGTS. DIREITOS INDIVIDUAIS HOMOGÊNEOS. O Ministério Público do Trabalho tem legitimidade para ajuizar ação civil pública com o objetivo de resguardar o direito dos empregados aos depósitos corretos do FGTS, por se tratar, simultaneamente, de interesse individual homogêneo e de relevância social. Violação de dispositivos de lei e da Constituição Federal caracterizada. Recurso de revista a que se dá provimento."* (TST — RR: 8037653020015105555 803765-30.2001.5.10.5555, relator: Gelson de Azevedo, Data de Julgamento: 29.08.2007, 5ª Turma, Data de Publicação: *DJ* 06.09.2007)

(761) LENZA, Pedro. *Direito constitucional.* 7. ed. São Paulo: Método, 2004. p. 97.

(762) LENZA, Pedro. *Op. cit.*, p. 104.

(763) *Idem, loc. cit.*

e *erga omnes* na ação direta de inconstitucionalidade, tais ações não se confundem, uma vez que possuem natureza jurídica e estrutura distintas.

De fato, a ação civil pública tem como objeto a tutela de interesses transindividuais — difusos, coletivos e individuais homogêneos —, por meio de pretensão declaratória, constitutiva ou condenatória (obrigação de fazer, não fazer, dar, pagar etc.), e sendo que o objeto da ação direta de inconstitucionalidade, por sua vez, consiste na declaração de inconstitucionalidade de lei ou ato normativo, por meio do exercício do controle concentrado de constitucionalidade.

A ação civil pública tem por finalidade a resolução de ameaça de lesão ou lesão concreta ao objeto litigioso discutido, delineando-se a partir de uma situação jurídica material concreta. A ação declaratória de inconstitucionalidade tem como objetivo a declaração abstrata a respeito da constitucionalidade ou inconstitucionalidade de ato normativo, sem vinculação a uma situação jurídica específica. Equivale a dizer que a ação civil pública permite a *tutela concreta* de interesses despersonalizados (abstratos), enquanto pela ação direta de inconstitucionalidade veicula-se a *tutela abstrata* de interesses abstratos.

Quanto aos efeitos da coisa julgada, na ação civil pública, sua formação ocorre com efeitos *erga omnes* nos interesses difusos e individuais homogêneos, e efeitos *ultra partes* nos interesses coletivos; já na ação direta de inconstitucionalidade, a coisa julgada forma-se *erga omnes*.

Quanto à legitimação ativa, a ação civil pública tem como legitimados os órgãos, pessoas e entidades previstos no art. 5º da LACP c/c e o art. 82 do CDC, ao passo que a ação direta de inconstitucionalidade possui como legitimados os órgãos, pessoas e entidades constantes do art. 103 da CF/1988.

Em relação à competência, a ação civil pública é promovida perante os juízos de primeira instância, ao passo que na ação direta de inconstitucionalidade o STF possui competência exclusiva para o seu julgamento.

4.2.3. Controle de constitucionalidade na ação civil pública

Em virtude do caráter transindividual dos interesses tutelados numa ação civil pública e dos efeitos extensivos da coisa julgada que nela se forma — *erga omnes* ou *ultra partes* —, emergiu ampla discussão a respeito da possibilidade de apreciação e declaração de inconstitucionalidade de lei ou ato normativo em sede de ação civil pública, delineando-se diversas posições doutrinárias a partir de duas premissas distintas: a) efetuação de pedido expresso de declaração de inconstitucionalidade de lei ou ato normativo em sede de ação civil pública; b) possibilidade de controle difuso de constitucionalidade de lei ou ato normativo, com o reconhecimento *incidenter tantum* da inconstitucionalidade.

Em relação à primeira situação, a doutrina é praticamente uníssona no sentido da impossibilidade de utilização da ação civil pública como sucedâneo da ação direta de inconstitucionalidade, por causa de sua inadequação e incompatibilidade com o modelo concentrado de controle de constitucionalidade adotado pela CF/1988.(764) Desse modo, não se admite o manejo da ação civil pública ou de uma ação coletiva para atacar em caráter abstrato a constitucionalidade de uma norma, com efeitos *erga omnes* atuais e futuros, com usurpação pelo juízo da ação civil pública ou coletiva da competência constitucional dos tribunais, aos quais compete, com exclusividade, essa declaração de inconstitucionalidade.(765)

Eventual pedido de declaração de inconstitucionalidade em sede de ação civil pública acarreta a extinção do processo sem resolução do mérito, a teor do art. 330, III, CPC, por inadequação da via processual utilizada e, consequentemente, da falta de interesse processual do autor da demanda coletiva.

(764) SEGATTI, Ana Elisa Alves Brito. O controle de constitucionalidade e a ação civil pública. *Revista do Ministério Público do Trabalho*, São Paulo, n. 30, p. 29, 2005.

(765) MAZZILLI, Hugo Nigro. *A defesa dos interesses...*, cit., p. 135.

No tocante à possibilidade de controle difuso de constitucionalidade em sede de ação civil pública, com a declaração *incidenter tantum* da inconstitucionalidade de lei ou ato normativo, alguns doutrinadores questionam a adequação da ação civil pública para este desiderato, argumentando que nela não se veiculam litígios definidos e concretos, com entrelaçamento de situações objetivas, o que equivaleria à declaração *in abstracto* de inconstitucionalidade, ainda que nominada de *incidenter tantum*. Argumenta-se, ainda, que a eficácia *erga omnes* ou *ultra partes* da coisa julgada que se forma na ação civil pública acaba por transformar o julgado numa decisão com eficácia geral e irrestrita, o que equivale a usurpar a competência do Supremo Tribunal Federal.(766)

No entanto, como assinalamos anteriormente, a ação civil pública diferencia-se da ação direta de inconstitucionalidade por ter como objeto a solução de uma situação concreta, qual seja, a ameaça de lesão ou lesão a um determinado interesse transindividual, não se confundindo com o caráter abstrato da ação direta de inconstitucionalidade, pela qual se veicula somente a declaração de inconstitucionalidade do ato normativo, sem o objetivo de tutelar-se uma situação ou relação jurídica concreta.

Como assinala Ana Elisa Alves Brito Segatti, na ação civil pública as partes estão definidas e a pretensão imediata deduzida em juízo (bem jurídico material) consiste na providência jurisdicional requerida (declaratória, condenatória em obrigação de fazer, não fazer, dar etc.), sendo exatamente essa situação concreta, objeto da ação civil pública, que possibilita a declaração de inconstitucionalidade como questão prejudicial. O reconhecimento incidental de inconstitucionalidade na ação civil pública não retira a norma do sistema, mas apenas afasta a sua aplicação às situações concretas que constituem o objeto da ação.(767)

Por outro lado, não se pode confundir efeitos do julgado com competência, de forma que os efeitos *erga omnes* ou *ultra partes* da decisão proferida na ação civil pública não interferem na competência privativa do STF, uma vez que a questão não é de competência, mas de limites da coisa julgada. Esse entendimento padece da mesma impropriedade que a alteração do art. 16 da LACP pela Lei n. 9.494/97.(768) A coisa julgada *erga omnes* que se forma na ação direta de inconstitucionalidade é vinculativa para toda a sociedade, para todos os jurisdicionados: para o Poder Judiciário e para a Administração pública direta e indireta etc., tanto nos casos de procedência como de improcedência da demanda; na ação civil pública os efeitos *erga omnes* ou *ultra partes* espraiam-se somente perante a coletividade de interessados, conforme a natureza do direito tutelado — difuso, individual homogêneo ou coletivo — e aos entes legitimados para a tutela coletiva, em conformidade com o resultado e o fundamento da decisão (art. 16 da LACP c/c art. 103 e 104 do CDC), sem conteúdo vinculante para os demais.

Neste contexto, não possuem fundamento técnico-processual idôneo as teses que visam diferençar o cabimento do controle difuso de constitucionalidade em sede de ação civil pública com fulcro na natureza do interesse transindividual deduzido em juízo, para afirmar a sua impossibilidade quando se tratar de interesses difusos e coletivos, em face da indeterminabilidade dos interessados, e o seu cabimento na hipótese de interesses individuais homogêneos, situação em que o provimento jurisdicional limitar-se-ia ao grupo de pessoas atingidas. Em todas as hipóteses o controle difuso de constitucionalidade é propiciado pela existência de um litígio judicial com envolvimento de pretensões concretas, diferentemente da ação direta de inconstitucionalidade, possibilitando o reconhecimento *incidenter tantum* da inconstitucionalidade, sem revogação ou anulação da lei, independentemente da natureza do interesse litigioso. Por outro lado, assim como nas lides que versem sobre interesses difusos, a coisa julgada nas demandas sobre interesses individuais homogêneos forma-se *erga omnes*, sendo a primeira fase desse processo estritamente coletivo, isto é, sem qualquer identificação dos interesses, o que só ocorre na fase de liquidação da decisão judicial, o que retira qualquer propriedade da diferenciação pelo objeto.

Nesse diapasão, é plenamente cabível a alegação de inconstitucionalidade de lei ou ato normativo em sede de ação civil pública como fundamento para a tutela do interesse transindividual deduzido em juízo, devendo

(766) SEGATTI, Ana Elisa Alves Brito. *Op. cit.*, p. 29-30.

(767) *Idem, Ibidem*, p. 31-34.

(768) *Idem, Ibidem*, p. 31.

a temática ser analisada como prejudicial de mérito da questão principal. Por consistir a ação civil pública num instrumento processual com vistas à solução de uma ameaça de lesão ou lesão a um interesse concreto, ela exsurge como veículo idôneo para o exercício do controle difuso de constitucionalidade, com efeitos *erga omnes* ou *ultra partes* delimitados pela natureza do interesse transindividual deduzido em juízo e pelos fundamentos da decisão, consoante art. 16 da LACP e arts. 103 e 104 do CDC.

Nada obsta o uso de ação civil pública com vistas à obtenção de bem jurídico concreto, transindividual e perfeitamente definido, sob o fundamento de ser inconstitucional a norma que estaria impedindo o seu gozo.[(769)]

A ação civil pública, como qualquer outra demanda, congrega situações concretas a serem solucionadas, muitas das quais necessitam, em determinados momentos, do exame prévio e incidental da questão da inconstitucionalidade de lei ou ato normativo; a definição das partes e da pretensão deduzida em juízo a diferencia da ação direta de inconstitucionalidade.[(770)] A jurisprudência do STF e dos Tribunais consolidou a possibilidade do controle difuso de constitucionalidade em sede de ação civil pública (cf. RE n. 227.159-GO, 2ª T., STF. Rel. Min. Néri da Silveira, DJU 17.5.2002, p. 73;[(771)] RE n. 424.993/DF — Distrito Federal, Tribunal Pleno, STF, rel. Min. Joaquim Barbosa, j. 12.9.2007, *DJ* 19.10.2007[(772)]).

5. Legitimidade ativa

A legitimidade ativa para a propositura da ação civil pública é extraída da integração da LACP com o CDC. São legitimados ativos para a ação civil pública, de forma concorrente e disjuntiva: a) o Ministério Público; b) a Defensoria Pública; c) a União, os Estados, os Municípios e o Distrito Federal; d) autarquias, empresas públicas, fundações e sociedade de economia mista ou entidades da administração pública direta ou indireta, ainda que sem personalidade jurídica; e) associação civil que esteja constituída há pelo menos um ano, nos termos da lei civil, e que inclua entre suas finalidades institucionais defesa do interesse transindividual levantado (art. 5º, LACP e art. 82, CDC).

As entidades sindicais, como espécie do gênero associação, estão abrangidas pelo rol de legitimados ativos previsto no art. 5º da LACP, tendo, perante o Judiciário Trabalhista, legitimação concorrente e disjuntiva com o Ministério Público do Trabalho e com as associações profissionais. As federações, confederações, centrais sindicais e as associações profissionais, como típicas associações civis, são plenamente legitimadas para a propositura de ação civil pública. Sobre a legitimidade destas entidades, remetemos o leitor ao Capítulo IX desta obra.

5.1. Adequacy of representation *sindical*

Como visto anteriormente, nas ações coletivas, as associações devem guardar uma *adequacy of representation* com a pretensão material deduzida em juízo. Trata-se de requisito processual que está diretamente relacionado à

(769) MAZZILLI, Hugo Nigro. *A defesa dos interesses...*, cit., p. 135.

(770) SEGATTI, Ana Elisa Alves Brito. *Op. cit.*, p. 40.

(771) "1. Recurso Extraordinário. 1. Ação civil pública. Ministério Público. Legitimidade. 2. Acórdão que deu como inadequada a ação civil pública para declarar a inconstitucionalidade de ato normativo municipal. 3. Entendimento desta Corte no sentido de que 'nas ações coletivas, não se nega, à evidência, também, a possibilidade de declaração de inconstitucionalidade, *incidenter tantum*, de lei ou ato normativo federal ou local. 4. Reconhecida a legitimidade do Ministério Público, em qualquer instância, de acordo com a respectiva jurisdição, a propor ação civil pública (CF, arts. 127 e 128, III). 5. Recurso extraordinário conhecido e provido para que se prossiga na ação civil pública movida pelo Ministério Público."

(772) "Recurso extraordinário. Ação civil pública. Controle de constitucionalidade. Ocupação de Logradouros públicos no Distrito Federal. Pedido de Inconstitucionalidade *incidenter tantum* da Lei n. 754/94 do Distrito Federal. Questão de Ordem. Recurso do Distrito Federal desprovido. Recurso do Ministério Público do Distrito Federal prejudicado. Ação civil pública ajuizada pelo Ministério Público do Distrito Federal com pedidos múltiplos, dentre eles, o pedido de declaração de inconstitucionalidade *incidenter tantum* da Lei Distrital n. 754/94, que disciplina a ocupação de logradouros públicos no Distrito Federal. Resolvida questão de ordem suscitada pelo relator no sentido de que a declaração de inconstitucionalidade da Lei n. 754/94 pelo Tribunal de Justiça do Distrito Federal não torna prejudicado, por perda de objeto, o recurso extraordinário. A jurisprudência do Supremo Tribunal Federal tem reconhecido que se pode pleitear a inconstitucionalidade de determinado ato normativo na ação civil pública, desde que *incidenter tantum*. Veda-se, no entanto, o uso da ação civil pública para alcançar a declaração de inconstitucionalidade com efeitos *erga omnes*. No caso, o pedido de declaração de inconstitucionalidade da Lei n. 754/94 é meramente incidental, constituindo-se verdadeira causa de pedir. Negado provimento ao recurso extraordinário do Distrito Federal e julgado prejudicado o recurso extraordinário ajuizado pelo Ministério Público do Distrito Federal."

coincidência entre os fins institucionais da associação (art. 5º, II, LACP) e o interesse transindividual deduzido em juízo.

A *adequacy of representation* em relação aos sindicatos é extraída diretamente da própria norma do art. 8º, III, CF/1988. Poderá o sindicato atuar em face de qualquer empresa abrangida pela categoria econômica correspondente à respectiva categoria profissional por ele representada. Desse modo, um sindicato dos trabalhadores da indústria têxtil poderá agir em face de qualquer empresa do setor têxtil na sua área de representação.

No campo dos interesses transindividuais, a categoria é a referência para a aferição da *adequacy of representation* dos sindicatos no seu campo de atuação primária. Embora, nas demais esferas sociais e mesmo no âmbito da ordem jurídico-trabalhista, poderá o sindicato atuar, ainda que em outra categoria, se presente a pertinência temática em seus estatutos ou compatível com os seus valores e objetivos institucionais, desde que não confrontante com o campo de atuação primária de outra entidade sindical. Ex.: Sindicato de bancários que exige a colocação de portas de segurança nas agências bancárias, tutelando igualmente os trabalhadores pertencentes à categoria dos vigilantes.

Assim, pela *adequacy of representation* nas ações civis públicas sindicais, a legitimação processual de determinado sindicato está diretamente vinculada ao enquadramento da empresa demandada na categoria econômica que corresponde à categoria profissional do mesmo sindicato, não obstante haver situações que envolvam uma ou mais categorias de trabalhadores.

A defesa desses interesses será melhor e seguramente mais defendida pela entidade sindical profissional correspondente à categoria econômica da empresa em face da qual se propôs a ação civil pública. Evidente que um sindicato de trabalhadores da indústria têxtil possui maior segurança e conhecimentos para atuar em face desse ramo da categoria econômica na sua base de representação, ainda que na seara de interesses que pertencem a todos os trabalhadores globalmente considerados ou difusos da sociedade, e poucas probabilidades de atuar em defesa de interesses de trabalhadores de outra categoria, como metalúrgicos, bancários etc. Toda tutela de interesse transindividual por uma associação privada invoca uma *adequacy of representation* para a garantia dos próprios direitos deduzidos em juízo. Interesses socialmente relevantes requerem a proteção por associações completamente idôneas e conhecedoras da peculiar realidade em que se inserem esses mesmos interesses.

5.1.1. *Adequacy of representation* sindical e litisconsórcio ativo de sindicatos

Não se deve confundir a *adequacy of representation* com a matéria a ser debatida em juízo. Independentemente da adequação de representação, o sindicato poderá atuar em defesa de qualquer interesse transindividual ligado, direta ou indiretamente, à categoria por ele representada, devendo apenas sua atuação direcionar-se contra algumas das empresas pertencentes ao ramo de atividade econômica em face do qual ele atua (*adequacy of representation*).

Por esse critério, haverá situações em que um ou mais sindicatos, quando se tratar de tutela de interesses transindividuais, poderão atuar em face de uma mesma situação fática, singular ou conjuntamente, em litisconsórcio. Hipótese outrora impensável diante da unicidade sindical que marca nossa estrutura sindical, no campo do direito material.

Citem-se, como exemplo, as ações civis públicas promovidas por sindicatos de vigilantes com o objetivo de ver instalados, nas agências bancárias, os dispositivos de segurança conforme a Lei n. 7.102, de 20.6.1983, para proteger a incolumidade física dos vigilantes, caso em que também a ação repercutirá sobre demais empregados e, até, em relação aos clientes e todas as demais pessoas que frequentam as agências. Não se há de negar que o provimento jurisdicional favorável venha a tutelar tanto direito difuso da sociedade (segurança em geral, com alcance dos frequentadores e clientes) como direitos coletivos da comunidade de trabalhadores.

A ação coletiva sindical, nesse caso, espraia-se por um universo difuso, sem qualquer ofensa à nossa organização sindical; procedimento que já vem sendo reconhecido pelo Poder Judiciário, para determinar a instalação de dispositivos de segurança nas agências bancárias, como equipamentos elétricos, eletrônicos e de filmagens, que possibilitem a identificação dos assaltantes; artefatos que retardem a ação destes, permitindo sua perseguição, identificação e captura; cabina blindada; portas de segurança; detectores de metais etc. Não se pode relegar ao olvido que a segurança bancária é matéria de direito ambiental do trabalho, cuja proteção é uma das atribuições das entidades sindicais.

Note-se que, nessa hipótese, como os vigilantes constituem categoria diferenciada, a ação do respectivo sindicato também aproveita a categoria dos trabalhadores bancários dos estabelecimentos financeiros atingidos pela medida. Assim, o sindicato dos bancários também teria legitimidade para a propositura de ação civil pública com esse objeto. Além disso, por se tratar de defesa de direitos difusos e coletivos, com grande relevância social, o Ministério Público do Trabalho também detém a legitimação ativa para a propositura de ação civil pública, na hipótese ventilada (art. 129, III, CF/1988).(773)

5.2. Pertinência temática e desnecessidade de previsão estatutária para os sindicatos

Tema também explorado no capítulo anterior e estritamente correlacionado com o da legitimação ativa em matéria de ação civil pública é o referente à pertinência temática para a propositura dessa demanda específica.

Significa a pertinência temática que as associações civis devem incluir em seus fins institucionais à defesa dos interesses transindividuais objetivados na ação civil pública ou coletiva por elas propostas.(774)

Sua previsão encontra-se no inciso II do art. 5º da LACP, ao exigir das associações, para a propositura da ação principal e da cautelar, a inclusão "entre suas finalidades institucionais da proteção ao meio ambiente, ao consumidor, à ordem econômica, à livre concorrência, ou ao patrimônio artístico, estético, histórico, turístico e paisagístico".

Essa previsão estatutária não se limita aos direitos expressamente previstos no art. 5º da LACP, já que o inciso IV do art. 82 do CDC, aplicável à ação civil pública, *ex vi* do art. 21, introduzido na LACP pelo art. 117 do CDC, possibilita a inclusão entre os fins institucionais das associações de qualquer interesse previsto no CDC.

Como bem restou demonstrado no capítulo anterior, em relação ao sindicato, não há necessidade de previsão estatutária para agir em juízo em defesa de interesses transindividuais relacionados direta ou indiretamente à categoria profissional por ele representada ou conexos a ela. Esta sua finalidade é institucional, retirada diretamente do texto do art. 8º, III, CF/1988.

Desse modo, poderá agir o sindicato, independentemente de previsão estatutária específica, em defesa do meio ambiente do trabalho, como também contra a discriminação em todas as suas formas, no combate ao trabalho escravo, na tutela da criança e do adolescente nas relações de trabalho, pois são matérias inerentes à sua área de atuação primária e que encontram guarida na missão constitucional que lhe foi atribuída pelo art. 8º, III, CF/1988.

Vale ressaltar o pensamento de Nelson Nery Junior, com o qual concordamos, segundo o qual as associações e os sindicatos podem defender interesse básico na área de sua atuação primária, mas devem demonstrar pertinência temática para agir em juízo em outras áreas. Cita o seguinte exemplo: "Sindicato dos empregados no setor metalúrgico pode, por óbvio, defender direitos metaindividuais do setor de metalurgia, sem qualquer outra providência formal ou de conteúdo. Mas para defender o meio ambiente, genericamente considerado, é preciso que em seus estatutos esteja prevista essa finalidade associativa. O sindicato ou a associação pode, perfeitamente,

---

(773) A jurisprudência, *v. g.*, tem admitido ações de sindicatos de bancários em matéria de segurança bancária: "AÇÃO CIVIL PÚBLICA — SEGURANÇA BANCÁRIA — INSTALAÇÃO DE PORTAS GIRATÓRIAS. A imposição de obrigação de fazer ao Banco, no sentido da instalação de portas giratórias impeditivas da entrada de pessoas portadoras de objetos de metal de determinada massa, possui respaldo legal nos arts. 2º da Lei n. 7.102/83 e 19, § 1º, da Lei n. 8.213/91, além de respaldo na moldura fático-probatória traçada pelo Regional, que apontou para a diminuição considerável dos assaltos nos bancos que adotaram tal equipamento de proteção. O ordenamento jurídico pátrio em matéria de segurança bancária deve ser visto sob o prisma trabalhista, não tanto pelas normas que visam à recuperação do numerário roubado, mas à prevenção do assalto, diminuindo os riscos de ferimento de morte dos bancários assaltados. Assim, não caracterizada violação direta do art. 5º, II, da Constituição Federal, não se conhece da revista, no particular" (TST-RR — n. 337.490/1997, DJ 31.8.01, p. 635, rel. desig. Min. Ives Gandra Martins Filho).

(774) NERY JUNIOR, Nelson. *O processo do trabalho...*, cit., p. 158.

indicar outras finalidades institucionais secundárias, além daquelas primárias que independem de qualquer outra consideração".[775]

Assim, não há necessidade de constar expressamente do estatuto as palavras do item II do art. 5º da LACP, o que importa é que as associações e os sindicatos defendam valores nos quais se incluem aqueles mencionados na lei.[776]

5.3. Desnecessidade de pré-constituição sindical

O inciso I do art. 5º da LACP exige para as associações civis a pré-constituição há pelo menos um ano. Essa obrigatoriedade de prévia constituição para a propositura de ações civis públicas tem como objetivo conferir a tutela de direitos de largo espectro social a instituições sólidas, estáveis e verdadeiramente integradas à causa defendida em juízo.

A dimensão social dos interesses transindividuais, decorrente da sua larga base subjetiva, fez com que o legislador se cercasse de todos os cuidados ao conferir legitimidade às associações, exigindo presença de pertinência temática, *adequacy of representation* e de prévia constituição. Tal fato decorre da impossibilidade de exercer um controle legal *a priori* dessas instituições, em face da diversidade de espécies e de finalidades desses corpos intermediários no campo social. Evita-se, também, com esse procedimento, a criação oportunista de associações apenas para o ajuizamento de uma ação determinada com o mero intuito promocional por meio de destaque nos meios de comunicação. Buscou-se, com esse procedimento, um equilíbrio entre a concessão da mais ampla legitimação para agir às associações e a segurança dos direitos transindividuais e das relações jurídicas daqueles por eles abrangidos. É com esse intuito assecuratório que a associação autora sofrerá condenação em honorários de advogado, custas e despesas processuais nas hipóteses de comprovada má-fé (art. 18, LACP).

Discussão ainda realizada diz respeito à aplicação do requisito da pré-constituição aos sindicatos. Em que pese posições contrárias respeitáveis, entendemos que aos sindicatos não se aplica a exigência desse requisito. A aquisição de personalidade sindical é precedida de uma série de requisitos e de um trâmite especial a ser observado para o respectivo registro, previsto na Portaria GM/MTE n. 186, *DOU* de 14.4.2008. O Ministério do Trabalho é o órgão competente para a efetuação do registro (art. 8º, I, da CF/1988 e decisão em MI-STF-n. 144/SP, *DJU* de 28.5.1993, p. 10.381, rel. Min. Sepúlveda Pertence), cujo controle acaba sendo efetuado pela própria sociedade, mais especificamente, pelas demais entidades sindicais, por meio de impugnações ao registro.

Ao contrário das demais associações, para a aquisição da personalidade sindical, a entidade interessada deve sujeitar-se a dois registros: um, geral, no Registro Civil de Pessoas Jurídicas (art. 45 do Código Civil e arts. 114 a 121 da Lei n. 6.015/73), que lhe confere personalidade jurídica e a capacidade de ser titular de direito e obrigações, e um específico, o depósito dos seus estatutos no Ministério do Trabalho, para adquirir personalidade sindical e, assim, atuar com todas as prerrogativas conferidas aos entes sindicais e capacidade para defender os interesses da categoria.

Os sindicatos diferenciam-se das demais associações por possuírem existência mais perene, tendo em vista que não são constituídos apenas para atuar circunstancialmente na defesa de determinado interesse transindividual, como sói acontecer nas hipóteses de grande número de vítimas de um mesmo sinistro, como o acidente aéreo envolvendo a TAM ou a explosão do Shopping Continental na cidade de Osasco.[777]

Por outro lado, as finalidades das associações são retiradas da redação dos seus estatutos e dos fins para os quais foram constituídas, sendo que os objetivos dos sindicatos são extraídos diretamente da Constituição Federal (art. 8º, III, CF/1988). Assim, os sindicatos já nascem com uma finalidade predeterminada, o que retira qualquer necessidade de sua pré-constituição.

---

(775) MAZZILLI, Hugo Nigro. *A defesa dos interesses...*, cit., p. 292.

(776) FIORILLO, Celso Antonio Pacheco. *Associação civil...*, cit., p. 302.

(777) MELO, Raimundo Simão de. *Ação civil...*, cit., p. 125.

Ademais, desde o seu primeiro dia de nascimento, os sindicatos são dotados de diversas prerrogativas e poderes que lhes são assegurados na Constituição Federal e em outras normas infraconstitucionais como a representação e a defesa, inclusive, perante as autoridades judiciárias e administrativas, dos interesses individuais e coletivos da categoria; a participação nas negociações coletivas de trabalho; a celebração de acordos e convenções coletivas de trabalho; a eleição ou designação dos representantes da categoria perante órgãos da administração pública; beneficiar-se de contribuições previstas em lei, a propositura de dissídio coletivo perante os Tribunais do Trabalho; convocação de assembleia e deflagração da greve; garantia de emprego aos candidatos; e/ou convocação de ocupantes de cargo de direção ou representação sindical.

Ora, se a entidade sindical, desde a aquisição de sua personalidade sindical, possui entre as suas prerrogativas o poder de celebrar acordos e convenções coletivas de trabalho com efeitos normativos sobre toda a categoria profissional, inclusive a não associados, os quais constituem terceiros em relação ao seu quadro associativo, além de efetuar a defesa extrajudicial ou processual desses direitos, não se poderia exigir que, para a simples tutela de direitos, embora transindividuais, observasse o sindicato o requisito da pré-constituição há pelo menos um ano, por constituir este ato um *minus* em relação àqueles. No mais, seria um contrassenso supor-se que o sindicato poderia propor ação de cumprimento ou o dissídio coletivo, que também constituem instrumentos de tutela de interesses transindividuais, mas não teria legitimidade para proteger esses mesmos interesses, quando possível, pela ação civil pública ou pela ação civil coletiva em razão da exigência do preenchimento da pré-constituição.

E o que dizer nos casos em que, de um mesmo fato, verifique-se o nascimento concomitante de interesses difusos, coletivos ou individuais homogêneos? Nessa hipótese, em razão da natureza da ação, estaria o sindicato legitimado para proteger uma ou outra espécie desses interesses, mas não todas elas?

A dinâmica das ações coletivas no processo do trabalho deve levar em consideração todas as especificidades que marcam os entes legitimados para sua propositura no âmbito da Justiça do Trabalho, concedendo-se interpretação e aplicando-se os institutos extraídos do direito processual comum à luz dos princípios e peculiaridades do direito e do processo do trabalho, como forma de conceder maior eficácia à operacionalização desses instrumentos no campo das relações de trabalho.

Como veremos adiante, o STF tem afastado a exigência de constituição, há pelo menos um ano, às entidades sindicais para o sindicato impetrar mandado de segurança coletivo, o que, *mutatis mutandis*, aplica-se à ação civil pública, tendo em vista que ambas as ações estão vocacionadas para a tutela de interesses transindividuais, o que exige tratamento similar.

Em todo caso, o § 4º do art. 5º da LACP possibilita ao juiz dispensar o requisito da pré-constituição, quando houver manifesto interesse social evidenciado pela dimensão ou característica do dano, ou pela relevância do bem jurídico a ser protegido.

Essa regra reside em importante válvula de escape à rigidez da exigência de prévia existência, há mais de um ano, e possui como desiderato evitar que, por questões formais, pudessem permanecer fora da esfera de proteção judicial as lesões a relevantes interesses.[(778)]

Alertamos, outrossim, para a diferença entre os objetivos pretendidos pelo legislador com a instituição da pré-constituição e a eficácia da atuação sindical no âmbito de defesa dos interesses dos trabalhadores. Nesse sentido, não coadunamos com determinada doutrina que propugna pela aplicação do requisito da pré-constituição, como forma de aferir-se a sua representatividade. O requisito da prévia constituição não tem como finalidade aferir a representatividade das associações, questão que sequer pode ser objeto em sede de ação civil pública ajuizada por sindicato, uma vez que, a partir da sua existência legal, tem ele legitimidade para atuar em juízo.

Representatividade é critério de aferição da eficácia subjetiva da ação sindical, cuja discussão não pode ser realizada em sede de ação civil pública, por tratar-se de tema ligado à política sindical e não à legitimidade *ad*

(778) PFEIFFER, Roberto Augusto Castellanos. *As associações civis...*, cit., p. 159.

causam ou ao requisito da pré-constituição. Este tem como finalidade aferir a estabilidade e a solidez da associação na defesa do interesse transindividual durante sua existência, qualidades que o legislador presumiu existentes após o período de um ano. Não basta a associação inserir em seus estatutos a defesa de determinado direito individual, devem a sua existência e funcionamento ser efetivamente direcionados para esse objetivo, com práticas concretas durante a sua existência. Esse é o objetivo que pretende alcançar o requisito da pré-constituição, o qual é preenchido pelos sindicatos, legalmente, desde seu nascimento por força de dispositivo constitucional. Não se questiona se o sindicato possui representatividade, conforme o significado conferido pela política sindical, mas representação *(adequacy of representation)*, e esta é aferida a partir do depósito dos seus estatutos no Ministério do Trabalho.

Ademais, eventuais prejuízos que seriam decorrentes de hipotética ausência de representatividade — e não de representação — encontrariam óbice na disposição peremptória da LACP que atribui ao Ministério Público a atuação como fiscal da lei, na mencionada ação, quando não for o *Parquet* o ente ajuizador da ação (art. 92, CDC).

Não se trata de faculdade do Órgão Ministerial, mas de obrigatoriedade. Não adotou o legislador brasileiro a regra presente no direito italiano, onde o Código, expressamente, confere ao Ministério Público, quando intimado pelo magistrado para integrar determinada lide, a discricionariedade para reconhecer, ou não, a existência do interesse público com capacidade de legitimar a sua atuação.

Também não cogitou o legislador brasileiro da natureza do direito individual demandado em juízo. Disponível ou indisponível, a presença do Ministério Público será sempre necessária, ainda quando proposta a demanda coletiva por outro ente legitimado.

Os interesses transindividuais — mesmo que individuais homogêneos disponíveis — são revestidos de intensa conflituosidade e são cercados por um alto grau de politização e são "conhecidos os riscos inerentes a toda e qualquer ação de natureza coletiva, sobretudo quando se escolhe o esquema da legitimação concorrente e disjuntiva: riscos de colusão entre os sujeitos do processo, de pressões descabidas do autor coletivo, de manobras visando arrancar vantagens indevidas em troca da desistência ou do abandono da causa. Por isso, o legislador tomou a cautela de exigir a presença do Ministério Público, quando não seja o autor da ação, na qualidade de fiscal da lei".(779)

Como fiscal da lei, ao Ministério Público é conferida vista dos autos depois das partes; o direito de ser intimado de todos os atos do processo; a produção de provas; o requerimento de medidas ou diligências processuais (art. 179, CPC).

Além destas atribuições, ao Ministério Público caberá: a assunção da titularidade ativa da ação civil pública, na hipótese de desistência infundada ou abandono da ação pelo sindicato ou outro colegitimado; aditamento e complementação dos pedidos formulados, podendo figurar como litisconsorte; tomada de providências para a responsabilização criminal dos causadores de ato lesivo e delituoso; opinião a respeito da observância das regras processuais e sobre o mérito da demanda; interposição de recurso da decisão proferida; proceder à execução da decisão favorável.(780)

5.4. Litisconsórcio ativo

A legitimação para as ações civis públicas é concorrente e disjuntiva. Concorrente porque a legitimação processual é concedida, por lei, a diversas entidades, de modo que uma mesma pretensão material pode ser deduzida em juízo por entes igualmente legitimados. Disjuntiva porque cada um dos entes legitimados pode atuar isoladamente em juízo, independentemente da anuência, da autorização ou da participação dos demais.

A natureza disjuntiva da legitimação permite que os legitimados atuem em juízo em conjunto ou isoladamente. A atuação em conjunto, sob a forma de litisconsórcio, dá-se sempre de modo voluntário, caracterizando o denominado litisconsórcio ativo facultativo, sendo previsto no § 2º do art. 5º da LACP. A formação do litisconsórcio

(779) GRINOVER, Ada Pellegrini. *Código Brasileiro de Defesa do Consumidor...*, cit., p. 803.

(780) MELO, Raimundo Simão de. *Ação civil...*, cit., p. 143.

facultativo pode ocorrer *ab initio*, desde a propositura da demanda, com a união de dois ou mais colegitimados, ou ulteriormente, formando-se no curso do processo, por intervenção superveniente de um dos colegitimados em ação inicialmente proposta por outro legitimado. Também poderá haver litisconsórcio entre Ministérios Públicos (§ 5º do art. 5º da LACP).

5.5. Amicus curiae *nas ações coletivas*

Amicus curiae (amigo da corte) designa uma pessoa, natural ou jurídica, entidade ou instituição que, embora não sendo parte numa relação jurídica processual, tem admitidas a sua legitimidade e a sua representação adequada para figurar em juízo com vistas a fornecer subsídios à decisão pelo órgão julgador. O ingresso em juízo poderá ser voluntário, provocado por requerimento de uma das partes ou determinada *ex officio* pelo juízo.

A figura do *amicus curiae* vem prevista no art. 138 do Código de Processo Civil, segundo o qual *"O juiz ou o relator, considerando a relevância da matéria, a especificidade do tema objeto da demanda ou a repercussão social da controvérsia, poderá, por decisão irrecorrível, de ofício ou a requerimento das partes ou de quem pretenda manifestar-se, solicitar ou admitir a participação de pessoa natural ou jurídica, órgão ou entidade especializada, com representatividade adequada, no prazo de 15 (quinze) dias de sua intimação".*

Trata-se de uma intervenção de terceiros sui generis, cuja finalidade é auxiliar o órgão julgador com subsídios materiais ou jurídicos. Diferentemente do litisconsórcio e da assistência, cujos contornos e poderes já são previstos na norma processual, competirá ao juiz ou relator definir os poderes do *amicus curiae* (art. 138, § 2º, CPC), porém, não terá autorização para a interposição de recursos, salvo a oposição de embargos de declaração e recorre da decisão que julgar o incidente de resolução de demandas repetitivas (art. 138, §§ 1º e 3º, CPC). O *amicus curiae*, porém, pode recorrer de eventual decisão que não o admitiu no processo (STF – ADI n. 3.105-8, rel. Min. Cezar Peluso, *DJ* 23.02.2007).

A figura do *amicus curiae* é compatível com o subsistema das ações coletivas, sendo inclusive prevista na Lei n. 6.385/76, que permite o ingresso da Comissão de Valores Mobiliários nos processos judiciários que tenham por objeto matéria de sua competência, sendo-lhe facultada a apresentação de pareceres ou esclarecimentos (art. 31). Também vem prevista na Lei n. 8.884/94, que possibilita ao CADE (Conselho Administrativo de Defesa Econômica), o ingresso como "assistente" em ações judiciais que versam sobre a aplicação dos dispositivos do referido diploma normativo, que versa sobre a prevenção e a repressão às infrações contra a ordem econômica.

A admissão do *amicus curiae* depende do preenchimento de dois requisitos, a representatividade adequada e a especificidade do tema objeto da demanda ou a repercussão social da controvérsia. A Lei n. 9.868/1999, que trata sobre o processo e julgamento da ação direta de inconstitucionalidade e da ação declaratória de constitucionalidade exige, para a intervenção como *amicus curiae*, "a relevância da matéria e a representatividade dos postulantes".

6. Desistência ou abandono da ação

6.1. Pelos sindicatos e associações

Em face da relevância social dos interesses transindividuais e da sua repercussão na esfera jurídica de um grande número determinado ou indeterminado de pessoas, o legislador cercou a sua tutela de diversos cuidados quando defendidos em juízo por associação legitimada, como verificamos na exigência de pertinência temática, *adequacy of representation* e pré-constituição da associação.

Uma outra garantia é prevista no § 3º do art. 5º da LACP, ao dispor que "Em caso de desistência infundada ou abandono da ação por associação legitimada, o Ministério Público ou outro legitimado assumirá a titularidade ativa".

À desistência ou abandono de uma ação civil pública trabalhista pelo sindicato-autor ou associação-autora, caberá ao Ministério Público do Trabalho, ou a qualquer outro legitimado, assumir a titularidade da ação. No caso da assunção da ação pelo Ministério Público, conjugar-se-á a função de parte com a de fiscal da lei. A previsão de assunção por outro legitimado, em caso de desistência ou abandono, decorre do fato de os legitimados ativos não serem os titulares do direito material deduzido em juízo, sobre o qual não têm disponibilidade.

Essa assunção da demanda pelo Ministério Público, no entanto, não é obrigatória. O *Parquet* somente terá a obrigação de assumir sua promoção se a desistência ou o abandono forem infundados. Identificando o Ministério Público hipótese em que deva atuar, sua iniciativa será obrigatória; nos casos contrários, não lhe é exigida essa postura.

Dessa forma, não é qualquer desistência que justifica a assunção da titularidade ativa, mas somente a infundada, de forma que se o autor formalmente desistir do processo, *v. g.*, porque o réu já sanou completamente todos os danos, ou porque a associação autora tema ser considerada litigante de má-fé (por exemplo, após manifestação do Ministério Público nesse sentido), com a possibilidade de sofrer encargos de sucumbência (honorários, despesas processuais etc.), não haverá necessidade da assunção pelo Ministério Público.(781)

Ao decidir se assume ou não o prosseguimento da ação, o órgão do Ministério Público deverá pautar-se por critérios semelhantes de quando propõe ou deixa de propor uma demanda. Não se concebe que o Ministério Público esteja obrigado a assumir lides temerárias ou infundadas propostas por associações civis sem a menor viabilidade processual. Hugo Nigro Mazzilli considera que, nessa hipótese, a não assunção pelo órgão do Ministério Público deverá ser submetida à homologação pelo Conselho Superior do Ministério Público, como nas hipóteses de não propositura de ações.(782)

6.2. Pelo Ministério Público do Trabalho

6.2.1. Inaplicabilidade dos princípios da obrigatoriedade e da indisponibilidade

Como se observa do § 3º do art. 5º da LACP, não há previsão de assunção da demanda por outro colegitimado no caso de desistência ou abandono pelo Ministério Público.

Neste contexto, há discussão sobre a possibilidade de o Ministério Público desistir da ação em face do princípio da obrigatoriedade, tomando-se como parâmetro o conceito do processo penal(783); princípio contido no art. 24 do Código de Processo Penal: "a ação penal será promovida por denúncia do Ministério Público", o qual se complementa com o princípio da indisponibilidade, contido no art. 42 do mesmo estatuto, que dispõe, *ipsis litteris*, que "O Ministério Público não poderá desistir da ação penal".

Pelo princípio da obrigatoriedade (legalidade ou necessidade) da ação penal, não possui o Ministério Público o arbítrio ou a discricionariedade para mover ou não a ação, de forma que, diante da existência de elementos que indiquem a ocorrência de um fato típico e antijurídico, é o órgão obrigado a promover a ação penal. O princípio da indisponibilidade, por sua vez, é corolário do princípio da obrigatoriedade, e exige que, uma vez instaurado o inquérito penal ou o processo, estes não podem ser paralisados indefinidamente ou arquivados discricionariamente.(784) Ele se completa com a regra do art. 28 do CPP, que dispõe, *in verbis*, que "se o órgão do Ministério Público, ao invés de apresentar a denúncia, requerer o arquivamento do inquérito policial ou de quaisquer peças de informação, o juiz, no caso de considerar improcedentes as razões invocadas, fará remessa do inquérito ou das peças de informação ao procurador-geral, e este oferecerá a denúncia, designará outro órgão do Ministério Público para oferecê-la, ou insistirá no pedido de arquivamento, ao qual só então estará o juiz obrigado a atender", e com o art. 576 do mesmo estatuto, o qual determina que "O Ministério Público não poderá desistir de recurso que haja interposto".

---

(781) DINAMARCO, Pedro da Silva. *Ação civil pública*. São Paulo: Saraiva, 2001. p. 232.

(782) MAZZILLI, Hugo Nigro. *A defesa dos interesses...*, cit., 367.

(783) LEONEL, Ricardo de Barros. *Manual do processo...*, cit., p. 349.

(784) MIRABETE, Julio Fabbrini. *Processo penal*. 3. ed. São Paulo: Atlas, 1994, *passim*.

A obrigatoriedade e a indisponibilidade da ação penal têm como fundamento os princípios, institutos e peculiaridades do direito penal, cuja prerrogativa processual é privativa do Ministério Público nos casos de ação penal pública (art. 129, I, CF/1988), o que o torna *dominus litis* da ação penal pública, tendo em vista, nos dizeres de Julio Fabbrini Mirabete, o relevante interesse público e social no exercício do *jus puniendi* pelo Estado, o qual retira dos órgãos encarregados da persecução penal os poderes discricionários para apreciar a conveniência ou oportunidade de apresentar a pretensão punitiva ao Estado-Juiz.(785)

Referidos princípios não possuem aplicação em sede de ação civil pública, de forma que o Ministério Público não tem a obrigatoriedade de aforamento da demanda em toda e qualquer hipótese, nem tem inviabilizada a desistência de ação já proposta, ou deva efetuar a assunção obrigatória do polo de ação proposta por outro colegitimado no caso de desistência por parte deste. Não há previsão legal dos princípios da obrigatoriedade e da indisponibilidade em sede de ação civil pública; sendo que o próprio legislador constituinte, que previu a exclusividade do *Parquet* para a propositura da ação penal pública (art. 129, I, CF/1988), a afastou expressamente das ações civis, permitindo a atuação de terceiros colegitimados (art. 129, § 1º, CF/1988). Por outro lado, a indisponibilidade em sede de ação civil pública diz respeito ao direito material deduzido em juízo, e não aos aspectos processuais.

Como ressalta Hugo Nigro Mazzilli, "no processo penal, o Ministério Público não pode desistir da ação, mas isso só ocorre porque a lei o veda expressamente. Neste particular, não cabe analogia entre a ação penal pública e a ação civil pública porque o Ministério Público não é titular desta última, nem o Estado é titular material dos interesses transindividuais que são o objeto do processo coletivo. As situações diferem totalmente".(786)

O Ministério Público não está obrigado a propor a demanda em situações em que se vislumbre a precariedade da prova colhida ou o insucesso da ação, nem tampouco deva assumir o polo ativo em demanda proposta por colegitimado, nas hipóteses de lides mal formuladas, demandas temerárias etc. Como assevera Ricardo de Barros Leonel, a obrigatoriedade é relativa para o Ministério Público, em conformidade com as circunstâncias do caso concreto.(787) A obrigatoriedade de agir somente se verifica quando o *Parquet* identifique no caso concreto hipótese que exija a sua atuação. A decisão sobre assumir o prosseguimento da ação deve pautar-se pelos mesmos critérios aferidos nas situações em que ele propõe ou deixa de propor uma ação. Se no curso da ação civil pública, por exemplo, surgirem fatos que comprometam o seu êxito, como a superação da questão nos tribunais, ou se afira que a ação está insuficiente, inadequada ou erroneamente proposta, a desistência, a não propositura ou a não assunção da ação baseiam-se em justa causa para não prosseguir.(788)

6.2.2. Desnecessidade de remessa dos autos ao Conselho Superior do Ministério Público

Discute-se na doutrina se a desistência da demanda, a renúncia do direito de recorrer, a desistência de eventual recurso interposto ou a não assunção da ação pelo *Parquet* devam ser submetidas ao Conselho Superior do Ministério Público. A celeuma tem como parâmetro o § 1º do art. 9º da LACP, que determina a remessa dos autos do inquérito civil ou das peças de informação para o Conselho Superior do Ministério Público, nas hipóteses de arquivamento, quando convencido o órgão do Ministério Público da inexistência de fundamento para a propositura da ação civil (art. 9º, *caput*, LACP), podendo o Conselho Superior homologar ou rejeitar a promoção de arquivamento, hipótese em que designará outro membro para o ajuizamento da ação (art. 9º, § 4º, LACP). Sustenta-se ainda na aplicação analógica do art. 28 do Código de Processo Penal.

Hugo Nigro Mazzilli considera necessária a remessa prévia ao Conselho Superior do Ministério Público nas hipóteses acima citadas, fundamentando que "Se para o menos (não propor a ação) deve-se obter a homologação do Conselho, com maior razão se deve obtê-la para o mais (desistência em ação já proposta)".(789) No mesmo sentido, Raimundo Simão de Melo.(790)

---

(785) *Idem, ibidem*, p. 47.

(786) MAZZILLI, Hugo Nigro. *A defesa dos interesses...*, cit., p. 366.

(787) LEONEL, Ricardo de Barros. *Manual do processo coletivo*. São Paulo: Revista dos Tribunais, 2002. p. 350.

(788) MAZZILLI, Hugo Nigro. *Op. cit.*, p. 366-371.

(789) MAZZILLI, Hugo Nigro. *A defesa dos interesses...*, p. 372.

(790) MELO, Raimundo Simão de. *Ação civil...*, cit., p. 141.

Não obstante autorizada doutrina no sentido acima exposto, o princípio da indisponibilidade não tem previsão expressa em sede de ação civil; a norma do art. 28 do CPP que exige a remessa dos autos do inquérito ou da ação penal ao Procurador-Geral tem como fundamento o princípio da indisponibilidade previsto no art. 42 do mesmo estatuto processual, que obsta a desistência da demanda pelo órgão do Ministério Público nas hipóteses de ação penal, complementada pelo art. 576 que veda a desistência de recurso interposto pelo Ministério Público, não havendo possibilidade de aplicação analógica de norma restritiva de prerrogativa ministerial.

Diversamente, vislumbramos que o arquivamento dos autos do inquérito ou das peças de informação por membro do *Parquet* não constitui um *minus* perante a desistência da ação coletiva, uma vez que, na primeira hipótese, há disposição referente ao mérito da própria inexistência ou não de lesão ao direito material, livrando-se o réu de eventual responsabilização por danos causados a um determinado interesse transindividual em caso do arquivamento, ao passo que na desistência judicial os efeitos limitam-se aos aspectos processuais, podendo a ação ser proposta novamente. O arquivamento de um procedimento investigatório libera o réu de responder por eventuais prejuízos causados, podendo, inclusive, o relatório de arquivamento ser utilizado em seu benefício perante demandas propostas por terceiros, enquanto eventual desistência não adentra ao mérito da demanda, não prejudicando nem beneficiando quaisquer das partes.

O controle do arquivamento pelo Conselho Superior configura uma questão *interna corporis*, consistente na necessidade de controle da atividade dos órgãos do Ministério Público, máxime quando não houve a movimentação da máquina judiciária; desse modo, uma vez aforada a ação coletiva, não há justificativa para um controle *interna corporis* sobre a atividade processual do órgão do Ministério Público, bastando a homologação judicial da desistência pelo juízo, para que ocorra a extinção do feito sem julgamento do mérito, até porque não se encontra o magistrado jungido a qualquer manifestação do Conselho Superior do Ministério Público.[791]

A aplicação analógica do art. 28 do CPP, pela qual compete ao juiz remeter os autos ao Procurador-Geral, não é possível em sede de ação civil pública, uma vez que o Procurador-Geral do Trabalho, no caso de ação civil pública trabalhista, não possui competência para deliberar sobre essa matéria, mas somente sobre questões administrativas, não podendo interferir na atuação de membro do *Parquet*, com violação da sua autonomia e independência funcionais.[792]

Nesse mesmo sentido, não se pode transferir ao magistrado o controle dos atos do membro do Ministério Público como apregoa determinada doutrina, considerando que, pela relevância e a natureza pública dos interesses transindividuais, o magistrado deveria exercer a fiscalização e o controle da desistência por qualquer legitimado, inclusive pelo Ministério Público, devendo, quanto a este, remeter os autos ao Conselho Superior do Ministério Público, quando verificar a não assunção ou a desistência infundada. Se o próprio membro do Ministério Público não está obrigado a submeter a questão ao Conselho Superior, por este instituto não ter sede processual, não pode o magistrado igualmente fazê-lo, pela mesma falta de previsão.

Em havendo discordância quanto à desistência, cabe ao magistrado não a homologar, ou homologá-la, oficiando à Corregedoria do Ministério Público para apuração das causas da desistência e eventual responsabilização do membro do *Parquet*, podendo a questão ser proposta em nova demanda.

Eduardo Henrique Raymundo von Adamovich, ao defender a aplicação analógica do art. 9º da LACP em sede de ação civil pública, assinala que diante de uma concordância do Conselho Superior com a desistência da ação ou de fundada recusa do membro do *Parquet*, sem designação de novo membro do *Parquet* para prosseguir, o juiz não está adstrito a acatar a decisão do Conselho Superior do Ministério, em face do princípio da separação dos Poderes, cabendo-lhe prosseguir de ofício, determinando as provas para o deslinde da controvérsia, assegurando a participação das partes, o contraditório, e os demais atos e termos do processo até a decisão final.[793]

(791) LEONEL, Ricardo de Barros. *Op. cit.*, p. 352.

(792) MELO, Raimundo Simão de. *Op. cit.*, p. 142.

(793) ADAMOVICH, Eduardo Henrique Raymundo von. *Sistema da ação civil pública no processo do trabalho*. São Paulo: LTr, 2005. p. 299.

Nesse caso, consideramos que o excesso de tentativa de controle judicial levaria à situação teratológica da existência de um processo sem parte no polo ativo, com contundente quebra do princípio da imparcialidade do juiz, uma vez que este teria que praticar atos de disposição da parte, inclusive no concernente à eventual liquidação de sentença e futura execução.

7. Legitimidade passiva

Qualquer pessoa física ou jurídica, pública ou privada poderá figurar como ré numa ação civil pública, bastando que tenha adotado conduta lesiva, ou potencialmente lesiva, a interesses transindividuais de natureza trabalhista, seja na condição de empregadora ou a qualquer outro título.

São, assim, também legitimados passivos na ação civil pública, os profissionais liberais, as instituições de beneficência, as associações recreativas, instituições sem fins lucrativos, entes sem personalidade jurídica — condomínio, massa falida, espólio, herança jacente ou vacante, sociedades despersonalizadas —, União, Estados, Distrito Federal, Municípios, suas autarquias e fundações públicas de direito público, empresas públicas e sociedades de economia mista, desde que causem dano ou ameaça de dano aos interesses transindividuais dos trabalhadores, principalmente na condição de empregadores.

7.1. Litisconsórcio passivo

Se a lesão ou a ameaça de lesão a interesse transindividual dos trabalhadores for efetuada por duas ou mais pessoas físicas ou jurídicas, ainda que de naturezas jurídicas distintas, passível será a ação civil pública contra todos os agentes, na condição de litisconsortes, de forma que possibilite a reparação integral do bem jurídico lesado ou a proteção total do ameaçado.

Assim, é perfeitamente possível o litisconsórcio no polo passivo da relação processual coletiva, pois o § 2º do art. 5º da LACP faculta ao Poder Público e a outras associações legitimadas a habilitarem-se como litisconsortes de qualquer das partes, isto é, tanto no polo passivo como no ativo. Não há limitação quanto à legitimidade para compor o polo passivo de uma ação civil pública, dá-se a ela toda a amplitude possível, de modo que garanta uma completa e eficaz proteção dos interesses transindividuais.

Por exemplo, num dano a interesse transindividual trabalhista por empresa pública, poder-se-ia enquadrar, no polo passivo de eventual ação civil pública, o dirigente ou o administrador público que agiu com abuso de poder ou praticou atos irregulares, com inobservância das normas legais e estatutárias e extrapolando os poderes que lhe foram conferidos. Também o administrador que, dolosamente, adota um comportamento discriminatório, ilegal ou abusivo de direito, deverá ser guindado ao polo passivo da ação civil pública, para que também possa responder pelos danos causados.

Também seria exemplo de litisconsórcio passivo a hipótese de emprego de trabalhadores subordinados mediante cooperativa de trabalho, situação que possibilita a propositura de ação civil pública em face da cooperativa e dos tomadores de serviço. *In casu*, tratar-se-ia de um litisconsórcio passivo, simples e facultativo.[(794)]

Não se pode olvidar, outrossim, que o princípio da desconsideração da pessoa jurídica, consagrado nos art. 28 do CDC e 50 do CCB, é plenamente aplicável às ações trabalhistas coletivas, consistindo em verdadeiro instrumento de responsabilidade de todos os causadores do dano a ser reparado.

8. Assistência

Uma leitura assistemática do § 2º do art. 5º da LACP poderá ilaquear o intérprete, levando-o à conclusão pela negação do cabimento da assistência em sede de ação civil pública. Isso porque esse dispositivo legal dispôs sobre a possibilidade de litisconsórcio a quaisquer das partes, silenciando-se a respeito do instituto da assistência.

(794) SILVA, Marcello Ribeiro. *Op. cit.*, p. 158.

No entanto, a assistência em ações para a defesa de interesses transindividuais não é novidade, pois a Lei n. 4.717/65 já previa o cabimento da assistência nas ações populares (art. 6º),(795) de modo que abre um horizonte para a aceitação da assistência nas ações civis públicas.

Se o colegitimado na ação civil pública pode participar da lide na condição de litisconsorte, evidente que poderá intervir como assistente, simples ou litisconsorcial. É, assim, perfeitamente cabível a assistência nas ações civis públicas. Ante a inexistência de incompatibilidade, são aplicáveis subsidiariamente os arts. 119 a 124 do CPC, consoante a permissão do art. 19 da LACP.

8.1. Dos colegitimados

Perfeitamente possível a assistência dos demais colegitimados ao polo ativo da ação civil pública proposta por outro colegitimado. Se eles possuem poderes para atuar como parte na propositura de ação civil pública, com muito mais razão, poderão atuar na condição de assistentes, já que existente o mesmo interesse jurídico.

Nesta hipótese, a assistência do colegitimado que intervier na lide qualificar-se-á como litisconsorcial,(796) uma vez que a sentença influirá na relação jurídica existente entre os representados pelo assistente e o adversário do assistido (art. 124, CPC).

Desse modo, poderá a entidade sindical profissional intervir, na condição de assistente litisconsorcial, em ação civil pública proposta pelo Ministério Público do Trabalho para a regularização das condições de saúde, higiene ou segurança do trabalho, em face de determinada empresa, componente do seu âmbito de representação.

Da mesma forma, uma associação profissional poderá intervir como assistente litisconsorcial em determinada ação civil pública proposta pelo sindicato da categoria. Cite-se a hipótese de uma associação de pensionistas de determinada empresa assistir ao sindicato da categoria em ação civil pública em que se pleiteia determinada conduta que se refletirá nos trabalhadores aposentados daquela mesma entidade empresarial.

8.2. Dos interessados individuais

Assim como os cidadãos, os trabalhadores e demais interessados individuais não possuem legitimidade ativa para propositura de ação civil pública, uma vez que não constam do rol de legitimados previsto pelo art. 5º da LACP; nesse contexto, indaga-se da possibilidade de seu ingresso, como assistente do polo ativo, nas ações civis públicas propostas por qualquer dos colegitimados.

Rodolfo de Camargo Mancuso não admite a intervenção assistencial ativa de indivíduos em ação civil pública para a defesa de direitos difusos e coletivos; segundo o autor, "a legitimação prevista no art. 5º, da Lei n. 7.347/85, é ordinária, já que cada qual dos legitimados exercita direito próprio, assegurado numa norma legal, embora o objeto da ação por sua larga extensão abranja outros cidadãos e instituições. Situação de resto análoga à da ação popular. De todo modo, cremos que há um impedimento para se admitir o ingresso do cidadão como litisconsorte originário ou ulterior ou ainda assistente, no polo ativo em ação civil pública cujo objeto seja interesse difuso ou coletivo (CDC, art. 81, I e II): é que faltaria, a nosso ver, interesse processual, já que o objeto da ação não lhe pertence individualmente, nem poderá, em execução, ser 'fracionada' para que lhe seja atribuída sua 'quota-parte', como se dá no pleito envolvendo interesses individuais homogêneos — CDC, art. 97".(797)

No mesmo sentido, é o entendimento de Nelson Nery Junior, para quem "particular não pode ingressar na ACP como assistente simples, pois sua esfera jurídica privada, individual, não será atingida pela sentença. Somente nas ações coletivas para a defesa de interesses individuais homogêneos (CDC, art. 81, parágrafo único, III, 91 e ss.)

(795) Lei n. 4.717/65: "§ 5º É facultado a qualquer cidadão habilitar-se como litisconsorte ou assistente do autor da ação popular".

(796) NERY JUNIOR, Nelson; NERY, Rosa Maria de Andrade. *Op. cit.*, p. 1.517.

(797) MANCUSO, Rodolfo de Camargo. *Ação civil...*, cit., p. 186.

é que pode haver o ingresso do lesado individual, na qualidade de litisconsorte (CDC, art. 94), porque o direito discutido em juízo é dele também".(798)

Francisco Antonio de Oliveira manifesta-se pelo não cabimento da assistência individual, e assinala que se tem "pela legitimação restrita em âmbito de ação civil pública que o cidadão não poderá integrar a lide no polo ativo, na qualidade de litisconsorte ou de assistente. Esse direito está restrito aos entes legalmente legitimados".(799)

Ricardo de Barros Leonel elucida que "Na demanda ajuizada em defesa de interesses difusos ou coletivos, não é possível a intervenção como litisconsorte ou assistente (simples ou qualificado) de pessoa jurídica ou física não legitimada a *sponte propria* propor a mesma demanda, por inexistência de interesse jurídico, e consequentemente processual, a viabilizar a participação. Não há razão que justifique a atuação, *v. g.*, do indivíduo, para defender seus interesses simplesmente individuais, que não integram o objeto litigioso do processo".(800)

A ação civil pública, diversamente de outras lides coletivas, como as ações para a defesa de interesses individuais homogêneos, não tem por objetivo principal a reparação de lesão a direitos individuais, com o ressarcimento dos danos sofridos pelos indivíduos lesionados, mas a reparação dos danos indivisíveis e coletivamente considerados, mormente os de natureza difusa ou coletiva, o que retira o interesse processual do indivíduo para atuar como assistente do polo ativo da ação civil pública.

Na esfera de proteção dos direitos difusos e coletivos, o interesse é aferido na sua dimensão transindividual, com objeto indivisível e titulares indeterminados, sendo que o produto pecuniário de eventual condenação se reveste para um fundo de reparação do bem lesado (art. 13, LACP);(801) não é divisível em quotas-partes, nem tampouco diretamente direcionado para os indivíduos.

A única hipótese de legitimação individual para a tutela de interesses coletivos e difusos em nosso ordenamento jurídico consiste na ação popular (Lei n. 4.717/65), razão pela qual é possível a assistência individual neste instrumento processual, ao passo que o indivíduo não consta do rol de legitimados para a tutela de interesses difusos e coletivos por meio da ação civil pública, nem tampouco possui interesse de agir para eventual intervenção assistencial, uma vez que o ordenamento jurídico só permite a sua intervenção em lides coletivas que versam sobre interesses individuais homogêneos (art. 94 e 103, § 2º, CDC).

8.3. Dos interessados individuais no polo passivo

Quanto ao polo passivo da ação civil pública, será possível a assistência individual, uma vez que qualquer pessoa física ou jurídica, pública ou privada poderá figurar como ré numa ação civil pública e responder pelos ônus dela decorrentes.

9. Competência material

Em se tratando de competência material, sempre que discute em Juízo reparação à lesão a interesse transindividual de natureza trabalhista ou afeto, direta ou indiretamente, às relações de trabalho, a competência estará a cargo da Justiça Especializada, por força do art. 114 da CF/1988, com a nova redação concedida pela EC n. 45/2004.

Apesar de o dispositivo constitucional, mesmo na sua redação original, já garantir a competência da Justiça do Trabalho para as lides individuais e coletivas decorrentes das relações de trabalho, o que inclui as ações para a tutela de interesses transindividuais, no início, criou-se uma verdadeira cizânia na doutrina e na jurisprudência a respeito do enquadramento da ação civil pública e da tutela de interesses transindividuais dos trabalhadores na competência da Justiça Laboral.

---

(798) NERY JUNIOR, Nelson; NERY, Rosa Maria de Andrade. *Op. cit.*, p. 1.517.

(799) OLIVEIRA, Francisco Antonio de. *Ação civil pública:* enfoques..., cit., p. 102.

(800) LEONEL, Ricardo de Barros. *Manual do processo coletivo*. São Paulo: Revista dos Tribunais, 2002. p. 244.

(801) MANCUSO, Rodolfo de Camargo. *Ação civil...*, cit., p. 186.

De fato, conquanto o art. 114 da CF/1988 já dispunha sobre a competência da Justiça do Trabalho para "conciliar e julgar os dissídios individuais e coletivos", cujo vocábulo já vinha sendo interpretado como "coletivos *lato sensu*" para compreender os dissídios que envolvem interesses difusos, coletivos *stricto sensu* e individuais homogêneos, a controvérsia somente se amenizou com o advento da Lei Orgânica do Ministério Público da União (LC n. 75/93), que, em seu art. 83, previu a atribuição do *Parquet* Laboral para a propositura de "ação civil pública no âmbito da Justiça do Trabalho, para defesa de interesses coletivos, quando desrespeitados os direitos sociais constitucionalmente garantidos".

A competência da Justiça do Trabalho não se restringe a interesses coletivos, como em princípio poderia parecer, pois a letra do art. 83, III, da LC n. 75/93, abrange também os interesses difusos. O art. 129, III, da Carta Magna, ao tratar das funções institucionais do Ministério Público, previu o cabimento da ação civil pública para proteção do patrimônio público e social, do meio ambiente e de outros interesses difusos e coletivos. A expressão "interesses coletivos", constante da Lei Complementar, deve ser entendida em seu sentido lato, para designar a presença de todas as espécies de interesses transindividuais, sob pena de ter a norma por inconstitucional.(802)

Ainda que se interpretasse restritivamente o dispositivo legal supracitado, vale ressaltar que a competência de um órgão judiciário não é determinada pela natureza do direito material discutido, e, sim, pela análise da causa de pedir e do pedido. O que determina sua competência, além das hipóteses expressas do art. 114 da CF/1988, é o litígio ter origem nas relações de trabalho ou estar afeto a estas.

Hoje a questão da competência material da Justiça do Trabalho encontra-se praticamente pacificada, com o advento da EC n. 45/2004, que ampliou a competência da Justiça do Trabalho, e diante dos reiterados pronunciamentos do Supremo Tribunal Federal e dos Tribunais Trabalhistas (TRT e TST) favoráveis à competência nas hipóteses em que a causa de pedir e o pedido delineiam-se a partir de conflitos nas relações de trabalho, isto é, para a hipótese de lesão a interesses transindividuais trabalhistas, nas suas três espécies, difusos, coletivos e individuais homogêneos.

10. Competência funcional

A competência funcional para apreciação da ação civil pública no âmbito da Justiça do Trabalho é extraída do art. 2º da LACP, que dispõe: "As ações previstas nesta Lei serão propostas no foro do local onde ocorrer o dano, cujo juízo terá competência funcional para processar e julgar a causa".

O condicionamento psicológico ao corporativismo encontra-se tão enraizado em alguns setores da doutrina trabalhista, que, no início das discussões a respeito da competência funcional para apreciação da ação civil pública, determinada corrente doutrinária, assemelhando a defesa dos interesses transindividuais em ação civil pública com a tutela de direitos coletivos em dissídio coletivo, pregava a competência originária dos Tribunais Regionais do Trabalho ou do Tribunal Superior do Trabalho, conforme a abrangência do litígio, para a apreciação das ações civis públicas, como se o provimento jurisdicional da ação civil pública se coadunasse com o exercício do poder normativo pelos Tribunais.

Embora tanto o dissídio coletivo quanto a ação civil pública sejam instrumentos processuais vocacionados à tutela de interesses transindividuais, não possuem identidade de finalidades nem de procedimento. O dissídio coletivo objetiva a defesa de interesse coletivo da categoria por meio da criação de normas e condições de trabalho ou interpretação de instrumento normativo da categoria, ao passo que a ação civil pública tem por escopo a reparação do interesse transindividual (difuso, coletivo ou individual homogêneo) violado. O dissídio coletivo visa à criação da norma jurídica a ser aplicada no caso concreto, enquanto pela ação civil pública busca-se a aplicação de direito preexistente. O primeiro termina com o proferimento de um provimento jurisdicional de natureza constitutiva ou declaratória, ao passo que a segunda se caracteriza pela sua natureza condenatória.

(802) SILVA, Marcello Ribeiro. *Op. cit.*, p. 67.

O divisor de águas foi a decisão proferida pelo TST, na ação civil pública promovida pelo Ministério Público do Trabalho em face da Caixa Econômica Federal, buscando obstar a contratação irregular de estagiários para substituição de mão de obra permanente.(803)

Atualmente, depois de reiteradas decisões dos Tribunais Trabalhistas, a matéria pacificou-se em torno da competência funcional das Varas do Trabalho para a apreciação das ações civis públicas, independentemente da extensão do dano ou da abrangência subjetiva da demanda.

11. Competência territorial

11.1. Posição da doutrina trabalhista

A competência territorial para apreciação da ação civil pública no âmbito da Justiça do Trabalho deveria observar a regra simples, clara e específica do art. 2º da LACP, o qual determina que "As ações previstas nesta Lei serão propostas no foro do local onde ocorrer o dano, cujo juízo terá competência funcional para processar e julgar a causa".

Assim, a competência territorial para julgamento da ação civil pública na Justiça do Trabalho deveria ser da Vara do Trabalho ou do Juiz de Direito investido da jurisdição trabalhista (art. 668, CLT) do local do dano, independentemente da extensão da lesão aos interesses transindividuais; na hipótese em que esta lesão ultrapasse a área de jurisdição da Vara do Trabalho que conheceu da demanda, o primeiro juízo que recebeu a ação estará prevento.

Nesse sentido, é o magistério de Raimundo Simão de Melo: "a competência originária para julgamento da ação civil pública na Justiça do Trabalho é das Varas trabalhistas, como juízos de primeira instância, nos termos da LACP (art. 2º), mesmo que o dano aos interesses metaindividuais ultrapasse a jurisdição de um dado juízo; nessa hipótese, competente será aquele que primeiro receber a ação, que se torna prevento ...".(804)

Francisco Antonio de Oliveira pronuncia-se no mesmo sentido: "Em assim sendo, em sede de direitos difusos ou coletivos, será competente para conhecer, instruir e julgar a ação a Junta de Conciliação e Julgamento, em que foi editado o ato, em que ocorreu o fato ou o dano, pouco importando se aquele ato, aquele fato ou aquele evento danoso extrapola a base territorial daquela Junta. A sentença que vier a ser proferida fará coisa julgada *erga omnes* e *ultra partes*".(805)

---

(803) "AÇÃO CIVIL PÚBLICA. ESTAGIÁRIOS. DESVIO DE FINALIDADE. A ação civil pública é de natureza ordinária e individual, pois envolve a aplicação da legislação existente, o que implica dizer que, como qualquer Ação Ordinária, o órgão competente para apreciá-la originariamente é, em virtude do critério da hierarquia, a Junta de Conciliação e Julgamento. Não pode ser invocado, como causa de modificação da competência o fato de a Ação ter sido ajuizada contra empresa de âmbito nacional ou a circunstância de o inquérito civil público ter sido instaurado a pedido de federação de âmbito nacional, abrangendo atividades e relações desenvolvidas nas circunscrições dos vinte e quatro Tribunais Regionais do Trabalho, haja vista que o objetivo da presente Ação é a estipulação de uma obrigação de não fazer a ser imposta à Divisão Administrativa da CEF, que tem por sede a cidade de Brasília. Nesse sentido tem-se que a causa de pedir direta é a orientação administrativa da CEF de utilizar o estagiário como mão de obra substitutiva dos empregados regulares. Destarte, a regra de competência hierárquica a ser observada por analogia não está no âmbito da competência específica da Justiça do Trabalho, em especial a estabelecida no art. 2º, I, *"a"*, da Lei n. 7.701 de 21.12.88, senão que está no art. 93 da Lei n. 8.078/90 (Código de Defesa do Consumidor, que declara, ressalvando a competência da Justiça Federal, competir à Justiça local do foro do lugar da ocorrência do dano, quando de âmbito local, e, no foro da capital do Estado ou no do Distrito Federal para os danos de âmbito regional ou nacional). Parecem decisivas mais duas circunstâncias: primeira, o ato contra o qual se dirige a Ação Civil Pública não foi praticado pelas Superintendências Regionais da Caixa, senão pela sua divisão Administrativa Nacional, com sede nesta Capital Federal. Assim, o comando sentencioso que porventura for emitido atingirá o próprio ato originário das supostas lesões à ordem jurídica laboral e aos interesses coletivos dos estagiários, e difusos daqueles que, integrantes da sociedade, são candidatos aos postos efetivos ora ocupados pelos estagiários. Segunda, é de extrema inconveniência que o primeiro grau de jurisdição seja o órgão de cúpula do Tribunal Superior do Trabalho, retirando das partes as oportunidades recursais, com o sacrifício, inclusive, do princípio do duplo grau de jurisdição. Deve-se realçar, finalmente, que a competência do TST em matéria de dissídios coletivos resultou de imperativos lógicos e materiais de natureza diversa. Com efeito, não se poderia atribuir a qualquer Tribunal Regional do País o julgamento de dissídios coletivos cuja abrangência fosse superior à jurisdição territorial do TRT, sob pena de não abrangência, por inteiro, da lide coletiva. Ação Civil Pública em que se declara a incompetência do Tribunal Superior do Trabalho para apreciar o feito." (Ac. un. da SBDI2/TST n. 881/96 — Proc. TST — ACP-154.931/94.8 — Rel. Min. Ronaldo Leal, j. 24.9.96 — Autor: Ministério Público do Trabalho; Ré: Caixa Econômica Federal — *DJU* 1, de 29.11.96, p. 47.434)

(804) MELO, Raimundo Simão de. *Ação civil...*, cit., p. 158.

(805) OLIVEIRA, Francisco Antonio de. *Ação civil pública:* enfoques..., cit., p. 230.

Consideramos não aplicável analogicamente a regra do inciso II do art. 93 do CDC; primeiro, porque o *caput* deste dispositivo excepcionou a competência da Justiça Federal e, em sendo as ações civis públicas para a tutela de direitos transindividuais trabalhistas de competência da Justiça do Trabalho, a especificidade da matéria suscita a mesma exceção, pois é inegável o interesse público no resguardo das competências específicas; segundo, porque a regra do art. 2º da LACP, ao aproximar o juízo competente do local dos fatos, traçou os mesmos objetivos almejados pelo legislador trabalhista ao editar as regras de competência do art. 651 da CLT — *local da prestação de serviços* —, consistentes na facilitação da produção probatória e na abertura dos canais de acesso à Justiça.

Ibraim Rocha é mais rigoroso quanto à competência territorial para a ação civil pública ao não aceitar a aplicação do art. 2º da LACP à ação civil pública trabalhista em detrimento do art. 651 da CLT, tendo em vista que o processo trabalhista traça garantias mínimas dos trabalhadores, categoria hipossuficiente.[806]

Embora reconheçamos os intuitos protetivos da regra do art. 651 da CLT, não vislumbramos a necessidade de sua aplicação absoluta para a ação civil pública trabalhista, pelos seguintes motivos: a) os trabalhadores não constam como legitimados para a propositura da ação civil pública; b) por meio da ação civil pública tutela-se, principalmente, direitos difusos e coletivos, não suscitando um interesse individual do trabalhador na lide, sendo que o local do dano é o mais apropriado para as lides envolvendo direitos difusos e coletivos; c) somente poder-se-ia falar em local da prestação de serviços, na hipótese de direitos individuais homogêneos, uma vez que os difusos e coletivos são marcados pela indeterminação de seus titulares; d) ainda que relativamente determinados os titulares desses direitos, máxime os coletivos, não haveria regramento sobre o juízo competente nos casos em que a lesão ao direito envolvesse diversos locais de trabalho, todos igualmente competentes; e) há diversas ações civis públicas cujo objeto é a tutela de pessoas não vinculadas a uma relação formal de emprego ou de coletividades abstratamente consideradas. Se a regra do art. 651 da CLT encontra respaldo nas lides que versam sobre direitos individuais, ela deve ser conciliada com a regra do art. 2º da LACP, em se tratando da defesa de interesses transindividuais.

Os critérios adotados para a fixação da competência para as ações civis públicas não foram compilados em razão do interesse privado e disponível das partes, mas em função do interesse social que circula os direitos transindividuais, razão que levou o legislador a eleger o local de maior facilidade na produção da prova e na maior probabilidade de apuração da verdade real, além de conceder caráter absoluto à competência fixada.[807]

Assim, para parte da doutrina processual trabalhista, independentemente da extensão territorial da lesão aos interesses transindividuais dos trabalhadores, a competência estará adstrita à jurisdição da Vara do Trabalho do lugar onde ocorreu ou deva ocorrer o dano. Na hipótese de competência concorrente, estará prevento o primeiro juízo que recebeu a ação, não tendo aplicabilidade o inciso II do art. 93 do CDC. No campo das lides coletivas, a regra do art. 2º da LACP é a que melhor se coaduna com os escopos da competência prevista no art. 651 da CLT, de facilitação do acesso à Justiça e da coleta de provas.

11.2. Nova redação da OJ n. 130 da SDI-II do TST

Não obstante o posicionamento da doutrina trabalhista acima esposado, no sentido de aplicação do art. 2º da LACP às ações civis públicas trabalhistas, independentemente da extensão do dano, o Superior Tribunal do Trabalho, no ano de 2004, editou a OJ n. 130 da SDI-II, cuja redação original estava assim disposta:

> "Ação civil pública. Competência territorial. Extensão do dano causado ou a ser reparado. Aplicação analógica do art. 93 do Código de Defesa do Consumidor. *DJ* 4.5.2004 — Parágrafo único do art. 168 do Regimento Interno do TST. Para a fixação da competência territorial em sede de ação civil pública, cumpre tomar em conta a extensão do dano causado ou a ser reparado, pautando-se pela incidência analógica do art. 93 do CDC. Assim, se a extensão do dano a ser reparado limitar-se ao âmbito regional, a competência é de uma das Varas do Trabalho da Capital do Estado; se for de âmbito suprarregional ou nacional, o foro é o do Distrito Federal."

(806) ROCHA, Ibraim. *Ação civil pública e o processo do trabalho*. São Paulo: LTr, 1996. p. 102.

(807) LEONEL, Ricardo de Barros. *Op. cit.*, p. 217.

A aludida OJ n. 130 da SDI-II, em sua redação originária, fora objetivo de diversas críticas doutrinárias em virtude dos equívocos conceituais presentes em sua redação e da inobservância dos princípios e regras específicos do direito processual do trabalho e dos mecanismos mais eficazes de acesso à Justiça. Esta Orientação Jurisprudencial fora por nós crítica e cartesianamente analisada no artigo doutrinário intitulado "Análise da Orientação Jurisprudencial n. 130 da SDI-II do TST — A competência territorial das ações coletivas trabalhistas", o qual fora publicado em algumas revistas jurídicas. O TST retificou a redação da OJ n. 130, a partir de diversas alterações cuja maior parte vai ao encontro das críticas ventiladas no artigo doutrinário supracitado.

Em síntese, haviam sido apontados criticamente os seguintes elementos presentes na redação original da OJ n. 130: 1) a competência territorial para as ações coletivas possui caráter absoluto (art. 2º, LACP) não sendo passível a aplicação analógica de regras de competência, pois se trata de matéria que deve ser prevista em lei; 2) a aplicação analógica do art. 93 do CDC às ações civis públicas só teria sentido na ausência de norma específica sobre o tema na LACP, sendo incongruente com todo o sistema de integração do direito à aplicação analógica de competência quando a lei específica contém preceito expresso sobre o tema (art. 2º, LACP), não havendo, *in casu*, lacuna a ser preenchida; 3) o art. 2º da LACP, por consagrar os mesmos princípios do processo do trabalho para a fixação de competência (art. 651, CLT), não sofre interferência da norma do art. 93 do CDC, sendo aquela regra mais compatível com o processo laboral, ensejando a sua aplicação direta, nos termos do art. 769 da CLT, independentemente da extensão do dano; 4) o TST criou a figura do dano suprarregional, não previsto na LACP e no CDC; 5) o entendimento esposado na OJ n. 130, ao ferir os princípios do processo coletivo, consequentemente, viola os próprios princípios do processo do trabalho, tendo em vista que a regra do art. 2º da LACP, ao aproximar o juízo competente do local dos fatos, traçou os mesmos objetivos almejados pelo legislador trabalhista ao editar as regras de competência do art. 651 da CLT — local da prestação de serviços —, consistentes na facilitação da produção probatória e na abertura dos canais de acesso à Justiça.(808)

Em virtude das críticas e da irresignação da comunidade juslaboral, o TST, no ano de 2012, alterou o conteúdo da referida OJ n. 130 da SDI-II, passando a esposar o seguinte entendimento a respeito da competência para a ação civil pública:

> "Ação civil pública. Competência. Local do dano. Lei n. 7.3247/85, art. 2º. Código de Defesa do Consumidor, art. 93 *(redação alterada na sessão do Tribunal Pleno realizada em 14.9.2013)*. I – A competência para a Ação Civil Pública fixa-se pela extensão do dano. II – Em caso de dano de abrangência regional, que atinja cidades sujeitas à jurisdição de mais de uma Vara do Trabalho, a competência será de qualquer das Varas das localidades atingidas, ainda que vinculadas a Tribunais Regionais do Trabalho distintos. III – Em caso de dano de abrangência suprarregional ou nacional, há competência concorrente para a Ação Civil Pública das Varas do Trabalho das sedes dos Tribunais Regionais do Trabalho. IV – Estará prevento o juízo a que a primeira ação houver sido distribuída."

Redação original da OJ n. 130 da SDI-II do TST

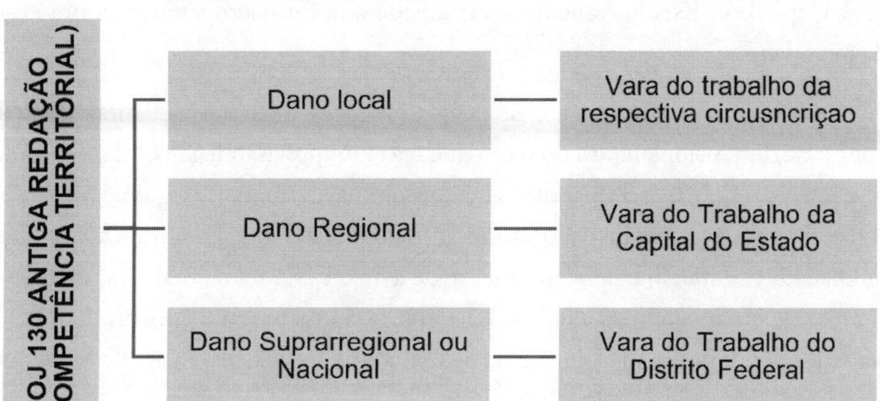

(808) SANTOS, Ronaldo Lima dos. Análise da Orientação Jurisprudencial n. 130 da SDI-II do TST — A competência territorial das ações coletivas trabalhistas. *Revista LTr*, São Paulo, v. 03, p. 361-368, 2007.

Nova redação da OJ n. 130 da SDI-II do TST

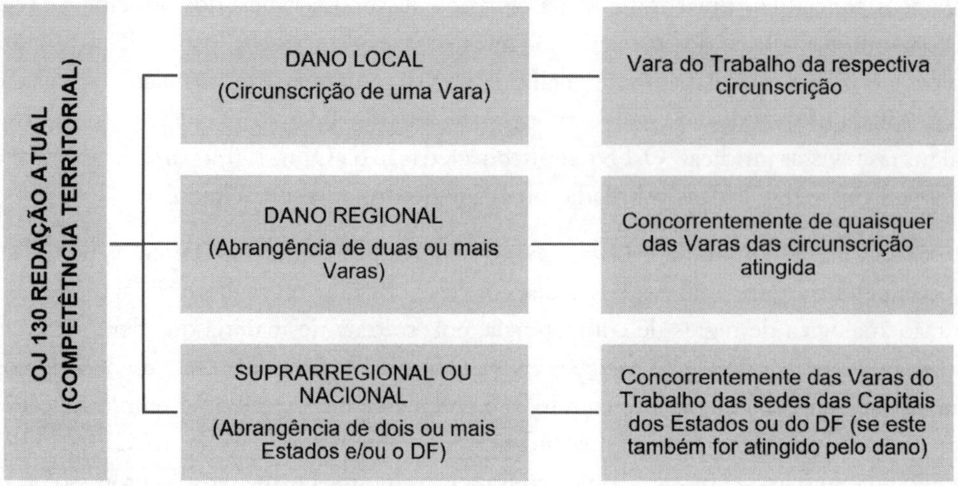

Consoante o entendimento esposado pelo TST, na nova redação da OJ n. 130 da SDI-II, para os danos de âmbito local, a competência é da Vara do Trabalho da respectiva circunscrição atingida; para os danos de âmbito regional, que envolvam duas ou mais circunscrições, a competência é concorrente das Varas do Trabalho das circunscrições atingidas; para os danos de âmbito suprarregional ou nacional, a competência é de uma das Varas do Trabalho das sedes dos Tribunais Regionais do Trabalho.

Como se observa da nova redação do verbete jurisprudencial, manteve o TST a figura, por ela criada, do dano suprarregional, isto é, que abrange dois ou mais Estados, diferenciando-o do dano regional, que, no seu entendimento seria aquele que abrangesse duas ou mais comarcas, mas que não extrapolaria o âmbito territorial do Estado.

Do cotejo de ambas as redações, pode-se extrair as seguintes ilações:

1) DANO LOCAL: em ambas as redações, o TST não se reportou ao dano local, isto é, aquele limitado à circunscrição de uma Vara do Trabalho. Nesta hipótese, a competência é da Vara do Trabalho da respectiva região (art. 2º, LACP e art. 93, I, CDC).

2) DANO REGIONAL: primeira redação, a competência para o dano regional, isto é, aquele que se espraia por mais de uma Vara do Trabalho, a competência era deslocada para a Vara da Capital do Estado, independentemente de a circunscrição desta ter sido atingida pelo dano. Na nova redação, a competência é de qualquer Vara do Trabalho cuja área de jurisdição tenha sido atingida pelo dano. Trata-se de competência concorrente. A Capital do Estado somente será considerada foro competente na hipótese de a Capital ter sido atingida pelo dano.

3) DANO SUPRARREGIONAL: em ambas as redações, o TST manteve a figura espectral do dano "suprarregional"; espécie de dimensionamento do dano que não tem previsão legal. O dano suprarregional é aquele cujos efeitos se irradiam pela área de jurisdição de dois ou mais Tribunais Regionais do Trabalho. Na primeira redação da OJ n. 130, na hipótese de dano suprarregional ou nacional, a competência era atribuída à Vara do Trabalho do Distrito Federal, independentemente de a área desta ter sido abrangida pelo dano. Na redação atual, na hipótese de dano suprarregional ou nacional, a competência é concorrente, de uma das Varas do Trabalho das sedes dos Tribunais Regionais do Trabalho ou do Distrito Federal, desde que o dano tenha se estendido também à área de jurisdição deste último.

Passemos a analisar a competência territorial para a ação civil pública à luz da atual redação da OJ n. 130 da SDI-II do TST.

11.2.1. Aplicação do art. 93 do CDC às ações civis públicas

Antes de analisarmos a interpretação conferida pela OJ n. 130 à regra do art. 93 do CDC, mister discorrer sobre a aplicação desse dispositivo legal às ações civis públicas, tendo em vista, como já mencionado, a existência da regra específica do art. 2º da LACP que fixa o local do dano como critério para a definição da competência territorial.

Uma corrente contrária a esta aplicação sustenta que o art. 93 do CDC não tem aplicabilidade em sede de ação civil pública para a tutela de direitos difusos e coletivos, uma vez que referido dispositivo legal está inserido no Capítulo II do Título III do CDC que trata "Das ações coletivas para a defesa de interesses individuais homogêneos".

Entretanto, tal argumento se encontra refutado pela maior parte da doutrina e da jurisprudência, uma vez que o próprio art. 21 da LACP determina que "Aplicam-se à defesa dos direitos e interesses difusos, coletivos e individuais, no que for cabível, os dispositivos do Título III da Lei que instituiu o Código de Defesa do Consumidor". Ademais, como assinala Ada Pellegrini Grinover "*Ubi eadem, ibi eadem juris dispositio.* É a necessária coerência interna do sistema jurídico que exige a formulação de regras idênticas em que se verifica a identidade de razão. Se o art. 93 do CDC fosse aplicável apenas aos interesses individuais homogêneos, o resultado seria a regra da competência territorial de âmbito nacional ou regional só para as ações em defesa dos aludidos direitos, enquanto nos processos coletivos para a tutela de interesses difusos e coletivos a competência nacional ou regional ficaria fora do alcance da lei. O absurdo do resultado dessa posição é evidente, levando a seu repúdio pela razão e pelo bom-senso, para o resguardo da coerência do ordenamento".(809)

Rodolfo de Camargo Mancuso elucida que a interpretação teleológica deve privilegiar a interpretação que assegura o melhor e mais efetivo acesso do conflito coletivo à apreciação do órgão jurisdicional, não havendo antinomia ou contrariedade entre as regras de competência da LACP, do CDC e da CF/1988, estendendo-se o art. 93 do CDC às ações civis públicas em geral.(810) Também Aluisio Gonçalves de Castro Mendes, após afirmar ser uníssono na doutrina o entendimento segundo o qual o art. 93 do CDC rege qualquer processo coletivo, independentemente da espécie de interesse, aponta que cabe ao hermeneuta a tarefa de harmonização dos dois dispositivos legais. Segundo o autor, a conciliação seria possível alterando-se somente a fixação da regra pertinente às causas decorrentes de danos de âmbito nacional ou regional.(811)

Para a doutrina processual civil, a regra do art. 2º da LACP não é incompatível com o preceito do art. 93 do CDC, mas apenas se apresenta mais específico que aquele, considerando-se que também se baseia no dano para a aferição da competência, com a ampliação da redação para se referir aos danos de âmbito regional ou nacional.

Em sentido contrário, manifesta-se Elton Venturi, assinalando que deve ser afastada a aplicação do art. 93 do CDC, em função da indeterminabilidade e instabilidade da extensão dos danos como critério para definição de competência absoluta, e sustentando a aplicação do art. 2º da LACP, indistintamente, a todas as ações coletivas, inclusive as que versam sobre interesses individuais homogêneos.(812)

Ressalte-se que, embora a doutrina predominante do processo civil considere que o art. 93 do CDC possui aplicabilidade em sede de ação civil pública, na seara do processo do trabalho melhor doutrina apregoa que a regra do art. 2º da LACP, por consagrar os mesmos princípios do processo do trabalho para a fixação de competência (art. 651 da CLT), não sofre interferência da norma do art. 93 do CDC, sendo aquela mais compatível que esta com o processo laboral, ensejando a sua aplicação direta, nos termos do art. 769 da CLT, independentemente da extensão do dano.

---

(809) GRINOVER, Ada Pellegrini *et al. Op. cit.*, p. 804-805.

(810) MANCUSO, Rodolfo de Camargo. *Op. cit.*, p. 68-9.

(811) MENDES, Aluisio Gonçalves de Castro. *Ações coletivas no direito comparado e nacional.* São Paulo: Revista dos Tribunais, 2002. p. 231-232.

(812) VENTURI, Elton. *Processo civil coletivo.* São Paulo: Malheiros, 2007. p. 285.

11.2.2. A competência territorial da ação civil pública no entendimento do TST e da processualística civil

Entre os diversos preceitos legais referentes às ações coletivas e à tutela dos interesses difusos, coletivos e individuais homogêneos, os art. 93 e 104 do CDC são os dispositivos que mais ensejam discussões e interpretações diversas em face da falta de clareza e da forma de redação com que foram elaborados.

Nesse contexto, a interpretação conferida pelo TST ao inciso II do art. 93 do CDC, embora inadequada para o processo do trabalho, não pode, em princípio, ser considerada incorreta, tendo em vista que emerge apenas como mais uma entre as diversas ilações possíveis a partir da análise da redação desse preceito legal, assim redigido:

> "Art. 93. Ressalvada a competência da justiça federal, é competente para a causa a justiça local:
>
> I — no foro do lugar onde ocorreu ou deva ocorrer o dano, quando de âmbito local;
>
> II — no foro da Capital do Estado ou no Distrito Federal, para os danos de âmbito nacional ou regional, aplicando-se as regras do Código de Processo Civil aos casos de competência concorrente."

Consoante o entendimento esposado pelo TST na nova redação da OJ n. 130 da SDI-II, para os danos de âmbito local, a competência é da Vara do Trabalho da respectiva circunscrição atingida; para os danos de âmbito regional, que envolvam duas ou mais circunscrições, a competência é concorrente das Varas do Trabalho das circunscrições atingidas; para os danos de âmbito suprarregional ou nacional, a competência é de uma das Varas do Trabalho das sedes dos Tribunais do Trabalho ou do Distrito Federal, desde que área deste também tenha sido atingida pelo evento danoso.

Nova redação da OJ n. 130 da SDI-II do TST

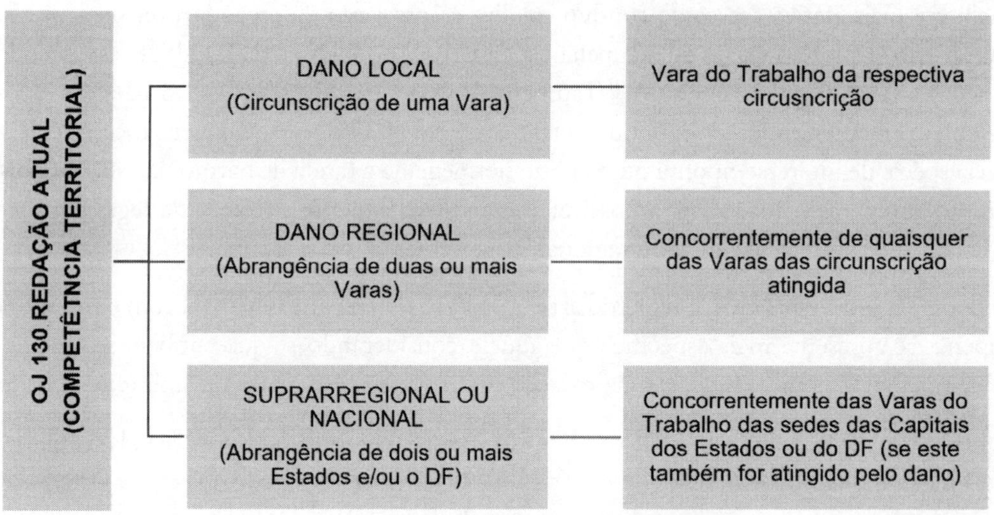

Pela figura do dano de âmbito suprarregional, o entendimento do TST é ímpar, não correspondendo efetivamente ao que pensam a doutrina e a jurisprudência dominantes, as quais designam o dano interestadual de "dano regional".

Segundo Ada Pellegrini Grinover, o dano regional constitui aquele que se dispersa por mais de um Estado (equivale ao dano suprarregional do TST), para o qual a autora considera competente o foro da Capital do Estado ou do Distrito Federal; já na hipótese de danos nacionais (que abrange um considerável número de Estados), a mesma autora doutrina que a competência seria do Distrito Federal, embora este último pensamento indique uma corrente minoritária no processo civil quanto à competência para os danos de âmbito nacional. Para Hugo Nigro Mazzilli, em se tratando de danos regionais ou nacionais, as ações podem ser ajuizadas concorrentemente na Capital do Estado ou no Distrito Federal.[(813)]

(813) MAZZILLI, Hugo Nigro. *Interesses difusos...*, cit., p. 252.

Como se vê, o conceito de dano regional do TST não coincide com o pensamento da doutrina e da jurisprudência dominantes (as quais lhe concedem o significado de dano interestadual). O dano regional para o TST é aquele que abrange duas ou mais comarcas. Houve um avanço no entendimento do TST, que passou a conferir competência concorrente a quaisquer das Varas atingidas, sendo preventa a que primeiro teve distribuída a demanda coletiva. Adaptou o TST o seu entendimento ao da doutrina majoritária que preconiza a competência concorrente de quaisquer comarcas. Nesse sentido, além do posicionamento de Ada Pellegrini Grinover, anteriormente citado, manifestam-se Francisco Antonio de Oliveira,(814) Rodolfo de Camargo Mancuso, Galeno Lacerda e Edis Milaré.(815)

Na hipótese de danos interestaduais ou nacionais, o TST também conciliou o seu entendimento à doutrina predominante no processo civil e ao entendimento do STJ que conferem ao Distrito Federal, para fins de fixação de competência, simplesmente o *status* de Estado, de forma que, nas hipóteses de danos interestaduais ou nacionais (com a abrangência de um número considerável de Estados), qualquer Estado abrangido pelo dano será considerado competente; se o dano envolver também o Distrito Federal, este será considerado competente em concorrência com os demais entes da federação abrangidos pelo dano.

Consoante aponta Aluisio Gonçalves de Castro Mendes, "o art. 93, inciso II, fixou o foro da capital do Estado ou do Distrito Federal, para os danos de âmbito nacional ou regional. Parte da doutrina enxergou no dispositivo a incidência de duas regras estanques de competência, sendo uma delas exclusiva, interpretando que (a) se o dano fosse regional o processo tramitaria perante o foro da capital do Estado ou do Distrito Federal. Mas, (b) se nacional, a competência seria tão somente dos órgãos judiciais situados no Distrito Federal. Chegou-se a afirmar que a interpretação facilitaria o acesso à Justiça, o que parece, com a devida vênia em relação à autoridade dos que defenderam a posição, um total contrassenso. A designação de um único foro, num país com oito milhões *(sic)* e quinhentos mil quilômetros quadrados e cerca de 170 milhões de habitantes, representaria, sim, uma barreira intransponível, desestímulo ou medida encarecedora, para que a maioria das entidades espalhadas pelo Brasil afora pudesse ajuizar a respectiva ação".(816)

A jurisprudência do STJ já havia se consolidado nesse sentido: "Conflito de competência. Ação Civil Pública. Código de Defesa do Consumidor. 1. Interpretando o art. 93, II, do CDC, já se manifestou esta Corte no sentido de que não há exclusividade do foro do Distrito Federal para o julgamento de ação civil pública de âmbito nacional. Isto porque o referido artigo, ao se referir à Capital do Estado e ao Distrito Federal, invoca competências territoriais concorrentes, devendo ser analisada a questão estando a Capital do Estado e o Distrito Federal em planos iguais, sem conotação específica para o Distrito Federal. 2. Conflito conhecido para declarar a competência do Primeiro Tribunal de Alçada Civil de São Paulo para prosseguir no julgamento do feito" (Conflito de Competência n. 17.533/DF, rel. Ministro Carlos Alberto Menezes Direito, Segunda Seção, *DJU* 30.12.2000, p. 120).

---

(814) OLIVEIRA, Francisco Antonio de. *Ação civil pública*: enfoques..., cit., p. 60.

(815) MILARÉ, Edis *apud* MENDES, Aluisio Gonçalves de Castro. *Op. cit.*, p. 65.

(816) MENDES, Aluísio Gonçalves de Castro. *Op. cit.*, p. 237.

Em síntese, segundo a doutrina predominante no processo civil, a competência para as ações coletivas fica assim resumida:[817]

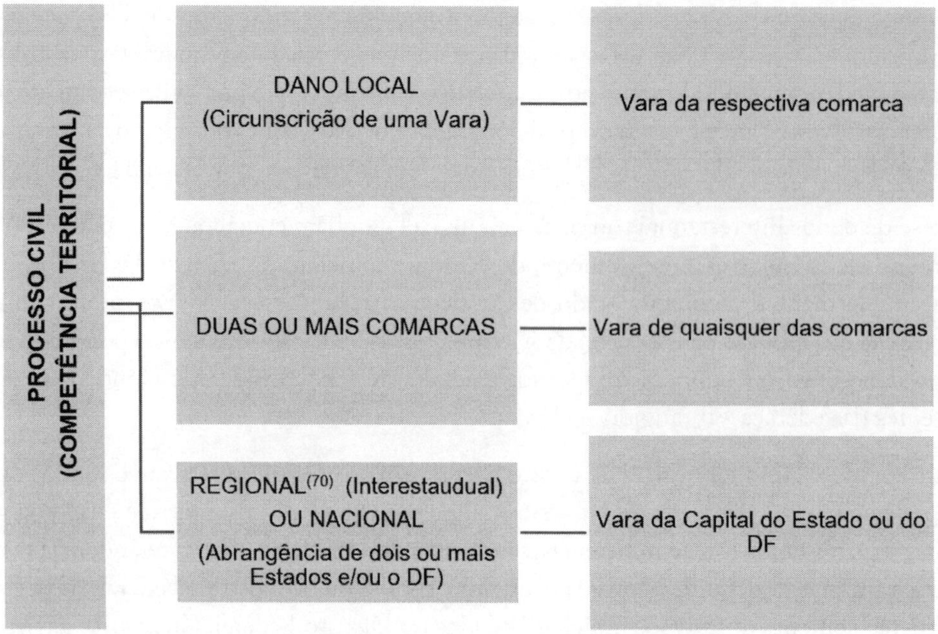

Recordando que o TST designa de "suprarregional" o dano interestadual, verifica-se que a nova redação da OJ n. 130 fez coincidir o entendimento do TST com o pensamento da doutrina processual civil majoritária quanto à competência para os danos interestaduais e nacionais.

11.2.3. Incompatibilidade da OJ n. 130 com os fundamentos das ações coletivas e do processo do trabalho

A teoria geral do direito nos concede uma série de métodos interpretativos (histórico, sociológico, teleológico, lógico, axiológico, gramatical, sistemático); mas, embora haja regras de interpretação, não há normas sobre a aplicação das regras de interpretação, de modo que, em princípio, poderia o TST utilizar o método de interpretação que melhor lhe conviesse sobre a competência para os danos de âmbito regional (interestadual) e nacional, apesar de destoar da doutrina predominante.

No entanto, devemos analisar se a interpretação adotada pelo TST é a que melhor se coaduna com os fundamentos que nortearam a elaboração da legislação das ações coletivas e com as regras e princípios do processo do trabalho. Entre esses aspectos, para os objetivos do nosso estudo, podemos destacar a preocupação com o acesso à Justiça e a facilitação da produção probatória.

A definição do local do dano como o foro competente para a apreciação das ações civis públicas, entre outros fundamentos, objetou conferir competência ao juízo mais próximo do local dos fatos, de sorte a privilegiar a investigação do ato praticado, das suas consequências e das responsabilidades, além de facilitar a produção de provas, com agilização do procedimento, ao evitar-se a burocratização judiciária com o envio de precatórias.[818]

Não obstante o relativo avanço no entendimento do TST, nos termos das críticas lançadas nas edições anteriores desta obra, o conteúdo da OJ n. 130 ainda não se coaduna com os princípios da tutela coletiva e do processo

(817) Vale ressaltar que, não obstante os quadros sinópticos acima expostos, tanto na processualística civil quanto na trabalhista, há uma divergência quanto ao conceito de dano regional. Para determinada corrente, o dano local corresponde àquele limitado à circunscrição de uma comarca ou aquele que se estende até limitados pontos de outras comarcas; sendo que o dano regional corresponderia àquele que se espraia por duas ou mais comarcas. Para outra corrente, o dano regional corresponde ao dano interestadual. Desse modo, nos termos do art. 93 do CDC, conforme o entendimento sobre o significado da expressão dano regional, poderá haver a fixação da competência na Capital do Estado, em uma das comarcas atingidas ou no Distrito Federal.

(818) OLIVEIRA, Francisco Antonio de. *Ação civil pública:* enfoques..., cit., p. 59-60.

do trabalho, tendo em vista que a regra do art. 2º da LACP (bastante e suficiente), ao aproximar o juízo competente do local dos fatos, traçou os mesmos objetivos almejados pelo legislador trabalhista ao editar as regras de competência do art. 651 da CLT — local da prestação de serviços —, consistentes na facilitação da produção probatória e na abertura dos canais de acesso à Justiça.

Desse modo, embora a doutrina predominante do processo civil considere que o art. 93 do CDC possui aplicabilidade em sede de ação civil pública, a regra do art. 2º da LACP, por consagrar os mesmos princípios do processo do trabalho para a fixação de competência (art. 651, CLT), não deve sofrer interferência da norma do art. 93 do CDC, sendo aquela mais compatível que esta com o processo laboral, ensejando a sua aplicação direta, nos termos do art. 769 da CLT. Basta aplicar a simples e eficiente regra da competência concorrente de quaisquer das Varas do Trabalho com jurisdição sobre áreas atingidas pelo evento danoso, independentemente da dimensão deste.

11.3. Conexão entre ações coletivas

Conexão significa ligação; união; relação que pode ser estabelecida entre dois elementos qualquer de um determinado campo.(819) No âmbito do direito processual civil, a conexão é o fenômeno jurídico-processual pelo qual duas ações propostas em juízos distintos são reunidas perante um mesmo juízo, competente materialmente para ambas, em virtude de uma ligação entre elas consistente na identidade de objeto ou de causa de pedir. Visa a propiciar a economia processual e a impedir o proferimento de decisões contraditórias em causas similares. Trata-se de uma hipótese de deslocamento de competência relativa.

Consoante o Código de Processo Civil, "Reputam-se conexas duas ou mais ações, quando lhes for comum o objeto ou a causa de pedir" (art. 55 CPC). Na conexão, o ponto de ligação entre duas ações distintas é a identidade de objeto ou de causa de pedir. Embora haja distinção de partes, há comunhão de objeto ou causa de pedir.

Diferentemente do estatuto processual anterior, segundo o qual competia ao magistrado decidir *ex officio* ou a requerimento de parte sobre a reunião das ações conexas, o atual CPC determina que "*Os processos de ações conexas serão reunidos para decisão conjunta, salvo se um deles já houver sido sentenciado*" (art. 55, § 1º, CPC). Pelo atual CPC concedeu-se maior importância para a evitação de decisões conflitantes, razão pela qual a conexão torna-se um dever processual, e não mais uma faculdade, tendo sido admitida inclusive a união de ações sem conexão quando algum elemento material ou processual "*possa gerar risco de prolação de decisões conflitantes ou separadamente*" (art. 55, § 3º, CPC).

No campo das ações coletivas, diferentemente das ações individuais, a competência territorial possui natureza absoluta (art. 2º LACP c/c art. 92 do CDC), pois, como assinalado anteriormente, o vocábulo funcional empregado no art. 2º da Lei n. 7.237/85 para qualificar o juízo do local do dano tem como objeto destacar o caráter absoluto da competência territorial nas ações coletivas.

Como exposto anteriormente, a competência territorial para as ações civis públicas possui caráter absoluto em virtude do privilegiamento da produção probatória e do acesso à justiça pelos entes legitimados e pelas vítimas em matéria de interesses transindividuais, porém, tal peculiaridade não afasta a aplicação da conexão e da continência, desde que preservados os valores processuais que determinaram a definição do critério de competência para as demandas coletivas.

Cite-se, por exemplo, uma demanda proposta pelo Ministério Público do Trabalho na qual se pleiteia a tutela do meio ambiente em face da insalubridade, com pedidos de obrigação de fazer e não fazer para saneamento das irregularidades ambientais; referida ação poderá ter conexão com uma ação coletiva proposta pela entidade sindical na qual se requer o pagamento do adicional de insalubridade para os trabalhadores substituídos.

(819) FERREIRA, Aurélio Buarque de Holanda. *Novo Aurélio século XXI...*, cit., p. 524.

11.4. Continência entre ações coletivas

A continência implica uma relação de continente e conteúdo entre duas ações. Na continência há identidade de partes e de causa de pedir, mas o objeto de uma das demandas possui uma amplitude que abrange o da outra. Na continência exige-se a identidade de partes e de causa de pedir; já a conexão pressupõe a existência de partes distintas e a identidade de causa de pedir ou pedido.

A conexão pressupõe somente um elemento coincidente entre duas demandas: o objeto ou a causa de pedir. A continência, por sua vez, requer a identidade de dois elementos das demandas: partes e causa de pedir.

Consoante o estatuto processual civil, "Dá-se a continência entre 2 (duas) ou mais ações quando houver identidade quanto às partes e à causa de pedir, mas o pedido de uma, por ser mais amplo, abrange o das demais" (art. 56 do CPC).

Verificando a continência, caberá ao juízo, ex officio ou a requerimento de qualquer das partes, determinar a reunião das ações, propostas em separado, a fim de que sejam decididas simultaneamente. Como a conexão, a continência fundamenta-se no interesse público em evitar decisões contraditórias e de efetivar uma economia processual pelo trâmite e decisão conjuntos de ambas as demandas.

Como elucidamos no item anterior, no campo das ações coletivas a competência territorial possui natureza absoluta (art. 2º LACP c/c art. 92 do CDC), mas não impede a aplicação dos institutos da conexão e da continência, desde que salvaguardados os valores de acesso à justiça dos entes legitimados e vítimas, e efetivação da facilitação probatória. Assim, é possível a continência entre ações coletivas. Cite-se, por exemplo, uma ação coletiva na qual o Ministério Público do Trabalho requer a declaração o reconhecimento e declaração de nulidade de uma dispensa coletiva por determinada empresa e uma ação coletiva suscitada pelo sindicato para a reintegração dos trabalhadores. *In casu*, a segunda demanda compreende o objeto da primeira, levando à reunião das demandas.

12. Prazo prescricional

Entre as diversas controvérsias referentes aos institutos das ações coletivas, a questão da existência ou não de prazo prescricional é uma das que suscitam as mais acirradas discussões doutrinárias.

A doutrina predominante considera a inexistência de prazo prescricional para a propositura das ações civis públicas, baseando-se, fundamentalmente, na relevância social dos direitos difusos e coletivos; na sua indisponibilidade; no seu caráter não patrimonial; e no fato de os legitimados para a sua tutela processual não serem os seus verdadeiros titulares.

Francisco Antonio de Oliveira já havia adotado esse norteamento em seu artigo intitulado "Da ação civil pública: instrumento de cidadania", ao defender que "A exemplo do que acontece com a coisa julgada, os interesses metaindividuais devem ter tratamento processual especial não correndo, contra tais direitos a prescrição da ação ou a decadência do direito. Pensamento contrário será o mesmo que permitir que o escorpião, de veneno letal, pique a si mesmo". E continua o autor: "A verdade é que o bem, objeto de proteção da ação civil pública, não tem parâmetro indenizatório em termos de patrimônio, já que não se individualiza a titularidade. E se assim é, não haverá como aplicarem-se preceitos civis de proteção do patrimônio individual, pena de neutralizar-se o próprio objetivo da lei, que é proteção (preventiva ou repressiva). Preventiva em termos de não deixar que aconteça o dano e repressiva quando, causado o dano, impõe à parte o ônus do restabelecimento ao *status quo* ou a indenização correspondente".[(820)]

Raimundo Simão de Melo assevera que a prescrição não atinge direito patrimonial daqueles que agem na defesa de interesses transindividuais, uma vez que estes interesses não pertencem ao agente, mas a pessoas indeterminadas ou determináveis, tendo como características a indivisibilidade, a indisponibilidade, a essencialidade e a

(820) OLIVEIRA, Francisco Antonio de. *Da ação civil pública:* instrumento..., cit., p. 885.

ausência de conteúdo econômico. Assim, não se verifica prescrição ou decadência com relação às obrigações de fazer, não fazer, dar, pagar (danos morais/ou materiais difusos e coletivos) referentes a interesses transindividuais.(821)

A doutrina processual civil segue a mesma orientação, sendo elucidativas as considerações de Ricardo de Barros Leonel, ao sintetizar os fundamentos da inocorrência da prescrição nas ações coletivas, apontando os seguintes motivos: "a) inexistência de previsão de prescrição ou decadência quanto aos interesses supraindividuais; b) não legitimação dos titulares de tais interesses para sua postulação em juízo; c) imprescritibilidade com fundamento constitucional de uma espécie de interesse difuso, o relativo à defesa do patrimônio público; d) inexistência no ordenamento ortodoxo de situações de imprescritibilidade e de inocorrência de decadência".(822)

Além desses sólidos argumentos, a análise da realidade demonstra que a maior parte das lesões a interesses transindividuais, principalmente aos difusos e coletivos, é continuativa ou com efeitos continuativos, propagando-se no tempo, o que, invariavelmente, suscita a possibilidade de a ação civil pública ser proposta durante todo o lapso temporal (semanas, meses, anos) em que perdurar a propagação das lesões. Esta característica das lesões aos interesses transindividuais transformaria, no mínimo, eventual previsão de prescrição em instituto de excepcional aplicação fática às ações civis públicas.

Essa característica continuativa da quase totalidade das lesões ou os efeitos prolongados dos atos lesivos aos interesses transindividuais tem levado ao reconhecimento da não incidência de prescrição nas ações civis públicas. Os danos ao meio ambiente, por exemplo, ou são decorrentes de atos continuativos ou de atos com efeitos prolongados no tempo, sendo que não haveria início de prescrição diante destas hipóteses.

Além da perpetuação no tempo das lesões aos interesses transindividuais, em várias situações, a lesão somente é percebida muito tempo após a realização de determinado ato pelo agente; é a hipótese de um dano ao meio ambiente de determinada região, como a contaminação do solo. Não raras vezes, os prejuízos começam a surgir muito tempo após o ato poluidor, quando se percebe a contração de doenças pelos habitantes da região ou o aparecimento de anomalias. Eventual previsão de prazo prescricional, na hipótese, sem a consideração dessa peculiaridade, equivaleria a deixar sem resguardo a proteção de direitos fundamentais da sociedade.

Dessas elucubrações extrai-se que a prescrição, nos moldes clássicos e atuais do direito civil, é incompatível com a natureza dos direitos reclamados por meio das ações civis públicas, em razão das características peculiares com que sucedem as suas lesões. O ideal seria um disciplinamento específico da prescrição nas ações civis públicas que considerasse os aspectos peculiares das lesões aos interesses transindividuais, com a contagem de prazo prescricional com início a partir da ciência da lesão; prazo prescricional elastecido para os atos instantâneos e previsão de novas e adequadas hipóteses de suspensão e interrupção.(823)

---

(821) MELO, Raimundo Simão de. *Ação civil...*, cit., p. 179-180.

(822) LEONEL, Ricardo de Barros. *Op. cit.*, p. 360.

(823) Não se pode relegar ao oblívio que, pois, com o incremento dos canais de atuação da democracia participativa, vaticinamos um aumento do número de ações coletivas propostas por entes da sociedade, com desafogo do Ministério Público — atualmente, responsável pela propositura de 99% das ações civis públicas trabalhistas —, de modo que estes poderosos instrumentos processuais não podem ficar sujeitos a descréditos pela propositura, pelas associações legitimadas, de ações tardias e infundadas, com conteúdo político ou sem os devidos respaldos fático e jurídico. Ademais, a experiência tem demonstrado que o excesso de proteção não constitui a melhor vereda para a salvaguarda efetiva de um determinado bem jurídico. É o que se verifica em torno do crime de racismo previsto como inafiançável e imprescritível, sujeito à pena da reclusão (art. 5º, inciso XLII, da CF/1988), de pouca repressão no Judiciário, embora saibamos das questões culturais que dificultam sua aplicação. É comum os crimes de racismos serem desqualificados nas delegacias para outras figuras com tipificação semelhante, para obstar a aplicação da rigidez legal, como demonstram os dados, das delegacias especializadas em crimes de racismo, levantados por Maria Aparecida Silva Bento: "A delegacia paulista especializada em crimes raciais recebeu, no ano de 1993, 48 queixas; dessas, 41 foram consideradas ofensas verbais, e apenas 7 foram registradas como racismo. E mais: apenas em 30% dos inquéritos abertos foram apresentadas provas". E continua a autora: "Por outro lado, desde que o racismo passou a ser considerado crime, os tribunais paulistas dão conta de meia dúzia de casos de condenação, em todos eles os réus se livraram da prisão. Ou seja, não se conhece um único caso em que alguém tenha ido para a cadeia por crime de racismo" (SILVA BENTO, Maria Aparecida. *Cidadania em preto e branco:* discutindo relações raciais. São Paulo: Ática, 2001. p. 65). Manoel Gonçalves Ferreira Filho, ao analisar os incisos XLII e XLIV do art. 5º da CF/88, observa que "a imprescritibilidade criminal repugna à sensibilidade da comunidade jurídica. Um sistema jurídico equilibrado não deveria consagrar uma situação de incerteza indeterminada. Configura um contrassenso ao lado da disposição que prescreve a inexistência de penas de caráter perpétuo (art. 5º, XLVII, *"b"*). Se a pena

13. Rito processual

A ação civil pública trabalhista segue o rito processual traçado pela LACP e pelo CDC, pois o art. 21 da LACP determina a aplicação "à defesa dos direitos e interesses difusos, coletivos e individuais, no que for cabível, os dispositivos do Título III da Lei que instituiu o Código de Defesa do Consumidor".

Sujeita-se, ainda, à aplicação subsidiária do Direito Processual Comum (art. 19, LACP c/c art. 769, CLT), devendo-se, também, observar as regras específicas da CLT, tais como:

a) sujeição do dissídio à conciliação (art. 764, *caput*, CLT);

c) irrecorribilidade autônoma das decisões interlocutórias (art. 893, § 1º, CLT);

d) irrecorribilidade do termo de conciliação (art. 831, parágrafo único, CLT);

e) limitação da indicação de testemunhas ao número de 03 (três) para cada parte (art. 821, CLT);

f) apresentação de razões finais (art. 850, *caput*, CLT);

g) efeitos devolutivos dos recursos (art. 899, *caput*, CLT);

h) recolhimento do depósito recursal (art. 899, § 1º, CLT);

i) notificação por via postal, com exceção do Ministério Público do Trabalho (art. 841, CLT c/c. art. 21, inciso II, alínea *"h"* e art. 83, inciso IV, LC n. 75/93).

13.1. Depoimento pessoal do autor coletivo

Consiste o depoimento pessoal no meio de prova requerido pela parte contrária com a finalidade de provocar a confissão da parte *ex adversa* ou esclarecer fatos discutidos na causa.

Trata-se de um meio de prova ao qual se sujeitam as partes da relação jurídica material, que depõem sobre os fatos vivenciados por elas e relatados no processo. Em virtude da possibilidade de extração de confissão, podem depor os titulares da relação jurídica material deduzida em juízo e desde que o objeto da demanda não seja indisponível, uma vez que não se admite confissão sobre direitos indisponíveis (art. 392, CPC).

Da análise dos pressupostos acima aduzidos, não há possibilidade de depoimento pessoal do autor coletivo, uma vez que este não participa da relação jurídica material com a parte *ex adversa*, tutelando em nome próprio direito alheio, na condição de substituto processual, ou de condutor autônomo para o processo.

Diferentemente do processo singular, em que as partes devem ter conhecimento direto dos fatos, o autor coletivo não participa dos fatos e da relação jurídica material, de forma que não há significado ou justificativa para o seu depoimento pessoal. Ele figura como parte formal, mas não como parte material.

A simples condição de parte formal retira a possibilidade de prestar depoimento pessoal sobre relação jurídica alheia. Aplica-se, *in casu*, o art. 213 do Código Civil que dispõe, *in verbis*: "Não tem eficácia a confissão se provém de quem não é capaz de dispor do direito a que se referem os fatos confessados".

Por outro lado, a indisponibilidade dos direitos transindividuais tutelados nas ações coletivas torna incabível o instituto da confissão, tendo em vista que esta pressupõe a disponibilidade do direito (art. 392, CPC) e, por conseguinte, inviabiliza a aplicação do depoimento pessoal como meio de prova nas demandas coletivas.

---

deverá ter duração determinada, a possibilidade de efetivação da punição penal não deveria ser perpétua" (FERREIRA FILHO, Manoel Gonçalves. *Curso de direito constitucional*. 27. ed. São Paulo: Saraiva, 2001. p. 301). José Afonso da Silva qualifica a inafiançabilidade e a imprescritibilidade em comento como reveladoras de "um retrocesso na ciência penal" (SILVA, José Afonso da. *Curso de direito constitucional positivo*. São Paulo: Malheiros, 1999. p. 441).

13.2. Depoimento pessoal de membro do Ministério Público

Em relação ao depoimento pessoal do membro do Ministério Público, se aplicam as observações *supra*, isto é, por constituir o *Parquet* mera parte formal do processo (não figurando na relação jurídica material deduzida em juízo), que atua na tutela de interesses transindividuais alheios e indisponíveis, torna-se incabível a tomada de depoimento pessoal dos membros do Ministério Público, nos termos dos art. 392 do CPC e 213 do CCB.

Por outro lado, acrescenta-se que o Ministério Público é regido pelos princípios da indivisibilidade, unidade e independência funcional (art. 127, § 1º, CF/1988), de forma que as demandas propostas pelo *Parquet* são plenamente despersonalizadas, isto é, não se vinculam a um determinado Procurador ou Promotor, que pode ser substituído ou sucedido nas ações coletivas (como nas hipóteses de promoção, remoção para outra localidade, mudança de coordenadoria, falecimento etc.), observadas as normas legais e os princípios pertinentes à carreira, sem que tal circunstância acarrete a perda de identidade do Ministério Público no polo ativo da demanda.

Desse modo, além de não fazer parte da relação jurídica material deduzida em juízo, o membro do Ministério Público não tem sequer a obrigação de ter participado da investigação que deu origem à demanda, podendo, inclusive, ser substituído na prática de atos processuais e em todo o curso processual.

A atuação do membro do Ministério Público no processo tende a vincular, pelas suas manifestações, toda a Instituição, em virtude da relação de organicidade, obedecidas as regras da unidade e da indivisibilidade próprias da instituição, nada impedindo também que no mesmo processo atuem simultaneamente, mas de forma harmônica e integrada, diversos membros do Ministério Público,(824) não havendo disponibilidade do direito por qualquer membro do *Parquet*.

A nota desta despersonalização encontra-se nas diversas leis processuais que se referem ou à atuação da instituição "Ministério Público" em juízo (art. 176, CPC) ou ao "órgão" do Ministério Público, *v. g.*, o art. 85 da LC n. 75/93, que dispõe serem "órgãos" do Ministério Público do Trabalho, entre outros, o Procurador-Geral do Trabalho, os Subprocuradores-Gerais do Trabalho, os Procuradores Regionais do Trabalho e os Procuradores do Trabalho, bem como o art. 9º da LCPC, o qual se reporta ao "órgão do Ministério Público".

O vocábulo órgão (do latim *organum*) originariamente expressa tudo aquilo que possa servir de meio à execução de algo; o instrumento ao qual se comete o desempenho de uma função determinada. No Direito, adquire também a significação técnica de instituição legalmente organizada, encarregada de colocar em função uma determinada ordem de serviços.(825)

Como órgão, na condição de *custos legis* ou de parte, o Ministério Público atua instrumentalmente na defesa de interesse público, indisponível ou transindividual que não lhe é próprio, de forma que não pode praticar atos de disposição, confessar e prestar depoimento pessoal.

Neste sentido, é o posicionamento de Nelson Nery Junior e Rosa Maria de Andrade Nery, para quem "Em obediência ao princípio constitucional da isonomia (CF, art. 5º, *caput*) a norma estabelece a igualdade de poderes e deveres do MP, quando autor da ACP ou réu em qualquer ação judicial, relativamente às partes. Há, no entanto, algumas mitigações desse princípio porque o MP parte não pode confessar, não presta depoimento pessoal, não adianta custas ou despesas nem é condenado em honorários e despesas processuais, quando vencido na ação".(826) Também, nesse sentido, é a jurisprudência dos Tribunais.(827)

(824) MAZZILLI, Hugo Nigro. *A defesa dos interesses...*, cit., p. 359.

(825) SILVA, Oscar José de Plácido e. *Vocabulário...*, cit., p. 578.

(826) NERY JUNIOR, Nelson; NERY, Rosa Maria de Andrade. *Código de Processo Civil...*, cit., p. 524.

(827) "DEPOIMENTO PESSOAL DE REPRESENTANTE DO MINISTÉRIO PÚBLICO. Constituindo-se o depoimento pessoal como meio de prova que objetiva obter a confissão, espontânea ou provocada, da parte contrária, inviável se mostra deferir pretensão em obter o depoimento pessoal do representante do Ministério Público, que atua na defesa dos interesses da sociedade, não podendo emitir conceitos próprios nem transigir acerca dos direitos tutelados." (TJRS-AI n. 70007613417-18ª C. Cível – Rel. Des. André Luiz Planella Villarinho, J. 24.6.2004). "AGRAVO DE INSTRUMENTO. ASSISTÊNCIA JUDICIÁRIA GRATUITA. PROVA TESTEMUNHAL. DESNECESSIDADE. PROMOTORA DE JUSTIÇA. DEPOIMENTO.

13.3. Reconvenção

Assim como nas demais ações coletivas, na ação civil pública não é admissível o instituto da reconvenção. Na ação civil pública o autor coletivo atua em nome próprio na tutela de interesse alheio, na condição de legitimado extraordinário (substituto processual) ou condutor autônomo do processo, não possuindo vinculação direta com as relações jurídico-materiais que se encontram no substrato da demanda coletiva.

A reconvenção, além das condições da ação e dos pressupostos processuais exigíveis para o exercício de qualquer ação, possui alguns requisitos específicos, extraídos do art. 343 do CPC: a) existência de ação pendente; b) conexão com a ação principal ou com o fundamento da defesa; c) competência do juízo para a ação principal e para a reconvenção; d) identidade de forma procedimental entre a ação principal e a reconvenção.

Ausente qualquer desses requisitos, incabível será a reconvenção, devendo a pretensão do réu em face do autor ser formulada em ação autônoma.

Além destes requisitos, o art. 315, parágrafo único, do CPC de 1973, que tratava da ação reconvencional, vedada a reconvenção nas ações nas quais o autor figurava como mero substituto processual; ou seja, exigia-se a identidade bilateral entre as partes da ação originária e da ação reconvencional. O atual CPC, em seu art. 343, § 5º, concedeu tratamento diferente à matéria, possibilitando a propositura de reconvenção na hipótese de substituição processual.(828)

Em relação às ações coletivas versando sobre interesses difusos e coletivos, nas quais o autor ideológico atua como legitimado autônomo para o processo, sequer há de se cogitar o cabimento da reconvenção com base no atual art. 343 do CPC, tendo em vista que este refere-se à substituição processual, instituto não presente na tutela de interesses difusos e coletivos.

Diante da tutela de interesses individuais homogêneos, como ressaltamos no capítulo anterior, não se pode olvidar que a regra do art. 343, § 5º, do CPC, que prevê o cabimento de reconvenção na hipótese de substituição processual, diz respeito às lides individuais, não tendo aplicação às lides coletivas para a tutela de interesses individuais homogêneos, regida assim pelas normas do CDC e da LACP, não sendo cabível reconvenção contra substituto processual em ação coletiva, tendo em vista que, ao contrário das lides individuais, a ação coletiva é despersonalizada e abstrata.

Nas lides individuais, as partes formais (substituto e réu) e o substituído processual são sujeitos concretos e determinados, que se encontram imbricados tanto na relação processual quanto na relação material subjacente, havendo uma comunhão de interesses entre substituto e substituído. Previu o legislador a substituição processual passiva nas lides individuais nas hipóteses em que o autor já esteja na condição de substituto processual ativo.

Nas hipóteses de legitimação extraordinária ou autônoma para a lide coletiva, a parte autora atua na tutela de interesses individuais e/ou coletivos de membros de uma coletividade, sendo assim a ação despersonalizada e abstrata, e totalmente incompatível com pretensões reconvencionais concretas em face dos trabalhadores substituídos, bem como em face do autor coletivo, o qual não tem relação material com os substitutos ou com a parte contrária, tal como sói ocorrer com o substituto nas lides individuais regidas pelo CPC.

As ações coletivas são informadas pelo princípio da prevalência das questões coletivas sobre as individuais, de forma que eventuais reconvenções fundadas em situações singulares e específicas constituem instrumentos

---

IMPOSSIBILIDADE. I – À luz do princípio do amplo acesso à Justiça, a assistência judiciária pode ser pedida diretamente em agravo, todavia, nessa hipótese, limitando-se os benefícios tão somente ao recurso. II – Versando o agravo sobre vício formal — coação — supostamente ocorrida quando da assinatura do Termo de Compromisso de Ajustamento de Conduta, desnecessária a oitiva de testemunhas, se, conforme alegado pela própria agravante, ninguém presenciou o firmamento do mesmo. III – Impossível o depoimento pessoal da Promotora de Justiça, visto que o Ministério Público atua como substituto processual, na defesa de interesses de toda a sociedade, representando esta, não podendo transigir acerca dos direitos discutidos." (TRRS – 2ª C. Cível – AI n. 70000230953 – Rel. Des. Arno Werlang, J. 3.5.00)

(828) Art. 343, "§ 5º Se o autor for substituído processual, o reconvinte deverá afirmar ser titular de direito em face do substituído, e a reconvenção deverá ser proposta em face do autor, também na qualidade de substituto processual".

processuais incompatíveis com as demandas coletivas, falecendo interesse de agir para a sua propositura em sede coletiva.

Ao contrário das lides individuais, no âmbito das ações coletivas, o substituto não se encontra imbricado na relação jurídica material entre substituído e réu, não havendo comunhão de interesses materiais entre ambos, mas legitimação processual, formal e abstrata. Assim, nas ações coletivas, foi conferido ao substituto processual somente a legitimidade ativa para a tutela dos interesses dos substituídos.

14. Renúncia e transação em sede de ação civil pública

Os interesses difusos e coletivos são materialmente marcados pela indivisibilidade e pela indisponibilidade de seus objetos. Ambos são insuscetíveis de destaque em cotas individuais. Desta indivisibilidade decorre que nenhum titular pode fruí-los na sua integridade, bem como o gozo por um não impede ou impossibilita que outros os fruam com a mesma intensidade. São interesses indisponíveis, pois, por transcenderem o âmbito individual, são insuscetíveis a atos de disposição. Os difusos porque seus titulares indeterminados encontram-se diluídos por toda a sociedade. Os coletivos porque constituem uma síntese de interesses individuais, com configuração e conteúdos jurídicos e materiais distintos destes últimos.

As notas da indivisibilidade e da indisponibilidade material estendem-se ao campo processual, obstando a realização de atos de disposição de direito material pelos autores das ações civis públicas.

O exercício de atos de disposição por qualquer ente legitimado corresponderia a uma verdadeira apropriação do bem transindividual por um ente privado, o que se revela completamente incompatível com a sua natureza. Esta natureza que os torna insuscetíveis de apropriação individual, de transmissão por *inter vivos* ou *mortis causa* e de renúncia ou transação.

Quanto aos direitos individuais homogêneos, nada obsta a invocação de sua tutela em sede de ação civil pública, embora esta seja preferida para a tutela dos direitos difusos e coletivos — em face do caráter coletivo da condenação e do destino dos valores pecuniários, que se revestem a um fundo de reparação de lesões a direitos individuais —, como veremos adiante.

Nessa hipótese, também restam obstados os atos de disposição de direitos, como a renúncia e a transação, tendo em vista que o ente legitimado atua em nome próprio, na defesa de direito alheio, não configurando titular da pretensão material deduzida em juízo; não sendo proprietário desses interesses, não pode efetuar atos que impliquem sua disposição ou alienação.

Nada impede, mas a própria tutela do interesse transindividual aconselha, que a restrição sofra um temperamento para se permitir uma conciliação a respeito de acessórios da pretensão principal, como a concessão de prazo para o saneamento imediato das irregularidades apontadas.

15. Litispendência e coisa julgada entre ações civis públicas

O instituto da litispendência tem por finalidade evitar que uma mesma lide seja objeto de processos simultâneos,[829] com o acarretamento de descrédito ao Poder Judiciário e geração de insegurança jurídica para o demandado.

Caracteriza-se a litispendência pela propositura de ação com os mesmos elementos — partes, objeto e causa de pedir — de demanda que já esteja em curso processual. A consequência imediata da sua constatação, *ex officio* ou a requerimento da parte, é a extinção da segunda demanda sem julgamento do mérito (arts. 337, VI e § 3º, e 485, V, CPC). Nas lides individuais, a litispendência é de fácil constatação, tendo em vista a total identificação dos indivíduos da lide, o perfeito delineamento da causa de pedir e a delimitação da pretensão.

(829) THEODORO JÚNIOR, Humberto. *Op. cit.*, v. 1, p. 275.

No campo das lides coletivas, a concessão de legitimidade concorrente e disjuntiva faz com que tanto o fenômeno da litispendência quanto o da coisa julgada sofram uma relativa mitigação, tendo em vista que a tríplice identidade — partes, pedido e causa de pedir — entre duas demandas coletivas não é aferida com critérios matemáticos, como sucede com as lides individuais, nas quais estes institutos exigem a identificação exata entre os elementos das lides.

Embora, para a caracterização de litispendência nas lides coletivas, os elementos objetivos — pedido e causa de pedir — das demandas devam ser idênticos, o subjetivo é aferido com base na qualidade jurídica com a qual o ente legitimado atua na defesa de direito da coletividade, e não na correspondente identidade física entre os autores das demandas, como sói ocorrer nas lides individuais. Isto porque, nas ações civis públicas os entes legitimados atuam na defesa de direitos transindividuais da coletividade, em que figura a regra da indeterminação dos seus titulares.

Assim, a litispendência entre ações civis públicas é extraída da simples análise da existência da identificação entre o pedido, a causa de pedir e a qualificação dos entes legitimados. Seria exemplo a propositura de ação civil pública pelo sindicato com a finalidade de eliminação de insalubridade no local de trabalho de determinada empresa, quando em curso ação civil pública, com o mesmo objeto, proposta pelo Ministério Público do Trabalho, ambas amparadas nos mesmos fatos e nos mesmos fundamentos jurídicos.

In casu, embora não se vislumbre a total identificação do elemento subjetivo das ações propostas (sindicato e Ministério Público), ambos os entes legitimados atuam na mesma condição jurídica — tuteladores de direitos coletivos dos trabalhadores do mesmo setor de trabalho da empresa demandada — e lastreiam-se igualmente na existência de insalubridade no local de trabalho.

A igualdade das titulações jurídicas dos entes legitimados, conjugada com a identidade de pedido e de causa de pedir (próxima e remota), dá a tônica para a caracterização da litispendência entre lides coletivas. Tal não ocorreria se os legitimados estivessem atuando com capitulações jurídicas distintas, como na hipótese em que um deles atuasse na condição de substituto processual dos trabalhadores; mesmo porque, nessa hipótese, os pedidos seriam consequentemente distintos.

No que atina à presença da *res iudicata* (art. 337, VII e § 4º, e art. 485, V, CPC), a sua identificação se perfaz do mesmo modo que na litispendência; pela constatação da identidade de pedidos, de causas e da qualificação jurídica dos entes legitimados. No exemplo dado, se a ação civil pública proposta pelo Ministério Público tivesse transitado em julgado, a segunda ação intentada pelo ente sindical deveria ser extinta, *ex officio* ou a requerimento da parte, sem resolução de mérito, pela ocorrência da coisa julgada.

16. Liminar e antecipação de tutela

O art. 12 da LACP autoriza ao juiz a concessão de mandado liminar, com ou sem justificação prévia, em decisão sujeita a agravo. Por outro lado, a aplicação subsidiária do CPC, permitida pelo art. 19, LACP, possibilita o manejo do instituto da tutela provisória de urgência antecipada nas ações civis públicas (art. 294, CPC) para tutela imediata e provisória do bem da vida deduzido em juízo.

Assim, é cabível a concessão de liminar ou de antecipação da tutela na ação civil pública trabalhista, sendo que ambos os atos judiciais não comportam recurso, em face do princípio da irrecorribilidade das decisões interlocutórias vigente no processo do trabalho, podendo ser impugnados no mesmo momento da decisão definitiva, por meio da interposição de recurso ordinário para o TRT, e posterior recurso de revista para o TST.

No entanto, para amenizar o rigor legal, o TST cristalizou jurisprudência por meio da Súmula n. 414, no seguinte sentido: "II – No caso de tutela antecipada (ou liminar) ser concedida antes da sentença, cabe a impetração do mandado de segurança, em face da inexistência de recurso próprio".

Porém, a superveniência de sentença nos autos da ação civil pública antes do julgamento do mandado de segurança impetrado contra a concessão de tutela ou liminar acarreta a extinção do *mandamus* sem resolução do mérito (Súmula n. 414, III, TST).

Embora possível a impetração de mandado de segurança contra ato concessório de liminar, o TST considera não cabível mandado de segurança com vistas à concessão de liminar ou à homologação de acordo, uma vez que constituem faculdades do Juízo, sujeitas à sua discricionariedade (Súmula n. 417, TST).

17. Alcance e efeitos da coisa julgada

17.1. Coisa julgada secundum eventum probationis

Em se tratando da tutela de interesses difusos e coletivos, foi adotado o instituto da coisa julgada *secundum eventum probationis* (segundo a sorte das provas), ou seja, em caso de improcedência do pedido por insuficiência de provas, qualquer interessado poderá propor outra ação com idêntico fundamento, valendo-se de nova prova (art. 16, LACP), inclusive o ente legitimado que havia proposto a ação anterior.

No entanto, consoante demonstrado anteriormente, o CDC, além de conferir contornos mais precisos ao objeto da ação civil pública, definiu uma série de conceitos cruciais para a celeridade e segurança desse universo de proteção, como a enunciação dos atributos essenciais e específicos de cada um dos interesses transindividuais (art. 81, incisos I, II e III), a tutela processual de direitos individuais homogêneos (art. 91 e seguintes), a determinação do alcance e efeitos da coisa julgada nas lides coletivas (art. 103, incisos I, II e III), a litispendência entre as lides individuais e as coletivas com o mesmo objeto (art. 104).

Aplica-se, outrossim, à ação civil pública, além do art. 16 da LACP, o regime da coisa julgada contida no art. 103 do CDC, que dispõe, *in verbis*:

> "Art. 103. Nas ações coletivas de que trata este Código, a sentença fará coisa julgada:
>
> I - *erga omnes*, exceto se o pedido for julgado improcedente por insuficiência de provas, hipótese em que qualquer legitimado poderá intentar outra ação, com idêntico fundamento, valendo-se de nova prova, na hipótese do inciso I do parágrafo único do art. 81;
>
> II - *ultra partes*, mas limitadamente ao grupo, categoria ou classe, salvo improcedência por insuficiência de provas, nos termos do inciso anterior, quando se tratar da hipótese prevista no inciso II do parágrafo único do art. 81;
>
> III - *erga omnes*, apenas no caso de procedência do pedido, para beneficiar todas as vítimas e seus sucessores, na hipótese do inciso III do parágrafo único do art. 81.
>
> § 1º Os efeitos da coisa julgada previstos nos incisos I e II não prejudicarão interesses e direitos individuais dos integrantes da coletividade, do grupo, categoria ou classe.
>
> § 2º Os efeitos da coisa julgada prevista no inciso III, em caso de improcedência do pedido, os interessados que não tiverem intervindo no processo como litisconsorte poderão propor ação de indenização a título individual.
>
> § 3º Os efeitos da coisa julgada de que cuida o art. 16, combinado com o art. 13 da Lei n. 7.347, de 24 de julho de 1985, não prejudicarão as ações de indenização por danos pessoalmente sofridos, propostas individualmente ou na forma prevista neste Código, mas, se procedente o pedido, beneficiarão as vítimas e seus sucessores, que poderão proceder à liquidação e à execução, nos termos dos arts. 96 a 99.
>
> § 4º Aplica-se o disposto no parágrafo anterior à sentença penal condenatória.
>
> Art. 104. As ações coletivas, previstas nos incisos I e II do parágrafo único do art. 81, não induzem litispendência para as ações individuais, mas os efeitos da coisa julgada *erga omnes* ou *ultra partes* a que aludem os incisos II e III do artigo anterior não beneficiarão os autores das ações individuais, se não for requerida sua suspensão no prazo de trinta dias, a contar da ciência nos autos do ajuizamento da ação coletiva."

Em suma, em se tratando de interesses difusos e coletivos, pode-se verificar as seguintes situações: a) extinto o processo sem julgamento do mérito, haverá tão somente coisa julgada formal; b) julgado improcedente o pedido por insuficiência de provas, não fará coisa julgada material, podendo a ação ser renovada por qualquer colegitimado; c) julgado improcedente o pedido por outro motivo que não a insuficiência de provas, a coisa julgada material abrangerá somente os colegitimados ativos, mas não obsta a discussão da matéria em lide individual; d) julgado procedente o pedido, a ação fará coisa julgada *erga omnes* (interesses difusos) ou *ultra partes* (interesses coletivos).[(830)]

Com vistas a um melhor delineamento didático do regime da coisa julgada, passaremos a analisá-lo, separadamente, conforme se trate de demanda para a tutela de interesses difusos ou interesses coletivos.

17.2. *Interesses difusos: Coisa julgada* erga omnes e secundum eventum probationis

Consoante o CDC, na hipótese de interesses difusos, a coisa julgada terá eficácia "*erga omnes,* exceto se o pedido for julgado improcedente por insuficiência de provas, hipótese em que qualquer legitimado poderá intentar outra ação, com idêntico fundamento, valendo-se de nova prova..." (art. 103, I).

A eficácia *erga omnes* dos interesses difusos decorre do fato de estes interesses estarem dispersos pela sociedade civil como um todo (tutela do meio ambiente, proteção do patrimônio histórico, cultural e artístico etc.), ou seja, referem-se a bens concernentes a uma coletividade difusa (espraiada, disseminada), de forma que a coisa julgada que se forma nas demandas que versam sobre esses interesses alcança a todos aqueles situados na sua esfera jurídica de proteção, por isso, a utilização da expressão *erga omnes*[(831)] (perante todos) para designar a coisa julgada nas ações coletivas que se fundamentam em interesses difusos.

Em relação aos autores ideológicos, isto é, dos entes legitimados à tutela dos interesses difusos, a eficácia *erga omnes* da decisão alcança todos os entes indicados nos art. 5º da LACP e 82 do CDC, de modo que, uma vez proposta determinada demanda por uma das pessoas constantes do rol de legitimados, a imutabilidade da coisa julgada material estende-se a todos os demais, que não poderão propor nova demanda com o mesmo objeto e causa de pedir, mesmo que não tenham participado da demanda originária, salvo nas hipóteses de improcedência por insuficiência de provas.

De fato, com vistas a resguardar os interesses difusos (e coletivos) de demandas infrutíferas por má produção probatória por parte do ente legitimado que ingressou com a demanda, o legislador previu uma exceção à coisa julgada *erga omnes*, correspondente à hipótese de improcedência do pedido por insuficiência de provas, possibilitando a propositura da mesma demanda, com idêntico fundamento, tanto pelo autor que a havia proposto quanto pelos demais legitimados, ao que se passou denominar coisa julgada *secundum eventum probationis* (segundo a sorte das provas).

No caso de improcedência da demanda coletiva cuja decisão se fundamente em qualquer outro motivo que não a insuficiência de provas, haverá a formação da coisa julgada material, a obstar a propositura de uma nova ação coletiva com o mesmo objeto e causa de pedir por qualquer ente legitimado.

---

(830) MELO, Raimundo Simão de. *Ação civil...*, cit., p. 188.

(831) *Erga omnes:* expressão latina que significa perante todos, contra todos. "Diz-se do ato, lei ou decisão que a todos obriga, ou até é oponível contra todos, ou sobre todos tem efeito". FERREIRA, Aurélio Buarque de Holanda. *Op. cit.*, p. 784.

17.2.1. Quadro sinóptico da coisa julgada nos interesses difusos

Em resumo, o quadro da coisa julgada nas demandas fundamentadas em direitos difusos fica assim estruturado:

NATUREZA DA DECISÃO	FORMAÇÃO DA COISA JULGADA	CONSEQUÊNCIAS
Extinção do processo sem resolução do mérito (art. 485, CPC)	Coisa julgada formal	Possibilidade de propositura de nova demanda com o mesmo objeto e causa de pedir, inclusive pelo autor que havia proposto a ação anterior
Procedência do pedido	Coisa julgada material	Eficácia *erga omnes*. Impossibilidade de propositura de nova demanda com o mesmo objeto e causa de pedir, por qualquer ente legitimado
Improcedência do pedido por qualquer motivo que não a insuficiência de provas	Coisa julgada material	Eficácia *erga omnes*. Impossibilidade de propositura de nova demanda com o mesmo objeto e causa de pedir, por qualquer ente legitimado
Improcedência do pedido por insuficiência de provas	Coisa julgada *secundum eventum probationis*	Possibilidade de propositura de nova demanda com o mesmo objeto e causa de pedir, baseada em novas provas, inclusive pelo autor que havia proposto a ação anterior

17.3. *Interesses coletivos: Coisa julgada* ultra partes e secundum eventum probationis

Nas demandas fundamentadas em direitos coletivos, a coisa julgada terá eficácia "*ultra partes*, mas limitadamente ao grupo, categoria ou classe, salvo improcedência por insuficiência de provas" (art. 103, II, CDC), hipótese em que, nos mesmos moldes previstos para os interesses difusos, qualquer legitimado poderá intentar outra ação, com idêntico fundamento, valendo-se de nova prova.

O regime da coisa julgada nas ações para a tutela de interesses coletivos distingue-se do previsto para os direitos difusos apenas em relação à natureza da eficácia, que será *ultra partes* em se tratando dos primeiros, e não *erga omnes* como nos segundos. A diferença de tratamento decorre da própria diversidade de natureza de ambos os interesses, pois, ao passo que os interesses difusos têm como titulares pessoas indeterminadas e ligadas por circunstâncias de fato e os interesses coletivos são titularizados por grupo, categoria ou classe de pessoas ligadas entre si ou com a parte contrária por uma relação jurídica básica. Exatamente a presença de uma relação jurídica básica permite tornar determinável a extensão da coletividade, sendo que a eficácia subjetiva da demanda limitar-se-á aos membros da coletividade, isto é, àqueles que possuem um vínculo jurídico básico entre si ou com a parte contrária; por isso, o emprego da expressão *ultra partes* em vez de *erga omnes*, pois aquele pressupõe uma maior delimitação do âmbito de abrangência que essa.

No mais, a eficácia subjetiva da coisa julgada nas ações para a tutela de interesses coletivos segue a mesma disciplina prevista para os interesses difusos, inclusive no que respeita à coisa julgada *secundum eventum probationis* (segundo a sorte das provas).

17.3.1. Quadro sinóptico da coisa julgada nos interesses coletivos

Em síntese, o quadro da coisa julgada nas demandas fundamentadas em direitos coletivos fica assim delineado:

NATUREZA DA DECISÃO	FORMAÇÃO DA COISA JULGADA	CONSEQUÊNCIAS
Extinção do processo sem resolução do mérito (art. 485, CPC)	Coisa julgada formal	Possibilidade de propositura de nova demanda com o mesmo objeto e causa de pedir, inclusive pelo autor que havia proposto a ação anterior
Procedência do pedido	Coisa julgada material	Eficácia *ultra partes* Impossibilidade de propositura de nova demanda com o mesmo objeto e causa de pedir, por qualquer ente legitimado
Improcedência do pedido por qualquer motivo que não a insuficiência de provas	Coisa julgada material	Eficácia *ultra partes* . Impossibilidade de propositura de nova demanda com o mesmo objeto e causa de pedir, por qualquer ente legitimado
Improcedência do pedido por insuficiência de provas	Coisa julgada *secundum eventum probationis*	Possibilidade de propositura de nova demanda com o mesmo objeto e causa de pedir, baseada em novas provas, inclusive pelo autor que havia proposto a ação anterior

17.4. Transporte in utilibus *da coisa julgada coletiva*

Como já visto, ao contrário dos individuais homogêneos, os interesses difusos e coletivos são marcados pela nota da indivisibilidade e da indeterminabilidade (ou determinabilidade) dos membros da coletividade. O pedido na ação coletiva para a tutela desses direitos não tem como objetivo a reversão direta para os sujeitos singulares do resultado favorável da demanda, como ocorre em relação aos interesses individuais homogêneos, mas a proteção específica do bem difuso ou coletivo; bem este que constitui uma síntese das pretensões da coletividade, por isso mesmo sendo indivisível.

Embora as ações coletivas para a tutela dos direitos difusos e coletivos não tenham como objeto imediato a satisfação de interesses individuais, não fugiu ao legislador a possibilidade de eventual decisão favorável à tutela de um bem difuso ou coletivo poder beneficiar indiretamente as pretensões dos sujeitos singulares, razão pela qual previu o instituto do transporte *in utilibus* da coisa julgada coletiva, previsto no art. 103, § 3º, CDC.

O transporte *in utilibus* da coisa julgada favorável nas ações para a tutela de interesses difusos e coletivos dependerá do requerimento da suspensão do processo individual, no prazo de trinta dias, a contar da ciência dos autos do ajuizamento da ação coletiva. Há um erro de remissão no art. 104 do CDC, que, na sua segunda parte, refere-se aos "efeitos da coisa julgada *erga omnes* ou *ultra partes* a que aludem os incisos II e III do artigo anterior", quando a coerência sistemática entre a primeira e a segunda remissão exige que se leia na segunda a referência ao inciso I.

Tome-se, como exemplo, uma ação civil pública proposta pelo Ministério Público do Trabalho cujo objetivo é a eliminação da insalubridade no estabelecimento de determinada empresa. Embora o pedido seja a proteção de um bem essencialmente coletivo (meio ambiente do trabalho), em sendo julgada procedente a demanda, o reconhecimento da insalubridade do meio ambiente daquele estabelecimento, e dos danos reais ou potenciais à saúde dos trabalhadores, aproveita *in utilibus* os trabalhadores individuais, que não necessitarão discutir novamente a salubridade daquele ambiente, podendo promover diretamente a execução do julgado, demonstrando na liquidação, que se processará por artigos, os elementos necessários à fixação do adicional de insalubridade. Dá-se, *in casu*, nos dizeres de Ada Pellegrini Grinover, uma ampliação do objeto do processo coletivo.(832)

17.5. Ineficácia da limitação territorial da coisa julgada imposta pela Lei n. 9.494/97

A extensão objetiva (territorial) dos efeitos da coisa julgada coletiva, em princípio, confunde-se com a sua amplitude subjetiva, isto é, a eficácia da tutela coletiva expande-se por todo o âmbito territorial pelo qual se espraiam os sujeitos ou os bens objeto da sua respectiva tutela, operando-se efeitos *erga omnes ou ultra partes*, conforme refiram-se, respectivamente, a interesses difusos ou individuais homogêneos e interesses coletivos.

No entanto, como assevera Rodolfo de Camargo Mancuso, diversos problemas e incompreensões na práxis judiciária das demandas coletivas, principalmente no que se refere à eficácia expandida da coisa julgada coletiva, originam-se da resistência em se admitir que a jurisdição entre nós é de âmbito nacional.(833)

A despeito de toda a doutrina processual sobre a função das regras de competência, o Poder Executivo, com vistas à proteção de seus interesses, por meio da Medida Provisória n. 1.570, de 26.3.1997, posteriormente transformada na Lei n. 9.494, de 10.9.97, alterou a redação do art. 16 da LACP(834) com a pretensão de limitar os efeitos da coisa julgada aos limites da competência territorial do órgão prolator.

Embora objetivasse limitar a abrangência da coisa julgada nas ações coletivas por meio da utilização de regras de competência, o Poder Executivo "pecou pela incompetência", pois o acréscimo introduzido no art. 16 da LACP é totalmente ineficaz, tendo em vista a relação de integração e complementaridade da LACP com o CDC, cujos art. 93 e 103, que tratam, respectivamente, da competência e dos efeitos da coisa julgada, continuam em vigor, sobrepondo-se à alteração perpetrada.(835)

A competência constitui mero critério de repartição do trabalho judiciário, que opera mediante a disponibilização de determinados conjuntos de processos, a partir de critérios distintos (determinativos ou modificativos), a certos órgãos jurisdicionais. Conquanto seja bastante extenso o território nacional, em virtude do nosso desenho jurídico-político republicano-federativo, uma vez fixado o órgão jurisdicional, federal (comum e especial, estruturada em seções, e distribuída por regiões ou Estados) ou estadual (estruturada em comarcas reunidas em entrâncias), seu julgado produzirá efeitos na razão direta da dimensão do conflito, não cabendo ao legislador e nem ao juiz restringir ou exacerbar esses parâmetros. Uma vez definido o órgão jurisdicional, cessa a utilidade da regra de competência, razão pela qual não se justifica o seu emprego para questões de outra ordem, como para determinar quais sujeitos estarão suscetíveis aos efeitos do comando judicial.(836)

---

(832) GRINOVER, Ada Pellegrini *et al. Código Brasileiro de Defesa do Consumidor...*, cit., p. 934. Marcos Flávio Mafra Leal nos concede o seguinte exemplo: numa ação coletiva para a defesa de direitos difusos "requer-se a responsabilização do réu por danos ambientais (com o resultado da indenização se destinando para o fundo do art. 13 da Lei n. 7.347/85). A coisa julgada formada nessa ação, segundo a concepção *in utilibus*, aproveitará os indivíduos que experimentaram danos pessoais em decorrência do fato ambiental, podendo de pronto liquidar e executar a sentença, sem necessidade de conhecimento individual". (LEAL, Márcio Flávio Mafra. *Ações coletivas:* história, teoria e prática. Porto Alegre: Sérgio Antonio Fabris Editor, 1998. p. 206). Vale apresentar a ressalva formulada por Luiz Paulo da Silva Araújo Filho no sentido de que "essa extensão favorável da coisa julgada da ação coletiva, ademais, e a despeito da redação do § 3º do art. 103, não se dá exclusivamente em relação à típica ação civil pública, mas sim com relação a qualquer decisão típica de direitos difusos ou de direitos coletivos, mesmo que formada à luz dos incisos I e II do art. 103 do CDC, uma vez que *ubi eadem ratio, ibi eadem legis dispositio*, e, afinal, julgado procedente o pedido coletivo, a decisão faz coisa julgada *erga omnes* ou *ultra partes*, beneficiando, assim, a coletividade, o grupo, a categoria ou a classe interessados (arg. ex. incisos I e II do art. 103)". (ARAÚJO FILHO, Luiz Paulo da Silva. *Ações coletivas:* a tutela jurisdicional dos direitos individuais homogêneos. Rio de Janeiro: Forense, 2000. p. 13).

(833) MANCUSO, Rodolfo de Camargo. *Jurisdição coletiva e coisa julgada:* teoria geral das ações coletivas. 2. ed. São Paulo: Revista dos Tribunais, 2008. p. 339.

(834) Lei n. 7.347/85: "Art. 16. A sentença civil fará coisa julgada *erga omnes*, nos limites da competência territorial do órgão prolator, exceto se o pedido for julgado improcedente por insuficiência de provas, hipótese em que qualquer legitimado poderá intentar outra ação com idêntico fundamento, valendo-se de novas provas".

(835) GRINOVER, Ada Pellegrini *et al. Op. cit.*, p. 920.

(836) MANCUSO, Rodolfo de Camargo. *Jurisdição coletiva e coisa julgada...*, cit., p. 339-34.

Além de incongruente, por confundir competência e jurisdição, o acréscimo ao art. 16 da LACP apresenta-se totalmente ineficaz por diversos aspectos.

Ao se referir à coisa julgada *erga omnes*, a nova redação do art. 16 afastou, desde logo, a sua aplicação às demandas que versam sobre interesses coletivos, uma vez que, como exposto anteriormente, estas produzem eficácia *ultra partes*, e não *erga omnes*. Por outro lado, a referência à coisa julgada *secundum eventum probationis* exclui automaticamente as demandas fundamentadas em direitos individuais homogêneos, pois a eficácia subjetiva do julgado, nesse caso, independe da sorte das provas, isto é, se a ação foi julgada improcedente por insuficiência de provas ou não.

Por sua vez, a alteração incrementada no art. 16 da LACP, ao confundir competência e extensão dos efeitos da coisa julgada, é ineficaz mesmo em relação aos interesses difusos, uma vez que a amplitude da coisa julgada é determinada pelo pedido. Em sendo amplo o pedido *(erga omnes)*, o juízo competente o será para julgar com relação a todo o objeto do processo.(837)

Ainda em se tratando de interesses difusos, segundo Ada Pellegrini Grinover, a restrição imposta é igualmente inoperante, pois a competência territorial das ações coletivas é regulada expressamente pelo art. 93 do CDC, sendo que a regra expressa nessa *lex specialis* é da competência da Capital do Estado ou do Distrito Federal nas hipóteses de dano regional ou nacional. Dessa forma, fixar que a coisa julgada se restringe "aos limites da competência do órgão prolator", nada mais indica de que se deve seguir os parâmetros do CDC, que prevê as hipóteses de decisões com extensão regional e nacional.(838)

Deste modo, a conjugação das regras do CDC (não alteradas pela Lei n. 9.494/97) com as normas da LACP torna totalmente inoperante a limitação pretendida, tendo em vista que aquele diploma ainda disciplina a competência das ações coletivas, com reconhecimento das eficácias local, regional e nacional, sem limitação.

Essa inoperância da alteração introduzida no art. 16 da LACP decorre igualmente da própria natureza indivisível dos interesses tutelados, os quais não encontram fronteiras em regras de competência. Como acentua Ricardo Barros Leonel, a extensão da coisa julgada coletiva decorre da peculiar natureza da relação jurídica material trazida a juízo. A amplitude da *res iudicata* coletiva é consequência da indivisibilidade dos interesses tutelados (material ou processual), tornando a decisão judicial insuscetível de cisão, uma vez que a lesão a um interessado implica lesão a todos, e o proveito a um a todos beneficia, de forma que a indivisibilidade do objeto é o que realmente determina a extensão dos efeitos do julgado.(839)

Como assinala Rony Ferreira, "como os direitos versados são transindividuais, a extensão subjetiva da coisa julgada, que conforme a situação concreta será *ultra partes* ou *erga omnes*, também será transindividual", sendo inidônea qualquer tentativa de limitação da eficácia da prestação jurisdicional por meio do critério de competência.(840) A tentativa de limitação perpetrada pelo Poder Executivo, além de ilegítima, é impossível de atendimento nos planos lógico, fático e concreto, uma vez que essa alteração não tem o condão de alterar a natureza das coisas.(841)

As regras de competência do art. 2º da LACP e do art. 93 do CDC constituem meras regras de divisão do trabalho judiciário, com vistas à sua maior eficiência, nada representando sob o ponto de vista dos limites subjetivos da coisa julgada, cuja amplitude territorial será delimitada pelo alcance e indivisibilidade do dano (ou da ameaça

---

(837) GRINOVER, Ada Pellegrini *et al. Op. cit.*, p. 923.

(838) *Idem. Ibidem*, p. 921.

(839) LEONEL, Ricardo de Barros. *Op. cit.*, p. 284.

(840) FERREIRA, Rony. *Coisa julgada nas ações coletivas:* restrição do art. 16 da Lei da Ação Civil Pública. Porto Alegre: Sérgio Antonio Fabris, 2004. p. 144.

(841) SILVA, Bruno Ferreira e. A ineficácia da tentativa de limitação territorial dos efeitos da coisa julgada na ação civil pública. In: MAZZEI, Rodrigo; NOLASCO, Rita Dias (Coords.). *Processo civil coletivo.* São Paulo: Quartier Latin, 2005. p. 338.

deste).[842] A extensão da coisa julgada é determinada pelo pedido e não pela competência, que corresponde a uma simples adequação entre processo e juiz, sem nenhuma influência sobre o objeto do processo.[843]

Em relação à alteração introduzida no dispositivo legal em comento, parte da doutrina vislumbra, além da sua ineficácia, a sua inconstitucionalidade formal e material, decorrente do fato de ela originar-se de Medida Provisória destituída dos necessários caracteres de relevância e urgência, além de afrontar a norma do art. 5º, XXXV, CF/1988.[844]

A doutrina predominante apregoa a inconstitucionalidade da Lei n. 9.494/97 decorrente da violação do art. 5º, XXXV, CF/1988, que consagra a universalização do acesso à Justiça e de uma tutela jurisdicional efetiva. Além deste argumento, a inconstitucionalidade do citado diploma legal provém incontestavelmente da violação do princípio da isonomia, à medida que, ao limitar os efeitos da coisa julgada, coloca em condições desiguais indivíduos que estão em situações fáticas de igualdade, uma vez que alguns poderão ter suas condições jurídicas modificadas, ao passo que outros, na mesma situação, restariam prejudicados, sem o reconhecimento de direitos.

Neste sentido, Motauri Ciochetti de Souza: "As situações, à evidência, são absurdas e revelam, com a devida vênia, violação ao princípio constitucional da isonomia, trazido pelo art. 5º, *caput*, da Magna Carta: se o objeto é indivisível e se o dano é social, não é possível limitar-se os efeitos da coisa julgada nos moldes propostos pela Lei n. 9.494/97, sob pena de criarmos classes diferenciadas de lesados por um mesmo fato. Em outras palavras, admitir-se a constitucionalidade do dispositivo em comento implicaria permitir que pessoas que possuam exatamente a mesma situação jurídica venham a ser tratadas desigualmente — o que sabe a disparate".[845]

18. Conteúdo da condenação

A LACP previu duas modalidades principais de reparação do bem transindividual lesado: a condenação em pecúnia ou o cumprimento de obrigação de fazer ou não fazer (art. 3º); no entanto, a ação civil pública comporta qualquer tipo de provimento jurisdicional que seja apto à tutela do bem deduzido em juízo, abarcando também os provimentos declaratórios, constitutivos, inibitórios, e as mais diversas obrigações (de dar, pagar, fazer, não fazer etc.).

O interesse maior é pela recuperação do bem, objeto do interesse transindividual, com a sua restituição ao *status quo ante*; situação mais condizente com a pretensão de vê-lo preservado, não se podendo admitir seu trato à semelhança do interesse individual, quando a compra da possibilidade de atingi-lo é uma marca indelével.[846]

Tendo em vista o seu objeto, o ideal, em tema de ação civil pública, é a reposição do bem ou interesse lesado à condição que se encontrava antes da lesão e somente quando impossível a reparação específica, proceder-se-ia à sua reparação pecuniária.[847]

Mesmo que imposição pecuniária tenha como destino a reparação dos danos sofridos pelos bens atingidos, a condenação obrigacional possui maior conformidade com o conteúdo do interesse transindividual atingido, tendo em

(842) MANCUSO, Rodolfo de Camargo. *Jurisdição coletiva e coisa julgada...*, cit., p. 340.

(843) GRINOVER, Ada Pellegrini *et al. Op. cit.*, p. 922.

(844) Nesse sentido, expõe Nelson Nery Junior: "A norma, na redação dada pela Lei n. 9.494/97, é inconstitucional por ferir os princípios do direito de ação (CF, art. 5º, XXXV), da razoabilidade e da proporcionalidade e porque o Presidente da República a editou, por meio de medida provisória, sem que houvesse autorização constitucional para tanto, pois não havia urgência (o texto anterior vigorava há doze anos, sem oposição ou impugnação), nem relevância, requisitos exigidos pela CF, art. 62, *caput*". NERY JUNIOR, Nelson; NERY, Rosa Maria de Andrade. *Código de Processo Civil comentado e legislação processual civil em vigor*. 4. ed. São Paulo: Revista dos Tribunais, 1999. p. 1.540-1.Também: SILVA, Bruno Ferreira e. *A ineficácia da tentativa...*, cit., p. 340; LENZA, Pedro. *Teoria geral da ação civil pública*. São Paulo: Revista dos Tribunais, 2003. p. 276.

(845) SOUZA, Motauri Ciochetti de. *Apud* SILVA, Bruno Freire e. *A ineficácia da tentativa...*, cit., p. 340.

(846) MORAIS, José Luis Bolzan de. *Op. cit.*, p. 199.

(847) MANCUSO, Rodolfo de Camargo. *Ação civil...*, cit., p. 30.

vista que muitos deles são irrecuperáveis, ou constituem objetivos únicos e insubstituíveis e cujo valor é de impossível determinação em razão mesmo de não possuir um valor monetário extrínseco ou intrínseco ou de não ter um titular definido, cuja relação com o bem permita a fixação presumida da adequação financeira do interesse.[848]

Pode haver uma cumulação entre a obrigação de fazer e a obrigação de dar — reparação de danos patrimoniais e morais. A pretensão do autor pode residir não só na obtenção de um título condenatório que imponha aos réus uma obrigação de não fazer consistente no abandono da conduta ilegal como uma obrigação pecuniária pelos danos materiais presentes e futuros, advindos da conduta danosa, e pelos danos morais sofridos. Essa sanção pecuniária, além da natureza reparatória, tem um evidente propósito profilático e intimidatório.

19. Do fundo para reparação dos bens lesados

A LACP prevê que as condenações em dinheiro serão revertidas para um fundo gerido por um Conselho Federal ou Estadual (art. 13). Assim, os efeitos pecuniários da responsabilização civil decorrente de ato ilícito, cujos valores são aferidos com base na natureza do ato ilícito praticado, na gravidade da lesão e no comprometimento do bem jurídico violado, reverter-se-ão a um Fundo destinado à recomposição ou ao ressarcimento dos danos causados ao interesse transindividual violado.

Em sede de Direito do Trabalho, haveria verdadeira impropriedade se se determinasse que os valores recolhidos nas ações civis públicas trabalhistas fossem revertidos para o Fundo previsto no dispositivo legal supracitado, tendo em vista que o Fundo deve guardar correspondência com a natureza dos direitos violados.

Tendo em vista essa peculiaridade, na hipótese de reparação à lesão de interesses transindividuais na esfera das relações de trabalho, doutrina e jurisprudência optaram por instituir um fundo compatível com a esfera das relações de trabalho. Nesse sentido, a indenização postulada em juízo pela ação civil pública de natureza trabalhista, bem como a possível multa imposta pelo descumprimento da sentença nela prolatada, comumente são revertidas em favor do Fundo de Amparo ao Trabalhador (FAT), instituído justamente para proteger o trabalhador contra os males do desemprego.

O FAT foi criado pela Lei n. 7.998/90 para o custeio do seguro-desemprego (art. 10), tendo como principais receitas as contribuições do PIS/PASEP e as multas aplicadas aos contribuintes ou àqueles que desobedecerem a legislação incidente (art. 11 e 25). Assim sendo, a destinação ao FAT das indenizações postuladas em ação civil pública de natureza trabalhista propicia, de forma mais adequada, a reparação dos danos difusos causados a trabalhadores, aqui incluídos os empregados em potencial, ou seja, os trabalhadores desempregados em busca de uma colocação no mercado.

20. Inquérito civil público

O inquérito civil público foi primeiramente previsto na LACP, que no § 1º do art. 8º dispõe que "O Ministério Público poderá instaurar, sob sua presidência, inquérito civil ou requisitar, de qualquer organismo público ou particular, certidões, informações, exames ou perícias, no prazo que assinalar, o qual não poderá ser inferior a 10 (dez) dias úteis".

Foi elevado ao campo constitucional, sendo previsto no art. 129, inciso III, da Carta Política, como uma das funções institucionais do Ministério Público e no art. 84, II, LC n. 75/93.

Inspirado no inquérito policial, o inquérito civil público tem como objetivo o levantamento de um mínimo de elementos probatórios que indiquem a ocorrência de lesão a direito dos trabalhadores. Trata-se de um procedimento administrativo e informativo destinado a fornecer elementos de convicção ao órgão do Ministério Público, para eventual propositura de uma ação civil pública ou obter do investigado termo de compromisso de ajustamento de conduta às disposições legais.

(848) MORAIS, José Luis Bolzan de. *Op. cit.*, p. 199-200.

O inquérito civil não é indispensável para a propositura de uma ação civil pública. Ao dispor o Ministério Público de elementos probatórios suficientes, poderá promover diretamente a ação, sem a prévia instauração de inquérito civil público.

Não se trata de processo, mas de procedimento administrativo, inquisitivo e informal sujeito ao princípio da publicidade.(849)

A presidência do inquérito civil é exclusiva do órgão do Ministério Público que teria atribuição para propor a correspondente ação civil pública. Os demais colegitimados ativos na ação civil pública não têm poderes para instaurar e presidir inquérito civil público, mas podem provocar a atividade do *Parquet* para a instauração do inquérito civil, fornecendo elementos que indiquem ou indiciem a presença de lesão a interesses transindividuais dos trabalhadores. Assim, o inquérito civil público pode ser instaurado de ofício pelo órgão do Ministério Público que teve conhecimento direto de possível lesão a direito dos trabalhadores ou mediante a representação de qualquer pessoa natural ou jurídica (art. 6º, LACP).

Apesar de constituir importante instrumento para fornecimento de bases sólidas à propositura de uma ação civil pública, os sindicatos, como os demais legitimados, não podem dele dispor diretamente, o que dificulta o ajuizamento das ações públicas por essas entidades, uma vez que o procedimento do inquérito é relevante na formação de elementos de convicção do juízo e para o sucesso de uma demanda. No entanto, os entes sindicais podem representar ou noticiar a ocorrência de lesão a interesses difusos, coletivos e individuais homogêneos referentes às relações de trabalho ao órgão do Ministério Público do Trabalho, procedimento muito verificado na prática.

O trâmite de eventual inquérito civil não obsta que quaisquer dos colegitimados proponham imediatamente a ação civil pública sobre o mesmo fato investigado, uma vez que a legitimidade para a propositura da demanda é concorrente e disjuntiva. Também o arquivamento do inquérito civil, com a homologação do Conselho Superior do Ministério Público, não obsta a atuação dos colegitimados que podem, inclusive, requerer certidões do procedimento arquivado.

As associações legitimadas também poderão apresentar arrazoados, documentos e outros elementos probatórios aos autos do inquérito civil público ou às peças de informação, até a sessão do Conselho Superior do Ministério Público em que se decidirá pela homologação ou rejeição do arquivamento (art. 9º, § 2º, LACP).

21. Importância da inspeção do trabalho

Sem poderes para a instauração e presidência do inquérito civil público, cuja exclusividade é do Ministério Público do Trabalho, os sindicatos poderão, antes da propositura de uma eventual ação civil pública, noticiar a lesão de interesses transindividuais dos trabalhadores diretamente aos agentes da inspeção do trabalho, com vistas à constatação da veracidade das denúncias recebidas e para o levantamento de sólidos elementos concretos para embasar a ação judiciária.

A atividade de inspeção, realizada pelos agentes das Delegacias Regionais do Trabalho e da Fiscalização Móvel do Ministério do Trabalho, constitui um poderoso instrumento para a tutela de interesses transindividuais dos trabalhadores. O Ministério Público do Trabalho, por exemplo, na investigação da maioria das denúncias por ele recebida, solicita aos órgãos da inspeção do trabalho a apuração das irregularidades denunciadas ou exerce ação conjunta com os agentes da inspeção e da Polícia Federal para investigação dos locais.

A carga de conhecimento teórico e a experiência prática dos auditores fiscais do trabalho, em muitas ocasiões, são decisivas para o sucesso de uma investigação, máxime em face dos amplos poderes que lhe são conferidos para o exercício das suas funções. Como explana Nelson Mannrich: "só o fato de o inspetor penetrar no 'mundo fechado' da empresa, já é uma demonstração inequívoca do grande poder que possui".(850)

---

(849) MAZZILLI, Hugo Nigro. *A defesa dos interesses...*, cit., p. 424-428.

(850) MANNRICH, Nelson. *Inspeção do trabalho*. São Paulo: LTr, 1991. p. 213.

É ampla a função de investigação dos agentes. Nela compreendem-se: interrogatórios dos empregadores e empregados; poder de ingresso e trânsito nas dependências das empresas, inclusive sem prévio aviso; exame de livros e documentos; controle dos registros dos empregados e da mão de obra de terceiros; faculdade de extrair cópias ou dados dos documentos examinados; poder de punição etc.(851).

Desse modo, alijados da possibilidade de instauração de inquérito civil público, os sindicatos podem abeberar-se dos resultados das atividades de fiscalização e vigilância exercidas pelos agentes da inspeção do trabalho, tornando-o um meio idôneo para o embasamento de eventuais ações judiciais.

22. Recursos

A sentença proferida na ação civil pública pode ser impugnada por meio de Recurso Ordinário para o Tribunal Regional do Trabalho no prazo de 8 (oito) dias (art. 893, II, c/c. art. 895, *"a"*, CLT). Cabível, outrossim, a interposição de Recurso de Revista para o TST no prazo de 8 (oito) dias (art. 893, III, c/c. art. 896, CLT).

22.1. Legitimidade para recorrer

Em sede de ação civil pública trabalhista, possuem legitimidade para interpor recurso do provimento jurisdicional os que foram parte na demanda, o terceiro prejudicado e o Ministério Público do Trabalho (art. 996, CPC).

O Ministério Público tem legitimidade para recorrer tanto nas ações em que atua como parte quanto naquelas em que oficiou como *custos legis* (art. 996, CPC).

22.2. Depósito recursal e custas processuais

O depósito recursal na Justiça do Trabalho tem natureza de garantia do juízo (art. 899, CLT), sendo exigido quando da interposição do recurso das sentenças condenatórias.

Nas ações civis públicas que tenham por objeto condenação genérica pelos danos causados, eventual recurso interposto da sentença condenatória fica sujeito ao recolhimento do depósito recursal e ao pagamento das custas processuais pelo réu (art. 789, CLT). Não há tal exigência para as hipóteses de condenação sem conteúdo econômico imediato, como nas obrigações de fazer e não fazer.

Igualmente não se exigirá o pagamento de custas processuais (art. 789 e seus parágrafos) nas hipóteses de interposição de recursos, de sentenças proferidas em sede de ação civil pública, interpostos pelo sindicato-autor. *In casu*, aplicam-se as disposições específicas dos art. 17 e 18 da LACP, que versam sobre o pagamento de custas processuais e outras despesas processuais nas hipóteses de litigância de má-fé.(852) A isenção é aplicável tanto aos adiantamentos quanto aos pagamentos de custas finais ou recursais.

22.3. Desistência e renúncia do recurso

A parte recorrente detém a faculdade de desistir do recurso ou renunciar ao ato de recorrer sem a necessidade de anuência da parte contrária. Não se confundem desistência e renúncia. A desistência opera-se após a interposição do recurso, quando a parte manifesta a vontade de não mais submetê-lo a julgamento, ao passo que a renúncia se caracteriza pelo fato de a parte vencida abdicar previamente do seu direito de recorrer. "A desistência é posterior ao recurso. A renúncia é prévia".(853)

Embora as disposições específicas da LACP e do CDC silenciem a respeito da desistência do ato de recorrer e da sua renúncia, são aplicáveis os art. 998 e 999 do CPC, com os temperamentos que as situações das lides coletivas requerem. Assim, tanto o autor como o réu da ação civil pública podem praticar a renúncia do recurso e requerer a sua desistência, pois, como assinala Raimundo Simão de Melo, os "entes legitimados para a ação civil pública não

(851) *Idem, ibidem, passim.*

(852) MELO, Raimundo Simão de. *Ação civil...*, cit., p. 193.

(853) THEODORO JÚNIOR, Humberto. *Op. cit.*, v. 1, p. 499.

podem transacionar com relação aos direitos materiais transindividuais, podendo fazê-lo, no entanto, no tocante aos atos processuais, dos quais dispõem livremente".(854)

No entanto, na desistência ou renúncia recursal praticada pelo autor da ação civil pública, aplica-se, *mutatis mutandis*, por analogia, a regra do § 3º do art. 5º da LACP, de sorte que em caso de infundada desistência do recurso ou de sua renúncia, poderá o Ministério Público ou outro legitimado assumir a legitimidade ativa e interpor o recurso adequado. O ato de desistência ou de renúncia não surtirá efeitos perante o Ministério Público e os demais colegitimados.

23. Honorários advocatícios

Ao atuar na tutela dos interesses individuais homogêneos na condição de substituto processual, a entidade sindical não somente está prestando assistência judiciária aos representados, mas utilizando-se do meio processual mais célere, eficiente e econômico para a tutela dos interesses dos representados.

In casu, os honorários advocatícios são devidos *ipso facto* pela assistência judiciária prestada pela entidade sindical por intermédio da tutela coletiva, independentemente da aferição dos demais elementos previstos no art. 14, § 1º, da Lei n. 5.584/70, uma vez que, tratando-se de uma tutela coletiva de caráter abstrato e despersonalizado, não é compatível com a sua natureza a aferição de situações personalizadas e individualizadas.

A concessão de honorários advocatícios nas hipóteses de qualquer tutela processual sindical coletiva, independentemente da natureza dos interesses deduzidos em juízo (difusos, coletivos e individuais homogêneos), decorrentes diretamente de relação de emprego ou não, o sindicato está sempre atuando na tutela de interesse da categoria, assistindo-a judicialmente, com o privilegiamento da molecularização dos conflitos, bem como colaborando para o desafogar do Judiciário Trabalhista e para a diminuição da possibilidade de decisões dissonantes para uma mesma hipótese normativa.

A Lei n. 5.584/70 deve ser interpretada em consonância com os princípios e regras do microssistema processual de tutela coletiva e com o caráter abstrato e despersonalizado dos conflitos coletivos.

Neste contexto, era totalmente incompatível com o caráter abstrato e despersonalizado das lides coletivas o entendimento outrora esposado pelo TST na já cancelada Súmula n. 220, *in verbis*: "*Honorários advocatícios. Substituição processual. Cancelada. Atendidos os requisitos da Lei n. 5.584/70, são devidos os honorários advocatícios, ainda que o sindicato figure como substituto processual*". Evidentemente que, por se tratar de uma lide coletiva, não se poderia falar em atendimento de requisitos individuais da Lei n. 5.584/70.

Este entendimento foi superado pela nova redação conferida à Súmula n. 219 do TST, que reza: "*São devidos os honorários advocatícios nas causas em que o ente sindical figure como substituto processual e nas lides que não derivem da relação de emprego*".

No âmbito das ações coletivas, o art. 791-A, § 1º, da CLT, com redação conferida pela Lei n. 13.467/2017, que prevê o pagamento de honorários advocatícios nas "*ações em que a parte estiver assistida ou substituída pelo sindicato de sua categoria*", deve ser interpretado sistematicamente com o art. 18 da Lei n. 7.347/85(855) e art. 14, § 1º, da Lei n. 5.584/70. Assim, como associação autora, e prestadora de assistência judiciária, ao sindicato é devido o pagamento de honorários advocatícios (Lei n. 5.584/70). Na hipótese de improcedência da demanda, o sindicato somente poderá ser condenado ao pagamento de honorários advocatícios se comprovada má-fé (Lei n. 7.347/85).

Assim, nas ações coletivas, prevalece a regra de que os honorários advocatícios não decorrem de mera sucumbência, sendo devidos ao sindicato na condição de associação autora (Lei n. 5.584/70), porém, limitada sua condenação ao pagamento de honorários advocatícios somente na hipótese de comprovada má-fé (Lei n. 7.347/85).

(854) MELO, Raimundo Simão de. *Ação civil*..., cit., p. 198.

(855) *"Art. 18. Nas ações de que trata esta lei, não haverá adiantamento de custas, emolumentos, honorários periciais e quaisquer outras despesas, nem condenação da associação autora, salvo comprovada má-fé, em honorários de advogado, custas e despesas processuais."*

Capítulo IX

Ações coletivas para a tutela dos interesses individuais homogêneos

1.Terminologia

A expressão "ação coletiva" possui duas significações distintas na seara da tutela processual coletiva. Em sentido amplo, compreende o conjunto de ações judiciais para a tutela de interesses transindividuais (difusos, coletivos e individuais homogêneos), como a ação civil pública, a ação popular, o dissídio coletivo, a ação de cumprimento, a substituição processual sindical e a ação coletiva do CDC (art. 91).

Em sentido estrito, o termo "ação coletiva" é empregado para designar somente a ação coletiva para a tutela de interesses individuais homogêneos do Código de Defesa do Consumidor (art. 91), sendo que esta última também recebe as denominações "ação coletiva para a tutela de interesses individuais homogêneos", "ação coletiva *stricto sensu*", "ação coletiva do Código de Defesa do Consumidor", "ação civil coletiva".

A nomenclatura "ação coletiva *lato sensu*" constitui o gênero do qual são espécies todas as demais ações coletivas para a proteção de interesses transindividuais, inclusive a ação coletiva *stricto sensu*, sendo que esta última expressão é básica e predominantemente utilizada para designar a ação coletiva prevista no art. 91 do CDC para a tutela de interesses individuais homogêneos.

Não obstante a tutela dos interesses individuais homogêneos ser o mote da ação coletiva *stricto sensu*, o próprio CDC (art. 81) igualmente previu também a possibilidade da tutela de interesses difusos e coletivos por meio desse instituto processual.(856)

Desse modo, quanto ao conteúdo, a ação coletiva e a ação civil pública não se distinguem, podendo ambas versar sobre qualquer espécie de interesse transindividual. Determinados doutrinadores, inclusive, nomeiam a ação coletiva do CDC como "ação civil pública coletiva", para aproximá-la do conceito de ação civil pública. Por outro lado, a ação civil pública pode ser plenamente empregada para a proteção de interesses individuais homogêneos.

De fato, conquanto exista uma diferenciação meramente terminológica, e para fins didáticos, ainda que assim não fosse, atualmente, com a imbricação da LACP (art. 21) e do CDC (art. 90), a ação civil pública e a ação coletiva possuem a mesma natureza jurídica, inclusive com possibilidade de tutela de qualquer interesse transindividual por qualquer uma dessas demandas, independentemente do *nomen iuris* que lhes for concedido na praxe forense, pois a ação é determinada pelas partes, pedido e causa de pedir e não pela qualificação jurídica concedida na exordial. Ademais, em se tratando de demandas coletivas da mesma natureza e regidas por iguais princípios e regras, estão elas sujeitas ao princípio da fungibilidade das ações coletivas.

---

(856) *"Art. 81. A defesa dos interesses e direitos dos consumidores e das vítimas poderá ser exercida em juízo individualmente, ou a título coletivo.* Parágrafo único. A defesa coletiva será exercida quando se tratar de:

I – interesses ou direitos difusos, assim entendidos, para efeitos deste código, os transindividuais, de natureza indivisível, de que sejam titulares pessoas indeterminadas e ligadas por circunstâncias de fato;

II – interesses ou direitos coletivos, assim entendidos, para efeitos deste código, os transindividuais, de natureza indivisível de que seja titular grupo, categoria ou classe de pessoas ligadas entre si ou com a parte contrária por uma relação jurídica base;

III – interesses ou direitos individuais homogêneos, assim entendidos os decorrentes de origem comum."

2. Conceito e previsão legal

A ação coletiva foi introduzida em nosso ordenamento jurídico pelo CDC para a defesa dos interesses coletivos *lato sensu* (transindividuais) dos consumidores em juízo (art. 81, CDC), sendo, porém, de aplicação a todos os ramos do ordenamento jurídico, em virtude do caráter universal do CDC, como instrumento de proteção dos hipossuficientes sociais, técnicos ou econômicos.

Além desta previsão genérica, o CDC consagrou um capítulo específico, intitulado "*Das ações coletivas para a defesa de interesses individuais homogêneos*", com vistas a disciplinar minuciosamente a tutela destes interesses, possibilitando que os autores coletivos proponham, em nome próprio e no interesse das vítimas ou seus sucessores, ação civil coletiva de responsabilidade pelos danos individualmente sofridos (art. 91, CDC). Vale recordar que o conceito de interesses individuais homogêneos foi introduzido em nosso ordenamento jurídico pelo próprio CDC.

Três anos após o advento do CDC, a LOMPU (LC n. 75/93 — art. 6º, VII, "*d*") conferiu ao Ministério Público a atribuição para a tutela de "outros interesses individuais indisponíveis, homogêneos, sociais, difusos e coletivos", prevendo expressamente a ação coletiva, ao dispor que compete ao *Parquet* "propor ação civil coletiva para defesa de interesses individuais homogêneos" (art. 6º, XII).

Embora plena e legalmente apta para a tutela de quaisquer dos interesses transindividuais (art. 81, CDC), as ações coletivas ganharam notoriedade jurídica como típico instituto para a tutela de interesses individuais homogêneos, cuja defesa, na Justiça do Trabalho, já era há muito praticada por meio da ação de cumprimento e das hipóteses de substituição processual sindical.

Essa preferência específica da praxe forense se contrapõe ao próprio conteúdo conceitual e objetal amplo da ação coletiva previsto no art. 81 do CDC. Por isso, parte da doutrina denomina esta *actio* como "ação civil pública coletiva", por também estar vocacionada à tutela dos interesses difusos, coletivos e individuais homogêneos, de sorte que a sua finalidade, seus princípios e regras coincidem com os da ação civil pública.

Tecnicamente, porém, a ação civil pública ganhou a preferência para a tutela de interesses difusos e coletivos, e a ação específica do CDC para a proteção de interesses individuais homogêneos, adquirindo as seguintes denominações: "ação coletiva *stricto sensu*"; "ação coletiva do Código de Defesa do Consumidor", "ação coletiva" e "ação civil coletiva".

O CDC, após introduzir o conceito de interesses individuais homogêneos na legislação nacional e disciplinar a sua tutela processual, inseriu o art. 21 à LACP para determinar que se aplique à defesa dos direitos e interesses difusos, coletivos e individuais, no que for cabível, os dispositivos do seu Título III, que trata da "Defesa do Consumidor em Juízo".

Por outro lado, o próprio art. 90 do CDC prescreve a aplicação dos dispositivos do CPC e da LACP às ações nele previstas. Essa imbricação entre os dois estatutos processuais coletivos deu ensejo à formação de um "microssistema das ações coletivas", cujos dispositivos, princípios e regras são aplicáveis a qualquer demanda coletiva, como prescrito no art. 21 da LACP e no art. 83 do CDC.[857]

A distinção entre a ação civil pública e a ação coletiva *stricto sensu* é meramente didática e doutrinária, não ensejando, em nenhuma hipótese, a extinção do processo sem resolução do mérito com base no *nomen iuris* exposto na exordial, valendo a pena enfatizar que a ação é definida pelo trinômio: partes, pedido e causa de pedir, e não pela qualificação jurídica concedida na exordial. Ademais, como já expusemos, em se tratando de demandas coletivas da mesma natureza e regidas por iguais princípios e regras, estão elas sujeitas ao princípio da fungibilidade.

---

(857) Além de conferir contornos mais precisos ao objeto da ação civil pública e dispor sobre as ações coletivas, o CDC definiu uma série de conceitos cruciais para a celeridade e segurança desse universo de proteção, como a enunciação dos atributos essenciais e específicos de cada um dos interesses transindividuais (art. 81, incisos I, II e III), a tutela processual de direitos individuais homogêneos (art. 91 e segs.), a determinação do alcance e efeitos da coisa julgada nas lides coletivas (art. 103, incisos I, II e III), a litispendência entre as lides individuais e as coletivas com o mesmo objeto (art. 104) etc.

Neste capítulo, daremos enfoque à ação civil coletiva *stricto sensu*, isto é, vocacionada à tutela de interesses individuais homogêneos, tendo em vista que às ações coletivas para a tutela de interesses difusos e coletivos aplicam-se os mesmos princípios e regras pertinentes à ação civil pública.

3. Natureza jurídica

A ação coletiva *stricto sensu* é um típico "instrumento apto a provocar a jurisdição no escopo de uma tutela a interesses com teor social, ditos públicos primários".(858)

Estando inserida no microssistema processual coletivo, a ação coletiva segue as regras do direito processual coletivo, aplicando-se as normas da LACP e do CDC, além das regras e princípios da CLT e do CPC. Ontologicamente, a ação de cumprimento e a substituição processual sindical possuem a mesma natureza da ação coletiva *stricto sensu*, uma vez que todas constituem ações para a tutela de interesses individuais homogêneos, sendo tais instrumentos processuais regidos pelos mesmos princípios e regras.

4. Objeto

A ação coletiva tem como objetivo primordial a reparação de lesão a interesses individuais homogêneos, por meio da obtenção de um provimento judicial predominantemente de natureza condenatória. Serve igualmente para a obtenção de provimentos inibitórios para a prevenção de danos, bem como para pretensões declaratórias e constitutivas em torno dos interesses deduzidos em juízo.

Como tem inspiração no sistema das *class actions* norte-americanas, a finalidade principal da ação coletiva é o ressarcimento dos danos sofridos pelos indivíduos lesionados; sendo proposta no interesse dos individualmente lesados, cujos valores condenatórios revertem-se diretamente para estes, para o ressarcimento dos danos materiais e morais sofridos.

A priori, técnica e didaticamente, a ação coletiva não se destina ao ressarcimento do dano globalmente considerado, como no caso da ação civil pública, cuja condenação em dinheiro é revertida a um fundo gerido na forma do art. 13 da LACP, salvo se for intentada com vistas à tutela de interesses difusos e coletivos, nos termos do art. 81 do CDC, hipótese na qual ganhará contornos de ação civil pública ou, como preferem certos doutrinadores, ação civil pública coletiva.

À guisa de exemplificação, consideremos que um teto de uma determinada empresa venha a desabar, ocasionando lesões a diversos trabalhadores. No caso, verificada lesão a interesses individuais homogêneos, poderia ser proposta ação coletiva para o ressarcimento dos danos materiais sofridos pelos trabalhadores atingidos.

Roberto Augusto Castellanos Pfeiffer cita como exemplo de cabimento de ação coletiva a seguinte hipótese: "associação de defesa de paraplégicos ajuizando ação em face de determinado Município, visando à reparação de danos causados em cadeiras de rodas de vários associados, em virtude de não terem sido eliminadas as barreiras arquitetônicas que dificultavam o acesso ao hospital municipal. Assim, se diversos associados tiverem as suas cadeiras quebradas quando buscavam acesso ao hospital não se vislumbra impedimento ao ajuizamento de uma ação coletiva, ao invés de diversas ações individuais".(859)

Raimundo Simão de Melo assinala como hipóteses de cabimento de ações coletivas no âmbito trabalhista: cobrança de contribuições sindicais descontadas indevidamente; anulação da suspensão do pagamento do adicional noturno de 40% que trabalhadores recebiam por força de norma coletiva ou de regulamento interno da empresa; evitar eventual redução salarial perpetrada pelo empregador sem negociação coletiva com o sindicato profissional; cancelamento de suspensão disciplinar de diversos trabalhadores como represália à greve julgada não abusiva; exigência do pagamento de verbas rescisórias para uma coletividade de trabalhadores dispensados sem justa

(858) TOPAN, Renato Luiz. *Ação coletiva e adequação da tutela jurisdicional*. Belo Horizonte: Del Rey, 1993. p. 48.

(859) PFEIFFER, Roberto Augusto Castellanos. *As associações civis...*, cit., p. 167.

causa; obtenção do reconhecimento da obrigação de pagar adicionais de remuneração como os de insalubridade e periculosidade.(860)

É notável que o sistema processual da CLT se apresenta insuficiente para atender à demanda dos interesses transindividuais de natureza trabalhista, razão pela qual a tendência aponta para o aumento da propositura dessas ações coletivas perante o Judiciário Trabalhista.(861)

5. Ação coletiva e ação de cumprimento: diferenças

Como mencionado, a ação coletiva do CDC e a ação de cumprimento (art. 872, CLT) possuem como objetivo primordial a defesa de interesses individuais homogêneos lesados ou ameaçados de lesão.

No entanto, tecnicamente, há uma diferença jurídica básica entre as duas espécies de demandas coletivas quanto às hipóteses de cabimento. As ações de cumprimento estão vocacionadas à exigibilidade de direitos previstos em normas coletivas — acordos coletivos, sentenças normativas e convenções coletivas —, ao passo que as ações coletivas estão aptas à proteção de direitos individuais homogêneos de qualquer natureza, e previstos em qualquer dispositivo legal ou normativo. Desse modo, observa-se que a ação coletiva possui objeto e hipóteses de cabimento mais amplos que os da ação de cumprimento.

Assim, a vantagem do manejo da ação coletiva, em relação à simples utilização da ação de cumprimento, está na possibilidade de tutela de todos e quaisquer interesses individuais homogêneos dos trabalhadores, independentemente do seu estatuto legal. Elas não se limitam à busca da satisfação de direitos contidos nos instrumentos normativos da categoria, tal como ocorre com a ação de cumprimento.

O círculo de atuação da ação coletiva é, por assim dizer, maior que o das ações de cumprimento. O mesmo raciocínio se aplica ao instituto da substituição processual trabalhista, consagrado de forma ampla e geral pela CF/1988 (art. 8º, III), a qual possui objeto mais amplo que a ação de cumprimento. Em relação à estrutura processual, todas possuem a mesma dinâmica, sendo regidas pela LACP e pelo CDC, com exceção de algumas peculiaridades da ação de cumprimento, decorrentes da sua ligação ontológica com o dissídio coletivo.

6. Ação coletiva e ação civil pública: diferenças

6.1. Diferenças meramente didáticas e doutrinárias

Sem qualquer receio de cometer exageros, e para evitar qualquer tentativa de limitação às ações coletivas pelos séquitos da contraideologia do acesso à Justiça, voltamos a afirmar que a distinção entre a ação civil pública e a ação coletiva *stricto sensu* é meramente didática e doutrinária, não podendo ensejar, em nenhuma hipótese, a extinção do processo sem resolução do mérito com base no *nomen iuris*.

Uma ação é definida pelo trinômio: partes, pedido e causa de pedir; e não pela qualificação jurídica concedida na exordial. Ademais, como já expusemos, em se tratando de demandas coletivas da mesma natureza, e regidas por iguais princípios e regras, estão elas sujeitas ao princípio da fungibilidade.

6.2. Principais diferenças

6.2.1. Quanto à natureza da legitimação ativa

A ação civil pública e as ações coletivas, embora possuam semelhante rol de legitimados ativos, diferenciam-se em relação à titulação jurídica com a qual os entes legitimados atuam em ambas as demandas. Na ação civil pública, os autores são considerados legitimados ordinários ou autônomos para a condução da ação, ao passo que, nas ações coletivas, os legitimados atuam na condição de substitutos processuais — legitimação extraordinária — dos titulares das pretensões individuais homogêneas deduzidas em juízo.(862)

(860) MELO, Raimundo Simão de. *Ação civil...*, cit., p. 209.

(861) NERY JUNIOR, Nelson. *O processo do trabalho...*, cit., p. 154.

(862) MELO, Raimundo Simão de. *Ação civil...*, cit., p. 244.

Apesar da possibilidade de tutela de direitos individuais homogêneos por meio da ação civil pública, sua vocação principal é a tutela de direitos difusos e coletivos, em virtude da destinação do valor pecuniário da condenação ao fundo previsto no art. 13 da LACP, circunstância que, em princípio, retira o imediato interesse no seu manejo para a tutela de direitos individuais homogêneos.

Parte da doutrina, como Ricardo de Barros Leonel, refuta a utilização da expressão "legitimidade ordinária" no campo das lides coletivas, por entender que essa dualidade de conceitos — legitimação ordinária e extraordinária — é inadequada para a identificação da legitimação em matéria de interesses transindividuais. Para o autor, a legitimação para a defesa de interesses difusos e coletivos constitui uma modalidade de "legitimação autônoma para o processo", e a tutela de direitos individuais homogêneos caracteriza-se como hipótese de legitimação extraordinária.(863)

Nelson Nery Junior utiliza, indistintamente, as duas expressões — "ordinária" e "autônoma" — para referir-se ao mesmo fenômeno: legitimação autônoma ou ordinária para os interesses difusos e coletivos e legitimação extraordinária para os interesses individuais homogêneos.(864)

Independentemente da nomenclatura, as qualificações das legitimações para a ação civil pública e para as ações coletivas são ontologicamente diversas. Na primeira, a regra é a legitimação "ordinária" ou autônoma para a condução do processo (embora considerada extraordinária em sentido amplo); na segunda, vigora a legitimação extraordinária ou substituição processual.

Não obstante essa observação, vale ressaltar que o emprego da expressão "legitimação ordinária" só tem sentido dentro do microssistema das ações coletivas, a fim de diferençar a legitimidade para a defesa de interesses difusos e coletivos daquela verificada na tutela de interesses individuais homogêneos, uma vez que em relação aos direitos individuais, ambos os tipos de legitimação serão sempre extraordinários.

O emprego da expressão "legitimação ordinária" na seara das ações coletivas que versam sobre interesses difusos e coletivos reside no fato de esses interesses, em algum grau, por ser membro da sociedade globalmente considerada, abrangerem o autor ideológico, embora ele não atue em nome próprio na sua tutela; já na hipótese de substituição processual (legitimação extraordinária), o autor ideológico age exclusivamente na defesa de direito dos substituídos.

6.2.2. Quanto aos objetos imediato e mediato da pretensão

Tanto a ação civil pública quanto a ação coletiva constituem instrumentos processuais de defesa de interesses transindividuais, compondo, portanto, o moderno sistema de jurisdição coletiva, delineado pela LACP e pelo CDC e, complementado, no campo das relações de trabalho, pelas disposições da CLT, principalmente as normas pertinentes ao dissídio coletivo e à ação de cumprimento, e pelas normas do CPC.

A distinção fundamental entre a ação civil coletiva e a ação civil pública reside no fato de que a primeira tem por objetivo principal a reparação de lesão a direitos individuais homogêneos, por meio da obtenção de um provimento judicial de natureza predominantemente condenatória; nela a pretensão baseia-se no ressarcimento dos danos sofridos pelos indivíduos lesionados; já a segunda — ação civil pública — não tem, em princípio, como objeto a satisfação imediata dos indivíduos lesados, quanto à reparação dos seus direitos individuais, uma vez que se destina ao ressarcimento do dano globalmente considerado, sendo o produto pecuniário de eventual decisão favorável revertido a um fundo gerido na forma do art. 13 da LACP.

Esse enfoque à condenação pecuniária somente tem como meta explicitar, de uma forma mais contundente, as diferenças básicas entre os objetivos almejados com as pretensões formuladas em cada espécie de ação, não se

(863) LEONEL, Ricardo de Barros. *Op. cit.*, p. 160.

(864) NERY JUNIOR, Nelson; NERY, Rosa Maria de Andrade. *Op. cit.*, p. 1.515.

podendo olvidar que é perfeitamente possível a formulação, em ambas as demandas, de outros gêneros de interesses, como a condenação à obrigação de fazer ou não fazer, pretensões de natureza declaratória ou constitutiva.

O que determina a propositura de uma ou outra espécie de ação não é, propriamente, a espécie de direito metaindividual a ser tutelado — se difuso, coletivo ou individual homogêneo — ou, tampouco, a nota de indivisibilidade presente em cada um desses direitos, mas, sim, o interesse objetivado com a propositura da ação. Assim, na esfera da ação civil pública, "o interesse objetivo — mesmo no caso dos 'individuais homogêneos' — sempre estará sendo tratado em sua dimensão coletiva (significativo, nesse ponto, o parágrafo único do art. 81 do CDC); de outro lado, é lícito supor que sempre há de preexistir a relevância do interesse para a sociedade civil, embora esse quesito possa apresentar diversa gradação e mesmo no caso dos individuais homogêneos, derivar de conveniência do trato processual".(865)

Essa aura coletiva do interesse deduzido na ação civil pública é o que traduz, atualmente, a preferência da ação coletiva para a tutela de interesses individuais homogêneos e da ação civil pública para a proteção de interesses difusos e coletivos. A primeira é tecnicamente adequada à reparação abstrata de danos individualmente sofridos, cuja individuação dá-se na fase posterior de execução, ao passo que a segunda é suscitada para a defesa abstrata de pessoas globalmente consideradas, sem que haja qualquer individuação de supostos beneficiários.

6.2.3. Fungibilidade das ações coletivas

As diferenças, didaticamente, aqui apontadas entre todos os tipos de demandas coletivas não significam um retorno à teoria imanentista, nem um apego ao formalismo, há muito desprivilegiado pela teoria instrumental do processo. Com as regras gerais das demandas coletivas, traçadas pelo CDC e pela LACP, não mais se duvida que a ação civil pública e a ação coletiva constituem um mesmo fenômeno. A reciprocidade entre os dois estatutos jurídicos (art. 90, CDC e art. 21, LACP) não mais justifica a diferenciação entre as duas espécies de demandas: ambas são ações coletivas porque veiculam pretensões coletivas.

O principal aspecto a ser diferenciado é se a demanda tem caráter individual ou coletivo; vislumbrado este, a demanda, independentemente da espécie de direito material discutido, submeter-se-á à normatividade da jurisdição coletiva. Tratar-se-á de uma ação coletiva *lato sensu*.

Como aponta José Marcelo Menezes Vigliar, ao refutar a diferenciação, "não há como sustentar seja a ação coletiva um gênero, do qual a ação civil pública seja uma espécie. É plenamente possível a utilização de uma expressão pela outra. Ambas não deveriam existir, pois ação não deve ser adjetivada. Mas a coletiva diz muito mais: diz que tipo de interesse se busca tutelar. A civil pública, além de ser utilizável por outros legitimados que não o Ministério Público (*vide* os róis dos art. 5º e 82 das Leis ns. 7.347/85 e 8.078/90, respectivamente), pode perfeitamente postular a defesa de um direito individual homogêneo, já que tal ação se presta (porque de idêntica abrangência da coletiva) a tutelar interesses coletivos (sejam essencialmente coletivos, sejam não essencialmente coletivos)".(866)

Identificados os elementos da ação — partes, pedido e causa de pedir — e caracterizada a lide coletiva, nenhuma relevância tem a denominação adotada pelo autor da demanda, restando somente a indagação do rito a ser seguido; tratando-se de direitos individuais homogêneos, o procedimento especial do CDC; tratando-se de difusos e coletivos, o procedimento geral da LACP, com considerações para disciplinamentos específicos como a possibilidade de litisconsórcio; alcance e efeitos da coisa julgada; obrigatoriedade de publicação de edital; forma da execução e destinação dos recursos apurados etc.

---

(865) MANCUSO, Rodolfo de Camargo. *Ação civil...*, cit., p. 40.

(866) VIGLIAR, José Marcelo Menezes. A causa de pedir e os direitos individuais homogêneos. In: CRUZ E TUCCI, José Rogério; BEDAQUE, José Roberto dos Santos (Orgs.). *Causa de pedir e pedido no processo civil.* São Paulo: Revista dos Tribunais, 2002. p. 227.

6.3. Quadro sinóptico das diferenças didáticas entre ação civil pública e ação coletiva para a tutela de interesses individuas homogêneos

DENOMINAÇÃO	AÇÃO CIVIL PÚBLICA	AÇÃO COLETIVA
OBJETO	Interesses difusos e coletivos	Interesses indivduais homogêneos
LEGITIMIDADE	Ordinária ou autônoma para o processo	Extraordinária (Substiuição processual)
SENTENÇA	Específica	Genérica
COISA JULGADA	*Secundum eventum probationis*	*Secundum eventum litis*
REVERSÃO DOS VALORES	Reparação ou compensação do dano difuso ou coletivo	Reparação dos danos individualmente sofridos

7. Ação Coletiva e litisconsórcio multitudinário: diferenças

As ações coletivas, por estarem vocacionadas à defesa de interesses individuais homogêneos, pertinentes a uma pluralidade de indivíduos, guardam algumas semelhanças qualificativas com a figura do litisconsórcio, mais especificamente com o litisconsórcio ativo multitudinário.

Qualifica-se o litisconsórcio pela presença de duas ou mais pessoas num dos polos de uma relação jurídica processual. Presente uma pluralidade de pessoas no polo ativo de uma determinada demanda, tem-se a figura do litisconsórcio ativo; sendo vários os réus, tem-se o litisconsórcio passivo. Existentes vários autores e vários réus, haverá a presença do denominado litisconsórcio misto.

Na ação coletiva para a defesa de individuais homogêneos constata-se a tutela abstrata de uma pluralidade despersonalizada de pessoas, ao passo que o litisconsórcio multitudinário se caracteriza pela defesa de interesses concretos de uma pluralidade de pessoas perfeitamente individualizadas e identificadas no processo, sendo todas elas partes formais na relação jurídica processual. Na ação coletiva, o autor ideológico figura como parte formal no processo, em substituição aos lesados individuais, verdadeiros titulares da pretensão material deduzida em juízo, mas que não integram o processo, salvo eventual intervenção como assistente litisconsorcial.

Não era rara a formação de litisconsórcios multitudinários, também chamados de litisconsórcios "monstros", formados pela reunião de dezenas ou até de centenas de demandantes numa mesma relação jurídica processual, com efeitos indesejados sobre a celeridade processual e com graves prejuízos para a instrução probatória e para o exercício do direito de defesa.

A fim de não prejudicar o direito de defesa do réu, o CPC de 1939 previa, expressamente, a faculdade de o réu recusar a formação do litisconsórcio ativo multitudinário.[867] O CPC atual não absorveu a regra do código anterior, mas previu a possibilidade de limitação, quanto ao número de litigantes, do litisconsórcio facultativo, quando houver comprometimento da celeridade processual, dificultar a defesa ou o cumprimento da sentença. A limitação pode ser efetuada *ex officio* pelo juízo ou mediante requerimento (art. 113, § 1º e § 2º, CPC).

Não se pode relegar ao oblívio que uma das vantagens advindas com as ações coletivas *lato sensu*, mais especificamente as ações coletivas para a defesa de interesses individuais homogêneos, além da diminuição do número

(867) THEODORO JÚNIOR, Humberto. *Op. cit.*, v. 1, p. 99.

de demandas individuais e da redução da possibilidade de decisões contraditórias em casos idênticos, é a igual redução do número de demandas com litisconsórcios.

De forma sutil e remota, a existência de uma pluralidade de pessoas em alguns dos polos da relação jurídica processual (litisconsórcio) acarreta certa "assemelhação" com a figura dos interesses individuais homogêneos, o que tem levado a algumas dúvidas quanto à presença destes em determinadas hipóteses e, consequentemente, do substrato material para a propositura das ações coletivas. Mas, embora guardem certas semelhanças, o litisconsórcio multitudinário é uma figura ontológica e teleologicamente diversa da tutela processual coletiva dos interesses individuais. Esta diferença se verifica em diversos aspectos materiais e processuais, os quais passamos a analisar.

7.1. Diferenças materiais

O substrato material das ações coletivas é constituído pela presença de direitos individuais homogêneos, ao passo que o litisconsórcio multitudinário tem como fonte a existência de interesses individuais plúrimos.

Os interesses individuais homogêneos não se confundem com os interesses individuais plúrimos; os primeiros são interesses com intensa potencialidade de coletivização, com a propagação de lesões ou de ameaça de violação a interesses decorrentes de uma origem comum. Já os interesses individuais plúrimos constituem direitos essencialmente individuais, com cunho egoístico. São direitos que não possuem possibilidade de ultrapassar o círculo de atributividade dos indivíduos componentes da pluralidade, isto é, não ensejam, ainda que potencialmente, a sua propagação a esferas jurídicas de outras pessoas, senão daquelas componentes do limitado número de pessoas que se unem, na condição de autores, para propor uma única ação em juízo.

Para a sua caracterização, os interesses individuais homogêneos necessariamente devem ser decorrentes de uma origem comum. É exatamente esta origem comum que os identifica como homogêneos e possibilita a sua defesa processual coletiva. Essa fonte originária comum é o elemento que concede a estes interesses a mesma natureza jurídica e uniformidade.

Já os interesses individuais plúrimos podem surgir de diversas fontes objetivas ou subjetivas, bem como receber qualificação jurídica diversa um dos outros e possuírem naturezas jurídicas distintas, mesmo quando emanam de uma mesma fonte fático-jurídica.

Resumidamente, os interesses individuais homogêneos são direitos com a mesma natureza jurídica decorrentes de uma origem material comum; neles há uma comunhão de interesses, ao passo que os direitos individuais plúrimos caracterizam-se por uma união processual de interesses concretos que podem assumir naturezas jurídicas distintas.

7.2. Diferenças processuais

Ontologicamente, tanto os interesses individuais homogêneos como os interesses individuais plúrimos são individuais em sua essência, com perfeita possibilidade de identificação de seus sujeitos, sendo sutis suas diferenças no campo material, no que se refere às suas características essenciais. No entanto, são diversas as diferenças encontradas na forma das suas tutelas processuais.

7.2.1. Origem da pluralidade

As ações coletivas estão vocacionadas para a tutela de direitos individuais decorrentes de uma origem comum (subjetiva ou objetiva, de fato ou de direito). São direitos, necessariamente, decorrentes de uma origem comum; única circunstância capaz de conceder-lhes uniformidade que aperfeiçoa a sua natureza de individuais homogêneos.

As pretensões deduzidas por meio de um litisconsórcio multitudinário, por sua vez, podem ser aglutinadas num mesmo processo em razão da existência de diversos elementos comuns, de cunho material ou meramente processual, uma vez que o litisconsórcio pode formar-se nas seguintes situações: a) entre as pessoas houver comunhão de direitos e obrigações relativas à lide; b) entre as diversas causas houver conexão pelo pedido ou causa de pedir; c) ocorrer afinidade de questões por um ponto comum de fato ou de direito (art. 113, CPC).

Como se observa, as hipóteses de aglutinação de interesses para a formação do litisconsórcio multitudinário são, por assim dizer, mais amplas que as dos direitos individuais homogêneos.

A aglutinação de interesses plúrimos com fundamento em elementos processuais, por exemplo, nas hipóteses de formação de litisconsórcio pela conexão pelo pedido ou causa de pedir, permite a formação de litisconsórcio superveniente ou ulterior, isto é, mesmo depois de iniciada a lide, com a transmutação da lide individual em litisconsorcial; já as ações coletivas possuem este *status ab initio*, o seu início, sem possibilidade de formação ou alteração ulterior no decorrer do processo.

7.2.2. Convergência de pedidos

O litisconsórcio multitudinário é caracterizado por uma convergência de pretensões concretas, individualizadas e com titulares identificados, que poderiam ser suscitadas em processos distintos, já as ações coletivas são marcadas pela presença de pretensão única, abstrata e despersonalizada, embora de interesse de uma pluralidade de indivíduos.

Na ação coletiva, a identificação dos substituídos dá-se somente nas fases de liquidação e execução da sentença genérica (arts. 95 e 98, CDC).

7.2.3. Necessidade de identificação dos indivíduos

As ações coletivas para defesa de interesses individuais homogêneos caracterizam-se pela nota da despersonalização dos verdadeiros titulares das pretensões deduzidas em juízo. O legitimado ativo figura como parte na relação jurídica processual, embora não o seja na relação jurídica material, na condição de substituto processual. A ação desenvolve-se de forma abstrata e despersonalizada, em caráter eminentemente coletivo; sem necessidade de nominação dos beneficiários ou apresentação de rol de substituídos; somente nas fases de liquidação e execução que se identificam os lesados individualmente.

O litisconsórcio multitudinário, por sua vez, imprescinde da identificação de cada componente do polo ativo da demanda, sendo que todos eles litigam em nome próprio na defesa de direito próprio, na condição de legitimados ordinários.

7.2.4. Legitimação ativa

Como ressaltado no item anterior, nas ações coletivas, a legitimação ativa é conferida aos autores ideológicos constantes do rol do art. 82 do CDC, entre os quais se encontram o Ministério Público, os sindicatos e as associações. Em se tratando de litisconsórcio multitudinário, todos os titulares das pretensões materiais deduzidas em juízo comporão diretamente o polo ativo da demanda.

Na ação coletiva, os titulares individuais não são partes no processo, uma vez que o autor ideológico atua como parte formal, pleiteando, em seu próprio nome, direito alheio dos substituídos. Já no litisconsórcio, todos os titulares figuram nominalmente na petição inicial e atuam como parte na relação jurídica processual, com todos os ônus e deveres correspondentes a essa condição processual, inclusive a sujeição a todos os efeitos da coisa julgada.

7.2.5. Configuração de litispendência

A existência de litisconsórcio multitudinário enseja litispendência entre a ação principal e eventual ação individualmente proposta por qualquer um dos litisconsortes, versando sobre o mesmo objeto e com fundamento na mesma causa de pedir (art. 337, § 3º, CPC); já a propositura de ação individual e de ação coletiva com o mesmo objeto não induz litispendência (art. 104, CDC).

No entanto, se os autores das ações individuais não requererem a suspensão destas no prazo de trinta dias a contar da ciência nos autos do ajuizamento da ação coletiva, não serão beneficiados por eventual decisão favorável na ação coletiva (art. 104, CDC).

7.2.6. Autonomia para os atos processuais

Para a prática dos atos processuais, a regra é a autonomia dos litisconsortes, ou seja, "Cada litisconsorte tem o direito de promover o andamento do processo e todos devem ser intimados dos respectivos atos" (art. 118, CPC). Para possibilitar o exercício desta autonomia, determina a legislação processual que "Os litisconsortes que tiverem diferentes procuradores, de escritórios de advocacia distintos, terão prazos contados em dobro para todas as suas manifestações, em qualquer juízo ou tribunal, independentemente de requerimento" (art. 229, CPC).

Estas disposições coadunam-se com a qualificação jurídica dos litisconsortes no processo, tendo em vista que figuram como partes típicas, com os direitos e deveres decorrentes dessa sua qualificação. Já nas ações coletivas para defesa de direitos individuais homogêneos a condição de substituto processual do legitimado ativo obsta a autonomia dos titulares das pretensões para a prática de atos processuais em favor próprio, uma vez que não configuram parte na relação jurídica processual, não podendo, por isso, deduzir pretensões materiais.

Qualquer intervenção na ação coletiva pelos titulares da pretensão deduzida em juízo deverá ser efetuada na condição de assistentes litisconsorciais, ainda assim sujeita a certas limitações, como a defesa coletiva do direito, obstando-se a veiculação de pretensão individual, ainda que como assistente, como veremos mais adiante.

7.2.7. Uniformidade da decisão

Do ponto de vista da uniformidade da decisão judicial, o litisconsórcio pode ser unitário ou simples. Será unitário "quando, pela natureza da relação, a decisão tiver que ser uniforme para todos os litisconsortes (art. 116, CPC), e será simples quando a decisão puder ser proferida de modo diferente para cada um dos litisconsortes.

Já em relação à ação coletiva para defesa de interesses individuais homogêneos, embora esta tenha como finalidade, precípua e concreta, a reparação dos danos sofridos pelos trabalhadores individualmente considerados, a sentença será única e de igual conteúdo para todos os substituídos, não havendo a possibilidade de decisão diferenciada em relação aos títulos jurídicos deduzidos em juízo.

Nesse caso, a decisão não adentra às peculiaridades da situação de cada substituído, sendo proferida sentença genérica nos termos do art. 95 do CDC, *in verbis*: "em caso de procedência do pedido, a condenação será genérica, fixando a responsabilidade do réu pelos danos causados".

A sentença declarará a existência do dano e decretará a responsabilidade do réu pela sua reparação, sendo que somente na fase de liquidação proceder-se-á à individuação dos lesados e a definição da extensão dos prejuízos para a execução, podendo haver distinção quanto a valores, modo e tempo de pagamento, entre os exequentes, mas não em relação aos títulos deferidos.

7.2.8. Alcance e efeitos da coisa julgada

Sendo partes na relação jurídica processual, todos os litisconsortes ficam sujeitos aos efeitos da coisa julgada, arcando com os benefícios de uma decisão favorável ou com os ônus de uma desfavorável. No litisconsórcio, os litisconsortes estão sujeitos aos efeitos *pro et contra* da coisa julgada.

Por outro lado, em virtude da presença de interesses plúrimos, concretos e de sujeitos determinados, a coisa julgada restringe seus efeitos aos participantes da relação jurídica processual, não prejudicando terceiros (art. 506, CPC). A *res iudicata* obsta a rediscussão da causa pelos litisconsortes, salvo na hipótese de propositura de ação rescisória (art. 966, CPC).

A decisão proferida na ação coletiva, por sua vez, tem eficácia *erga omnes* (art. 103, III, CDC) na hipótese de procedência do pedido, estendendo seus efeitos para terceiros não participantes da relação jurídica processual, beneficiando todos os titulares da pretensão deduzida em juízo e seus sucessores (coisa julgada *secundum eventum litis*).

Na hipótese de improcedência do pedido, os interessados, que não tiverem intervindo no processo, poderão propor ação a título individual (art. 103, § 2º, CDC), uma vez que não são abrangidos pelos efeitos da coisa julgada.

7.2.9. Quadro sinóptico das diferenças entre a ação coletiva e o litisconsórcio multitudinário

DIFERENÇAS	AÇÃO COLETIVA	LITISCONSÓRCIO MULTITUDINÁRIO
Natureza do direito tutelável	Tutela abstrata de interesses individuais homogêneos	Tutela concreta de interesses individuais plúrimos
Origem do elemento unificador do direito	Homogeneidade decorrente de uma circunstância material: origem comum (art. 81, III, CDC)	Pluralidade decorrente de uma série de questões materiais ou processuais (art. 113, CPC)
Natureza do pedido	Pretensão única, inicialmente abstrata e despersonalizada	Convergência de pretensões concretas, idênticas ou não, com titulares determinados
Legitmação ativa	Extraordinária de um autor ideológico (art. 82, CDC)	Ordinária dos titulares determinados (art. 113, CPC)
Posição dos beneficiários	Não figuram como partes processuais	Figuram como partes processuais
Litispendência	Não gera litispendência com as ações individuais (art. 104, CDC)	Litispendência, total ou parcial, com ação individual proposta por litisconsorte (s) (tríplice identidade)
Autonomia para os atos processuais	Concentração dos atos na pessoa do autor ideológico	Autonomia dos litisconsortes para os atos processuais (arts. 117 e 118, CPC
Uniformidade da decisão	Sentença genérica (art. 95, CDC)	Depende da natureza do ltisconsórcio: simples ou unitário
Alcance e efeitos da coisa julgada	*Secundum eventum litis* (art. 103, CDC)	*Pro et contra* (art. 506, CPC)
Legitimidade para a execução	Do autor ideológico ou dos beneficiários materiais (arts. 97 e 98, CDC)	Dos legitimados ordinários (litisconsortes)

8. Legitimidade ativa

8.1. Legitimados ativos

Como na ação civil pública, a legitimidade ativa para a propositura da ação coletiva também é extraída da integração das Leis ns. 7.347/85 (com as alterações inseridas pela Lei n. 11.448/2007) e 8.078/90. Desse modo, constituem legitimados ativos para a ação coletiva, de forma concorrente e disjuntiva:

a) Ministério Público;

b) Defensoria Pública;

c) a União, os Estados, os Municípios e o Distrito Federal;

d) autarquias, empresas públicas, fundações e sociedades de economia mista ou entidades da administração pública direta ou indireta, ainda que sem personalidade jurídica;

e) associação civil que esteja constituída há pelo menos um ano, nos termos da lei civil, e que inclua entre suas finalidades institucionais defesa do direito transindividual deduzido em juízo (art. 5º, LACP e art. 82, CDC).

Como típicas associação civis, as entidades sindicais possuem legitimidade ativa para a propositura de ação coletiva para a defesa de direitos individuais homogêneos dos trabalhadores. Esta legitimidade é conferida no plano constitucional pelo art. 8º, III, da CF/1988 e no campo infraconstitucional pelo art. 5º da LACP e art. 82 do CDC.

Trata-se de legitimidade concorrente e disjuntiva com o Ministério Público do Trabalho e as associações profissionais, ou qualquer outro legitimado com atribuição para a tutela de direitos perante o Judiciário Trabalhista. Também estão legitimadas para a propositura de qualquer ação coletiva as federações, confederações e centrais sindicais.

8.2. Ministério Público do Trabalho e interesses individuais homogêneos

Em virtude dos caracteres da individualidade, da determinabilidade dos seus titulares, da divisibilidade e da disponibilidade dos interesses individuais homogêneos, surgiu controvérsia sobre a legitimação do Ministério Público para a tutela processual destes interesses, dado que o art. 127 da CF/1988 atribui a esse órgão permanente, essencial à função jurisdicional do Estado, a defesa da ordem jurídica, do regime democrático e dos interesses sociais e individuais indisponíveis.

A expressão "individuais indisponíveis" e a ausência da expressão "interesses individuais homogêneos" no inciso III do art. 129 da CF/1988[(868)] levaram parte da doutrina a considerar o Ministério Público do Trabalho parte ilegítima para a tutela dos interesses individuais homogêneos, por estes serem, em sua essência, disponíveis.

No entanto, o suposto óbice legislativo restou superado pela doutrina em face das seguintes considerações:

a) o conceito de interesses individuais homogêneos somente foi introduzido na legislação brasileira com o advento do Código de Defesa do Consumidor, em 1990, de tal modo que o legislador constituinte não poderia mesmo incluí-lo no rol do art. 129 da CF/1988;

b) o princípio da máxima efetividade exige que seja dada interpretação ampla e evolutiva ao vocábulo "coletivos", expresso no inciso III do art. 129 da CF/1988, para que seja interpretado *lato sensu*, com abrangência dos interesses individuais homogêneos, além dos difusos e dos coletivos *stricto sensu*;

c) o rol do art. 129 não é taxativo, sendo complementado pelo preceito do inciso IX do art. 129 da CF/1988, que confere ao Ministério Público o exercício de "outras funções que lhe forem conferidas, desde que compatíveis com a sua finalidade"; de sorte que o CDC, que inclui expressamente o Ministério Público no rol de legitimados para a tutela desses interesses (arts. 81 e 82 do CDC); como também a LC n. 75/93, que atribui ao Ministério Público a tutela de "outros interesses individuais indisponíveis, homogêneos, sociais, difusos e coletivos" (art. 6º, VII, *"d"*), e preceitua a prerrogativa Ministerial de "propor ação civil coletiva para a defesa de interesses individuais homogêneos", preenchem o espaço deixado à legislação infraconstitucional pelo legislador constituinte;

(868) CF/1988, *"Art. 129. São funções institucionais do Ministério Público: (...)*
III – promover o inquérito civil e a ação civil pública, para a proteção do patrimônio público e social, do meio ambiente e de outros interesses difusos e coletivos;"

d) uma interpretação lógico-sistemática do art. 83, III, da LC n. 75/93 (o qual atribui como competência do Ministério Público "promover ação civil pública no âmbito da Justiça do Trabalho, para defesa de interesses coletivos, quando desrespeitados os direitos sociais constitucionalmente garantidos") com os demais dispositivos deste diploma normativo e da CF/1988, demonstra que a expressão "interesse coletivo" foi empregada em seu sentido amplo, para designar os interesses difusos, coletivos e individuais homogêneos;

e) o legislador constituinte não fez distinção em relação à natureza dos direitos sociais apontados no *caput* do art. 127 da CF/1988, atribuindo ao Ministério Público a tutela de quaisquer destes interesses sociais, independente da sua natureza jurídica (individuais, individuais homogêneos, difusos ou coletivos), tanto que o próprio legislador constituinte separou pela conjunção aditiva "e" os direitos individuais indisponíveis dos interesses sociais.

Como diretriz de sua atuação, o Conselho Superior do Ministério Público de São Paulo editou a Súmula n. 7, *in verbis*: "O Ministério Público está legitimado à defesa de interesses individuais homogêneos que tenham expressão para a coletividade, como: a) os que digam respeito à saúde ou à segurança das pessoas, ou ao acesso das crianças e adolescentes à educação; b) aqueles em que haja extraordinária dispersão dos lesados; c) quando convenha à coletividade o zelo pelo funcionamento de um sistema econômico, social ou jurídico". Assim, pautou-se o Ministério Público paulista pela nota da relevância social conferida aos interesses individuais homogêneos para nortear a sua atuação.

O critério da relevância social para a caracterização da legitimidade do Ministério Público para a tutela processual dos interesses individuais homogêneos passou a direcionar as decisões dos Tribunais, deixando para trás a discussão da disponibilidade ou indisponibilidade desses interesses.[(869)]

Em relação ao Ministério Público do Trabalho, outra faceta da questão interpretativa do dispositivo constitucional, em comento, garante-lhe a plena legitimidade para a tutela dos interesses individuais homogêneos trabalhistas.

Ao fixar as atribuições do Ministério Público, o legislador utilizou a expressão "interesses sociais e individuais indisponíveis" (art. 127, *caput*, CF/1988). A conjunção aditiva "e" indica que os vocábulos "sociais" e "individuais indisponíveis" designam coisas diversas. Para o que nos interessa, o primeiro vocábulo — "sociais" — aponta que o Ministério Público do Trabalho possui legitimidade para a defesa dos interesses previstos sob a rubrica "Dos direitos sociais", do Capítulo II, do Título II da CF/1988, onde se encontram os direitos dos trabalhadores, em seu art. 7º, além dos demais direitos sociais previstos em outros diplomas normativos.

Em relação aos direitos sociais, o legislador constituinte, ao fixar a atribuição do Ministério Público do Trabalho para a sua tutela, não diferenciou entre interesses difusos, coletivos e individuais homogêneos, donde se conclui que estas três espécies podem ser tuteladas pelo Ministério Público do Trabalho quando se revestirem de direitos sociais.

A legitimação do Ministério Público do Trabalho para a tutela processual dos interesses individuais homogêneos também encontra respaldo nos próprios princípios do processo trabalhista, uma vez que o processo do trabalho foi o primeiro ramo jurídico a tratar da tutela dos interesses coletivos, por meio do dissídio coletivo, e dos interesses individuais homogêneos, por meio da ação de cumprimento e do instituto da substituição processual sindical.

---

(869) O STJ adotou a nota da relevância social dos interesses individuais homogêneos para admitir a legitimação do Ministério Público estadual inclusive em ações trabalhistas, como se observa do seguinte julgado: "AÇÃO CIVIL PÚBLICA. MINISTÉRIO PÚBLICO. LEGITIMIDADE ATIVA. Legitimidade ativa do Ministério Público. Danos causados aos trabalhadores nas minas de Morro Velho. Interesse social relevante. Direitos individuais homogêneos. 1 – O Ministério Público tem legitimidade ativa para ajuizar ação civil pública em defesa de direitos individuais homogêneos, desde que esteja configurado interesse social relevante. 2 – A situação dos trabalhadores submetidos a condições insalubres, acarretando danos à saúde, configura direito individual homogêneo revestido de interesse social relevante a justificar o ajuizamento da ação civil pública pelo Ministério Público. 3 – Recurso especial conhecido e provido" (REsp n. 58.682/MG, unân., *DJ* de 16.12.96).

A substituição processual no processo do trabalho é um dos meios mais eficazes de efetivação dos direitos sociais trabalhistas, tendo em vista que, ao concretizar o princípio da despersonalização dos trabalhadores, permite a tutela de seus direitos, sem que os seus titulares fiquem sujeitos às represálias do empregador.

A despersonalização dos trabalhadores, além de princípio norteador das ações coletivas para a tutela dos interesses individuais homogêneos trabalhistas, fundamenta a legitimação do Ministério Público do Trabalho para a sua tutela, pois possibilita a efetividade de direitos sociais relativamente indisponíveis, conjugada com a proteção jurídica do hipossuficiente.

Essa nota é de fundamental relevância para distinguir a atuação do Ministério Público do Trabalho daquelas desenvolvidas pelos demais ramos do *Parquet* na tutela dos interesses individuais homogêneos. No processo civil, a possibilidade de veiculação de uma ação coletiva para a defesa dos interesses individuais homogêneos tem como fundamentos primordiais a facilitação do acesso à Justiça e a evitação da pulverização de lides individuais sobre direitos de mesma natureza e com origem comum, com possibilidade de decisões conflitantes; já no processo do trabalho, a mesma ação coletiva tem como objetivo, não o desafogar do Poder Judiciário, mas a despersonalização dos empregados e a efetivação de interesses individuais relativamente indisponíveis, dando azo a uma busca de efetividade dos interesses sociais, cuja atribuição foi fixada pelo legislador constituinte ao Ministério Público (art. 127, *caput*).

Nas mais altas Cortes Judiciais consagrou-se definitivamente o entendimento segundo o qual o Ministério Público tem legitimidade para a tutela dos interesses individuais homogêneos. O STF, em diversos julgados, já se posicionou nesse sentido, tornando-se notório o acórdão de lavra do Ministro Maurício Corrêa, proferido no Recurso Extraordinário n. 163.231-3/SP, no qual restou consignada a legitimidade do Ministério Público para a ação civil pública visando à readequação de mensalidades escolares.

O TST, por meio das suas diversas turmas, pacificou sua jurisprudência em relação à plena legitimidade do Ministério Público do Trabalho para a tutela processual dos interesses individuais homogêneos (Processos: TST-RR-689.716/2000.5 — (Ac. 4ª T.) — 5ª Reg. — Rel. Min. Milton de Moura França. DJU, 16.4.04; TST-RR-810.597/2001.0 — (Ac. 5ª T.) — 7ª Reg. — Rel. Juiz João Carlos Ribeiro de Souza, DJU 12.12.03; TST-RR-724248/2001.9 — (Ac. 1ª T.) — 15ª Reg. — Rel. Juiz Aloysio Correa da Veiga, DJU 14.2.03).

8.3. Natureza jurídica da legitimidade ativa

Sendo a ação coletiva um instrumento apto à defesa de direitos individuais homogêneos — tal como a ação de cumprimento e o instituto da substituição processual sindical —, tem-se que o ente legitimado (MPT, sindicato e associações) atua na condição de substituto processual, ou seja, pleiteia em juízo, em nome próprio, a defesa de direitos alheios de terceiros, os trabalhadores substituídos processualmente. Figuram como legitimados extraordinários na condução do processo, na condição de parte, sem, no entanto, serem parte no conflito material.

Há um afastamento da legitimação ordinária, em que se confere a cada um pleitear em nome próprio a sua própria pretensão material. Assim, a legitimação *ad causam* é ordinariamente conferida ao suposto titular da pretensão material deduzida em juízo.

Há, entretanto, hipóteses nas quais o ordenamento jurídico autoriza a tutela em juízo de direito alheio em nome próprio (art. 18, CPC). Trata-se das hipóteses de legitimação extraordinária ou substituição processual. Nas lides individuais, a legitimação ordinária é a regra; já nas ações coletivas, a regra é a legitimação extraordinária, uma vez que o autor coletivo atua em nome próprio na tutela de direito dos lesados individuais.

Tem-se uma legitimação extraordinária autônoma e concorrente para o processo. Autônoma, porque o autor ideológico pode propor a demanda com total independência dos trabalhadores titulares da pretensão deduzida em juízo, os quais seriam os ordinariamente legitimados. Concorrente, à medida que tanto o sindicato quanto os trabalhadores substituídos — respectivamente, legitimado extraordinário e legitimados ordinários — podem instaurar o processo, de forma separada ou conjuntamente. A atuação processual sindical, neste caso, não suprime a titularidade dos detentores do interesse material.

Também concorrente porque a legitimidade de um autor ideológico coexiste com de outros autores coletivos.

Além disso, trata-se de legitimação extraordinária concorrente primária, uma vez que a possibilidade de o autor ideológico atuar ocorre *ab initio*, sem que haja necessidade de se esperar a omissão dos trabalhadores, titulares da pretensa matéria deduzida em juízo.

Como substituto processual da coletividade dos trabalhadores, o autor ideológico é parte no processo, podendo atuar de conformidade com suas diretrizes, sendo detentor de todos os ônus, deveres e obrigações que advêm dessa sua condição de parte.

8.4. Legitimidade ativa das federações e confederações

As federações e confederações possuem plena legitimidade para a propositura de ação coletiva para a defesa de direitos individuais homogêneos de trabalhadores componentes da sua base de representação quando não existente sindicato representativo da categoria, *mutatis mutandis*, por aplicação analógica do art. 857 da CLT. Nada obsta, porém, que em situações específicas, principalmente nas hipóteses de inércia injustificada ou conflitos de interesses entre sindicato e trabalhadores, possam as federações e confederações efetivar a tutela coletiva para salvaguarda de interesses dos trabalhadores, independentemente da atuação ou não do sindicato existente.

Na primeira edição desta obra, já apontávamos a ilegalidade da antiga Súmula n. 359 do TST (posteriormente cancelada pela Res. Adm. n. 121, de 28.10.03 do TST), que, interpretando literalmente a norma do art. 872 da CLT, não reconhecia legitimidade à federação para o ajuizamento de ação de cumprimento na condição de substituta processual da categoria profissional inorganizada.

Jamais houve o óbice preconizado na citada Súmula para as federações e confederações pelo art. 872 da CLT, uma vez que o vocábulo "sindicatos", empregado nesse dispositivo legal, invoca interpretação em sentido amplo, para abranger todas as entidades sindicais; situação corrigida pela Lei n. 8.073/98, ao dispor que "As entidades sindicais poderão atuar como substitutos processuais dos integrantes da categoria" (art. 3º). No mais, a legitimação das federações e confederações para atuar como substitutas processuais é extraída diretamente do art. 82, IV, CDC, estando igualmente aptas para a propositura de ação civil pública e qualquer outra ação coletiva (art. 5º da LACP e art. 82 do CDC).

8.5. Legitimidade ativa das centrais sindicais

As centrais sindicais no Brasil raramente recebem uma atenção político-institucional em conformidade com a sua importância histórica no desenvolvimento do sindicalismo e nos movimentos dos trabalhadores no Brasil.

Não previstas expressamente na estrutura sindical piramidal e confederativa delineada pela CF/1988, as centrais sindicais receberam um tratamento normativo infraconstitucional e assistemático, caracterizado pela conquista de assentos em fóruns e arenas de discussão tripartite de interesses dos trabalhadores, como o Conselho Curador do FGTS (Lei n. 8.036/90), o Conselho Nacional da Seguridade Social (Lei n. 8.212/91), o Conselho Gestor do Cadastro Nacional do Trabalhador (Lei n. 8.212/91), o Conselho Deliberativo do Fundo de Amparo ao Trabalhador (Lei n. 7.998/90) e a Comissão Tripartite de Relações Internacionais do Ministério do Trabalho e Emprego.

A partir da Lei n. 11.648, de 31.3.2008, deu-se início uma fase jurídico-institucional, na qual as centrais sindicais foram reconhecidas infraconstitucional e sistematicamente, não obstante as diversas controvérsias a respeito da constitucionalidade da norma reconhecedora diante do sistema confederativo acolhido pela Constituição Federal de 1988. Entretanto, embora reconhecida "entidade de representação geral dos trabalhadores, constituída em âmbito nacional", com natureza jurídica de "entidade associativa de direito privado, composta por organizações sindicais de trabalhadores" (art. 1º), à central sindical não foi conferida expressa e formalmente a natureza de entidade sindical.

Independentemente das discussões a respeito da natureza sindical ou não das centrais sindicais, elas possuem legitimidade para a propositura de ações coletivas na Justiça do Trabalho, como típicas associações civis, consoante art. 5º da LACP e art. 82 do CDC, nos moldes da legitimação conferida às federações, confederações e associações profissionais.

8.6. Legitimidade ativa das associações profissionais e unicidade sindical

As associações profissionais têm legitimidade para tutela coletiva de seus membros e interesses perante o Judiciário Trabalhista, desde que observada, evidentemente, a competência material desta Justiça Especializada. As associações profissionais constituem entidades civis de natureza privada, cuja legitimidade ativa para a tutela coletiva vem conferida pelo art. 5º, V, da LACP e art. 82, IV, do CDC, devendo ser observados os requisitos da pré-constituição e da pertinência temática.

A unicidade sindical constitui uma regra de direito coletivo e material do trabalho que regula a constituição e a representação sindical, pela qual se veda a criação de mais de uma entidade sindical para a representação de uma mesma categoria econômica ou profissional numa dada base territorial (art. 8º, II, CF/1988). Trata-se de uma regra de organização sindical que limita a liberdade de constituição sindical e violadora dos princípios de liberdade sindical preconizados pela Organização Internacional do Trabalho, por meio da sua Convenção de n. 87 (sobre Liberdade Sindical e Proteção ao Direito de Sindicalização). A legitimidade *ad causam*, por sua vez, constitui uma regra de direito processual. Consiste no reconhecimento do ordenamento jurídico-processual a que determinada parte atue, no polo passivo ou ativo, de uma relação jurídica processual. Consoante Liebman, a *legitimatio ad causam* corresponde à "pertinência subjetiva da ação, isto é, a identidade daquele que propôs a demanda com aquele que faz referência a lesão de um direito seu".(870) Trata-se de institutos de conteúdo e natureza distintos. Na seara processual das ações coletivas, a legitimidade dos sindicatos é de natureza concorrente e disjuntiva com os demais legitimados, incluindo-se as associações profissionais, não sendo aplicável a regra da unicidade sindical no âmbito processual.

O princípio da máxima efetividade dos direitos humanos invoca o reconhecimento de legitimidade ao maior número de atores sociais capazes de tutela dos direitos humanos fundamentais em juízo. Nada obsta, assim, que em situações específicas, principalmente nas hipóteses de inércia injustificada da entidade sindical, desconsideração pelo sindicato de grupos específicos de representados (como os aposentados), da existência de grupos e interesses específicos dentro da categoria e nas situações de conflitos de interesses entre a entidade sindical e representados, possam as associações profissionais efetivar a tutela coletiva para salvaguarda de interesses dos trabalhadores, observadas a pré-constituição e a pertinência temática.

O *leading case* da legitimidade das ações profissionais para a propositura de ação coletiva na Justiça do Trabalho consubstanciou-se na decisão do Recurso de Revista n. ARE — 424/1998-036-02-00.6, no qual o Tribunal Superior do Trabalho reconheceu a legitimidade da Associação dos Funcionários Aposentados do Banco do Estado de São Paulo — AFABESP na ação civil pública proposta em face do Banco do Estado de São Paulo para a tutela de interesses de associados daquela.

8.7. Litisconsórcio ativo

8.7.1. Dos colegitimados

Em face da natureza concorrente e disjuntiva da legitimação ativa para a ação coletiva, é plenamente admissível o litisconsórcio ativo facultativo, inicial ou superveniente (ulterior), entre os colegitimados elencados no art. 82 do CDC c/c § 2º do art. 5º da LACP, havendo a possibilidade de litisconsórcio entre Ministérios Públicos (art. 5º, § 5º, LACP).

(870) LIEBMAN, Enrico Tullio. *Manuale de Diritto Processuale Civile*. 7. ed. Milano: Giuffrè Editore, 2007. p. 149.

8.7.2. Dos trabalhadores individuais

Diversamente do que ocorre nas ações civis públicas, em sede de ação coletiva para a defesa de direitos individuais homogêneos, a doutrina, de um modo geral, tem admitido a intervenção litisconsorcial do lesado individual, uma vez que, em se tratando de interesses individuais homogêneos, sua esfera jurídica individual é suscetível de ser diretamente atingida pelo provimento jurisdicional que encerra a lide coletiva.

Como ressaltamos alhures, os interesses individuais homogêneos são essencialmente individuais, com titulares determinados e divisíveis em quotas-partes, somente diferenciando-se destes últimos pela origem comum, a qual lhes garante nascimento e uniformidade, e pela forma coletiva de sua tutela. Assim, o indivíduo saberá exatamente a extensão do seu direito que será atingida pela decisão judicial, tendo interesse imediato na sua tutela.

Embora o provimento jurisdicional da ação coletiva tenha natureza genérica (art. 95, CDC) — não se referindo diretamente a situações e peculiaridades individuais —, e a coisa julgada tenha eficácia *erga omnes* (art. 103, III, CDC), somente no caso de procedência do pedido, para beneficiar todas as vítimas e seus sucessores *(secundum eventum litis),* são inegáveis os reflexos maléficos de eventual decretação de improcedência da ação coletiva sobre as futuras lides individuais, ao menos no campo dos precedentes judiciais, situação que dificultaria em muito as ações individuais dos trabalhadores ante a existência de provimento jurisdicional desfavorável sobre a matéria debatida em juízo, ainda que aquele tenha se pronunciado sob o aspecto coletivo da questão.

O art. 94 do CDC dá azo a essa intervenção, ao prescrever que "Proposta a ação, será publicado edital no órgão oficial, a fim de que os interessados possam intervir no processo como litisconsortes, sem prejuízo de ampla divulgação pelos meios de comunicação social por parte dos órgãos de defesa do consumidor", a qual é corroborada pelo § 2º do art. 103 do CDC.[871]

Estando os trabalhadores diretamente ligados aos aspectos fáticos do conflito, poderão desejar contribuir para o sucesso da lide, por meio da prestação de esclarecimentos de determinados aspectos fáticos, produção de provas específicas etc.

O ingresso dos trabalhadores como litisconsortes nas lides coletivas deve ser aceito com cautela, pois dotado o ente sindical, ou qualquer outro autor ideológico, de *adequacy of representation* , a sentença produzirá efeitos globais com relação a todos os trabalhadores interessados, cujos interesses estão sendo tutelados de forma coletiva. A intervenção individual não pode retirar o caráter molecular das ações coletivas, de modo a atomizá-las num conjunto aglutinado de lides individuais, tornando-as algo próximo da figura do litisconsórcio multitudinário.

A formação de litisconsórcio, na hipótese, somente deve ser admitida à medida que seja benéfica para o conflito coletivo, na sua dimensão essencial coletiva, global, abstrata e despersonalizada. Por meio da intervenção assistencial litisconsorcial de lesado individual, não se admite a formulação de pretensões individuais, nem a discussão de peculiaridades da situação individual, tendo em vista que as questões individuais somente podem ser discutidas em ação individual ou quando da habilitação na fase de execução da tutela coletiva. A formulação de pretensões individuais sob a figura da assistência litisconsorcial prevista no art. 103 do CDC leva inexoravelmente à ausência de interesse de agir em face da lide coletiva, suscitando a exclusão do indivíduo da lide.

Nos termos do art. 103, § 2º, do CDC, a intervenção assistencial litisconsorcial pelo lesado individual constitui hipótese de exceção à regra da coisa julgada *secundum eventum litis* (segundo a sorte da lide) pela qual os lesados individuais só são abrangidos pela coisa julgada favorável, não tendo obstada a via processual individual para a discussão de matéria julgada desfavoravelmente numa ação coletiva. Assim, na hipótese em que o interessado individual tiver intervindo no processo, ele será abrangido pelos efeitos da coisa julgada, favorável ou não, não podendo propor ação a título individual em caso de improcedência da demanda coletiva.

---

(871) CDC, Art. 103. (...) *"§ 2º Na hipótese prevista no inciso III, em caso de improcedência do pedido, os interessados que não tiverem intervindo no processo como litisconsortes poderão propor ação de indenização a título individual".*

9. Legitimidade passiva

Constitui legitimado para figurar no polo passivo da ação coletiva a pessoa natural ou jurídica, de direito público ou privado, com ou sem personalidade jurídica, causadora de danos a interesses individuais homogêneos dos trabalhadores afetos, direta ou indiretamente, às relações de trabalho (art. 114, CF/1988).

10. Competência material e funcional

Tratando-se de lesão a interesses individuais homogêneos afetos, direta ou indiretamente, às relações de trabalho, a competência material é da Justiça do Trabalho, nos termos do art. 114, I e IX, da CF/1988 c/c art. 83, I, II, da LC n. 75/93.

A competência para o julgamento das ações é das Varas do Trabalho, tendo em vista que, não obstante envolver a tutela de uma coletividade de pessoas, não se confunde a ação coletiva com os dissídios coletivos julgados pelos Tribunais do Trabalho, cuja competência, por excepcional, vem expressamente atribuída em lei (art. 678, I, *"a"*, CLT e art. 2º da Lei n. 7.701/88).

11. Competência territorial

A competência territorial para apreciação da ação coletiva vem prevista no art. 93 do CDC, *in verbis*:

> "Art. 93. Ressalvada a competência da justiça federal, é competente para a causa a justiça local:
>
> I - no foro do lugar onde ocorreu ou deva ocorrer o dano, quando de âmbito local;
>
> II - no foro da Capital do Estado ou no Distrito Federal, para os danos de âmbito nacional ou regional, aplicando-se as regras do Código de Processo Civil aos casos de competência concorrente."

Assim, as lides coletivas para a defesa de interesses individuais homogêneos devem ser propostas perante a Vara do Trabalho ou o Juiz de Direito investido da jurisdição trabalhista (art. 668, CLT) do local do dano (art. 93, I, CDC).

Na Justiça do Trabalho, não tem aplicabilidade a regra do inciso II do art. 93 do CDC, pois, como expusemos a respeito de sua aplicação analógica à ação civil pública, o *caput* deste dispositivo excepcionou a competência da Justiça Federal e, em sendo as ações civis coletivas para a defesa de direitos individuais homogêneos decorrentes da relação de trabalho de competência da Justiça do Trabalho, a especificidade da matéria suscita a mesma exceção, pois é inegável o interesse público no resguardo das competências específicas; além disso, a fixação da competência pelo local do dano, ao aproximar o juízo competente do local dos fatos, traçou os mesmos objetivos almejados pelo legislador trabalhista ao editar as regras de competência do art. 651 da CLT — *local da prestação de serviços* —, consistentes na facilitação da produção probatória e na abertura dos canais de acesso à Justiça aos trabalhadores.

No processo do trabalho, seja nas lides coletivas ou individuais, deve-se sempre observar a regra específica do art. 651 da CLT.

A regra do art. 93, II, do CDC, é processualmente contraproducente, à medida que afasta da apuração dos fatos juízos mais adequados que o da Capital do Estado ou do Distrito Federal, pois embora possa haver danos de âmbito regional ou nacional, tal circunstância não indica que aqueles juízos sejam os mais adequados para a solução da lide, tendo em vista que os fatos estão mais próximos do juízo do território em que se verificaram. Ademais, a competência prevista no dispositivo legal em comento vai de encontro às modernas técnicas processuais de acesso à Justiça e de economia processual, exigindo deslocamentos de pessoas, partes e testemunhas, provas e demais elementos do processo a foro distante.

Assim, independentemente da extensão territorial da lesão aos interesses individuais homogêneos dos trabalhadores, a competência estará adstrita à jurisdição da Vara do Trabalho do lugar onde ocorreu ou deva ocorrer o dano. Na hipótese de competência concorrente, estará prevento o primeiro juízo que recebeu a ação. Para maiores esclarecimentos, convidamos o leitor ao capítulo pertinente à competência territorial da ação civil pública e às críticas lançadas à OJ n. 130 da SDI-2 do TST.

Não se pode relegar ao olvido que os interesses individuais homogêneos são essencialmente individuais e divisíveis, com titulares determinados, em cujo interesse é aperfeiçoada a tutela coletiva, não sendo rara a participação dos sujeitos interessados como assistentes, testemunhas etc.

No campo das lides coletivas, a regra do art. 93, I, do CDC, coaduna-se com os escopos da competência prevista no art. 651 da CLT, uma vez que por serem plenamente identificáveis os trabalhadores lesados, o dano ao direito individual homogêneo se estenderá aos locais de prestação de serviços de todos os trabalhadores que se encontrem nesta situação, sendo todos igualmente competentes para a apreciação da lide coletiva, com prevenção do juízo para o qual foi distribuída a primeira demanda.

As elucidações de Ada Pellegrini Grinover no sentido de que, na hipótese de dano nacional, a competência do Distrito Federal é necessária para obstar a vulnerabilidade do direito de defesa, à medida que não seja o réu obrigado a litigar na capital de um Estado talvez longínquo de sua sede, por opção do autor coletivo,[(872)] não encontra maior respaldo fático nas relações de trabalho, tendo em vista que o local do dano geralmente coincidirá com o local da prestação de serviços, no qual é regra a presença da empresa, sendo que a raridade das exceções justifica a adoção da regra geral do local do dano e do juízo do local da prestação dos serviços.

Por último, vale assinalar, a título de argumentação que, ainda que fosse aplicável a regra do art. 93, II, do CDC, tanto os danos de âmbito regional quanto nacional teriam como foros concorrentes a Capital do Estado ou do Distrito Federal, como vem se pronunciando a jurisprudência processual civil predominante e parte de sua doutrina, interpretação essa perfeitamente extraível do inciso II do art. 93 do CDC ao dispor que será competente para a causa o "foro do local da Capital do Estado ou do Distrito Federal, para os danos de âmbito nacional ou regional". Para maiores elucidações a respeito da temática, remetemos o leitor ao Capítulo sobre ação civil pública, na parte em que realizamos uma análise crítica do conteúdo da OJ n. 130 da SDI-II do TST.

12. Prazo prescricional

Os interesses individuais homogêneos, sendo, na sua essência, interesses individuais, devem observar o prazo prescricional do inciso XXIX do art. 7º da Constituição Federal para sua exigibilidade, em juízo.[(873)]

12.1. Momento de arguição do prazo prescricional

Em obediência ao princípio do contraditório e da ampla defesa, é facultado ao réu alegar, no momento de responder à ação, toda a matéria de defesa, "expondo as razões de fato e de direito com que impugna o pedido do autor e especificando as provas que pretende produzir" (art. 336, CPC).

Entre as diversas defesas passíveis de suscitação pelo réu, destacam-se duas espécies: a) defesa processual, também denominada de defesa indireta, porque não tem como objetivo imediato a impugnação à pretensão do autor, mas se dirige contra a relação jurídica processual; b) defesa de mérito, direcionada para a impugnação do fato constitutivo arguido pelo autor ou contra suas consequências jurídicas.

A defesa de mérito, por sua vez, pode ser direta ou indireta. Será direta quando atacar a própria pretensão do autor e, indireta, quando o réu, reconhecendo o fato em que se fundou a ação, outro lhe opuser impeditivo, modificativo ou extintivo do direito do autor (art. 373, II, CPC).

A prescrição atua como uma defesa indireta de mérito, também chamada de prejudicial de mérito, uma vez que não se volta para a discussão dos fatos arguidos pelo autor, mas simplesmente à exigibilidade do direito invocado em juízo.

---

(872) GRINOVER, Ada Pellegrini. *Código Brasileiro de Defesa do Consumidor...*, cit., p. 808.

(873) Art. 7º, inciso XXIX, da Constituição Federal de 1988: "ação, quanto aos créditos resultantes das relações de trabalho, com prazo prescricional de cinco anos para os trabalhadores urbanos e rurais, até o limite de dois anos após a extinção do contrato de trabalho".

Nas lides trabalhistas individuais é comum o réu arguir a prescrição quando da formulação da sua resposta, tendo em vista a perfeita identificação do autor da ação e a delimitação (temporal e nominal) do conteúdo da pretensão deduzida em juízo.

Já as ações coletivas para a defesa de direitos individuais homogêneos são marcadas pela nota da despersonalização dos verdadeiros titulares das pretensões deduzidas em juízo, pois é o ente legitimado ativo que figura como parte na relação jurídica processual, na condição de substituto processual. Por este motivo, em caso de procedência do pedido, a condenação será genérica, fixando-se somente a responsabilidade do réu pelos danos causados.

Na fase de conhecimento da demanda coletiva, o julgador não adentra às peculiaridades dos casos individuais, como as questões que envolvem prescrição, decadência, retenção ou compensação em relação a um ou alguns dos substituídos. Essas matérias só podem ser objeto de discussão e apreciação na fase de execução, a qual é comumente processada sob a forma de artigos, possibilitando a mais ampla cognição jurisdicional, não somente a respeito do enquadramento do liquidante nos fatos que imputaram a responsabilização do executado (*an debeatur*), mas também aos fatos delimitadores do *quantum debeatur*, entre os quais se enquadra a prescrição.

Na fase de conhecimento, o réu até poderá arguir a prescrição de forma genérica, sem referir-se nominalmente aos indivíduos titulares dos direitos deduzidos em juízo, nem invocar análise de casos particulares, tendo em vista o caráter abstrato e despersonalizado da lide coletiva. Se a lide é despersonalizada e os lesados não são nomeados, não há como se aferir os marcos prescricionais, uma vez que a lide coletiva não enseja detalhamento dos contratos individuais de trabalho de cada substituído. Aliás, tampouco se saberá quais e quantos serão os beneficiados com a decisão, pois esses elementos só serão conhecidos na fase de execução, com a necessária individuação dos beneficiários.

Na hipótese de eventual acolhimento da prescrição ainda na fase de conhecimento, o julgador só poderá fixar os termos *a quo* e *ad quem*, se for a hipótese, da prescrição genericamente considerada, restando para a fase de execução apenas a demonstração de quais titulares se enquadram no período prescrito, as causas particulares de suspensão e interrupção etc. A decretação genérica da prescrição na fase de conhecimento não obsta a continuidade da apreciação da matéria de mérito.

13. Rito processual

A ação coletiva para defesa de interesses individuais homogêneos possui algumas das suas peculiaridades processuais delineadas nos art. 81 a 104 do CDC.

Além da observância dessas normas específicas, determina o art. 90 da referida lei que "Aplicam-se às ações previstas neste Título as normas do Código de Processo Civil e da Lei n. 7.347, de 24 de julho de 1985, inclusive no que respeita ao inquérito civil, naquilo que não contrariar suas disposições". Por outro lado, o art. 21 da LACP, prescreve que "Aplicam-se à defesa dos direitos e interesses difusos, coletivos e individuais, no que for cabível, os dispositivos do Título III da Lei que instituiu o Código de Defesa do Consumidor".

Desse modo, há uma imbricação entre as regras processuais da LACP e CDC, determinando um rito processual comum para as duas espécies de ações, salvaguardados alguns aspectos peculiares, como a execução e satisfação dos créditos decorrentes de eventual provimento judicial favorável nas ações coletivas *stricto sensu*.

Essa imisção legal está em plena conformidade com o conceito de jurisdição coletiva para a tutela de interesses transindividuais, cujos motores são a LACP e o CDC, de aplicação a todas as espécies de demandas cujo objetivo é a defesa de interesses difusos, coletivos e individuais homogêneos.

Além da observância de todo o regramento da denominada jurisdição coletiva, as ações coletivas deverão observar as regras específicas da CLT (*ex vi* art. 769 da CLT), tais como:

a) a obrigatoriedade de sujeição do dissídio à conciliação (art. 764, *caput*, CLT);

b) a observância do princípio da irrecorribilidade autônoma das decisões interlocutórias (art. 893, § 1º, CLT);

c) a apresentação da defesa em audiência (art. 847, CLT);

d) limitação da indicação de testemunhas ao número de 03 (três) para cada parte (art. 821, CLT);

e) apresentação de razões finais (art. 850, *caput*, CLT);

f) irrecorribilidade do termo de conciliação (art. 831, parágrafo único, CLT);

g) os efeitos meramente devolutivos dos recursos (art. 899, *caput*, CLT);

h) a obrigatoriedade de recolhimento do depósito recursal para a interposição de recurso (§ 1º do art. 899, CLT);

Deverão também ser observadas as normas do CPC naquilo que for compatível com os princípios da jurisdição coletiva e do processo do trabalho (art. 769, CLT, art. 19, LACP e art. 90, CDC). Quando não figurar como parte, o Ministério Público do Trabalho atuará obrigatoriamente como *custos legis*.

14. Reconvenção

Sendo as ações coletivas *stricto sensu* vocacionadas à tutela de direitos individuais homogêneos, em que o autor legitimado exercita o direito de ação em nome próprio na defesa de direito alheio, na condição de substituto processual, o instituto da reconvenção nas lides coletivas recebe tratamento igualitário ao das ações de cumprimento propostas pelos sindicatos na condição de substituto processual da coletividade de trabalhadores.

De fato, como exposto no capítulo pertinente à ação de cumprimento e à substituição processual trabalhista, a regra do art. 343, § 5º, do CPC, que prevê o cabimento de reconvenção na hipótese de substituição processual, diz respeito às lides individuais, não tendo aplicação às lides coletivas, como a ação de cumprimento, espécie de ação coletiva para a tutela de interesses individuais homogêneos, regida assim pelas normas do CDC e da LACP, não sendo cabível reconvenção contra substituto processual em ação coletiva, tendo em vista que, ao contrário das lides individuais, a ação coletiva é despersonalizada e abstrata.

Nas lides individuais, as partes formais (substituto e réu) e o substituído processual são sujeitos concretos e determinados, que se encontram imbricados tanto na relação processual quanto na relação material subjacente, havendo uma comunhão de interesses entre substituto e substituído. Previu o legislador a substituição processual passiva nas lides individuais nas hipóteses em que o autor já esteja na condição de substituto processual ativo.

Nas hipóteses de legitimação extraordinária ou autônoma para a lide coletiva, a parte autora atua na tutela de interesses individuais e/ou coletivos de membros de uma coletividade, sendo assim a ação despersonalizada e abstrata, e totalmente incompatível com pretensões reconvencionais concretas em face dos trabalhadores substituídos, bem como em face do autor coletivo, o qual não tem relação material com os substitutos ou com a parte contrária, tal como sói ocorrer com o substituto nas lides individuais regidas pelo CPC.

As ações coletivas são informadas pelo princípio da prevalência das questões coletivas sobre as individuais, de forma que eventuais reconvenções fundadas em situações singulares e específicas constituem instrumentos processuais incompatíveis com as demandas coletivas, falecendo interesse de agir para a sua propositura em sede coletiva.

Ao contrário das lides individuais, no âmbito das ações coletivas, o substituto não se encontra imbricado na relação jurídica material entre substituído e réu, não havendo comunhão de interesses materiais entre ambos, mas legitimação processual, formal e abstrata. Assim, nas ações coletivas, foi conferido ao substituto processual somente a legitimidade ativa para a tutela dos interesses dos substituídos.

15. Contumácia e revelia

Consiste a contumácia — do latim *contumatia*, de *contumax*, que indica orgulho, altivez, desdenho, insolência — no não comparecimento da parte a juízo quando devidamente instada. O vocábulo "contumácia" também é utilizado para designar o ato pelo qual o réu deixa de oferecer resposta no tempo e modo legais. Tecnicamente, a contumácia designa a obstinação da parte em não comparecer a juízo; já a revelia indica a ausência de apresentação de defesa pelo réu.

No âmbito das ações coletivas, os efeitos da contumácia e da revelia não diferem daqueles observados nas lides individuais. O não comparecimento da parte autora à audiência poderá importar a extinção do processo sem resolução do mérito, com o consequente arquivamento dos autos (art. 844, CLT). O não comparecimento do réu ou a não apresentação de defesa por parte deste, levará à decretação da revelia e à confissão ficta, reputando-se verdadeiros os fatos afirmados pelo autor, nos moldes dos art. 344 a 346, CPC c/c art. 844, CLT.

Diante da contumácia da associação autora, poderá dar-se a assunção do polo ativo da demanda pelo Ministério Público do Trabalho ou outro legitimado (art. 5º, § 3º, LACP), obstando, assim, a extinção do processo sem resolução do mérito.

Desse modo, antes de eventual extinção do processo sem resolução do mérito por não comparecimento do autor da ação coletiva, deve o Ministério Público ser cientificado da contumácia do autor, com vistas a exercer a prerrogativa legal, até porque o Ministério Público, quando não for parte na ação, atuará obrigatoriamente como *custos legis* (art. 92, CDC).

16. Renúncia e transação em sede de ação coletiva

Os institutos da renúncia e da transação nas ações coletivas não diferem daquilo que esposamos a respeito do seu cabimento nas ações de cumprimento e na substituição processual, tendo em vista que, em ambas as espécies de demandas, o ente legitimado atua na condição de substituto processual, isto é, em nome próprio na defesa de direito alheio. O ente legitimado não pode efetuar atos que impliquem disposição ou alienação da pretensão deduzida em juízo, já que de titularidade dos trabalhadores substituídos.

A legitimação sindical para a defesa de direitos individuais homogêneos somente é concedida como forma de viabilizar a tutela processual coletiva desses direitos, não se encontrando entre as faculdades dela decorrentes o poder para a prática de disposição de direitos materiais.

Entretanto, não se pode negar a praxe forense, em que se verifica a possibilidade de acordos em muitas demandas para a tutela de interesses individuais homogêneos. Nesta hipótese, a conciliação deve assumir os mesmos contornos daquela realizada em sede de ação civil pública, não podendo o sindicato dispor do direito material deduzido em juízo, porém, poderá conciliar em aspectos acessórios e complementares como o tempo, o modo e a forma de cumprimento do direito.

17. Litispendência, conexão e continência com as ações individuais

17.1. Litispendência com as ações individuais

A disciplina da litispendência entre a ação trabalhista individual e eventual ação coletiva com o mesmo objeto e causa de pedir não difere daquilo que analisamos ao discorrer sobre as ações de cumprimento e a substituição processual sindical.

Com mais razão, na esfera das ações coletivas para defesa de direitos individuais homogêneos dos trabalhadores, aplica-se o disposto no art. 104, CDC. Assim, a existência concomitante de ações individuais e coletiva, com o mesmo objeto e causa de pedir, não induz litispendência. Se os autores das ações individuais não requererem a suspensão destas no prazo de trinta dias a contar da ciência nos autos do ajuizamento da ação coletiva, não serão beneficiados por eventual decisão favorável nesta demanda. Trata-se de exceção à coisa julgada *secundum eventum litis* e à extensão subjetiva do julgado *in utilibus*.

Como elucidado ao estudarmos o fenômeno da litispendência entre a ação de cumprimento e as ações individualmente propostas com o mesmo objeto, o CDC preservou as esferas individual e coletiva, assegurando assim duas dimensões da tutela judicial: a individual e a coletiva. O exercício da ação coletiva pelo autor ideológico (substituto) não prepondera sobre o direito de ação individual, nas hipóteses em que o próprio substituído o exercite, com renúncia à tutela coletiva. Tal conduta incorreria no equívoco de transformar o substituto processual em detentor da titularidade do direito, em detrimento do seu verdadeiro titular.

De todo o exposto, resulta as seguintes situações entre a ação coletiva e as ações individuais:

1 – a *ação individual é independente e autônoma em relação às ações coletivas;*

2 – em *não havendo suspensão da ação individual no prazo de 30 (trinta) dias da ciência da demanda coletiva, o processo individual não sofre qualquer efeito da sentença proferida na ação coletiva, ainda que de procedência;*

3 – havendo suspensão da ação individual no prazo e termos legais, o autor individual se beneficia de eventual sentença de procedência na ação coletiva, podendo proceder diretamente à execução do julgado.

4 – havendo suspensão da ação individual no prazo e termos legais e em sendo improcedente a demanda coletiva, o processo individual retoma seu trâmite, podendo ainda ter uma decisão favorável ao autor, conforme os elementos de fatos e de direito peculiares à lide individual.

17.2. Interrupção do prazo prescricional das ações individuais

Consiste a prescrição na perda da exigibilidade jurídica da pretensão material pelo decurso do prazo para a propositura da ação judicial para a sua tutela ou satisfação. Na prescrição dá-se a perda da exigibilidade jurídica do direito material que seria deduzido em juízo e não a perda do direito de ação. Vislumbra-se facilmente que não se trata da perda do direito de ação, uma vez que declaração judicial da prescrição se dá no corpo de uma ação judicial, sendo objeto de resolução do processo com resolução do mérito (art. 332, § 1º; 487, II, ambos CPC).

Em realidade, a prescrição constitui um instituto híbrido, de direito material e de direito processual, estando prevista em diversas disposições do Código Civil e do Código de Processo Civil. No direito do trabalho o instituto encontra sede constitucional, no art. 7º, XXIX, da CF/1988, *ipsis litteris*:

> Art. 7º São direitos dos trabalhadores urbanos e rurais, além de outros que visem à melhoria de sua condição social:
>
> XXIX – ação, quanto aos créditos resultantes das relações de trabalho, com prazo prescricional de cinco anos para os trabalhadores urbanos e rurais, até o limite de dois anos após a extinção do contrato de trabalho;

As causas de impedimento, suspensão ou interrupção da prescrição estão previstas nos art. 197 a 204 do Código Civil, entre os quais destacamos a interrupção da prescrição "*por despacho do juiz, mesmo incompetente, que ordenar a citação, se o interessado a promover no prazo e na forma da lei processual*" (art. 202, I). No Processo Civil, a interrupção da prescrição, com semelhante redação do CCB, vem prevista no art. 240, § 1º, CPC.

A interrupção da prescrição determina o reinício total do prazo prescricional a partir do ato ou fato jurídico que a interrompeu. Diferencia-se, assim, das hipóteses de suspensão, nas quais o prazo prescricional retoma o seu curso pelo lapso temporal restante após o elemento jurídico que a suspendeu.

No campo das ações coletivas para a tutela dos interesses individuais homogêneos, inclusive as notórias hipóteses de substituição processual trabalhista e da ação de cumprimento, como ressaltado anteriormente, por autorização normativa, o autor ideológico legitimado atua na condição de substituto processual de parte (art. 18 do CPC), tutelando em nome próprio direito alheio (legitimação extraordinária). Desse modo, o substituto equivale ao próprio substituindo pleiteando em juízo, razão pela qual a ação por ele proposta interrompe a prescrição para o (s) substituído (s), seja no processo individual, seja nas ações coletivas, observada a identidade de pedido e de causa de pedir entre as pretensões (demandas).

É da lógica do microssistema das ações coletivas a molecularização das demandas e evitação da proliferação das demandas individuais, de forma que a interrupção das prescrições nas ações coletivas constitui *conditio sino qua non* para a efetividade e consecução dos objetivos da coletivização processual. A não interrupção da prescrição pelas ações coletivas acarretaria uma pletora de ações individuais com o mesmo objeto e causa de pedir, tendo em vista a possível preocupação dos beneficiários com a prescrição das suas pretensões individuais.

Nesta hipótese, a interrupção da prescrição das ações individuais tem como termo *a quo* o último ato jurisdicional proferido na demanda coletiva, nos termos do art. 202, parágrafo único do CPC: "*A prescrição interrompida recomeça a correr da data do ato que a interrompeu, ou do último ato do processo para a interromper*", sendo que retroage à data da propositura da ação (art. 240, § 1º, CPC). Deve-se recordar que, no processo do trabalho, a simples propositura da ação interrompe a prescrição, tendo em vista que a ordenação da citação se dá por ato procedimental e não jurisdicional, pela própria secretaria da vara do trabalho.

17.3. Conexão e continência com as ações individuais

Como vimos anteriormente, consoante o art. 104 do Código de Defesa do Consumidor, a concomitância de uma ação coletiva para a tutela de interesses individuais homogêneos e uma ação trabalhista individual com o mesmo pedido e causa de pedir não induz litispendência, mas os efeitos da coisa julgada *erga omnes* ou *ultra partes* não beneficiarão os autores das ações individuais, se não for requerida sua suspensão no prazo de 30 dias, a contar da ciência nos autos do ajuizamento da ação coletiva.

Da mesma forma, não há conexão ou continência entre uma ação coletiva e uma ação individual. A conexão tem como objetivo evitar a prolação de decisões conflitantes entre causas conexas, isto é que, que possuam em comum o objeto ou a causa de pedir (art. 55, CPC); porém, no âmbito do microssistema do processo coletivo, as ações coletivas e individuais podem tramitar concomitantemente, ainda que possuem o mesmo objeto e a mesma causa de pedir.

Trata-se do princípio da preferencialidade ou intangibilidade da via processual individual. Desta forma, admite-se no âmbito do microssistema coletivo, a existência de decisões diferentes para demandas coletivas e individuais com mesma causa de pedir e pedido, não havendo relação de conexão entre demanda individual e demanda coletiva, de forma que não deve haver deslocamento de competência (art. 55, § 1º, CPC) ou reunião de ações nesta hipótese. A questão das decisões conflitantes resolve-se pelas regras de suspensão ou não das ações individuais, nos termos do art. 104 do CDC.

Deve-se ressaltar que, em se tratando de interesses individuais homogêneos, pode haver uma multiplicidade de ações individuais, cuja reunião no juízo da ação coletiva poderia inviabilizar ou prejudicar o andamento da demanda coletiva.

Da mesma forma, a ação individual possui independência em relação à demanda coletiva, de forma que não há relação de prejudicialidade entre uma e outra, não se aplicando o instituto da continência (art. 56, CPC) entre demanda individual e coletiva.

17.4. Quadro sinóptico da concomitância de ações coletivas e demandas individuais

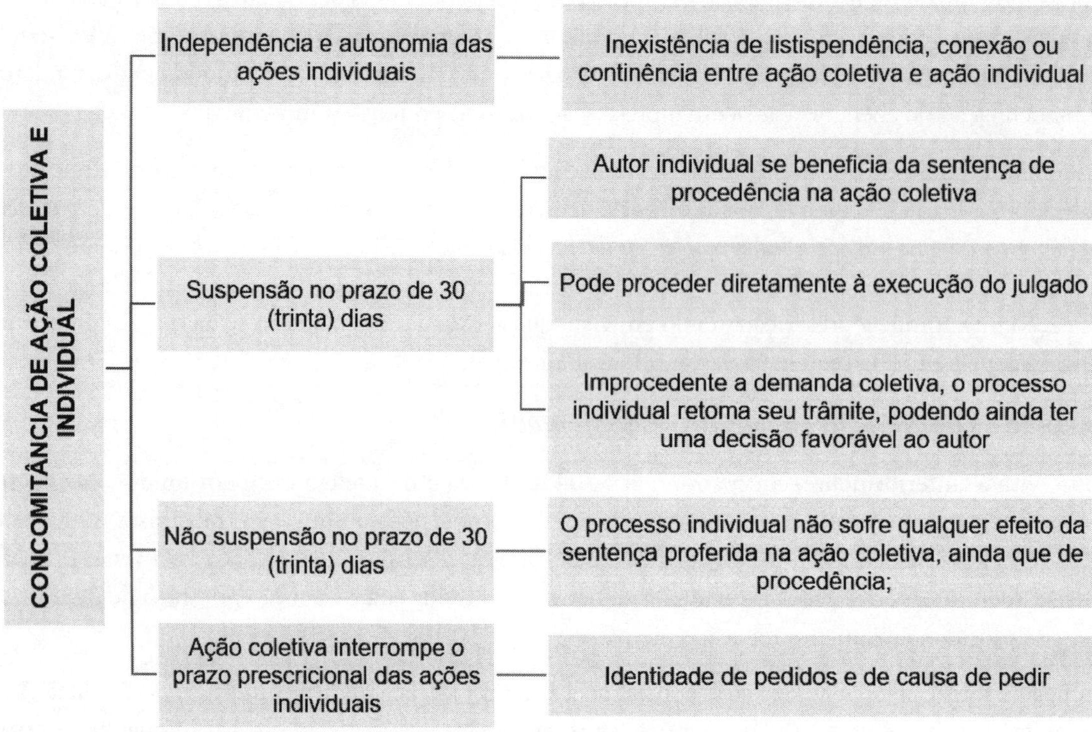

18. Litispendência e coisa julgada entre ações coletivas

Os institutos da litispendência e da coisa julgada em sede de ação coletiva para a defesa de direitos individuais homogêneos são aferidos com os mesmos critérios das ações civis públicas, ou seja, ambas são reconhecidas sem a perfeita e integral tríplice identidade — partes, pedido e causa de pedir — entre as duas demandas coletivas em cotejo, tendo em vista que o elemento subjetivo da ação coletiva não pode ser aferido a partir da titularidade da pretensão jurídica material, mas com fulcro na qualidade jurídica com a qual o ente legitimado atua na defesa de direito da coletividade.

Assim, diante de duas ações coletivas propostas com os mesmos fundamentos fáticos e jurídicos e com a dedução de pretensões idênticas em relação a uma mesma coletividade, inevitável será a declaração de litispendência ou de coisa julgada, conforme ambas as demandas estejam em trâmite ou com provimento jurisdicional transitado em julgado. Ainda que ações tenham sido propostas por autores diversos, como nas hipóteses de lide coletiva proposta pelo Ministério Público do Trabalho e igualmente proposta pelo sindicato profissional, o que vai definir o elemento subjetivo da tríplice identidade é a igualdade de coletividade representada.

19. Assistência

19.1. Dos colegitimados e outros

É perfeitamente cabível a assistência pelos demais colegitimados em sede de ação coletiva para a de defesa de direitos individuais homogêneos, que poderá ser exercida em qualquer de suas formas, a simples *(ad adiuvandum tantum)* — art. 119, CPC — e a litisconsorcial *(interventio ad infringendum iura unius competitoris)* — art. 124, CPC. Aqui, como na ação civil pública, se os demais colegitimados possuem poderes para atuar como partes na propositura de ação coletiva, igualmente poderão atuar na condição de assistentes litisconsorciais, desde que existente o interesse jurídico a justificar sua intervenção.

Pode, por exemplo, o sindicato intervir em ação coletiva proposta pelo Ministério Público do Trabalho, cuja pretensão é a de obrigar determinado empregador à satisfação dos pagamentos de verbas rescisórias de um grupo de trabalhadores coletivamente despedidos.

Quanto ao polo passivo da ação civil coletiva, será possível a assistência desde que presente o necessário interesse jurídico, uma vez que qualquer pessoa física ou jurídica, pública ou privada poderá figurar como ré numa ação coletiva, responder pelos ônus dela decorrentes ou sofrer os reflexos da coisa julgada.

19.2. Dos trabalhadores individualmente considerados

Sendo admissível o litisconsórcio do trabalhador individual nas ações coletivas (art. 94, CDC), também é cabível a sua intervenção como assistente, para colaborar com o polo ativo da demanda, em face da divisibilidade material da pretensão suscitada em juízo e da determinabilidade de seus titulares.

Embora o provimento jurisdicional da ação coletiva tenha natureza genérica (art. 95, CDC) — não se reportando direta e nominalmente aos lesados individuais —, e a coisa julgada tenha eficácia *erga omnes* (art. 103, III, CDC), somente no caso de procedência do pedido, para beneficiar todas as vítimas e seus sucessores *(secundum eventum litis),* são inegáveis os reflexos maléficos de eventual decretação de improcedência da ação coletiva sobre as futuras lides individuais, o que dificultaria a tutela individual dos direitos dos trabalhadores ante a existência de provimento jurisdicional desfavorável sobre a matéria debatida em juízo, ainda que este tenha se pronunciado sob o aspecto coletivo da questão, o que faz surgir o interesse jurídico do lesado individual em assistir à parte autora.

O art. 94 do CDC dá azo a essa intervenção individual, ao prescrever que "Proposta a ação, será publicado edital no órgão oficial, a fim de que os interessados possam intervir no processo como litisconsortes, sem prejuízo de ampla divulgação pelos meios de comunicação social por parte dos órgãos de defesa do consumidor", sendo corroborado pelo § 2º do art. 103 do mesmo diploma normativo, o qual prevê a sujeição à eficácia de eventual coisa julgada desfavorável daqueles indivíduos que tiverem intervindo na demanda coletiva.

O CDC, ao exigir a ampla publicidade da demanda coletiva aos interessados individuais, acompanhou, neste aspecto, o sistema das *class actions* do direito norte-americano, cuja *rule* 23, c 2, das *Federal Rules of Civil Procedure* dispõe: *"the court shall direct to the members of the class the best notice practicable under the circumstances, including individual notice to all members who can be identified through reasonable effort"*.[(874)]

No entanto, há, aqui, uma diferença essencial entre o sistema brasileiro e o das *class actions*. Neste último, a notificação dos indivíduos tem como objetivo conceder-lhes a opção de exclusão dos efeitos da coisa julgada *(opt out),* dispensando os demais da necessidade de expresso consentimento para integrar a demanda (o que corresponderia ao critério do *opt in*), de forma que "adotado o critério do *opt out*, os que deixam de optar pela exclusão serão automaticamente abrangidos pela coisa julgada, sem necessidade de anuência expressa, mas desde que tenha havido notícia pessoal do ajuizamento da ação".[(875)]

O direito brasileiro, por sua vez, consagrou a liberdade de o titular do direito individual aderir ou não ao processo coletivo.[(876)] O titular do interesse individual não será abrangido pelos efeitos da coisa julgada desfavorável (sistema da coisa julgada *secundum eventum litis*), salvo se intervir na lide como litisconsorte, não havendo necessidade de pedido de exclusão, como no direito norte-americano, onde a coisa julgada, favorável ou não, alcança os lesados individuais *(opt in).* No direito brasileiro, a exclusão da esfera individual dos efeitos negativos da coisa julgada é a regra, e a inclusão, a exceção.

Pelo regime da coisa julgada do CDC, somente os interessados individuais que tiverem intervindo na demanda coletiva como litisconsortes (assistência litisconsorcial) serão abrangidos pelos efeitos da coisa julgada na hipótese de improcedência da demanda coletiva, ao contrário dos demais interessados individuais (não interventores) que poderão propor suas demandas a título individual (art. 103, § 2º, CDC). Trata-se de uma das exceções ao princípio da intangibilidade da via individual em face da coletiva.

---

(874) MANCUSO, Rodolfo de Camargo. *Ação civil...*, cit., p. 184.

(875) GRINOVER, Ada Pellegrini *et al. Código Brasileiro de Defesa...*, cit., p. 792.

(876) ZAVASCKI, Teori Albino. *Processo coletivo:* tutela de direitos coletivos e tutela coletiva de direitos. São Paulo: Revista dos Tribunais, 2006. p. 172.

Cite-se, por exemplo, uma ação coletiva proposta pelo sindicato profissional da categoria com o objetivo do pagamento de determinado abono salarial pelo empregador. Em sendo julgada improcedente a demanda, o trabalhador que interveio no feito sofrerá os efeitos da coisa julgada, não podendo propor ação com o mesmo objeto a título individual, ao passo que todos os demais trabalhadores poderão rediscutir a questão em ações individuais, inclusive com produção probatória específica.

Como elucida Ada Pellegrini Grinover, há duas possibilidades para o interessado individual: "a) o interessado não intervém no processo coletivo. Sendo a sentença procedente, será igualmente beneficiado pela coisa julgada, mas se a demanda for rejeitada, pelo mérito, ainda poderá ingressar com sua ação individual de responsabilidade civil; b) o interessado intervém no processo a título de litisconsorte: será normalmente colhido pela coisa julgada, favorável ou desfavorável, não podendo, neste último caso, renovar a ação a título individual".(877)

Em relação ao polo passivo da ação coletiva, será possível a assistência individual, desde que presente o necessário interesse jurídico, uma vez que qualquer pessoa física ou jurídica, pública ou privada poderá figurar como ré nesta espécie de demanda, podendo, outrossim, sofrer os efeitos de eventual decisão desfavorável ao potencial assistido.

19.2.1. Limitação do objeto da intervenção individual

Como visto, estando os interessados individuais diretamente ligados aos aspectos fático-jurídicos do conflito, eles poderão ingressar como assistentes litisconsorciais nas ações coletivas *stricto sensu*, com vistas a auxiliar o autor coletivo na obtenção de um provimento jurisdicional favorável à coletividade globalmente considerada, contribuindo para o sucesso da lide.

Não obstante esta possibilidade, essa intervenção difere essencialmente do instituto das intervenções assistenciais do direito processual individual em virtude das limitações e adaptações dessa figura processual aos princípios, regras e objetivos das ações coletivas.

No âmbito coletivo, a intervenção individual não pode retirar o caráter molecular da demanda coletiva, de modo a atomizá-la, transformando-a num conjunto aglutinado de lides individuais e aproximando-a da figura do litisconsórcio multitudinário.

A assistência litisconsorcial individual, na hipótese, somente deve ser admitida à medida que seja benéfica para o conflito coletivo. Por meio dela, não se admite a formulação de pretensões individuais nem a discussão de peculiaridades da situação individual do interveniente; as questões individuais podem/devem ser discutidas em ação individual, ou quando da habilitação na execução. A formulação de pretensões individuais sob a figura da assistência litisconsorcial leva inexoravelmente à ausência de interesse de agir em face da lide coletiva, suscitando a exclusão do indivíduo da lide coletiva.

Como salienta Eduardo Henrique Raymundo von Adamovich, "O art. 94, do CDC, outrossim, fala em publicação de editais após a propositura da ação para permitir a intervenção de litisconsortes, hipótese que só se pode reputar de habilitação para assistência litisconsorcial de algum ou alguns dos demais colegitimados coletivo ou dos diversos titulares individuais que, no caso, deveriam apenas vir ao processo como assistentes, qualificados que sejam, mas assistentes, sabendo-se que nada pediriam para si mesmos, senão o mesmo que genericamente já pedira o autor, para futuro desdobramento em liquidação de sentença".(878)

---

(877) GRINOVER, Ada Pellegrini *et al. Op. cit.*, p. 812-3.

(878) ADAMOVICH, Eduardo Henrique Raymundo von. *Sistema da ação civil...*, cit., p. 282-283. Embora o autor, num primeiro momento, reporte-se expressamente ao conteúdo genérico da intervenção, em momento posterior da sua obra (p. 283), admite que, na pendência de ação civil pública para tutela de direitos individuais disponíveis, é possível a renúncia ou transação pelo assistente individual, com o seu afastamento do litígio por perda de interesse ou exclusão da sua parte do valor da condenação. Porém, como afirmamos, não é possível a análise de pretensões individuais em sede de ação coletiva, de forma que não cabe ao assistente individual renunciar ou transacionar na lide coletiva, máxime tendo em vista a natureza genérica da decisão, que não admite exclusão ou acréscimo de direitos individuais.

Desse modo, o ingresso dos interessados individuais assistentes litisconsorciais nas lides coletivas para tutela de interesses individuais homogêneos deve ser aceito com a máxima cautela e acurada técnica jurídica, para permiti-lo somente quando reverter em benefício para a lide coletiva e para a coletividade de substituídos globalmente considerada, não podendo a intervenção servir de instrumento para a tutela de pretensões individuais do interveniente, de modo a retirar o caráter molecular da demanda, transformando-a num conjunto de lides individuais, com prejuízo para a celeridade do processo e para o exercício do direito de defesa do réu.[879]

Deparando-se o julgador com pedido de intervenção assistencial individual com pretensões particulares, deve proceder ao seu indeferimento, por falta de interesse de agir. O interesse jurídico a justificar a intervenção deve concernir à lide coletiva e não aos aspectos peculiares da situação de cada cidadão.

19.2.2. Natureza *sui generis* da intervenção assistencial individual

Embora possa, em princípio, ser classificada como uma assistência litisconsorcial, a intervenção assistencial individual nas ações coletivas para a tutela de interesses individuais homogêneos adquire natureza *sui generis*, uma vez que o interessado individual que tiver intervindo no processo será atingido pela eficácia da coisa julgada, restando prejudicada a propositura de eventual ação individual para a obtenção da reparação devida (art. 103, § 2º, CDC) na hipótese de improcedência da demanda coletiva.

Desse modo, conquanto não se admita que por meio de eventual intervenção individual o interessado formule pretensões individuais, nem discuta peculiaridades da sua situação individual ou direito próprio, sob pena de retirar-se o caráter coletivo da demanda, ainda assim o indivíduo será alcançado por eventual sentença desfavorável, sujeitando-se aos efeitos da coisa julgada, com óbice à via da demanda individual para discussão de seu direito, não tornando pessoalmente vantajosa a intervenção assistencial, quando o interessado vislumbrar possibilidade de derrota do polo ativo.

20. Participação do Ministério Público do Trabalho

Disposição peremptória do CDC atribui ao Ministério Público a atuação como fiscal da lei (*custos legis*) nas ações coletivas para a tutela de direitos individuais homogêneos, quando não for o *Parquet* o ente ajuizador da ação (art. 92, CDC).

Como exposto, ao estudarmos a ação civil pública, a intervenção mencionada no aludido dispositivo legal não constitui mera faculdade do órgão ministerial, mas obrigatoriedade, que independe, outrossim, da natureza jurídica do direito demandado em juízo. Disponível ou indisponível, a presença do Ministério Público será sempre necessária, ainda quando proposta a demanda coletiva por outro ente legitimado, o que se aplica às ações coletivas propostas pelos sindicatos e associações profissionais.

Os interesses transindividuais — mesmo que individuais homogêneos disponíveis — são revestidos de intensa conflituosidade e são cercados por um alto grau de politização e são "conhecidos os riscos inerentes a toda e qualquer ação de natureza coletiva, sobretudo quando se escolhe o esquema da legitimação concorrente e disjuntiva: riscos de colusão entre os sujeitos do processo, de pressões descabidas do autor coletivo, de manobras visando a arrancar vantagens indevidas em troca da desistência ou do abandono da causa. Por isso, o legislador tomou a cautela de exigir a presença do Ministério Público, quando não seja o autor da ação, na qualidade de fiscal da lei".[880]

---

(879) Vale ressaltar que o modelo das *class actions* do direito norte-americano, previsto nas *Federal Rules of Civil Procedure*, exige, entre os requisitos de cabimento da ação coletiva, a predominância das questões comuns sobre as individuais em uma controvérsia coletiva e a superioridade da tutela coletiva como meio de resolução da controvérsia. (GIDI, Antonio. *A class action como instrumento de tutela coletiva de direitos.* São Paulo: Revista dos Tribunais, 2007. p. 165-171). Ada Pellegrini Grinover, após estudo da regra da superioridade nas *class action*, considera que no direito brasileiro ela revela-se sob os aspectos do interesse de agir e da efetividade da tutela coletiva, de forma que eventual heterogeneidade das situações individuais, com complexidade das provas causais, nos casos concretos, torna ineficaz a sentença condenatória genérica, tornando-a excessivamente a comprovação individual dos danos na liquidação, e qualificando como inadequada a via coletiva. (GRINOVER, Ada Pellegrini *et al. Op. cit.*, p. 796-797).

(880) GRINOVER, Ada Pellegrini. *Código Brasileiro de Defesa do Consumidor...*, cit., p. 803.

Como na ação civil pública, na condição de *custos legis*, ao Ministério Público é conferida vista dos autos depois das partes; direito de ser intimado de todos os atos do processo; a juntada de documentos e certidões; a produção de prova em audiência; o requerimento de medidas ou diligências necessárias ao descobrimento da verdade (art. 82, I e II, CPC).

Além destas atribuições, ao Ministério Público caberá: a assunção da titularidade ativa da ação coletiva, na hipótese de desistência infundada ou abandono da ação pelo autor ideológico; aditamento e complementação dos pedidos formulados, podendo figurar como litisconsorte; tomada de providências para a responsabilização criminal dos causadores de ato lesivo e delituoso; opinião a respeito da observância das regras processuais e sobre o mérito da demanda; interposição de recurso da decisão proferida; proceder à execução da decisão favorável, nos termos do art. 100 do CDC.(881)

21. Publicação de edital e publicidade

Considerando a pluralidade de interessados individuais, previu o legislador a mais ampla divulgação da propositura da ação coletiva para conhecimento destes e dos demais entes colegitimados ativos, a fim de que possam intervir no processo na condição de litisconsortes (art. 94, CDC).

A forma legal preconizada para a divulgação da demanda é a publicação de edital no órgão oficial, que deverá observar, analogicamente, as regras do art. 257 do CPC.

Além de permitir o ingresso dos interessados no processo como litisconsortes, a publicação do edital tem outras implicações:

a) possibilitar que os interessados que já possuem ações individuais requeiram a suspensão no prazo de trinta dias (art. 104, CDC);

b) conceder às vítimas e a seus sucessores, a partir do conhecimento da ação, a faculdade de promover a liquidação e a execução da sentença (art. 97, CDC);

c) propiciar o prévio conhecimento da demanda, facilitando as posteriores habilitações na fase de execução (art. 100, CDC);

d) constatar a existência de conexão, continência ou litispendência entre demandas coletivas — ação civil pública, ação coletiva, mandado de segurança coletivo etc.

O princípio da publicidade, que adquire um maior significado no campo das ações coletivas, diante do alto grau de politização decorrente do amplo espectro social que estas adquirem, justifica a adoção de outros meios de comunicação com capacidade de elastecer a esfera de conhecimento da existência da demanda coletiva para o maior número possível de interessados, inclusive para suprir a conhecida ineficácia das publicidades editalícias.

No âmbito do direito processual do trabalho deve-se aplicar, *mutatis mutandis*, a regra final do art. 94 do CDC que determina a dação de ampla divulgação pelos meios de comunicação por parte dos órgãos de defesa do consumidor, para determinar aos órgãos e entidades de defesa dos trabalhadores, a difusão da propositura da demanda coletiva em seus meios de comunicação.

Assim, deve o sindicato-autor ser instado pelo juízo a publicar em seus jornais de circulação, nas localidades dos trabalhadores potencialmente beneficiados com a propositura da ação coletiva, o edital a que se refere o art. 94 do CDC e/ou determinar que o empregador-réu afixe em locais de fácil acesso e visualização na empresa cópias do edital.

---

(881) MELO, Raimundo Simão de. *Ação civil...*, cit., p. 143.

22. Concessão de liminar e antecipação de tutela

A concessão de liminar é perfeitamente cabível nas ações coletivas para a defesa de direitos individuais homogêneos, encontrando previsão específica do § 3º do art. 84 do CDC, *ipsis litteris*: "§ 3º Sendo relevante o fundamento da demanda e havendo justificado receio de ineficácia do provimento final, é lícito ao juiz conceder a tutela liminarmente ou após justificação prévia, citado o réu", cabendo, outrossim, a aplicação subsidiária do art. 294 do CPC, consoante permissivo do art. 90 do CDC.

Irrelevante o *nomen iuris* concedido à tutela de urgência requerida, pois seja liminar ou tutela provisória de urgência antecipada (art. 294, CDC), o objeto é a evitação de perigos e danos às pretensões materiais. Por se tratar de institutos com a mesma natureza jurídica, estão sujeitos ao princípio da fungibilidade.

A tutela pode ser concedida em qualquer espécie de obrigação, tanto nas referentes ao pagamento de indenização ou ressarcimento de danos, quanto nas hipóteses de tutelas inibitórias, obrigações de dar e obrigações de fazer e não fazer. Estas últimas deverão observar a tutela específica da obrigação ou o asseguramento do resultado prático equivalente (art. 84, CDC).

23. Sentença genérica

A disciplina da coisa julgada e do conteúdo da sentença nas ações coletivas fundamentadas em direitos individuais homogêneos é distinta daquela prevista para as demandas referentes a interesses difusos e coletivos. Essa distinção de tratamento quanto aos efeitos da coisa julgada decorre da própria dessemelhança de natureza desses interesses, tendo em vista que enquanto os difusos e coletivos constituem interesses essencialmente transindividuais, cuja tutela somente pode ser realizada por um ente ideológico por meio de uma ação coletiva, aqueles não são transindividuais em sua essência, tendo em vista que constituem interesses individuais que, somente em razão da sua origem comum, da homogeneidade de natureza e da conotação social que adquirem, são passíveis de tutela por uma via processual coletiva.

Diversamente dos interesses difusos e coletivos, cuja guarida processual encontra-se jungida somente à possibilidade de uma tutela coletiva, proposta por um autor ideológico, os individuais homogêneos podem ser tutelados tanto pela via coletiva quanto pela individual, justificando o tratamento peculiar da coisa julgada que se forma nas demandas que os tenham como objeto.

Em virtude dessa peculiaridade, tanto o pedido quanto o conteúdo da decisão serão distintos consoante se trate de interesses difusos e coletivos ou de individuais homogêneos. Na hipótese dos primeiros, o pedido deverá ser certo e determinado, devendo a ação ter por objeto uma tutela específica (art. 3º, LACP) de sorte que o conteúdo da decisão também será específico (reparação do bem histórico, pagamento de indenização para o Fundo, pagamento de danos morais coletivos etc.); já nas ações referentes a interesses individuais homogêneos, em caso de procedência do pedido, a condenação será genérica, com a fixação da responsabilidade do réu pelos danos causados (art. 95, CDC), devendo não somente o *quantum debeatur* ser apurado em liquidação e/ou execução coletiva, como também identificado o *cui debeatur* (credor, a quem é devido), com a identificação dos beneficiários em liquidação coletiva e/ou execução propostas pelos próprios interessados individuais (arts. 97 e 98, CDC).

Na liquidação, além do *quantum debeatur* (se este não fora fixado na decisão), cada liquidante deverá provar, por artigos, a existência do seu dano pessoal e o nexo etiológico com o dano reconhecido na demanda coletiva.

Observa-se, assim, que, embora a ação coletiva tenha como finalidade precípua e concreta a reparação dos danos sofridos pelos trabalhadores individualmente considerados, de acordo com o art. 95 do CDC, "em caso de procedência do pedido, a condenação será genérica, fixando a responsabilidade do réu pelos danos causados". A sentença, *in casu*, declarará a existência do dano e decretará a responsabilidade do réu pela sua reparação, sendo que na fase de liquidação procede-se à determinação da extensão dos prejuízos para posterior execução.

Como se nota, o fato de a sentença ser genérica não significa que não seja certa ou precisa. A certeza aparece no fato de a sentença condenatória estabelecer a obrigação de indenizar pelos danos causados, ficando somente os beneficiários e a extensão do dano para determinação em fase posterior de liquidação. É, portanto, a sentença genérica, um comando certo e ilíquido. É o que Araújo Filho denomina de sentença "subjetivamente ilíquida".(882)

Assim, compreende-se como sentença genérica a decisão de mérito, subjetivamente ilíquida, a qual, embora certa e determinada quanto ao conteúdo (objeto, *an debeatur*), relega para a liquidação a identificação do *cui debeatur* (a quem é devido, beneficiário, credor), cuja legitimidade decorrerá da demonstração do dano e do seu respectivo nexo causal com a situação jurídico-material discriminada na decisão.

Em relação ao *quantum debeatur*, a sentença genérica poderá ser líquida ou ilíquida, caso tenha fixado ou não os valores devidos, sendo em um ou outro caso dotado de genericidade exatamente pela ausência do *cui debeatur*.

24. Coisa julgada *erga omnes e secundum eventum litis*

Consoante o CDC, nas demandas coletivas fundadas em direitos individuais homogêneos a sentença fará coisa julgada "*erga omnes*, apenas no caso de procedência do pedido, para beneficiar todas as vítimas e seus sucessores" (art. 103, III).

A sentença genérica se justifica pela impossibilidade processual de estabelecimento *a priori* do campo e da quantidade de pessoas abrangidas pela decisão judicial, tendo em vista tratar-se de uma lide abstrata e despersonalizada, com diversos graus de dispersão de seus titulares, pois o que determina o raio subjetivo de incidência da coisa julgada é a origem comum dos interesses de indivíduos que podem estar largamente dispersos pela sociedade.

Tais circunstâncias concedem à coisa julgada que se forma em torno dos interesses individuais homogêneos o caráter *erga omnes*, de modo que a "sentença de procedência da ação coletiva sempre produzirá coisa julgada *erga omnes*, beneficiando todos os titulares de direitos subjetivos individuais integrantes da comunidade, que poderão apoiar suas pretensões particulares contra a parte vencida, a partir da indiscutibilidade da respectiva *causa debendi* (Lei n. 8.078, arts. 97 e 103)".(883)

Além do caráter *erga omnes* da coisa julgada, as ações coletivas para a tutela dos interesses individuais homogêneos caracterizam-se pela presença da coisa julgada *secundum eventum litis* (segundo a sorte da lide), isto é, o conteúdo da sentença somente atingirá os titulares dos interesses individuais na hipótese de procedência da demanda, circunstância que os habilita a beneficiar-se da decisão favorável, procedendo diretamente à execução dos seus direitos, sem a necessidade de prévio processo de conhecimento.

Por outro lado, eventual decreto de improcedência da ação coletiva não possui eficácia *erga omnes* em relação aos titulares singulares, que poderão propor ações individuais para a proteção dos seus direitos, desde que preenchida uma condição: não tenham integrado a demanda coletiva como litisconsortes do autor ideológico, pois, nesse caso, uma vez que participaram do contraditório, serão abrangidos pela coisa julgada, restando prejudicada qualquer ação individual com o mesmo título (art. 103, § 2º, CDC).

Em resumo, consoante o fenômeno da coisa julgada *secundum eventum litis*, as pretensões individuais dos particulares beneficiam-se das vantagens advindas com o proferimento de eventual sentença de procedência em ação coletiva, de modo que a coisa julgada possuirá efeitos *erga omnes*. Em sentido contrário, as pretensões individuais dos particulares não são prejudicadas pelo advento de sentença desfavorável, não obstando que os indivíduos enquadrados na hipótese fática ou jurídica que fora objeto da ação coletiva promovam suas ações individuais.(884)

---

(882) GRINOVER, Ada Pellegrini. *Código Brasileiro de Defesa do Consumidor...*, cit., p. 814.

(883) THEODORO JÚNIOR, Humberto. *Op. cit.*, p. 479.

(884) Como exemplifica Humberto Theodoro Júnior, "numa demanda coletiva foi declarado improcedente o pedido de retirada do mercado de um produto medicinal por nocividade à saúde pública, tendo a sentença proclamado que o medicamento não era danoso. Haverá coisa julgada suficiente para impedir que qualquer nova ação coletiva venha a ser aforada contra o fabricante em torno do aludido produto, mesmo que outro seja o legitimado. Isto, todavia, não impedirá que um determinado consumidor, reputando-se lesado pelo medicamento, venha a ajuizar uma ação indenizatória individual". (THEODORO JÚNIOR, Humberto. *Op. cit.*, p. 479).

Mesmo na hipótese de sentença favorável há uma exceção à regra do beneficiamento do interesse individual: trata-se da situação em que o indivíduo possuía uma ação individual e, ao tomar ciência da propositura da demanda coletiva com o mesmo objeto, não requereu a suspensão da respectiva ação individual no prazo de trinta dias, a contar da ciência dos autos do ajuizamento da ação coletiva (art. 104, CDC). Assim, em não havendo a suspensão do processo individual, eventual sentença coletiva favorável não beneficiará o autor da demanda individual, que ficará à mercê da decisão a ser proferida no processo em que figura como parte.

Para elucidar esses aspectos, na prática, tome-se como exemplo uma ação coletiva proposta por uma entidade sindical pleiteando o pagamento do adicional de insalubridade aos empregados de determinada empresa, cujos aspectos ficarão assim delineados: a) *pedido certo e determinado, mas genérico*: responsabilização do réu pelo pagamento do adicional de insalubridade aos empregados sujeitos aos agentes insalutíferos; b) *sentença genérica de procedência*: reconhece a insalubridade e condena o réu ao pagamento do adicional de insalubridade aos trabalhadores que exerceram suas atividades no estabelecimento X durante o período Y; c) *efeitos* erga omnes *e* secundum eventum litis: a sentença favorável aproveita a todos os trabalhadores individuais, que poderão promover, coletiva (com identificação dos substituídos) ou individualmente a execução, que se processará por artigos. O reconhecimento da insalubridade a todos beneficia. Na liquidação, o trabalhador demonstrará que laborava no estabelecimento X no período Y; d) *exceção aos efeitos* erga omnes *e* secundum eventum litis: o trabalhador que mantinha uma reclamação trabalhista com pedido de adicional de insalubridade contra a empresa e não requereu a suspensão do processo, no prazo de 30 dias, a contar da ciência dos autos do ajuizamento da ação coletiva, não se beneficiará da decisão coletiva, podendo, inclusive, ter sentença desfavorável na ação individual, que por qualquer motivo, não reconheça a insalubridade; e) *sentença genérica de improcedência:* não reconheceu a insalubridade e julgou desfavoravelmente a ação coletiva. Os trabalhadores poderão rediscutir a existência ou não de insalubridade em processos individuais, podendo haver reconhecimento pelo juízo da insalubridade, independentemente da sentença desfavorável proferida na ação coletiva. Somente o(s) trabalhador(es) que interveio(vieram) na ação coletiva estará(ão) obstado(s) de rediscutir a matéria por meio de ações individuais.

Em relação aos entes legitimados para a tutela dos interesses individuais homogêneos, nas hipóteses de procedência ou improcedência do pedido, haverá sempre coisa julgada material, inclusive nos casos de improcedência por insuficiência de provas, o que obstará a propositura de nova demanda com o mesmo objeto e causa de pedir por qualquer autor ideológico, tenha ou não participado da demanda coletiva.

24.1. Quadro sinóptico da coisa julgada coletiva

Conforme o exposto, fica assim delineado o quadro da coisa julgada nas demandas coletivas fundamentadas em direitos individuais homogêneos:

NATUREZA DA DECISÃO	FORMAÇÃO DA COISA JULGADA	CONSEQUÊNCIAS
Extinção do processo sem resolução do mérito (art. 485, CPC)	Coisa julgada formal	Possibilidade de propositura de nova demanda com o mesmo objeto e causa de pedir, inclusive pelo autor que havia proposto a ação anterior
Procedência do pedido	Coisa julgada material	Eficácia *erga omnes*. Impossibilidade de propositura de nova demanda com o mesmo objeto e causa de pedir, por qualquer ente legitimado. A execução poderá ser efetuada a título coletivo ou individual Não será beneficiado pela coisa julgada coletiva o indivíduo que não requereu a suspensão do processo individual (art. 104, CDC)
Improcedência do pedido, inlcusive por insuficiência de provas	Coisa julgada mateiral	Impossibilidade de propositura de nova demanda com o mesmo objeto e causa de pedir. Os interessados individuais que não tiverem intervindo no processo poderão pleitear seus direitos em ações individuais

25. Ineficácia do art. 2º-A da Lei n. 9.494/97

O Poder Executivo, por meio da Medida Provisória n. 2.180-35, de 24.8.2001, inseriu o art. 2º-A na Lei n. 9.494/97, com vistas a limitar a efetividade e a extensão subjetiva do julgado proferido nas ações para a tutela de interesses individuais homogêneos, prescrevendo, *in verbis*: "A sentença civil prolatada em ação de caráter coletivo proposta por entidade associativa na defesa de interesses e direitos dos seus associados, abrangerá apenas os substituídos que tenham, na data da propositura da ação, domicílio no âmbito da competência territorial do órgão prolator".

Também com relação a mais esta tentativa, material e formalmente inconstitucional — desprovida de relevância e urgência —, de limitação dos efeitos da coisa julgada coletiva, o Poder Executivo mostrou-se inábil, inserindo mais uma regra ineficaz no microssistema das ações coletivas. Como pondera Ada Pellegrini Grinover, todas as considerações expendidas com relação à alteração do art. 16 da LACP aplicam-se ao novo dispositivo, pois o problema não é de eficácia da decisão, mas de amplitude do pedido.(885)

Por outro lado, a exigência de apresentação de rol de substituídos é ineficaz, e desnecessária, tendo em vista a vigência dos art. 103, inciso I, 95 e 96 do CDC, que preveem, respectivamente, a eficácia *erga omnes* da decisão (que abrangerá todos os lesados, independentemente de constar ou não de eventual rol de substituídos), a prolação de sentença genérica (cujo conteúdo não nomeará os beneficiados) e a possibilidade de execução por todos os lesados. Sobre esta questão nos reportamos ainda às elucidações referentes à desnecessidade de apresentação de rol de substituídos na ação de cumprimento.

Do mesmo modo, é inoperante a exigência de autorização assemblear; em se tratando de legitimação para agir no âmbito das ações coletivas, basta o preenchimento dos requisitos dos art. 5º da LACP e 82 do CDC, referentes à pertinência temática e à pré-constituição. A satisfação da pertinência temática perfaz-se pela simples autorização estatutária, com a dispensa de autorização assemblear, esta aplicável somente nos casos de representação processual e não à legitimação para agir em sede de ações coletivas.

Por sua vez, o parágrafo único deste artigo, ao dispor que "Nas ações coletivas propostas contra a União, os Estados, o Distrito Federal, os Municípios e suas autarquias e fundações, a petição inicial deverá obrigatoriamente estar instruída com a ata da assembleia da entidade associativa que a autorizou, acompanhada da relação nominal dos seus associados e indicação dos respectivos endereços", é plenamente inconstitucional por imputar uma regra de privilegiamento de entes públicos, nas ações propostas contra eles, de forma a violar o princípio da igualdade, por meio da criação de uma discriminação injustificada. A discriminação injustificada demonstra-se também em relação ao polo ativo, uma vez que referida norma imputa uma obrigação somente nas ações propostas pelas associações, excluindo, injustificadamente, os demais legitimados para as ações coletivas.

O STF já firmou entendimento no sentido que a Constituição Federal não exige, das associações, prévia e específica autorização dos associados para o ajuizamento do mandado de segurança coletivo, bastando uma autorização genérica constante em seus estatutos sociais (Súmula n. 629 do STF,(886) RE-AgRg n. 348.973-DF, 1ª T., STF, rel. Min. Cezar Peluso, j. 23.3.04, *DJU* 28.5.04;(887) RE n. 193.382-SP, Tribunal Pleno, STF, Min. Carlos Velloso, j. 28.6.96, DJU 20.9.96); princípio aplicável às demais demandas da mesma natureza, como as ações coletivas, por contemplarem hipótese igual de substituição processual.

Em relação aos sindicatos, a pretensa limitação é notoriamente inconstitucional, tendo em vista que o art. 8º, III, CF/1988 consagrou a substituição processual ampla e geral de toda a categoria, e não somente dos associados da entidade sindical.

---

(885) GRINOVER, Ada Pellegrini *et al. Código Brasileiro de Defesa do Consumidor...*, cit., p. 924. Em relação à indivisibilidade dos interesses, embora os interesses individuais homogêneos sejam divisíveis, a sua tutela processual dá-se de modo molecular, ao menos na sua primeira parte, isto é, no processo de conhecimento, com o proferimento de uma decisão genérica, razão pela qual a natureza desses interesses determinam, conjuntamente com os outros fatores, expendidos em relação à alteração do art. 16 da Lei n. 7.347/85, a inoperância da regra do art. 2º-A da Lei n. 9.494/97. Como exemplifica Pedro Lenza: "... quando certa associação de consumidores propõe uma ação coletiva, para, por exemplo, exigir que determinada fábrica de automóveis substitua todos os cintos de segurança de certa série de chassis de um veículo automotor, não se pode entender que aquela sentença valha somente para os associados que tenham, na data da propositura da ação, domicílio no âmbito de competência territorial do órgão prolator, já que o direito, muito embora individualmente disponível, em sede coletiva, quando molecularizado, deve, necessariamente, ser tratado de forma homogênea e comum, indivisivelmente na sentença genérica a ser proferida, já que postulado por um representante adequado de toda a coletividade". (LENZA, Pedro. *Teoria geral da ação civil pública*. São Paulo: Revista dos Tribunais, 2003. p. 278.)

(886) "A impetração de mandado de segurança coletivo por entidade de classe em favor dos associados independe de autorização destes."

(887) "Recurso Extraordinário. Inadmissibilidade. Sindicato. Mandado de segurança coletivo. Substituto processual. Legitimidade extraordinária. Ofensa ao art. 5º, XXI e LXX, *"b"*, da CF. Inexistência. Agravo regimental não provido. Precedentes. Na segurança coletiva, o sindicato tem legitimação extraordinária, atuando como substituto processual, sem necessidade de autorização expressa."

26. Inquérito civil público e compromisso de ajustamento de conduta

A ação coletiva, como a ação civil pública, pode ser precedida de inquérito civil público (art. 90, CDC[(888)]), cuja presidência é exclusiva do Ministério Público (art. 129, III, CF/1988 c/c. art. 8º, § 1º, LACP) e comporta, antes ou depois do seu ajuizamento, a tomada de termo de compromisso de ajustamento de conduta, nas hipóteses em que o autor da demanda seja o Ministério Público ou pessoa jurídica de direito público (art. 5º, § 6º, LACP).

27. Recursos

A sentença proferida na ação civil coletiva suscita a interposição de recurso ordinário para o Tribunal Regional do Trabalho (art. 895, alínea *"a"*, CLT), no prazo de oito dias, que terá efeito meramente devolutivo (art. 899, CLT), sendo, posteriormente, possível a interposição de Recurso de Revista para o Tribunal Superior do Trabalho no prazo de 8 (oito) dias (art. 893, III, c/c art. 896, CLT).

27.1. Depósito recursal, custas e honorários advocatícios

Os recursos interpostos das sentenças proferidas nas ações coletivas *stricto sensu* ficam sujeitos ao recolhimento do depósito recursal (art. 899 e parágrafos da CLT) e das custas processuais (art. 789, CLT). Não há tal exigência para as hipóteses de condenação sem conteúdo econômico imediato, como nas obrigações de fazer e não fazer.

O recurso interposto pelo autor ideológico não se sujeitará ao depósito recursal ou ao pagamento de custas processuais (art. 87, CDC[(889)]), salvo nas hipóteses de litigância de má-fé. A isenção abrange tanto o adiantamento de custas quanto o seu recolhimento à final, pois o legislador objetivou ao máximo a abertura dos canais de acesso à Justiça desses direitos.

Como bem salienta Kazuo Watanabe, "não se limita o benefício à dispensa de adiantamento. Também ao final não haverá condenação em honorários de advogado, custas e despesas processuais, a menos que tenha a associação autora agido com comprovada má-fé (art. 17 e incisos, CPC). Em relação à Lei n. 7.347/85, houve um significativo avanço, pois a condenação somente poderá ocorrer em caso de litigância de má-fé, quando a Lei da Ação Civil Pública (agora modificada pelo art. 116 deste Código) permita a condenação da associação autora quando a pretensão fosse havida por 'manifestamente infundada'".[(890)]

Como ressaltado alhures, ao atuar na tutela dos interesses individuais homogêneos na condição substituto processual, a entidade sindical não somente está prestando assistência judiciária aos representados, mas utilizando-se do meio processual mais célere, eficiente e econômico para a tutela dos interesses dos representados.

In casu, os honorários advocatícios são devidos *ipso facto* pela assistência judiciária prestada pela entidade sindical por intermédio da tutela coletiva, independentemente da aferição dos demais elementos previstos no art. 14, § 1º, da Lei n. 5.584/70, uma vez que, tratando-se de uma tutela coletiva de caráter abstrato e despersonalizado, não é compatível com a sua natureza a aferição de situações personalizadas e individualizadas.

A Lei n. 5.584/70 deve ser interpretada em consonância com os princípios e regras do microssistema processual de tutela coletiva e com o caráter abstrato e despersonalizado dos conflitos coletivos.

---

(888) Lei n. 8.078/90: "Art. 90. Aplicam-se às ações previstas neste Título as normas do Código de Processo Civil e da Lei n. 7.347, de 24 de julho de 1985, inclusive no que respeita ao inquérito civil, naquilo que não contrariar suas disposições".

(889) Lei n. 8.078/90. "Art. 87. Nas ações coletivas de que trata este Código não haverá adiantamento de custas, emolumentos, honorários periciais e quaisquer outras despesas, nem condenação da associação autora, salvo comprovada má-fé, em honorários de advogados, custas e despesas processuais.

Parágrafo único. Em caso de litigância de má-fé, a associação autora e os diretores responsáveis pela propositura da ação serão solidariamente condenados em honorários advocatícios e ao décuplo das custas, sem prejuízo da responsabilidade por perdas e danos".

(890) WATANABE, Kazuo. *Código Brasileiro de Defesa do Consumidor comentado pelos autores do anteprojeto*. 7. ed. Rio de Janeiro: Forense Universitária, 2001. p. 780.

Neste contexto, era totalmente incompatível com o caráter abstrato e despersonalizado das lides coletivas o entendimento outrora esposado pelo TST na já cancelada Súmula n. 220, *in verbis*: "*Honorários advocatícios. Substituição processual. Cancelada. Atendidos os requisitos da Lei n. 5.584/70, são devidos os honorários advocatícios, ainda que o sindicato figure como substituto processual*". Evidentemente que, por se tratar de uma lide coletiva, não se poderia falar em atendimento de requisitos individuais da Lei n. 5.584/70.

Este entendimento foi superado pela nova redação conferida à Súmula n. 219 do TST, que reza: "*São devidos os honorários advocatícios nas causas em que o ente sindical figure como substituto processual e nas lides que não derivem da relação de emprego*".

No âmbito das ações coletivas, o art. 791-A, § 1º, da CLT, com redação conferida pela Lei n. 13.467/2017, que prevê o pagamento de honorários advocatícios nas "*ações em que a parte estiver assistida ou substituída pelo sindicato de sua categoria*", deve ser interpretado sistematicamente com os arts. 17 e 18 da Lei n. 7.347/85, art. 87 da Lei n. 8.078/90 e art. 14, § 1º, da Lei n. 5.584/70.

Assim, como associação autora, e prestadora de assistência judiciária ampla, e considerada de forma global e abstrata, pela representação da coletividade, ao sindicato é devido o pagamento de honorários advocatícios (Lei n. 5.584/70), nas ações coletivas, nos termos dos art. 17 e 18 da LACP e do art. 87 do CDC, *in verbis*:

> Art. 17. Em caso de litigância de má-fé, a associação autora e os diretores responsáveis pela propositura da ação serão solidariamente condenados em honorários advocatícios e ao décuplo das custas, sem prejuízo da responsabilidade por perdas e danos.
>
> Art. 18. Nas ações de que trata esta lei, não haverá adiantamento de custas, emolumentos, honorários periciais e quaisquer outras despesas, nem condenação da associação autora, salvo comprovada má-fé, em honorários de advogado, custas e despesas processuais.
>
> Art. 87. Nas ações coletivas de que trata este código não haverá adiantamento de custas, emolumentos, honorários periciais e quaisquer outras despesas, nem condenação da associação autora, salvo comprovada má-fé, em honorários de advogados, custas e despesas processuais.

Por outro lado, o sindicato-autor, nas demandas coletivas, estará isento pagamento de custas, honorário periciais ou quaisquer outras despesas, no caso de improcedência da demanda, salvo se comprovada má-fé (art. 17 LACP c/c art. 87 CDC).

Dessa maneira, nas ações coletivas, prevalece a regra de que os honorários advocatícios não decorrem de mera sucumbência, sendo devidos ao sindicato na condição de associação autora (Lei n. 5.584/70), quando a sentença for favorável à coletividade, porém, limitada sua condenação ao pagamento de honorários advocatícios somente na hipótese de comprovada má-fé (art. 17 LACP c/c art. 87 CDC).

27.2. Desistência e renúncia do recurso

Nas hipóteses de desistência do recurso ou sua renúncia infundada pelo autor da demanda, aplicável a norma do art. 5º, § 3º, LACP, que possibilita ao Ministério Público ou a outro colegitimado a assunção da legitimidade ativa, com a promoção do recurso adequado.

28. Peculiaridade da execução em ação coletiva

Independentemente da natureza jurídica distinta, tanto no processo civil quanto no processo do trabalho, a sentença de liquidação apresenta-se como um complemento da sentença condenatória. Às sentenças ilíquidas segue-se a fase de liquidação, cuja finalidade é a determinação do conteúdo do título executivo judicial, a fim que este adquira exequibilidade. Assim, procede-se à liquidação sempre que a sentença não determinar o valor ou não individuar o objeto da condenação.

Por meio da liquidação procede-se a uma verdadeira habilitação das vítimas e seus sucessores (art. 100, CDC), dando-se conteúdo subjetivo ao título executivo judicial, de início "subjetivamente ilíquido", nos dizeres de Araújo Filho.

Assim como na liquidação de ações individuais, na liquidação das sentenças genéricas das ações coletivas, não se pode mais indagar a respeito do *an debeatur*. No entanto, nos dizeres de Ada Pellegrini Grinover, "cada liquidante, no processo de liquidação, deverá provar, em contraditório pleno e com cognição exauriente, a existência do seu dano pessoal e o nexo etiológico com o dano globalmente causado (ou seja, o *an*), além de quantificá-lo (ou seja, o *quantum*)".

Na liquidação, que diante da necessidade de prova de fatos novos processar-se-á por artigos, ao liquidante caberá provar a existência do dano individual, seu montante e o nexo de causalidade com o dano genérico reconhecido pela sentença.[891]

29. Modalidades de execução

Em sede de ação coletiva, a execução poderá ser promovida individualmente pelo prejudicado, hipótese em que ocorre a título individual (arts. 97 e 98, § 2º, II, do CDC), como também poderá operar-se de forma coletiva, podendo ser promovida pelo Ministério Público, pela Defensoria Pública pela União, Estados, Municípios e Distrito Federal, as entidades e órgãos da administração pública, direta e indireta, ainda que sem personalidade jurídica, entidades sindicais e as associações que preencham os requisitos para a legitimidade ativa (arts. 82, 97, 98, §, 2º, CDC), circunstância em que abrangerá as vítimas cujas indenizações já tiverem sido fixadas em sentença de liquidação, sem prejuízo do ajuizamento de outras execuções (art. 98, CDC).

Embora o CDC refira-se à modalidade de execução coletiva, em verdade, ocorre uma real substituição processual dos titulares individuais, os quais deverão ser devidamente nominados, com a apresentação de rol de substituídos, e com o respectivo dimensionamento do direito de cada um.

29.1. Juízo competente para a execução

29.1.1. Para a execução coletiva

Consoante o art. 98 do CDC, o juízo competente para a execução dependerá da modalidade desta, isto é, se individual ou coletiva. Em se tratando de execução promovida coletivamente por um dos coautores coletivos, ela deverá ser processada perante o mesmo juízo que julgou a demanda coletiva, pois o art. 98, § 2º, II, do CDC, prevê como competente para a execução o juízo "da ação condenatória, quando coletiva a execução".

29.1.2. Para a execução individual

Em se tratando de execução promovida pelo próprio interessado individualmente lesado, extrai-se da redação do art. 98, § 2º, I, do CDC a previsão de uma faculdade para o exequente individual, que poderá optar pelo juízo perante o qual se processou a liquidação individual ou por aquele que julgou a demanda coletiva. Desse modo, o exequente individual poderá liquidar a decisão coletiva em juízo diverso daquele que a prolatou, hipótese em que a execução será processada perante o juízo liquidante.

A previsão do foro competente para a liquidação individual estava prevista no parágrafo único do art. 97 do CDC, que determinava que o juízo competente para liquidação da sentença poderia ser o do domicílio do liquidante, daí derivando a norma *sub examine*. A permanência da norma em análise deixa clara a possibilidade de serem diferentes o foro e o juízo da liquidação da sentença e da ação condenatória, sendo que o foro da liquidação da sentença poderá ser o do domicílio do autor, consoante previsto no art. 101, I, do CDC.[892]

---

(891) GRINOVER, Ada Pellegrini. *Código Brasileiro de Defesa do Consumidor...*, cit., p. 818.

(892) GRINOVER, Ada Pellegrini *et al*. *Código Brasileiro de Defesa do Consumidor...*, cit., p. 818-21.

No campo do direito processual do trabalho, não se aplica a regra do foro do domicílio do autor, tendo em vista que essa diretriz norteia a competência para as ações no âmbito do direito consumerista. Em se tratando de execução individual de sentença genérica condenatória, aplica-se a regra geral da competência para as ações trabalhistas, qual seja, o foro do local a prestação de serviços, nos termos do art. 651, § 1º, 2º e 3º, da CLT.

Em síntese, no processo do trabalho, o foro para a liquidação individual das sentenças, e consequente para a respectiva execução, poderá ser o do juízo da ação condenatória ou o da prestação de serviços, consoante faculdade conferida ao exequente, observadas as regras do art. 651 da CLT.

29.1.3. Quadro sinóptico da competência para a execução das ações coletivas

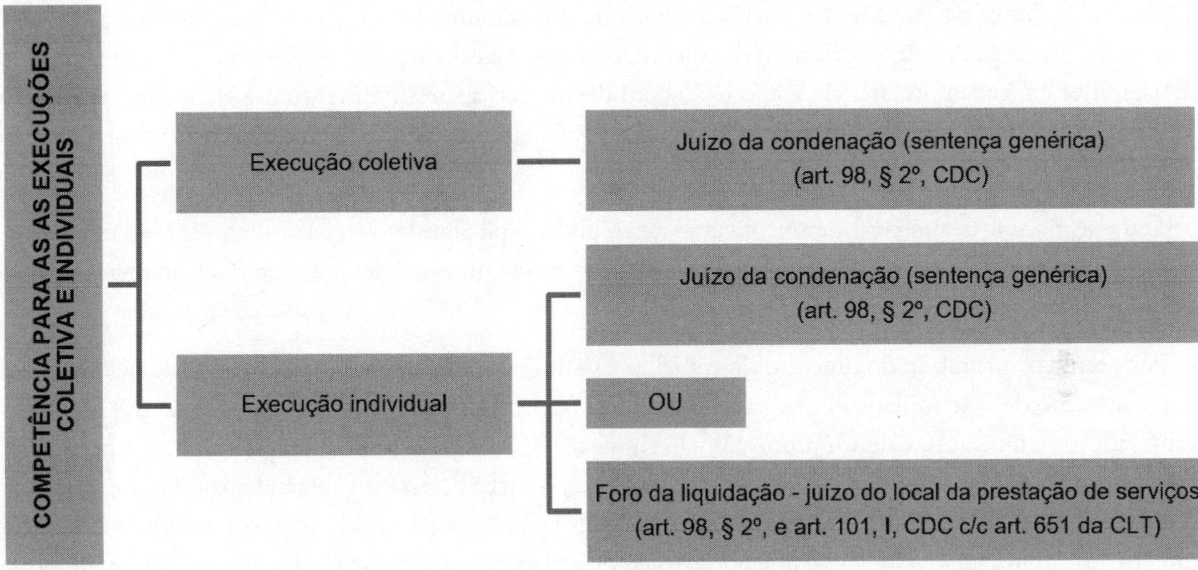

30. Restrição à conversão em perdas e danos das obrigações de fazer

As obrigações de fazer podem ser fungíveis e infungíveis. Fungíveis são aquelas obrigações que, por sua natureza ou por convenção das partes, podem ser cumpridas por terceira pessoa. Infungíveis são as obrigações cuja satisfação dependa da prática de atos pelo devedor, em razão das suas aptidões ou de suas qualidades pessoais, como na hipótese de quadro que deva ser pintado por famoso pintor ou escultura a ser realizada por determinado escultor etc.

O CDC traçou regras específicas para a execução das obrigações de fazer, prevendo uma série de providências para a consagração do seu cumprimento específico, destoando, assim, da regra geral da sua conversão em perdas e danos (art. 247 CCB), diretriz também adotada pelo art. 536 do CPC.

No âmbito da tutela coletiva, concedeu-se preferência para a execução específica do conteúdo da obrigação, ou, na sua impossibilidade, a persecução de resultado prático equivalente ao do adimplemento (art. 84, CDC). Para tanto, poderá o órgão exequente determinar as medidas necessárias, tais como busca e apreensão, remoção de coisas e pessoas, desfazimento de obra, impedimento de atividade nociva, requisição de força policial (art. 84, § 5º, CDC). Medida comumente eficaz para a obtenção do resultado específico é a aplicação de *astreintes* (multa periódica) ao devedor até ao adimplemento da obrigação (art. 536, § 1º, CPC).

Previu-se também a possibilidade de conversão da obrigação em perdas e danos quando "... por elas optar o autor ou se impossível a tutela específica ou a obtenção do resultado prático correspondente" (art. 84, § 1º, CDC).

Não pretendemos um estudo aprofundado deste dispositivo; a sua citação tem como intuito demonstrar uma particularidade dessa execução no corpo das ações coletivas para tutela de direitos individuais homogêneos, pois, por atuar o ente legitimado na condição de substituto processual dos trabalhadores — verdadeiros titulares da pretensão material deduzida em juízo —, ele não poderá efetuar atos de disposição e alienação dos direitos e, consequentemente, não possui poderes para requerer a conversão da tutela específica em perdas e danos. A conversão de uma obrigação em outra, inclusive de natureza diversa, equivale a dispor da primeira em troca da segunda, com todos os ônus e vantagens decorrentes deste ato, cuja ponderação somente é possível aos titulares do direito e não ao seu substituto.

Assim, por não constituir o ente legitimado o titular da obrigação de fazer, a sua conversão em perdas e danos somente será possível na hipótese da inviabilidade da obtenção do resultado prático equivalente.

31. Preferência dos créditos oriundos das ações coletivas

Havendo cumulação de ações ou existência concomitante de uma ação civil pública e de uma ação coletiva *stricto sensu*, na execução de valores oriundos das duas demandas, quando julgadas procedentes, o Código de Defesa do Consumidor concedeu preferência à execução com destinação ao ressarcimento dos danos individualmente sofridos sobre a execução com vistas à reparação dos direitos de caráter coletivo — máxime os difusos e os coletivos (art. 99, CDC).(893)

Trata-se, *in casu*, de um verdadeiro concurso de créditos, explicitando o legislador a possibilidade de cumulação da indenização pelos danos provocados ao bem indivisivelmente considerado com o ressarcimento devido a título individual às vítimas do mesmo ato danoso.(894)

Por exemplo, no âmbito do processo do trabalho, existindo uma ação civil pública proposta pelo Ministério Público contra ato de determinado empregador poluidor do meio ambiente do trabalho — como nas hipóteses de insalubridade — e uma ação coletiva proposta pelo sindicato da categoria profissional com vistas à percepção do adicional de insalubridade pela coletividade dos trabalhadores, em face do concurso de indenizações dos empregados lesados com os recursos destinados ao Fundo de Amparo do Trabalhador — FAT, deve-se conceder preferência ao pagamento dos empregados lesados, máxime por se tratar de verbas necessárias à sua subsistência, sobre a importância a ser recolhida ao Fundo de Amparo ao Trabalhador. Somente após a satisfação dos direitos individuais homogêneos dos trabalhadores, o valor restante será revertido para o Fundo de Reparação dos Bens Lesados.

Na hipótese de a ação civil pública estar em fase processual de execução e as ações de indenização pelos danos individualmente sofridos estiverem pendentes de decisão de segundo grau e, em se constatando a insuficiência do patrimônio do empregador para responder pela integralidade das dívidas, a destinação da importância recolhida ao FAT na ação civil pública permanecerá sustada enquanto não advier o julgamento, em segundo grau de jurisdição, das ações indenizatórias (parágrafo único do art. 99, CDC).

O intuito do legislador foi garantir um direito de preferência dos créditos para ressarcimento dos danos individuais sobre aqueles destinados à reparação do dano coletivo. Assim, o disposto no art. 99 do CDC aplica-se igualmente à execução das cominações previstas nos termos de compromisso de ajustamento de conduta, como multa e *astreintes*.

Cite-se, por exemplo, a situação em que determinada empresa — que após a demissão de vários empregados, sem o correspondente pagamento das verbas rescisórias — firma termo de compromisso de ajustamento de conduta no bojo de inquérito civil público instaurado pelo Ministério Público do Trabalho, comprometendo-se a saldar seus débitos, em determinado prazo, sob pena de multa e aplicação de *astreintes* diárias. Não se verificando o pagamento na data aprazada, na execução do título executivo extrajudicial, terá preferência a satisfação dos direitos individuais

(893) "Art. 99. Em caso de concurso de créditos decorrentes de condenação prevista na Lei n. 7.347, de 24 de julho de 1985, e de indenizações pelos prejuízos individuais resultantes do mesmo evento danoso, estas terão preferência no pagamento. Parágrafo único. Para o efeito no disposto neste artigo, a destinação da importância recolhida ao Fundo criado pela Lei n. 7.347, de 24 de julho de 1985, ficará sustada enquanto pendentes de decisão de segundo grau as ações de indenização pelos danos individuais, salvo na hipótese de o patrimônio do devedor ser manifestamente suficiente para responder pela integralidade das dívidas."

(894) GRINOVER, Ada Pellegrini. *Código Brasileiro de Defesa do Consumidor...*, cit., p. 822.

homogêneos dos trabalhadores sobre os valores da multa e das *astreintes*, a serem revertidos para o Fundo de Amparo ao Trabalhador.

32. *Fluid recovery*

A *fluid recovery* (reparação fluida) corresponde a um mecanismo de justiça social coletiva que tem por finalidade obstar que um réu condenado em ação coletiva para a tutela de interesses individuais homogêneos fique isento de responsabilidade pelo ressarcimento dos danos ocasionados à sociedade pela inexistência de habilitados individuais para a execução ou a habilitação de um número ínfimo de vítimas individuais.

Consoante o CDC, "*Decorrido o prazo de um ano sem habilitação de interessados em número compatível com a gravidade do dano, poderão os legitimados do art. 82 promover a liquidação e execução da indenização devida*" (art. 100), hipótese na qual o produto da indenização será revertido para um fundo específico (art. 100, parágrafo único, Lei n. 8.078/90).

Como vimos, embora a tutela de interesses individuais homogêneos tenha como objeto a reparação de danos individualmente sofridos, não se pode olvidar que a quantidade de lesões individuais possui um impacto na coletividade, havendo um interesse coletivo difuso ou conexo à tutela daqueles interesses. Desse modo, a *fluid recovery* tem como objetivo a compensação deste espectro social quando a execução da sentença genérica não se realizar por ausência de habilitações individuais ou estas forem em quantidade tão ínfima que o réu se sinta confortável para o cometimento das lesões a qual fora condenado a reparar.

De fato, por vezes, embora a dimensão da lesão a interesses individuais homogêneos seja ampla, os lesados individuais podem não ter interesse na execução da sentença coletiva, seja porque a compensação financeira seja inferior aos custos processuais, *v. g.*, ou mesmo por impossibilidade de identificação das vítimas, de forma que o réu se sentiria convocado a continuar a praticar os atos danosos.

Como acentua Ada Pellegrini Grinover,

> A jurisprudência norte-americana criou então o remédio da *fluid recovery* (uma reparação fluida), a ser eventualmente utilizado para fins diversos dos ressarcitórios, mas conexos com os interesses da coletividade: por exemplo, para fins de tutela dos consumidores ou do ambiente.
>
> (...)
>
> Todavia, o legislador brasileiro não descartou a hipótese de a sentença condenatória não vir a ser objeto de liquidação pelas vítimas, ou então de os interessados que se habilitarem serem em número incompatível com a gravidade do dano. A hipótese é comum no campo das relações de consumo, quando se trate de danos insignificantes em sua individualidade, mas ponderáveis no conjunto: imagine-se, por exemplo, o caso de venda de produto cujo peso ou quantidade não corresponda aos equivalentes ao preço cobrado. O dano globalmente causado pode ser considerável, mas de pouca monta ou nenhuma importância o prejuízo sofrido por cada consumidor lesado. Foi para casos como esses que o *caput* do art. 100 previu a *fluid recovery.*
>
> Nas relações de trabalho, cite-se o caso de uma determinada empresa ser condenada em ação coletiva proposta pelo sindicato ao pagamento de adicionais de periculosidade aos trabalhadores de determinado setor, mas que, por algum motivo, não procedam à execução ou compareçam em número mínimo para tal desiderato. Nesta hipótese, é possível a execução da *fluid recovery* pelo autor ideológico. Nesta hipótese, como acentuam, Fredie Didier e Hermes Zaneti Jr.,
>
> Cabe ao réu, nesta ação de liquidação, apontar a existência de liquidações individuais em andamento e o eventual pagamento já realizado a alguns indivíduos, para que o magistrado possa quantificar mais justamente o valor da indenização fluida.[895]

(895) DIDIER Jr., Fredie; ZANETTI Jr; Hermes. *Curso de Direito Processual Civil:* processo coletivo. V. 4, 6. ed. Salvador: JusPodivm, 2011. p. 390.

A *fluid recovery* traduz-se numa reparação residual ou subsidiária, não havendo necessidade de pedido expresso na exordial da ação coletiva, uma vez que se trata de efeito secundário da sentença genérica. O prazo mínimo de um ano consiste num pressuposto processual para a execução coletiva da *fluid recovery* pelo autor ideológico, não se trata de prazo prescricional ou decadencial, seja para a execução coletiva ou para as individuais. Seu objetivo é conceder um lapso temporal razoável para comparecimento ou identificação dos lesados antes de se proceder a uma *fluid recovery*, já que esta tem natureza subsidiária ou complementar das reparações individuais, por isso deve ser aferido um tempo razoável para a *fluid recovery*. Trata-se de um pressuposto processual, mas que também se relaciona com o interesse de agir do autor ideológico, não se podendo proceder à *fluid recovery* antes do prazo mínimo de um ano.

A *fluid recovery* não se confunde com a execução coletiva prevista no art. 98 do CDC. Esta é uma hipótese de substituição processual dos exequentes individuais na execução de suas reparações individuais, isto é, execução de interesses individuais homogêneos, cujos valores pecuniários se reverterão para as respectivas vítimas. A *fluid recovery* visa à tutela residual de interesses difusos e coletivos conexos aos individuais homogêneos vindicados na fase de conhecimento. Eventuais valores arrecadados serão revertidos para a esfera coletiva. Se a execução coletiva abranger um número mínimo de lesados individuais, o autor ideológico poderá executar a *fluid recovery* após um ano, sem prejuízo das reparações individuais, devendo-se observar a preferencialidade destes (art. 99 CDC).

33. Quadro sinóptico dos principais aspectos das ações coletivas para a tutela de interesses individuais homogêneos

DENOMINAÇÃO	AÇÃO COLETIVA PARA A TUTELA DE INTERESSES INDIVIDUAIS HOMOGÊNEOS
PREVISÃO LEGAL	Lei n. 8.078/90 (Código de Defesa do Consumidor)
BENS TUTELÁVEIS	Interesses indivduais homogêneos (art. 91, CDC)
OBJETO	Reparação dos danos individualmente sofridos
LEGITIMIDADE	Extraordinária (Substiuição processual) - art. 5° LACP c/c art. 82, CDC
SENTENÇA	Genérica (art. 95, CDC)
COISA JULGADA	Erga omnes e secundum eventum litis (art. 103, CDC)
REVERSÃO DOS VALORES	Reparação dos danos sofridos pelos substituídos
LITISPENDÊNCIA	Inexistência de litispendênica com as ações individuais (art. 104, CDC)
ESPÉCIES DE EXECUÇÃO	Execução coletiva (pelo autor ideológico) e habilitação ou execução individual (pelo beneficiário individual)

Capítulo X

Mandado de segurança coletivo

1. Conceito

O mandado de segurança coletivo constitui uma ação constitucional (art. 5º, LXX, CF/1988), conferida a determinados autores ideológicos, para a proteção de interesse transindividual (difuso, coletivo ou individual homogêneo) líquido e certo, não amparado por *habeas corpus* ou *habeas data*, que tenha sido objeto de lesão ou ameaça de lesão por ato ilegal ou praticado com abuso de poder por autoridade pública ou agente de pessoa jurídica no exercício de atribuições do Poder Público.

O mandado de segurança coletivo é mais uma das criações do legislador constituinte de 1988, para a facilitação do acesso à Justiça. Por meio dele, permite-se que pessoas jurídicas ou entes coletivos defendam o interesse de seus membros ou associados ou, ainda, da sociedade como um todo, sem necessidade de um mandato especial. Evita-se, com esse instrumento, a multiplicidade de demandas idênticas e a demora na prestação jurisdicional, bem como se fortalece a atuação dos corpos intermediários legitimados para a sua impetração.(896)

Como o seu objeto é a tutela de interesses transindividuais, o mandado de segurança coletivo constitui espécie de ação coletiva, invocando a aplicação das normas da LACP e do CDC, as quais compõem o núcleo do microssistema de tutela processual coletiva, e cujos preceitos são aplicáveis a qualquer demanda que verse sobre interesses difusos, coletivos e individuais homogêneos.

Em virtude do seu objeto, a legitimidade para o mandado de segurança coletivo é conferida aos denominados corpos intermediários ou autores ideológicos, que atuam na condição de legitimados autônomos para o processo ou substitutos processuais, na proteção dos respectivos interesses transindividuais deduzidos em juízo.

São constitucionalmente legitimados para a impetração de mandado de segurança coletivo: partido político com representação no Congresso Nacional; organização sindical; entidade de classe ou associação legalmente constituída e em funcionamento há pelo menos um ano (art. 5º, LXX, CF/1988).

2. Natureza jurídica e previsão legal

Assim como o individual, o mandado de segurança coletivo tem natureza de ação civil de conhecimento, um verdadeiro remédio processual e constitucional, garantidor de direito líquido e certo, não amparado por *habeas corpus* ou *habeas data*, contra ato de autoridade ou de exercente de poder delegado do poder público.

Como típico mandado de segurança, o *mandamus* coletivo observa os mesmos requisitos e possui estrutura semelhante, *mutatis mutandis*, à do mandado de segurança individual. São seres ontologicamente semelhantes, embora não idênticos.(897)

A Lei n. 1.533/51, que regulamentava o mandado de segurança, não possuía nenhuma disposição sobre o mandado de segurança coletivo. Este diploma legal foi revogado pela Lei n. 12.016/2009, que passou a disciplinar expressamente ambas as dimensões do mandado de segurança (individual e coletiva).

---

(896) MORAES, Alexandre de. *Op. cit.*, p. 165.

(897) CRETELLA JÚNIOR, José. *Do mandado de segurança coletivo*. 2. ed. Rio de Janeiro: Forense, 1991.

3. Cabimento e pressupostos

Além dos pressupostos processuais e das condições da ação, observáveis em qualquer processo judicial, o manejo do mandado de segurança coletivo possui os seguintes pressupostos processuais específicos, os quais se dividem em positivos e negativos.

Pressupostos processuais positivos:

a) ato comissivo ou omissivo de autoridade ou agente no exercício de atribuições do poder público (art. 5º, LXXIX, CF/1988);

b) ilegalidade do ato ou que seja praticado com abuso de poder (art. 5º, LXXIX, CF/1988);

c) presença de direito transindividual (difuso, coletivo ou individual homogêneo — art. 5º, LXX, CF/1988 c/c art. 81, CDC);

d) que o direito transindividual seja líquido e certo (art. 5º, LXX, CF/1988);

d) lesão ou ameaça de lesão ao direito líquido e certo (art. 5º, LXXIX);

e) observância do prazo de 120 dias para a impetração, contados da ciência, pelo interessado, do ato impugnado (art. 23, Lei n. 12.016/2009).(898)

Pressupostos processuais negativos:

a) que o direito violado não seja amparado por *habeas corpus* ou *habeas data* (art. 5º, LXXIX, CF/1988);

b) que o ato impugnado não seja passível de recurso administrativo com efeito suspensivo, independentemente de caução (art. 5º, I, Lei n. 12.016/2009);

c) que da decisão judicial impugnada não caiba recurso com efeito suspensivo (art. 5º, II, Lei n. 12.016/2009);

d) que a decisão judicial não tenha transitado em julgado (art. 5º, III, Lei n. 12.016/2009).

Incabível o mandado de segurança para corrigir lesão decorrente de lei em tese (Súmula n. 266 do STF), uma vez que não constitui ato concreto. No entanto, nas hipóteses de lei de efeito concreto e de lei autoexecutória, em princípio, suscetível a impetração do mandado de segurança.(899)

Na hipótese de ato omissivo, considera o STF que a "existência de recurso administrativo com efeito suspensivo não impede o uso do mandado de segurança contra omissão da autoridade" (Súmula n. 429).

4. Objeto — a tutela de interesses transindividuais

O *mandamus* coletivo tem como objetivo a proteção de interesse transindividual (difuso, coletivo ou individual homogêneo) líquido e certo, não amparado por *habeas corpus* ou *habeas data*, quando o responsável pela ilegalidade ou abuso de poder for autoridade pública ou agente de pessoa jurídica no exercício de atribuições do Poder Público.

Dúvidas surgiram na doutrina a respeito da abrangência do mandado de segurança coletivo em relação aos interesses por ele protegidos. Para alguns, o *writ* limitava-se à proteção de interesses estritamente coletivos; para outros, entretanto, o vocábulo coletivo deveria ser interpretado em sentido lato, qual seja, para designar os difusos, coletivos e individuais homogêneos. Por fim, havia aqueles que limitavam o mandado de segurança coletivo às hipóteses de interesses individuais homogêneos.

(898) STF — Súmula n. 632: *"É constitucional lei que fixa o prazo de decadência para a impetração de mandado de segurança".*

(899) DI PIETRO, Maria Sylvia Zanella. *Direito administrativo.* 8. ed. São Paulo: Atlas, 2000. p. 618.

A Lei n. 12.016/2009 dispôs que o mandado de segurança coletivo tem como finalidade a tutela de interesses coletivos e individuais homogêneos (art. 21, parágrafo único, inc. I e II), não fazendo referência expressa aos interesses difusos.

No entanto, pretensa limitação é flagrantemente inconstitucional, uma vez que o art. 5º, LXX, da CF/1988, em seu *caput*, refere-se genericamente ao mandado de segurança coletivo, devendo-se interpretar o vocábulo coletivo *lato sensu*, para designar todas as dimensões dos interesses transindividuais. Por outro lado, a alínea *"b"* do art. 5º, LXX, da CF/1988, refere-se genericamente à tutela de "interesses" dos membros e associados das entidades legitimadas, não havendo qualquer distinção quanto à dimensão do interesse (difuso, coletivo ou individual homogêneo), desde que eles se refiram, direta ou indiretamente, à coletividade representada pelo legitimado.

De acordo com nossa linha de pensamento, já entendíamos, antes mesmo da nova regulamentação da Lei n. 12.016/2009, que o mandado de segurança coletivo fosse um veículo processual para a defesa de todas as espécies de interesses transindividuais (difusos, coletivos e individuais homogêneos), conforme interpretação sistemática da CF/1988 com os demais diplomas normativos do microssistema das ações coletivas (LACP e CDC). Caso contrário, estaríamos a alijar os direitos difusos de um meio célere e seguro para sua defesa, mormente quando a necessidade premente o requer. Na linha do privilegiamento dos interesses transindividuais e dos mecanismos de acesso à Justiça pelo legislador constituinte, não se compreende que ele tenha retirado esses interesses da esfera do mandado de segurança coletivo.

Marcus Cláudio Acquaviva indaga: "A expressão direito coletivo é empregada restrita ou extensivamente pela Constituição Federal? Será que o legislador constituinte deu à expressão direito coletivo um sentido técnico-jurídico para distingui-lo do direito difuso, ou a empregou num sentido genérico, de modo a incluir o próprio direito difuso? *Benigna ampliando, odiosa restringenda,* ensina o clássico brocardo latino, ou seja, em se tratando de direitos, a lei deve ser interpretada extensivamente. Assim, a adjetivação coletiva, conferida a determinados direitos de categorias sociais, estende-se aos chamados direitos difusos".[(900)]

J. J. Calmos de Passos, já em 1991, defendia a aptidão do mandado de segurança coletivo para a defesa de interesses transindividuais. Para o autor, a diferença entre a ação civil pública e o *mandamus* coletivo, ambos vocacionados para a tutela desses interesses, seria apenas de rito — mais célere no mandado de segurança —, porque desnecessária a instrução probatória.[(901)]

Marta Casadei Momezzo elucida não ser apropriado o *nomen iuris* do mandado de segurança coletivo ao direito que por meio dele se pretende defender, tendo em vista que ele resguarda outros interesses, além dos coletivos *stricto sensu*, compreendendo os difusos e os individuais homogêneos, pois os "interesses difusos não estão imunes à tutela jurisdicional. Então, se há o acesso dos interesses difusos à Justiça, é consequência lógica dessa afirmação que tais interesses podem ser tutelados pela via da segurança coletiva, quando presentes os requisitos do direito líquido e certo atingido ou ameaçado por ato ilegal ou arbitrário de autoridade ou do agente no exercício de atribuição do Poder Publico".[(902)]

Para Alexandre de Moraes, o mandado de segurança coletivo é vocacionado à defesa dos interesses coletivos em sentido amplo, englobando os interesses coletivos em sentido estrito, os interesses individuais homogêneos e os interesses difusos. No mesmo sentido, posicionam-se Pedro Lenza,[(903)] Nelson Nery Junior e Marcelo Navarro Ribeiro Dantas.[(904)]

---

(900) ACQUAVIVA, Marcus Cláudio. *Mandado de segurança*. São Paulo: Jurídica Brasileira, 2000. p. 25.

(901) PASSOS, J. J. Calmon de. *Mandado de segurança coletivo, mandado de injunção e* habeas data*:* constituição e processo. Rio de Janeiro: Forense, 1991. p. 16.

(902) MOMEZZO, Marta Casadei. *Mandado de segurança coletivo*. São Paulo: LTr, 2000. p. 58.

(903) LENZA, Pedro. *Direito...*, cit., p. 442.

(904) MORAES, Alexandre de. *Op. cit.*, p. 164. NERY JUNIOR, Nelson. Mandado de segurança coletivo: legitimação, objeto e coisa julgada. *Revista de Processo*, São Paulo, n. 58, p. 79, abr./jun. 1990. DANTAS, Marcelo Navarro Ribeiro. *Mandado de segurança coletivo:* legitimação ativa. São Paulo: Saraiva, 2000. p. 102.

Marcus Orione Gonçalves adverte para as consequências indesejáveis que podem acarretar uma interpretação restritiva ao cabimento do mandado de segurança coletivo. A interpretação deve ser ampla o possível para abranger os interesses difusos e individuais homogêneos, pois das "normas que regulam o *mandamus* coletivo deve extrair-se a maior carga possível de eficácia".(905)

Não se pode negar que o mandado de segurança coletivo é mais um instrumento processual integrante do sistema positivo de tutela metaindividual construído pela CF/1988 e consagrado pela LACP e pelo CDC. O termo coletivo deve ser utilizado na sua acepção mais ampla, como sinônimo de transindividual. Como assinalado no Capítulo IV, em se tratando de interpretação de norma constitucional, deve ser adotada a interpretação que lhe conceda maior operacionalidade e eficácia, com vistas à sua mais ampla extensão jurídica. Deste modo, não possui respaldo constitucional qualquer tentativa de restrição de uma garantia fundamental, como o mandado de segurança coletivo.

Neste sentido vem caminhando a jurisprudência do STF, como se observa do voto do Ministro Carlos Veloso. "(...) expresso meu entendimento no sentido de que o mandado de segurança coletivo protege tanto os interesses coletivos e **difusos**, quanto os direitos subjetivos". (STF- RE 181.438-1/SP) e da Ministra Ellen Gracie: "À agremiação partidária não pode ser vedado o uso do mandado de segurança coletivo em hipóteses concretas em que estejam em risco, por exemplo, o patrimônio histórico, cultural ou ambiental de determinada comunidade. Assim, se o partido político entender que determinado direito difuso se encontra ameaçado ou lesado por qualquer ato da administração, poderá fazer uso do mandado de segurança coletivo, que não se restringirá apenas aos assuntos relativos a direitos políticos nem a seus integrantes" (STF -RE n. 196.184, j. em 27.10.2004, Bol. Inf. do STF n. 372).

5. Modalidades

Assim como o individual, o mandado de segurança coletivo pode ser preventivo ou repressivo.

Será preventivo na ocorrência de situação concreta e objetiva indicativa de iminente lesão a interesse transindividual líquido e certo. A grave ameaça tem que vir comprovada quando da impetração; não basta a mera alegação de um direito ameaçado, é necessária a demonstração de um ato concreto, que possa colocar em risco esse direito. Geralmente, a ameaça de lesão se manifesta objetivamente pela execução de atos preparatórios pela autoridade ou por indícios razoáveis que apontam para a prática de atos comissivos ou omissos que se direcionam para a efetivação da lesão temida.

O mandado de segurança repressivo é impetrado quando o ato ilegal ou eivado de abuso de poder já foi praticado ou, nos casos de condutas omissivas, quando o ato não foi praticado ao seu tempo, com violação de direito líquido e certo do impetrante.

6. Legitimidade ativa

Segundo a Constituição da República, constituem entes legitimados para a impetração do mandado de segurança coletivo: a) partido político com representação no Congresso Nacional; b) organização sindical; c) entidade de classe ou associação, legalmente constituída e em funcionamento há pelo menos um ano (art. 5º, LXX, CF/1988).

A legitimação das organizações sindicais, entidades de classe ou associações, para a impetração de mandado de segurança coletivo é extraordinária na hipótese de interesses individuais homogêneos, e ordinária ou autônoma para o processo, nos casos de tutela de interesses difusos e coletivos.

Em se tratando de interesses individuais homogêneos, o ente legitimado atua na condição de substituto processual, pois ingressa em juízo, em nome próprio para a tutela de interesses de terceiros. Não se exige a autorização expressa dos membros ou associados dessas entidades.

(905) CORREIA, Marcus Orione Gonçalves. *Op. cit.*, p. 58.

O STF já havia consolidado jurisprudência no sentido de que a CF/1988 não exige prévia e específica autorização assemblear dos associados para o ajuizamento do mandado de segurança, bastando uma autorização genérica constante em seus estatutos sociais[(906)] (Súmula n. 629 do STF,[(907)] RE-AgRg n. 348.973-DF, 1ª T., STF, rel. Min. Cezar Peluso, j. 23.3.04, *DJU* 28.5.04;[(908)] RE n. 193.382-SP, Tribunal Pleno, STF, Min. Carlos Velloso, j. 28.6.96, *DJU* 20.9.96).

A Lei n. 12.016/2009 passou a dispensar expressamente esta autorização (art. 21). Desnecessária também é a apresentação de rol dos beneficiários da impetração, já que, como toda demanda coletiva, o mandado de segurança coletivo é abstrato e despersonalizado. O *mandamus* coletivo pode ser impetrado para a tutela de toda a categoria ou apenas de uma parte desta (Súmula n. 630, STF).

Os sindicatos e as associações legitimadas para o ajuizamento do mandado de segurança coletivo devem demonstrar que o direito tutelado guarda manifesta pertinência temática com os seus objetivos institucionais. Além disso, as associações devem preencher o requisito da pré-constituição, isto é, devem estar em funcionamento há pelos menos 01 (um) ano (art. 5º, LXX, "b", CF/1988).

O requisito da pré-constituição poderá ser dispensado pelo juízo, quando houver manifesto interesse social, aferido pela dimensão ou característica do dano ou pela relevância do bem jurídico a ser tutelado (art. 5º, § 4º, LACP c/c art. 82, § 1º, CDC).

Deste modo, entidade de classe ou associação, desde que estejam legalmente constituídas, em funcionamento há pelo menos um ano, e pleiteiem a defesa dos interesses de seus membros ou associados, podem impetrar o *writ* coletivo.

Anote-se que o STF entende que, tratando-se de mandado de segurança coletivo impetrado por sindicato, é indevida a exigência de um ano de constituição e funcionamento, porquanto esta restrição destina-se apenas às associações, nos termos do art. 5º, LXX, "b", CF/1988.[(909)]

A legitimação para a impetração do *mandamus* coletivo é do tipo concorrente-disjuntiva. Concorrente porque cada um dos colegitimados pode propor a ação. Disjuntiva, porque os legitimados podem impetrar isoladamente o mandado de segurança coletivo, como também podem se litisconsorciar com outros. Ao associado ou filiado, individualmente, sua legitimação é limitada à busca da tutela dos interesses e dos direitos a título individual.[(910)]

Vale ressaltar que, ainda sob a égide das Cartas Políticas anteriores, sindicatos, por vezes, impetravam mandado de segurança em defesa de seus membros, com fulcro no art. 513, "a", da CLT, sendo que, em geral, os tribunais reconheciam a legitimidade do sindicato, no juízo trabalhista, para a defesa de interesses transindividuais dos seus associados. O remédio era impetrado de modo restritivo, a fim de não permitir a sua atuação, em outros juízos, mas somente para defesa de direito próprio e direitos trabalhistas dos associados na esfera trabalhista.[(911)]

7. Legitimidade passiva

Legitimado passivo no mandado de segurança coletivo é qualquer autoridade ou exercente de poder delegado que pratique ou ordene a prática ou a inexecução do ato impugnado. A autoridade poderá ser componente de qualquer

(906) MORAES, Alexandre de. *Op. cit.*, p. 167.

(907) "A impetração de mandado de segurança coletivo por entidade de classe em favor dos associados independe de autorização destes."

(908) Recurso Extraordinário. Inadmissibilidade. Sindicato. Mandado de segurança coletivo. Substituto processual. Legitimidade extraordinária. Ofensa ao art. 5º, XXI e LXX, *"b"*, da CF. Inexistência. Agravo regimental não provido. Precedentes. Na segurança coletiva, o sindicato tem legitimação extraordinária, atuando como substituto processual, sem necessidade de autorização expressa." (STF — RE-AgR n. 348.973-DF, 1ª T., STF, rel. Min. Cezar Peluso, j. 23.03.04, *DJU* 28.05.04)

(909) *"LEGITIMIDADE DO SINDICATO PARA A IMPETRAÇÃO DE MANDADO DE SEGURANÇA COLETIVO INDEPENDENTEMENTE DA COMPROVAÇÃO DE UM ANO DE CONSTITUIÇÃO E FUNCIONAMENTO. Acórdão que, interpretando desse modo a norma do art. 5º, LXX, da CF, não merece censura. Recurso não conhecido."* (STF — RE: 198919 DF, relator: Min. ILMAR GALVÃO, Data de Julgamento: 15.06.1999, Primeira Turma, Data de Publicação: *DJ* 24.09.1999 PP-00043 EMENT VOL-01964-02 PP-00411)

(910) MOMEZZO, Marta Casadei. *Op. cit.*, p. 72.

(911) MOMEZZO, Marta Casadei. Op. cit., p. 23.

dos Poderes da União, Estados, Municípios e Distrito Federal, de pessoas jurídicas com funções delegadas do Poder Público, de autarquias, empresas públicas e sociedades de economia mista.

Equiparam-se a autoridades, para fins de mandado de segurança, os representantes de ou órgãos de partidos políticos e os administradores de entidades autárquicas, bem como os dirigentes de pessoas jurídicas ou as pessoas naturais no exercício de atribuições do poder público, somente no que se refere a essas atribuições (art. 1º, § 1º, Lei n. 12.016/2009).

Não é cabível o *mandamus* coletivo contra atos de gestão comercial praticados pelos administradores de empresas públicas, de sociedades de economia mista e de concessionárias de serviço público (art. 1º, § 2º, Lei n. 12.016/2009).

8. Competência

No campo das relações trabalhistas, a aplicação do mandado de segurança coletivo ainda encontra dificuldades, tendo em vista a natureza jurídica contratual dessas relações. Segundo a doutrina dominante, ao agir como empregador, o agente público equipara-se ao particular, retirando-se do pedestal de autoridade, o que não daria ensejo ao mandado de segurança.

Na maioria das vezes, na Justiça do Trabalho, o mandado de segurança é impetrado em face de ato judicial ilegal ou praticado com abuso de poder, sendo a competência dos Tribunais Regionais do Trabalho quando o ato impugnado foi praticado por juízes das Varas do Trabalho (art. 678, I, "*b*", da CLT). Poderá ser de competência do Tribunal Superior do Trabalho nas hipóteses de atos praticados por seu presidente ou ministros (art. 2º, I, "*d*" e 3º, I, "*b*", Lei n. 7.701/88).

No entanto, com o advento da EC n. 45/2004, que ampliou a competência da Justiça do Trabalho, prevendo, entre outras disposições, a competência para o mandado de segurança quando o ato questionado envolver matéria sujeita à sua jurisdição, ampliaram-se demasiadamente as hipóteses de mandado de segurança coletivo, nas situações em que o ato da autoridade coatora envolver direito transindividual (difuso, coletivo e individual homogêneo) afeto às relações de trabalho.

Desse modo, conquanto em sede de mandado de segurança a regra geral de fixação da competência seja *ratione personae*, ou seja, em razão da qualificação da autoridade coatora. Se federal, será competente a Justiça Federal; se municipal ou estadual, competente será a Justiça Estadual (art. 102 e 103, CF/1988).

A EC n. 45/2004 criou uma exceção ao critério geral de competência para o mandado de segurança, ao fixar a competência da Justiça do Trabalho para processar e julgar "os mandados de segurança, *habeas corpus* e *habeas data*, quando o ato questionado envolver matéria sujeita à sua jurisdição" (art. 114, IV, CF/1988). Equivale a dizer que, na esfera da Justiça Federal comum e da Justiça Estadual, a competência para o mandado de segurança ocorre *ratione personae*; já na Justiça do Trabalho, a competência é *ratione materiae*, independentemente da qualificação da pessoa da autoridade coatora. Sendo a autoridade federal, estadual ou municipal, se o ato envolver matéria sujeita à jurisdição da Justiça do Trabalho, esta será competente para apreciar e julgar o respectivo mandado de segurança.

Assim, os mandados de segurança, de competência da Justiça do Trabalho, contra atos de autoridades, que não sejam juízes do primeiro grau de jurisdição trabalhista, são de competência das Varas do Trabalho.

9. Procedimento e disciplina legal

Aplicam-se ao mandado de segurança coletivo as regras gerais de procedimento previstas na Lei n. 12.016/2009.

Tratando-se de típica ação coletiva de natureza mandamental para a tutela de interesses transindividuais, o mandado de segurança coletivo será igualmente regido pelas regras, princípios e valores do microssistema das ações coletivas, cujo núcleo é formado pela LACP e pelo CDC, devendo observar o tratamento específico de alguns institutos pertinentes à Jurisdição Coletiva, como a disciplina da coisa julgada, da litispendência com as ações individuais e demais ações coletivas etc.

9.1. Concessão de liminar

O mandado de segurança coletivo comporta o requerimento de medida liminar, isto é, a concessão *in limine litis* da segurança pretendida (art. 7º e 22, § 2º, Lei n. 12.016/2009).

Trata-se de dispositivo processual da mesma natureza da tutela provisória antecipada prevista no art. 294 do CPC, cuja concessão é autorizada pelos dispositivos da Lei n. 12.016/2009, quando presentes os seguintes requisitos: a) relevância dos fundamentos da impetração (*fumus boni iuris*); b) do ato impugnado puder resultar a ineficácia da medida final, caso seja deferida (*periculum in mora*).

De forma inconstitucional, por violar o princípio da isonomia entre litigantes e bens da mesma natureza e impor restrições à garantia de direitos fundamentais, a Lei n. 12.016/2009 determina que a concessão de liminar em mandado de segurança coletivo deverá ser precedida da audiência do representante da pessoa jurídica de direito público, que terá o prazo de 72 (setenta e duas) horas para pronunciamento. Tal previsão não se verifica para o mandado de segurança individual.

Conquanto o art. 7º, III, da Lei n. 12.016/2009 refira-se somente à possibilidade de suspensão do ato impugnado, o objeto da liminar pode abranger qualquer modalidade de tutela que garanta a eficácia da medida final, como a emissão de uma declaração ou mesmo a imediata realização de determinado ato.

Embora a Lei n. 12.016/2009 prescreva o cabimento de agravo de instrumento da decisão que conceder ou denegar a liminar, tal preceito não se aplica ao processo do trabalho, tendo em vista a regra específica da irrecorribilidade autônoma das decisões interlocutórias, expressa no art. 893, § 1º, da CLT.

10. Litispendência com as ações individuais

Antes do advento da nova regulamentação do *mandamus*, já fazíamos coro com Hely Lopes Meirelles, para propugnar pela aplicação do art. 104 do CDC na concomitância de mandado de segurança individual e coletivo, com o afastamento de qualquer litispendência.[(912)]

Com esteio nos princípios e regras do microssistema das ações coletivas, a Lei n. 12.016/2009 reproduziu o conteúdo do art. 104 do CDC, para dispor que "O mandado de segurança coletivo não induz litispendência para as ações individuais, mas os efeitos da coisa julgada não beneficiarão o impetrante a título individual se não requerer a desistência de seu mandado de segurança no prazo de 30 (trinta) dias a contar da impetração da segurança coletiva" (art. 22, § 1º, Lei n. 12.016/2009).

Desse modo, a propositura de ações individual e coletiva não induz litispendência, mas se os autores das ações individuais não requererem a suspensão destas no prazo de trinta dias, a contar da ciência nos autos do ajuizamento da ação coletiva, não serão beneficiados por eventual decisão favorável na ação coletiva.

11. Natureza jurídica do provimento jurisdicional

Como típica ação de conhecimento, o provimento no mandado de segurança coletivo decidirá sobre o direito invocado em juízo, apreciando tanto a sua existência quanto a sua liquidez e certeza diante do ato impugnado, para concluir pela concessão ou denegação da segurança.[(913)]

A sentença proferida poderá ter carga constitutiva, condenatória ou declaratória, mas a natureza predominante é de ação mandamental, pois o provimento jurisdicional tem como objeto imediato a expedição de uma ordem para cumprimento imediato pela autoridade coatora. Há um mandamento, uma ordem a ser cumprida, razão pela qual alguns o denominam de ação mandamental. Esse mandamento possui força executiva intrínseca, prescindindo de uma fase de execução.

---

(912) MEIRELLES, Hely Lopes. *Op. cit.*, p. 103.

(913) MEIRELLES, Hely Lopes. *Op. cit.*, p. 89.

12. Alcance e efeitos da coisa julgada

Tratando-se o mandado de segurança coletivo de ação coletiva para a defesa de direitos metaindividuais, a ele aplicam-se os preceitos regulamentadores da coisa julgada, contidos no Código de Defesa do Consumidor. Aplica-se, assim, a coisa julgada *secundum eventum litis*, ou seja, em caso de improcedência do pedido, os interessados que não tiverem intervindo no processo poderão impetrar *mandamus* individual (art. 103, § 2º, do CDC).

Essa ilação é extraída do art. 110 do CDC que acrescentou o inciso IV ao art. 1º da Lei n. 7.347/85, estendendo a abrangência desta a qualquer outro interesse difuso ou coletivo, razão pela qual os dispositivos processuais do Código se aplicam, no que couber, a todas as ações em defesa de interesses difusos, coletivos, ou individuais homogêneos, coletivamente tratados (art. 21 da LACP).

Somente a sentença benéfica ao substituído tem o condão de imputar-lhe os efeitos da coisa julgada material; em sendo julgado improcedente o mandado de segurança coletivo, restará a via individual para discussão da pretensão.

Este é também o pensamento de Ada Pellegrini Grinover, para quem o mandado de segurança coletivo reger-se-á, até o advento de normatividade própria, pelos dispositivos do Código de Defesa do Consumidor sobre a coisa julgada, que complementam a ordenação constitucional e legislativa dessa ação célere. Conforme sua observação: "Ainda para o mandado de segurança coletivo, uma peculiaridade interessante quanto à coisa julgada: a incidência da regra dos incs. I e II do art. 103, atinente à inexistência de coisa julgada em caso de improcedência por insuficiência de provas (v. *infra*, comentários ns. 3 e 6 aos incs. I e II do art. 103), verificar-se-á sempre que a segurança for rejeitada por inexistir a liquidez e certeza do direito; confirma-se assim, também pelo sistema do Código, a orientação jurisprudencial segundo a qual, nesse caso, não fica impedida ao impetrante a renovação da segurança, desde que baseada em nova prova documental que configure a liquidez e certeza do direito".[(914)]

Em suma, a disciplina da coisa julgada, contida no art. 103 do CDC rege as sentenças proferidas em qualquer ação coletiva, incluindo-se aí o mandado de segurança coletivo, como também entendem Marta Casadei Momezzo, Hely Lopes Meirelles e Uadi Lâmego Bulos, entre outros.[(915)]

13. Recursos

Impetrado o mandado de segurança perante uma das Varas do Trabalho, da decisão caberá recurso ordinário para o Tribunal Regional do Trabalho, no prazo de 8 (oito) dias, nos termos do art. 895, *"a"*, da CLT.

A decisão do TRT, em sede de mandado de segurança de sua competência originária, suscita a interposição de recurso ordinário para o TST, no prazo de oito dias (art. 895, *"b"*, da CLT), com efeito meramente devolutivo (art. 899 da CLT). Nesse sentido, a Súmula n. 201 do TST: "Recurso ordinário em mandado de segurança. Da decisão do Tribunal Regional do Trabalho em mandado de segurança cabe recurso ordinário, no prazo de 8 (oito) dias, para o TST, correspondendo igual dilação para o recorrido e interessados apresentarem razões de contrariedade". Possível o pedido de efeito suspensivo ao recurso por pessoa jurídica de direito público interessada ou pelo Ministério Público (art. 15, Lei n. 12.016/2009).

Sendo a impetração do mandado de segurança efetuada diretamente perante o TST, cabível o recurso ordinário constitucional para o STF, quando denegatória a decisão (art. 102, II, "b", CF/1988), no prazo de 15 (quinze) dias, com igual lapso temporal para o recorrido apresentar contrarrazões (art. 508 do CPC). Não sendo denegatória a decisão, não haverá possibilidade de recurso ordinário constitucional, mas poderá ser objeto de recurso especial ou extraordinário nos casos legalmente previstos.

---

(914) GRINOVER, Ada Pellegrini. *Código de Defesa...*, cit., p. 844-845.

(915) MOMEZZO; Marta Casadei. *Op. cit.*, p. 76. MEIRELLES, Hely Lopes. *Op. cit.*, p. 103. LAMÊGO BULOS, Uadi. *Mandado de segurança coletivo.* São Paulo: Revista dos Tribunais, 1996. p. 77.

A decisão concessiva da segurança estará obrigatoriamente sujeita ao duplo grau de jurisdição (art. 14, Lei n. 12.016/2009), devendo o órgão julgador remeter os autos *ex officio* à instância superior.

14. Honorários advocatícios

Não são devidos honorários advocatícios nos mandados de segurança (Súmula n. 512, STF), não se aplicando as disposições da Lei n. 13.467/2017 ao mandado de segurança coletivo.

Capítulo XI

Mandado de Injunção Coletivo

1. Mandado de injunção: conceito

O mandado de injunção constitui um instrumento correlacionado à temática do acesso à Justiça. Possibilita a busca de eficácia de preceitos constitucionais ligados ao exercício de direitos e liberdades e às prerrogativas inerentes à nacionalidade, à soberania e à cidadania. E, sob esse aspecto, pode-se afirmar, com certeza, que o acesso à Justiça é uma verdadeira prerrogativa inerente ao exercício efetivo da cidadania.

O mandado de injunção, assim como o mandado de segurança coletivo e o *habeas data*, foi instituído em nosso ordenamento jurídico originariamente pela Carta Política de 1988. Encontra-se previsto no art. 5º, LXXI, CF/1988, que prescreve, *in verbis*: "conceder-se-á mandado de injunção sempre que a falta de norma regulamentadora torne inviável o exercício dos direitos e liberdades constitucionais e das prerrogativas inerentes à nacionalidade, à soberania e à cidadania".

Guilherme Peña de Moraes conceitua o mandado de injunção como "remédio constitucional, sob o procedimento especial, colocado à disposição dos titulares de direitos subjetivos constitucionais cujo exercício esteja inviabilizado, pela ausência da norma regulamentadora".(916)

Trata-se de um instituto jurídico que, ao lado da ação direta de inconstitucionalidade por omissão, é típico de sociedades que adotam as chamadas "constituições dirigentes". Estas, nas lições de Manoel Gonçalves Ferreira Filho, são Cartas Políticas caracterizadas pela existência de normas programáticas cuja finalidade é estabelecer "um plano para dirigir uma evolução política".(917)

1.1. Modalidades

O legislador constituinte inovou o ordenamento jurídico brasileiro com o *habeas data*, o mandado de injunção e o mandado de segurança coletivo.

Embora não houvesse a previsão constitucional expressa do mandado de injunção coletivo, a doutrina e a jurisprudência, com esteio na existência do mandado de segurança coletivo, já vinham admitindo a sua impetração, tendo em vista que o mandado de injunção vem previsto no art. 5º, LXXI, CF/1988, inserido no Capítulo II do Título I, sob o título "Dos direitos e deveres individuais e coletivos", sendo que o dispositivo legal supracitado não diferencia entre liberdades e prerrogativas individuais e coletivas.

Somente com a Lei n. 13.300/2016, o mandado de injunção coletivo passou a ser disciplinado conjuntamente com o mandado de injunção individual.

2. Mandado de injunção coletivo

O mandado de injunção coletivo consiste no remédio processual constitucionalmente assegurado a partido político com representação no Congresso Nacional, organização sindical, Ministério Público, Defensoria Pública,

(916) MORAES, Guilherme Peña de. Questões controvertidas do mandado de injunção. In: QUEIROZ, Raphael Augusto Sofiati de (Org.). *Acesso à justiça*. Rio de Janeiro: Lumen Juris, 2002. p. 110.

(917) FERREIRA FILHO, Manoel Gonçalves. *Op. cit.*, p. 14.

entidade de classe ou associação legalmente constituída e em funcionamento há pelo menos um ano, em defesa dos interesses de seus membros, associados, coletividade, classe, categoria ou grupos de pessoas, com vistas a garantir-lhes o exercício dos direitos e liberdades constitucionais e das prerrogativas inerentes à nacionalidade, à soberania e à cidadania, quando a falta de norma regulamentadora torne inviável esse mesmo exercício.

3. Natureza jurídica

O mandado de injunção possui natureza dúplice, dependendo do prisma pelo qual é investigado. Sob o ponto de vista constitucional, trata-se de um remédio constitucional com fulcro a dar aplicabilidade à norma constitucional cuja eficácia depende de uma norma regulamentadora. Do lado processual, trata-se de ação civil com procedimento especial, ainda que verse sobre matéria penal ou trabalhista.(918)

Como ação constitucional, o mandado de injunção figura como um direito público subjetivo de invocar-se a prestação da tutela jurisdicional do Estado, *in casu*, com um objetivo específico: implementar o exercício de um direito ou liberdade constitucional por meio da criação das condições normativas para sua efetivação no mundo jurídico.

4. Cabimento e pressupostos

O mandado de injunção possui dois pressupostos básicos para o seu cabimento: a) a existência de um direito constitucional, relacionado às liberdades, garantias e prerrogativas inerentes à nacionalidade, à soberania da pessoa humana; b) a falta de norma regulamentadora, cuja inexistência impeça ou prejudique a fruição deste direito.

Para o regular exercício desse remédio constitucional, requer-se a observância de três condições específicas: a) a presença de direito subjetivo previsto em dispositivo constitucional de eficácia limitada; b) a ausência de norma regulamentadora; c) o nexo de causalidade entre a inexistência de regra infraconstitucional e a eficácia limitada da regra constitucional, com a consequente inviabilização do exercício do direito subjetivo definido na Constituição.(919)

A omissão legislativa que suscita o manejo do mandado de injunção é aquela que inviabilize o exercício de um direito subjetivo, afetando o exercício de direitos constitucionais individuais e coletivos fundamentais. O grande pressuposto do mandado de injunção é a existência de normas de eficácia limitada no bojo de uma Carta Constitucional.

Não há previsão específica de decadência ou prescrição para a impetração do mandado de injunção, mas a lei processual pertinente, que vier a ser expedida, poderá estabelecer limitação temporal a esse respeito.(920)

Eventual demora na impetração do remédio poderá ocasionar a perda de objeto da ação, quando a lei regulamentadora for elaborada logo após a impetração do mandado ou em qualquer fase do seu curso processual.

O STF considera incabível o mandado de injunção na hipótese de norma com regulamentação provisória ou parcial. Nesse sentido, o STF não conheceu de mandado de injunção cujo objeto era a regulamentação do art. 7º, I, CF/1988.(921) Também não é cabível mandado de injunção nas hipóteses de irresignação do impetrante com o teor ou justeza da legislação regulamentadora.(922)

(918) MORAES, Guilherme Peña de. *Op. cit.*, p. 111-113.

(919) MORAES, Guilherme Peña de. *Op. cit.*, p. 113.

(920) MEIRELLES, Hely Lopes. *Op. cit.*, p. 222.

(921) "Direito constitucional e trabalhista. Mandado de injunção destinado a compelir o Congresso Nacional a elaborar a lei complementar a que se refere o inciso I do art. 7º da Constituição Federal. 1. Existindo norma, na própria Constituição Federal, mais precisamente no art. 10, I, do ADCT, que regula, provisoriamente, o direito previsto no inciso I do art. 7º da Parte Permanente, enquanto não aprovada a lei complementar a que se refere, mostra-se descabido o Mandado de Injunção destinado a compelir o Congresso Nacional a elaborá-la. 2. Precedentes: Mandados de Injunção ns. 487 e 114. 3. Mandado de Injunção não conhecido." (MI n. 628/RJ, STF — Tribunal Pleno, rel. Min. Sydney Sanches. J. 19.8.02, *DJ* 25.10.2002)

(922) "Constitucional. Mandado de Injunção. Existência da norma infraconstitucional. Não cabimento da injunção. CF, art. 5º, LXXI. I. A norma regulamentadora, infraconstitucional, existe. Todavia, o impetrante a considera insatisfatória. Caso de não cabimento do mandado de injunção. II. Negativa de seguimento ao pedido. Agravo não provido." (MI-AgRg. n. 600/BA, STF — Tribunal Pleno, rel. Min. Carlos Velloso, J. 26.3.03, *DJ* 9.5.2003)

4.1. Objeto

Consoante o art. 5º, LXXI, CF/1988, "conceder-se-á mandado de injunção sempre que a falta de norma regulamentadora torne inviável o exercício de direitos e liberdades constitucionais e das prerrogativas inerentes à nacionalidade, à soberania e à cidadania".

Como se extrai da norma constitucional, o mandado de injunção tem como objeto a salvaguarda de quaisquer direitos e liberdades constitucionais, individuais ou coletivos, de pessoa física ou jurídica, e a guarida de direitos relativos à nacionalidade, à soberania popular e à cidadania, que se tornem impossíveis de fruição por inércia do Poder Público em expedir normas regulamentadoras pertinentes à matéria questionada.[(923)]

A Lei n. 13.300/2016 assim dispõe sobre o objeto do mandado de injunção:

> Art. 2º Conceder-se-á mandado de injunção sempre que a falta total ou parcial de norma regulamentadora torne inviável o exercício dos direitos e liberdades constitucionais e das prerrogativas inerentes à nacionalidade, à soberania e à cidadania.
>
> Parágrafo único. Considera-se parcial a regulamentação quando forem insuficientes as normas editadas pelo órgão legislador competente.

A falta de norma regulamentadora pode ser total ou parcial. Será total na situação em que não exista norma regulamentadora tratando da matéria. Será parcial no caso em que a norma regulamentadora existente não possuir elementos suficientes a viabilizar o exercício pleno do direito, da liberdade ou da garantia.

De modo diverso do mandado de segurança, que pode ser impetrado em face de qualquer tipo de ilegalidade ou de ato praticado com abuso de poder, o mandado de injunção tutela o indivíduo apenas contra a violação de preceito constitucional concernente às liberdades e garantias individuais e coletivas. Não é cabível mandado de injunção em face de Lei Federal, Medida Provisória ou qualquer outra norma infraconstitucional.

Pacífico hodiernamente o entendimento segundo o qual o mandado de injunção pode ser ajuizado com o objetivo de ensejar o exercício dos direitos sociais, máxime os previstos no art. 7º da Suprema Carta, tendo em vista que, por possuírem sede constitucional, estão abrangidos pela expressão "direitos e liberdades constitucionais", inserida no inc. XXI do art. 5º da CF/1988.

Quanto à natureza dos interesses e direitos tutelados, o parágrafo único do art. 12 da Lei n. 13.300/2016, numa interpretação perfunctória, parece limitar o *mandamus* injuncional coletivo aos interesses difusos (coletividade indeterminada de pessoas) ou (*determinada por grupo, classe ou categoria*), mas eventual restrição não encontraria guarida no art. 5º, XXI, CF/1988, nem possui correlação lógica para tal limitação, uma vez que os interesses individuais homogêneos estão entre os interesses individuais e os interesses coletivos e difusos, todos passíveis de tutela por meio do mandado de injunção coletivo.

5. Disciplina legal

Como se tratava de uma construção doutrinária e jurisprudencial, até o advento da Lei n. 13.300/2016, o mandado de injunção coletivo era compreendido à luz das regras do mandado de segurança coletivo pela doutrina e jurisprudência, *v.g.*, a aplicação do rol de legitimados ativos do art. 5º, LXX, CF/1988. Aplicavam-se também as disposições pertinentes ao mandado de segurança individual, como determinava o art. 24 da Lei n. 8.038/90: "No mandado de injunção e no *habeas data*, serão observadas, no que couber, as normas do mandado de segurança, enquanto não editada legislação específica". O art. 216 do Regimento Interno do STJ determinava a aplicação do CPC e da Lei de Mandado de Segurança.

---

(923) MEIRELLES, Hely Lopes. *Op. cit.*, p. 218.

Este arcabouço normativo foi, *mutatis mutandis*, mantido pela Lei n. 13.300/2016, a qual prevê a aplicação subsidiária ao mandado de injunção das disposições da Lei n. 12.016/2009 (mandado de segurança) e do CPC.

Porém, tratando-se, igualmente, de típica ação coletiva para a tutela de interesses transindividuais — difusos, coletivos e individuais homogêneos —, o mandado de segurança coletivo será igualmente regido pelas regras, princípios e valores do microssistema das ações coletivas, cujo núcleo é formado pela LACP e pelo CDC, devendo observar o tratamento específico de alguns institutos pertinentes à Jurisdição Coletiva, como a disciplina da coisa julgada, da litispendência com as ações individuais e demais ações coletivas etc.

5.1. Concessão de liminar

Por analogia com o mandado de segurança, a doutrina, de um modo geral, considera plenamente cabível a concessão de medida liminar em sede de mandado de injunção. O STF, no entanto, firmou entendimento em sentido contrário, considerando não ser cabível a concessão de liminar no mandado de injunção, uma vez que este não pode ser utilizado como sucedâneo do mandado de segurança (MI/627-SP, STF — Tribunal Pleno, rel. Min. Néri da Silveira, j. 5.12.02, *DJ* 13.12.01; MI n. 806/2008 — DF — Rel. Min. Cezar Peluzo)[(924)].

A Lei n. 13.300/2016 não previu expressamente a possibilidade de concessão de liminar, prevalecendo o entendimento do STF no sentido de não cabimento de tutela liminar em sede de mandado de injunção.

6. Legitimidade ativa

Possui legitimidade ativa para o mandado de injunção individual a pessoa, física ou jurídica, titular do direito, liberdade ou prerrogativa prevista em norma constitucional de eficácia limitada, não seguida de regulamentação necessária para o exercício do direito nela prevista.

Em relação ao mandado de injunção coletivo, o STF havia firmado entendimento pela legitimidade das mesmas entidades legitimadas para o mandado de segurança coletivo, cujo objetivo será a supressão de ausência de norma regulamentadora que torne inviáveis os direitos, garantias ou prerrogativas dos membros ou associados (indistintamente).[(925)] O STF também havia consolidado jurisprudência no sentido de que os sindicatos podiam impetrar mandado de injunção em favor dos associados, tanto coletiva como individualmente, em face da permissão contida no inc. III do art. 8º da CF/1988 (MI n. 342-4-SP, Rel. Min. Moreira Alves, RT 713/240).

Consoante a Lei n. 13.300/2016, o mandado de injunção coletivo pode ser promovido pelo Ministério Público, por partido político, por organização sindical, entidade de classe ou associação e pela Defensoria Pública, observados os requisitos e pressupostos previstos na Lei do Mandado de Injunção, e delineados no quadro a seguir:

---

(924) *"Trata-se de mandado de injunção coletivo, com pedido de medida liminar, proposto pela Federação Nacional dos Policiais Rodoviários Federais, contra o Congresso Nacional, em virtude da ausência de regulamentação de aposentadoria especial prevista no § 4º do art. 40 da Constituição Federal. A impetrante representa servidores públicos subordinados ao Regime Jurídico Único previsto na Lei n. 8.112/90, que teriam exercido funções em ambientes insalubres e perigosos, e que não tiveram garantido o direito à aposentadoria especial. (...). A jurisprudência desta Corte firmou-se no sentido de que a concessão de medidas liminares é incabível em sede de mandado de injunção. Oportuna a transcrição da decisão proferida no MI 542-MC/SP, Rel. Min. Celso de Mello: 'Há pedido de medida liminar, sem especificação, no entanto, do alcance e do conteúdo da providência cautelar pretendida. Somente essa circunstância bastaria para justificar o indeferimento da medida liminar. Existe, porém, uma outra razão que impede a concessão initio litis da providência em causa. A jurisprudência do Supremo Tribunal Federal — tendo presente a natureza da decisão injuncional (RTJ 133/11, Rel. Min. Moreira Alves) — tem reputado incabível, em sede de mandado de injunção, a outorga de providência de natureza cautelar, especialmente quando o alcance desta ultrapassa os limites em que se deve conter o pronunciamento final do órgão judiciário (MI 335-DF, Rel. Min. Celso de Mello)' (grifos nossos). Nesse mesmo sentido, cito, dentre outras, as seguintes decisões: MI 631-MC/MS, rel. Min. Ilmar Galvão; MI 636-MC/PR, rel. Min. Maurício Corrêa; MI 652-MC/RJ, relª. Min. Ellen Gracie; MI 692-MC/DF, rel. Min. Carlos Britto; e MI 694-MC/PR, rel. Min. Marco Aurélio. Isso posto, indefiro o pedido liminar. Comunique-se. Solicitem-se informações. Após, ouça-se a Procuradoria-Geral da República. Publique-se. Brasília, 2 de fevereiro de 2009."* (STF — MI 939/DF, rel. Min. Ricardo Lewandowski, j. 02.02.2009, *DJe* n. 028, div. 10.02.2009, p. 11.02.2009)

(925) LENZA, Pedro. *Direito constitucional*. 7. ed. São Paulo: Método, 2004. p. 445.

ENTIDADE	OBJETO
MINISTÉRIO PÚBLICO	Defesa da ordem jurídica, do regime democrático e dos interesses sociais ou individuais indisponíveis (art. 127, CF/1988)
PARTIDO POLÍTICO	Assegurar o exercício de direitos, liberdades e prerrogativas de seus integrantes ou relacionados com a finalidade partidária
ORGANIZAÇÃO SINDICAL, ENTIDADE DE CLASSE OU ASSOCIAÇÃO	Em favor da totalidade ou de parte de seus membros ou associados, na forma de seus estatutos e desde que pertinentes a suas finalidades, dispensada, para tanto, autorização especial; Desde que constituída e em funcionamento há pelo menos um ano.
DEFENSORIA PÚBLICA	Promoção dos direitos humanos e a defesa dos direitos individuais e coletivos dos necessitados, na forma do inciso LXXIV do art. 5º da CF/1988.

7. Legitimidade passiva

Possui legitimidade para compor o polo passivo do mandado de injunção o Poder, o órgão ou a autoridade com atribuição para editar a norma regulamentadora necessária para o exercício do direito ou da liberdade consagrada na Constituição (art. 3º, Lei n. 13.300/2016).

Como somente o Poder Público possui competência para a expedição de normas essenciais ao exercício desses direitos e liberdades, os particulares não se revestem de legitimidade passiva *ad causam* para o processo injuncional.(926)

Assim, como no mandado de segurança, na ação injuncional deverá ser indicada na petição inicial a pessoa jurídica à qual está integrado o órgão ou a autoridade impetrada (art. 4º, Lei n. 13.300/2016).

8. Competência

As regras de competência, em sede de mandado de injunção, são definidas em função do órgão ou autoridade a que caiba a edição do diploma legal regulamentador.

Segundo o art. 102, I, "q", CF/1988, ao STF compete processar e julgar, originalmente, o mandado de injunção, quando a elaboração de norma regulamentadora for atribuição: a) do Presidente da República; b) do Congresso Nacional; c) da Câmara dos Deputados; d) do Senado Federal; e) das Mesas de uma dessas Casas Legislativas; f) do Tribunal de Contas da União; g) dos Tribunais Superiores; h) do próprio Supremo Tribunal Federal". Compete também ao STF julgar, em sede de recurso ordinário, o mandado de injunção decidido em última instância pelos Tribunais Superiores, quando denegatória a segurança.

Ao STJ, nos termos do art. 105, I, "h", da Constituição Federal, compete processar e julgar, originariamente, "o mandado de injunção, quando a elaboração da norma regulamentadora for atribuição de órgão, entidade ou autoridade federal, da administração direta ou indireta, excetuados os casos de competência do Supremo Tribunal Federal e dos órgãos da Justiça Militar, da Justiça Eleitoral, da Justiça do Trabalho e da Justiça Federal".

(926) MORAES, Alexandre de. *Op. cit.*, p. 172.

A CF/1988, indiretamente, previu a possibilidade de julgamento de mandado de injunção pelos Tribunais Regionais Eleitorais, ao estabelecer o cabimento de recurso das decisões destes Tribunais para o Tribunal Superior Eleitoral das decisões denegatórias proferidas em mandado de injunção.

8.1. Competência da Justiça do Trabalho

Como informado algures, as regras de competência, em sede de mandado de injunção, são definidas em função do órgão ou autoridade a que caiba a edição do diploma legal regulamentador.

Consoante expõe Manoel Antonio Teixeira Filho, ao prever a competência privativa da União para legislar sobre direito material do trabalho, o art. 22, I, da CF/1988, praticamente inviabilizou a impetração de mandado de injunção na Justiça do Trabalho, pois, como compete ao Poder Legislativo Federal (Congresso Nacional, Câmara dos Deputados e Senado Federal) editar normas pertinentes à matéria, omissão legislativa nesse sentido fixará a competência do Supremo Tribunal Federal para apreciar as ações de injunção aforadas com o objetivo de obter, mediante provimento jurisdicional, as condições necessárias ao exercício de tais direitos.[927]

No entanto, a parte final do art. 105, II, "h", CF/1988, ao dispor sobre a competência do STJ para o mandado de injunção, excepcionou os casos de competência do Supremo Tribunal Federal, dos órgãos da Justiça Militar, da Justiça Eleitoral, da Justiça do Trabalho e da Justiça Federal, prevendo, ainda que indiretamente, a possibilidade de impetração de *injunction* perante outras esferas do Poder Judiciário.[928]

Com o advento da EC n. 45/2004 ampliou-se demasiadamente a hipótese de impetração de mandado de injunção na Justiça do Trabalho. A competência, *in casu*, será extraída do cotejo da matéria a ser regulamentada com a autoridade ou órgão a quem cabe a regulamentação da matéria. Desse modo, *v. g.*, tratando-se de matéria trabalhista cuja mora regulamentar for de autoridade federal, da administração direta ou indireta, e não sendo hipótese de competência do STF, caberá ao Judiciário Trabalhista processar e julgar o correspondente mandado de injunção.

Nesse sentido, Roberto Augusto Castellanos Pfeiffer sintetiza a questão: "Em suma, sempre que a mora regulamentar for de autoridade federal, deverá ser feita a análise da matéria suscitada no mandado de injunção impetrado. Caso seja deduzida matéria trabalhista, competirá à Justiça do Trabalho a sua apreciação. Na hipótese de se tratar de matéria eleitoral, será da Justiça Eleitoral a atribuição de julgar o mandado de injunção, e, finalmente, caso seja suscitada matéria afeta à Justiça Militar, a ela pertencerá a respectiva competência".[929]

9. Conteúdo do provimento jurisdicional

9.1. Correntes concretista e não concretista

In initio, o STF fixou entendimento no sentido de que ao julgar o mandado de injunção caberia ao Tribunal emitir uma ordem pela qual dá ciência ao órgão competente da inércia legislativa, a fim de que seja expedida a norma regulamentadora que possibilitaria o exercício do direito ou da liberdade pretendida pelo impetrante. Este posicionamento, *a priori*, prevaleceu no STF, a quem cabe observar o princípio da separação e independência dos Poderes insculpido no art. 2º da CF/1988, tendo sido posteriormente alterado.

De fato, este aspecto do mandado de injunção gerou muitas controvérsias e cizânias doutrinárias e jurisprudenciais. Não obstante o entendimento esposado pelo STF, na doutrina se discutia qual o verdadeiro objeto desse remédio constitucional, tendo surgido duas correntes doutrinárias.

Para a corrente concretista, ao emitir o provimento jurisdicional, cabe ao órgão julgador suprir a omissão legislativa com a expedição de um pronunciamento regulamentador do preceito constitucional.

---

(927) TEIXEIRA FILHO, Manoel Antonio. Mandado de injunção e direitos sociais. *Revista LTr*, São Paulo, ano 53, n. 3, p. 326, mar. 1989.

(928) PFEIFFER, Roberto Augusto Castellanos. *Mandado de injunção.* São Paulo: Atlas, 1999. p. 134.

(929) *Idem. Ibidem*, p. 134.

Em relação à possibilidade ou não de solução imediata, a corrente concretista se divide em duas vertentes: a concretista direta e a concretista subsidiária. Para a primeira, a supressão legislativa *in concreto* pelo órgão judiciário pode ser realizada de forma imediata, independentemente de qualquer providência perante o poder legisferante. Para a segunda, a viabilização normativa do direito, liberdade ou prerrogativa vindicada só pode realizar-se após instado o poder, órgão ou autoridade para realizá-lo em prazo fixado pelo Tribunal julgador.

Quanto à abrangência subjetiva da decisão, a corrente concretista subdivide-se em concretista estrita e concretista transcendente. Para os adeptos da primeira, a decisão do mandado de injunção faz coisa julgada *intra partes*, abrangendo somente as partes da injunção impetrada, não beneficiando nem prejudicando terceiros. Para a corrente transcendente, a decisão do mandado de injunção produz efeitos *ultra partes* ou *erga omnes*, com abrangência de todos aqueles que estão na mesma situação, sem necessidade de impetração de mandado de injunção por aqueles que não fizeram parte da ação originária. A decisão, *in casu*, seria dotada dos mesmos aspectos de generalidade e abstracionismo da norma que seria editada.

Para a corrente não concretista (ou abstracionista) – inicialmente adotada pelo STF —, em virtude do princípio da separação dos poderes, compete ao Poder Judiciário, diante da constatação da omissão legislativa, apenas oficiar o órgão competente da omissão legislativa e recomendar a elaboração da norma regulamentadora.

Ao adotar a teoria não concretista, parece que o Excelso Pretório teria dotado o mandado de injunção das mesmas características da ação direta de inconstitucionalidade por omissão, cujo provimento jurisdicional reside exatamente em cientificar ao Poder Competente a omissão legislativa, para que este adote as providências necessárias.

Entretanto, conforme expõe com clareza Manoel Antonio Teixeira Filho, "Se essa é a finalidade inequívoca da ação de inconstitucionalidade por omissão e se devêssemos admitir que o objetivo do 'mandado' injuntivo seria também o de sugerir ou determinar ao Poder negligente a elaboração da norma, incidiríamos na desrazão de pensar que o constituinte teria criado dois institutos para o mesmo fim, pois tanto a injunção quanto a inconstitucionalidade por omissão se destinariam a recomendar (ou a impor) ao Congresso Nacional, à Câmara dos Deputados e ao Senado Federal a edição da lei imprescindível à efetividade da regra constitucional".[(930)]

O Supremo Tribunal Federal adotou a posição não concretista em diversas matérias trabalhistas: "Mandado de injunção: ausência de regulamentação do direito ao aviso prévio proporcional previsto no art. 7º, XXI, da Constituição da República. Mora legislativa: critério objetivo de sua verificação: procedência, para declarar a mora e comunicar a decisão ao Congresso Nacional para que a supra". (MI n. 695 — MA/Maranhão, STF — Tribunal Pleno, Rel. Min. Sepúlveda Pertence, j. 1º.3.07, DJ 20.407.)

No entanto, como veremos adiante, posteriormente, o STF alterou seu entendimento, vindo a adotar a posição concretista.

9.2. Direito de greve do servidor público — posição concretista

Consoante o seu entendimento predominante, a mais alta Corte Jurisdicional jamais havia adotado uma posição concretista no tocante à regulamentação do direito de greve do servidor público, previsto no art. 37, VII, da CF/1988, cuja redação original remetia a sua regulamentação à edição de Lei Complementar; sendo que a EC n. 19/98 alterou referido dispositivo para submeter o seu disciplinamento à "lei específica" ("V – o direito de greve será exercido nos termos e nos limites definidos em lei específica").[(931)]

(930) *Op. cit.*, p. 327.

(931) "Mandado de injunção. Direito de greve dos servidores públicos. Art. 37, VII, da Constituição Federal. Configurada a mora do Congresso Nacional na regulamentação do direito sob enfoque, impõe-se o parcial deferimento do *writ* para que tal situação seja comunicada ao referido órgão." (MI n. 585/TO — Tocantins, STF — Tribunal Pleno, rel. Min. Ilmar Galvão, j. 15.5.02, *DJ* 2.8.02). "Mandado de injunção. Direito de greve do servidor público. Art. 37, VII, da Constituição Federal. Necessidade de integração legislativa. Omissão do Congresso Nacional 1. Servidor público. Exercício do direito público subjetivo de greve. Necessidade de integralização da norma prevista no art. 37, VII, da Constituição Federal, mediante edição de lei complementar, para definir os termos e os limites do exercício do direito de greve no serviço público. Precedentes. 2.

Não obstante o histórico acima relatado, o Supremo Tribunal Federal adotou novo posicionamento quando sete de seus onze ministros manifestaram votos para declarar a omissão do Poder Legislativo na regulamentação do direito de greve do servidor público, decidindo, assim, por maioria, que, enquanto não fosse elaborada a lei específica prevista no art. 37, V, da CF/1988, aplicam-se aos servidores públicos os preceitos da Lei n. 7.783/89, que regulamenta o direito de greve dos trabalhadores no setor privado. Os votos foram declarados no julgamento dos Mandados de Injunção ns. 689, 708 e 712, propostos por sindicatos de servidores públicos, os quais foram temporariamente suspensos por pedido de vista, mas cujo resultado já estava materialmente decidido.

9.3. Aposentadoria do servidor público — posição concretista

Também ao apreciar a questão da ausência de lei complementar regulamentadora da aposentadoria de servidor público que labora em condições especiais, nos termos previstos no art. 40, § 4º, da CF/1988, o STF adotou posição concretista no MI n. 721/DF, de relatoria do Ministro Marco Aurélio. Posicionando-se no sentido de que o mandado de injunção possui uma carga mandamental e não meramente declaratória, o STF determinou a aplicação dos preceitos da Lei n. 8.213/91 à aposentadoria do servidor público, enquanto não sobreviesse a lei complementar preconizada no dispositivo constitucional em comento.(932)

9.4. Conteúdo do provimento jurisdicional na Lei n. 13.300/2016

A Lei n. 13.300/2016 regulamentou o conteúdo da decisão proferida no mandado de injunção, tendo adotado inicialmente a teoria concretista subsidiária:

> Art. 8º Reconhecido o estado de mora legislativa, será deferida a injunção para:
>
> I - determinar prazo razoável para que o impetrado promova a edição da norma regulamentadora;
>
> II - estabelecer as condições em que se dará o exercício dos direitos, das liberdades ou das prerrogativas reclamados ou, se for o caso, as condições em que poderá o interessado promover ação própria visando a exercê-los, caso não seja suprida a mora legislativa no prazo determinado.
>
> Parágrafo único. Será dispensada a determinação a que se refere o inciso I do *caput* quando comprovado que o impetrado deixou de atender, em mandado de injunção anterior, ao prazo estabelecido para a edição da norma.

Assim, diante da constatação da mora legislativa, primeiramente, deve o Poder Judiciário instar o Poder, órgão ou autoridade com atribuição para editar a norma regulamentadora necessária para o exercício do direito ou da liberdade consagrada na Constituição, fixando prazo razoável para que seja promovida a edição da norma (art. 8º, I, Lei n. 13.300/2016).

Deverá também, para o caso de não ser sanada a omissão legislativa no prazo concedido, estabelecer as condições imediatas para o exercício dos direitos, das liberdades ou das prerrogativas vindicados, ou, se for o caso, as condições que possibilitem o interessado a propor ação própria para o seu exercício (art. 8º, II, Lei n. 13.300/2016).

Observância às disposições da Lei n. 7.783/89, ante a ausência de lei complementar, para regular o exercício do direito de greve dos serviços públicos. Aplicação dos métodos de integração da norma, em face da lacuna legislativa. Impossibilidade. A hipótese não é de existência de lei omissa, mas de ausência de norma reguladora específica. Mandado de injunção conhecido em parte e, nessa parte, deferido, para declarar a omissão legislativa." (MI n. 485/MT, STF — Tribunal Pleno, rel. Min. Maurício Corrêa, j. 25.4.02, *DJ* 23.8.02)

(932) Mandado de injunção. Natureza. Conforme disposto no inciso LXXI do art. 5º da Constituição Federal, conceder-se-á mandado de injunção quando necessário ao exercício dos direitos e liberdades constitucionais e das prerrogativas inerentes à nacionalidade, à soberania e à cidadania. Há ação mandamental e não simplesmente declaratória de omissão. A carga de declaração não é objeto da impetração, mas premissa da ordem a ser formalizada. MANDADO DE INJUNÇÃO — DECISÃO — BALIZAS. Tratando-se de processo subjetivo, a decisão possui eficácia considerada a relação jurídica nele revelada. APOSENTADORIA — TRABALHO EM CONDIÇÕES ESPECIAIS — PREJUÍZO À SAÚDE DO SERVIDOR — INEXISTÊNCIA DE LEI COMPLEMENTAR — ART. 40, § 4º, DA CONSTITUIÇÃO FEDERAL. Inexistente a disciplina específica da aposentadoria especial do servidor, impõe-se a adoção, via pronunciamento judicial, daquela própria aos trabalhadores em geral — art. 57, § 1º, da Lei n. 8.213/91. (MI n. 721/DF, STF – Pleno, rel. Min. Marco Aurélio, j. 30.8.07, *DJ* 30.11.2007)

Não obstante a adoção como regra geral da teoria concretista subsidiária, previu-se a possibilidade de o Tribunal suprir imediatamente a omissão legislativa sem o dever prévio de instar o poder, órgão ou autoridade competente, na hipótese em que se constatar que o impetrado já fora instado em mandado de injunção anterior, sem que tenha suprido a omissão legislativa no prazo concedido (art. 8º, parágrafo único, Lei n. 13.300/2016). Neste caso, poderá o Tribunal pautar-se pela teoria concretista direta.

10. Alcance e efeitos da coisa julgada

10.1. No mandado de injunção individual

Em princípio, no mandado de injunção, a imutabilidade da decisão judicial atinge somente aqueles que figuraram como partes no processo, embora os efeitos naturais da sentença possam atingir terceiros.[(933)]

Corrobora esse posicionamento Hely Lopes Meirelles, para quem a decisão em sede injuncional ordenando à autoridade impetrada que tome as providências cabíveis, fixando-lhe um prazo, se necessário, "não fará coisa julgada *erga omnes*, mas apenas *inter partes*", pois apenas a norma regulamentadora, expedida pelo órgão competente, terá este efeito.[(934)]

A Lei n. 13.300/2016 regulamentou os efeitos subjetivos da decisão proferida em sede de mandado injunção individual, dispondo que "*A decisão terá eficácia subjetiva limitada às partes e produzirá efeitos até o advento da norma regulamentadora*" (art. 9º).

Desde modo, *a priori*, a eficácia subjetiva da decisão no mandado de injunção individual é limitada ao(s) impetrantes. Porém, considerando a necessidade de alcance de outros sujeitos em situações similares, permitiu-se o conferimento de eficácia *ultra partes* ou *erga omnes* à decisão (art. 9º, § 1º, Lei n. 13.300/2016). Esta extensão subjetiva pode se dar *ex officio* ou a requerimento de parte ou de terceiro interveniente.

Além da extensão dos efeitos subjetivos da decisão proferida no mandado de injunção individual pelo colegiado, poderá o relator, após o trânsito em julgado, e em decisão democrática, estender os efeitos da decisão para casos análogos (art. 9º, § 2º, Lei n. 13.300/2016).

10.2. No mandado de injunção coletivo

Como típica ação coletiva para a tutela de interesses transindividuais, é da natureza da decisão proferida no mandado de injunção coletivo que seus efeitos se estendam automaticamente ao grupo, categoria ou classe de pessoas. Seguindo-se a dinâmica do CDC, a eficácia será *ultra partes*, na hipótese de interesses coletivos *stricto sensu*, e *erga omnes* nos casos de interesses difusos ou interesses individuais homogêneos (art. 103, CDC c/c art. 13, Lei n. 13.300/2016).

10.3. Coisa julgada secundum eventum probationis

Tratando-se de típica ação coletiva, ao mandado de injunção coletivo aplica-se o instituto da coisa julgada *secundum eventum probationis* (art. 103, I, CDC), de sorte que o mandado de injunção coletivo julgado improcedente por insuficiência de provas não faz coisa julgada material, possibilitando-se a propositura de nova demanda com fundamento em outros elementos probatórios.

Embora o texto da Lei n. 13.300/2016 seja omisso quanto à previsão da coisa julgada *secundum eventum probationis* ao mandado de injunção coletivo, não resta dúvida que, tratando-se de típica ação coletiva, a ele são aplicáveis os princípios e regras do microssistema das ações coletivas, cujos motores são a LACP e o CDC (*ubi eadem ratio ibi eadem legis dispositio*[(935)]).

---

(933) PFEIFFER, Roberto Augusto Castellanos. *Op. cit.*, p. 218.

(934) MEIRELLES, Hely Lopes. *Op. cit.*, p. 224.

(935) Onde existe a mesma razão, aplica-se o mesmo dispositivo legal.

Ademais, despicienda a menção expressa já que na Lei n. 13.300/2016 houve a previsão da coisa julgada *secundum eventum probationis* para o próprio mandado de injunção individual, cuja regra é a formação de coisa julgada material *pro et contra*, quanto mais nas ações coletivas cuja relativização da coisa julgada é da sua essência (coisa julgada *secundum eventum litis*, *secundum eventum probationis*, *rebus sic stantibus*, *in utilibus*).

De fato, a Lei n. 13.300/2016 inovou no instituto da coisa julgada *secundum eventum probationis*, prevendo-a no mandado de injunção individual (art. 9º, § 3º, Lei n. 13.300/2016), de forma que o autor individual poderá impetrar novamente o remédio constitucional diante da improcedência por insuficiência de prova do mandado de injunção por ele impetrado.

No caso de improcedência da demanda coletiva cuja decisão se fundamente em qualquer outro motivo que não a insuficiência de provas, haverá a formação da coisa julgada material, a obstar a propositura de uma nova ação coletiva com o mesmo objeto e causa de pedir por qualquer ente legitimado, ou pelo próprio impetrante no caso de mandado de injunção individual.

10.4. *Coisa julgada* rebus sic stantibus

Na disciplina jurídica dos contratos, a teoria da imprevisão fundamenta-se na constatação da possibilidade de ocorrência de eventos extraordinários e imprevisíveis que podem tornar excessivamente onerosa a avença para uma das partes ou até mesmo inviabilizar o cumprimento das obrigações. Tem aplicação nos contratos de execução continuada ou diferida. Trata-se de uma cláusula implícita nestas espécies de contratos, também conhecida como cláusula *rebus sic stantibus*. Vem prevista nos arts. 478 a 480 do CCB.

Embora tenha nascido e se desenvolvido como um instituto contratual, o princípio da cláusula *rebus sic stantibus* foi inserido no direito processual, com vistas a manter a justeza da decisão proferida, mormente nas hipóteses em que são decididas relações jurídicas continuativas, *v.g.*, a condenação ao pagamento de alimentos.

Embora seja um instituto de direito contratual, o princípio da cláusula *rebus sic stantibus* foi recepcionado pelo direito processual, estando previsto no art. 505 do CPC[(936)], para aplicação nas situações em que, tendo o julgador decidido relação jurídica continuativa, sobrevier alteração no estado de fato ou de direito que desnature a justeza da decisão, ou em outras situações previstas em lei em que se potencialize uma eventual necessidade de revisão da decisão por acontecimento superveniente.

Neste diapasão, considerando-se a complexidade do mandado de injunção, tanto em relação ao conteúdo material da decisão quanto da atribuição normativa que permanece com o poder, órgão ou autoridade impetrada, com alto grau de potencialidade de alteração das condições de fato e de direito analisadas por ocasião da decisão, previu-se expressamente a coisa julgada *rebus sic stantibus*, de forma que, sem prejuízo dos efeitos produzidos, a decisão possa ser revista, a requerimento de qualquer interessado, quando sobrevierem relevantes alterações nas circunstâncias de fato ou de direito, como, por exemplo, a promulgação da norma (suprida) pela entidade competente (art. 10, Lei n. 13.300/2016).

Na hipótese de superveniência da norma, esta produzirá efeitos *ex nunc* para aqueles cuja regulamentação concreta seja objeto de sentença já transitada em julgado, exceto se a aplicação da norma lhes seja mais favorável, caso em que produzirá efeitos *ex tunc* (art. 11, Lei n. 13.300/2016). Não tendo transitado em julgado a decisão ao tempo da vinda da norma regulamentadora, o mandado de injunção deve ser extinto sem resolução do mérito por perda superveniente do interesse de agir (art. 11, parágrafo único, Lei n. 13.300/2016).

10.5. *Litispendência com as ações individuais*

Com esteio nos princípios e regras do microssistema das ações coletivas, a Lei n. 13.300/2016 reproduziu o conteúdo do art. 104 do CDC, para dispor que "O mandado de injunção coletivo não induz litispendência em

(936) *"Art. 505. Nenhum juiz decidirá novamente as questões já decididas relativas à mesma lide, salvo: I – se, tratando-se de relação jurídica de trato continuado, sobreveio modificação no estado de fato ou de direito, caso em que poderá a parte pedir a revisão do que foi estatuído na sentença; II – nos demais casos prescritos em lei."*

relação aos individuais, mas os efeitos da coisa julgada não beneficiarão o impetrante que não requerer a desistência da demanda individual no prazo de 30 (trinta) dias a contar da ciência comprovada da impetração coletiva. Procedimento estabelecido nesta Lei" (art. 13, parágrafo único).

11. Recursos

A própria Constituição Federal prevê os recursos cabíveis da decisão do mandado de injunção. Segundo o art. 102, II, alínea *"a"*, CF/1988, compete ao STF julgar, em recurso ordinário, o mandado de injunção decidido em única instância pelos Tribunais Superiores, quando denegatória a decisão.

Ao Tribunal Superior Eleitoral compete apreciar recurso ordinário interposto contra decisão denegatória do mandado de injunção proferida pelos Tribunais Regionais Eleitorais.

Não se admitem outros recursos criados em legislação infraconstitucional, nem mesmo em futura Lei Orgânica da Magistratura, tendo em vista que constituem *numerus clausus* os recursos previstos na Constituição Federal. No entanto, independentemente do recurso contra decisão denegatória, cabível será a interposição de recurso extraordinário para o Supremo Tribunal Federal, nas hipóteses do art. 102, alíneas *"a"* e *"c"*, quando a decisão proferida em única ou última instância contrariar dispositivos da própria Constituição ou julgar válida lei ou ato de governo local, contestado em face da mesma Constituição.(937)

(937) MEIRELLES, Hely Lopes. *Op. cit.*, p. 227.

Capítulo XII

Tutela provisória coletiva

1. Tutela provisória e ações coletivas

Até o advento do Código de Processo Civil de 2015 (Lei n. 13.105/2015), o ordenamento jurídico brasileiro havia consagrado a tríade processual formada pelos processos de conhecimento, de execução e cautelar. As ações cautelares figuravam como um *tertium genus* processual, com objetos, princípios e regras distintos dos demais.

Como salientado na própria exposição de motivos da Lei n. 13.105/2015 (Código de Processo Civil), as ações cautelares nominadas não foram contempladas na novel ordem jurídica processual, tendo sido adotada uma fórmula mais simplificada de tutela de urgência, não mais uma ação autônoma, mas um simples incidente do processo principal. Foi eliminado o "Livro das Ações Cautelares" constantes do CPC de 1973.

As antigas cautelares nominadas (arresto, sequestro atentado) passaram a compor o campo da "Tutela Provisória", disciplinada no Livro V da parte geral do atual CPC. A inserção das antigas medidas cautelares na tutela provisória não foi a única alteração substancial, pois a tutela provisória contempla não somente as hipóteses das medidas cautelares (tutelas provisórias de urgência) como também a antiga tutela antecipada do art. 273 do CPC anterior; agora denominada tutela provisória antecipada.

Além das tutelas provisórias de urgência e antecipada, fundadas no *fumus boni iuris* e no *periculum in mora*, o novo diploma processual previu a tutela provisória de evidência, cuja concessão visa a proteger o direito evidente, eivado de juridicidade ostensiva, independentemente da demonstração de perigo de dano ou de risco ao resultado útil do processo.

Como as tutelas provisórias de urgência substituíram as cautelas inominadas do CPC de 1973, porém mantendo a mesma finalidade e semelhante complexo principiológico, torna-se mais fácil compreendê-las a partir da transposição dos institutos e princípios outrora pertinentes às ações cautelares.

De fato, o processo de conhecimento tem como finalidade uma decisão de mérito, a subsunção dos fatos à norma, com vistas à aplicação da lei ao caso concreto, declarando, constituindo ou condenando a determinada condição jurídica.

A execução tem como finalidade um provimento satisfativo, objetivando tornar efetivo o direito material reconhecido no processo de conhecimento ou em título jurídico extrajudicial, com vistas à satisfação do direito do autor.

Até a satisfação completa do direito deduzido em juízo, a relação jurídica processual sucede-se no tempo por meio de uma série de atos lógicos e preordenados (procedimento) podendo surgir, antes mesmo da sua instauração ou durante o seu curso, diversas situações fáticas e jurídicas que coloquem em risco o objeto da demanda, o resultado útil do processo ou a própria relação jurídica processual, exigindo a tomada de medidas urgentes para o processo judicial.

A função primordial do antigo processo cautelar era a garantia do resultado útil do processo ou da própria relação jurídica processual. Por este prisma, a tutela cautelar era considerada um instrumento processual para a salvaguarda de outro processo (de conhecimento ou de execução). Era tida como o instrumento do instrumento.

O instituto da tutela provisória insere-se na moderna concepção de processo sincrético. Assim, atualmente, as funções cautelar e de antecipação de tutela são exercidas pela denominada "tutela provisória de urgência", a qual se divide em cautelar e antecipada. A tutela provisória de urgência cautelar visa a resguardar a própria relação jurídica processual ou o resultado útil do processo; já a tutela provisória de urgência antecipada tem como objetivo adiantar a concessão do bem da vida pleiteado em juízo. Assim, dispõe o Código de Processo Civil:

> Art. 294. A tutela provisória pode fundamentar-se em urgência ou evidência.
>
> Parágrafo único. A tutela provisória de urgência, cautelar ou antecipada, pode ser concedida em caráter antecedente ou incidental.

A tutela provisória cautelar possui ampla aplicação no campo das ações coletivas, para a proteção e/ou conservação do estado de pessoas, coisas e provas, sendo de notável reconhecimento na praxe forense. Apesar da inexistência de discussões neste sentido, o CDC previu expressamente a admissão de todas as espécies de ações e institutos processuais que sejam capazes de propiciar a adequada e efetiva tutela dos interesses difusos, coletivos e individuais homogêneos (art. 83, CDC), combinando-se com o art. 4º, LACP, que prescreve o cabimento de ação cautelar em sede de ação civil pública, agora substituída pela tutela provisória de urgência. Ademais, como ressaltado alhures, o CPC possui aplicação subsidiária às ações coletivas, tal como previsto no art. 19 da LACP e art. 90 do CDC.

2. Tutela provisória: conceito e objetos

Tutela provisória de urgência é o instrumento processual para a salvaguarda da relação jurídico processual ou do resultado útil do processo (tutela cautelar) ou para a antecipação do bem da vida tutelado em juízo (tutela antecipada), quando presentes o *periculum in mora* e o *fumus boni iuris*. A tutela provisória de urgência, assim, divide-se em: a) tutela provisória de urgência cautelar; e b) tutela provisória de urgência antecipada.

A tutela provisória de evidência, por sua vez, consiste no incidente processual que tem por objeto a antecipação da pretensão material deduzida em juízo (bem da vida), independentemente da demonstração de perigo ou de risco ao resultado útil do processo, quando presente a juridicidade ostensiva, decorrente de elementos de fato e de direito coligidos aos autos, ou constada conduta abusiva ou protelatória do réu.

2.1. Tutela provisória antecipada nas ações coletivas

O art. 12 da LACP autoriza ao juiz a concessão de mandado liminar, com ou sem justificação prévia, em decisão sujeita a agravo. Por outro lado, como ressaltado acima, a aplicação subsidiária do CPC, permitida pelo art. 19 da LACP e art. 90 do CDC, possibilita o manejo do instituto da tutela provisória de urgência antecipada nas ações civis públicas (art. 294, CPC) para a consecução imediata e provisória da pretensão material deduzida em juízo. Ambas possuem a mesma natureza jurídica, sendo, *in casu*, irrelevante *o nomen iuris*.

Assim, é possível a concessão de liminar (antecipação da tutela) nas ações coletivas trabalhistas, sendo que ambos os atos judiciais não comportam recurso, em face do princípio da irrecorribilidade das decisões interlocutórias vigente no processo do trabalho, podendo ser impugnados quando da interposição de recurso da decisão definitiva.

2.2. Tutela provisória cautelar nas ações coletivas

A tutela provisória cautelar é o instrumento processual destinado à salvaguarda da relação jurídica processual ou do resultado útil do processo executivo ou de conhecimento, por meio de atos judiciais de proteção e/ou preservação de bens, pessoas ou provas sujeitas à lesão ou a dano de grave e difícil reparação. É denominada de instrumento do instrumento, pois seu objetivo é a proteção de outra demanda e não do direito material invocado em juízo.

Há uma diferença substancial entre a tutela provisória cautelar e a tutela provisória antecipada. Nesta, o objetivo é a antecipação/adiantamento dos efeitos da decisão de mérito em relação ao bem da vida tutelado em juízo, ou seja, está direcionada para o próprio objeto do mérito, cuja tutela, por algum evento de fato ou de direito, está sujeita ao *periculum in mora*, não podendo aguardar a decisão final.

A tutela provisória cautelar, por sua vez, tem como objeto não a pretensão material deduzida em juízo, mas a própria relação jurídica processual ou o resultado útil dela. *In casu*, há um perigo para o próprio processo, *v.g.*, uma testemunha enferma, cujo depoimento estaria em risco se se aguardasse até a fase instrutória, ou a necessidade de constrição imediata dos bens do réu ainda na fase de conhecimento, diante da notícia de que ele está dilapidando seu patrimônio, o que poderia frustrar futura execução.

Esta diferenciação entre as tutelas provisórias cautelar e antecipada, *mutatis mutandis*, era o principal aspecto que distinguia as ações cautelares da outrora tutela antecipada do art. 273 do CPC anterior. Neste contexto, era muito comum a extinção de ações cautelares por falta de interesse de agir quando a parte pleiteava a antecipação de tutela (bem da vida) na ação cautelar. Com a unificação das tutelas sob o título de tutela provisória, e a simplificação do processo, tal equívoco pode ser superado pela fungibilidade, como previsto, inclusive, no art. 305, parágrafo único, do CPC.

Considerando-se que a tutela provisória cautelar tem como finalidade a salvaguarda da relação jurídica processual ou do resultado útil do processo, ela pode ter como objeto os seguintes objetivos:

a) conservativas de bens (atentado, busca e apreensão, arrolamento de bens);

b) garantidoras da execução (arresto, sequestro, registro de protesto contra alienação de bens);

c) asseguradoras de pessoas, envolvendo tanto suas necessidades psicofísicas (alimentos provisionais) como as relações pessoais ou parentais (guarda provisória de pessoas);

d) garantidora de provas (produção antecipada de provas, exibição de coisa, documento ou escrituração comercial).

3. Espécies

3.1. Incidental e antecedente

Consoante o momento em que pode ser requerida, a tutela provisória classifica-se em incidental e antecedente.

A tutela provisória incidental é aquela requerida durante o curso do processo, isto é, após instaurada a relação jurídica processual, não no sentido técnico da triangularização formal com a citação, mas com o exercício do direito de petição pelo autor (propositura da ação).

A tutela provisória antecedente é aquela requerida antes da instauração da relação jurídica processual (propositura da ação). *In casu*, a gravidade do *periculum in mora* faz premente a concessão da tutela antes mesmo da propositura do processo. Cite-se, por exemplo, a necessidade de oitiva de testemunha enferma ou a exigência de um arresto para salvaguarda dos bens passíveis de futura execução.

3.2. Nominadas e inominadas

Com esteio na tradição do direito processual brasileiro, o legislador manteve para as tutelas provisórias cautelares denominações das antigas ações cautelares típicas previstas no CPC de 1973, nomeando algumas tutelas provisórias por seu objeto ou modo de efetivação (art. 301, CPC). Há também denominações consagradas pela praxe forense.

> Art. 301. A tutela de urgência de natureza cautelar pode ser efetivada mediante arresto, sequestro, arrolamento de bens, registro de protesto contra alienação de bem e qualquer outra medida idônea para asseguração do direito.

Assim, entre as tutelas nominadas destacam-se as tutelas cautelares de arresto, sequestro, arrolamento de bens, registro de protesto contra alienação de bens, antecipação de provas, alimentos provisionais, atentado, exibição de documento ou coisa, caução, busca e apreensão.

As tutelas provisórias cautelares inominadas são aquelas que não possuem denominação legal, simplesmente fundamentando-se no poder geral de cautela previsto no art. 297 c/c art. 301, *in fine*, do CPC. Pelo poder geral de cautela, poderá o magistrado determinar qualquer medida que considerar adequada e idônea para a asseguração da pretensão material ou processual.

Na praxe forense, a própria parte requerente acaba nomeando a cautelar inominada, geralmente com base no objeto da cautela requerida, *v. g.*, cautelar de sustação de protesto.

O poder geral de cautela é um *numerus apertus*, podendo ser requerida ou adotada a medida mais efetiva e adequada à tutela pretendida.

Pelo poder geral de cautela o juiz tem a faculdade de impor medidas assecuratórias além das hipóteses tipificadas na legislação processual, podendo tomar as medidas adequadas para a evitação de um dano, como autorizar ou vedar a prática de determinados atos, ordenar a guarda judicial de pessoas ou o depósito de bens, impor a prestação de caução, interdição ou demolição de prédio, embargo de obra.

3.3. Quadro sinóptico das tutelas provisórias

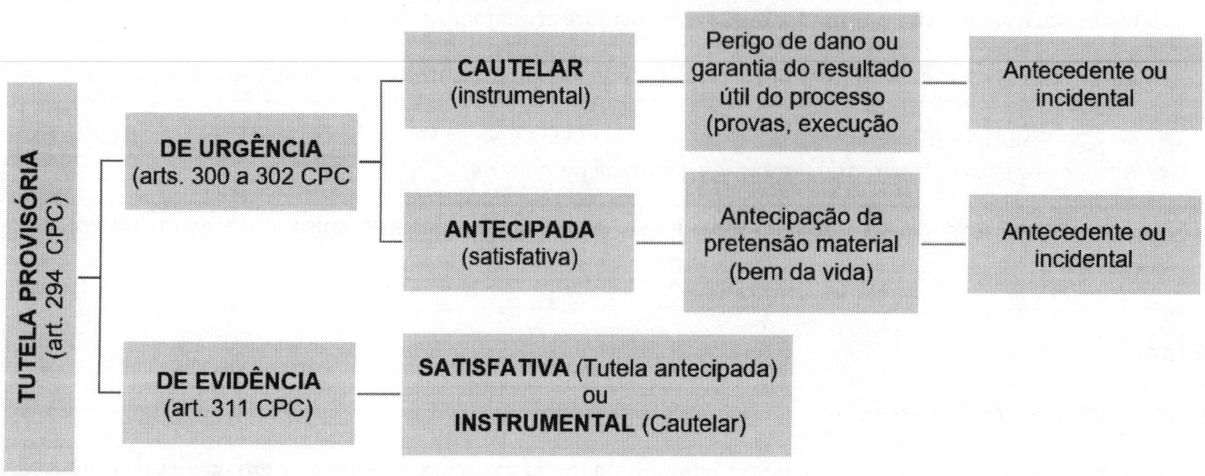

4. Cabimento no âmbito das ações coletivas

Como medidas de urgência, as tutelas provisórias têm cabimento em qualquer tipo de procedimento e grau de jurisdição.

Nas ações coletivas *lato sensu*, as tutelas provisórias são plenamente cabíveis, tendo ocupado o lugar das antigas cautelares, previstas no art. 4º, LACP, *in verbis*: "Poderá ser ajuizada ação cautelar para os fins desta Lei, objetivando, inclusive, evitar o dano ao meio ambiente, ao consumidor, aos bens e direitos de valor artístico, estético, histórico, turístico e paisagístico".

Além disso, o art. 19 da Lei n. 7.347/85 e o art. 90 da Lei n. 8.078/90 determinam a aplicação subsidiária do Código de Processo Civil às demandas coletivas, o que permite o emprego das tutelas provisórias previstas neste estatuto às ações coletivas.

5. Perda de eficácia da tutela provisória antecedente

A tutela provisória cautelar antecedente é aquela requerida antes da instauração do processo, da dedução do pedido principal, o que, *mutatis mutandis*, corresponde à instauração da relação jurídica processual principal (propositura da ação propriamente dita). A partir da efetivação da medida requerida, o requerente terá o prazo de 30 (trinta) dias para a apresentação do pedido principal (art. 308, CPC), prosseguindo-se a demanda pelo rito da ação principal. A não dedução do pedido principal no prazo legal acarreta a perda da eficácia da tutela provisória antecedente (art. 309, I, CPC).

Não se pode olvidar que, no caso de uma tutela provisória antecipada antecedente, aquela na qual se requer a antecipação do próprio bem da vida (pedido deduzido em juízo, o prazo para aditamento da exordial, após a concessão da medida, será de 15 (quinze) dias (art. 303, §§ 1º e 2º, CPC).

Não obstante a disposição do art. 308 do CPC, nem toda tutela provisória cautelar antecedente está sujeita ao trintídio para a propositura da ação principal, não perdendo a eficácia mesmo após prazo para a apresentação do pedido principal.

De fato, algumas tutelas provisórias mantêm o caráter das outroras cautelares administrativas ou não contenciosas, como a antecipação de provas, notificações e interpelações.

Geralmente são medidas que não causam gravame ou interferência imediata na esfera jurídica do requerido (constrição de bens, restrição de direitos etc.) ou cuja eficácia perpetua-se no tempo, com ou sem ação principal, como a produção antecipada de provas (*ad perpetuam rei memoriam*). As notificações e interpelações, *v.g.*, prescindem da própria dedução de um pedido principal, já que produzem efeitos imediatos e suficientes para a satisfação da pretensão, com caráter permanente.

A tutela provisória antecedente perderá também a eficácia nas seguintes situações: se não for efetivada dentro de 30 (trinta) dias (art. 309, II, CPC); se o pedido principal for julgado improcedente ou o processo extinto sem resolução do mérito (art. 309, III, CPC); se o juiz acolher a decadência ou a prescrição na própria tutela provisória (art. 310, CPC).

6. Algumas tutelas provisórias cautelares específicas e hipóteses fáticas de cabimento nas lides coletivas

6.1. Antecipação de provas

6.1.1. Conceito

A antecipação de provas *(ad perpetuam rei memoriam)* consiste numa tutela provisória cautelar nominada que tem como objeto a coleta de elementos probatórios cuja existência ou qualidade estão sujeitas a risco, antes ou durante o curso do processo principal. Embora cada prova tenha o seu momento adequado para produção, o "perigo de perecimento, todavia, justifica a sua produção antecipada, quer ao próprio processo, quer ao momento processual próprio se aquele já está instaurado".[938]

O atual CPC manteve a produção antecipada de provas como uma tutela provisória singular, mas com regulamentação específica nos seus art. 381 a 383, no capítulo pertinente à produção probatória, não obstante possua a mesma natureza das tutelas provisórias de urgência da Parte Geral (Livro VI – art. 294 a 311).

> "Art. 381. A produção antecipada da prova será admitida nos casos em que:
>
> I — haja fundado receio de que venha a tornar-se impossível ou muito difícil a verificação de certos fatos na pendência da ação;
>
> II — a prova a ser produzida seja suscetível de viabilizar a autocomposição ou outro meio adequado de solução de conflito;
>
> III — o prévio conhecimento dos fatos possa justificar ou evitar o ajuizamento de ação."

(938) GRECCO FILHO, Vicente. *Op. cit.*, v. 3, p. 181.

A produção antecipada de provas pode consistir em: a) prova oral (inquirições *ad perpetuam rei memoriam*); b) interrogatório da parte; c) inquirição de testemunhas; d) prova pericial (vistorias *ad perpetuam rei memoriam*).

Como assinalado alhures, trata-se de uma tutela provisória não contenciosa, cujo objetivo é garantir a coleta de determinado elemento probatório quando presente fundado receio de impossibilidade ou aumento do grau de dificuldade de produção da prova se fosse aguardada a fase processual de sua produção ou mesmo a propositura da ação principal.

Além do *periculum in mora*, a antecipação de provas tem lugar na situação em que a parte demonstre que a sua realização possa influenciar e viabilizar a solução do conflito por autocomposição ou por outro meio adequado de resolução (art. 381, II, CPC).

A decisão da tutela antecipatória de provas será meramente homologatória e limitar-se-á ao reconhecimento da eficácia dos elementos probatórios colhidos. O julgador não efetua qualquer valoração da prova obtida, mas somente acompanha a regularidade da sua produção (art. 382, § 2º, CPC).

Tratando-se de tutela provisória não contenciosa, marcada pela ausência de lide, no sentido processual, não se admite defesa nem recurso, salvo da decisão que indeferir totalmente a produção probatória (art. 382, § 4º, CPC).

Como sua eficácia é perene (a prova obtida perpetua-se no tempo) e não possui medidas constritivas de direito, ela não fica sujeita ao prazo de 30 (trinta) dias para a apresentação do pedido principal (art. 308, CPC) ou às hipóteses de cessação da sua eficácia (art. 309, CPC). Ultimatos os atos de produção probatória, os autos deverão permanecer em cartório pelo período de 1 (um) mês para extração de cópias e certidões pelos interessados, sendo os autos entregues ao promovente da medida ao final deste prazo (art. 383, CPC).

6.1.2. Antecipação de provas nas ações relacionadas ao meio ambiente do trabalho

A produção antecipatória de provas é bastante utilizada nas lides individuais trabalhistas que versam sobre insalubridade e periculosidade no local de trabalho (art. 192, CLT), cujas caracterização e classificação são efetuadas por meio da realização de perícia no local de trabalho (art. 195, CLT).

A realidade tem demonstrado a grande reestruturação de empresas, com a desativação de setores ou a transferência destes para outras regiões ou, mesmo, a migração de uma empresa de uma à outra região dentro do país, e até o encerramento definitivo de suas atividades, diante de diversos percalços econômicos e financeiros. Algumas dessas ocorrências têm se verificado com o aproveitamento dos empregados; outras, por sua vez, têm sido acompanhadas das socialmente maléficas dispensas coletivas.

Diante dessas hipóteses e da possibilidade de alterações dos locais de trabalho, antes da apresentação do pedido principal na demanda coletiva para o asseguramento do pagamento dos adicionais de insalubridade ou periculosidade ou no curso desta, o ente legitimado tem a faculdade de requerer tutela provisória cautelar antecipatória de provas para a caracterização e classificação das condições de trabalho, por meio da realização de prova pericial (vistorias *ad perpetuam rei memoriam*).

6.2. Busca e apreensão

6.2.1. Conceito

A busca e apreensão constitui uma tutela provisória cautelar de apreensão judicial de pessoas e coisas, subsidiária às figuras do arresto e do sequestro, das quais se diferencia pela possibilidade de incidir sobre pessoas, enquanto estas últimas incidem somente sobre bens.(939)

(939) GRECCO FILHO, Vicente. *Op. cit.*, v. 3, p. 179.

6.2.2. Busca e apreensão nos casos de listas negras

Não tem sido rara a efetuação de tutela pelo Ministério Público do Trabalho nas hipóteses de discriminação de trabalhadores por meio das denominadas "listas negras". As listas geralmente contêm rol de empregados grevistas ou que propuseram reclamações trabalhistas contra uma ou mais empresas de um mesmo ramo de atividade.

A medida, geralmente, é requerida antes da apresentação do pedido principal, e tem como objetivo precípuo a busca e apreensão de listas colocadas nas portarias das empresas; de aparelhos de computador com dados de empregados listados, de arquivos da empresa que contêm dados discriminatórios etc.

A tutela cautelar também pode abranger a ação de empresas terceirizadas que discriminam trabalhadores que propuseram ações trabalhistas contra as tomadoras ou que figuram em listas promovidas por estas, como pessoas não recomendáveis, grevistas etc.

6.3. Arresto

6.3.1. Conceito

O arresto (art. 301, CPC) é típica tutela provisória cautelar para a garantia de futura execução por quantia certa. Consiste na apreensão judicial de bens indeterminados do patrimônio do devedor. Na dinâmica do CPC de 1973, em seu art. 813, o arresto tinha lugar nas seguintes hipóteses:

> I – quando o devedor sem domicílio certo intenta ausentar-se ou alienar os bens que possui, ou deixa de pagar a obrigação no prazo estipulado;
>
> II – quando o devedor, que tem domicílio:
>
> a) se ausenta ou tenta ausentar-se furtivamente;
>
> b) caindo em insolvência, aliena ou tenta alienar bens que possui; contrai ou tenta contrair dívidas extraordinárias; põe ou tenta pôr os seus bens em nome de terceiros; ou comete outro qualquer artifício fraudulento, a fim de frustrar a execução ou lesar credores;
>
> III – quando o devedor, que possui bens de raiz, intenta aliená-los, hipotecá-los ou dá-los em anticrese, sem ficar com algum ou alguns, livres e desembargados, equivalentes às dívidas;
>
> IV – nos demais casos expressos em lei.

Na dinâmica do atual CPC, as hipóteses de arresto não mais se restringem àquelas outrora previstas no art. 813 do CPC de 1973, e acima citadas, uma vez que se encontra previsto de forma genérica no art. 301 do atual CPC, dentro do denominado poder geral de cautela. No entanto, as situações acima descritas constituem parâmetros importantes para a formulação de uma tutela provisória cautelar de arresto, pois, compete ao requerente a justificação e a demonstração do *periculum in mora*.

Na novel normatização, o arresto também independe do requisito da prova literal de dívida líquida e certa, bastando a prova da responsabilidade patrimonial do requerido decorrente de relação jurídica obrigacional com o requerente da medida, como uma sentença judicial, líquida ou ilíquida, pendente de recurso ou transitada em julgado.

6.3.2. Arresto nas lides coletivas para pagamento de verbas rescisórias

Nas hipóteses em que o empregador inadimplente, que encerrou suas atividades com a dispensa coletiva de seus empregados, sem o pagamento das respectivas verbas rescisórias, aliena ou tenta alienar bens da empresa, contrai ou tenta contrair dívidas extraordinárias, pretende colocar os bens em nome de terceiros ("laranjas"), fraudar a execução de sentença coletiva, será cabível a tutela provisória de arresto.

6.4. Sequestro

6.4.1. Conceito

Consiste o sequestro na tutela provisória cautelar para o asseguramento de futura execução, entrega ou conservação de coisa certa e determinada que constitui objeto específico do litígio. Podem ser objeto de sequestro coisas móveis, imóveis, semoventes, frutos e rendimentos de imóvel, bens do casal etc.

Embora o arresto e o sequestro guardem certas semelhanças, eles se diferenciam à medida que o primeiro incide sobre qualquer bem do patrimônio do devedor, desde que dotado de penhorabilidade, ao passo que o sequestro recai sobre determinado bem objeto do litígio entre as partes.

6.4.2. Sequestro nas lides coletivas

Muitas vezes, diante do encerramento das suas atividades, os empregadores inadimplentes, e sem recursos pecuniários imediatos para a quitação dos haveres trabalhistas de seus empregados, oferecem como pagamento um determinado bem móvel (maquinário) ou imóvel (terreno, estabelecimento) da empresa aos trabalhadores, firmando termo de transação e confissão e quitação de dívida, que deve ser transcrito no registro de imóveis, se for a hipótese.

Em havendo recusa da sua entrega ou do reconhecimento da propriedade dos empregados pelo empregador, e fundado receio de rixas e danificações, a ação coletiva para discussão da posse ou da propriedade do bem poderá ser precedida ou acompanhada de uma tutela cautelar de sequestro promovida pelo ente legitimado para a ação coletiva.

6.5. Quadro sinóptico das tutelas provisórias de urgência cautelares

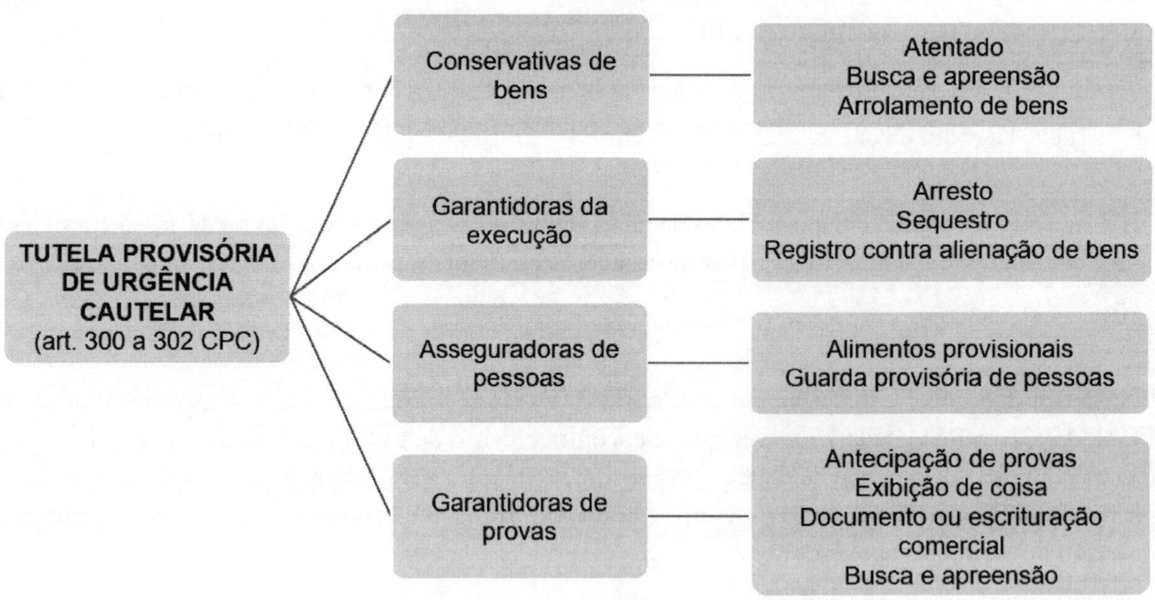

Capítulo XIII

Ação anulatória de cláusulas convencionais

1. Conceito e denominação

A ação anulatória de cláusulas convencionais consiste na ação de conhecimento que tem por objeto a declaração de nulidade ou a anulação de cláusula de acordo coletivo, convenção coletiva, contrato coletivo ou de qualquer norma coletiva autônoma que regulamente as relações individuais e coletivas de trabalho e que possua entre as suas disposições, cláusulas violadoras dos direitos fundamentais e das liberdades sindicais individuais e coletivas dos trabalhadores.

Embora consagrada a expressão "ação anulatória de cláusulas convencionais", este instrumento processual pode ser utilizado tanto para a "declaração de nulidade", nas situações de nulidade absoluta, como também para a anulação de cláusulas convencionais, nas hipóteses de nulidade relativa (anulabilidade). No primeiro caso, a sentença de procedência possuirá natureza declaratória; na segunda hipótese, o provimento jurisdicional será constitutivo-negativo (descontitutivo).

2. Previsão legal

A ação anulatória de cláusulas convencionais está prevista no art. 83, IV, da LC n. 75/93 (LOMPU), o qual prevê entre as atribuições do Ministério Público do Trabalho a propositura, perante a Justiça do Trabalho, das "*ações cabíveis para declaração de nulidade de cláusula de contrato, acordo coletivo ou convenção coletiva que viole as liberdades individuais ou coletivas ou os direitos individuais indisponíveis dos trabalhadores*".

Não obstante a previsão legal expressa da LC n. 75/93, a ação anulatória de cláusulas convencionais já era passível de propositura com base na Lei n. 8.984/95, segundo a qual "*Compete à Justiça do Trabalho conciliar e julgar os dissídios que tenham origem no cumprimento de convenções coletivas de trabalho ou acordos coletivos de trabalho, mesmo quando ocorram entre sindicatos ou entre sindicatos de trabalhadores e empregador*" (art. 1º). A EC n. 45/2004, ao alterar o art. 114 da CF/1988, consolidou a competência da Justiça do Trabalho para todas as lides em matéria sindical.

3. Competência funcional

Consoante construção jurisprudencial, a competência para a apreciação da ação anulatória de cláusulas convencionais é originária dos Tribunais Regionais do Trabalho e do Tribunal Superior do Trabalho, conforme a abrangência territorial da norma coletiva objeto do litígio. Na ausência de norma expressa, os tribunais trabalhistas aplicam, *mutatis mutandis*, os mesmos critérios de fixação de competência utilizados para os dissídios coletivos (art. 678, I, CLT e Lei n. 7.708/88).

Desse modo, assim como para os dissídios coletivos, nas ações anulatórias, a competência deve ser aferida com base na dimensão do conflito, e não necessariamente em decorrência da área de representação dos sindicatos.

A competência dos TRTs (art. 678, I, "*a*", CLT e art. 6º da Lei n. 7.701/88) abrange as ações anulatórias cujas normas coletivas ou cláusulas impugnadas se limitam ao âmbito territorial de jurisdição. Já as normas coletivas ou cláusulas que extrapolem a base territorial de um ou mais TRT terão, por competência a respectiva ação anulatória, o Tribunal Superior do Trabalho (art. 702, I, "*b*", CLT e art. 2º, I, "*a*", Lei n. 7.701/88).

O Regimento Interno do TST (RITST) dispõe sobre a competência original da SDC para o julgamento das ações anulatórias de cláusulas convencionais (art. 77, I, "c", RITST). Prevê também a competência originária dos Tribunais Regionais do Trabalho para a apreciação e julgamento das ações anulatórias, com possibilidade de recurso ordinário para a SDC do TST (art. 77, II, "b", RITST).

4. Legitimidade

São legitimados ativos para as ações anulatórias de cláusulas convencionais o MPT (LC n. 75/93, art. 83, IV), as partes convenentes, as federações e confederações e as centrais sindicais.

As associações sem caráter sindical possuem legitimidade para a propositura de ação anulatória, quando presente a pertinência temática (Lei n. 7.347/85, art. 5º; Lei n. 8.078/90, art. 82; CCB, art. 168) e respectivo interesse jurídico, consubstanciado na defesa da coletividade representada pela associação.

O trabalhador individual não possui legitimidade para a ação anulatória de cláusula normativa. Pode o trabalhador pleitear, *incidenter tantum*, em ação trabalhista individual o reconhecimento da ilegalidade da nulidade de determinada cláusula constante de norma coletiva, com vistas ao reconhecimento do seu direito.

No entanto, como o trabalhador individual não possui legitimidade e o juízo de primeira instância não possui competência funcional para a declaração da nulidade, eventual reconhecimento de nulidade de cláusula normativa em ação individual não faz coisa julgada, pois se trata de mera questão prejudicial ao mérito, decidida incidentalmente no processo (art. 503, III, CPC), e constante apenas dos fundamentos da sentença, e não do seu dispositivo, uma vez que o juízo singular da Vara do Trabalho não tem competência para decidir a questão com efeito de coisa julgada.

Tratando-se de demanda com sentença *erga omnes* ou ultra partes, abrangente de terceiros que não participam da lide (trabalhadores e empregadores), o trabalhador individual não possui legitimidade para a sua propositura, pois não consta do rol de legitimados para as ações coletivas (Leis ns. 7.347/85 e 8.078/90). No âmbito das ações coletivas, a legitimidade somente é conferida aos denominados autores ideológicos, consoante a LACP e o CDC; a única hipótese de legitimidade individual para a tutela de interesses difusos é a Ação Popular (Lei n. 4.717/65)

Assim, constituiu equívoco doutrinário atribuir ao trabalhador a legitimidade para uma tutela coletiva. Pode o trabalhador ajuizar ação para a declaração de nulidade de cláusula de contrato individual de trabalho, mas não uma ação anulatória de cláusulas convencionais. Pelos mesmos motivos acima enunciados, o empregador não possui legitimidade para propor ação anulatória de cláusula convencional. Assim, eventual pedido de anulação de cláusula convencional numa ação trabalhista individual deve ser julgado improcedente por ilegitimidade de parte e por falta de interesse de agir, tendo em vista que a ação individual não constitui o meio processual adequado para a formulação de pedido anulatório de cláusula de norma coletiva. Tratando-se de questão prejudicial, a decisão ocorre apenas *incidenter tantum* sobre a validade da cláusula convencional questionada.[(940)]

No mesmo sentido, em sendo proposta uma ação anulatória de cláusula convencional por trabalhador ou empregador, referida demanda deve ser extinta sem resolução do mérito por ausência de legitimidade.

---

(940) "AÇÃO ANULATÓRIA. LEGITIMIDADE ATIVA EXCLUSIVA DO MINISTÉRIO PÚBLICO DO TRABALHO (ARTS. 127 E SEGUINTES DA CONSTITUIÇÃO FEDERAL, C/C O 83 DA LEI COMPLEMENTAR N. 75, DE 20.5.93) — ILEGITIMIDADE ATIVA DO EMPREGADO. O membro de uma categoria, seja econômica seja profissional, não tem legitimidade para pleitear, em ação anulatória, a declaração de nulidade, formal ou material, de uma ou de algumas das condições de trabalho constantes de instrumento normativa. Se entende que seu direito subjetivo está ameaçado ou violado, cabe-lhe discutir, por meio de dissídio individual, a validade, formal ou material, seja da assembleia geral, seja das condições de trabalho, postulando, não a sua nulidade, mas sim a sua ineficácia, com efeitos restritos no processo em que for parte. Realmente, permitir que o trabalhador ou uma empresa, isoladamente, em ação anulatória, venha se sobrepor à vontade da categoria, econômica ou profissional, que representa a legítima manifestação da assembleia, quando seus associados definem o objeto e o alcance de seu interesse a ser defendido, é negar validade à vontade coletiva, com priorização do interesse individual, procedimento a ser repelido nos exatos limites da ordem jurídica vigente. Ação anulatória extinta sem apreciação do mérito, nos termos do art. 267 do CPC." (TST — ROAA 771/2002.000.12.00.1, SDC, João Oreste Dalazen, rel. designado Milton de Moura França, j. 09.03.2006, *DJU* 11.04.2006)

O polo passivo da ação anulatória será composto por todas as partes convenentes, formando-se um litisconsórcio passivo necessário e unitário (art. 114, CPC). Deste modo, o § 5º, do art. 611-A da CLT, introduzido pela Lei n. 13.467/2017, em relação à ação anulatória de cláusulas convencionais, apenas explicitou o litisconsórcio passivo necessário.

Quanto à exigência de litisconsórcio dos sindicatos subscreventes das normas coletivas na ação individual "*que tenha como objeto a anulação de cláusulas desses instrumentos*", pela novel norma supracitada, verifica-se uma atecnia do legislador, tendo em vista que a nulidade de norma coletiva não pode ser objeto de ação individual. Como acima exposto, na ação individual a questão sobre a nulidade de uma norma coletiva somente pode ser ventilada de forma incidental.

5. Natureza do provimento jurisdicional e tutela inibitória

Não obstante as diferenças entre os institutos da anulação e da anulabilidade, consagrou-se a denominação genérica de "ação anulatória de cláusulas convencionais". O art. 83, IV, da LC n. 75/93 (LOMPU) utiliza a expressão ações para declaração de nulidade de cláusula de contrato, acordo coletivo ou convenção coletiva. Na hipótese de reconhecimento de nulidade absoluta, a sentença terá natureza declaratória, com efeitos *ex tunc*, retroagindo à formação da norma coletiva; já no caso de declaração de anulabilidade, o decreto judicial tem natureza constitutivo-negativo, geralmente com efeitos *ex nunc*.

No entanto, estes institutos privatísticos do Direito Civil devem sofrer modulação na sua aplicação ao Direito Coletivo, tendo em vista que, por envolver a tutela de interesses difusos, coletivos ou individuais homogêneos, a ação anulatória de cláusula convencional comumente envolve situações de nulidade e, mesmo que se considere a presença de eventual anulabilidade, nada impede, mas tudo aconselha, a modulação dos efeitos da decisão.

Numa postura imanentista, os tribunais trabalhistas vêm recusando pleitos de natureza condenatória nas ações anulatórias de cláusulas convencionais, por considerar que estas se limitam a provimentos declaratórios e desconstitutivos.

Não há óbice, porém, salvo o apego a um tecnicismo exacerbado e injustificável, para a condenação em obrigações de fazer e não fazer (abstenção da inserção da cláusula anulada nos futuros instrumentos normativos) e de dar (devolução de quantias ilegalmente recebidas a título de contribuições sindicais) em sede de ação anulatória de cláusulas convencionais, considerando-se que o *nomen iuris* da demanda não vincula o julgador, pois o conteúdo de uma ação é determinado pelo pedido e pela causa de pedir.

Se o Tribunal do Trabalho possui competência para anular determinada cláusula normativa, com muito mais razão possui a mesma competência para condenar à abstenção de inserção da mesma cláusula em futuros instrumentos normativos.

Diante deste quadro, é possível a propositura de ação civil pública ou ação coletiva para obtenção de provimentos condenatórios e inibitórios no primeiro grau, hipótese na qual o Órgão Julgador deverá apreciar a questão pertinente à validade da norma coletiva de forma incidental, tendo em vista não possuir competência funcional para apreciá-la no mérito da demanda.

6. Recursos

Como verificamos anteriormente, por construção jurisprudencial, a competência para a apreciação da ação anulatória de cláusulas convencionais é originária dos Tribunais Regionais do Trabalho e do Tribunal Superior do Trabalho, conforme as abrangências objetivas (territorial) e subjetiva (pessoal) da norma coletiva objeto do litígio.

Proposta ação anulatória no âmbito de TRT, da decisão caberá recurso ordinário para o TST, o qual será julgado pela Seção de Dissídios Coletivos (art. 77, II, "*b*" — RITST).

Na ação anulatória de competência do TST, não se vislumbra norma expressa a respeito de embargos infringentes, tal como para os dissídios coletivos (art. 894, I, *"a"*, CLT); porém, tendo em vista a constante analogia da ação anulatória e com o dissídio coletivo, seria conveniente o tratamento uniforme na esfera recursal. Por fim, atendidos os requisitos objetivos e subjetivos, é cabível o recurso extraordinário, nas hipóteses do art. 102, III, da CF/1988.

Capítulo XIV

Interditos proibitórios e direito de greve

1. Interdito proibitório

1.1. Etimologia

O vocábulo "interdito", originário do termo latino *interdicere* (interdizer, lavrar um decreto), originalmente designa uma "ordem" ou "mandado" expedido pelo magistrado para que se torne defesa a prática de determinado ato, a feitura de certa coisa ou se proteja um direito individual.(941)

No ordenamento jurídico brasileiro, o interdito proibitório possui significado restrito ao âmbito da tutela da posse, não servindo para a tutela de direitos obrigacionais ou individuais de caráter não possessório.

O interdito proibitório de natureza possessória tem origens romanas. No direito romano, as pretensões fundamentadas no direito de propriedade, pelas quais o proprietário reclamava a posse de bem retido por outrem, denominava-se *rei vindicatio*. Quando, porém, a pretensão nascia do *jus possessionis*, ou seja, do simples fato de o autor ter sido violado na posse de determinado bem, a ação era nomeada como possessória ou interdito possessório.(942)

O "interdito" (*interdictum;* plural *interdicta*) consistia numa ordem do pretor, fundamentada em seu poder de império (*imperium*), para que determinada parte fizesse ou se abstivesse de realizar determinado ato ou conduta. Em suma, eram ordens baixadas pelo pretor para proteger a posse ameaçada por terceiros.(943)

1.2. Conceito e previsão legal

Atualmente, em nossa legislação processual, o interdito proibitório é previsto como uma ação possessória entre os procedimentos especiais, como estatui o art. 567 do CPC, *in verbis*:

> "Art. 567. O possuidor direto ou indireto que tenha justo receio de ser molestado na posse, poderá requerer ao juiz que o segure da turbação ou esbulho iminente, mediante mandado proibitório em que se comine ao réu determinada pena pecuniária, caso transgrida o preceito."

O interdito proibitório constitui um dos instrumentos processuais para a tutela do direito de posse, em caso de esbulho ou turbação, garantindo o direito do possuidor ao exercício de algum dos poderes inerentes ao domínio (art. 1.196, CCB), bem como os seus direitos de desfrute e garantia da posse, assegurados pela legislação civil:

> "Art. 1210. O possuidor tem direito a ser mantido na posse em caso de turbação, restituído no de esbulho, e segurado de violência iminente, se tiver justo receio de ser molestado."

Paralelamente ao interdito proibitório, o legislador processual previu duas outras ações (interditos) para a salvaguarda da posse: ação de manutenção da posse (*interdicta retinendae possessionis* do direito romano), a qual se destina a proteger o possuidor contra atos de turbação de sua posse, e a ação de reintegração de posse (antigo *interdito*

---

(941) SILVA, Oscar José de Plácido e. *Vocabulário...*, cit., p. 441.

(942) THEODORO JÚNIOR, Humberto. *Curso de direito processual civil*. 37. ed. Rio de Janeiro: Forense, 2006. v. 3, p. 130.

(943) CRETELLA JÚNIOR, José. *Curso de direito...*, cit., p. 191-192.

recuperandae possessionis romano), a qual tem como objetivo restituir o possuidor na posse, em caso de esbulho (a injusta e total privação da posse, sofrida por aquele que a vinha exercendo).(944)

Os interditos possessórios contra turbação ou para reintegração da posse estão previstos no art. 560 do Código de Processo Civil:

> "Art. 560. O possuidor tem direito a ser mantido na posse em caso de turbação e reintegrado em caso de esbulho."

Ambas são previstas principalmente para a hipótese de pretensão de tutela de "posse velha", com mais de um ano e dia, ou nas hipóteses em que o largo lapso temporal de reação do autor contra esbulho ou turbação da sua posse não justifique a propositura da ação sumária de interdito proibitório, por falta da presunção da perda do *periculum in mora* em virtude da demora no pedido de tutela.(945)

1.2.1. Quadro sinóptico dos interditos

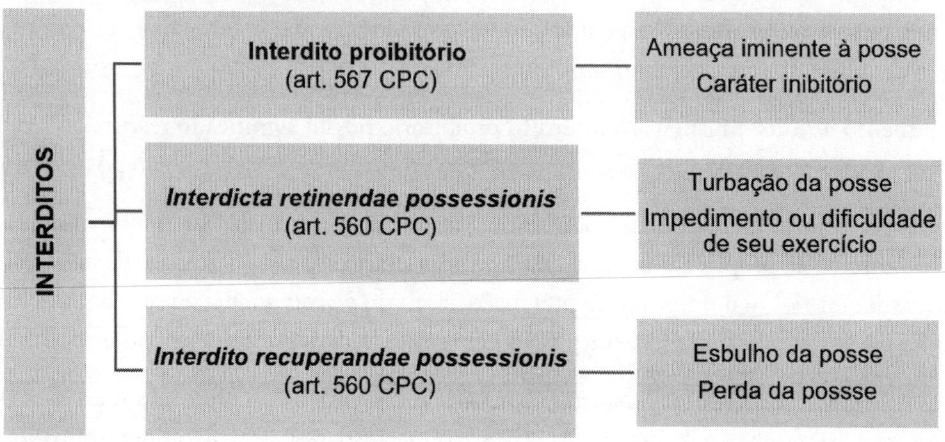

1.3. Natureza jurídica

O interdito proibitório (arts. 567 e 1.210 CPC) tem natureza de ação possessória preventiva, figurando como uma variação da ação de manutenção de posse, na qual o possuidor é conservado na posse que detém e é assegurado contra moléstia apenas ameaçada. A concessão do interdito dá-se para que não ocorra o atentado à posse, mediante ordem judicial proibitória, da qual constará cominação de pena pecuniária para a hipótese de transgressão do preceito (art. 567, CPC).(946)

Trata-se de típica ação possessória, de caráter mandamental, cujo objeto é a conservação da posse direta ou indireta do autor, mediante a prova de justo e concreto receio de ser molestado em sua posse por ameaça de atos de turbação ou esbulho iminente, mediante a cominação de determinada pena pecuniária ao réu, em caso de transgressão da ordem emitida. Por meio do interdito, o autor objetiva a consecução de uma ordem judicial (liminar) proibitória dos atos de atentado à posse.

1.4. Objeto

Como típica ação possessória, o *interdictum* versa exclusivamente sobre atos (turbação ou esbulho) ilícitos voltados para a posse (direta ou indireta) do possuidor, o qual se vê na iminência de ter sua posse despojada contra a sua vontade, sem que assista ao violentador qualquer direito ou licitude que possa justificar o seu ato (esbulho, usurpação da posse) ou de vê-la turbada, isto é, a posse é alvo de qualquer ato injusto, violento ou abusivo que

(944) THEODORO JÚNIOR, Humberto. *Op. cit.*, 131.

(945) CPC, "*Art. 924. Regem o procedimento de manutenção e de reintegração de posse as normas da seção seguinte, quando intentado dentro de ano e dia da turbação ou do esbulho; passado esse prazo, será ordinário, não perdendo, contudo, o caráter possessório*".

(946) THEODORO JÚNIOR, Humberto. *Op. cit.*, 131.

impeça o seu livre exercício. Tanto a turbação quanto o esbulho pressupõem para a sua caracterização que o ato praticado se mostre injusto, ilícito, ilegal ou abusivo, sem qualquer apoio em lei. A ilicitude do ato é condição *sine qua non* para a concessão do interdito.

Desse modo, para a concessão do interdito proibitório são necessários dois requisitos:

1) o *animus possidendi* da parte contrária, consubstanciado na intenção do agente de praticar atos e condutas direcionados à posse de outrem (autor);

2) a ilicitude dos atos praticados, baseados em condutas ilegais, como a turbação e o esbulho.

Trata-se de atos ilícitos voltados contra a posse de outrem, no sentido material e patrimonial, isto é, direcionado contra um dos direitos inerentes ao domínio: a posse, tanto em relação ao elemento ético desta (*animus*) quanto ao material (*corpus*), porém, sempre contra a posse em si, jamais sobre direitos e obrigações dela decorrentes ou a ela vinculados, direta ou indiretamente.

Como ressaltava Savigny, nem toda demanda que emergisse da posse ou a tivesse como objeto constituía uma demanda possessória. Para a caracterização da lide como possessória seria relevante a qualificação da conduta do agente (terceiro) em face da posse do autor. Só seriam verdadeiros interditos possessórios aqueles baseados em delitos, como ocorre nos *interdicta retinendae et recuperandae possessionis*, para repelir a turbação e o esbulho.(947)

Como expõe Humberto Theodoro Júnior, o caráter do interdito proibitório é delineado por seu objetivo, o qual se volta apenas para a apuração da posse do autor, da turbação ou do esbulho atribuído ao réu e da data em que ocorreu a interferência na posse, não sendo da sua natureza as questões dominiais ou relativas a direitos reais.(948) Não se pode consequentemente utilizar os interditos possessórios com pretensão de tutela de direitos pessoais ou obrigacionais.(949)

A ação de interdito constitui um instrumento processual para a tutela da posse (direta ou indireta) enquanto elemento de exteriorização do domínio, de forma que esta tutela possessória se desvela, em última análise, na proteção do próprio direito de propriedade.

A finalidade desta ação sumária é conceder principalmente ao próprio proprietário (mas abrange o mero possuidor) do bem turbado ou esbulhado um veículo rápido para a proteção da sua posse sem que tenha que participar de todo um processo de reivindicação em que deva provar a titularidade do seu domínio. Porém, como meio da facilitação de tutela de seu domínio, a norma concede-lhe a proteção com a simples prova do estado de fato (que está ou estava na posse da coisa) e que foi esbulhado, turbado ou ameaçado.

Como assinalou o saudoso Silvio Rodrigues, "Realmente, oferecendo ao possuidor um tipo especial de ação, mais célere que a ordinária, e dispensando a prova do domínio para se contentar com a da posse, facilita a lei a tarefa do proprietário na defesa do seu domínio. Não precisa este recorrer ao juízo petitório para fazer valer o seu direito. Basta-lhe o ingresso em juízo possessório. Essa, com efeito, a diferença entre ambos".(950)

2. Competências material e funcional da Justiça do Trabalho

A Emenda Constitucional n. 45/2004 consolidou uma prenunciada tendência legislativa de transferência da solução dos conflitos intra e intersindicais para a Justiça do Trabalho. Não obstante a presença inicial de algumas interpretações doutrinárias restritivas, é certo que, com o advento da referida reforma constitucional, a competência

(947) SAVIGNY, F. C. *apud* THEODORO JÚNIOR, Humberto. *Op. cit.*, p. 130.

(948) THEODORO JÚNIOR, Humberto. *Op. cit.*, p. 134.

(949) *Idem, ibidem*, p. 136.

(950) RODRIGUES, Silvio. *Direito civil* — direito das coisas. 20 ed. São Paulo: Saraiva, 1993. p. 55-56.

da Justiça do Trabalho foi consideravelmente ampliada em matéria de conflitos sindicais, como se observa da redação atual dos incisos II e III e §§ 2º e 3º do art. 114 da CF/1988.(951)

A Justiça do Trabalho tornou-se competente para a apreciação e julgamento de diversas matérias sindicais, ou conexas a estas, como as questões que envolvam:

a) conflito de representação entre sindicatos;

b) ações contra atos atentatórios das liberdades sindicais individual e coletiva (cometidos por empregador ou sindicato da categoria econômica em face do sindicato profissional ou dos trabalhadores; perpetrados pelo sindicato profissional em relação aos próprios trabalhadores; ação de um sindicato profissional sobre outro);

c) controvérsias decorrentes de eleições sindicais;

d) lides envolvendo contribuição sindical;

e) as ações decorrentes do exercício do direito de greve (como o dissídio coletivo de greve, a ação civil pública);

f) demandas que recaem sobre direitos previstos em acordos e convenções coletivas de trabalho ou sobre esses instrumentos (como as ações anulatórias de cláusulas convencionais);

g) ações propostas por empregador contra o seu respectivo sindicato e vice-versa;

h) demandas contra atos do Ministério do Trabalho e Emprego nos procedimentos de registro sindical;

i) ações contra a Caixa Econômica Federal etc.

Atualmente, com a redação dos incisos II e III do art. 114 da CF/1988, não há dúvida de que a Justiça do Trabalho apresenta ampla competência para apreciação e julgamento de ações que envolvam o direito de greve, inclusive os denominados interditos proibitórios, não obstante tal competência não necessariamente equivalha ao reconhecimento do cabimento das ações de interdito possessório nas situações de greve.

A competência material implica somente o reconhecimento de determinado órgão judiciário para a apreciação de determinada matéria, não suscitando o cabimento de todas as demandas a ela pertinentes, máxime quando presentes instrumentos processuais específicos para determinada situação.

Não obstante, mesmo após o advento da EC n. 45/2004, o STJ manteve o entendimento pela competência da Justiça Comum para o julgamento dos interditos proibitórios suscitados nas hipóteses de atos decorrentes do exercício do direito de greve.

O STF, ao apreciar o Recurso Extraordinário n. 579648, interposto pelo Sindicato dos Bancários de Belo Horizonte e região em face de decisão do Tribunal de Justiça do Estado de Minas Gerais que, na esteia da jurisprudência do STJ, havia reconhecido a competência da Justiça comum para examinar o conflito, reconheceu a repercussão geral do tema e a competência material da Justiça do Trabalho para a apreciação e julgamento das ações de interditos proibitórios decorrentes do exercício do direito de greve (art. 114, II e III, CF/1988), com a competência funcional dos juízos das Varas do Trabalho.(952)

---

(951) *"Art. 114. Compete à Justiça do Trabalho, processar e julgar: (...) II – as ações que envolvam o exercício do direito de greve; III – as ações sobre representação sindical, entre sindicatos e trabalhadores, e entre sindicatos e empregadores; (...) § 2º Recusando-se qualquer das partes à negociação coletiva ou à arbitragem, é facultado às mesmas, de comum acordo, ajuizar dissídio coletivo de natureza econômica, podendo a Justiça do Trabalho decidir o conflito, respeitadas as disposições mínimas legais de proteção ao trabalho, bem como as convencionadas anteriormente. § 3º Em caso de greve em atividade essencial, com possibilidade de lesão ao interesse público, o Ministério Público do Trabalho poderá ajuizar dissídio coletivo, competindo à Justiça do Trabalho decidir o conflito."*

(952) *"CONSTITUCIONAL. COMPETÊNCIA JURISDICIONAL. JUSTIÇA DO TRABALHO X JUSTIÇA COMUM. AÇÃO DE INTERDITO PROIBITÓRIO. MOVIMENTO GREVISTA. ACESSO DE FUNCIONÁRIOS E CLIENTES À AGÊNCIA BANCÁRIA: "PIQUETE". ART. 114, INCISO II, DA CONSTITUIÇÃO DA REPÚBLICA. JURISPRUDÊNCIA DO SUPREMO TRIBUNAL FEDERAL. COMPETÊNCIA DA JUSTIÇA DO TRABALHO. 1. "A determinação da competência da Justiça do Trabalho não importa que dependa a solução da lide de questões de direito civil" (Conflito de Jurisdição n. 6.959), bastando que a questão submetida à apreciação judicial decorra da*

Posteriormente, o STF editou a Súmula Vinculante n. 23, consolidando a jurisprudência sobre a competência da Justiça do Trabalho para as ações de interditos proibitórios decorrentes do exercício do direito de greve.

> STF — Súmula Vinculante n. 23: (PSV 25 — *DJe* n. 30/2010 — Tribunal Pleno de 02.12.2009 — *DJe* n. 232, p. 1, em 11.12.2009 — *DOU* de 11.12.2009, p. 1). "Competência — Processo e Julgamento — Ação Possessória — Exercício do Direito de Greve — Trabalhadores da Iniciativa Privada. A Justiça do Trabalho é competente para processar e julgar ação possessória ajuizada em decorrência do exercício do direito de greve pelos trabalhadores da iniciativa privada".

Na esteira do entendimento do STF e a partir de uma visão meramente materialista e patrimonialista das questões materiais subjacentes aos interditos proibitórios, fundamentada nos mesmos princípios individualistas do direito processual civil, no qual o juiz singular possui competência para a apreciação destas demandas possessórias, independentemente da natureza do conflito material envolvido, adotou-se como praxe a competência dos juízos singulares das Varas do Trabalho para a apreciação e julgamento das ações de interditos proibitórios nas situações de greve, não obstante a consagrada competência funcional dos Tribunais Trabalhistas (TRT e TST) para apreciar e solucionar os conflitos coletivos do trabalho.(953)

Não obstante o reconhecimento do cabimento dos interditos proibitórios em situações de greve e da competência material da Justiça do Trabalho, ressalte-se, outrossim, que a circunstância de a Justiça do Trabalho ser competente para a apreciação dos conflitos materiais correlacionados ao direito de greve, não pressupõe necessariamente o cabimento dos interditos proibitórios nessa situação, tendo em vista a existência de um instrumento jurisdicional específico para a apreciação de conflitos coletivos consubstanciado no dissídio coletivo e das medidas urgentes a ele correlatas.

Por outro lado, na Justiça do Trabalho, a competência para a apreciação de conflitos coletivos é originária dos Tribunais Trabalhistas, os quais possuem procedimento específico para a solução das lides coletivas entre trabalhadores e empregadores, tornando questionável não somente a competência dos juízos singulares de primeiro grau como o próprio cabimento de interditos proibitórios em caso de greve nesta Justiça especializada.

3. Legitimidade

Geralmente, em sede de interdito proibitório, figuram como legitimados o empregador, de um lado, autor da ação de interdito, e o sindicato profissional do outro, tido como responsável direto pelos atos e condutas praticados pelos membros da categoria em determinado movimento paredista abrangente das atividades empresariais do autor.

Entretanto, nada obsta que outros sujeitos componham os polos passivo e ativo do interdito proibitório, como as federações, confederações, centrais sindicais, associações profissionais. Os empregadores e as suas respectivas entidades sindicais ou associações podem figurar no polo passivo de interdito proibitório quando responsáveis pela turbação ou esbulho de posse do patrimônio do(s) empregado(s) ou dos seus entes representativos.

---

relação de emprego. 2. Ação de interdito proibitório cuja causa de pedir decorre de movimento grevista, ainda que de forma preventiva. 3. O exercício do direito de greve respeita a relação de emprego, pelo que a Emenda Constitucional n. 45/2003 incluiu, expressamente, na competência da Justiça do Trabalho conhecer e julgar as ações dele decorrentes (art. 114, inciso II, da Constituição da República). 4. Recurso extraordinário conhecido e provido para fixar a competência da Justiça do Trabalho." (RE 579648, Plenário do STF, Relator Ministro Menezes Direito, julgamento em 10.09.2008, publicado no DJE de 6.3.09).

(953) *"GREVE. INTERDITO PROIBITÓRIO. CONFLITO DE NATUREZA TRABALHISTA. COMPETÊNCIA FUNCIONAL DO JUIZ DE PRIMEIRA INSTÂNCIA. Os aspectos possessórios concernentes à realização de piquetes vinculados a movimentos paredistas, não desvirtuam a natureza trabalhista do conflito, o que atrai a competência material desta Justiça Especializada para dirimi-lo, pertencendo ademais a atribuição funcional correlativa ao juiz de primeira instância, mercê do contexto institucional que dimana da atual redação conferida ao art. 114 da Constituição Federal, ilação que só pode ser afastada em se tratando de dissídios coletivos em sentido estrito."* (TRT/15ª Região; Processo N. 01537-2005-000-15-00-8 AÇÃO NÃO TIPIFICADA — (Ac. SDC 90/05-PADC) — Rel. Juiz Manoel Carlos Toledo Filho, *DJSP* 25.10.05, p. 4).

4. Análise crítica do instituto

4.1. *Proteção da posse versus tutela da atividade empresarial*

Como elucidado, o interdito proibitório constitui um instrumento processual para a tutela da posse (direta ou indireta) enquanto elemento de exteriorização do domínio, de forma que a tutela da posse se desvela-se, em última análise, na proteção do próprio direito de propriedade. Embora a posse não seja considerada pela doutrina dominante como um direito real, a sua proteção por meio de interdito tem fundamento na medida em que aparece como um desdobramento do domínio, e somente nesta situação.

No entanto, verifica-se uma determinada atecnia na concessão de interditos proibitórios em hipóteses do exercício do direito de greve pela Justiça do Trabalho, na medida em que são indevidamente requeridos e concedidos interditos para a tutela da atividade empresarial e não de determinada posse em si.

Como preleciona Inglez de Souza, "*Por empresa devemos entender uma repetição de atos, uma organização de serviços, em que se explore o trabalho alheio, material ou intelectual. A intromissão se dá, aqui, entre o produtor do trabalho e o consumidor do resultado desse trabalho, com o intuito de lucro*".(954)

A empresa constitui a atividade do empresário, consubstanciada na organização dos fatores de produção — terra, capital e trabalho —, por meio da mediação da produção dos trabalhadores e a colocação do produto final no mercado de bens e serviços, com o intuito de lucro.

Como elucida J. X. Carvalho de Mendonça, a empresa consiste na "*organização técnico-econômica que se propõe produzir a combinação dos diversos elementos, natureza, trabalho e capital, bens e serviços destinados à troca (venda), com esperança de realização de lucros, correndo riscos por conta do empresário, isto é, daquele que reúne, coordena e dirige esses elementos sob sua responsabilidade*".(955)

No contexto das relações coletivas de trabalho, o direito de greve em determinada medida sempre se dirige, direta ou indiretamente, para a atividade empresarial do empregador, seja pelos próprios efeitos da paralisação do trabalho, seja pela estratégia do movimento paredista de embaraçar a atividade empresarial do empregador com vistas a forçar uma negociação coletiva entre as partes. Não é da essência do exercício do direito de greve o seu direcionamento contra o direito de posse do empregador, não se podendo presumir turbação da posse nas hipóteses de mera perturbação da atividade empresarial.

Nesta esteira de raciocínio, não se pode confundir a concessão de interdito proibitório para a salvaguarda de interesses do possuidor com a tutela do interesse na continuidade das atividades do empresário, entendido este como todo "*aquele que exerce profissionalmente atividade econômica organizada para a produção ou a circulação de bens ou de serviços*" (CCB, art. 966).

A turbação da organização dos elementos da empresa (terra, capital e trabalho), neles compreendido o estabelecimento enquanto objeto organizacional da atividade empresarial, constitui fator subjacente a um conflito coletivo de trabalho, devendo ser analisado dentro deste contexto, e não pontualmente como uma mera questão possessória, de forma que não justifica a propositura de interdito proibitório, nem tampouco a sua concessão nestas situações.

As situações de realização de assembleias na frente das empresas, piquetes pacíficos ou violentos, greve de ocupação e obstacularização da entrada de clientes e empregados nos estabelecimentos dos empregadores são questões inerentes à própria qualificação do movimento paredista, cuja competência para apreciação é originária dos Tribunais do Trabalho (TRT e TST), conforme a dimensão do conflito, somente os quais possuem competência para constatar a abusividade ou não da greve e determinar as medidas necessárias para o restabelecimento da ordem.

---

(954) SOUZA, Inglez de, *apud* REQUIÃO, Rubens. *Curso de direito comercial.* 2 ed. São Paulo: Saraiva, 2010. v. 1. p. 80-81.

(955) MENDONÇA, J. X. Carvalho de, *apud* REQUIÃO, Rubens. *Op. cit.*, p. 81.

O que se verifica nas hipóteses de propositura de determinados interditos proibitórios na Justiça do Trabalho é a pretensão de tutela do interesse imediato do empregador na continuidade da sua atividade empresarial, sem nenhuma correlação com o instituto da posse; na maioria das vezes, com a concessão de liminar pelos Órgãos da Justiça do Trabalho, revelando um desvirtuamento do instituto processual em comento.

Somente os demais direitos reais decorrentes do direito de posse ensejam a tutela por meio de interditos, não servindo estes para a proteção de direitos pessoais e obrigacionais. Nesse sentido, dispõe a Súmula n. 228 do STJ, que não reconhece a possibilidade de interdito proibitório para a proteção de direitos intelectuais, como os direitos autorais.(956)

Como assevera Clóvis Bevilacqua, "*o Código reconhece a posse dos direitos, que consiste na possibilidade incontestável do efetivo exercício de um direito. Como, porém, a posse é um estado de fato, correspondente à propriedade, os direitos suscetíveis de posse são apenas os que consistem em desdobramentos dela, os direitos reais, excluída, naturalmente, a hipoteca, porque ela não importa utilização nem detenção da coisa vinculada à garantia de pagamento. Os direitos pessoais são estranhos ao conceito de posse*".(957)

Vale ressaltar que, contrariamente ao que se verifica nos dias atuais na Justiça do Trabalho, os interditos proibitórios chegaram a ser utilizados para a tutela de direitos pessoais, incorpóreos, como o direito a determinado cargo no serviço público, por influência de Ruy Barbosa, o qual patrocinou a causa de dezesseis professores catedráticos da Escola Politécnica do Rio de Janeiro, que haviam sido suspensos, por três meses, com privação de vencimentos, pelo Governo Federal, por terem se rebelado contra uma decisão do diretor deste instituto de ensino, tendo sido requerido e obtido o mandado de manutenção de posse para que fossem mantidos no exercício dos seus cargos, episódio que reformulou a concepção dos interditos proibitórios, com a sua restrição aos casos de direitos reais, bem como suscitou a instituição do mandado de segurança a partir de 1934, obstando-se o manejo dos interditos proibitórios para referido desiderato.(958)

Desse modo, os interditos proibitórios retomaram o seu lugar restrito de tutela dos efeitos da posse, abstraindo-se a possibilidade de seu manejo para a proteção de outros direitos pessoais ou obrigacionais.

A atecnia jurídico-processual na concessão de interditos proibitórios pela Justiça do Trabalho não somente tem suscitado a propositura exponencial dessas ações pelos empregadores, principalmente pelas entidades bancárias, que encontraram nesse meio processual um rápido recurso para a garantia da continuidade das suas atividades empresariais, em detrimento do direito fundamental de greve dos trabalhadores, como tem gerado um verdadeiro abuso na concessão de liminares, em virtude da equivocada equiparação entre o direito à continuidade da atividade empresarial com o direito à posse e seus desdobramentos (direitos de gozo, uso e usufruto da coisa em si).

Turbação da atividade empresarial não se confunde, em hipótese alguma, com turbação da posse, não sendo cabível interdito proibitório no primeiro caso, como nas situações de realização de piquetes e assembleias na frente de agências bancárias ou obstacularização do ingresso de clientes e empregados, entre outros atos sindicais.(959) É da essência dos movimentos paredistas a turbação da atividade empresarial, sendo essa o pano de fundo do conflito coletivo de trabalho, a qual não pode ser equiparada à eventual perturbação da posse para efeitos de tutela via interditos proibitórios pelos juízos singulares da Justiça do Trabalho.

---

(956) "*Súmula n. 228. É inadmissível o interdito proibitório para a proteção do direito autoral.*"

(957) BEVILACQUA, Clóvis, *apud* GONÇALVES, Carlos Roberto. *Op. cit.*, p. 70.

(958) GONÇALVES, Carlos Roberto. *Op. cit.*, p. 68-70.

(959) Veja, nesse sentido, decisão judicial que, após reconhecer expressamente a inexistência de eventual *animus possidendi* por parte dos grevistas, concedeu interdito proibitório para garantir a atividade empresarial do empregador. *INTERDITO PROIBITÓRIO. GREVE DOS BANCÁRIOS. OBSTRUÇÃO DO LIVRE ACESSO ÀS AGÊNCIAS. AMEAÇA DE TURBAÇÃO CONFIGURADA. MULTA COMINATÓRIA.* ANIMUS POSSIDENDI. *Demonstrado de forma inequívoca nos autos a iminência de atos turbativos à posse do demandante, não há falar em necessidade de verificação do* animus possidendi, *na medida em que, embora não houvesse, realmente, por parte dos grevistas, a intenção de tomar para si os imóveis (agências bancárias), suas ações causaram obstrução à livre manifestação e usufruto da posse por parte do demandante, legítimo possuidor, estando, pois, sob a salvaguarda legal do interdito proibitório. Descumprida a ordem judicial de desobstrução do acesso às agências bancárias, impõe-se a restauração da multa cominatória anteriormente fixada.* (TRT 12ª Reg. RO-V 06357-2006-035-12-00-3; *Ac.* 3ª T. n. 08702/07, 29.5.07, rel. Juiz Gerson Paulo Taboada Conrado. TRT-SC/*DOE* em 27.6.2007)

4.1.1. Quadro sinóptico

Em linhas gerais, o quadro sinóptico abaixo demonstra as diferenças entre o direito de posse e o direito ao exercício de uma atividade empresarial:[960]

IUS POSSESSIONIS	**ATIVIDADE EMPRESARIAL**
Direito especial decorrente da manifestação de um direito real[20]	Direito pessoal/obrigacional
Recai sobre coisa corpórea, tangível e suscetível de apropriação (coisa determinada)	Elemento incorpóreo e intangível (organizaçã dos fatores de produção)
Limitado pelo direito de propriedade e boa-fé de terceiros	Limitada pela função social, pela valorização do trabalho humano e os ditames da justiça social (art. 170, CF/1988)
Invoca o *ius persequendi* (ação real) em face de qualquer um (*erga omnes*)	Abrange relações obrigacionais/contratuais com pessoas determinadas
Passível de tutela por meio de ações possessórias	Não passível de tutela por meio de ações possessórias
Suscita ações de interditos	Não suscita ações de interditos

Uma vez que os interditos proibitórios constituem elemento de tutela da posse *stricto sensu*, não servindo à pretensão de salvaguarda de direitos pessoais ou empresariais, apresenta-se totalmente desprovido do necessário interesse de agir o empregador que, diante de um movimento paredista, requer ordem judicial para a salvaguarda do exercício da sua atividade empresarial, de forma que a demanda encontra extinção sem resolução do mérito (art. 485, VI, CPC) por ausência de uma das condições da ação.

4.2. Interdito proibitório como ato antissindical: reminiscência das injunções do direito norte-americano

Além da impropriedade do requerimento de interditos proibitórios para a pretensa tutela da atividade empresarial, em detrimento de qualquer direito possessório, diversas demandas desta espécie são propostas simplesmente com o objetivo de obstar-se a prática de atos tipicamente sindicais (realização de assembleias na frente das empresas, simples ameaça de greve, distribuição de panfletos, piquetes etc.), de forma que diversos interditos transformaram-se em típicos instrumentos antissindicais, por sua concessão ofender os princípios de liberdade sindical preconizados pela Organização Internacional do Trabalho, por meio do seu Código Internacional do Trabalho, consubstanciado nas suas Convenções e Recomendações, entre os quais se destacam os preceitos contidos na Convenção n. 87 (sobre *"Liberdade sindical e proteção ao direito de sindicalização")* — na medida da compatibilidade com a CF/1988 — e na Convenção n. 98 (sobre *"Direito de sindicalização e negociação coletiva"*).

---

(960) Embora constitua uma exteriorização do domínio, a posse não foi elencada no Código Civil entre o rol dos direitos reais, como se verifica do art. 1.225 deste diploma normativo, razão pela qual não há consenso na doutrina sobre a sua natureza jurídica. "*Art. 1.225. São direitos reais: I – a propriedade; II – a superfície; III – as servidões; IV – o usufruto; V – o uso; VI – a habitação; VII – o direito do promitente comprador do imóvel; VIII – o penhor; IX – a hipoteca; X – a anticrese; XI – a concessão de uso especial para fins de moradia; XII – a concessão de direito real de uso*".

A realização de assembleias na frente das empresas, simples ameaça de greve, distribuição de panfletos, utilização de carro de som, trios elétricos, "apitaço", peças teatrais, piquetes e outras condutas adotadas pelos sindicatos constituem meros atos sindicais, não suscitando a concessão de interditos proibitórios. Embora se possa dizer que em determinadas situações constituem atos que embaraçam a atividade empresarial do empregador, não configuram atos ilícitos para efeitos de tutela possessória, uma vez que constituem corolários do direito fundamental de greve (art. 9º, CF/1988).

Deve-se ressaltar que culturalmente as manifestações político-sociais no Brasil sempre se caracterizaram pela sua originalidade e pela criatividade dos manifestantes, de forma que as estratégias de greve são um produto histórico da nossa organização sindical, devidamente enraizada na nossa cultura.

O interdito proibitório enquanto ato antissindical remete-nos historicamente às "injunções de trabalho" do direito norte-americano do final do século XIX e início do século XX. Consoante o Gilbert Law Summaries, a injunção constitui um remédio equitativo por intermédio do qual um tribunal ou Corte de Justiça ordena a uma determinada parte a execução ou desistência de uma ação específica, ou proíbe o réu ou seus agentes de continuar qualquer atividade considerada injuriosa para o autor (injunção restritiva).[961]

Os empregadores norte-americanos encontraram nas injunções de trabalho um eficiente meio judicial de obstaculizar ou embaraçar o direito de greve. Como recorda Enoque Ribeiro dos Santos, as injunções eram frequentemente iniciadas com uma audiência *ex parte*, precedida de uma ordem ou mandado temporário de impedimento ou restrição (*restraining order*), sob pena de punição judicial dos recalcitrantes. As injunções transformaram-se em uma poderosa arma contra as atuações das organizações de trabalhadores. Para se ter uma dimensão da força destas injunções, até 1931, as Cortes de Justiça estaduais e federais dos EUA emitiram 1.845 injunções de trabalho.[962]

Assim, como ocorre atualmente com o instituto do interdito proibitório na Justiça do Trabalho, as injunções de trabalho foram alvo de diversas matérias controvertidas no âmbito do direito norte-americano em virtude da sua utilização em conflitos coletivos do trabalho.[963]

Em razão da acentuada oposição à utilização das injunções nas relações coletivas de trabalho, em 1932, o Congresso norte-americano promulgou a Lei Norris-La Guardia, com vistas a limitar o poder e a interferência das cortes de justiça nos conflitos coletivos de trabalho. Por meio da Lei Norris-La Guardia, proibiu-se às cortes de Justiça norte-americanas a prolação de injunções nos conflitos coletivos de trabalho comuns.[964]

Assim, pelo *Norris – La Guardia Act*, foram removidas determinadas barreiras legais e judiciais contra as atividades do trabalho organizado nos Estados Unidos. A lei declarou que os membros dos sindicatos deveriam ter "plena liberdade de associação" sem ser perturbada pelos empregadores. Também prescreveu que os tribunais federais eram proibidos de emitir liminares para evitar greves, piquetes ou boicotes por grupos trabalhistas. Também foram proibidos os *yelow-dog contracts*, pelos quais os empregadores impunham como condição de contratação que os empregados assinassem um acordo comprometendo-se a não aderir a um sindicato, sob pena de não contratação ou dispensa em caso de filiação posterior.

No Brasil, parece que o atraso histórico da consolidação das nossas instituições reavivou um instituto antissindical do final do século XIX, colaborando, ao lado da crise econômica que, *per se*, já dificulta a realização de

(961) Gilbert Law Summaries *apud* SANTOS, Enoque Ribeiro dos. *Fundamentos do direito coletivo do trabalho:* nos Estados Unidos da América, na União Europeia, no Mercosul e a experiência brasileira. Rio de Janeiro: Lumen Juris, 2005. p. 11.

(962) SANTOS, Enoque Ribeiro dos. *Op. cit.*, p. 8-15.

(963) Como recorda Enoque Ribeiro dos Santos, "*O uso das injunções de trabalho nos conflitos coletivos de trabalho se tornou uma das matérias mais controvertidas no terreno das leis trabalhistas norte-americanas. Representantes das empresas e dos sindicatos de trabalhadores discordavam abertamente do uso das injunções para solucionar conflitos trabalhistas. Partes não diretamente filiadas, seja aos sindicatos de trabalhadores, seja aos empregadores, também contribuíam para o debate apresentando suas visões diferenciadas. Juristas, professores, legisladores e até mesmo a população têm condenado ou elogiado a prática da injunção de trabalho*". (SANTOS, Enoque Ribeiro dos. *Op. cit.*, p. 10).

(964) SANTOS, Enoque Ribeiro dos. *Op. cit.*, p. 17.

movimento paredista pela maior parte das categorias de trabalhadores, para a desestabilização e enfraquecimento das entidades sindicais, com a consequente desequiparação de forças em favor dos empregadores.

Não restam dúvidas de que a pletora de interditos proibitórios concedidos pelos juízos trabalhistas em face das organizações de trabalhadores e seus modos de atuação colocam a Justiça do Trabalho na contramão da história e afastam-na dos cânones da igualdade e da justiça social.

Assim, do mesmo modo que ocorreu com as injunções do direito norte-americano, *mutatis mutandis*, o requerimento, com a consequente concessão de interditos proibitórios na Justiça do Trabalho contra atos tipicamente sindicais, transforma-os em poderosos instrumentos contra toda e qualquer atuação coletiva dos trabalhadores e suas organizações, chegando-se ao cúmulo de se conceder interditos proibitórios para obstar a própria assembleia dos trabalhadores, em flagrante violação não somente aos princípios de liberdade sindical preconizados pela OIT, mas do próprio direito fundamental de reunião, constitucionalmente consagrado no art. 5º, XVI, da CF/1988.[(965)]

Outra prova contundente do desvirtuamento do interdito proibitório para direcioná-lo contra o próprio exercício do direito de greve consiste na concessão de mandados (ordens, injunções) voltados exclusivamente para a ameaça de greve, sem qualquer vinculação à eventual questão possessória ou com a prática de atos ilícitos, mas contra o mero prenúncio do exercício de um direito fundamental dos trabalhadores.[(966)]

Esta situação retrata não somente uma atecnia processual como um verdadeiro ato atentatório ao direito fundamental social de greve dos trabalhadores. Atecnia processual porque a simples ameaça de greve nada mais constitui do que o prenúncio do exercício de um direito, constitucionalmente consagrado, pelos trabalhadores, não significando, *ab initio*, ameaça à posse; aliás, é pressuposto para o exercício regular do direito de greve a notificação prévia da parte contrária (Lei n. 7.783/89). Ato atentatório ao direito de greve porque, *in casu*, presume-se que todo movimento paredista é eivado do *animus dolandi* contra a posse, ignorando-se a estatuificação da greve como um direito fundamental, cuja presunção, *ope iuris*, é do seu exercício regular até prova em contrário da sua abusividade. Viola-se o princípio da presunção da boa-fé e da inocência.[(967)]

---

(965) *"XVI — todos podem reunir-se pacificamente, sem armas, em locais abertos ao público, independentemente de autorização, desde que não frustrem outra reunião anteriormente convocada para o mesmo local, sendo apenas exigido prévio aviso à autoridade competente;"*

(966) *"INTERDITO PROIBITÓRIO — JUSTIÇA DO TRABALHO — COMPETÊNCIA — Ainda que não sufragada pela Justiça Comum, é de se ressaltar que o E. STF tem entendimento, unânime, no sentido de ser da competência desta Justiça Especializada a análise e o julgamento do interdito possessório originado de uma questão afeta à relação de emprego. Precedente. INTERDITO PROIBITÓRIO — AJUIZAMENTO — IMINÊNCIA DE GREVE — POSSIBILIDADE — O interdito proibitório, como disposto no art. 932 do Código Processual Civil, é a proteção possessória adequada, de forma essencial, para as hipóteses de ameaça de turbação ou esbulho da posse de quem detém determinado bem, na condição de possuidor direito ou indireto, desde que presente o justo receio da concretização da ameaça. A ação em comento pode ser ajuizada nesta Justiça Especializada em face de uma greve ou da sua ameaça. Se por um lado o art. 9º da Magna Carta assegura direito de greve, por outro assegura a inviolabilidade da propriedade (art. 5º,* caput*), aqui utilizada no seu sentido amplo, incluindo a posse. Estando tais direitos, constitucionalmente garantidos, em choque, deverá o aplicador do direito, através de técnicas integrativas, levá-los a um patamar comum, lhes garantido a coexistência. Assim, a ação sob enfoque e no âmbito de uma greve ou da ameaça de sua realização terá como objetivo garantir ao seu autor a resguarda da sua posse sobre determinado bem, coibindo-se qualquer excesso provocado pelo movimento paredista. Destarte, o procedimento escolhido pela empresa, em tese, atende à natureza da causa ainda que conexo a um estado de greve, devendo esta Justiça Especializada passar para a análise dos seus pressupostos processuais, das condições da ação e, se possível, do seu mérito. Não estando a questão fundada em matéria exclusivamente de direito (art. 515, § 3º, da CLT), é de rigor determinar a remessa dos autos à instância originária para a continuidade no seu julgamento. Prejudicada, com isso, a apreciação das demais matérias recorridas. Recurso provido."* (TRT 15ª Reg. RO 1450-2006-014-15-00-4 Ac 140/08 PADC, SDC — *DOE* 27.6.08, p. 6. Flavio Nunes Campos)

(967) Por este prisma, fundamentou-se corretamente a decisão a seguir transcrita: *"Vistos etc. O interdito proibitório de que trata o art. 932 do CPC está reservado para os casos em que existe fundado receito de ocorrência de turbação ou esbulho. Trata-se de ação preventiva, e como tal, diz respeito a atos que ainda não se concretizaram, mas que o possuidor tem justo receio de que sejam realizados (art. 1.210 do CC). Conforme relata a inicial, e demonstram os documentos que a acompanham, está marcada para o dia de amanhã, greve por tempo indeterminado. O impetrante sustenta que os acontecimentos em todo o País, e também na cidade de Bagé e região em passado recente, permitem concluir pelo seu justo receito de vir a sofrer lesão grave e de difícil reparação, decorrente do descumprimento do disposto no § 3º do art. 6º, da Lei n. 7.783, de 28 de junho de 1989. Na decisão juntada por cópia às fls. 66/67, a autoridade apontada como coatora admite comprovada a posse dos imóveis em que situadas as agências bancárias de Bagé-RS, Dom Pedrito-RS e Caçapava do Sul-RS, locais em que diz existir justo receio de ser molestado na sua posse. Também foram acostados os editais de aviso de greve por tempo indeterminado, a contar do dia 6.10.2005 (fls. 29/33). Todavia, os documentos que apontam para os alegados abusos dizem respeito não apenas a diversas bases territoriais, mas também a outros Estados da Federação. Não há nos autos qualquer notícia de conduta reprovável do sindicato, ora litisconsorte passivo necessário, como alega o impetrante, na inicial. Assim, fixada a premissa irrefutável, de que a greve é um direito constitucionalmente assegurado, tudo indica que a mesma será exercida nos limites da lei que a regula. Neste aspecto, relevante*

Da mesma maneira, constitui flagrante prática antissindical a concessão de interditos proibitórios para obstar-se a realização de assembleias na frente das empresas, panfletagem, utilização de carro de som etc., atos tipicamente sindicais, que encontram pleno respaldo em nosso ordenamento constitucional e jamais poderiam ser objeto de interditos proibitórios, muito menos na Justiça do Trabalho, que possui o dever constitucional de salvaguardar os princípios de liberdade sindical, principalmente após o advento da EC n. 45/2004 que relegou a esta Justiça especializada a solução dos conflitos sindicais.

A concessão de interditos proibitórios nas situações de greve repousa numa visão notavelmente patrimonialista e policialesca das relações de trabalho, máxime das relações coletivas de trabalho, em detrimento da visão social do direito de greve, que figura no ordenamento jurídico brasileiro como um direito fundamental dos trabalhadores (art. 9º, CF/1988)[(968)], o qual, porém, é injustificadamente equiparado a atos ilícitos de turbação ou esbulho da posse para conceder-se interdito proibitório em favor dos empregadores.

Essa ilação torna-se mais perigosa à medida que a redução do conflito a uma suposta questão possessória poderia justificar inclusive o exercício da autotutela pelos empregadores, pela prática do desforço possessório; garantido no art. 1.210, § 1º, CCB[(969)], com ampla possibilidade de realmente transformar um conflito social em caso de polícia. Demonstra-se inclusive despiciendo relatar todas as Cartas Internacionais de Direitos Humanos e as normas da OIT que consagram a greve como um direito fundamental dos trabalhadores, corolário do direito de liberdade sindical.

Ao adotar referida conduta, os operadores do Direito do Trabalho submetem-se às ideologias liberais e individualistas que influenciaram a elaboração do Código Civil de 1916 e continuam marcando o atual estatuto civilista de 2002, não obstante o advento de alguns institutos socializantes, como a função social do contrato.

Como demonstrou Orlando Gomes, a legislação civilista foi totalmente refratária aos direitos sociais, principalmente os vinculados à legislação do trabalho, com vistas ao favorecimento das camadas superiores da população e à evitação de obstáculos à livre-iniciativa.[(970)] A concessão de interditos proibitórios em situações de greve nada mais significa que submeter direitos sociais e fundamentais dos trabalhadores aos caprichos da livre-iniciativa.

Por meio da concessão de interditos proibitórios nas hipóteses de greve, o conflito social inerente às relações coletivas de trabalho é injustificadamente reduzido a uma simples questão patrimonial de suposto caráter possessório, isto é, abrevia-se um conflito de natureza coletiva com a sua relegação a uma simples questão individual de natureza possessória.

Ressalte-se: equipara-se, *prima facie*, contrariamente aos princípios dos direitos fundamentais, o direito fundamental dos trabalhadores à paralisação coletiva do trabalho a atos ilícitos de turbação e esbulho, resolvendo-se pelo prisma de um direito de cunho liberal e individualístico (direito à posse) um conflito de natureza social e coletiva.

Neste ínterim, como ressalta Ericson Crivelli, "*Ao acolher o pedido de concessão da garantia judicial da posse, no caso de greves, o juiz está considerando, em síntese, o trabalho humano como extensão da coisa cuja posse se pretende proteger.*

---

a referência da autoridade impetrada, de que a análise da situação requer a observância dos princípios da presunção da boa-fé e da inocência. Estes fundamentos, em princípio, se afiguram suficientes para afastar o alegado justo receio de turbação, requisito indispensável a amparar a pretensão possessória. Nestas condições, indefiro a liminar pleiteada. Oficie-se à autoridade apontada como coatora, para que preste as informações que entender cabíveis. Cite-se o sindicato, ora litisconsorte passivo necessário, no endereço informado na inicial. Após, remetam-se os autos ao Ministério Público do Trabalho. Em 05.10.2005. (a) MARIA INÊS CUNHA DORNELLES, Juíza relatora." (TRT 4ª Região — RS; Processo n. 03253-2005-000-04-00-6, Mandado de Segurança; rel. Maria Inês Cunha Dornelles, J. 5.10.2005)

(968) CF/1988, *"Art. 9º É assegurado o direito de greve, competindo aos trabalhadores decidir sobre a oportunidade de exercê-lo e sobre os interesses que devam por meio dele defender. § 1º A lei definirá os serviços ou atividades essenciais e disporá sobre o atendimento das necessidades inadiáveis da comunidade. § 2º Os abusos cometidos sujeitam os responsáveis às penas da lei".*

(969) CCB, art. 1.210, *"§ 1º O possuidor turbado, ou esbulhado, poderá manter-se ou restituir-se por sua própria força, contanto que o faça logo; os atos de defesa, ou de desforço, não podem ir além do indispensável à manutenção, ou restituição da posse".*

(970) GOMES, Orlando. *Raízes históricas e sociológicas do Código Civil brasileiro*. São Paulo: Martins Fontes, 2003. p. 34.

As reiteradas decisões do Judiciário brasileiro estendem, na prática, aplicação do direito real ao trabalho humano, visto neste particular, como um fator de produção que, uma vez impedido pela linha de piquete de adentrar ao local de trabalho, impede ao empregador proprietário o uso e o gozo de sua posse. Além do que, como se tem buscado demonstrar, olvida os deveres fundamentais decorrentes da nova configuração constitucional dada à propriedade".(971)

4.2.1. Quadro sinóptico: interdito proibitório como ato antissindical

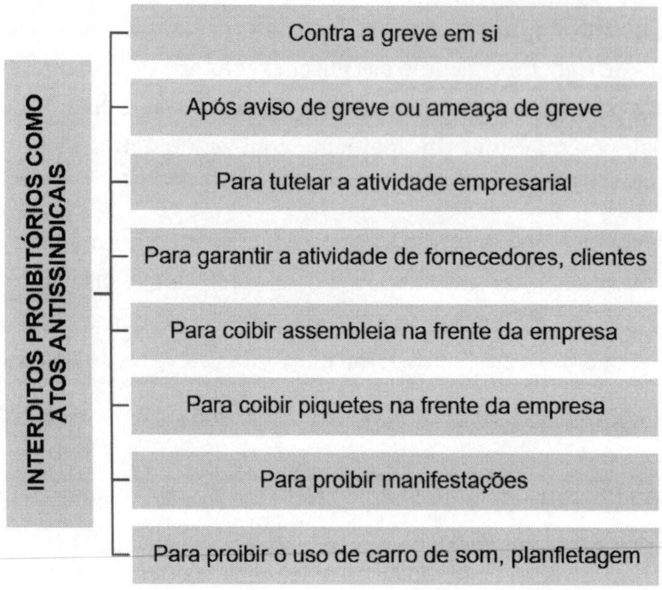

4.3. (In)competência das Varas do Trabalho para interditos proibitórios em caso de greve (lides coletivas)

A jurisprudência predominante nos Tribunais Trabalhistas consolidou a competência das Varas do Trabalho para o processamento e julgamento dos interditos proibitórios em caso de greve.

O simples reconhecimento da competência dos Juízos Trabalhistas de 1º Grau para as demandas de interditos proibitórios em situações de greve já constitui séria violação deste direito fundamental dos trabalhadores, uma vez que os magistrados trabalhistas não possuem competência funcional para dirimir conflitos coletivos de trabalho, como os decorrentes de um movimento paredista, sendo esta competência constitucionalmente atribuída aos Tribunais Regionais do Trabalho e ao Tribunal Superior do Trabalho, consoante a dimensão do conflito.

Como acentua Cândido Rangel Dinamarco, o *iter* da concretização da competência delineia-se pela aplicação de operações de três naturezas distintas. A determinação da competência *in abstracto*, pela aplicação dos critérios pelos quais se define o âmbito de atribuições de cada organismo judiciário (Justiça) e de cada órgão (foros, juízos, varas especializadas, juízos e órgãos inferiores e superiores); a modificação da competência, a partir da previsão dos critérios de prorrogação da competência (relativa); e, por último, a concentração da competência, *"mediante a qual se exclui a competência de todos os órgãos judiciários, teoricamente competentes para determinada causa, menos um: por essa operação, só um deles ficará incumbido da causa"*. As hipóteses de prevenção são, por excelência, critérios normativos de garantia da concentração, por isso, denominadas de *normas de concentração*.(972)

O princípio da concentração da competência invoca que um mesmo órgão jurisdicional contenha o conjunto de atribuições necessárias para a apreciação de todos os elementos materiais e processuais pertinentes a determinado conflito de interesses, de forma a propiciar o julgamento da lide no seu mais amplo aspecto, garantindo-se,

(971) CRIVELLI, Ericson. Interditos proibitórios *versus* liberdade sindical — uma visão panorâmica do direito brasileiro e uma abordagem do direito internacional do trabalho. *Revista LTr*, São Paulo, V. 73, n. 12, p. 1424, dez. 2009.

(972) DINAMARCO, Cândido Rangel. *Instituições de direito processual civil*. 6. ed. São Paulo: Saraiva, 2009. p. 428-429.

pela satisfação desse desiderato, a igualdade das partes, que poderão invocar no juízo competente todas as questões fáticas e jurídicas favoráveis à defesa do seu direito, e a definitividade da atividade jurisdicional, evitando-se a subsistência de questões continentes, conexas, dependentes ou residuais, cuja ausência de apreciação perpetuaria o conflito material, nos casos em que se admitissem competências parciais.

O princípio da concentração da competência é elemento basilar do direito processual, pois sua observância obsta a pulverização das diversas questões referentes a uma mesma lide por órgãos e instâncias jurisdicionais diferentes, evitando-se a fragmentação da lide, a justeza da sua solução e a prolação de decisões pontuais.

No caso dos interditos proibitórios requeridos aos juízos singulares da primeira instância da Justiça do Trabalho constata-se não somente uma verdadeira usurpação da competência originária dos Tribunais Trabalhistas para a apreciação de conflitos coletivos do trabalho como o exercício parcial da jurisdição.

É inquestionável que o exercício do direito de greve qualifica-se como um conflito de natureza coletiva entre empregados e empregador(es), tendo sua solução constitucionalmente delegada aos Tribunais do Trabalho (TRT e TST), consoante as normas do art. 114, §§ 2º e 3º, CF/1988, os quais detêm a competência funcional plena para a apreciação dos conflitos coletivos entre o capital e o trabalho, tanto para as questões de mérito, quanto para a solução das questões incidentais e para a apreciação das medidas preventivas.

A apreciação das questões referentes ao exercício do direito de greve em sede de interdito proibitório pelos juízos singulares das Varas do Trabalho constitui verdadeira usurpação da competência constitucional dos Tribunais do Trabalho para a apreciação dos conflitos coletivos trabalhistas.

Evidentemente que para a apreciação de interdito ajuizado por empregador(es) em virtude de atos praticados pelos trabalhadores no decorrer de um movimento paredista o julgador não se limitará à análise de questões meramente possessórias, uma vez que deve adentrar à apreciação do conflito coletivo de trabalho, inclusive para verificação do cometimento de atos abusivos pela coletividade de empregados, o que, em última análise, nada mais é que a apreciação da abusividade ou não da própria greve, cuja atribuição é de competência originária dos Tribunais do Trabalho e não dos juízos singulares.

Na prática, verifica-se uma apreciação pontual do conflito, posto que a natureza e justeza das reivindicações dos trabalhadores não são levadas em consideração pelos juízos no momento de apreciação dos interditos proibitórios. Essa circunstância não passou despercebida a Ericson Crivelli, ao acentuar que "*Salta aos olhos do analista mais acurado que os motivos que levam os trabalhadores a iniciarem uma greve — como reação à resistência do empregador diante das suas reivindicações — são absolutamente ignorados pelos juízos ao apreciarem a expedição de mandado judicial nestas ações possessórias*".(973)

Imagine-se, nesta circunstância, que determinado juízo conceda uma ordem para a cessação de piquetes na entrada da empresa para que se possibilite a entrada de trabalhadores e clientes e, depois, constate que se tratava de uma greve ambiental fundamentada no perigo à integridade física das pessoas no local de trabalho; a apreciação das reivindicações dos trabalhadores (mérito do conflito coletivo) é essencial para a tomada de qualquer decisão, sob pena de colocação da coletividade em risco.

Neste diapasão, é indubitável que, para a apreciação do interdito proibitório, o julgador delibere sobre a própria delimitação do direito de greve. Porém, somente os Tribunais do Trabalho (TRT e TST) possuem competência funcional para a apreciação de conflitos coletivos do trabalho, independentemente da natureza material dos direitos envolvidos ou da espécie de instrumento processual utilizado (interdito proibitório; medidas cautelares; dissídio coletivo etc.). Apenas os Tribunais do Trabalho possuem competência funcional ampla para apreciar e julgar todas as questões que envolvem o exercício do direito de greve, inclusive as referentes à tutela da posse em casos de turbação ou esbulho, caso restem caracterizadas essas circunstâncias. *In casu*, a alegação de ameaça da posse e o exercício do direito de greve estão visceralmente vinculados, não se podendo afastar um fato do outro

(973) CRIVELLI, Ericson. *Op. cit.*, p. 1422.

para considerar-se o juízo de primeira instância trabalhista competente apenas para a tutela da posse, deixando as demais questões sem apreciação ou solução.(974)

Neste diapasão, a incompetência dos Juízos de primeira instância da Justiça do Trabalho resta mais saliente em virtude do caráter dúplice das ações possessórias (*actio duplex*), inclusive dos interditos proibitórios, em razão do qual o réu pode suscitar pretensões processuais em face do autor por ocasião da apresentação da própria defesa, cujos pleitos deverão ser apreciados e julgados pelo órgão julgador. Esta garantia vem prevista no art. 566 do CPC, *ipsis litteris*:

> "Art. 566. É lícito ao réu, na contestação, alegando que foi o ofendido em sua posse, demandar a proteção possessória e a indenização pelos prejuízos resultantes da turbação ou do esbulho cometido pelo autor."

Como elucida Humberto Theodoro Júnior, "*Com essa norma, o legislador atribui o caráter dúplice aos interditos possessórios, ou seja, trata essas ações como aquelas em que não se distingue a posição ativa da passiva entre os sujeitos da relação processual. Nas ações dúplices não há, na verdade, nem autor nem réu, no rigor técnico dessas expressões. Nas ações simples, há nítida diferença de atitudes de cada parte: só o autor pede; e o réu apenas resiste ao pedido do autor. Somente por meio da reconvenção é que torna possível ao réu a formulação de pedido contra o autor. Mas aí o que se tem não é mais defesa, e sim propositura de nova ação, dentro dos autos já existentes*".(975)

Desse modo, diante da propositura desvirtuada de um interdito proibitório por determinado empregador em virtude do exercício do direito de greve por determinada coletividade de empregados para salvaguardar sua atividade empresarial, sob a infundada alegação de tutela da posse, deverá necessariamente o julgador decidir sobre a abusividade ou não da greve, inclusive devendo declará-la no dispositivo na hipótese de pedido formulado pelo réu na contestação; competência esta que sempre fora (e continua sendo) dos Tribunais Trabalhistas e não dos Juízos singulares.

Poder-se-ia objetar que a contestação, *in casu*, não estaria restrita ao aspecto da posse; porém, a própria propositura da demanda em si não observou essa restrição; trata-se de uma questão de isonomia processual.

4.4. Existência de instrumento processual próprio e específico na Justiça do Trabalho

Além da incompetência dos Juízos de primeira instância da Justiça do Trabalho para a apreciação e julgamento de interditos proibitórios nas hipóteses de exercício do direito de greve, apresenta-se questionável o cabimento dessas espécies de demanda na Justiça especializada, tendo em vista a existência de instrumento processual próprio no processo do trabalho para salvaguarda dos interesses dos empregadores e trabalhadores nas hipóteses de conflitos coletivos de trabalho.

Com efeito, entre as diversas formas de resolução de conflitos decorrentes das relações de trabalho, o Brasil também adotou a solução estatal de conflitos individuais e coletivos por meio da atuação do Poder Judiciário. O conflito individual é solucionado pela reclamação trabalhista, por meio da qual a lide — envolvendo um ou mais empregados perfeitamente identificados de um lado e empregador(es) do outro — é resolvida mediante a aplicação da lei ao caso concreto.

Já os conflitos coletivos são solucionados por meio de ações judiciais, denominadas "dissídios coletivos" e ajuizadas perante os Tribunais Trabalhistas. Estas demandas dão solução ao conflito mediante a aplicação do poder

---

(974) Nesse sentido, acórdão que propugna a limitação das questões analisadas em sede de interdito proibitório: *"INTERDITO PROIBITÓRIO. POSSIBILIDADE DE AJUIZAMENTO PELO EMPREGADOR NA JUSTIÇA DO TRABALHO — HIPÓTESES RESTRITAS. O interdito proibitório, também denominado de ação de força iminente, é ação possessória com o objetivo de evitar esbulho ou turbação da posse, ou a ameaça da prática destes e, pode ser ajuizado pelo empregador na Justiça do Trabalho. Contudo, a medida judicial em testilha, não se constitui remédio adequado para tratar de pontos, situações e outras ocorrências pertinentes e específicas ao tema: greve. Sua utilização não pode representar uma frustração ao movimento paredista e somente é cabível nas estritas hipóteses, efetivamente verificadas, em consonância com os dispositivos constantes no art. 932 do Código Civil."* (TRT/15ª Região, Proc. n. 01593-2005-000-15-00-2; rel. Mariane Khayat)

(975) THEODORO JÚNIOR, Humberto. *Op. cit.*, p. 144.

normativo, o qual consiste na faculdade conferida aos Tribunais do Trabalho para estabelecer normas e condições de trabalho a fim de reger as relações individuais de trabalho dos trabalhadores e empregadores representados. Encontra previsão no art. 114 da CF/1988, que trata da competência da Justiça do Trabalho, cuja redação foi alterada pela EC n. 45/2004. Trata-se de uma competência regulamentar atribuída ao Judiciário Trabalhista para solucionar conflitos coletivos do trabalho.

No âmbito dos dissídios coletivos, o art. 865 da CLT concede ao juiz-presidente, diante da ameaça de perturbação da ordem, o poder de requisitar às autoridades competentes as providências que se tornarem necessárias.

Embora o dispositivo refira-se à "autoridade", o poder conferido ao juiz-presidente é muito mais amplo, abrangendo todos aqueles sujeitos ao poder geral de cautela do magistrado (art. 297 e 298, CPC), inclusive, e principalmente, às partes do dissídio coletivo.

Desse modo, pode o juiz-presidente, em dissídio coletivo de greve, *v. g.*, determinar o cumprimento do art. 11 da Lei n. 7.783/89, que determina que *"Nos serviços ou atividades essenciais, os sindicatos, os empregadores e os trabalhadores ficam obrigados, de comum acordo, a garantir, durante a greve, a prestação dos serviços indispensáveis ao atendimento das necessidades inadiáveis da comunidade. Parágrafo único. São necessidades inadiáveis da comunidade aquelas que, não atendidas, coloquem em perigo iminente a sobrevivência, a saúde ou a segurança da população"*.

A prestação dos serviços inadiáveis da comunidade deve ser efetuada pelos empregados e empregadores que desempenham suas atividades nesses serviços. É comum, por exemplo, o juiz-presidente, no caso de greve em atividades de transportes, determinar a colocação em funcionamento de um certo percentual de veículos, com cominação de multa diária pelo descumprimento. Em caso de a medida não ser eficiente para a satisfação, ainda que parcial, das necessidades inadiáveis da comunidade, poderá o juiz determinar ao poder público a aludida prestação dos serviços indispensáveis (art. 12, Lei n. 7.783/83).

O poder geral de cautela conferido ao juiz no processo de dissídio coletivo tem natureza discricionária e possui como maior objetivo a tutela da ordem jurídica e das necessidades materiais da comunidade. Possui, por isso, amplitude subjetiva maior que a disposta nos art. 297 e 298 do CPC, uma vez que não se limita a garantir a efetividade do processo principal, mas também proteger interesse de terceiros estranhos à lide, bem como um largo campo objetivo, posto que, por meio dele, poderá o magistrado deferir quaisquer providências necessárias para a salvaguarda da eficácia do processo de dissídio coletivo para uma das partes e para o atendimento das necessidades inadiáveis da comunidade.

Como acentua Humberto Theodoro Júnior, diante do *"poder geral de cautela, a atividade jurisdicional apoia-se em 'poderes indeterminados' porque a lei, ao prevê-los, não cuidou de preordená-los a providências de conteúdo determinado e específico"*.[976]

Essa discricionariedade possui certos limites, pois não pode o magistrado, por meio do exercício do poder geral de cautela: a) obstar integralmente o exercício do direito de greve, ao determinar providências que inibam, por completo, os efeitos do movimento paredista; b) conceder antecipadamente as pretensões reivindicadas; c) adentrar ao mérito do litígio, antecipando o conteúdo de uma decisão final.

Embora as ordens e injunções de fazer, não fazer ou de prestar possam assumir conteúdos os mais diversificados possíveis, de acordo com as situações de fato e de direito sobre as quais terão que incidir, para preservar a eficácia útil do processo ou para o atendimento das necessidades inadiáveis da comunidade, elas devem ser plenamente valoradas pelo juiz quando requeridas ou concedidas *ex officio*, quanto à sua necessidade, sua adequação e a sua utilidade.[977]

(976) *Idem, ibidem*, p. 483.

(977) *Idem, ibidem*, p. 485.

Considerando-se que as liminares concedidas em interditos proibitórios pleiteados perante os juízos de 1º grau da Justiça do Trabalho possuem muito mais a característica de providências cautelares requeridas no decorrer de um conflito coletivo de trabalho, mas acertadamente verifica-se serem os Tribunais do Trabalho os juízos competentes para a apreciação destas questões, inclusive no que se refere ao resguardo cautelar de direitos, pessoas e coisas, em sede de providência cautelar pleiteada como medida cautelar antecipatória ou incidental de um dissídio coletivo, por meio do poder geral de cautela (art. 865, CLT c/c art. 297 e 298, CPC), além de o Tribunal Trabalhista possuir competência para julgar todo o conflito e não somente um ponto deste. Havendo instrumento processual específico para solucionar questões referentes ao exercício do direito de greve e eventuais abusos por meio dele cometidos, torna-se questionável o próprio cabimento de interditos proibitórios na Justiça do Trabalho.

Pelo poder geral de cautela, como medida cautelar atípica, o juízo concederá uma "ordem", um "comando" ou uma "injunção" a uma das partes em conflito, de caráter positivo (ordens de fazer) ou negativo (ordens de não fazer), tendo como destinatário aquele cuja ação ou omissão ameace restringir ou suprimir o interesse jurídico substancial do promovente.[978]

Ao considerar-se que o objeto dos interditos proibitórios (tutela da posse) não se confunde com os atuais e corriqueiros requerimentos formulados nessas ações perante a Justiça do Trabalho (tutela da atividade empresarial), não resta dúvida da impossibilidade de *interdictum* para este desiderato ou qualquer outro relacionado com o exercício do direito de greve, devendo o pleito ser apreciado pelos Tribunais Trabalhistas.

4.4.1. Quadro sinóptico: conflito coletivo de greve x questão possessória

DENOMINAÇÃO	DIREITO DE GREVE	ATOS DE TURBAÇÃO OU ESBULHO DA POSSE
RAMO JURÍDICO	Instituto de Direito Coletivo do Trabalho	Instituto de Direito Civil
NATUREZA JURÍDICA	Direito fundamental social constitucional	Atos ilícitos
CONTINENTE	Questão social	Questão patrimonial
CONTEÚDO	Conflito entre capital e trabalho	Conflito possessório
AÇÃO JUDICIAL	Invoca dissídio coletivo e greve e/ou tutela provisoria cautelar antecedente em dissídio coletivo	Invoca interditos proibitórios
COMPETÊNCIA FUNCIONAL	Competência dos TRT e TST	(In) competência dos juízos de 1º grau

(978) *Idem, ibidem*, p. 484-485.

Referências

ACQUAVIVA, Marcus Cláudio. *Mandado de segurança*. São Paulo: Jurídica Brasileira, 2000.

ADAMOVICH, Eduardo Henrique Raymundo von. *Sistema da ação civil pública no processo do trabalho*. São Paulo: LTr, 2005.

ALPA, Guido. Interessi difusi. *Revista de Processo,* São Paulo, n. 81, jan./mar. 1996.

ALVES, Rubens Valtecides. *Deficiente físico*: novas dimensões da proteção do trabalhador. São Paulo: LTr, 1992.

AMARAL, Mônica do. *O espectro de Narciso na modernidade*: de Freud a Adorno. São Paulo: Estação Liberdade, 1997.

ANDERSON, Walfred A.; PARKER, Frederick B. *Uma introdução à sociologia*. 3. ed. Trad. Álvaro Cabral. Rio de Janeiro: Zahar, 1974.

ANTUNES, Luís Felipe Colaço. *A tutela dos interesses difusos em direito administrativo*: para uma legitimação procedimental. Coimbra: Almedina, 1989.

ANTUNES, Ricardo Luiz Couto. *O que é sindicalismo*. São Paulo: Brasiliense, 1994.

ARAÚJO, Adriane Reis. Estudo apresentado na *XI Convención Latinoamericana del Derecho*. Org. CEDDAL— *Comitê para el Estudio e Difusión Del Derecho en América Latina*. Lima/Perú. Realizada de 31 de outubro a 02 de novembro de 2018.

ARAÚJO, Luiz Alberto David. *Proteção constitucional das pessoas portadoras de deficiência*. 2. ed. Brasília: Coordenadoria Nacional para Integração da Pessoa Portadora de Deficiência, 1997.

ARAÚJO FILHO, Luiz Paulo da Silva. *Ações coletivas:* A tutela jurisdicional dos direitos individuais homogêneos. Rio de Janeiro: Forense, 2000.

ARENDT, Hannah. *A condição humana*. 10. ed. Rio de Janeiro: Forense, 2000.

______. *Origens do totalitarismo*: anti-semitismo, imperialismo, totalitarismo. Trad. Roberto Raposo. São Paulo: Companhia das Letras, 1989.

AROUCA, José Carlos. *Curso básico de direito sindical.* São Paulo: LTr, 2006.

______. *Repensando o sindicato*. São Paulo: LTr, 1998.

ASSIS, Machado de. *Memórias póstumas de Brás Cubas*. São Paulo: Ática, 1985.

BARROS, Alice Monteiro de. *A mulher e o direito do trabalho*. São Paulo: LTr, 1995.

______. *Proteção à intimidade do empregado*. São Paulo: LTr, 1997.

______. *Curso de direito do trabalho*. São Paulo: LTr, 2005.

BASTOS, Celso Ribeiro. A tutela dos interesses difusos no direito constitucional brasileiro. *Revista Procuradoria Geral do Estado de São Paulo*, n. 41, p. 115-116, jun. 1994.

BATALHA, Wilson de Souza Campos. *Direito processual das coletividades e dos grupos*. São Paulo: LTr, 1991.

______; BATALHA, Sílvia Marina Labate. *Sindicatos, sindicalismo*. São Paulo: LTr, 1994.

BELMONTE, Alexandre Agra. *Instituições civis no direito do trabalho*. Rio de Janeiro: Renovar, 1994.

BELTRAN, Ari Possidonio. *A autotutela nas relações do trabalho*. São Paulo: LTr, 1996.

BENJAMIN, Antonio Herman de Vasconcellos e. A tutela das pessoas portadoras de deficiência pelo Ministério Público. In: FIGUEIREDO, José Guilherme Purvin de (Org.). *Direitos da pessoa portadora de deficiência*. São Paulo: Max Limonad, 1997.

BEZERRA LEITE, Carlos Henrique. *Ação civil pública*. São Paulo: LTr, 2001.

______. *Ministério Público do Trabalho*. São Paulo: LTr, 1998.

______. Tendências do direito processual do trabalho e tutela dos interesses difusos. *Revista do Ministério Público do Trabalho*, Brasília, v. 20, n. 20, set. 2000.

______. *Curso de direito processual do trabalho*. 5. ed. São Paulo: LTr, 2007.

______. *Curso de direito processual do trabalho*.10. ed. São Paulo: LTr, 2012.

BIDART, Adolfo Gelsi. Proceso de amparo y tutela de intereses difusos. *Revista de Processo*, São Paulo, v. 23, n. 91, jul./set. 1998.

BITTAR, Carlos Alberto. Do dano moral coletivo no atual contexto jurídico brasileiro. *Revista de Direito do Consumidor*. V. 12. São Paulo: Revista dos Tribunais, out./dez. 1994.

BOBBIO, Norberto. *A era dos direitos*. Trad. Carlos Nelson Coutinho. Rio de Janeiro: Campus, 1992.

BONAVIDES, Paulo. *Curso de direito constitucional*. 4. ed. São Paulo: Malheiros, 1993.

BRANDÃO, Junito de Souza. *Mitologia grega*. V. 3. 18. ed. Petrópolis: Vozes, 2011.

BUEN LOSANO, Nestor de. *Derecho del trabajo*. México: Porrúa, 1977.

CABANELLAS, Guilhermo. *Derecho sindical y corporativo*. Buenos Aires: Atalaya, 1946.

CABRERA ACEVEDO, Lucio. La tutela de los intereses colectivos o difusos. *Revista del Instituto Colombiano de Derecho Procesual*, n. 12/13, p. 100-101, jun. 1994.

CAPPELLETTI, Mauro. O acesso dos consumidores à justiça. In: TEIXEIRA, Sálvio de Figueiredo (Coord.). *As garantias do cidadão na justiça*. São Paulo: Saraiva, 1993.

______. O acesso à justiça e a função do jurista em nossa época. *Revista de Processo*, São Paulo, n. 61, jan./mar. 1991.

______. GARTH, Bryant. *Acesso à justiça*. Trad. Ellen Gracie Northfleet. Porto Alegre: Fabris, 1988.

CARNEIRO, Paulo Cezar Pinheiro. *Acesso à justiça*: juizados especiais cíveis e ação civil pública. Rio de Janeiro: Forense, 1999.

CARNELUTTI, Francesco. *Lezioni di diritto processuale civile*. Padova: Editrice Universitaria, 1926.

CARELLI, Rodrigo de Lacerda. *Cooperativas de mão de obra*: manual contra a fraude. São Paulo: LTr, 2002.

CASTILHO, José Luciano de. A reforma do Poder Judiciário — O Dissídio Coletivo e o Direito de Greve. In: COUTINHO, Grijalbo Fernandes Coutinho; FAVA, Marcos Neves (Coord). *Justiça do Trabalho:* competência ampliada. São Paulo: LTr, 2005.

CODINI, Enio. Beni a fruizione difusa e giudice amministrativo. In: FIORE, Adriano; STANZANI, Davide (a cura di). *Strumenti per la tutela degli interessi diffusi della collettività*. Atti del Convegno nazionale promosso dalla Sezione di Bologna di Italia nostra. Bologna, 5 dicembre 1981. Rimini: Maggioli, 1982.

COMPARATO, Fábio Konder. *A afirmação histórica dos direitos humanos*. São Paulo: Saraiva, 2003.

CORREIA, Marcus Orione Gonçalves. *As ações coletivas e o direito do trabalho*. São Paulo: Saraiva, 1994.

COSTA, Orlando Teixeira da. Novos rumos do sindicalismo no Brasil. *Revista LTr*. São Paulo, ano 61, n. 1, jan. 1997.

COTRIM, Gilberto. *História global*: Brasil e geral. 5. ed. São Paulo: Saraiva, 1999.

CRESTI, Marco. *Contributo allo studio della tutela degli interessi diffusi*. Milano: Giuffrè, 1992.

CRETELLA JÚNIOR, José. *Curso de direito romano*. Rio de Janeiro: Forense, 2000.

______. *Do mandado de segurança coletivo*. 2. ed. Rio de Janeiro: Forense, 1991.

CRIVELLI, Ericson. Interditos proibitórios *versus* liberdade sindical — uma visão panorâmica do direito brasileiro e uma abordagem do direito internacional do trabalho. *Revista LTr*, São Paulo, v. 73, n. 12, p. 1415-1431, dez. 2009.

DANTAS, Marcelo Navarro Ribeiro. *Mandado de segurança coletivo*: legitimação ativa. São Paulo: Saraiva, 2000.

DEL GIUDICE, F.; MARIANI, F.; IZZO F. *Diritto del lavoro*. Napoli: Ed. Giuridiche Simone, 1999.

______. *Diritto sindacale*. Napoli: Ed. Giuridiche Simone, 1998.

DELGADO, Mauricio Godinho. *Direito coletivo do trabalho*. São Paulo: LTr, 2001.

______. *Curso de direito do trabalho*. 6. ed. São Paulo, LTr, 2007.

D'EUFEMIA, Giuseppe. *Diritto sindacale*. Napoli: Morano, 1967.

DI CHIARA, Giuseppe. Interessi collettivi e diffusi e tecniche di tutela nell'orizonte del Codice del 1988. *Rivista Italiana di Diritto e Procedura Penale*, Milano, v. 34, n. 2, apr./giug. 1991.

DIDIER Jr., Fredie; ZANETTI Jr; Hermes. *Curso de direito processual civil*: processo coletivo. V. 4, 6. ed. Salvador: JusPodivm, 2011.

DI PIETRO, Maria Sylvia Zanella. *Direito administrativo*. 8. ed. São Paulo: Atlas, 2000.

DINAMARCO, Cândido Rangel. *Instituições de direito processual civil*. São Paulo: Malheiros, 2001. v. 2.

______. *Instituições de Direito Processual Civil*. 6. ed. São Paulo: Saraiva, 2009. v. 1.

DINAMARCO, Pedro da Silva. *Ação civil pública*. São Paulo: Saraiva, 2001.

______. Competência, conexão e prevenção nas ações coletivas. In: MILARÉ, Edis. *A ação civil pública após 20 anos:* efetividade e desafios. São Paulo: Revista dos Tribunais, 2005.

DOTTI, René Ariel. A proteção do meio ambiente — dados para uma visão histórica. In: MILARÉ, Edis (Coord.). *Ação civil pública*. São Paulo: Revista dos Tribunais, 1995.

ENGISCH, Karl. *Introdução ao pensamento jurídico*. Trad. J. Batista Machado. Lisboa: Fundação Calouste Gulbenkian, 2001.

ERMIDA URIARTE, Oscar. Sida y derecho laboral [AIDS e direito do trabalho]. *Revista de Direito do Trabalho*, São Paulo, n. 83, set. 1993.

FERNANDES, Antonio de Lemos Monteiro. *Direito do trabalho:* relações colectivas de trabalho. 3. ed. Coimbra: Almedina, 1994. v. 1.

FERRARI, Irany. História do trabalho. In: FERRARI, Irany; NASCIMENTO, Amauri Mascaro; FILHO, Ives Gandra da Silva Martins. *História do trabalho, do direito do trabalho e da justiça do trabalho*. São Paulo: LTr, 1998.

FERRAZ, Antonio Augusto Mello de Camargo; MILARÉ, Edis; NERY JUNIOR, Nelson. *A ação civil pública e a tutela jurisdicional dos interesses difusos*. São Paulo: Saraiva, 1984.

FERRAZ, Sérgio. Mandado de segurança e acesso à Justiça. In: QUEIROZ, Raplhael Sofiati de (Org.). *Acesso à justiça*. Rio de Janeiro: Lumen Juris, 2001.

FERRAZ JR., Tercio Sampaio. *Introdução ao estudo do direito*. São Paulo: Atlas, 1991.

______. In: GRINOVER, Ada Pellegrini (Coord.). *A tutela dos interesses difusos*. São Paulo: Max Limonad, 1984.

FERREIRA, Aurélio Buarque de Holanda. *Novo Aurélio século XXI*: o dicionário da língua portuguesa. Rio de Janeiro: Nova Fronteira, 1999.

FERREIRA, Rony. *Coisa julgada nas ações coletivas:* restrição do art. 16 da Lei da Ação Civil Pública. Porto Alegre: Sérgio Antonio Fabris Editor, 2004.

FERREIRA FILHO, Manoel Gonçalves. *Curso de direito constitucional.* 27. ed. São Paulo: Saraiva, 2001.

FIGUEIREDO, Guilherme José Purvin de. A pessoa portadora de deficiência e o princípio da igualdade de oportunidades no direito do trabalho. In: *Direitos da pessoa portadora de deficiência.* São Paulo: Max Limonad, 1997.

FIORILLO, Celso Antonio Pacheco. A ação civil pública e o meio ambiente do trabalho. In: FREDIANY, Yone; SILVA, Jane Granzoto Torres da (Coords.). *O direito do trabalho na sociedade contemporânea.* São Paulo: Jurídica Brasileira, 2001.

______. *Associação civil e interesses difusos no direito processual civil brasileiro.* Dissertação (Mestrado), Pontifícia Universidade Católica de São Paulo. São Paulo, 1989.

______. *Os sindicatos e a defesa dos interesses difusos no direito processual civil brasileiro.* São Paulo: Revista dos Tribunais, 1995.

______. *Curso de direito ambiental.* São Paulo: Saraiva, 2002.

GARCIA, Gustavo Felipe Barbosa. A reforma do Poder Judiciário: o dissídio coletivo na justiça do trabalho após a Emenda Constitucional n. 45/2004. *Revista de Direito do Trabalho,* São Paulo, p. 71-91, 2005.

______. *Coisa julgada*: novos enfoques. São Paulo: Método, 2007.

GARCIA, Pedro Carlos Sampaio. O fim do poder normativo. In: COUTINHO, Grijalbo Fernandes Coutinho; FAVA, Marcos Neve (Coords.). *Justiça do Trabalho:* competência ampliada. São Paulo: LTr, 2005.

GIDDENS, Anthony. *Sociologia.* 4. ed. São Paulo: Artmed, 2005.

GIDI, Antonio. *A* class action *como instrumento de tutela coletiva de direitos.* São Paulo: Revista dos Tribunais, 2007.

GIGLIO, Wagner D. *Direito processual do trabalho.* 10. ed. São Paulo: Saraiva, 1997.

GIUGNI, Gino. *Direito sindical.* Trad. Elko Lúcia Itioka. São Paulo: LTr, 1991.

GOLDFARB, Cibelle Linero. *Pessoas portadoras de deficiência e a relação de emprego.* Curitiba: Juruá, 2007.

GOMES, Joaquim B. Barbosa. *Ação afirmativa & princípio constitucional da igualdade.* Rio de Janeiro: Renovar, 2001.

GOMES, Orlando. *Raízes históricas e sociológicas do Código Civil brasileiro.* São Paulo: Martins Fontes, 2003.

______; GOTTSCHALK, Elson. *Curso de direito do trabalho.* 14. ed. Rio de Janeiro: Forense, 1998.

GOMES NETO, Indalécio. Características do sindicalismo brasileiro. *Revista LTr,* ano 58, n. 3, p. 267-270, mar. 1994.

GONÇALVES, Carlos Roberto. *Direito Civil Brasileiro* — direito das coisas. 5. ed. São Paulo: Saraiva, 2010.

GONÇALVES, Emílio. *Ação de cumprimento no direito brasileiro.* 3. ed. São Paulo: LTr, 1997.

GOTTSCHALK, Egon Felix. *Norma pública e privada no direito do trabalho.* São Paulo: LTr, 1995.

GRECO FILHO, Vicente. *Direito processual civil brasileiro.* São Paulo: Saraiva, 2000. v. 1.

GRINOVER, Ada Pellegrini. *Código Brasileiro de Defesa do Consumidor comentado pelos autores do anteprojeto.* 7. ed. Rio de Janeiro: Forense Universitária, 2001.

______. A problemática dos interesses difusos. In: *A tutela dos interesses difusos.* São Paulo: Max Limonad, 1984.

______. A tutela jurisdicional dos interesses difusos. In: *A tutela dos interesses difusos.* São Paulo: Max Limonad, 1984.

GRUNSPUN, Haim. *Trabalho das crianças e adolescentes.* São Paulo: LTr, 2000.

GURGEL, Maria Aparecida. Discriminação positiva. *Revista do Ministério Público do Trabalho,* São Paulo, ano 10, n. 19, mar. 2000.

______. Inserção da pessoa portadora de deficiência no mercado de trabalho: papel do Ministério Público do Trabalho. Disponível em: <http://www.pgt. mpt.gov.br/49-1anexos5.html>. Acesso em: 10 jan. 2001.

HANSENNE, Michel. Um novo diálogo social para a renovação do mundo do trabalho. In: CAMPEO, Guilherme *et al. Os atores sociais no novo mundo do trabalho.* São Paulo: LTr, 1994.

HERKENHOFF, João Batista. *Como aplicar o direito.* 3. ed. Rio de Janeiro: Forense, 1994.

HIDALGO DE CAVIEDES, Pablo Gutiérrez de Cabiedes e. *La tutela jurisdicional de los intereses supraindividuales colectivos e difusos.* Navarra: Aranzadi, 1999.

HIRIGOYEN, Marie-France. *Mal-estar no trabalho*: redefinindo o assédio moral. Trad. Rejane Janowitzer. 7. ed. São Paulo: Bertrand Brasil, 2012.

HOBSBAWN, Eric. *Mundos do trabalho.* São Paulo: Paz e Terra, 2000.

HORKHEIMER, Max; ADORNO, Theodor W. (Org.). Trad. Álvaro Cabral. São Paulo: Cultrix, Ed. da Universidade de São Paulo, 1973.

HORTON, Paul B.; HUNT, Chester L. *Sociologia.* Trad. Auriphebo Berrance Simões. São Paulo: McGraw-Hilll do Brasil, 1980.

HUXLEY, Aldous. *Admirável mundo novo.* Trad. Lino Vallandro e Vidal Serrano. 2. ed. São Paulo: Globo, 2003.

KOENING, Samuel. *Elementos de sociologia.* Trad. Vera Borda. Rio de Janeiro: Zahar, 1967.

LAFER, Celso. *A reconstrução dos direitos humanos*: um diálogo com o pensamento de Hannah Arendt. São Paulo: Companhia das Letras, 1999.

LAKATOS, Eva Maria; MARCONI, Marina de Andrade. *Sociologia geral.* 7. ed. São Paulo: Atlas, 1999.

LAMÊGO BULOS, Uadi. *Mandado de segurança coletivo.* São Paulo: Revista dos Tribunais, 1996.

LANDONI SOSA, Angel. Nuevas orientaciones en la tutela jurisdiccional de los intereses difusos. *Revista del Instituto Colombiano de Derecho Procesual,* v. 2, ns. 12/13, 1992.

LEAL, Márcio Flávio Mafra. *Ações coletivas*: história, teoria e prática. Porto Alegre: Fabris, 1998.

LEAL, Ronaldo Lopes. Competência do Ministério Público do Trabalho: ações civis públicas, com ênfase na segurança bancária e na segurança e saúde no trabalho. *Revista do Tribunal Superior do Trabalho,* Brasília, v. 65, n. 1, p. 55-68, out./dez. 1999.

LEDUR, José Felipe. *A realização do direito do trabalho.* Porto Alegre: Fabris, 1998.

LEONEL, Ricardo de Barros. *Manual do processo coletivo.* São Paulo: Revista dos Tribunais, 2002.

LENZA, Pedro. *Teoria geral da ação civil pública.* São Paulo: Revista dos Tribunais, 2003.

______. *Direito constitucional.* 7. ed. São Paulo, Método, 2004.

LIEBMAN, Enrico Tullio. *Manuale de Diritto Processuale Civile.* 7. ed. Milano: Giuffrè Editore, 2007.

LIMA, Francisco Gérson Marques de. Ações coletivas sindicais e litispendência. *Revista LTr,* Suplemento Trabalhista, São Paulo, n. 79, 1993.

LISBOA, Roberto Senise. *Contratos difusos e coletivos.* São Paulo: Revista dos Tribunais, 2000.

LOPEZ, Manuel Carlos Palomeque. *Direito do trabalho e ideologia.* Trad. António Moreira. Coimbra: Almedina, 2001.

MAGANO, Octavio Bueno. *Direito coletivo do trabalho.* 3. ed. São Paulo: LTr, 1993. v. 3.

MANCUSO, Rodolfo de Camargo. *Ação civil pública*. São Paulo: Revista dos Tribunais, 1999.

______. Ação civil pública trabalhista: análise de alguns pontos controvertidos. *Revista de Processo*, São Paulo, ano 24, n. 93, p. 169-170, jan./mar. 1999.

______. *Interesses difusos*: conceito e legitimação para agir. São Paulo: Revista dos Tribunais, 2000.

______. *Jurisdição coletiva e coisa julgada:* teoria geral das ações coletivas. 2. ed. São Paulo: Revista dos Tribunais, 2008.

MANNRICH, Nelson. *Inspeção do trabalho*. São Paulo: LTr, 1991.

MARTINS, Milton. *Sindicalismo e relações trabalhistas*. São Paulo: LTr, 1995.

MARTINS, Sergio Pinto. *Direito do trabalho*. São Paulo: Malheiros, 1996.

______. *Direito processual do trabalho*. São Paulo: Atlas, 2001.

______. *Direito processual do trabalho*. 27. ed. São Paulo: Atlas, 2006.

MARTINS FILHO, Ives Gandra. *Processo coletivo do trabalho*. São Paulo: LTr, 1996.

MAXIMILIANO, Carlos. *Hermenêutica e aplicação do direito*. 12. ed. Rio de Janeiro: Forense, 1992.

MAZZILLI, Hugo Nigro. Interesses difusos e sua defesa. *Justitia*, São Paulo, v. 49, n. 138, abr./jun. 1987.

______. *A defesa dos interesses difusos em juízo*. 12. ed. São Paulo: Saraiva, 2000.

______. *A defesa dos interesses difusos em juízo*. 20. ed. São Paulo: Saraiva, 2007.

MEIRELLES, Hely Lopes. *Mandado de segurança*. 22. ed. São Paulo: Malheiros Ed., 2000.

MELO, Raimundo Simão de. *Ação civil pública na justiça do trabalho*. São Paulo: LTr, 2002.

______. *Dissídio coletivo de trabalho*. São Paulo: LTr, 2002.

MENDES, Aluisio Gonçalves de Castro. *Ações coletivas no direito comparado e nacional*. São Paulo: Revista dos Tribunais, 2002.

MILARÉ, Edis. A ação civil pública em defesa do ambiente. In: *Ação civil pública*. São Paulo: Revista dos Tribunais, 1995.

MINHARRO, Erotilde Ribeiro dos Santos. *A criança e o adolescente no Direito do Trabalho*. São Paulo: LTr, 2003.

MIRABETE, Júlio Fabbrini. *Processo Penal*. 3. ed. São Paulo: Atlas, 1994.

MIRRA, Álvaro Luiz Valery. Um estudo sobre a legitimação para agir no direito processual civil: a legitimação ordinária do autor popular. *Revista dos Tribunais*, São Paulo, ano 76, v. 618, abr. 1987.

MOMEZZO, Marta Casadei. *Mandado de segurança coletivo*. São Paulo: LTr, 2000.

MORAES, Alexandre de. *Direito constitucional*. 8. ed. São Paulo: Atlas, 2000.

MORAES, Guilherme Peña de. Questões controvertidas do mandado de injunção. *In* QUEIROZ, Raphael Augusto Sofiati de (Org.). *Acesso à justiça*. Rio de Janeiro: Lumen Juris, 2002.

MORAES, Humberto Pena de. A assistência judiciária pública e os mecanismos de acesso à justiça no estado democrático. *Revista de Direito da Defensoria Pública*, Rio de Janeiro, v. 1, 1988.

MORAES FILHO, Evaristo de. *O problema do sindicato único no Brasil*. São Paulo: Alfa-Omega, 1978.

MORAES, Evaristo de. *Apontamentos de direito operário*. 4. ed. São Paulo: LTr, 1998.

MORAIS, José Luis Bolzan de. *Do direito social aos interesses transindividuais*: o Estado e o direito na ordem contemporânea. Porto Alegre: Livraria do Advogado, 1996.

MOREIRA, José Carlos Barbosa. A ação popular do direito brasileiro como instrumento de tutela jurisdicional dos chamados 'interesses difusos'. In: *Temas de direito processual*. São Paulo: Saraiva, 1977.

MUÇOUÇAH, Renato de Almeida Oliveira. *Assédio moral coletivo nas relações de trabalho*. São Paulo: LTr, 2011.

NAHAS, Thereza Christina. *Legitimidade ativa dos sindicatos*. São Paulo: Atlas, 2001.

NASCIMENTO, Amauri Mascaro. *Compêndio de direito sindical*. São Paulo: LTr, 2000.

______. *Curso de direito processual do trabalho*. 21. ed. São Paulo: Saraiva, 2009.

______. *Curso de direito do trabalho*. 23. ed. São Paulo: LTr, 2008.

______. *Curso de direito do trabalho*. São Paulo: Saraiva, 1996.

______. *Teoria geral do direito do trabalho*. São Paulo: LTr, 1998.

______. A defesa processual do meio ambiente do trabalho. *Revista LTr*, São Paulo, ano 63, n. 5, maio 1999.

______. *Iniciação ao direito do trabalho*. São Paulo: LTr, 2001.

______. Organização sindical na perspectiva da Constituição de 1988. *Revista LTr*, São Paulo, ano 52, n. 12, jan. 1988.

______. Origens históricas e natureza jurídica dos sindicatos. In: FRANCO FILHO, Georgenor de Sousa (Coord.). *Curso de direito coletivo do trabalho*. São Paulo: LTr, 1998.

______. A questão do dissídio coletivo de comum acordo. *Revista LTr*, São Paulo, v. 70, n. 6, p. 647-656, 2006.

NERY JUNIOR, Nelson. Mandado de segurança coletivo: legitimação, objeto e coisa julgada. *Revista de Processo*, São Paulo, n. 58, abr./jun. 1990.

______. O processo do trabalho e os direitos individuais homogêneos — um estudo sobre a ação civil pública trabalhista. *Revista LTr*, São Paulo, ano 64, n. 2, fev. 2000.

______; NERY, Rosa Maria de Andrade. *Código de Processo Civil comentado e legislação processual civil em vigor*. 4. ed. São Paulo: Revista dos Tribunais, 1999.

NEVES, Márcia Novaes. *Terror psicológico no trabalho*. São Paulo: LTr, 2003.

OLIVEIRA, Francisco Antonio de. *Ação civil pública*: enfoques trabalhistas. São Paulo: Revista dos Tribunais, 1999.

______. Da ação civil pública: instrumento de cidadania. *Revista LTr*, São Paulo, ano 61, n. 7, jul.

______. As centrais sindicais e as modificações de 2008. *Suplemento Trabalhista LTr*, São Paulo, 2008.

OLIVEIRA, José César de. Formação histórica do direito do trabalho. In: BARROS, Alice Monteiro de (Org.). *Estudos em memória de Célio Goyatá*. 3. ed. rev. e ampl. São Paulo: LTr, 1997, v. 1.

OLIVEIRA, Oris de. *O trabalho da criança e do adolescente*. São Paulo: LTr, 1994.

OLIVEIRA, Paulo Eduardo Vieira de. *Assédio moral no trabalho*: caracterização e consequências. São Paulo: LTr, 2013.

OLIVEIRA JUNIOR, Waldemar Mariz de. Tutela jurisdicional dos interesses coletivos. In: GRINOVER, Ada Pellegrini (Coord.). *A tutela dos interesses difusos*. São Paulo: Max Limonad, 1984.

OLSON, Mancur. *A lógica da ação coletiva*. São Paulo: Edusp, 1999.

PALOMEQUE LÓPEZ, Manuel Carlos; ALVAREZ DE LA ROSA, Manuel. *Derecho del trabajo*. Madrid: Ed. Centro de Estudios Ramón Areces, 1994.

PAMPLONA FILHO, Rodolfo. *Pluralidade sindical e democracia*. São Paulo: LTr, 1997.

PASSOS, J. J. Calmon de. *Mandado de segurança coletivo, mandado de injunção e* habeas data: constituição e processo. Rio de Janeiro: Forense, 1991.

PEDROSSIAN, Dulce Regina dos Santos. *A racionalidade tecnológica, o narcisismo e a melancolia*. São Paulo: Roca, 2009.

PEREIRA, José Luciano de Castilho Pereira. A reforma do Poder Judiciário — o dissídio coletivo e o direito de greve. In: COUTINHO, Grijalbo Fernandes; FAVA, Marcos Neves (Coord). *Justiça do trabalho:* competência ampliada. São Paulo: LTr, 2005.

PEREIRA, Ricardo José Macedo de Britto. Ação civil pública trabalhista e FGTS. *Revista do Ministério Público do Trabalho*, São Paulo, n. 31, p. 110-118, 2006.

PFEIFFER, Roberto Augusto Castellanos. As associações civis e a tutela de interesses difusos, coletivos e individuais homogêneos das pessoas portadoras de deficiência. In: FIGUEIREDO, José Guilherme Purvin de (Org.). *Direitos da pessoa portadora de deficiência.* São Paulo: Max Limonad, 1997.

______. *Mandado de injunção.* São Paulo: Atlas, 1999.

PIMENTA, Paulo Roberto Lyrio. Reunião, associação, sociedade, coalização e sindicato: distinções. *Revista dos Mestrandos em Direito Econômico da UFBA*, n. 4, jul. 1993/dez. 1995.

PINEL, Arletty; INGLESI, Elisabete. *HIV nos tribunais.* 2. ed. Brasília: Coordenação Nacional de DST/Aids; Ministério da Saúde, 1998.

PRADE, Péricles. *Conceito de interesses difusos.* São Paulo: Revista dos Tribunais, 1987.

PRADO, Roberto Barretto. *Curso de direito sindical.* São Paulo: LTr, 1991.

RAMMAZZINI, Bernardino. *As doenças dos trabalhadores.* Trad. Raimundo Estrela. 3. ed. São Paulo: Fundacentro, 2000.

RÁO, Vicente. *O direito e a vida dos direitos.* 5. ed. São Paulo: Revista dos Tribunais, 1999.

Relatório de Atividades do Ministério Público do Trabalho para a inserção da pessoa portadora de deficiência no mercado de trabalho. Brasília, jul. 2000.

REQUIÃO, Rubens. *Curso de Direito Comercial.* 2. ed. São Paulo: Saraiva, 2010, v. 1.

RIPPER, Walter William. *O poder normativo da Justiça do Trabalho após a EC n. 45/2004.* São Paulo: LTr, 2007.

ROCHA, Ibraim. *Ação civil pública e o processo do trabalho.* São Paulo: LTr, 1996.

ROCHA, Sílvia Regina da. *O trabalho da mulher à luz da Constituição de 1988.* Rio de Janeiro: Forense, 1991.

RODRIGUES, Leôncio Martins. *Destino do sindicalismo.* São Paulo: EDUSP, 1999.

RODRIGUES, Silvio. *Direito Civil:* parte geral. 27. ed. São Paulo: Saraiva, 1997, v. 1.

______. *Direito Civil* — direito das coisas. 20. ed. São Paulo: Saraiva, 1993.

ROMITA, Arion Sayão. *Direito do trabalho*: temas em aberto. São Paulo: LTr, 1998.

______. *O fascismo no direito do trabalho brasileiro.* São Paulo: LTr, 2001.

______. Sindicalização por categoria. In: *Direito do trabalho:* temas em aberto. São Paulo: LTr, 1998.

______. Os novos instrumentos processuais à disposição das partes em face da EC n. 45/2004. Curitiba: *Genesis*, n. 25, jul./ago. 2005. p. 625-639.

ROUSSEAU, Jean-Jacques. *O contrato social.* Trad. Antonio de Pádua Danesi. São Paulo: Martins Fontes, 1998.

RUDNICKI, Dani. *Aids e direito.* Porto Alegre: Livraria do Advogado, 1996.

RUFINO, J. F. Câmara. A criação de sindicatos e o órgão competente para registrá-los. *Suplemento Trabalhista LTr,* ano 26, n. 43, 1990.

RUPRECHT, Alfredo J. *Relações coletivas de trabalho.* São Paulo: LTr, 1995.

RUSSOMANO, Mozart Victor. *Princípios gerais de direito sindical.* Rio de Janeiro: Forense, 1995.

SADY, João José. *Direito do meio ambiente de trabalho.* São Paulo: LTr, 2000.

SANTORO-PASSARELLI, Francesco. *Noções de direito do trabalho*. Trad. Mozart Victor Russomano e Carlos Alberto G. Chiarelli. São Paulo: Revista dos Tribunais, 1973.

SANTOS, Enoque Ribeiro dos. *Fundamentos do direito coletivo do trabalho:* nos Estados Unidos da América, na União Europeia, no Mercosul e a experiência brasileira. Rio de Janeiro: Lumen Juris, 2005.

SANTOS, Lenir. Saúde e meio ambiente. Competências. Intersetorialidade. *Revista de Direito do Trabalho*, São Paulo, ano 31, n. 120, out./dez. 2005.

SANTOS, Ronaldo Lima dos. *Teoria das normas coletivas.* São Paulo: LTr, 2007.

______. Modalidades da coisa julgada coletiva. *Revista do Ministério Público do Trabalho,* São Paulo, ano 14, n. 27, p. 37-54, mar. 2004.

SEGATTI, Ana Elisa Alves Brito. O controle de constitucionalidade e a ação civil pública. *Revista do Ministério Público do Trabalho,* São Paulo, n. 30, p. 26-43, 2005.

SELIGMANN-SILVA, Edith. *Trabalho e desgaste mental*: o direito de ser dono de si mesmo. São Paulo: Cortez, 2011.

SENTO-SÉ, Jairo Lins de Albuquerque. *Trabalho escravo no Brasil.* São Paulo: LTr, 2001.

SILGUERO ESTAGNAN, Joaquim. *La tutela jurisdicional de los intereses colectivos a traves de la legitimación de los grupos*. Madrid: Dikinson, 1995.

SILVA, Bruno Freire e. A ineficácia da tentativa de limitação territorial dos efeitos da coisa julgada na ação civil pública. In: MAZZEI, Rodrigo; NOLASCO; Rita Dias (Coord.). *Processo civil coletivo.* São Paulo: Quartier Latin, 2005. p. 333-347.

SILVA, Edson Braz da Silva. Aspectos processuais e materiais do dissídio coletivo frente à Emenda Constitucional n. 45/04. *Revista LTr*, São Paulo, v. 69, n. 9, p. 1.038-1.047, set. 2005.

SILVA, José Afonso da. *Curso de direito constitucional positivo*. São Paulo: Malheiros, 1999.

SILVA, Marcello Ribeiro da. *A ação civil pública e o processo do trabalho*. Ribeirão Preto: Ed. Nacional de Direito, 2001.

SILVA, Oscar José de Plácido e. *Vocabulário jurídico*. 18. ed. Rio de Janeiro: Forense, 2001.

SILVA, Walküre Lopes Ribeiro da. *Crise de representatividade e participação dos sindicatos em políticas ativas de emprego*. Tese (Titular), Faculdade de Direito, Universidade de São Paulo. São Paulo, 2001.

______. Autonomia privada coletiva e o direito do trabalho. *Revista de Direito do Trabalho*, São Paulo, n. 97, p. 26-39, jan./mar. 2000.

______. *Representação e participação dos trabalhadores na gestão da empresa*. São Paulo: LTr, 1998.

______. Seguridade social e a pessoa portadora de deficiência. In: FIGUEIREDO, José Guilherme Purvin de (Org.). *Direitos da pessoa portadora de deficiência*. São Paulo: Max Limonad, 1997.

SILVA, Wilma Nogueira de A. V. da. Sobre a exigência do comum acordo como condição da ação de dissídios coletivos. *Revista LTr,* São Paulo, v. 69, n. 9, p. 1.033-1.037, set. 2005.

SILVA BENTO, Maria Aparecida. *Cidadania em preto e branco:* discutindo relações raciais. São Paulo: Ática, 2001.

SILVA NETO, Manoel Jorge e. *Proteção constitucional dos interesses trabalhistas*: difusos, coletivos e individuais homogêneos. São Paulo: LTr, 2001.

SIMÓN, Sandra Lia. *A proteção constitucional da intimidade e da vida privada do empregado*. São Paulo: LTr, 2000.

______. A ampliação da competência da Justiça do Trabalho e o Ministério Público do Trabalho. In: COUTINHO, Grijalbo Fernandes; FAVA, Marcos Neves (Coords.). *Nova competência da Justiça do Trabalho*. São Paulo: LTr, 2005.

SMANIO, Giampaolo Poggio. *A teoria dos interesses difusos e sua tutela penal.* Tese (Doutorado), Pontifícia Universidade Católica. São Paulo, 2000.

SOARES, Flaviana Rampazzo. *Responsabilidade civil por dano existencial.* Porto Alegre: Livraria do Advogado, 2009.

SOUTO MAIOR, Jorge Luiz. *O direito do trabalho como instrumento de justiça social.* São Paulo: LTr, 2000.

______. *Relação de emprego e relação de trabalho.* São Paulo: LTr, 2007.

STANDER, Célia Regina Camachi. Fraude por meio de cooperativa e de constituição de pessoa jurídica por trabalhadores. *Revista da Escola da Magistratura do Tribunal Regional do Trabalho da 2ª Região*, São Paulo, ano I, n. 1, set. 2006, p. 105-111.

SUPIOT, Alain. *Critique du droit du travail.* Quadrige/PUf, 1994.

SÜSSEKIND, Arnaldo Lopes. *Direito constitucional do trabalho.* Rio de Janeiro: Renovar, 1999.

______. *Direito do trabalho e previdência social*: pareceres. São Paulo: LTr, 1992, v. 7.

______. Registro sindical. *Suplemento Trabalhista LTr*, ano 26, n. 21, p. 118-119, 1990.

______. Do ajuizamento dos dissídios coletivos. *Revista LTr*, São Paulo, v. 69, n. 9, p. 1.031-1.033, set. 2005.

______. *Instituições de direito do trabalho.* V. 1. 22. ed. São Paulo: LTr, 2005.

TEIXEIRA FILHO, Manoel Antonio. *Curso de processo do trabalho*: perguntas e respostas sobre assuntos polêmicos em opúsculos específicos, n. 27: ação de cumprimento. São Paulo: LTr, 1998.

______. *Curso de processo do trabalho*: perguntas e respostas sobre assuntos polêmicos em opúsculos específicos, n. 4: Litisconsórcio, assistência e intervenção de terceiros. São Paulo: LTr, 1997.

______. *Petição inicial e resposta do réu.* São Paulo: LTr, 1996.

______. Mandado de injunção e direitos sociais. *Revista LTr,* São Paulo, ano 53, n. 3, mar. 1989.

THEODORO JÚNIOR, Humberto. *Curso de direito processual civil.* 32. ed. Rio de Janeiro: Forense, 2000. v. 1.

______. *Curso de direito processual civil.* 37. ed. Rio de Janeiro: Forense, 2006, v. 3.

TOPAN, Renato Luiz. *Ação coletiva e adequação da tutela jurisdicional.* Belo Horizonte: Del Rey, 1993.

TRIBUNAL SUPERIOR DO TRABALHO. Disponível em: http://brs02.tst.gov.br/cgi-bin/nph-brs?d-. Acesso em: 18 nov. 2001.

______. Disponível em: http://brs02.tst.gov.br/cgi-bin/nph-brs?d-BLNK&sl=aids+e.../juni.html&p=1&r=13&f=G&1. Acesso em: 18 nov. 2001.

VALENTIN, João Hilário. *Aids e relações de trabalho subordinado*: o efetivo direito ao trabalho. Tese (Doutorado), Faculdade de Direito, Pontifícia Universidade Católica. São Paulo, 2001.

______. Atuação dos sindicatos e os direitos coletivos e difusos. *Arquivos do Instituto Brasileiro de Direito Cesarino Junior.* São Paulo, n. 22, 1994.

______. Direito do meio ambiente do trabalho. *Revista LTr*, São Paulo, ano 56, n. 12, dez. 1992.

______. *Interesses difusos no direito do trabalho.* Dissertação (Mestrado), Faculdade de Direito da Universidade de São Paulo. São Paulo, 1994.

VASCONCELOS, Regina Maria de Oliveira. A substituição processual no processo do trabalho à luz das normas processuais do Código de Defesa do Consumidor. *Revista LTr,* São Paulo, ano 57, n. 1, jan. 1993.

VENTURI, Elton. *Processo civil coletivo.* São Paulo: Malheiros, 2007.

VIANA, Márcio Túlio. Interesses difusos na Justiça do Trabalho. *Revista LTr,* São Paulo, ano 59, n. 2, fev. 1995.

VIANNA, Segadas. *Instituições de direito do trabalho.* São Paulo: LTr, 1997.

VIGLIAR, José Marcelo Menezes. A causa de pedir e os direitos individuais homogêneos. In: CRUZ E TUCCI, José Rogério; BEDAQUE, José Roberto dos Santos (Orgs.). *Causa de pedir e pedido no processo civil.* São Paulo: Revista dos Tribunais, 2002.

VIGORITI, Vicenzo. *Interesse colletivi e processo*: la legitimazione ad agire. Milano: Giuffrè, 1979.

WATANABE, Kazuo. Demandas coletivas e os problemas emergentes da práxis forense. In: TEIXEIRA, Sálvio de Figueiredo (Coord.). *As garantias do cidadão na justiça*. São Paulo: Saraiva, 1993.

______. Tutela jurisdicional dos interesses difusos: a legitimação para agir. In: GRINOVER, Ada Pellegrini (Coord.). *A tutela dos interesses difusos*. São Paulo: Max Limonad, 1984.

______. *Código Brasileiro de Defesa do Consumidor comentado pelos autores do anteprojeto*. 7. ed. Rio de Janeiro: Forense Universitária, 2001.

ZAVASCKI, Teori Albino. Defesa de direitos coletivos e defesa coletiva de direitos. *Revista Forense,* Rio de Janeiro, v. 91, n. 329, jan./mar. 1995.

______. *Processo coletivo:* tutela de direitos coletivos e tutela coletiva de direitos. São Paulo: Revista dos Tribunais, 2006.